# 신행정학개론

안 광 현

청목출판사

# 머리말

처음 행정학을 대하는 학생들은 "행정학은 어렵다." "행정학은 내용이 어렵고 복잡하다."라고 말한다. 행정학을 처음으로 수강하는 학생들 중에 이러한 생각을 가지고 강의실에 들어오는 경우가 많다. 행정학이 법학, 경제학, 경영학, 정치학 등과 관련되어 있는 종합학문이기 때문에 그렇게 느껴지는 것이다. 그러나 분명하게 말하자면 행정학은 어려운 과목이 아니다. 행정학은 쉽다. 뿐만 아니라 행정학은 재미있는 학문이다. 행정이 우리의 일상과 얼마나 가까운지를 생각하면서 공부한다면 매우 재미있는 과목이 된다.

행정학은 실제와 가치가 함께 공유하는 실제적 학문이다. 우리 생활과 가장 가까운 사회문제나 행정문제를 멀리 떨어져 있는 학문인 양 외우고 암기하면서 공부하는 학생들을 보면 안타까움을 금할 수 없다. 세계화와 포스트모더니즘의 현대사회를 사는 우리의 일상생활과 현실에서 발생되는 다양한 문제들과 접목하면 행정은 재미있는 분야라는 것을 확인시켜 주고 싶은 것이 이 책을 저술하게 된 동기이다.

실제로 행정은 우리의 일상생활이다. 아침에 일어나서 저녁에 잠자리에 들 때까지 행정과 관련되지 않은 것이 거의 없다. 식사를 하고, 물을 마시고, 차를 타고, 전기를 사용하고, 통신을 이용하고, 학교에서 교육을 받고, 직장에서 업무를 보고, 여가와 문화생활을 하는 것 모두가 행정과 관련되어 있으며, 이러한 행정서비스를 제대로 받을 때 사람들은 만족스런 삶을 살게 된다.

뿐만 아니라 우리 생활 속에서 발생되고 있는 실업문제, 경제문제, 청소년문제, 치안 및 범죄문제, 선거문제, 부패문제, 주택문제, 도시개발문제, 사회복지 및 사회보장문제, 교통문제, 교육문제, 공해문제, 수질오염문제, 기타 환경문제 등은 모두 행정이 담당해야 할 몫이다. 그러므로 인간이 태어나면서부터 죽을 때까지, 즉 요람에서 무덤까지 행정과 관련되지 않는 것이 없을 정도이다.

행정서비스의 수준이 높을수록 인간의 삶의 질과 만족도는 높아지게 된다고 한다. 사회가 발전하고 문화수준이 높아질수록 행정서비스에 대한 국민들의 요구가 높아지게 된다. 그러기에 선진국의 행정시스템이나 발전된 행정체제나 서비스를 도입하려고 정부와 지방자치단체는 노력한다.

그러기에 행정은 단순한 기술이나 방법이라고 판단하면 안 된다. 행정의 특성이 효율성과 합리성만을 중요시하는 것이 되어서도 안 된다. 행정은 사람이 사람답게 살 수 있도록 도와주는 도구며 실체가 되어야 한다. 행정에는 반드시 사람이 포함되고 사람의 가치가 중요시되는 행정이 실현되어야 한다. 그러기에 이젠 행정이 단순한 수단이나 기술이 아니라 유기체적인 인간관계를 중요시하는 학문이 되어야 한다. 이 책은 이러한 부분에 대하여 많은 관심을 보여 주고 있다.

신행정학개론은 한 학기 수업 일정에 맞게 영역별로 나누어 다음과 같은 내용으로 14장으로 구성하였다.

1장은 행정의 특성 및 접근방법으로 행정의 정의와 변천, 행정의 특성과 행정이념, 행정환경, 행정학 접근방법

2장은 행정학의 발달과 주요 이론으로 행정학의 발달, 행정학 패러다임의 변화, 행정학의 주요 이론

3장은 행정윤리와 포스트모더니즘으로 행정윤리, 행정부패, 포스트모더니즘

4장은 정책의 개념과 주요 이론으로 정책의 정의, 정책의 주요 이론, 정책학의 본질, 정책참여자

5장은 정책과정으로 정책형성, 정책결정과 정책결정모형, 정책집행, 정책평가 및 변동

6장은 조직의 본질과 관료제로 조직의 본질과 유형, 관료제, 애드호크라시

7장은 조직관리와 조직발전으로 동기부여이론, 의사전달과 조직관리, 리더십, 조직갈등과 조직발전

8장은 인사행정 본질과 공직의 분류로 인사행정의 본질, 공직의 분류, 중앙인사기관

9장은 공무원의 임용과 능력발전으로 공무원 임용, 능력발전, 사기앙양, 공무원의 단체행동과 정치적 중립성

10장은 재무행정으로 재무행정의 본질, 예산과정, 예산제도, 조세제도, 구매행정

11장은 지방자치의 본질과 역사로 지방자치의 본질, 지방자치의 구성과 유형, 우리나라 지방자치의 역사, 집권과 분권

12장은 지방자치단체의 구성과 지방선거로 지방자치단체의 기관구성, 지방자치단체의 계층구조, 지방의회와 집행기관, 지방선거

13장은 행정개혁으로 행정개혁, NPM과 New Governance를 통한 행정개혁, 행정경영화의 전략

14장은 정보사회와 정보화 정책으로 정보사회와 전자정부, 지식행정, 정보화와 정보화정책, 국가정보화와 지역정보화이다.

그리고 각 장마다 마지막 부분에 연습문제(공무원 7~9급)와 해설, 고등고시(5급) 기출문제를 제시하여 공부한 내용을 복습하면서 심도 깊이 정리할 수 있도록 하였다.

이 책을 펴내주신 청목출판사 유성열 사장님과 편집에 수고해 주신 담당자 분들과 최명성 이사님에게 감사드린다. 또한 캠퍼스에서 열정을 가지시고 함께 동역하는 교수님들과 제자들에게도 감사드린다. 이 땅에서 내가 늘 감사하면서 살아가도록 기도하시는 어머니와 사랑하는 형제들, 학생들에게 학문뿐만 아니라 사랑을 전해 주는 좋은 교수가 되길 기도하는 아내와 딸 정은이, 아들 요셉에게 고마운 마음을 전한다. 이 책 신행정학개론을 가지고 행정학 공부를 시작하는 모든 학생들에게 감사하며 그들의 소망이 꼭 이루어지길 기원한다.

부족한 나를 여기까지 인도하시고 앞으로도 선한 길로 인도하실 하나님께 감사드린다. "나의 힘이 되신 여호와여 내가 주를 사랑합니다."

2013년 3월

안광현

# 차 례

제 1 장

# 행정의 특성 및 접근방법

세계화와 시민사회화가 빠르게 진행되고 있는 현대사회에서 정보통신기술의 발달로 인해 행정은 우리의 삶에 더욱더 밀접하게 연관되어 있다. 이를 단적으로 보여 주는 표현으로 "현대사회에서 행정이 미치지 않는 곳은 없다."라는 얘기를 우리들은 종종 들을 수 있다. 그만큼 행정은 우리 삶의 한가운데에 자리하고 있다.

이러한 행정은 E. N. Gladden이 "행정이 무술(shamanism) 다음으로 오래된 직업이다."라고 지적한 것처럼 행정은 역사적으로 매우 오래되었다. 그렇다고 행정이 수천 년 동안 변하지 않은 것은 아니다. 행정은 시대적 변화의 흐름 속에서 그 성격과 구조를 다르게 해 왔다.

## 제 1 절 행정의 정의와 변천

### 1. 행정의 정의

일반적으로 어떠한 개념들이든 이를 정의하는 것은 시간과 공간 또는 이를 정의하는 학자들마다 상이하게 정의된다. 하지만 행정의 개념을 정의하는 것은 쉽지 않다. 즉 우리의 생활과 밀접하게 관련된 행정에 대한 명확한 행정개념을 규정하는 것은 매우 어렵다. 이는 앞서 말한 것처럼 행정이 시대에 따라 계속 변화되어 왔고, 이에 대응하여 행정의 성격과 구조가 계속 변화되어 왔기 때문이다.

이를 왈도(Waldo, 1955: 2)는 "행정에 대해 한 문장 또는 한 절로 정의 내리는 것은 지적인 자극이나 각성보다는 지적인 마비라는 즉각적인 효과가 있을 뿐이다."라고 지적하였고, 나이그로(Nigro, 1965: 3)는 행정개념의 정의가 어려운 이유로서는 행정의 한계가 불분명하며, 행정의 내용이 계속 확대되고 있어 행정은 정의하기 어렵다고 하였다.

포스토프(E. Forsthoff)는 "행정은 정의(定議)할 수 없고, 다만 기술(記述)할 수 있을 뿐이다."라고 말해 행정의 개념정의의 어려움을 필역하였고, 김규정(1999: 8)은 행정의 개념은 행정이 확대 및 강화되고 질적 전환이 이루어진 현대행정국가의 특징과 관련시켜 파악하여야 하며, 특정 각국의 환경 및 문화적 제약성을 피할 수 없다는 관점에서 이해되어야 한다고 하였다.

이처럼 행정을 정의하는 것은 매우 어려운 일이다. 그럼에도 불구하고 행정의 성격과 구조 및 행정학의 범위를 정하기 위해서는 행정에 대한 정의가 반드시 필요하다. 이에 대한 학자들의 정의는 다음과 같이 정리한다.

황윤원(1999: 102)은 행정이란 정부를 운영하는 것이고, 정부의 일상 업무는 바로 우리의 일상생활의 한 요소가 되므로 행정은 결국 우리 생활의 일부라고 하였고, 이종수 · 윤영진은 행정이란 적용범위와 관련하여 넓은 의미의 행정과 좁은 의미의 행정으로 정의하였다. 전자인 넓은 의미의 행정은 조직 일반에 적용할 수 있는 인간협동의 측면에 초점을 맞추어 '고도의 합리성을 수반한 협동적 인간노력의 한 형태'를 말한다. 여기에서 말하는 합리적인 행동이란 주어진 공공목표를 달성하기 위해 기회비용을 최소화시키면서 그 목표와 관련된 적정수단을 정확히 선택하는 계산된 행동을 말한다. 따라서 넓은 의미의 행정은 공공단체, 기업체, 민간단체 등 모든 조직 활동에서 찾아볼 수 있다. 후자의 좁은 의미의 행정은 정부 관료제를 중심으로 이루어지는 활동을 의미하는데, 좀 더 엄밀히 말해 행정이란 '행정부의 구조와 공무원의 활동을 포함하는 개념'을 말한다.

이처럼 행정과 환경과의 관계, 행정에 대한 접근방법 등에서의 차이로 인해 다양하게 정의되는 행정의 최근 개념은 공공문제의 해결과 이를 위한 정부 외에 공사조직들의 연결 네트워크를 강조하는 경향이 있다. 즉 행정의 개념은 '거버넌스(governance)로서의 행정'을 의미한다. 거버넌스 개념에서는 정부의 일과 민간의 일이 엄격하게 구분되는 것으로 보지 않고, 공공(public)이라는 개념을 통해 양자 모두를 포함하려고 한다(정용덕, 2001: 10).

이렇게 다양한 행정의 개념을 본서에서는 "행정이란 공공문제의 해결 및 공공서비스의 제공과 관련된 정부의 제반 활동과 상호 작용으로서 궁극적으로 공익을 달성하기 위한 노력"이라고 정의한다.

## 2. 행정개념의 변천

행정의 개념은 시간과 공간에 따라 지속적으로 변화되어 왔다. 이러한 행정의 개념을 크게 행정법학적 접근과 행정학적 접근의 두 가지 측면으로 살펴볼 수 있다. 두 가지 측면을 살펴보기에 앞서 현대행정학의 기원인 관방학과 슈타인 행정학도 함께 살펴본다.

### 1) 관방학과 슈타인 행정학

#### (1) 관방학(Kameralismus)

관방학은 16세기 중엽부터 18세기 말에 이르는 동안 독일과 오스트리아에서 발달한 학문으로 절대군주의 지배를 위한 통치학이었다. 즉 절대주의 국가의 행정사상으로 오늘날 행정의 기원이라고도 볼 수 있다.

이러한 관방학은 전기와 후기로 살펴볼 수 있는데, 먼저 전기 관방학(1727년 빌헬름 1세)은 공공복지의 사상적 기초를 신학에서 찾았고, 왕실재정과 국가재정을 구별하지 않았으며 사가계적·사경제적 이론을 포함한 재정학·경제정책과 혼재되는 행정이었다. 반면에 후기 관방학(유스티 Justi)의 「경찰학원리(1756)」의 특색은 공공복지의 사상적 기초가 계몽사상의 압도적 영향을 받았다는 것과 경제정책이나 재정학과 구별된 독자적인 경찰학의 체계를 수립하고자 하였다(이원희 외, 2005: 43~44).

그러나 현대행정학의 기원인 관방학은 다음과 같은 면에서 한계를 지니고 있다. 첫째, 경찰국가에의 봉사적 성격이다. 관방학은 행복촉진주의적 복지국가관에서 출발하였음에도 불구하고 절대군주를 위한 통치술의 연구라는 범위를 벗어나지 못하였다. 둘째, 정치와 행정의 미분화이다. 관방학은 정치와 구별된 의미에 있어서의 행정에 관한 독립된 학문이라기보다는 정치의 시녀와 같이 행정에 정치가 개입되었다.

#### (2) 슈타인 행정학

슈타인 행정학은 19세기에 독일, 오스트리아 등지에서 입헌주의가 대두되고 민족국가적 통일이 이루어지면서, 행정에 관한 학문으로 대두된 학문 중 한 부류였다. 슈타인(Lorenz von Stein)은 관방학의 근본개념이었던 절대적인 경찰개념을 헌정(Verfassung)과 행정(Verwaltung)의 두 개념으로 분리시킴으로써 행정학의 독자적인 이론체계 정립을 시도하였다. 특히 슈타인은 헌정과 행정과의 대립관계에 대하여 헌정이 행정에 대하여 절대적 우위를 차지하고 있다고 보는 공법학의 입장과는 달리 양자 간에 서로 우위를 차지하고 있다는 이중관계를 설정하였다(이원희 외, 2005: 44).

또한 슈타인은 헌정은 국가라는 유기체를 구성하는 개인이 국가의사의 결정에 참여하는 국가적 권리이며, 행정은 국가가 모든 개인의 향상을 촉진시킬 임무를 수행하기 위한 국가의 행정 혹은 활동수단이라고 보았다.

이러한 측면에서 슈타인은 국가 활동을 내무행정, 외무행정, 재무행정, 법무행정, 군무행정 등 다섯 가지의 영역으로 구분하는 행정체계를 정립하였다.

### 2) 행정법학적 행정개념

행정의 법학적 행정개념은 실질적 의미의 행정과 형식적 의미의 행정으로 나누어 살펴볼 수 있다(이원희 외, 2005: 44~45).

#### (1) 실질적 의미의 행정

실질적 의미의 행정은 국가작용의 성질상의 차이를 표준으로 하는 입장에서 입법, 사법과 구별되는 것을 행정이라고 한다. 이를 좀 더 구체적으로 살펴보면 입법과 사법과의 구별을 긍정하는 구별긍정설과 구별을 부정하는 구별부정설로 나누어 설명할 수 있다.

먼저 구별긍정설은 행정은 입법과 사법으로부터 구별될 수 있는 것으로 바라본다. 첫째, 소극설이다. 옐리네크(Jellineck)에 의해 주장된 소극설(삼권분립적 공제설)은 행정은 입법과 사법을 제외한 일체의 국가작용이라고 바라보는 것으로서 이를 그림으로 살펴보면 〈그림 1-1〉과 같다.

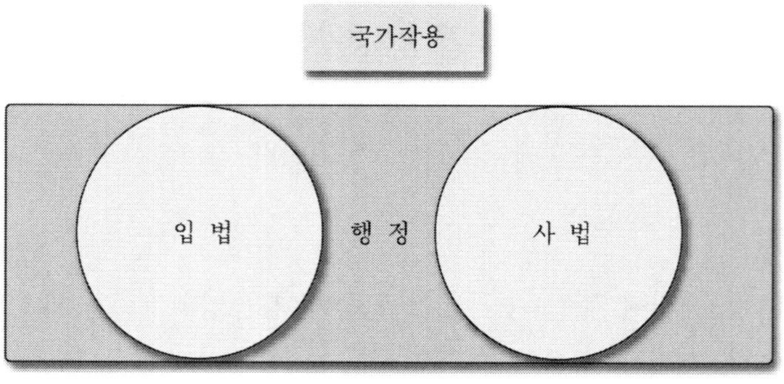


〈그림 1-1〉 옐리네크의 소극설

둘째, 적극설이다. 적극설은 마이어(O. Mayer)의 목적설과 플라이너(F. Fleiner)의 양태설(결과실현설) 두 가지가 있는데, 먼저 마이어의 목적설은 법질서 하에서 국가목적 또는 공익목적을 실현하기 위한 작용이라는 점에서 입법 및 사법과 구별되는 점에서 행정을 바라보았다. 다음으로 플라이너의 양태설 또는 결과실현설은 행정이란 법아래서 법의 규제를 받으면서 사법 이외의 국가목적 실현을 위하여 구체적으로 행하여지는 계속적·형성적인 국가 활동을 행정이라고 주장한다.

반면에 구별부정설은 다음과 같다. 구별부정설의 대표적인 학자로는 켈젠(H. Kelsen)과 머클(A. Merkl)이 있다. 이들은 순수 법학적 견해로서 입법·사법 및 행정의 성질에 따른 실질적 구별은 불가능하며, 다만 실정법 질서에서의 단계적 구조와 기관양태의 차이라는 형식적 표준에 의하는 수밖에 없다고 주장한다.

#### (2) 형식적 의미의 행정

형식적 의미의 행정은 국가작용의 실질(성질)과는 관계없이 현실적인 국가기관의 제도상의 권한을 기준으로 정립한 개념이다. 즉 주체가 누구냐에 따라 그 권한도 달라지고 주체에 따라 특성도 달라진다는 주장으로 행정기관의 권한에 속하는 작용을 행정이라고 한다.

#### (3) 행정법학적 행정개념의 한계

행정법학적 행정개념은 대체로 엄격한 권력분립을 전제로 하고 있으며, 행정을 법령의 구체화를 위한 수단으로 인식하고 있는 한계가 있다. 따라서 행정을 법의 함수로 파악하는 이러한 행정법학적 행정개념만으로는 종래의 삼권분립적 권력구조에 중대한 변혁을 초래한 현대행정국가의 행정의 기능적 변화를 충분히 파악하기는 어렵다.

### 3) 행정학적 행정개념

행정학적 행정개념은 학자들마다 상이하게 설명하고 있으나, 본서에서는 행정학적 행정개념을 시대별로 변화하는 행정의 개념으로 설명하겠다. 다만 행정학적 행정개념의 발달에서는 시대별로 변화하는 행정에 대해서 간략하게 설명하고, 제2장 행정학의 발달에서 이를 구체적으로 살펴본다.

#### (1) 행정학 성립 이전의 행정

① 미국의 건국이념인 자유와 평등의식

영국에서 청교도혁명에 실패한 남녀 102명은 1620년 Mayflower를 타고 미국으로 건너오면서, 자유와 평등의식을 근간으로 미국을 건국하였다. 이때의 자유와 평등의식은 추후에 행정의 근본정신이 되었다.

② 정치에서 정치적 대표성(representative)과 책임성(accountability)의 중시

1776년 독립전쟁은 "대표 없이 과세 없다."라는 주장을 통해 정치에 있어서 정치적 대표성(representative)과 책임성(accountability)을 중시하였다. 이처럼 대표성과 책임성이라는 행정의 근본정신이 탄생하기는 하였지만 실제적으로 이 시기에는 행정에 대한 관심이 없었다.

③ 행정에서 대표성(representative)과 책임성(accountability)의 중시: 엽관주의(spoil system)

미국의 제7대 대통령 잭슨은 1829년 연두교서에서 "모든 관직의 내용은 이해력 있는 인간이라면 누구나 용이하게 그 임무를 수행할 수 있을 정도로 간단 명백하며, 또 그렇게 하도록 창설된 것이다. 나는 공직을 오랫동안 보유하는 것은 그 경험에 의하여 얻는 것 이상으로 상실하는 것이 많다는 것을 믿어 의심치 않는다."라는 언명을 통해 행정에도 대표성과 책임성을 확보해야 함을 주장하였다. 즉 기존의 귀족 중심의 행정에서 신분에 구애받지 않는 민주주의적 행정으로 한걸음 진보하였다. 아울러 행정에서의 대표성과 책임성 강조는 인사행정에 있어서의 엽관주의(spoil system)를 확립하게 하는 원동력이 되었다.

④ 산업혁명과 남북전쟁

1840년대 이후 급속한 경제발전과정에서 산업혁명에 따른 시대적 모순은 북부 상공인집단에 의해 남부지역의 풍부한 노동력을 확보하기 위해 흑인노예 해방을 위한 남북전쟁을 초래했다. 또한 산업혁명 이후 사회의 분화가 가속화되면서 행정현상 또한 복잡하고 전문화되는 양상을 보이게 되었다. 이러한 행정의 복잡화와 전문화는 공무원의 정치개입과 부패, 공직의 불필요한 증설, 행정의 전문성과 계속성 침해와 같은 엽관주의의 폐해가 드러나기 시작했고, 이는 결국 대표성과 책임성을 강조했던 엽관제도의 타당성을 약화시켰다.

⑤ 실적주의(merit system)의 확립

엽관제도의 폐해에 대한 시민들의 불만은 진보주의 정치개혁운동으로 나타났으며, 1881년 한 엽관주의자에 의해 Garfield 대통령이 암살된 후에 더욱 거세져 1883년 실적주의(實績主義) 제도를 규정한 Pendleton법을 통과시키게 되었다. 이러한 Pendleton법은 행정의 전문성, 공정성, 객관성, 중립성 등을 높이기 위해 독립적이고 초당적인 인사위원회를 설치하고, 공개경쟁시험, 신분보장, 정치적 중립 등을 규정하고 있다.

### (2) 행정학의 성립과 행정

1887년 윌슨(W. Wilson)은 「행정의 연구(The Study of Administration)」에서 펜들톤법

의 제정에 따라 추진되기 시작한 공무원 인사제도의 개혁 주장을 통해 인사행정뿐만 아니라 정부의 운영방법도 개혁되어야 함을 강조하면서 행정의 연구를 촉진시켰다.

이러한 윌슨의 「행정의 연구」를 비롯한 행정에 대한 연구의 증가는 다음과 같은 시대적 배경을 가지고 있었다. 첫째, 19세기 말엽 미국 정부는 과거와는 비교가 되지 않을 정도로 복잡하고 많은 업무를 담당하고 있었다. 이에 이를 해결할 행정에 대한 연구가 필요하게 되었다. 둘째, 19세기 말엽에는 잭슨 민주주의에 따라 경험이 부족하고, 관리 분야에 전문성이 부족한 사람들이 공직을 차지하고 있어 이를 개혁하기 위해 행정에 대한 연구가 급증하였다. 셋째, 정경유착과 같은 정당정치 때문에 정치부패가 극심하여 행정은 무능과 부패에 빠져 있었다. 이를 극복하기 위해서 행정에 대한 연구들이 가속화되었다.

이러한 환경 하에 윌슨은 행정을 다음과 같은 시각으로 바라보았다. 먼저 윌슨은 행정을 사무(business)의 분야로 바라보았다. 즉 정치는 선거활동, 의회에 의한 입법 활동 등으로서 정부행동에 대한 폭넓은 계획을 수립하는 것이며, 이들을 구체적으로 집행하는 것을 행정으로 바라보았다.

따라서 윌슨은 정부의 기능이 점점 복잡해지고 어려워지고 있는 19세기 말엽에 효과적이고 능률적인 행정을 강조하였다. 그러나 당시에 영국과 미국은 행정의 활성화나 효과성 제고보다는 국민의 자유 등 인권보호를 위해서 집행권의 약화에 관심을 보이고 있었다.

### (3) 행정학의 성립 이후 행정

행정학의 성립 이후 행정에 대한 개념의 변화는 다음과 같이 5가지 측면에서 살펴볼 수 있다. 이를 구체적으로 설명하면 다음과 같다(이원희 외, 2005: 46~49).

#### ① 행정관리설

행정관리설이란 행정의 관리기술을 강조한 기술적 행정학을 말한다. 행정학의 성립기에 해당하는 1880년대부터 1930년대까지 행정은 엽관주의로 인해 많은 폐단을 겪고 있었다. 따라서 이를 극복하기 위해 행정을 이미 수립된 법이나 정책을 구체적으로 집행 및 관리하는 기술적 과정 내지 체계로 파악하는 것으로 행정과 경영 간의 차이를 경시하는 행정관리설이 대두되었다.

즉 행정관리설은 행정을 '공공사무의 관리'라는 사회기술적 과정 또는 기술체계로 파악하였다. 이를 주장하는 대표적인 학자로는 윌슨과 화이트가 있다. 먼저 윌슨(W. Wilson)은 1887년 행정에 대한 최초의 논문인 「행정의 연구」를 통해 행정은 하나의 관리 분야로서 정치 분야에서 형성된 법과 정책을 구체적인 상황에 맞추어 적용하고 관리하는 과정이라고 정의하였다. 다음으로 화이트(White)는 1926년 행정학 최초의 교과서인 「행정학 입문」을 통해 행정이란 국가목적달성을 위하여 사람과 물자를 관리하는 일이라고 정의하였다.

② 통치기능설

통치기능설은 1930년대 경제대공황을 계기로 행정국가화 경향이 확대 강화되던 시기에 시장의 문제를 해결하기 위한 균형인자로서의 행정의 기능을 강조하였다. 즉 행정의 본질을 정치 또는 정책의 기능으로 보는 기능적 행정으로 바라보았다. 따라서 행정과 정치의 밀접한 상관관계에서 행정은 정책의 구체화뿐만 아니라 적극적으로 정책결정기능이나 입법기능까지 담당하는 것으로 바라본다.

이러한 통치기능설의 대표적인 학자로는 디목과 애플비가 있다. 먼저 디목(Dimock)은 통치는 정치와 행정, 즉 정책형성과 집행으로 이루어지며 이 두 과정은 상호 협조적이라고 주장하면서 민주성, 사회적 가치, 인간의 가치구현과 같은 사회적 능률성을 강조하였다. 다음으로 애플비(P. H. Appleby)는 현대행정은 정책형성이라고 주장하였다.

③ 행정행태설

행정행태설은 1940년대 행정인의 의사결정이 핵심이 되는 행정행태를 중요시하는 전제하에 행정을 협동적 집단행동으로 이해한다. 또한 행정의 과학적 연구를 위하여 가치판단의 개입을 배제하는 행정행태설은 행정의 과정 측면에 중점을 두기 때문에 행정과 경영간의 본질적인 차이를 인정하지 않는 공사행정 신일원론적 입장이다. 이러한 행정행태설은 행정관리설과 상당히 유사한 점이 있다. 하지만 인간의 협동적 집단행동과 행정연구의 과학화를 중요시하였다는 점에서 행정관리설과는 다르다.

아울러 행정행태설은 의사결정은 가치판단과 사실판단의 요소로 구성되어 있는데 행정학은 학문으로서 이론과 법칙을 정립하는 데 목적을 두고 있기 때문에 가치판단의 문제보다는 사실판단의 문제에 대해 가치중립적인 입장에서 논리 실증주의적이고 자연과학적인 방법론에 따라 행정현상을 연구하여야 한다는 점을 강조하였다. 이상의 행정행태설의 대표적인 학자로는 버나드(Barnard)와 사이먼(H. A. Simon)을 들 수 있다.

④ 발전기능설

발전기능설은 1960년대에 발전행정론자인 Esman, Weidner 등에 의하여 제창되었다. 발전기능설은 행정을 국가발전을 위한 정치적·사회적·경제적 목표 설정에 적극적으로 참여하고 그에 일치되는 정책과 계획을 수립한 뒤 이를 집행 및 관리하는 기능으로 보는 입장이다.

이러한 발전기능설은 정치사회가 각종 문제나 도전 및 갈등에 당면하게 됨으로써 이에 대처 및 해결해 나가기보다 더욱 능동적이고 적극적으로 발전정책을 추진함과 동시에 행정의 변동대응능력을 강조하는 점에서 통치기능설과 차이가 있다.

⑤ 신공공관리론

신공공관리론(New Public Management)은 '시장주의'와 '신관리주의(new managerialism)'를 결합해 전통적인 관료제 패러다임의 한계를 극복하고 작은 정부를 구현하기 위해 개발된, 1980년대 이후 영·미 국가들을 중심으로 등장한 정부운영 및 개혁에 관한 이론을 말한다. 즉 신공공관리론은 정부관료제의 운영체제가 경쟁의 원리에 기반을 둔 시장체제를 모방, 계층제적 통제를 대체함으로써 정부관료제의 효율성을 높이자는 것이다. 따라서 신공공관리의 주요 정책수단으로는 인력감축, 민영화, 재정지출억제, 책임운영기관, 규제완화 등이 있다.

이러한 신공공관리론은 행정을 1980년대 이후 신보수주의와 신자유주의 이데올로기와 참여주의와 공동체주의를 기반으로 뉴거버넌스적 행정으로 바라보았다. 따라서 정부 및 국가행정에 중점을 두었던 전통적 행정개념과 달리 정부·준정부·비정부·반관민·비영리·자원봉사 등의 공공서비스 공급체제를 구성하는 다원적 조직체제 또는 조직네트워크의 상호 작용패턴인 인간의 집단활동을 행정으로 이해하였다.

결론적으로 신공공관리론은 주로 내부적 관점에서 행정에 기업의 경영방식과 가격과 경쟁에 기반을 두고 있는 시장기법을 도입하는 데 초점을 둔다.

## 제 2 절 행정의 특성과 행정이념

### 1. 행정의 특성

오늘날 행정은 우리들의 삶에 직·간접적으로 중대한 영향을 미치고 있다. 이른바 행정국가시대에 살고 있는 것이다. 따라서 우리들의 삶에 중대한 영향을 미치는 행정의 특징을 이해하는 것은 반드시 필요하다. 여기에서는 행정이 가지고 있는 특징인 공공성, 공익성, 정치성, 권력성, 관리성, 체제성(이원희 외, 2005: 49~52)에 대해서 구체적으로 살펴보고자 한다.

### 1) 공공성

공공성이란 사전적 의미로 '한 개인이나 단체가 아닌 일반 사회구성원 전체에 두루 관련되는 성질'을 말한다. 이러한 공공성을 프레드릭슨(H. George Frederickson)은 다섯 가지로 나누어 다음과 같이 설명하고 있다(이원희 외, 2005: 49~51).

첫째, 이익집단으로서의 공공성이다. 공공성에 대한 다원주의적 관점에 따르면 공공성은 집단 간 상호 작용에서 명백히 나타나며 집단 상호 작용의 순결과가 곧 공익이라고 보는 관점이다.

둘째, 합리적 선택으로서의 공공성이다. 합리적 선택으로서의 공공성은 개인주의에 근거한 것으로 대표적인 학자로는 벤담(Jeremy Bentham)이 있다. 아울러 합리적 선택으로서의 공공성은 공동체를 그 구성원으로 간주되는 개개인들에 의해 구성된 허구적 실체로 보는 관점이다.

셋째, 대표자로서의 공공성이다. 대표자로서의 공공성의 관점은 대부분의 경우 오늘날 민주주의 정부가 직접민주주의가 아닌 대의민주주의를 채택하고 있다는 점에서 착안된 것이다. 따라서 행정가들은 입법자들이 제정한 법에 기초해서 설치된 행정기관의 운영과 입법자들이 통과시킨 법에 따라서 법을 집행하는 역할을 수행한다는 관점이다.

넷째, 고객으로서의 공공성이다. 먼저 고객으로서의 공공성 개념에서 고객이란 일선행정가(street-level-bureaucrat)에 의해 서비스를 제공받는 개인이나 집단을 의미한다. 즉 고객으로서의 공공성은 고객인 국민들에게 서비스를 제공하는 공무원들이 형성하는 것을 말한다.

다섯째, 시민으로서의 공공성이다. 프레드릭슨은 시민으로서의 공공성 개념을 제시하였다. 시민으로서의 공공성은 새로운 패러다임으로 변화된 행정, 즉 뉴거버넌스적 공공성이다. 따라서 시민들은 모든 정책의 결정 및 집행에 참여할 뿐만 아니라 행정가·입법가 및 이익집단 등 다양한 주체들의 적극적인 참여를 촉구하는 관점이다.

### 2) 공익성

공익성은 사전적 의미로 '영리를 목적으로 하지 않고 공공의 이익을 도모하는 성질'을 말하며, 행정에서 공공성을 가진 이익을 말한다. 예를 들어 학교, 교통·통신기관, 언론기관, 병원 등이 공익성을 강조하는 것들이다.

이러한 공익적 성격의 행정은 행정인들이 중요한 결정을 내리는 경우에 우선시되는 가치이며, 행정인들이 반드시 준수해야 할 행정 가치이다.

### 3) 정치성

민주주의 사회에서 주권은 국민에게 있고 국민은 대의제기관인 입법부를 통해 국민주권을 행사하여야 한다는 것이 입법국가시대의 지배적인 사고였다. 따라서 정책결정은 국민의 대의기관인 입법부를 통해서 이루어지고, 행정은 단순히 이를 집행하는 것이었다.

하지만 오늘날의 행정은 정책의 집행 내지 현실화 기능뿐만 아니라, 정책형성과정에 있어서도 현실적으로 실질적인 영향력을 행사하고 있다. 특히 국민의 대표기관인 의회에서 법률의 형식으로 정책결정이 입법부의원에 의해 이루어지더라도 행정부가 정책의 내용을 실질적으로 결정해서 이를 의회에 제안하고 의회는 이를 받아들이고 있다.

따라서 오늘날의 행정에는 정치적 성격이 매우 강하게 나타난다.

### 4) 권력성

민주주의 국가에서의 행정작용은 헌법과 국민의 대표기관인 의회에서 제정되는 법률에 의거해서 행해져야 한다. 만약 행정작용이 헌법과 법률을 위반하여 국민의 자유와 권리를 침해했을 때에는 권리구제를 위한 제도적 장치가 마련되어야 한다.

즉 행정은 법률에 적합하게 행사되어야 한다. 행정은 법률에 근거하여 행사될 때 대상자들에 대해 우월한 지위에서 권력을 행사할 수 있는 권한을 부여받고 있다. 이를 권력성이라고 한다.

예를 들어 국가 또는 공공단체 등의 행정주체는 일방적으로 명령하거나 강제할 수 있는 권한을 가지고 있으며, 특정한 형태의 행정작용의 경우에는 그것이 법률을 위반하여 행사된 경우에도 그 위법성이 중대하고 명백한 위법이 아닌 한 권한 있는 기관에 의해 취소될 때까지는 그 행정작용의 효력을 인정하는 경우가 많다.

### 5) 관리성

행정은 경영과 조직의 목표를 달성하기 위한 관리적 성격을 공통적으로 가지고 있다. 즉 행정은 정부활동을 합리적·능률적으로 집행하는 사무의 '관리'라는 측면에서 관리적 성격을 지니고 있다.

특히 행정은 정치가가 아닌 기술자가 담당함으로써 정치적으로 중립적인 입장에서 서비스를 제공하는 것이다. 이를 주장하는 대표적인 학자로는 사이먼(H. A. Simon)과 나이그로(Felix A. Nigro)가 있다. 이들은 행정을 협동적 집단행동으로 바라봄으로써 행정의 관리성을 강조하였다.

### 6) 체제성

행정현상은 이를 담당하는 사람들과 관련된 인적 변수(가치관 · 태도 · 성분 · 지식 · 기술 · 정보 등) 및 구조적 변수와 환경적 변수(사회 · 경제 · 문화 · 정치 등) 간의 상호 작용의 결과라고 할 수 있다.

즉 인적 변수, 구조적 변수와 환경적 변수의 차이에 따라 행정현상은 다르게 나타날 수 있다. 따라서 행정은 구성요소, 상호 작용 및 환경의 관계를 중요시하는 체제성을 가지고 있다고 볼 수 있다.

이처럼 행정은 행정체제를 구성하고 있는 구성요소와 그들 간의 상호 관계 그리고 행정을 둘러싼 사회 · 경제 · 문화 · 정치적 환경에 따라 다르게 나타난다.

### 7) 현대행정의 특징

현대행정의 특징은 앞서 설명한 행정의 특징과 유사한 점이 많이 있으나 세계화 및 정보화를 통해서 다음과 같이 기존의 행정과 사뭇 다르다.

이러한 현대행정의 특징은 양적인 측면과 질적인 측면으로 나누어 설명할 수 있다(최창호 · 하미승, 2006: 15~18).

먼저 양적인 측면은 행정기능의 증가, 정부 및 행정기구의 팽창, 공무원 수의 증가, 재정규모의 팽창 등의 특징이 있다.

첫째, 행정기능의 증가이다. 오늘날 정부기능의 확대는 결국 행정기능의 증가를 초래하였다. 이는 행정부가 현대 국가기능의 실질적 담당자이기 때문이다. 이러한 행정기능의 증가는 경제활동에 대한 지도 및 규제, 사회보장의 실시, 주택 · 교통 · 지역개발 · 도시개발 등 국가 영역의 모든 범위에서 행정의 손이 미치지 않는 곳이 없음을 알 수 있다.

둘째, 정부 및 행정기구의 팽창이다. 행정기능의 증가로 세계 각국에서 정부 및 행정기구는 계속적으로 팽창하고 있다. 중앙정부기구를 살펴보면 미국에서는 독립 후 3개 성으로 출발한 것이 오늘날에는 15개 성으로 늘어났고, 우리나라는 1948년 12부 4처로 출발한 것이 15부 2처 18청으로 늘어났다가 2013년에는 17부 3처 17청으로 조직변화가 있었다. 지방자치단체에 있어서도 지방행정기능의 양적 증가현상이 나타나고 있다.

셋째, 공무원 수의 증가이다. 행정기구의 팽창은 공무원의 수를 대폭적으로 증가시키는 주원인이 되었다. 우리나라의 경우 1953년부터 1998년까지 45년간 공무원 수가 5.7배로 증가하였다. 2013년 현재 100만 명의 공무원이 행정을 담당하고 있다. 아울러 공무원 수의 증가현상은 단순한 수의 증가가 아닌, 각 국가의 인구밀도, 경제체제, 사회계층, 기술의 발달 등에 강한 영향을 미쳤다. 이러한 공무원 수의 증가와 관련된 대표적인 이론으로는 '파킨슨 법칙(Parkinson's Law)'이 있는데, 이는 공무원 수의 증가는 실질적인 업무의 증가와 관계없이 나타나는 현상을 말한다.

넷째, 재정규모의 팽창이다. 행정의 기능이 확대됨에 따라 행정기구의 팽창 및 공무원 수의 증가와 함께 재정규모도 급격히 팽창되었다. 미국의 경우 정부세출액이 지난 70년간 약 30배로 증가했고, 정부세출이 GNP에서 차지하는 비율도 대폭 증가하였다. 우리나라의 경우 정부 일반재정 세출액이 1959년에 9천만 원이었던 것이 2000년에는 98조 원으로 늘어나 50년 동안 약 109만 배로 팽창하였고, 2012년에는 325조 원이나 된다.

다음으로 질적 측면에서의 행정의 특징은 전문화 및 기술화, 계량화 및 정보화, 광역행정화 등이 있다.

첫째, 전문화 및 기술화이다. 오늘날의 행정은 기존의 치안유지의 기능뿐만 아니라 적극적으로 사회발전을 유도해나가고 있기 때문에 그 업무내용이 복잡 다양하다. 즉 현대행정은 복잡한 환경 속에서 다양한 이해관계의 조정, 사회·경제·문화·정치적 발전을 위해 정책결정 등 행정에 있어서 전문성 및 기술성이 특히 강조되고 있다. 따라서 현대행정은 전문 직업화되고 있으며, 전문지식과 기술을 갖춘 훈련된 직업공무원단이 국가 및 사회의 중추적 역할을 하고 있다.

둘째, 계량화 및 정보화이다. 현대행정은 복잡한 사회실태에 정확하게 대응해야 하기 때문에 무엇보다도 복잡한 사회실태를 정확하게 파악하여야 한다. 따라서 현대행정에서 계량화 및 정보화는 강조되고 있으며, 최근에는 정보관리 및 체제분석 등의 관리과학의 활용이 촉진되고 있다.

셋째, 광역행정화이다. 현대행정은 교통 및 통신수단의 발달, 인간의 생활권역의 확대, 국민경제의 발달과 국제관계의 긴밀화 등으로 인해 광역적으로 행정을 수행하는 경향이 나타나고 있다. 아울러 광역행정화를 통해서 소규모 지방자치단체의 통폐합과 지방자치단체 간의 협조 등과 같은 현상이 나타났다.

## 2. 행정학의 특성

### 1) 행정학의 기술성과 과학성

행정학의 특성은 행정의 특성과 매우 밀접하다. 이러한 행정학의 특징은 왈도(D. Waldo)가 강조한 기술성(技術性)과 사이먼(H. Simon)이 강조한 과학성을 통해 더욱 구체적으로 이해할 수 있다(이원희 외, 2005: 56~58).

### (1) 기술적(Art) 행정학

행정학의 기술성은 왈도(Waldo)의 논문에서 art 또는 profession으로 찾아볼 수 있다. 이는 왈도(Waldo)가 생각하는 기술성이 행정의 활동 자체 또는 문제를 처방 또는 치료하는 행위를 말한다. 물론 사이먼도 행정의 기술성을 practice로 표현하였다. 하지만 사이먼이 주장하는 기술성은 정해진 목표를 어떻게 하면 효율적으로 성취하는가의 방법을 다루는 것으로 왈도(Waldo)의 기술성과는 차이가 있다.

즉 행정학에서의 기술성(art)은 실제 적용과정에 초점을 두고 현실문제 해결이나 목표달성을 위한 기법을 중시하는 것을 말한다. 예를 들어 실용성, 실천성, 처방성 등이 이에 해당된다.

이러한 기술적 행정학이 대두된 이유는 사회과학은 자연과학과 차이가 있다는 점에서 시작한다. 즉 자연현상은 이론을 통해 현상을 기술(describe)하고 설명(explain)하여 미래를 예측(predict)한다. 또한 목적달성을 위해서 현상을 통제하기도 한다.

그러나 사회과학은 자연과학과 같지 않다. 즉 사회현상은 그 반복성이 매우 낮다. 따라서 사회과학에 확립된 이론은 개연적인 확률로 표현될 뿐이지, 실제 현상을 정확히 설명하기에는 매우 많은 어려움이 따른다. 또한 자연과학은 인간의 인식과 상관없이 자연현상을 존재하는 것으로 바라보지만 사회과학은 인간의 인식과 사회현상이 깊은 관계가 있는 것으로 바라본다.

즉 사회과학은 이론과 실제 간의 차이가 크게 발생한다. 따라서 사회과학 연구에는 실제 적용과정에 초점을 두고 현실 문제를 해결하거나 목표를 달성하여야 한다.

이러한 기술성의 대표학자로는 Wilson, Marx, Sayer, Waldo 등이 있다. 이 중 윌슨(Wilson)은 'The Study of Administration' 논문 이후 초기의 행정학은 관리기술이나 원리의 발견에 치중하다 보니 자연히 기술성이 강조되어야 한다고 주장하였다.

아울러 기술성을 강조한 행정학은 발전행정론이나 신행정론으로 그 정신이 이어진다.

### (2) 과학적 행정학

행정학에 있어서 과학성은 검증에 의해 증명된 원칙의 체계화된 지식을 중시하는 것을 말한다. 즉 과학성은 원인과 결과의 관계인 인과관계를 밝힘으로써 이론을 정립하는 것을 말한다.

이론의 정립은 연역적 접근법과 귀납적 접근법을 통해 이루어지는데, 전자인 연역적 접근법은 일반이론으로부터 논리적 추론의 과정을 통해 개별이론을 도출하는 것을 말하고, 후자인 귀납적 접근법은 개별 사실에 대한 규칙성을 탐색함으로써 일반이론을 도출하는 것을 말한다.

즉 자연과학에서 강조하는 것처럼 현상을 기술하고, 설명함으로써 미래를 예측하는 데 사용되는 객관적이고 논리적이며, 체계적인 분석방법을 과학적 행정학이라고 한다.

이러한 과학적 행정학에서는 왜(why)를 중심으로 설명성(explanation), 인과성(causality), 객관성(objectivity) 및 유형성(pattern)을 강조한다.

아울러 과학적 행정학을 강조한 대표적인 학자들은 사이먼(Simon)과 란다우(Landau)가 있으며, 과학적 행정학은 행정행태론과 비교행정을 통해 그 정신을 이어가고 있다.

이상의 기술적 행정학과 과학적 행정학을 비교하면 다음과 같다(〈표 1-1〉 참조).

〈표 1-1〉 행정학의 기술성과 과학성

| 구분 | 기술성(art) | 과학성(science) |
| --- | --- | --- |
| 특성 | 문제해결을 위한 실천 및 처방 | 현상의 기술, 설명, 예측 |
| 대표학자 | 세이어, 막스, 왈도 | 사이몬, 란다우 |
| 대표이론 | 후기행태론, 발전행정론, 신행정론 | 행태론, 비교행정론 |
| 정치와의 관계 | 정치행정일원론 | 정치행정이원론 |

#### (3) 종합

행정학의 특성을 설명하는 데 있어서 기술성과 과학성 어느 한 측면만을 강조하는 것은 옳지 않다. 즉 사회의 문제를 해결하기 위해서는 가치판단이 필요하지만 그것은 과학적이고 객관적인 지식에 기반이 되어야 한다. 요컨대 기술성 또는 과학성의 강조는 주어진 사회문제에 따라서 달라져야 할 것이다.

### 2) 일반적인 행정학의 특성

행정학은 기술성과 과학성 이외에도 다음과 같은 특성을 가지고 있다.

첫째, 행정학은 사회과학의 한 분과 학문으로서 독자성을 가지고 있다. 행정학은 정치학, 경제학, 경영학 등과 같이 사회과학의 한 분과 학문임은 틀림없다. 하지만 무엇보다 행정학이 사회과학에 있어서 독자성을 지닌 분과 학문인 이유는 독자적 연구주제와 그 분야의 현상을 체계적으로 설명할 수 있는 이론이 있기 때문이다. 그럼에도 불구하고 행정학의 정체성이 위기에 봉착한 것은 행정학이 종합 학문으로서의 성격을 지니게 되었고, 인접 학문으로부터의 이론과 연구가 수용되면서 정체성 논란이 있었기 때문이다. 따라서 행정학의 정체성 위기를 극복하기 위한 노력이 필요하다.

둘째, 응용과학으로서의 행정학이다. 행정학은 기초적인 분과 학문들이 이루어놓은 이론과 지식을 응용하여 행정현상을 연구하고 실제의 행정이 안고 있는 문제해결에 응용하는 실용적이면서도 임상적인 학문이다.

셋째, 전문직업적 학문이다. 행정학은 공공행정에 관련된 전문행정가, 일반관리자 및 행정실무가를 양성하는 데 큰 비중을 두고 있다. 따라서 행정학은 전문직업인을 교육하는 학문이라고도 할 수 있다. 즉 행정학은 전문적인 기술, 집단의 사회적 책임, 전문직업인의 문제해결능력을 함양하는 데 도움이 되는 학문이다.

끝으로, 종합 과학적 학문이다. 행정학은 다양한 인접 학문과 교류하고 그들로부터 많은 이론과 지식을 받아들인다. 즉 궁극적으로는 다양한 인접 학문을 행정현상의 연구에 이용하기 때문에 종합 과학적인 특성을 가지고 있다고 말할 수 있다.

## 3. 행정이념

행정이념은 행정에 있어서 매우 중요한 의미를 가지고 있다. 왜냐하면 행정이념은 행정학을 연구하는 사람과 행정학을 가르치는 사람 또는 행정실무자 모두에게 있어 행정의 방향이나 지침을 제시하기 때문이다.

### 1) 행정이념의 개념

앞서 행정이란 공공문제의 해결 및 공공서비스의 제공과 관련된 정부의 제반 활동과 상호 작용으로서 궁극적으로 공익을 달성하기 위한 노력이라고 정의하였다. 이러한 행정이 지키고 따라야 할 규범가치인 행정이념의 개념은 학자들마다 상이하게 정의하고 있다.

박연호(2001: 137)는 "행정이념이란 행정이 업무를 처리하는 데 의존하는 일종의 기준으로 흔히 바람직한 행정은 어떤 것이고 어떻게 해야 할 것인가의 지침이 되는 것이다."라고 정의하였고, 이원희 · 위계점(2006: 286)은 "행정이념이란 행정과정에서 따라야 할 일반적 지도정신 혹은 지침, 기준 원칙으로서 행정철학이나 행정의 이상적인 미래상 등 규범과 관련된 내용이다."라고 정의하였다. 또한 박수영(2006: 89)은 "행정이념이란 행정의 지도정신, 행정이 지향하는 최고의 가치이다."라고 정의하였다.

이처럼 행정이념의 정의는 학자들마다 상이하지만 결국 행정이 따라야 할 지침 또는 가치라는 측면에서 행정이념이란 행정업무를 처리하는 데 있어서 따라야 할 지침 또는 기준으로서 행정이 지향하는 최고의 가치를 말한다.

### 2) 행정이념의 분류

행정업무를 처리하는 데 있어서 따라야 할 지침 또는 기준으로서 행정이 지향하는 최고의 가치인 행정이념은 다음과 같이 당위적 또는 규범적 측면에서 제기되는 '본질적 가치'와 궁극적으로 행정의 목적을 실현하는 것을 가능하게 하는 가치, 즉 '비본질적 가치'로 나눌 수 있다(윤영진 · 이종수, 2006: 184~185).

먼저 본질적 가치(intrinsic value)는 행정을 통해 달성하고자 하는 궁극적 가치이다. 즉 가치 자체가 목적이 되는 가치를 의미하는 것으로 공익, 정의, 형평 등의 개념이 여기에 해당된다. 물론 본질적 가치에 해당되는 개념들이 수단적 가치로 환원될 수도 있다.

다음으로 비본질적 가치(extrinsic value)는 도구적 또는 수단적 가치(instrumental value)라고도 불리는 것으로 궁극적 목표로서의 가치를 실현하는 본질적 가치를 실현 가능하게 하는 가치를 의미한다. 그 예로는 민주성, 능률성 · 효과성 · 효율성, 합리성, 합법성 등이 있다.

### 3) 행정이념의 종류

#### (1) 공익(public interest)

공익이란 사전적 의미로 공공의 이익, 즉 사회구성원 전체의 이익을 말한다. 이러한 공익은 행정이 궁극적으로 추구해야 본질적 가치로서 행정행위의 최고의 가치 준거이다.

하지만 행정이 추구해야 할 본질적 가치인 공익은 학자마다 그 의미를 다양하게 규정하고 있으며, 일부 학자들은 공익의 개념이 모호할 뿐만 아니라 심지어 무의미하다고 주장하고 있다. 따라서 공익에 대한 본질적인 이해를 위해 공익의 실체설과 과정설, 절충설에 대한 이해가 반드시 필요하다.

① 공익의 본질

공익의 개념은 공익을 바라보는 접근시각에 따라 달라지는데 공익의 대표적인 접근시각은 실체설, 과정설 그리고 절충설 이상의 3가지이다(윤영진 · 이종수, 2006: 184~185, 이원희 외, 2006: 290~292).

가. 공익 실체설

공익 실체설이란 공익은 사익(私益)을 초월한 실체적 · 규범적 · 도덕적 개념으로 파악하며, 공익과 사익과의 갈등이란 있을 수 없다고 보는 공익이론을 말한다. 이러한 공익 실체설은 논자에 따라 적극설 또는 규범설이라고도 정의되는데, 무엇보다 공익 실체설의 가장 큰 특징은 공익이 사익의 단순한 총화가 아니고 사익과는 구별되는 실체적 · 적극적 개념이라고 보고 공익의 존재성을 인정하고 있다는 점이다.

따라서 공익은 전체주의, 권위주의, 엘리트 모형, 개도국의 입장, 관료의 적극적 역할을 강조한다. 다만 공익개념의 구체적인 내용은 논자에 따라 자연법 · 정의 · 형평 · 복지 · 인간존중 · 공동사회의 기본적 가치 등 다양하다.

하지만 공익 실체설은 자연법사상이나 합리주의를 지나치게 강조한 나머지 객관성과 구체성이 결여되는 한계를 지니고 있다.

이러한 공익 실체설의 대표적인 학자로는 플라톤(Platon), 아리스토텔레스(Aristoteles), 루소(J. J. Rousseau), 헤겔(G. W. F. Hegel), 마르크스(K. Mark), 플래스맨(R. E. Flathman), 헬드(V. Held), 리프먼(W. Lipman), 롤스(Rawls) 등이 있다.

나. 공익 과정설

공익 과정설이란 현실주의적이고 개인주의적인 공익개념을 주장하는 것으로 공익이란 선험적인 개념으로 존재할 수 없는 것이며, 사익의 총합이거나 사익 간의 타협 또는 집단과정의 상호 작용의 결과적 산물로 파악한다. 따라서 공익 과정설은 공익이 실질적으로 과정적 · 제도적 · 절차적 국면을 통해서 형성되며, 여러 사회집단이 대립 · 투쟁 · 협상 · 타협을 벌이는 과정에서 결과적으로 다수 이익에 일치되도록 도출된다고 인식한다.

따라서 공익 과정설은 개인주의, 다원주의, 다원화된 민주주의, 다수의 이해관계자의 적극적인 역할을 강조한다.

하지만 공익 과정설은 규범적, 도덕적 요인으로서의 공익을 경시하고, 국가이익이나 공동이익의 존재를 고려하지 않으며, 무엇보다 공익을 행정행위의 준거, 즉 행동의 지침과 가치기준이라는 속성을 간과하고 있다.

이러한 공익 과정설의 대표적인 학자로는 홉스(T. Hobbes), 흄(D. Hume), 벤담(J. Bentham), 새뮤얼슨(P. Samuelson), 슈버트(G. Schubert), 린드블룸(Lindblom) 등이 있다.

다. 공익 절충설

공익 절충설이란 공익을 공익 과정설의 주장처럼 사익의 단순한 집합체도 아니고 사익 간의 타협의 소산도 아니며, 공익 실체설의 주장처럼 사익과 별개의 차원이 아닌 소비자의 이익으로 보는 시각을 말한다.

이러한 공익 절충설은 공익을 결정하는 변수를 다음과 같이 정의하고 있다. 첫째, 사회

구성원의 가치관이다. 둘째, 정치이념 및 체제이다. 즉 자유민주주의인가 아니면 사회민주주의인가에 따라 공익은 달리 결정된다. 셋째, 경제이념 및 체제이다. 즉 자본주의인가 아니면 공산주의인가에 따라 공익은 달리 결정된다. 넷째, 정책유형이다. 공익은 집단적 이익과 관련된 국방정책 또는 개인적 이익과 관련된 교육정책과 같이 정책의 유형에 따라 다르게 결정된다.

이상의 공익 절충설을 주장한 대표적인 학자들로는 뷰캐넌(Buchanan)과 털럭(Tullock)이 있다.

② 공익의 기능

행정이 궁극적으로 추구해야 할 본질적 가치로서 행정행위의 최고의 가치 준거인 공익은 다음과 같은 기능을 한다(박수영, 2006: 51, 박연호, 2001: 21, 김규정, 1999: 148).

첫째, 행정의 규범적 또는 윤리적 기준의 제시이다. 공익은 행정인에게 규범적 또는 윤리적 기준을 제시함으로써 책임성 확보와 함께 정책결정 및 프로그램을 평가해 주는 기준이 된다.

둘째, 행정활동의 정당성 확보이다. 공익은 국가의 행위를 정당화시켜 국민생활에 큰 영향을 미치는 행정활동이나 정책이 국민의 호응과 지지를 얻는 데 도움이 된다.

셋째, 대립적인 사회집단의 공존체제를 확립시켜 준다. 즉 공익은 다원적 사회에서 공존체제를 구축한다. 오늘날의 다양한 이해관계에 기반을 둔 경쟁과 대립이 공익을 통해 조정・타협・해소될 수 있다.

### (2) 정의(justice)

정의란 사전적으로 '옳음(righteousness)'과 '공정(公正, just)'의 의미를 지닌 가치개념을 말한다. 이러한 정의를 아리스토텔레스(Aristoteles)는 "정의는 동등한 사람이 똑같은 배당을 받는 것"을 의미하며, "불공정(unjust)이 불평등을 의미한다면 공정(just)은 평등(equal)을 의미하는 것"이라고 하여 정의를 바로 평등의 개념으로 환원하고 있다.

더불어 시즈윅(Henry Sidgwick)은 정의를 권리와 자유, 부담과 혜택을 공정하게 배분하는 것을 의미한다고 한다. 한편 롤스(John Rawls)는 정의를 공평(fairness)으로 풀이하면서 가상적인 원초적 상황(original position) 속에서 사람들이 합의하게 되는 기본적인 원칙이 바로 사회적 정의가 되어야 한다고 주장한다.

이러한 정의에 관한 대표적인 이론으로는 롤스의 정의론이 있다. 롤스는 사회의 모든 가치, 즉 자유와 기회, 소득과 부, 인간적 존엄성 등은 평등하게 배분되어야 하며, 이와 같은 가치의 일부나 전부의 불평등한 배분은 그것이 사회의 최소 수혜자에게 유리한 경우에만 정당하다고 본다(윤영진·이종수, 2006: 187~189, 이원희 외, 2006: 288~290).

① 정의론에서의 롤스의 두 원칙

롤스는 정의론에서 제1원칙인 평등한 자유의 원칙과 정당한 불평등의 조건인 기회균등의 원칙과 차등의 원칙을 제시하고 있다.

가. 정의의 제1원칙: 평등한 자유의 원칙(principle of equal liberty)

롤스의 정의의 제1원칙은 평등한 자유의 원칙으로 모든 사람에게는 정치적 또는 경제적 활동에서 자유를 보장해 주어야 한다고 주장하였다. 즉 모든 사람들은 다른 사람들의 유사한 자유와 상충되지 않는 한도 내에서 평등한 기본적 자유에 대해 동등한 권리를 갖는다고 주장하였다.

이러한 기본적 자유에 해당하는 권리로는 투표권, 피선거권, 언론 및 집회의 자유, 양심과 사상의 자유, 재산소유의 자유 등이 있다.

나. 정의의 제2원칙: 정당한 불평등의 조건

롤스의 정의의 제2원칙은 기회균등의 원칙과 차등의 원칙으로 이루어져 있다. 먼저 기회균등의 원칙은 불평등의 모체가 되는 직위 등은 모든 사람에게 균등하게 공개되어야 한다는 것으로, 정당한 사회적 또는 경제적 가치의 기회의 균등을 주장한다. 다음으로 차등의 원칙은 기회균등의 원칙이 전제된 상황에서 사회적 또는 경제적 불평등이 가장 심한 사람들의 편익을 최대화해야 한다는 원칙이다.

다. 원칙 사이의 상호 작용

롤스의 제1원칙과 제2원칙은 그 우선순위가 존재한다. 즉 제1원칙이 제2원칙에 우선하고, 제2원칙에서 기회균등의 원칙이 차등의 원칙에 우선한다. 다시 말해 기본적 자유가 평등하게 배분되고 다음으로 기회가 평등하게 분배되어야 한다.

아울러 롤스는 제1원칙과 제2원칙이 충족되는 상태에서 나타나는 차등은 정당한 것이라고 주장하였다. 그리고 이러한 원칙에 기반을 둔 롤스의 정의론은 추후 복지국가의 이념적 토대가 되었다.

② 정의론의 한계

롤스가 주장하는 정의론은 현실 적용 측면에서 다음과 같은 비판을 받았다.

첫째, 사회 전체의 후생 감소이다. 롤스가 주장한 차등원리는 공리주의에서와 같이 사회 전체의 더 큰 이익을 위해 불공평한 배분을 방지할 수는 있지만, 롤스의 축차적 차등의 원리를 따를 경우 사회 전체 후생이 감소되는 한계가 있다.

둘째, 현실적 지침으로서의 부적합이다. 롤스의 정의론에서 가정되고 있는 사회체계는 현실적 사회체계라기보다는 이념적 사회체계로서 이상사회의 정의를 규정하고 있다. 따라서 롤스의 정의론은 구체적인 현실적 지침으로서 부적합하다.

셋째, 모든 공리주의적 고려를 도외시하고 정의의 원리에 대하여 절대적 우선순위를 부여하는 것은 사리와 현실 모두에 맞지 않다.

### (3) 형평성(equity)

형평성이란 동등한 자를 동등하게, 동등하지 않은 자를 동등하지 않게 취급하는 것을 의미한다. 이러한 형평성을 아리스토텔레스는 '여러 개인들 간의 관계에서 사물의 적절하고 마땅한 분배로 이루어진 공정한 평등'이라고 정의하였으며, 돌바크(Paul Henri Dietrich d'Holbach)는 '각자의 재능과 업적에 따라 대우하는 것'이라고 정의하면서, 기계적 평등은 사회정의에 어긋날 뿐만 아니라 사회 공동선과 양립하지 않는다고 주장하였다(윤영진·이종수, 2006: 188~190, 이원희 외, 2006: 300~302).

즉 아리스토텔레스와 돌바크가 주장한 형평성은 모두 사회적 형평성을 주장한 것으로 볼 수 있다.

이러한 형평성의 등장을 살펴보면 다음과 같다. 형평성은 1960년대 신행정론의 등장과 더불어 강조되기 시작하였다. 즉 1960년대 이후 미국사회에 실업, 빈곤, 무지 등의 악순환이 계속되는 것은 비민주적이고 공리주의적인 행정의 가치중립적인 태도 때문이라고 비판을 하면서, 이를 개선하기 위해서 가치의 개입을 중시함과 동시에 행정가의 적극적 활동을 요구하는 사회적 형평성이 강조되었다.

그리고 사회적 형평성에 대한 논의는 1971년 롤스의 정의론을 통해 진전되었다. 아울러 형평성은 같은 입장에 있는 사람은 동등하게 취급해야 한다는 수평적 형평성과 다른 입장에 있는 사람은 다르게 취급해야 한다는 수직적 형평성으로 구분할 수 있다. 예를 들어 살펴보면, 정치적 평등인 1인 1투표권, 동일한 소득의 경우 동일한 세금을 납부하는 것은 수평적 형평성에 해당되지만, 가난한 사람들에게는 세금을 감면해 주고, 생활보호대상자들에게 각종 의료서비스를 무료로 제공하는 것은 수직적 형평성에 해당된다.

### (4) 민주성(democracy)

민주성이란 자유와 평등을 근본으로 하는 민주주의 원리를 행정에 적용한 것으로 행정이 1인이나 일부 또는 특권계층을 위한 것이 아니라 국민 전체를 위한 것을 말한다. 이러한 행정의 민주성은 관료의 관료주의화 경향을 경계하기 위해 도입된 것으로 통치기능설이나 인간관계론 이후 강조되었다(이원희 외, 2006: 298~299).

① 민주성의 유형

민주성은 정부와 국민 간의 관계에 초점을 두는 정치적 민주주의(political democracy)와 조직 내의 민주적 관리를 의미하는 조직 내적 민주성(organizational democracy)의 두 측면으로 나누어 볼 수 있다. 먼저 정부와 국민과의 관계에서의 민주성은 국민의 요구를 수렴해 행정에 반영시키는 대응성(responsiveness)의 확보 및 책임행정의 구현을 의미한다. 다음으로 조직 내적 민주성은 조직구성원의 사회심리적 욕구 및 정서적 요인을 중시하는 관리를 지향한다. 따라서 하의상달(下意上達)·분권화·자아실현욕구의 충족을 위한 조직의 관리가 이루어질 것이 요구된다.

이와 유사하게 민주성은 대외적 민주성과 대내적 민주성으로도 구분할 수 있다. 먼저 대외적 민주성이란 국민에게 책임을 지는 행정, 즉 앞서 말한 정치적 민주주의에서의 대응성을 보장하는 행정을 말한다. 따라서 대외적 민주성은 참여, 공개, 대표관료제, 행정절차법 등을 강조하였다. 반면에 대내적 민주성은 조직 내적 민주성과 유사한 것으로 조직관리의 민주화를 강조한다. 따라서 민주형 리더십, 권한위임, 분권화 등을 강조한다.

② 민주성과 능률성의 비교

민주성은 능률성과 상충적 요소가 강하다고 인식되고 있다. 이를 비교 설명하면 다음과 같다.

첫째, 이념적 차이이다. 민주성은 참여, 공개, 책임과 같은 이념을 중시하지만, 능률성은 재량, 전문, 성과 같은 이념을 중시한다.

둘째, 방법론의 차이이다. 민주성은 신행정학, 공공선택이론과 같은 방법론을 활용하지만, 능률성은 행정관리론, 과학적 관리론과 같은 방법론을 활용한다.

셋째, 인사 분야에서의 차이이다. 민주성은 인사 분야에 있어 엽관주의, Y이론 등을 중시하지만, 능률성은 실적주의, X이론 등을 중시한다.

넷째, 조직 분야에서의 차이이다. 민주성은 하의상달, 대표관료제, 권한위임 등을 강조하지만, 능률성은 상의하달, 계층제, 조직학습 등을 강조한다.

이처럼 민주성과 능률성의 강조하는 부분에 차이가 있는 것은 틀림없다. 하지만 오늘날과 같이 정치·사회·경제·문화 등의 많은 요소들이 복합적으로 나타나는 행정을 이해하기 위해서는 무엇보다 민주성과 능률성은 결국 상호 대칭적인 것이 아닌, 상호 보완적인 관계로 바라보고, 나아가 민주성과 능률성의 조화를 모색해야 할 것이다.

### (5) 효과성 · 효율성

① 효과성(effectiveness)

효과성은 목표달성의 정도(degree of goal achievement)를 의미한다. 즉 산출이 목표를 달성한 정도를 의미한다. 따라서 효과성의 개념에는 투입의 개념이 내포되지 않는다. 다시 말하면 효과성의 개념에서는 비용이 얼마가 드느냐 하는 투입의 문제에 관심을 갖는 것이 아니라, 정해진 목표를 얼마나 달성했느냐 하는 데에 관심을 갖는다.

덧붙여 효과성 개념은 1960년대 이후 발전 행정적 사고가 지배적이 되면서 행정이 발전 목표를 사전적 · 계획적 · 의도적으로 계획해 이러한 목표를 달성하려는 데 최대 관심을 두면서 중요시된 개념이다.

이러한 효과성을 측정하는 모형에는 목표달성도를 측정하는 목표모형(goal model)과 체제의 적응 및 생존능력을 측정하는 체제모형(system model)이 있다.

② 효율성(efficiency)

효율성은 능률성과 생산성을 합한 복합개념이다. 따라서 논자에 따라서는 넓은 의미의 능률성으로 이해하기도 하며, 생산성과 같은 의미로 사용되기도 한다. 따라서 효율성은 목표를 달성하는 데 있어 보다 적은 비용으로 달성하는 데 의미가 있다. 효율성(능률성)이란 일반적으로 투입(input)에 대한 산출(output)의 비율을 말한다. 이러한 능률성은 귤릭(Gulick)이 주장한 기계적 능률성(mechanical efficiency)과 디목(Dimock)과 메이요(Mayo)가 주장한 사회적 능률성(social efficiency)으로 나누어 볼 수 있다.

먼저 기계적 능률성은 행정과 경영의 유사성이 강조된 정치 · 행정이원론 시대에 중요시된 능률관으로, 능률성을 기계적 · 물리적 · 금전적 측면에서 파악한 개념이다. 한편 1930년대 중반 이후의 인간관계론의 등장과 더불어 강조된 사회적 능률성은 행정의 사회목적 실현, 다원적인 이익들 간의 통합조정 및 행정조직 내부에서의 구성원의 인간적 가치의 실현 등을 내용으로 하는 능률관을 말한다.

이러한 효율성을 평가하는 기준에는 대표적으로 파레토 효율과 칼도-힉스기준이 있다. 먼저 파레토 효율(Pareto efficiency)은 파레토 최적(Pareto optimum)이라고도 불리는 것으로 한 배분상태가 실현 가능하고 다른 모든 실현 가능한 배분상태와 비교해 볼 때 이보다 파레토우위인 배분상태가 없으면 이 배분상태를 파레토최적이라 한다. 즉 사회 내의 어떤 사람의 후생을 감소시키지 않고서는 다른 사람의 후생을 증대시킬 수 없는 실현 가능한 배분상태를 파레토 효율성이라고 한다.

다음으로 칼도-힉스기준(Kaldor-Hicks criterion)은 어떤 변화를 통해 이득을 보는 사람에 의해 평가된 이득의 가치가 손해를 보는 사람에 의해 평가된 손해의 가치보다 더 클 때, 그 변화를 개선이라고 평가할 수 있다(이원희 외, 2006: 294~296).

### (6) 합리성(rationality)

합리성이란 사회현실을 인식하고 대처하는 과정에서 제기되는 정신작용으로 의식적이고 체계적인 사고 작용을 의미한다. 즉 합리성은 일반적으로 논리(論理, logic) 또는 이성(理性, reason)에의 적합성을 가리키는 개념이나, 행정학에서는 어떤 행위가 궁극적 목표달성의 최적수단이 되느냐의 여부를 가리는 개념으로 사용되고 있다(윤영진·이종수, 2006: 193~194, 이원희 외, 2006: 306~308).

이러한 합리성의 개념을 사이먼(H. A. Simon)은 실질적 합리성(substantive rationality)과 절차적 합리성(procedural rationality)으로 나누어 설명한다. 먼저 실질적 합리성은 목표에 비추어 적합한 행동이 선택되는 정도를 의미하고, 다음으로 절차적 합리성은 결정과정이 이성적인 사유(reasoning)에 따라 이루어졌을 때 존재한다고 말한다.

또한 만하임(K. Manheim)은 합리성을 기능적 합리성(functional rationality)과 실체적 합리성(substantive rationality)으로 나눈다. 먼저 기능적 합리성이란 조직목표달성을 지향하는 목표 지향적이고 일관성 있는 행태의 속성으로 목표의 달성에 순기능적인 행위를 할 때 나타난다. 다음으로 실체적 합리성이란 개개인의 목표달성을 지향하는 행태의 속성으로 특정 상황에서 여러 가지 사건이나 요소 간의 상호 관계에 대해 지성적 통찰력을 나타내는 사고 작용이다.

끝으로 베버(M. Weber)는 합리성을 이론적 합리성(theoretical rationality), 실제적 합리성(practical rationality), 실질적 합리성(substantive rationality), 형식적 합리성(formal rationality)으로 나누어 설명했다. 먼저 이론적 합리성은 정확한 추상적 개념에 근거해서 현실을 주도해 나가려는 합리성을 말한다. 그리고 실제적 합리성은 사회생활에서 사람들이 개인의 이익을 증진하기 위해 실용적 또는 이기적인 관점에서 그들의 활동을 판단하려고 할 때의 합리성을 말한다. 다음으로 실질적 합리성은 실제적 합리성처럼 직접적인 행동을 강조하지만, 문제를 해결하기 위해서 수단과 목적이라는 접근보다는 과거와 현재 그리고 잠재적인 가치에 따라 행동을 취하는 합리성이다. 마지막으로 형식적 합리성은 보편적으로 적용되는 법과 규정에 따라 수단과 목적을 합리적으로 계산하는 것으로 경제적·법률적·과학적 영역에 한정된다.

### (7) 합법성(legality)

합법성은 행정행위 및 과정이 법률적합성을 지녀야 한다는 행정이념을 말한다. 이러한 합법성은 시민권의 신장과 자유권의 옹호에 관심의 초점을 두었던 입법국가시대에 대두된 행정이념이다(윤영진 · 이종수, 2006: 198, 이원희 외, 2006: 292~293).

즉 합법성은 행정이 법에 근거를 두고 법에 의하여 규제됨으로써, 행정의 자의적인 행동을 제한하는 이념으로 법적 안전성과 예측 가능성을 강조한다.

이러한 합법성의 주요 내용은 법률의 법규창조력, 법률의 우위, 법률의 유보이다. 먼저 법률의 법규창조력이란 국민의 권리를 제한하거나 의무를 부과하는 규율은 법률의 위임에 의해서만 가능하다는 것이다. 다음으로 법률의 우위는 헌법과 법률 등을 포함하여 모든 법규는 행정에 우선하고 행정은 그 법규에 위반되는 행위를 해서는 안 된다는 것이다. 끝으로 법률의 유보란 행정작용이 행해지기 위해서는 반드시 법률이나 법률의 위임 등의 법적 근거를 필요로 한다는 것이다.

## 제3절 행정환경

세계화 · 개방화 · 정보화 · 지방화 등의 시대적 흐름 속에서 행정을 살아 있는 유기체로 바라보아야 한다. 행정이 국민의 삶의 질 향상을 위해 앞장서기 위해 효율적 · 민주적으로 역할을 하는 데 있어서 행정과 환경 사이에 바람직한 상호 작용은 필수적이다. 또한 세계화 · 개방화 · 정보화 · 지방화 시대에 있어 사회 부문과 민간 부문의 가치에 대한 인식이 제고되고, 이에 따라 행정의 역할은 상당 부분 변화하고 있다. 결국 행정은 지속적으로 변화하는 내부적 환경과 외부적 환경에 영향을 받고 있는 것이다. 행정의 환경을 내부적 환경과 외부적 환경으로 구분(박연호, 1999: 13~20)하여 설명한다.

### 1. 내부적 환경

앞서 행정이란 "공공문제의 해결 및 공공서비스의 제공과 관련된 정부의 제반 활동과 상호 작용으로서, 궁극적으로 공익을 달성하기 위한 노력"이라고 정의하였다. 이처럼 공익 달성을 위해 행정은 목표를 달성하기 위하여 행정조직을 통해 여러 가지 정책 활동을 하게 된다. 이때 행정의 1차적 환경인 국민·입법부·이익집단·정당 등을 내부적 환경이라고 한다.

### 1) 국민

행정의 목적은 궁극적으로 공익의 달성, 즉 국민을 위한 공공목적달성인 것이다. 이처럼 국가의 주인이자 국가의 고객인 국민은 무엇보다 선거를 통해 행정에 가장 큰 영향을 미친다. 왜냐하면 대의민주주의 사회 속에서 대통령, 국회의원, 지방자치단체장 등의 국민의 대표자를 누구를 선출하느냐에 따라 개별 정책이나 사업의 성격이 달라지기 때문이다. 즉 국민의 선택에 행정의 성격이 결정된다.

그런데 최근에는 국민들이 행정에 대한 참여가 많아짐에도 불구하고 실질적으로 선거를 통한 참여는 지속적으로 줄어들고 있어 국민들의 정치에 대한 무기력과 무관심이 증가하고 있음을 알 수 있다.

### 2) 입법부

입법부란 법률을 제정하거나 수정 또는 폐기하는 국가기관을 말한다. 즉 입법부는 근대 민주주의 정치에서 권력의 독점을 막기 위해 입법권, 행정권, 사법권의 삼권 중 입법권한을 가진 기관이다.

이러한 입법부는 정치체제 안에서 정책형성과 법률제정이라는 역할을 하고 있지만, 정부의 의사를 정당화시켜 주는 통과의례에 불과한 입법부 역할을 하고 있기도 하다. 그러나 일반적으로는 입법부는 행정부에 대하여 예산 및 법률을 통해 인적·물적 자원을 통제함으로써 행정부와 상호 견제와 균형을 유지하고 있다. 좀 더 구체적으로 말해 인사 부문에서 고위공무원의 임명은 입법부의 동의를 통해 이루어지며, 예산안의 심의와 결산은 입법부만의 고유한 권한을 통해 행정부와 상호 대등한 관계를 유지하고 있다.

### 3) 이익집단

이익집단이란 어떤 특정한 이해·관심·욕구에 의거해서 조직화된 집단을 말한다. 즉 조직화된 노동자, 기업, 농민 등을 대표하는 이익집단은 공무원들에 대하여 정책행위를 요구하는 주요 출처가 된다. 특히 사회가 다원화됨에 따라서 이익집단의 수는 급격하게 많아지고 다양하게 활동하고 있다. 하지만 사회의 모든 이익이 집단들에 의하여 충분하게 대표된다고 볼 수는 없다.

따라서 정부의 정책에 영향을 미치는 이익집단은 집단구성원의 규모, 자원의 크기, 응집력, 리더십의 기술, 사회적 지위에 따라 영향력이 다르다.

### 4) 정당

정당이란 정치권력의 획득을 목표로 정견을 같이하는 사람들이 공통된 정책에 입각하여 일반적 이익을 증진시키고자 결합한 정치결사체를 말한다. 하지만 정당은 국민의 삶에 중대한 영향을 미치는 정책에 관심을 두기보다는 권력에 더 많은 관심을 갖는 집단이다. 따라서 정당은 정부인사를 지배하기 위해 선거경쟁에 주된 관심을 갖는다. 미국의 예를 들면, 민주당은 대도시, 노동자 및 소수민족 유권자에 관심을 가지며, 공화당은 농촌, 소도시, 도시 근교, 신교도, 기업인 및 전문가 유권자에 관심을 갖는다. 우리나라의 경우에는 아직까지 정당이 뚜렷하게 관심을 갖는 집단은 없지만 앞으로 정당정치가 더 발달할 경우 미국과 같은 차별화가 나타날 것으로 예상된다.

## 2. 외부적 환경

앞서 설명한 행정의 일차적 환경인 국민, 입법부, 이익집단, 정당이 행정에 직접적으로 관여하고 있다면 외부적 환경인 정치, 경제, 사회, 경영 등은 행정에 직접적으로 관여하지는 않지만 전체적으로 행정을 규율하는 측면에서 내부적 환경 못지않게 중요한 의미를 가지고 있다.

### 1) 정치

정치와 행정은 현대 민주주의를 이끌어 가는 두 개의 수레바퀴라고 할 수 있다. 즉 정치와 행정의 상호 작용을 통해 국가들은 각각의 행정의 정치적 맥락이 형성되고, 이에 따라 행정의 실체와 역할도 변해 왔다. 따라서 정치와 행정의 관계에 대한 이해는 특정 국가의 행정의 특성을 파악하는 데 있어 큰 도움이 된다.

아울러 정치문화 또한 행정에 중대한 영향을 미친다. 왜냐하면 정치문화는 정부가 무엇을 해야 하며, 어떻게 운영해야 하는가에 대한 가치, 신념, 태도 등에 중대한 영향을 미침으로써 궁극적으로 국민의 삶의 질을 결정한다. 따라서 정치문화에 따라 공익달성을 위한 정부의 활동은 다르게 된다. 이러한 정치문화는 다음과 같이 세 가지로 구분할 수 있다(Almond & Verba, 1965: 11~26).

첫째, 주변적 정치문화이다. 주변적 정치문화에서의 시민은 전체로서의 정치체제, 투입과정, 산출과정 또는 정치적 참여자로서의 시민에 대한 정향 또는 지식을 거의 갖지 못한다. 따라서 시민은 체제로부터 아무것도 기대하지 않는다.

둘째, 종속적 정치문화이다. 종속적 정치문화에서의 시민은 정치체제와 산출과정에 대한 정향을 가지고는 있으나, 투입과정에 대한 지식은 거의 갖고 있지 못하며, 자신을 참여자로 보지 않는다. 따라서 시민은 수동적이며, 정부의 권위를 인지하게 된다.

셋째, 참여적 정치문화이다. 참여적 정치문화에서의 시민은 고도의 정치적 인지와 정보를 가지며, 전체로서의 정치체제, 투입·산출 과정 및 시민참여에 대한 명백한 정향을 가진다. 따라서 시민은 능동적이며, 적극적으로 행정에 참여하게 된다.

#### (1) 정치·행정이원론(기술적 행정학)

전통적으로 민주주의 정치체제에서 정치란 국민들의 의사를 수렴하는 '가치개입적 행위'이며, 행정은 수렴된 의사를 실행하는 '가치중립적 행위'로 간주되어 왔다. 즉 정치는 국민들에 의한 국가의 목표를 설정하는 과정이며, 행정은 설정된 목표를 달성하기 위한 국가의 목표를 달성하기 위한 효율적 수단을 모색하는 과정으로 바라보았다.

따라서 정치에서는 어떻게 국민들의 의사를 최대한 반영시킬 수 있는가에 중점을 두며, 행정에서는 국민들이 원하는 것을 어떻게 더 싸고 편안하게 공급할 수 있는가에 중점을 둔다. 본질적으로 정치는 민주성을 확보하는 데 중점을 두며, 행정은 능률성 또는 효과성, 즉 효율성을 확보하는 데 중점을 둔다.

이러한 정치와 행정의 관계를 명백하게 구분하는 입장을 정치·행정이원론이라고 한다. 즉 정치·행정이원론은 정치의 영역인 입법부에서 법률의 형식으로 정책을 결정한다면, 행정부는 이를 단순히 집행하는 것으로 본다. 따라서 정치·행정이원론은 행정을 정책의 효율적 집행을 위한 전문적인 관리기술로 인식했다(윤영진·이종수, 2006: 68~81).

이상의 정치·행정이원론은 다음과 같은 배경 하에 성립되었다.

첫째, 행정기능의 양적 확대와 질적 전문화이다. 19세기 후반의 정치와 행정은 분리되지 않은 상황에서도 엽관주의의 폐단 극복과 실적주의의 확립을 통해 행정의 능률성과 효과성을 확보하려 하였다.

둘째, 행정의 독자성 확보이다. 정치행정이원론이 주장되던 이 시기에는 행정학이 정치학과 구별되는 행정의 독자성 확보를 위해 많은 노력을 하고 있었다.

셋째, 과학적 관리론의 영향이다. 정치·행정이원론은 행정을 효율적 집행을 위한 전문적인 관리기술로 인식함으로써 경영학의 과학적 관리론에 큰 영향을 받았다. 이로 인해 정치·행정이원론은 기술적 행정학이라고도 부른다.

이상의 정치·행정이원론의 대표적인 학자로는 윌슨(Wilson), 화이트(White), 굳노우(Goodnow)가 있다. 먼저 윌슨은 『행정의 연구』(1887)에서 "행정의 분야는 사무의 분야이며, 행정은 정치의 고유 영역 밖에 존재하고 행정문제는 정치문제가 아니다."라고 주장하였으며, 화이트는 행정학 최초의 교과서인 『행정학 입문』(1926)에서 "행정이란 권력이 아니라 관리현상이다."라고 주장하였다. 끝으로 굳노우는 "정치는 국가의사결정이고, 행정은 국가의사의 집행 작용이다."라고 주장하여 정치와 행정의 분리를 주장하였다.

요약하건대 정치·행정이원론은 경험적·실증적 이론이라기보다는 규범적·처방적 이론이라고 할 수 있다. 즉 현실에서 정치와 행정의 구별 가능성보다는 엽관제의 폐해를 극복하고 정치적 중립과 능률성을 강화하기 위해 정치와 행정을 구별해야 한다는 주장이다. 그러나 정치·행정이원론은 단적으로 조직관리에만 집중함으로써 궁극적으로 "무엇을 위한 행정인가?"라는 행정의 목적이 상실되는 한계를 지니고 있다.

#### (2) 정치·행정일원론(기능적 행정학)

1929년 경제대공황 이후 시장실패현상을 치유하기 위해 정부의 적극적인 개입인 뉴딜정책에 따라 행정의 기능이 확대 및 강화되었다. 따라서 행정은 전문화, 신속한 정책결정의 필요성 등으로 행정부가 정책결정에서 적극적인 역할을 수행하게 되었고, 정치와 행정의 엄격한 구분을 주장하는 정치·행정이원론은 비판받고, 행정의 정치적 기능을 중시하는 정치·행정일원론이 제기되었다.

즉 정치·행정일원론은 정치와 행정을 연속된 과정으로 보고 양자의 개념을 상대적으로 구별해야 한다고 주장한다. 특히 행정은 가치개입적이며, 정책결정 등을 통해 가치에 관한 문제에 개입한다.

이러한 정치·행정일원론이 지지되는 배경은 다음과 같다.

첫째, 행정국가화 현상이다. 행정의 규모가 확대되고 시민의 일상생활에 대한 행정의 관여가 확대되면서 행정의 정치적·정책적 역할이 강조되었다. 따라서 정책결정 측면과 행정의 가치문제를 바라볼 때, 행정의 목표와 수단을 분리해서 사고하는 것은 한계가 있기 때문에 정치와 행정을 하나로 바라보는 정치·행정일원론이 강조되었다.

둘째, 민주정부구현이다. 행정에서 능률성보다 민주성의 이념이 강조되면서 행정에 대한 국민의 참여와 관료의 권력에 대한 정치적 통제의 필요성은 지속적으로 확대되었다. 즉 민주주의 정부구현을 위해서는 행정과 정치를 따로 바라보는 정치·행정이원론보다 이를 하나로 바라보는 정치·행정일원론이 강조되었다.

이상의 정치·행정일원론의 대표적인 학자로는 디목(M. E. Dimock)과 애플비(P. H.

Appleby), 세이어(Sayer)가 있다. 먼저 디목은 사회적 능률의 강조함과 동시에 정치와 행정의 연속성을 강조하였으며, 애플비는 정책결정은 행정과정에서도 이루어진다고 주장하여 행정의 정치적 기능을 강조하였다. 끝으로 세이어는 "공공행정과 사행정은 중요하지 않은 모든 면에서 근본적으로 유사하다."고 주장하는데, 이를 좀 더 구체적으로 살펴보면 다음과 같다.

세이어는 다음과 같은 행정의 특징을 근거로 정치·행정일원론을 주장하였다.

첫째, 행정이론의 문화예속성 및 가치성이다. 세이어는 행정의 이론과 실제는 특정한 이익집단의 가치에 종속적일 수밖에 없다고 주장하였다. 즉 행정의 이론을 주장하는 집단이나 행정을 집행하는 집단 모두 고유의 문화와 가치를 가지고 있고, 이는 행정에 직접적으로 반영되기 때문에 행정과 정치는 불가분의 관계라고 주장하였다.

둘째, 행정의 정치성이다. 세이어는 행정은 정치과정의 하나로, 재량권의 행사, 가치의 선택 등을 해야 하고, 이 과정에서는 행정관료는 정치에 깊숙이 개입하게 될 수밖에 없다는 주장이다.

셋째, 관리기술과 관리과정의 정치성이다. 세이어는 새로운 형태의 관리기술과 과정은 그것으로부터 혜택을 얻는 집단의 기득권과 관련되며, 이러한 관리기술과 과정으로 얻는 혜택은 행정보다는 강한 정치성을 지닌다는 주장이다.

#### (3) 정치 · 행정신이원론

1940년대 중반 이후 사이먼(H. A. Simon)을 중심으로 행태주의 학자들은 초기의 이원론과는 구별되는 가치판단과 사실의 구분을 강조하는 정치·행정신이원론을 주장한다. 즉 사회심리학적 접근을 강조하면서 행정이론의 정립을 위해서는 경험적 과학성을 중요시하는 입장이다.

이러한 정치·행정신이원론은 행정의 정책결정기능을 인정하지 않았던 정치·행정이원론과는 다르게, 행정의 정책결정기능을 인정하고 있다. 따라서 정치·행정신이원론은 행정의 본질을 의사결정과정으로 보면서, 논리적 실증주의에 입각하여 의사결정을 가치판단적인 것(정치 분야)과 사실판단적인 것(행정 분야)으로 구분하여, 행정연구는 이 중 사실판단적인 의사결정에 국한하여야 한다고 주장하였다.

하지만 정치·행정신이원론은 세계를 안이하게 이분하는 논리적 실증주의에 입각하여, 형이상학적·윤리적·미적 세계의 광범한 경험의 규명을 포기함으로써 학문의 발전을 도리어 제약한다는 문제점을 지니고 있다(최창호·하미승, 2006: 40~41).

### (4) 정치 · 행정신일원론

정치 · 행정신일원론은 1960년대에 들어 발전행정론이 대두하면서 기존의 정치우위론과 대비되는 행정우위론의 입장에서 제기되었다. 즉 정치, 경제, 사회 등 다른 사회체계가 미처 발전하지 못한 발전도상국에서는 시급한 국가발전 사업을 추진하기 위해서는 행정조직이 주도적인 역할을 수행할 수밖에 없다. 이처럼 정치 · 행정신일원론은 국가와 사회의 발전을 추구하는 데 있어 행정이 정책결정의 역할, 즉 정치적 기능을 수행한다는 주장이다.

〈표 1-2〉 행정과 정치

| 구분 | 정치 · 행정이원론 | 정치 · 행정일원론 | 정치 · 행정신이원론 | 정치 · 행정신일원론 |
|---|---|---|---|---|
| 의의 | 행정을 권력현상이 아닌 관리현상으로 파악하여 주로 행정조직 내부의 관리문제를 연구 | 행정을 목적 · 수단관계, 사회 속의 유기체로 파악하여, 정치 · 경제 · 사회 등 타 체계에 대한 행정체계의 지위문제를 연구 | 행정 내의 인간요인에 착안하여 행정을 의사결정과정을 핵심으로 하는 행정행태로 파악하여 행정의 본질을 연구 | 발전과 체계의 두 개념을 기초로 하여 발전에 있어서의 행정체계의 역할을 연구 |
| 성립배경 | 능률화의 요구<br>과학적 관리론의 발달<br>엽관주의 탈피<br>실적주의 도입 | 세계경제 대공황으로 인한 정치기능 확대<br>행정의 자유재량 증대 | 행정의 정책결정기능 인정<br>가치판단배제 | 발전행정론의 대두<br>개발도상국의 발전시도 |
| 접근법 | 과학적 행정이론<br>인간관계적 행정이론 | 기능적 행정이론<br>사회적 행정이론 | 논리 실증주의<br>결정과정체계론 | 균형론적 접근법<br>(X-이론)<br>불균형론적 접근법<br>(Y-이론) |
| 대표학자 | Wilson, White, Gulick, Mayo | Appleby, Dimock, Waldo, Riggs | Barnard, Simon, Argyris | Parsons, Weidner, Diamant |

자료: 최창호 · 하미승, 2006: 42 〈표 2-1〉 행정학의 계보를 수정 · 보완함.

## 2) 경제

행정은 아무런 불순물이 존재하지 않는 진공상태 속에서 이루어지는 것이 아니라, 끊임없이 주위 환경과 상호 작용하며 이루어진다. 이러한 행정에 영향을 미치는 환경 중에서도 경제는 행정에 영향을 미치는 중요한 변수이다(박수영 외, 2006: 65~67).

여기에서는 행정에 대한 경제의 영향을 살펴보고자 한다.

첫째, 경제적 여건에 따른 변화이다. 즉 행정의 기능과 규모는 경제적 여건의 변화에 따라서 그 기능과 규모를 달리한다. 예를 들어 19세기에는 작은 정부하에서의 행정기능의 기능은 축소되었으나, 20세기 행정의 적극적인 역할을 강조하던 시점에서는 행정의 기능과 규모는 확대되었었다. 그리고 오늘날 21세기의 신공공관리 정부하에서의 행정의 기능과 규모가 단순한 축소나 확대가 아닌, 운영체제가 시장경쟁의 원리에 기반을 둔 기능과 규모를 강조하고 있다.

둘째, 경제체제에 따른 변화이다. 즉 행정의 역할이 경제체제에 의해 달라진다는 것이다. 먼저 사회주의 경제체제에서는 모든 부분이 국가의 독점상태에 있다. 따라서 행정이 모든 부분을 직접적으로 통제하므로, 자본주의 체제의 행정보다 기능과 규모가 상대적으로 크다. 반면에 자본주의 체제에서는 1929년 경제대공황에 따라 행정의 개입이 증가하였음에도 불구하고 기본적으로 민간경제를 우선시하였다. 이처럼 경제체제의 차이는 곧 행정의 역할의 차이이자, 행정의 기능과 규모의 차이를 가져온다.

셋째, 국가의 경제 상태에 따른 변화이다. 먼저 선진국의 경우에는 행정이 적극적으로 경제발전을 주도하지 않는다. 즉 경제발전은 자율적인 민간활동에 맡기고 있다. 반면에 개발도상국의 경우는 행정이 경제발전을 적극적으로 주도하고 있다. 따라서 행정은 국가의 주요한 기간산업을 국유화하고, 공기업을 운영하며, 재정정책과 금융정책을 통하여 민간경제를 일정한 방향으로 유도하고 자원배분의 역할을 담당한다.

### 3) 사회

사회란 "일정한 경계가 설정된 영토에서 종교・가치관・규범・언어・문화 등을 상호 공유하고 특정한 제도와 조직을 형성하여 질서를 유지하고 성적 관계를 통하여 성원을 재생산하면서 존속하는 인간집단"을 말한다. 이러한 사회는 존재양식에 따라 다양한 형태로 행정에 영향을 미친다. 그 예로 민주주의 사회와 권위주의적 사회에서의 행정의 모습이 다르며, 근대사회와 산업사회 그리고 정보화 사회에서의 행정의 모습은 다르다.

이처럼 사회는 행정의 체제 및 운영을 결정짓는 중요한 요인이다. 또한 행정을 수행하는 행정관료의 사회적 배경을 알면 행정조직 내부에서 이들의 행동양식도 파악할 수 있는 것처럼 사회는 행정에 많은 영향을 미친다.

그러나 행정이 사회로부터 일방적으로 영향을 받기만 하는 것은 아니다. 즉 행정 또한 공공정책을 통하여 사회문제를 해결하고, 나아가 사회변동을 촉진 및 관리하기도 한다. 요약건대 사회와 행정은 상호 작용을 통해 공익달성에 한 걸음 더 다가가는 협동적 관계라고 할 수 있다(박수영 외, 2006: 65~67).

### 4) 경영

#### (1) 행정과 경영의 의의

경영의 논리는 초기의 행정에서부터 오늘날의 행정에 이르기까지 많은 영향력을 미치고 있다. 특히 정부활동의 논리적 기반과 활동수단에 체계적인 지식을 제공하는 행정학이 독립분과 학문으로 성장하는 데 있어서 경영의 논리는 큰 도움이 되었다.

이러한 경영이 행정에 영향을 미치기 시작한 것은 행정과 정치와의 분리를 주장한 정치·행정이원론에서 그 시작을 찾아볼 수 있다. 19세기 초 정치·행정이원론이 강조되는 시기에 행정은 '근검절약(economy)과 효율성(efficiency)'을 강조하였고, 이는 곧 행정이 민간기업의 경영기법을 활용하여 발전하는 데 큰 도움이 되었다.

아울러 최근에는 신자유주의에 바탕을 둔 정부개혁을 추진하는 과정에서 '행정의 경영화' 또는 '기업형 행정'이라는 용어가 보편적으로 사용되고 있다. 또한 개혁의 흐름에 있어서도 정부 부문에 시장원리와 경쟁원리를 도입하여, 비효율을 제거하고 성과 지향적이며 고객 지향적인 공공서비스를 제공하는 경영기법을 활용한 행정이 나타나고 있다(윤영진·이종수, 2006: 34~37).

#### (2) 행정과 경영의 관계에 관한 분석틀

행정과 경영의 관계를 좀 더 체계적으로 살펴보기 위해서는 보즈만(B. Bozman)의 통합적 접근방법, 이분법적 접근방법, 비교론적 접근방법을 활용할 수 있다. 이러한 보즈만의 접근방법들을 설명하면 다음과 같다(이원희 외, 2005: 54~56).

첫째, 통합적 접근방법이다. 행정과 경영에 대한 통합적 접근방법은 광범위한 일반화에 대한 시도와 조직이론을 망라하여 발전시키는 데 큰 관심이 있다. 즉 관리에 중점을 둔 접근방법이다. 하지만 통합적 접근방법은 행정과 경영을 통합적인 시각으로 바라보기 때문에 공공성이 중요하지 않다는 가정하에서만 적합하다.

둘째, 이분법적 접근방법이다. 이분법적 접근방법은 일반적으로 정부조직으로 정의된 공공조직은 유일하며 그 정부조직의 형태는 일반적 모형에 의하여 설명될 수 없다고 보고 있다. 즉 행정과 경영 간의 엄격한 구분을 주장한다. 다만 이분법적 접근방법도 공공성의 우월성을 기본으로 하는 가정하에서만 적합하다.

셋째, 비교론적 접근방법이다. 비교론적 접근방법은 공공성이 조직형태와 공·사조직의 실제 차이를 경험적으로 결정지을 수 있다고 가정한다. 즉 적당한 공공성의 개념을 발전시킬 수 있음을 생각할 때에 비교론적 접근방법이 생산적이라 할 수 있다.

### (3) 행정과 경영의 유사점

행정(public administration)과 경영(business administration) 간의 관계를 이해하기 위해서는 무엇보다 행정과 경영의 유사점을 이해해야 한다. 이러한 행정과 경영의 유사점을 구체적으로 살펴보면 다음과 같다.

첫째, 목적달성을 위한 수단이다. 행정과 경영은 그 추구하는 목적이 각기 다르다. 하지만 그 추구하는 목적을 달성하기 위한 수단이라는 측면에서 행정과 경영은 동일하다.

둘째, 관료제적 성격이다. 행정과 경영은 모두 분업과 전문화, 계층제, 분업과 조정 등을 가지고 있다. 따라서 행정과 경영은 관료제의 순기능과 역기능도 동일하게 가지고 있다.

셋째, 관리기술적 성격이다. 앞서 설명한 것처럼 행정과 경영은 그 추구하는 목적은 각기 다르다. 하지만 그 추구하는 목적을 달성하기 위해서 기획, 조직, 예산, 권한의 위임, 통제 등의 관리기술적인 면에서 행정과 경영은 동일하다.

넷째, 의사결정적 성격이다. 행정과 경영의 그 목적은 서로 상이하다. 하지만 그 목적을 달성하는 데 있어서 능률적·합리적인 기준에 따라 많은 대안 중 최적대안을 선택 및 결정하는 측면에서 행정과 경영은 유사하다.

다섯째, 협동행위이다. 행정과 경영은 모두 그 목적을 달성하는 데 있어서 공통적으로 협동적인 인간의 노력을 필요로 한다. 즉 행정과 경영 모두 구성원의 협동행위라는 인적 집합체라는 측면에서 동일하다.

### (4) 행정과 경영의 차이점

행정(public administration)과 경영(business administration) 간의 관계를 이해하기 위해서 앞에서는 행정과 경영의 유사점을 설명하였다. 여기에서는 행정과 경영 간의 차이점 이해를 통해서 행정과 경영의 관계를 더욱 깊이 이해시키고자 한다. 이러한 행정과 경영의 차이점을 구체적으로 살펴보면 다음과 같다(최창호·하미승, 2006: 6~9).

첫째, 주체의 차이이다. 행정과 경영은 그 주체가 상이하다. 즉 행정은 정부 또는 공공단체를 주체로 하지만 경영은 민간기업단체를 주체로 한다.

둘째, 본질적 가치의 차이이다. 행정은 공익성을 본질적 가치로 하는 데 비하여 경영은 이윤성을 본질로 한다. 이로 인해 행정은 공익을 최고 가치로 삼지만 경영은 이윤을 추구하는 것을 최고 가치로 삼는다.

셋째, 법적 규제의 차이이다. 행정은 정부조직의 신설·폐지, 공무원의 정원·권리·의무·책임 등 법치행정의 요청에 따라 모두 법령에 의하여 정해지기 때문에 엄격한 법적 규제를 받지만, 경영에서는 기구개편, 정원조정, 직원의 정원·보수·책임 등이 정관이나 사규에 의하여 행하여지며 엄격한 법적 규제를 받지는 않는다.

넷째, 권력수단의 차이이다. 행정은 법적 근거를 통해 권력수단을 가지고 있다. 예를 들어 국가에 대한 납세의무를 이행하지 않을 때에는 바로 국세체납처분의 절차에 따라 재산을 압류 처분할 수 있는 권력수단을 가지고 있다. 하지만 경영은 권력수단을 가지고 있지 않기 때문에 민간의 대차관계에 있어 채무를 이행하지 않을 때에는 민사소송을 제기하여 판결을 받은 후 강제집행에 의해서만 변제를 받을 수 있다.

다섯째, 평등원칙의 차별 적용이다. 행정은 모든 국민에 대하여 법률 앞에 평등이라는 원칙을 반드시 준수해야 하지만 경영은 고객에 따라 대우와 취급을 달리할 수 있다.

이상의 행정과 경영의 차이점을 정리하면 〈표 1-3〉과 같다.

〈표 1-3〉 행정과 경영의 차이점

| 구분 | 행정(public administration) | 경영(business administration) |
|---|---|---|
| 주체 | 정부 또는 공공단체 | 민간기업 |
| 목적 | 공익 | 사익 |
| 정치성 | 강함 | 약함 |
| 법적 규제 | 강함 | 약함 |
| 권력수단 | 있음 | 없음 |
| 평등원칙 | 적용 | 비적용 |
| 능률 | 측정곤란 | 측정가능 |
| 독점성 | 강함 | 약함 |
| 공개성 | 강함 | 약함 |
| 기술변화 | 둔감함 | 민감함 |
| 윤리성 | 강함 | 약함 |

### (5) 결론

앞서 행정(public administration)과 경영(business administration) 간의 관계를 이해하기 위해서 행정과 경영의 유사점과 차이점을 살펴보았다. 결국 행정은 정부를, 경영은 시장을 메커니즘으로 운영하고, 양자 모두 각각의 실패성으로 인해 상호 보완과 협조를 필요로 한다.

특히 각종 재화와 서비스가 일반적으로 자유경쟁시장을 통하여 시장가격에 따라 공급되어야 하는데도 전력·수도 등 일부 특정 재화나 서비스는 그것이 가지고 있는 특성으로 시장이 아닌 정부기능에 의하여 조달되지 않을 수 없는 경우가 있다. 반면에 이러한 시장 실패를 해결하기 위한 정부의 활동이 또 예기치 않은 사회적 부작용을 통해 정부실패가 나타나기도 한다.

따라서 행정과 경영은 각각의 실패가 보완되도록 상호 협조가 필요하다. 아울러 정부와 기업이 상호 협조한다면 어떠한 문제든지 보다 효율적으로 해결할 수 있을 것이다.

## 제4절 행정학 접근방법

어떤 분야의 학문이든 학문의 연구에 있어서 무엇을 어떻게 연구할 것인가와 관련하여 다양한 견해나 관점들이 제시되기 마련이다. 이러한 견해나 관점들을 접근방법(approach)이라고 하며, 해당 분야의 연구 활동에 지침을 주는 일종의 일반적인 전략을 지향(orientation)이라고 볼 수 있다(김인 외, 2000: 34).

이러한 접근방법은 행정학에서도 나타나는데, 행정학의 접근방법은 행정현상을 연구하는데 어떠한 기본입장을 취할 것이며, 또한 어떤 시각에서 관심이 되는 대상을 분석할 것인가에 관련된 것이다(박수영 외, 2006).

즉 행정학에서 접근방법은 행정학의 연구방법을 의미한다고 볼 수 있다. 오늘날 행정학에서 소개되고 있는 접근방법들은 매우 다양하다. 이는 행정학이 응용사회과학으로서 인접 사회과학 분야에서 사용되고 있는 다양한 접근방법들이 필요에 따라 행정학 연구에 사용되고 있기 때문이다.

본서에서는 이러한 접근방법을 역사적 접근방법, 법률적·제도론적 접근방법, 관리기능적 접근방법, 행태론적 접근방법, 생태론적 접근방법, 체제론적 접근방법, 공공선택론적 접근방법, 현상학적 접근방법, 신제도주의적 접근방법으로 나누어 설명하겠다.

### 1. 역사적 접근방법(historical approach)

역사적 접근방법은 각종 정치·행정제도의 진정한 성격과 그 제도가 형성되어 온 특수한 방법을 인식하는 유일한 수단을 제공해 준다. 역사적 접근방법을 통한 연구는 흔히 현대의 정치 및 행정적 사건들을 자세하게 묘사할 수 있다. 따라서 역사적 접근방법에 따른 연구는 일종의 사례연구가 된다. 역사적 접근방법의 기본전제는 과거와 현재의 사건들은 무수한 방식으로 상호 연결되어 있으며, 어떠한 시기든 인간의 존재는 결코 유리되어 있는 것이 아니라 불가피하게 과거와 연결되어 있다는 것이다.

또한 역사학파들은 인간의 생활을 풍요롭게 할 수 있는 많은 것이 과거에 있다는 것이다. 따라서 과거를 잘 이해하게 되면 현재의 문제를 좀 더 효과적으로 해결할 수 있다는 것이다. 이러한 역사적 접근방법은 어떤 사건, 기관, 제도, 정책 등의 기원과 발전과정을 파악하고 설명하는 데 많이 사용되며, 이런 연구에서는 발생론적 설명(genetic explanation) 방식을 주로 사용하게 된다(Isaak, 1975 ; 강신택, 1981).

즉 역사적 접근방법은 특정한 사회적 현상을 이해하기 위해 관련된 사건·기관·제도·정책 등의 기원과 발전과정을 파악하고 설명하는 접근방법을 말한다.

오늘날 인간정신의 역사성과 지식의 상대성을 강조하는 입장에서 학자들은 과학적 연구방법보다는 오히려 역사적 접근방법을 통해 행정현상이나 혹은 사회현상을 보다 정확하게 인식할 수 있다고 한다. 이것은 지속적으로 변화하는 사회제도나 혹은 제도의 개혁과 관련한 정책연구에 있어서 역사적 접근방법이 유용한 시사점을 제시해 줄 수 있기 때문이다(김인 외, 2000: 35).

## 2. 법률적·제도론적 접근방법(legalistic-institutional approach)

법률적·제도론적 접근방법은 행정학 연구의 초기 접근방법들 중 하나이다. 오늘날에도 널리 사용되고 있는 법률적·제도론적 접근방법은 행정과정의 합법성과 법률에 기반을 둔 제도를 강조한다. 원래 법률적 접근방법과 제도론적 접근방법은 초기 정치학 분야에서 발전해 왔으나 오늘날 행정학 분야에서는 두 접근방법을 통합하여 법률적·제도론적 접근방법이라고 한다(이종수·윤영진 외, 2006: 156).

즉 법률적·제도론적 접근방법이란 사회적인 특정 현상은 법률적·제도적 특성의 반영이라는 관점에서, 각종 제도 및 법령과 사회현상과의 관계를 연구하는 사회과학의 접근방법이다. 이러한 법률적·제도론적 접근방법은 행정학 분야에서 특정 행정현상과 관련된 입법부·행정부·사법부 사이의 관계는 물론 각 부처 간의 관계, 중앙정부와 지방정부 사이의 권한과 사무의 배분 등에 관한 관련 법규를 중심으로 이루어지고 있다. 또한 정부의 각종 인사제도나 예산제도 등의 관련 법규를 연구하는 것도 법률적·제도론적 접근방법의 하나로 볼 수 있다.

다만, 법률적 · 제도론적 접근방법은 공식적 제도나 법률에 기반을 두고 있기 때문에 제도 이면의 행정의 동태적 측면을 파악하기에 어려움이 존재한다. 특히 전후 발전도상국가들이 미국으로부터 각종 행정제도를 도입했으나 성공하지 못하고 오히려 제도와 실제 간의 불일치나 괴리현상을 초래한 것은 법률적 · 제도론적 접근방법의 한계를 단적으로 보여준다.

### 3. 관리기능적 접근방법(management function approach)

관리기능적 접근방법은 행정의 효율성과 생산성을 강조하고, 따라서 행정의 효율성과 합리적인 조직구조의 개편과 기획, 예산 및 인사관리와 같은 관리기능에 달려 있다는 견해이다(김인 외, 2000: 35).

즉 관리기능적 접근방법이란 조직의 효율성과 성과는 합리적인 조직구조와 기획, 예산 및 인사관리와 같은 관리기능에 달려 있다는 관점에서 행정현상을 분석하고자 하는 접근방법이다. 이러한 관리기능적 접근방법은 정치 · 행정이원론의 입장에서 행정의 효율성과 생산성을 높일 수 있는 행정의 원리를 발견하는 데 많은 관심을 기울인 초기의 행정학자들이 이러한 관리기능적 접근방법에 의존했고, 행정의 관리기능적인 성격을 강조하는 연구들에 주로 활용된다.

### 4. 행태론적 접근방법(behavioral approach)

행태론적 접근방법은 행정인의 행태에 연구의 초점을 맞추고 있다. 행태론자들은 제도나 법률이 행정의 중요한 측면이긴 하지만 이들은 행정의 실체가 아니라고 주장을 한다. 따라서 행정학의 주요 관심사는 정치 및 행정제도 내의 행정인의 행위나 활동으로 본다(이종수 · 윤영진 외, 2006: 156).

다시 말해 행태론적 접근방법이란 인간행태의 과학적 또는 체계적인 연구를 의미한다. 즉 행태론적 접근방법은 합리적인 조직이나 제도 · 절차 또는 이념 등과 관련되는 문제보다 인간적 요인인 행정인의 요인에 초점을 두고 행정현상을 분석하려는 접근방법이다.

여기에서 행태(behavior)란 개인, 집단, 조직의 가치관, 사고, 태도 등을 총칭하는 개념으로 관찰, 면접, 질문 등을 통해 파악할 수 있는 객관적이며 외면적인 요소를 말한다. 주의할 점은 행태는 행태론적 접근방법에서는 명백한 자극과 반응만을 의미하는 것이 아니라 특정 질문에 따른 반응을 통해 파악할 수 있는 태도, 의견, 개성 등도 포괄하는 의미로 사용된다.

행태론적 접근방법의 주요 이론에는 행정은 특정 목표달성을 위한 구성원의 협동적 집단행동을 중시하는 Banard의 이론과, 행정연구의 초점을 의사결정에 두고 행정이론의 과학화에 주력하는 Simon의 이론이 대표적이다. 행태론적 접근방법의 특징을 정리하면 다음과 같다(이원희 외, 2005: 183~186).

첫째, 가치단판의 배제이다. 행태론적 접근방법은 가치의 중립, 가치의 자유, 즉 사실의 경험적 연구를 강조한다. 따라서 연구자 개인의 가치관이 연구에 영향을 미치는 것을 회피하며 행정문제에 대한 가치판단이나 처방에 대한 고려는 배제된다.

둘째, 인간행태의 규칙성을 전제로 한다. 행태론적 접근방법은 행정 과정이나 인간의 상호 작용에 일정한 질서와 일관성이 있다고 가정하여, 관료제적 조직에 있어서의 개인과 집단의 행태에는 규칙성을 나타내는 경향이 있다고 가정한다.

셋째, 논리실증주의(logical positivism)를 중시한다. 행태론적 접근방법은 슐리크(Schlick)와 카르납(Carnap)을 중심으로 한 빈(Vien, 비엔나)학파에 의해 제기되었으며, 검증 가능성 원리를 핵심으로 하는 논리실증주의를 중시한다. 따라서 자연과학적 방법을 이용하여 개념의 조작적 정의, 가설구성, 자료 수집, 검증을 중시한다.

넷째, 계량적 분석 및 기법을 중시한다. 행태론적 접근방법은 객관적인 사실이나 경험적으로 검증될 수 있는 사실을 중요시하여 행정행태에 관한 계량적 분석 및 미시적 분석에 중심을 둔다. 따라서 자료의 수집과 정확한 분석을 위해 조사기술이나 분석기법을 필요로 한다.

이상의 행태론적 접근방법은 논리실증주의를 강조하던 Simon이 1945년 「행정행태론(Administrative Behavior)」을 발표한 후에 행정학 분야에서도 크게 발전되었다. 하지만 다음과 같은 한계점들로 인해 1960년대 중반에 이르러 많은 소장 정치학자들로부터 비판을 받기 시작했다. 그 한계점들을 살펴보면 다음과 같다.

첫째, 연구범위 및 대상의 제약성이다. 행태론적 접근방법은 연구방법의 정확성 및 신뢰성에 너무 치중하게 됨으로써 연구대상이나 범위가 극히 제약될 수밖에 없다. 이로 인해 전체보다 단편적인 것에 중점을 두는 미시적 분석에 치중하게 되고 문제의 사회적 중요성을 파악할 수 있게 하는 거시적 분석이 곤란하게 된다. 이로 인해 행정의 본질보다는 오히려 연구방법에 치중하는 문제가 발생했다.

둘째, 가치판단배제의 비현실성이다. 행태론적 접근방법은 정책결정에 대립적인 가치체계 간의 선택과 각 대안의 결과에 대한 판단이 요구되는 가치판단을 불가능하게 하여 행정을 비현실적으로 만드는 문제점을 지니고 있다.

셋째, 경험적 보수주의 경향이 심화된다. 행태론적 접근방법은 가치의 중립성을 강조하기 때문에 사회를 개혁하려는 의지와는 멀어지게 된다. 따라서 객관적으로 존재하는 사실의 세계만을 다루게 되므로 경험적 보수주의에 빠진다.

넷째, 사회과학에서의 비적절성이다. 사회과학의 한 분야인 행정학은 가치와 사실의 복합된 문제들을 다뤄야 하기 때문에 가치와 사실을 분리시키고 가치판단을 배제하는 행태론적 접근방법은 한계를 지닌다.

## 5. 생태론적 접근방법(ecological approach)

생태론적 접근방법은 행정현상을 자연적, 사회적, 문화적 환경과 관련시켜 이해하는 접근방법이다. 생태론적 접근방법은 서구의 행정제도가 후진국에서 잘 작동되지 않는 이유를 사회·문화적 환경이 다르기 때문이라고 보고 있다. 따라서 생태론적 접근방법은 행정체제의 개방성을 강조하고 있으며, 분석의 수준을 행위자 개인보다는 집합적 행위나 제도에 맞추고 있어 거시적 분석의 성격이 많다(이종수·윤영진 외, 2006: 158).

즉 생태론적 접근방법이란 행정조직을 하나의 유기체로서 파악하고, 그것을 둘러싸고 있는 정치·사회·경제·문화 등의 환경과의 상호 관계를 규명하려는 접근방법이다. 따라서 생태론적 접근방법은 행정이 환경에 의해 결정된다는 환경결정론적 입장을 취한다.

이러한 생태론적 접근방법을 행정학에 도입한 것은 1947년 가우스(J. M. Gaus)이다. 가우스는 행정에 영향을 미치는 환경적 요인으로 주민(국민), 장소, 과학기술(물리적·사회적 기술), 재난, 인물, 욕구와 이념을 들고 있다. 행정연구에 있어서 생태론적 접근방법을 강조한 또 다른 학자는 리그스(F. Riggs)이다. 리그스는 먼저 사회를 농업사회와 산업사회로 구분하는 사회이원론을 통해 환경의 중요성을 강조하였다. 이때의 농업사회와 산업사회의 구분변수로는 정치적 요인, 경제적 요인, 사회적 요인, 이념 및 인식방법, 의사전달이 있다. 다음으로 사회를 융합사회, 프리즘적 사회, 분화사회로 구분하는 사회삼원론을 통해서도 환경의 중요성을 강조하였다.

리그스가 사회삼원론에서 주장한 프리즘적 사회, 즉 개발도상국의 행정체제의 특징을 그림으로 살펴보면 다음과 같다(〈그림 1-2〉 참조).

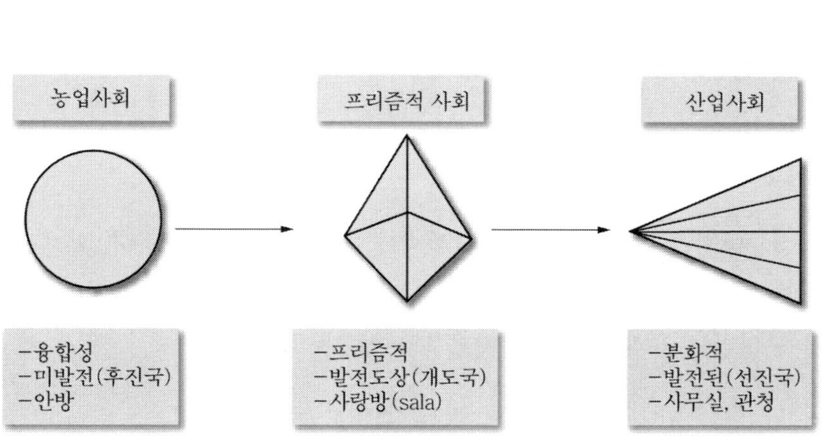


〈그림 1-2〉 리그스의 사회삼원론

생태론적 접근방법의 공헌 및 비판점을 살펴보면 다음과 같다. 먼저 생태론적 접근방법은 다음과 같은 면에서 행정학에 공헌을 하였다.

첫째, 행정체제에 관한 기존의 연구를 폐쇄체제 측면에서 개방체제 측면으로 전환시켰다. 둘째, 인류학, 사회학, 정치학, 심리학 등의 행정의 종합 과학적 연구 활동을 자극시켰다. 셋째, 행정의 과학적 연구를 통해 이론(중범위 이론) 정립에 공헌하였다.

하지만 이러한 공헌에도 불구하고 생태론적 접근방법은 다음과 같은 한계점을 지니고 있다.

첫째, 행정에 있어서 독립변수성을 경시하였다. 즉 행정의 적극적인 역할을 간과하였다. 둘째, 후진국의 발전에 대해 비관적인 입장을 전개하였다. 셋째, 특정 국가의 개별적 환경을 중심으로 연구함으로써 이론으로서의 일반성이 부족하였다.

요약건대 생태론적 접근방법은 후진국의 행정현상을 설명하는 데 크게 기여한 것은 틀림없다. 하지만 행정을 단순히 환경적 요소에 의해 영향을 받는 것으로만 보고 있어 행정환경에 대한 적극적이고 주체적인 역할을 간과했다는 비판을 받고 있다. 아울러 생태론적 접근방법은 행정과 관련된 환경은 잘 설명하지만 행정이 궁극적으로 추구해야 할 목표나 방향은 전혀 제시하지 못하였다.

## 6. 체제론적 접근방법(system approach)

### 1) 체제(system)

체제론적 접근방법을 이해하기에 앞서 체제에 대한 이해가 필요하다. 체제란 복수의 구성요소가 상호 의존적 관련성을 나타내면서 질서와 통일성을 유지하고 환경과 끊임없이 상호 작용을 주고받는 유기체 또는 전체로서의 실체를 말한다.

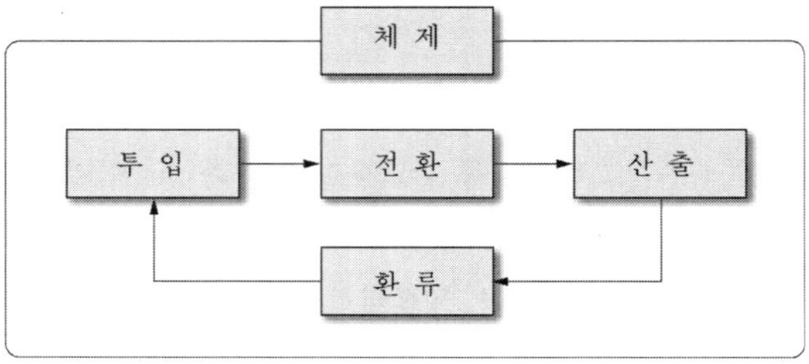


〈그림 1-3〉 체제의 개념도

이러한 체제의 일반적인 특징은 다음과 같다(임춘환, 2006: 84~85).

첫째, 하나의 체제로 성립되기 위해서는 그것을 형성하는 여러 개의 구성요소 및 부분들이 단순히 모여 있는 것에 그쳐서는 안 되며, 각 구성요소 및 환경과 구분되는 하나의 집합체로서 전체성을 지녀야 한다.

둘째, 체제는 개방체제(open system)와 폐쇄체제(closed system)의 두 종류로 구분할 수 있다.

셋째, 어느 체제를 막론하고 그것이 체제로서 인식되기 위해서는 체제와 그의 환경을 구별해 주는 경계(boundaries)를 가지고 있어야 한다.

넷째, 폐쇄적 물리체제(closed physical systems)는 사멸되는 경향이 있으나, 개방체제는 환경으로부터의 투입을 받아들이기 때문에 엔트로피(entropy)를 극복할 수 있다.

다섯째, 체제가 동태적 항상성 또는 일종의 동태적 균형을 유지하기 위해서는 환류장치를 가지고 있어야 한다.

여섯째, 체제는 균형을 유지하는데, 이때 균형은 정적(정태적) 균형일 수도 있고, 동적(동태적) 균형일 수도 있다.

일곱째, 체제는 투입-전환-산출-환류의 기능적 구조를 갖는다.

이러한 체제의 기능을 파슨스(Parsons)는 적응기능, 목표달성기능, 통합기능, 체제유지기능으로 설명하였다. 첫째, 적응(adaptation)기능은 자원 및 정보 등을 수집 및 가공하여 배분하는 기능을 말한다. 둘째, 목표달성(goal attainment)기능은 목표를 구체화하고 갈등을 조정하는 기능을 말한다. 셋째, 통합(integration)기능은 일탈된 행동을 통제하고 체제 각 구성요소의 활동을 상호 조정하는 기능을 말한다. 넷째, 체제유지(pattern maintenance)기능은 체제가 그의 기본적인 유형을 유지하고, 자신의 가치와 규범을 계속적으로 창조 또는 재생산하는 기능을 말한다.

이상의 체제의 기능을 현실과 연관시키면 다음과 같다.

〈표 1-4〉 Parsons의 체제이론과 현실 분야

| Parsons의 체제이론 | 현실 |
|---|---|
| 적응(adaptation)기능 | 경제 분야 |
| 목표달성(goal attainment)기능 | 정치 분야 |
| 통합(integration)기능 | 경찰 및 사법 분야 |
| 체제유지(pattern maintenance)기능 | 교육 및 문화 분야 |

### 2) 체제론적 접근(system approach)

체제론적 접근방법이란 일체의 현상을 상호 관련된 일련의 하위체제로 구성된 체제(system)라는 개념에 기초하여 포괄적·통합적 분석을 시도하는 접근방법을 말한다. 즉 체제론적 접근방법은 자연현상이나 사회현상을 상호 작용하는 여러 구성요소로 이루어져 있는 전체의 한 부분으로 본다.

다음으로 체제론적 접근방법은 다음과 같은 일반적인 특징이 있다(이원희 외, 2005: 191~192).

첫째, 총체주의적 관점이다. 체제론적 접근방법은 거시적 접근방법으로 하위체제들로 구성되는 체제는 그 자체가 보다 복잡한 상위의 체제에 대한 하위체제라고 본다. 그리고 모든 체제는 하나의 총체 또는 전체로서 그 구성 부분들의 단순한 합계와는 다른 또는 그 이상의 특성을 지니게 되므로 총체에 대한 거시적 분석이 필요하다고 봄으로써, 체제의 전체적인 국면은 잘 다루고 있으나, 체제의 구체적이고 자세한 운영이나 행태적인 측면은 잘 다루지 못한다.

둘째, 시간 중시의 관점이다. 체제론적 접근방법은 시간차원을 중요시한다. 즉 체제들은 시간선상에서 움직여 나가는 동태적 현상이라고 이해한다. 이러한 움직임은 하급의 단순한 수준에서 고급의 복잡한 수준으로 이어지는 계서적 연속선을 따라 진행된다고 본다. 특히 개방체제에서는 외적 환경과의 교호작용을 통해 항상 동태적인 변동을 겪기 때문에 시간 차원을 중요시한다.

셋째, 관념적 모형이다. 체제론적 접근방법은 광범위한 관념적 모형에 의하여 모든 과학을 통합시키려는 접근방법이라고 볼 수 있기 때문에 경험주의적 관점이 전제라고 볼 수는 없다.

체제론적 접근방법의 공헌과 한계점을 살펴보면 다음과 같다.

먼저 체제론적 접근방법의 공헌은 다음과 같다. 첫째, 행정을 거시적으로 전체로서 바라보며, 부분 간의 상호 기능적인 관계 또는 상호 의존성 분석을 가능하게 하였다. 둘째, 비교연구의 일반적인 기준을 제시함으로써 비교행정론의 발전에 기여했다. 셋째, 거시적으로 보면 체제와 환경 간, 여러 체제 간 그리고 체제와 구성요소 간에 존재하고 변화 및 발전하는 행태와 관계를 분석하는 데 도움을 주었다.

그럼에도 불구하고 체제론적 접근방법은 다음과 같은 한계를 지닌다. 첫째, 정태적(균형)을 강조하여 현상유지적 성격이 강하기 때문에 개발도상국 행정현상을 설명하기에 곤란하다. 둘째, 외부환경과의 관계를 중시하기 때문에 행정 내부에서의 전환과정을 제대로 분석하지 못하였다. 셋째, 거시적 측면을 지나치게 강조하여 특이한 사건이나 인물을 경시함으로써 권력적 측면이나 갈등현상에 대해서는 분석이 어렵다.

## 7. 공공선택론적 접근방법(public choice approach)

공공선택론적 접근방법은 1986년에 노벨경제학상을 수상한 뷰캐넌을 비롯한 경제학자들과 수학자들에 의해 창시되었다. 이들 공공선택론자들은 공공서비스를 제공할 때에 시민 개개인의 선호와 선택을 존중하고, 경쟁을 통해 서비스를 생산하고 공급하게 함으로써 행정의 대응성을 높일 수 있다고 바라보았다.

즉 공공선택론적 접근방법은 정부를 공공재의 생산자라고 규정하며, 시민들은 공공재의 소비자로 본다. 따라서 시민의 편익을 극대화할 수 있는 서비스의 공급과 생산은 공공부문의 시장경제화를 통해 가능하다고 본다.

이러한 공공선택론적 접근방법의 기본적인 가정은 다음과 같다(이종수 · 윤영진 외, 2006: 165).

첫째, 방법론적 개체주의의 입장에 따라 분석의 기본단위는 개인으로 본다. 이때의 개인은 경제적 또는 합리적인 존재로서 자기이익 추구적이라고 가정한다.

둘째, 개인들은 공공재를 최소의 비용으로 향유하려고 하기 때문에 공동으로 사용하게 될 재화 또는 용역의 공급과 개선에는 개인들이 자발적인 태도를 보이지 않을 것으로 가정한다.

셋째, 공공재의 효율적인 공급과 생산은 제도적 장치의 마련을 통해서 가능하다고 가정한다. 여기에서 말하는 제도적 장치란 일단의 규칙으로서 재화와 용역의 생산과 소비에 참여하는 사람들의 행태에 영향을 미친다.

결론적으로 공공선택론적 접근방법은 의사결정자로서의 개인, 공공서비스의 성격 그리고 의사결정구조의 분석에 초점을 맞추고 있다. 따라서 공공재의 공급이라는 집단행동의 문제를 중심대상으로 삼고 있다. 특히 조직 내 의사결정 장치의 문제를 주 대상으로 하고 있다.

이상의 공공선택론적 접근방법은 다음과 같은 공헌과 한계를 지니고 있다.

먼저 공공선택론적 접근방법의 공헌은 다음과 같다. 첫째, 공공선택론적 접근방법은 기존의 행정질서와 행정이론이 보여주고 있는 문제점들을 극복해 보려는 새로운 접근방법이다. 둘째, 공공선택론적 접근방법은 시민들의 다양한 요구와 선호에 민감하게 부응할 수 있는 제도적 장치를 마련하려고 하기 때문에 민주주의 행정에 부합한다.

하지만 공공선택론적 접근방법은 다음과 같은 한계점을 지니고 있다. 첫째, 접근방법론상의 어려움이다. 공공선택론적 접근방법은 연역적이고 수학적인 방법으로 문제를 접근하기 때문에 일반시민들은 이해하기 어렵다. 둘째, 형평성의 미고려이다. 공공선택론적 접근방법은 모든 시민은 자기가 필요한 재화를 구입하는 데 충분한 재원을 가지고 있다고 가정하면서, 수익자부담원칙을 중요시한다. 따라서 가난한 사람은 공공서비스의 소비에서 배제되기 때문에 수직적 형평성이 저해된다. 셋째, 고유한 한계를 지니고 있다. 다시 말해 자유시장의 논리를 공공부문에 도입하려는 공공선택론적 접근방법은 시장실패라는 고유한 한계를 가지고 있다.

## 8. 현상학적 접근방법(phenomenological approach)

### 1) 현상학(phenomenology)

현상학이라는 용어는 철학사상(哲學史上) 많은 학자들이 각기 다른 개념으로 사용하여 왔다. 1764년 「신기관: Neues Organon」에서 현상학이란 명칭을 처음으로 사용한 독일의 철학자 J. H. 람베르트는 본체(本體)의 본질을 연구하는 본체학과 구별하여 본체의 현상을 연구하는 학문을 현상학이라고 하였다.

즉 현상학이란 현상에 대한 개개인의 의식이나 지각으로부터 그의 행동이 나온다고 주장하는 철학적 또는 심리학적 접근방법을 말한다.

### 2) 현상학적 접근방법(phenomenological approach)

현상학적 접근방법은 인간행태의 내면적인 세계의 의미(meaning) 이해를 중시하는 접근방법을 말한다. 즉 현상학적 접근방법은 사회현상 또는 사회현실이 자연현상처럼 인간과 관련이 없는 객체가 아니라, 사회적 행위자인 인간의 의식·생각·언어·관념 등을 통하여 인식된다고 본다. 따라서 현상학적 접근방법은 사회현상의 본질·인간 인식의 특성·이론의 성격 등 사회과학연구의 좀 더 본질적인 문제를 둘러싸고 실증주의와 행태주의가 내세우는 과학적인 연구방법에 반기를 들고 있다.

아울러 현상학적 접근방법은 사회현상 또는 사회적 실재(social reality)는 자연현상처럼 사람과 동떨어진 객체로 존재하는 것이 아니라 그 속에 참여하는 사람들의 의식·생각·언어·개념 등으로 구성되며, 그들의 상호 주관적(inter-subjective)인 경험으로 이루어지는 것이기 때문에 사회과학에서 형성하는 사유대상(thought objects) 또는 정신적 구성물은 자연과학의 그것과는 본질적으로 다르다고 주장한다.

이러한 현상학적 접근방법은 다음과 같은 평가를 받고 있다. 현상학적 접근방법은 과학적 연구방법을 통해서 규명하지 못하였던 인간의 주관적 관념·의식·동기 등의 의미를 더 잘 이해할 수 있었다. 하지만 관리의 원칙이나 기술을 명시하지 못하고 경험적으로 증명할 수 있는 가설을 제시하지 못한다. 또한 사회현상으로서 조직을 이해하는 데 보다 더 폭넓은 철학적 사고방식과 준거의 틀을 제공하지만 주관적인 철학의 범위를 벗어나기 어렵다. 즉 행정의 목적성과 의도성을 찾을 수 있지만 이를 해결하는 방법에 대한 대안은 제시하지 못하였다.

## 9. 신제도론적 접근방법(neo-institutional approach)

### 1) 제도론적 접근방법(institutional approach)

신제도론적 접근방법을 설명하기에 앞서, 구제도론적 접근방법의 이해는 신제도론적 접근방법의 본질을 이해하는 데 큰 도움이 되므로 이를 먼저 설명하고자 한다.

제도론적 접근방법은 1880년대와 1890년대의 사회과학자들이 채택한 연구방법으로서, 역사적으로 진화된 유형인 제도를 중심으로 사회가 구축되고 움직이는 것을 보고 공식적 국가기구를 주된 연구대상으로 하였다. 하지만 제도주의적 접근방법은 구조를 단순히 설명하는 수준이었다.

이에 사회적·정치적·경제적 제도를 단순한 개인의 선택의 집합이라고 보아서는 안 되며, 오히려 제도와 같은 집합적 선호가 개인의 선택에 영향을 미친다고 보는 신제도론적 접근방법이 대두되었다.

### 2) 신제도론적 접근방법(neo-institutional approach)

신제도론적 접근방법은 특정 제도가 한 사회 내에서 어떠한 기능을 수행하고 있는가를 평가하는 접근방법을 말한다. 즉 제도를 일단의 규칙으로 규정하고, 사회적 활동의 결과에 영향을 미치는 제도적 장치를 규명하는 데 초점을 두는 사회과학연구의 한 접근방법을 말한다.

따라서 신제도론은 경제적 생산활동의 결과(outcomes)는 경제활동과 사회를 지배하는 정치적·사회적 제도(institution)인 일단의 규칙(rules)에 달려 있다고 주장하는 신제도주의 경제학(neo-institutional economics)에 기반을 두고 있다. 이러한 신제도론자들은 정부활동의 결과는 그 활동에 참여하는 사람들의 교호작용의 유형에 따라 달라지는데, 이러한 교호작용의 유형은 행위자의 선호, 정보처리능력, 개인의 선택기준 등 행위자의 특성과 행위상황(action situation)에 의해 결정된다는 것이다. 이러한 행위상황은 그 활동이 이루어지는 지역사회의 특성이나 물리적 조건에 의해서도 결정되지만 가장 중요한 것은 일단의 행위규칙인 제도에 의해 크게 결정된다는 것이다.

끝으로 신제도론적 접근방법은 특히 어장·관개시설·목초지·산림 등 공유자원의 공동이용에 관한 유인문제를 다루는 데 많이 이용되어 왔다.

## 연 습 문 제

1. 공공행정의 본질에 대한 설명으로서 적당하지 않은 것은?(2005 경기7급 출제)
   ① 국민의 권리를 제한하고 의무를 부과하는 것은 행정의 본질에 어긋난다.
   ② 공익은 추상적 · 신축적 · 상대적인 모호성을 가지고 있으나 행정의 본질적 가치에 해당한다.
   ③ 행정에 있어서 의사결정은 가치체계와 밀접한 관계를 가지고 있다.
   ④ 행정은 자연 또는 사회 환경과 밀접한 관계를 가지고 있다.

〈해설〉 공익을 추구하기 위해서 필요시에는 국민의 권리를 제한하고 의무를 부과하는 것도 행정의 본질에 포함된다.

2. 행정과 환경의 관계에 관한 설명으로 틀린 것은?(2007 해경간부 출제)
   ① 최근의 행정환경 변화에 따른 정부의 새로운 역할이 탐색되고 있는데 New Governance는 이러한 경향을 대표한다.
   ② 최근의 행정개혁은 신공공관리의 영향하에 추진되고 있다.
   ③ 행정은 환경으로부터 영향을 받으며 동시에 환경을 변화시킨다.
   ④ 세계화라는 행정환경의 변화에 따라 행정국가화 경향이 강화되고 있다.

〈해설〉 최근 세계화와 같은 행정환경의 변화에 따라 지방화가 강조되고 신행정국가화 경향이 강해지고 있다.

3. 공익의 정의에 대한 설명 중 가장 옳지 않은 것은?(2010 경정승진 출제)
   ① 지나친 집단 이기주의를 극복하기 위해서는 과정설적인 입장을 반영할 필요가 있다.
   ② 실체설은 이념적 경직성이 강하다.
   ③ 과정설에 의하며 공익은 이해 관계자들의 협상과 조정의 산물이다.
   ④ 전제정치에 비해 민주주의가 진척될수록 공익을 정의하기가 어려워진다.

〈해설〉 집단 이기주의는 공익의 과정설에서 나타나는 폐단이며, 이를 해결하기 위해서는 실체설적인 입장을 반영하는 것이 유리하다.

---

[정답] 1. ① 2. ④ 3. ①

## 기출문제

〈2003년 행정고시 2차 시험〉

※ 다원화된 사회에서 공익과 사익(개별이익)은 서로 일치하기도 하지만 충돌하기도 한다. 예컨대 기업가 집단과 노동자 집단의 이해대립, 지역과 지역간의 이해대립 등으로 인해 사회적 갈등이 심화되기도 한다. 이와 관련하여 다음 문제에 답하시오.(총 50점)

(1) 공익이란 무엇인가를 정의하고 공익의 기능을 설명하시오.(15점)

(2) 공익과 사익의 관계를 논평하시오.(15점)

(3) 과정설의 입장에서 볼 때, 다양한 개별이익들 가운데서 공익이 형성되는 방식을 설명하시오.(10점)

(4) 정부의 중재가 실패하여 중재안이 수용되지 못할 때, 정부가 공권력을 행사하는 것이 개인주의에 입각한 오늘날의 민주정부에서도 정당한가를 논평하시오.(10점)

〈2008년 행정고시 2차 시험〉

※ 행정이념들은 서로 조화를 이루기도 하고, 때로는 갈등을 일으키기도 한다. 이와 관련하여 다음의 물음에 답하시오.(총 50점)

(1) 합법성과 민주성의 의미를 설명하시오.(10점)

(2) 구체적인 사례를 통하여 합법성과 민주성의 조화 관계를 설명하시오.(10점)

(3) 구체적인 사례를 통하여 합법성과 민주성의 갈등 관계를 설명하고, 그 사례에 대한 갈등 해소방안을 제시하시오.(30점)

제 2 장

# 행정학의 발달과 주요 이론

## 제 1 절 행정학의 발달

행정학의 발달은 앞장에서 설명한 것처럼, 정치·경제·사회 등 다양한 환경에 따라 각 나라마다 달리 존재해 왔다. 특히 오랫동안 정치학이나 법학의 일부로서 다루어져 온 행정학은 17세기 독일의 관방학을 연원으로 하여, 경찰학으로 분화된 다음에 현대행정학으로 정립되었다. 따라서 본 장에서는 관방학과 슈타인 행정학은 제1장에서 설명하였기 때문에 생략하고 현대행정학의 근본이 되는 18세기 미국행정학을 중심으로 설명하고자 한다.

행정학은 각 나라의 정치·사회·경제·문화에 따라 그 발전을 달리하고 있다. 그 중에서도 미국행정학의 발달은 오늘날 행정학의 발달과 그 맥락을 같이하기 때문에 행정학의 이론 발달에 있어 매우 중요하다. 특히 미국행정학의 발달은 정치·사회·경제·문화 등의 변화에 대응하고, 현실의 문제 변화에 따라 행정학의 연구대상과 초점을 달리하면서 형성 및 발달되었다는 데 그 의미가 있다.

이러한 미국행정학 발달은 1900년 전후의 시기에 출발하여 1940년대까지 행정학의 주류를 이루었던 '고전적 행정학', 1930년대에 대두되어 1950년대 이르러 상당한 파급효과를 보인 '신고전적행정학', 1950년대부터 고전적 행정학과 신고전적 행정학의 연구경향을 포용하면서 오늘날까지 비판·확장·분화·통합되고 있는 '현대적 행정학' 이상의 세 가지 시기로 나누어 설명할 수 있다(〈표 2-1〉 참조).

〈표 2-1〉 행정학의 발달

| 구분 | 고전적 행정학 | 신고전적 행정학 | 현대적 행정학 |
|---|---|---|---|
| 주요 이론 | 과학적 관리론<br>행정관리론<br>관료제론 | 생태론<br>경험주의 이론<br>인간관계론 | 신제도론<br>거래비용모형<br>통치모형 |
| 인간관 | 합리적·경제적 인간 | 사회적 인간 | 자기실현적 인간<br>복잡한 인간 |
| 대표학자 | 테일러, 귤릭, 베버 등 | | |

## 1. 고전적 행정학

### 1) 고전적 행정학의 시대적 배경

고전적 행정학이란 19세기 말에 출발하여 1940년대까지의 행정학을 말한다. 즉 고전적 행정학은 산업혁명과 더불어 시작된 산업자본주의의 발전사와 함께하였다. 이러한 고전적 행정학이 나타나게 된 시대적 배경은 다음과 같다(오석홍, 2001: 12~14).

첫째, 산업혁명과 조직혁명으로 정부 부문의 조직변화이다. 고전적 행정학이 등장한 시기인 1900년 전후의 미국은 산업혁명과 더불어 민간 부문의 공업생산구조의 확대로, 공장조직을 비롯한 대규모의 근대적 산업조직은 빠른 속도로 확대되었다. 이에 정부 부문의 조직들 또한 획기적인 역할변화와 조직변화를 경험하였다.

특히 산업혁명이 촉발시킨 조직혁명에 의하여 많은 조직들이 생기고, 그 규모가 커져 감에 따라 조직의 합리성과 생산성을 높이기 위한 연구 활동은 활발하였고, 이는 정부조직의 규모 확장과, 자연과학 및 기술 중심의 행정학을 발달시켰다.

하지만 조직혁명의 초기에 조직을 연구한 사람들은 균형적이고 포괄적인 안목으로 조직의 구성요소들을 관찰하지 못한 한계를 지니고 있다.

둘째, 정치·경제적 자유주의의 확산이다. 고전적 행정학이 시작하던 시기에는 정치·경제적 자유주의와 개인주의가 확산되고 있었다. 즉 정치·경제적 결정은 개인의 자유의사에 맡겨야 한다는 사상이 지배적이었다.

따라서 자유경쟁과 합리주의 및 생산활동의 능률추구 등을 추구하였던 고전적 경제사상과 함께 고전적 행정학이 발달되었다.

셋째, 자유주의에 대한 인식의 전환 및 행정의 역할 변화이다. 미국은 정치·경제적으로 자유주의 사상을 근본으로 건설된 나라이다. 따라서 고전적 행정학의 초기에는 개인의 자유를 중시하는 '제퍼슨(Jeffersonian)사상'에 따라 작고, 약한 정부와 행정이 나타났다. 하지만 산업혁명에 수반하는 여러 변화에 직면하면서 행정에 비능률과 혼란이라는 폐단이 나타나기 시작하였다. 이에 고전적 행정학의 후기에는 책임 있고, 능동적인 정부의 역할을 기대하는 '해밀턴(Hamiltonian)사상'이 확산되었다.

넷째, 기계적 세계관이다. 자연과학과 기술의 급속한 발전은 온 세상을 '기계시'하는 풍조를 낳았다. 이러한 풍조는 조직을 기계처럼 생각하는 사고방식을 확산시켰고, 결국 이러한 사고방식 속에서 교육수준과 숙련도가 비교적 낮았던 사람들은 조직이라는 기계의 부속품처럼 파악되었다.

다섯째, 물질주의적 가치관의 지배이다. 산업구조의 물질생산능력 증대로 사회에는 기계적 세계관이 팽배하였다. 이에 사회는 사회가 추구하는 여러 가치 중에서 물질주의적 가치가 사회 전면에 부각되는 문제가 확대되었다.

여섯째, 전통적 유산의 영향이다. 고전적 행정학이 대두되던 시기에는 사회 각 분야와 조직사회에 획기적인 변화가 일어나고 그러한 변화가 정착되기 시작했다. 그러나 사회 각 분야와 조직사회의 큰 변화는 기존 사회와의 완전한 단절을 의미하는 것은 아니었다. 즉 과거부터 존재해 오던 권위주의적 계층구조에 의한 집권적 지배, 외재적 통제에 의한 지배, 독재적 지도방식, 수동적 작업의 천시 등은 고전적 행정학에 스며들었다.

### 2) 고전적 행정학의 특징

고전적 행정학이 시작되던 초창기 연구 활동은 정치·경제·사회·문화 등의 기성의 여러 학문 분야에 속해 있었던 것이 많았다. 그리고 연구는 다양한 훈련과 경험을 가진 사람들이 대개 독자적으로 연구를 진행하여서 연구인들 사이의 체계적인 정보교환이나 유의미한 협동적 노력 또한 없었다.

하지만 고전적 행정학은 연구의 일반적인 지향성과 기본적인 연구 방향에 있어 매우 중요한 공통성을 지니고 있다는 데 그 의의가 있다.

즉 고전적 행정학의 특징을 살펴보면 다음과 같이 4가지로 살펴볼 수 있다(오석홍, 2001: 14~19).

첫째, 능률주의 행정학이다. 고전적 행정학의 핵심적인 가치는 능률(efficiency)이라는 가치기준이다. 즉 행정에 관련된 공식적 구조와 과정적 변수에 주의를 집중하였다. 이러한 능률주의 행정학은 무엇보다 수단적 능률(instrumental efficiency)을 강조하였다. 이로써 민주성, 형평성과 같은 다른 가치들은 소홀히 하였기 때문에 단일가치 기준이며, 몰가치적이라는 평가를 받는다.

둘째, 정치·행정이원론의 행정학이다. 고전적 행정학은 정치와 행정은 원칙적으로 다른 것으로 바라보았다. 즉 정치란 국민들의 의사를 수렴하는 '가치개입적 행위'이며, 행정은 수렴된 의사를 실행하는 '가치중립적 행위'로 간주하였다. 즉 정치는 국민들에 의한 국가의 목표를 설정하는 과정으로 정책결정이 중심이며, 행정은 설정된 목표를 달성하기 위한 국가의 목표를 달성하기 위한 효율적 수단을 모색하는 과정인 정책집행으로 바라보았다.

셋째, 인간을 합리적이고 경제적인 존재로만 바라보았다. 고전적 행정학은 폐쇄적, 합리적 및 경제적 특성을 지닌 구조적 접근방법이었다. 이로 인해 고전적 행정학은 인간은 합리적이고 경제적인 존재로서 자기에게 이익이 가장 큰 행동방안을 타산적으로 선택할 수 있는 존재로 바라보았다. 따라서 조직과 개인 사이에 조성될 수 있는 비합리적인 갈등 요인들에는 원칙적으로 관심을 보이지 않았다.

넷째, 과학성의 추구이다. 고전적 행정학은 자연과학적 법칙과 같은 행정의 원리들을 발견하고자 노력하였다. 즉 과학적 탐구에 의해 유일최선의 방법을 발견할 수 있다고 믿고 이를 만들어내기 위해 많은 과학적 기법을 고안해 냈다.

하지만 고전적 행정학의 과학주의는 과학적이기를 바라는 기대와 희망에 비해 과학성의 수준은 낮았다.

### 3) 고전적 행정학의 대표적 학파

고전적 행정학의 대표적 학파는 대표적으로 세 가지로 구분할 수 있다. 그 첫째는 과학적 관리학(Scientific Management School)이며, 둘째는 행정관리학파(Administration Management School)이며, 셋째는 Weber의 관료제(Theory of Bureaucracy)이다. 이상의 세 가지 학파를 구체적으로 설명하면 다음과 같다(오석홍, 2001: 20~26).

#### (1) 과학적 관리학파

과학적 관리학파는 능률 또는 생산성을 가장 중요한 가치기준으로 삼았다. 따라서 과학적 관리의 기본원리 등을 주로 연구하고, 공업생산업체들의 하급계층업무수행을 능률화할 수 있는 기법들을 개발하였다.

과학적 관리학파 또는 과학적 관리운동은 Frederick W. Taylor에 의해 개척되었다. 따라서 과학적 관리운동에 테일러가 미친 영향이 매우 크기 때문에 과학적 관리의 접근방법을 '테일러주의(Taylorism)'라고도 부른다.

이러한 과학적 관리학파의 주요 가정은 다음과 같다. 첫째, 과학적 분석에 의하여 One

best way, 즉 유일최선의 방법을 규명할 수 있다고 보았다. 둘째, 과학적 방법에 의하여 생산성을 향상시키면 사용자와 노동자 모두 이익을 얻고 나아가 공익을 이룰 수 있다고 보았다. 셋째, 인간은 경제적 유인에 의하여 동기가 유발되는 타산적 존재로 바라보았다.

이상의 주요 가정 아래 과학적 관리학파는 다음과 같은 과학적 행정을 주장하였다. 첫째, 행정에 있어서도 업무기준을 과학적으로 설정하여야 한다. 즉 행정업무는 과학적 분석에 의하여 설계되어야 하며 업무수행에 관한 유일최선의 방법이 규정되어야 한다. 둘째, 행정에 있어 과학적으로 설계된 업무와 과학적으로 선발 및 훈련된 인력을 적절하게 결합시켜야 한다. 즉 근로자들은 정신적 또는 육체적으로 가장 적합한 업무에 배치되어야 한다. 셋째, 행정의 관리자와 근로자는 책임을 적정히 분담하고 업무의 과학적 수행을 보장하기 위해 상호 협조해야 한다.

하지만 이상의 노력에도 불구하고 고전적 행정학은 인간에 관한 합리적 가정이 편파적이기 때문에 다음과 같은 한계를 지니고 있다. 첫째, 사회의 실제에 적용된 과학적 관리운동은 조직의 '기계화'와 '비인간화'를 조장하였다. 둘째, 과학적 관리운동의 확산과정에서 많은 물의가 빚어졌다. 예를 들어 관리자들은 기존의 관리방식을 포기하지 않으려 했지만, 근로자들은 계속적인 능률 향상의 요구와 기계의 부품처럼 대하는 처우에 불만을 가져 여러 가지 저항과 마찰이 지속적으로 나타났다.

#### (2) 행정관리학파

행정관리학파는 조직의 관리기능과 관리층에서 맡아야 할 조직 및 관리 작용의 원리들을 개척하는 것에 중점을 두었다. 따라서 조직의 상층부를 중심으로 하는 하향적 방식에 의한 조직의 합리화를 추구했다.

그리고 행정관리학파도 능률을 기본적인 가치로 채택하고 조직단위들의 구조적인 관계, 관리기능의 유형, 관리의 과정, 분업과 조정에 관련된 원리 등을 연구하였다. 그러므로 행정관리학파는 조직활동의 분화와 통합과 관련된 부분들을 집중적으로 발달시켰다.

하지만 행정관리학파는 그들이 개발한 분업의 원리, 명령통일의 원리, 통솔범위의 원리 등의 원리들이 사람들이 일을 싫어하거나, 경제적 욕구만 지니거나, 지시받기를 원한다거나 하는 등의 원리가 적용되지 않는 경우를 설명하지 못해 비판을 받기도 하였다.

그럼에도 불구하고 행정관리학파는 오늘날의 조직설계와 운영의 실제에서 중요한 기준을 제시해 준다는 측면에서 그 의의를 찾아볼 수 있다.

#### (3) 고전적 관료제론

고전적 관료제론의 대표적인 학자는 Max Weber로 베버는 권위의 형태에 따라 조직을 카리스마적 권위(charismatic authority)가 존재하는 관료제와, 전통적 권위(traditional authority)가 존재하는 가산적 관료제, 합리적·법적 권위(rational-legal authority)가 지배하는 근대적 관료제로 분류하였다. 그리고 이 세 가지 유형 중 합리적·법적 권한에 기초를 둔 관료제 모형이 근대사회의 대규모 조직을 설명하는 데 가장 적합한 것으로 바라보았다.

아울러 베버의 고전적 관료제론에서도 가장 기본적인 가치기준은 능률이었다. 즉 베버의 관료제는 임무수행에 있어서 필요한 정확성·신속성·명확성·통일성 등을 보장할 수 있다는 데 그 의의가 있다.

## 2. 신고전적 행정학

### 1) 신고전적 행정학의 시대적 배경

신고전적 행정학이란 1930년대에 대두되어 1950년대 이르러 상당한 파급효과를 보인 행정학을 말한다. 특히 신고전적 행정학은 고전적 행정학의 적실성에 대한 반발이 커짐에 따라 신고전적 행정학의 활동은 점차 확대되었다.

이러한 신고전적 행정학이 대두되는 시대적 배경은 다음과 같다(오석홍, 2001: 27~29).

첫째, 산업화의 폐단에 대한 비판이다. 산업혁명 이후 기계중심의 편협한 생산주의만 강조하던 고전적 행정학은 많은 비판을 받게 된다. 따라서 신고전적 행정학은 인간을 기계의 부속품처럼 생각하는 사고방식에서 벗어나고자 노력하였다.

둘째, 행정의 팽창에 따른 변화이다. 1930년에 이르러 행정은 경제·사회적 환경이 점점 복잡해짐에 따라 정부 내·외의 변화는 증가하였다. 아울러 경제대공황을 탈출하고 경제·사회적 발전을 이룩하기 위해 뉴딜정책이 추진되었는데, 이 과정에서 고전적 행정학에서 시작되었던 행정의 거대화 현상이 현저히 심화되었다. 즉 행정의 정책형성기능이 확대되고 집행상의 재량권이 늘어나게 되었다.

셋째, 정치적·경제적 방임주의의 수정이다. 1930년대 이후 자유방임만으로 해결할 수 없는 심각한 경제 및 사회문제는 점점 증가하였고, 결국 여러 경제 및 사회문제에 대한 정부의 변화 필요성이 증대되었다. 따라서 정치·행정 등 공공부문은 기존의 경직된 체제운영을 벗어나기 위해 인간의 존엄성보호와 인간생활의 복지향상에 관련된 부분에 중점을 두는 방향으로 변화를 추구하였다. 아울러 사회적 가치관의 강조점이 기존의 개인주의적 윤리에서 사회적 윤리로 전환되고 있었다.

### 2) 신고전적 행정학의 특징

신고전적 행정학의 가장 큰 특징은 경제적·수단적 능률보다는 사회적 능률을 강조하였다. 아울러 공식적 구조나 기계적 절차 등 이른바 '무생물적 요인'보다는 '인간적 요인'에 주의를 기울였다.

따라서 신고전적 행정학을 연구하는 연구자들은 조직을 기계적 또는 공학적 체제가 아닌 생물학적 체제 또는 유기적 생물체로 바라보았다. 또한 신고전적 행정학은 구조적이고 공식적인 관계보다는 비공식적인 관계의 조직관을 가지고 있었다.

이러한 신고전적 행정학의 특징을 좀 더 구체적으로 살펴보면 다음과 같다(오석홍, 2001: 29~34).

첫째, 고전적 능률주의에 대한 비판과 가치기준의 다원화이다. 신고전적 행정학은 능률주의만을 강조하던 고전적 행정학과는 다르게 새로운 가치기준으로서 사회적 능률(social efficiency)[1]을 강조하였다. 또한 능률성을 최고의 가치관으로 바라보고, 능률만을 강조한 고전적 행정학과는 달리 가치기준의 다원화를 모색하였다.

즉 신고전적 행정학이 강조한 사회적 능률의 강조는 가치기준의 다원화를 이끌어냈으며, 이는 행정을 연구하는 데 있어서 길잡이가 되는 가치기준의 다원화를 촉진시켰다.

둘째, 비공식 요인의 중시이다. 신고전적 행정학은 구조적이고 공식적인 요인만을 중시하던 고전적 행정학과는 달리, 사회적·정서적·심리적 측면 등 다양한 비공식적인 요인 또한 중요시하였다.

따라서 신고전적 행정학은 권한의 위임을 통한 분권화, 대인관계에 있어서의 신뢰와 개방성, 민주적 리더십 등을 제시하였다. 하지만 신고전적 행정학은 조직의 공식적 구조를 소홀히 다루고, 지나치게 비공식적인 관계만을 부각시켰다는 한계를 벗어나지는 못하였다.

셋째, 환경에 대한 관심이다. 신고전적 행정학은 폐쇄체제적 접근태도를 지닌 고전적 행정학을 비판하고, 개방체제적 접근방법을 강조하였다. 즉 신고전적 행정학이 말하는 개방

1) 사회적 능률이란 사회적 합목적성·조직구성원의 만족도 등을 중시하는 행정의 가치 기준을 말한다. 이러한 사회적 능률성은 디목(M. E. Dimock)이 강조한 가치 개념으로, 이는 과학적 관리론에 입각한 기계적·금전적 능률관을 비판하고 행정의 사회 목적 실현, 다원적인 이익들 간의 통합 조정 및 행정 조직 내부에서의 구성원의 인간적 가치의 실현 등을 내용으로 하는 능률관이다.

체제적 접근방법은 행정과 행정의 환경을 구성하는 정치적·경제적·사회적·문화적 요인들이 서로 교호작용관계에 있다는 것을 강조하였다.

넷째, 정치·행정일원론적 행정학이다. 신고전적 행정학은 정치와 행정은 명확히 구분된 것이 아니라 연속적인 과정으로 바라보았다. 즉 정책이 정치에 의해 결정되는 데 있어서, 이를 집행하는 행정공무원 및 부서의 성향과 같은 요인들에 의해 큰 영향을 받을 뿐 아니라, 정치의 대표적 영역인 정책결정 자체가 행정에 의해 이루어지는 것이 점차 증가함에 따라 정치와 행정의 구분보다는 양자 간의 통합을 강조하는 정치·행정일원론이 강조되었다.

다섯째, 경험과학주의의 제창이다. 고전적 행정학은 고전적 행정학의 미숙한 과학주의를 비판하였다. 즉 고전적 행정학에서 발견된 행정의 원리들은 단순히 상식에 불과하며, 이러한 원리들 사이에 논리적 일관성이 결여되어 있다고 비판하였다.

따라서 신고전적 행정학은 과학적인 법칙 또는 원리들이 사실의 관찰, 즉 경험에 의하여 입증되어야 한다고 주장하였다.

### 3) 신고전적 행정학의 대표학파

신고전적 행정학파들은 고전적 행정학파들보다 사회현상을 더 복잡하고, 분화하여 바라보았다. 이러한 신고전적 행정학의 대표적 학파는 생태론, 경험주의론 그리고 인간관계론 이상의 세 가지를 대표적인 것으로 꼽을 수 있다.

이상의 세 가지 신고전적 행정학파를 구체적으로 살펴보면 다음과 같다(오석홍, 2001: 34~40).

#### (1) 생태론

신고전기의 후반에는 행정조직을 하나의 유기체로서 파악하고, 그것을 둘러싸고 있는 정치·사회·경제·문화 등의 환경과의 상호 관계를 규명하려는 생태론 또는 환경유관론이 출범되었다. 나아가 생태론 학자들은 행정이 환경에 의해 결정된다는 환경결정론적 입장을 취한다고 주장하였다.

대표적인 학자인 Philip Selznick은 조직이 공식적·합리적 국면뿐만 아니라 비공식적인 국면을 지니고 있으며, 조직의 구조는 구성원의 특성과 외적 환경에 영향을 받는다고 주장하면서 행정의 조직 또한 환경에 의해 결정된다는 환경결정론을 강조하였다.

#### (2) 경험주의 이론

경험주의 이론은 행정연구인들에게 경험주의 물결이 점차 파급되었고, 이는 경험적 연구

정보의 축적을 촉진하는 계기가 되었다.

이러한 경험주의 이론에 대표적인 학자는 Herbert Simon이다. 사이몬은 가치문제와 사실문제를 엄격히 구별하는 논리적 실증주의에 바탕을 둔 경험주의적 접근방법을 따라야 행정학을 발전시킬 수 있다고 주장하였다. 이에 사이몬은 경험주의적 접근방법의 실천적인 조건을 제시하기도 하였다.

#### (3) 인간관계론

인간관계론은 앞서 설명한 생태론, 경험주의론과 더불어 신고전적 행정학의 대표학파이다. 고전적 행정학에 대한 반론의 형태로 출발하여 현대행정학에 지대한 영향을 미친 인간관계론은 하버드대학교 경영대학원 교수인 Elton Mayo의 경험적 연구로부터 출발하였다.

이러한 인간관계론의 원리를 살펴보면 다음과 같다. 인간관계론 학파는 첫 번째로 인간은 사회적 욕구를 지녔으며 사회적 유인에 의하여 동기가 유발된다고 바라보았다. 두 번째로는 사회적 욕구의 충족은 원칙적으로 생산성의 향상을 가져오기 때문에 참여자들의 만족을 중요시하였다. 세 번째로는 참여자들은 육체적 능력보다 사회적 규범에 좌우된다고 주장하였다. 끝으로 조직은 기술적·경제적 체제일 뿐만 아니라 사회적 체제, 즉 비공식적 체제라고 주장하였다.

이와 같은 원리를 강조한 인간관계론은 다음과 같은 평가를 받고 있다. 첫 번째로 연구대상의 변수를 다원화시키려고 노력하였다. 그러나 고전적 행정학에서 기술적·구조적 측면을 지나치게 강조하였다면 인간관계론자들은 심리적·사회적 측면만을 너무 강조하였다. 두 번째로 경험적 입증이 미약하였다. 인간관계론자들은 인간관계론의 원리로 참여자의 만족은 생산성의 향상을 가져온다고 주장하였으나, 이를 경험적으로 입증하지는 못하였다. 그럼에도 불구하고 명확한 입증이 없는 가운데 일련의 처방들을 마치 원리 또는 법칙인 것처럼 제시하는 오류를 범하였다. 세 번째로 인간관계론의 처방은 조직의 목표보다는 구성원의 감정과 비공식집단의 요청만을 중요시하여 관리의 방향을 어지럽게 하였다.

## 3. 현대적 행정학

### 1) 현대적 행정학의 시대적 배경

1950년대 이후 고전적 행정학과 신고전적 행정학의 연구를 포용한 현대적 행정학은 기존의 행정학을 한 차원 더 높이 발전시켰다. 이러한 현대적 행정학이 대두되던 시대의 배경은 다음과 같다(이원희 외, 2005: 40~42, 오석홍, 2001: 41~58).

첫째, 사회구성요소의 분화와 가치구조의 다양화에 따른 사회변화이다. 현대적 행정학이 발전하던 1950년대에는 점차 가치구조가 다원화되고 사회구성요소의 분화와 다양화가 매우 활발하게 나타났다. 또한 사회구성요소들의 분화와 다양화로 촉진 및 분화된 요인들은 서로 높은 상호 의존성과 연계성을 가지고 있었다. 따라서 여러 방면에서 일어나는 이익표출은 더욱 다양하고 강렬해졌다. 이로 인해 생활의 개방성과 상관성이 높아진 사회현상을 연구하는 과학활동의 통합이 절실해졌다.

둘째, 정보화와 세계화의 촉진이다. 현대사회는 정보화 사회이며 세계화 사회이다. 즉 정보과학과 정보산업의 발달에 따라 정보유통은 원활해지고, 정보개방화는 촉진됨으로써 사람들은 정확한 정보를 더 많이 얻게되어 풍요로운 지적 생활을 영위할 수 있게 되었다. 아울러 국제적 교통 및 통신의 발달은 세계화를 크게 촉진시켰다.

셋째, 다원화 및 다양화 사회이다. 현대사회에서 교통 및 통신의 발달로 인간생활의 공간적·시간적 제약은 급속히 축소되고, 이는 사회구성요소들을 다원화 및 다양화시키고 있다.

넷째, 경제적 풍요와 탈물질경향의 대두이다. 현대사회에서 경제규모는 거대해지고 경제구조는 매우 고도화되어 있다. 예를 들어 전자공업·컴퓨터·첨단통신기술·유전공학 등이 기술발전을 선도하여 고도의 산업화 및 정보사회화를 촉진하고 있다. 즉 고도의 경제발전은 물질생활의 풍요를 가져왔다. 하지만 이러한 경제적 풍요는 이제 양적 충족의 추구에서 질적 향상의 추구로 그 수요가 변화되어 가고, 나아가 탈물질화를 찾는 갈망 또한 높아지고 있다.

다섯째, 사회 부적응의 증대이다. 기술의 변동과 경제적 생활의 풍요가 삶의 질을 향상시킨 것임에는 틀림이 없다. 하지만 급속한 사회변동은 여러 가지 혼란과 사회적 부적응을 일으켰다. 즉 급속한 사회의 변동은 도시화의 촉진, 사회적 분화와 유동성의 제고, 빈번한 사회적 전위, 비인간화, 인간소외 현상과 같은 혼란과 부적응을 초래하였다.

### 2) 현대적 행정학의 특징

1950년대 이후 고전적 행정학과 신고전적 행정학의 연구를 포용한 현대적 행정학은 다음과 같은 특징을 가지고 있다(이원희 외, 2005: 40~42, 오석홍, 2001: 58~61).

첫째, 다원론적 분화이다. 현대사회에서는 행정학 연구 활동의 다양화가 점점 심화되고 있다. 즉 복잡한 사회현상을 깊이 이해하고, 이를 해결하기 위해서는 가치기준과 접근방법의 다원론적 분화가 필수적이다. 따라서 현대적 행정학은 문제선정과 자료선택에서의 접근방법과 기준의 다원화를 요구하며, 다른 한편으론 다양한 가치기준의 균형 있는 수용을 필요로 하고 있다.

둘째, 통합화를 위한 노력이다. 행정학의 학문적 통합을 위해 현대적 행정학에서는 학설사의 정리, 통합적 연구모형의 개발 노력이 이루어지고 있다. 즉 행정현상을 균형 잡힌 안목을 가지고 포괄적으로 접근하려는 통합적인 관점이 중시되고 있다.

이러한 통합적인 관점을 좀 더 구체적으로 살펴보면, 통합적 관점은 '복잡한 인간' 그리고 '복잡한 조직'의 가정을 받아들인다. 따라서 통합적 관점은 인간을 거의 무한한 잠재력과 가변성을 지닌 복잡한 존재로 보고 조직을 복잡한 체제로 바라보기 때문에 행정을 비롯한 모든 문제에 있어 무모한 획일화를 경계한다.

아울러 통합적 관점을 받아들여 통합적 연구모형의 개발자들은 "모든 것은 모든 것에 연관되어 있다."고 보는 체제개념을 사용하고, "상황에 따라 최적대안은 달라질 수 있다."는 명제를 받아들이는 상황 적응적 접근방법에 입각하여 여러 가지 유형론을 발전시키고 있다.

셋째, 학제적 성격의 심화이다. 행정학은 다른 학문 분야의 업적이라고 할 수 있는 연구결과, 연구방법 그리고 개념들을 필요할 때에는 거침없이 수용해 왔으며, 또한 지속적으로 발전시켜 왔다. 즉 행정학의 학제적 성격은 날로 강화되고 더욱 세련되어 가고 있다.

넷째, 인간중심적인 인도주의의 중시이다. 현대적 행정학은 인간중심적이고 인도주의적인 접근방법을 중시한다. 즉 제도 또는 구조보다 인간 본질에 더 많은 관심을 기울이고 있으며, 고전적 시대와 신고전적 시대에 나타난 인간의 소외현상 극복을 위해 고객중심주의의 행정을 강조한다.

다섯째, 국민의 입장에서 본 행정의 연구이다. 행정현상의 연구에서 국민의 의사를 강조하는 국민중심주의에 대한 갈망은 날이 갈수록 증대되고 있다. 따라서 현대적 행정학은 내부의 조직관리 부분보다는 국민과 직접 접촉하는 일선관료제에 대한 연구들을 강조하고 있다.

### 3) 현대적 행정학의 학파

현대적 행정학파는 고전적 행정학파와 신고전적 행정학파를 비롯해 신제도론, 거래비용모형, 통치모형, 대리인이론, 가치이론, 교환이론, 혼돈이론 등 수많은 학파들이 존재한다. 하지만 본 장에서 이러한 모든 이론들을 살펴보는 것에는 한계가 있으므로 신제도론, 거래비용모형, 통치모형 이상의 3가지 학파를 설명한다.

#### (1) 신제도론(Neo-institutionalism)

신제도론이란 특정 제도가 한 사회 내에서 어떠한 기능을 수행하고 있는가를 평가하는 행정이론이다. 따라서 신제도론은 제도를 일단의 규칙으로 규정하고, 사회적 활동의 결과에 영향을 미치는 제도적 장치를 규명하는 데 초점을 두는 행정이론이라고 앞서 논한 바 있다.

즉 신제도론은 제도를 사람들의 상호 작용 양식이며 공식적 또는 비공식적 규범에 의해 규정되는 것으로 바라본다. 아울러 신제도론 학파는 환경적 요인의 주요 부분 역시 제도로 바라본다.

이러한 신제도론은 과거의 제도론이 제도를 폐쇄적인 관점에서 연구한 것을 비판하고 환경적 영향을 강조한다. 그렇다고 신제도론이 환경결정론적 접근방법인 것은 아니다. 왜냐하면 조직과 환경의 관계를 교호작용적인 것으로 보았지, 절대적 또는 폐쇄적인 관점에서 바라본 것이 아니기 때문이다. 따라서 신제도론은 개방 체제적 또는 상황 적응적 접근방법이라고도 불린다.

#### (2) 거래비용모형(Transaction-cost Model)

거래비용모형은 조직, 특히 기업조직들이 생겨나고 일정한 구조를 가지게 되는 이유를 조직 경제학적으로 설명하는 접근방법이다. 즉 생산보다는 비용에 관심을 갖고 시장에서 이루어지는 개인 간 및 조직 간 거래를 미시적으로 분석한다.

이러한 거래비용모형에서 말하는 '거래비용'이란 각종 거래에 수반되는 비용을 말한다. 즉 거래 전에 필요한 협상, 정보의 수집과 처리는 물론 계약이 준수되는가를 감시하는 데에 드는 비용 등이 이에 해당된다. 또한 처음 계약이 불완전해서 재계약할 때 드는 비용도 포함된다. 따라서 시장이 발전할수록 경제활동에서 차지하는 비율이 증가하는데, 이를 줄이는 것이 기업의 중요한 목표가 된다.

아울러 거래비용모형은 사회 전체는 하나의 거래망 또는 계약망이며 그 안에서 거래비용을 줄이는 데 효율적인 방법이 계서제를 근간으로 하는 조직으로 본다.

#### (3) 통치모형(Governance Model): 정치적 관리모형

통치모형 또는 정치적 관리모형은 조직의 정치적 구성에 초점을 맞추는 현대적 행정이론이다. 이러한 통치모형은 조직을 내외의 불확실성과 갈등에 직면해 있는 정치적 존재로 이해한다. 따라서 조직은 이러한 여건을 극복하기 위해 적극적으로 노력해야 한다고 본다.

즉 통치모형은 조직의 불확실성을 감소시키고, 논쟁을 관리 가능한 범위 내에 한정함으로써 조직이 수용할 수 있는 결정에 도달할 수 있도록 여러 가지 방책을 마련해 나가야 한다고 주장한다.

## 제 2 절 행정학 패러다임의 변화

행정학 패러다임에서 맨 처음 행정학의 출발은 1887년 W. Wilson의 논문 「The Study of Administration(행정의 연구)」가 기초가 되었다. 즉 윌슨이 공공조직에서 정치적 활동과 행정적 활동을 구분함으로써 정치행정이원론(politics/administration dichotomy)이 발단되었다. 행정학 패러다임을 분류하면[2] 다음과 같이 다섯 가지 패러다임으로 설명할 수 있다.

### 1. 패러다임[3] Ⅰ: 정치·행정의 분리(1900～1926)

행정학의 패러다임 Ⅰ은 굳노우(Frank J Goodnow)와 화이트(Leonrd D. White)가 행정학에 관한 저술을 시작한 때부터이다.

먼저 굳노우는 「정치와 행정」(*politics and Administration*, 1900)에서 행정현상과 정치현상을 분리하고, 행정학을 정치학에서 분리하는 내용을 썼다. 즉 정부에는 두 개의 중요한 기능이 있는데 첫 번째 정치는 국가의 정책 또는 국가의지의 표현을 다루는 기능을 말하며, 두 번째 행정은 국가정책의 집행을 다루는 기능이 있다고 하였다.

이처럼 1900년대에는 행정학이 어디에 서 있어야 하는가 하는 locus 문제에 강조점을 두었다.

다음으로 1920년대에 이르러 행정학은 학문으로서 독자성을 세우기 시작했다.

정치 · 행정이원론자인 화이트는 「행정학 입문」(*Introduction to the Study of public Administration*)에서 정치는 행정에 간섭해서는 안 되며, 행정은 관리의 영역이라고 주장했다. 따라서 행정학은 당연히 가치에 구애받지 않는 과학, 가치중립적인 학문이 될 수 있

2) Nicholas Henry가 행정학의 패러다임을 분류한 것으로서, Nicholas Henry의 저서인 「*Public Administration and Public Affairs*」 Chapter 2의 내용을 요약한 것임.

3) 패러다임(paradigm)이란 어떤 시기의 특정한 연구자들에 의해서 공유되는 신념 또는 가치관, 방법론 등의 과학연구의 원형을 말한다. 즉 어떤 한 시대 사람들의 견해나 사고를 지배하고 있는 이론적 틀이나 개념의 집합체를 말한다.

으며, 행정의 임무는 경제와 능률이어야 한다는 것이다.

이처럼 1920년대에는 가치와 사실을 구분하던 당시의 풍조에 따라 정치와 행정을 구분하는 정치행정이원론을 주장한 시기이다. 이 시기에 강조점으로는 행정은 정부의 관료제(bureaucracy)에 관심을 집중해야 된다는 것이다.

요약건대 패러다임 Ⅰ은 행정이란 정부관료제 내에 집중되어야 한다고 주장하였다. 따라서 정치학은 행정학을 제외한 모든 것으로 이해하고, 행정학은 사실 중심의 조직이론, 예산론, 인사행정에 그 범위를 한정하였다.

## 2. 패러다임 Ⅱ: 행정원리론(The Principles of Administration)(1927~1937)

### 1) 패러다임 Ⅱ의 시작

패러다임 Ⅱ의 시작은 윌로우비(W. F. Willoughby)의 「*Principles of Public Administration*(행정의 원리)」(1927)가 출간된 시기로부터이다. 윌로우비의 이 책 '행정의 원리'는 우리가 발견하지 않아서 그렇지 원래부터 그 자리(예: 정부관료제)에 있었다는 것과 행정가들이 이러한 원리를 배운다면 자신들의 업무에 있어서 전문가가 될 수 있다는 제안을 하였다.

이어 1930년대와 1940년대는 관리지식에 대한 높은 수요로 인해서 행정학이 크게 요구되던 때였다. 따라서 행정학은 자연히 어떤 연구 분야를 대상으로 하느냐는 focus 문제에 보다 많은 관심을 두게 되었다. 윌로우비의 저서에서 제시된 것처럼 행정의 원리는 어느 곳에서나 적용될 수 있다고 믿었기 때문이다.

이러한 패러다임 Ⅱ의 행정의 원리를 좀 더 구체적으로 살펴보면 다음과 같다.

행정원리론은 행정관리론(Administration Management)이라고도 부른다. 즉 행정에는 문화, 환경, 제도, 체제 등과는 상관없이 어떠한 행정상황에도 적절히 적용할 수 있는 '원리'가 존재한다는 견해를 말한다. 따라서 패러다임 Ⅰ의 결과로 대두된 절약과 능률, 경제적 합리성을 확보하고 행정의 실제를 개선하는 데 연구의 목적을 두었다.

#### (1) 패러다임 Ⅱ의 대표학자

행정관리사상에 가장 큰 영향을 미친 연구는 테일러(Taylor)의 「과학적 관리의 원리」(Principles of Scientific Management, 1911)이다. 그러나 과학적 관리는 조직의 하위층에 초점을 두었기 때문에 그 영향에 한계를 가지고 있었다.

하지만 행정원리론은 1937년 귤릭(L. H. Gulick)과 어윅(Urwick)의 「행정학논문집」(Papers on the Science of Administration)의 발간을 시작으로 매우 확대되었다. 특히 귤릭은 최고관리자의 7가지 기본적 기능을 'POSDCORB'라는 표현으로 행정원리를 제시했다. 7가지 원리는 Planning(기획), Organizing(조직), Staffing(인사), Directing(지휘), Coordinating(조정), Reporting(보고), Budgeting(예산)이다.

#### 2) 원리주의의 비판과 새로운 도전(1938~1947)

1938년에 버나드(Chester I. Barnard)의 「관리자의 기능」(*The Functions of the Executive*)이 출간되고 사이먼(Simon)의 "Administrative Behavior"와 같은 저술이 나오게 되었다. 이어서 1946년에는 사이먼이 「행정의 격언들」(*The Proverbs of Administration*)에서 원리론을 비판하였다. 즉 행정의 원리는 관리적 합리성의 최종적 목표 외에는 아무것도 아니며 논리적으로 일관성이 없다고 비판하였다.

#### 3) 정치행정이원론에 대한 도전

정치행정이원론은 이미 1930년대에 비판이 시작되었고, 막스(F. M. Marx)가 편집한 「공공행정의 제요소」(*Elements of Public Administration*, 1946)에 가치에 구애받지 않는 행정, 가치사상적, 가치중립적 행정(Value-free Administration)이 실제적으로는 가치함축적인 정치(Value-laden Politics)로 자주 나타났다는 새로운 인식을 제시했다. 즉 예산이나 인사문제의 결정과정에서 정치적인 것과 비정치적인 것(행정적인 것)을 구별한다는 것은 사실상 불가능하며, 이들을 구별하고자 하는 노력도 실질적인 가치가 없다는 입장이다. 그리고 1940년대 도전자들은 행정인들이 입법자들과 마찬가지로 정치적 결정과 공공정책을 형성한다는 점을 강조하고자 하였다.

#### 4) 행정원리론에 대한 도전

행정원리론에 대한 도전은 다알(Robert A. Dahl), 왈도(Waldo), 사이먼(H. A. Simon)에 의해 주장되었다. 먼저 다알은 '행정과학: 세 가지 문제점'(The Science of Public Administration: Three Problems)이란 논문에서 행정의 보편적 원리를 발전시킨다는 것은 조직 속에서의 가치, 인성의 차이, 문화에 따라 다양하게 형성되는 사회적 구조에 의해서 방해를 받고 있다고 주장하였다.

다음으로 왈도는 「행정국가론」(*Administration State*, 1948)에서 불변의 행정원리들에 대한 개념을 공격하였고, 이런 원리들을 도출하는 데 이용된 방법론의 모순점 및 행정원리론자들의 사고를 지배했던 절약과 능률이란 가치의 협소함을 비판했다.

끝으로 사이먼은 행정학의 전통적 주장들의 모순점만 단순히 지적한 것이 아니라 전체 분야를 재구상화했다. 즉 1946년에는 원리론을 '실험을 거치지 않은 격언들'이라고 비판하였고, 1947년의 「행정행태론」(Administration Behavior)에서는 모든 행정의 '원리'는 반대원리(counter Principles)가 있음을 제시했다. 또한 행정원리의 주창자들의 오류를 지적하였으며, 모든 대안들을 알 수 없고, 대안들의 결과도 알 수 없고, 의사결정자는 자신의 선호기준으로부터 최상의 대안을 발견할 때까지 탐색한다는 가정에 문제를 제기했다.

의사결정의 인간적 과정을 제시했는데 경제적 관점보다는 행태적 관점을 취했다. 조직적 선택(의사결정)의 제약점들은 조직의 직무환경, 외적요인들뿐만 아니라 인간(결정자)의 기억, 합리성, 정보의 제약과 같은 제약요인들이 내포된다고 주장하였다.

### 5) 도전에 대한 반응(1947~1950)

사이먼이 Administration Behavior를 통해 행정학의 전통적인 기초를 파괴했고, 행정학의 옛 패러다임에 대한 하나의 대안을 제시하였다. 즉 Simon이 제시한 행정학을 위한 새로운 패러다임은 조화와 호혜적인 지성적 자극 속에서 일하는 두 종류의 행정연구였다. 이러한 사이먼의 제안은 「행정과학에 대한 코멘트」(*A Comment on the Science of Public Administration*)에서 행정학의 새로운 패러다임에서 행정학은 조화와 상호 지적 자극 속에서 일하는 두 부류(순수행정과학자, 공공정책을 위해 처방을 내리는 학자)가 포함되어야 한다고 주장했다.

즉 정치와 행정의 연계를 논리적으로 인정했는데 다만 행정의 과학화를 위하여 행정연구에서 가치 지향의 대상을 배제하고 사실지향의 대상에 국한한다(신정치행정이원론).

이것은 정치적인 가치배분기능을 인식하고 강조한 특징이다. 그러나 사이먼의 '순수과학'에 대한 요청은 행정학자들과 정치학자들을 행정학 분야에서 내몰았다. 사회심리학이 행정행태에 이해를 위한 기초가 되어야 한다는 주장이지만 대부분의 행정학자들이 사회심리학의 훈련을 받지 않았기 때문이다. 과학이라는 것이 '몰가치적', '가치중립적'인 것으로 인식되었기 때문에 규범적 정치이론, 공익, 인간가치 등의 분야를 행정학에서 더 이상 탐구해서는 안 될 분야로 만들었다.

반면 정치학자들은 1930년대 중반부터 행정학이 정치학으로부터 독립하여 가는 것을 저지하고, 행정학의 행동 지향성에 의문을 제기하여 왔었는데, 1952년에 이르러 American Political Science Review에 마틴(R. Martin)이 '행정학에 대한 정치학의 계속적인 지배'를 창도하는 논문이 게재된 것은 이러한 분위기를 대변한 것이다. 그러나 제2차 세계대전 후에 이르러 정치학자들은 행정학이 정치학으로부터 이탈하는 것을 용인할 수밖에 없었다.

이후 1950년에 John M. Gaus가 "우리 시대에 있어서 행정이론은 동시에 정치이론을 의미한다."라는 주장으로 정치·행정 이분법에 의문을 제기했다.

### 3. 패러다임 III: 정치학으로서의 행정학(1950~1970)

행정학과 정치학 간의 개념적 관련성을 재확립시키려는 시도였다. 주류 행정학자들의 우려의 결과로 행정학자들은 정치학과에 남게 되었다. 즉 행정학의 정체성의 위기를 가져왔다. 1950년대에 이루어진 행정학의 저술에서는 행정학을 정치학의 한 분야라든지 정치학과 유사한 학문 분야로 이해하였다. 심지어는 행정학이 하나의 독자적인 학문 분야로서 인정될 수 있을 것인가조차도 의심받게 되었다.

그리고 1960년대에 와서 전환이 이루어졌는데 1962년 미국정치학회의 '학문 분야로서의 정치과학위원회'(Committee on Political Science as a Discipline)의 보고서에 행정학은 정치학의 한 세부 분야로 포함되지 않았다. 1964년의 정치학자들에 대한 설문조사는 PAR(Public Administration Review)가 다른 전문 학술지에 비하여 정치학자들에게 명성을 잃어 가고 있음을 보여 주었다. 1967년에 이르러 행정학은 미국정치학회의 연례학술모임 프로그램의 조직대상에서조차 사라졌다. 이러한 변화는 1968년 Waldo가 "……행정학자들은 정치학자들에게…… 더 이상 환영받지 못한다."는 말에서 잘 알 수 있다.

### 4. 패러다임 IV: 관리과학(management)으로서의 행정학(1956~1970)

제Ⅳ패러다임인 관리과학으로서의 행정학은 제Ⅲ패러다임과 같은 시기에 출현하였는데 광범위한 호응을 얻지 못하였으나 행정학자들이 채택할 수밖에 없는 대안이었다. 즉 관리과학으로서의 행정학이라는 패러다임은 focus는 제공하였지만 locus는 제공하지 못하였다. 이 패러다임은 전문지식과 특수지식을 요구하는 기술을 제공해 주기는 하지만 어떤 기구나 기관에서 어떤 상황에 적용되어야 하는지 분명한 지침을 제시해 주지 못한다.

핸더슨(Keith M. Henderson)은 1960년대 중반에 조직이론을 행정학을 통괄하는 focus이며, 그래야 한다고 주장하였고, 1960년대에 이르러 '조직발전론'은 관리과학의 한 전문 분야로 급격히 부상하였다.

관리과학의 길을 따르는 데 실제적인 문제가 있었는데, 관리과학을 유일한 focus로 삼을 때 행정학의 위치는 어디인가라는 문제이다. 관리과학대학의 세부 분야로 바뀔 수 있다는 염려가 있기 때문이다. 무엇이 공행정이고 무엇이 사행정(경영)인가라는 대답을 해야 하는 고민거리이다.

이처럼 관리학으로서의 행정학 패러다임은 기업과 정부를 포함하는 모든 관리자들에게 유용한 단일의 행정과학이 존재한다는 생각에 근거를 두고 있다. 따라서 조직이론, 컴퓨터 과학, 의사전달과 정보이론, 통계학, 동기부여, 의사전달, 관리정보체계, 예산, 회계검사 및 마케팅 등 모두 관리학 분야를 구성하는 것은 행정학 연구에 관련된다는 것이다.

이처럼 패러다임 Ⅳ는 전문지식과 전문화를 요구하는 고도의 정교한 기법을 제시하지만 이것이 제도상 어떤 분야에 적용될 것인지는 규명하지 않았다.

## 5. 패러다임 Ⅴ: 행정학으로서의 행정학(1970~ )

행정학 교과과정의 경향을 살펴보면 1958년 대학원에서 프로그램이 생기고 점차 행정학 분야가 확대되었다. 이후 1970년에 행정학부와 대학원이 엄청나게 증가하였고, 행정대학원이나 공공문제대학원과 같이 분리 독립된 학교의 비율이 2배로 증가되었다.

즉, Public Administration은 Science of Administration도 아니고, Political Science도 아니다. Public Administration은 독립적이며, 타 학문과 상호 유기적이며, 가치와 사실적이며, 응용과 이론의 학문으로 변화와 안정성이 잘 조정되어야 한다고 주장한다.

이처럼 패러다임 Ⅴ는 순수행정과학의 방향으로 조직이론과 정보과학의 분야에서 커다란 발전을 가져왔고, 행정학의 적용기법들이 발전했다. 특히 행정학 분야의 소재를 윤곽화하는 일과 공공정책을 위한 처방을 내리는 일에는 소극적이었지만, 기술 관료적 '거대민주주의' 속에서 공익이 무엇인가를 설명해 줄 수 있는 여러 가지 문제를 강조하고 있다.

행정학을 한편으로는 순수행정과학으로의 발전을 통해 행정학의 초점에 치중해서 발전을 이룩해 왔고, 다른 한편으로 공익이 무엇인가를 추구하기 위해 행정학이 소재를 상대적으로 강화한 면이 있었다.

요약건대 패러다임 Ⅴ에서는 행정학으로서의 행정학의 위치를 확립시킴으로써 종래의 초점과 소재를 둘러싼 논쟁으로부터 두 가지 측면을 포괄하는 종합 과학으로서의 성격을 굳혀 가는 방향에 있다.

행정이론과 조직이론의 계보를 간략하게 표로 요약하면 다음과 같다.

<행정이론의 계보>

| 정치행정이원론 | → | 행정관리론 | → | 정치행정일원론 | → | 행정책임론 |
|---|---|---|---|---|---|---|
| (현대공무원제의 육성) | | (행정권의 통합, 강화) | | (행정권의 우월화) | | (행정국가) |

<조직이론의 계보>

| 과학적 관리법 | → | 고전적 조직이론 | → | 인간관계론 | → | 현대조직론 | → | 의사결정론 |
|---|---|---|---|---|---|---|---|---|
| (작업의 과학) | | (조직의 편성론) | | (조직의 생성론) | | (조직의 형성론) | | (조직의 경영론) |

〈표 2-2〉 행정이론과 조직이론의 계보

## 6. 평가 및 결론

Nicholas Henry의 행정학의 패러다임의 분류는 토마스 쿤이 패러다임을 자연과학을 기준으로 학설에 대해 구분한 것과는 달리 역사적 과정에서 패러다임을 보았다. locus와 focus의 결합에 따라 재구성하여 분류한 것은 창의성이 있는 연구이다. 그런데 패러다임이라는 것은 정상과학과 혁명과 새로운 정상과학의 탄생이라는 틀을 가지고 있다. 패러다임의 변화는 천동설이 지동설로 바뀐다든지, 지구는 평평하다는 생각이 지구는 둥글다는 이론으로 바뀌는 등의 완전한 개념의 변화를 이루는 것이다.

그러나 사회과학은 이와는 다르게 복잡성과 다양성과 서로 얽혀 있는 상황과 환경에 처해 있기 때문에 완전한 패러다임의 구성과 패러다임의 변화로 규정하는 것은 어렵다. 어느 한 가지 이론으로 사회문제를 완전히 해결하기도 어렵고, 패러다임이 변했다고 지난 이론이 사용되지 않든지 전혀 틀렸다고 폐기 처분되는 것이 아니다. 사회현상을 객관화하고 단절적으로 연구하는 것은 거의 불가능하다. 그러므로 Nicholas Henry의 행정학의 패러다임의 분류는 역사적 분류라는 측면에서 학문적으로 긍정적인 영향을 주었지만 사회과학의 특성상 학문과 이론들의 연속적인 발전과 연결점이 있다는 측면은 간과되는 것 같다. 그러므로 locus와 focus의 통합할 수 있는 연구가 더욱 필요하다.

# 제 3 절 행정학의 주요 이론

행정학의 주요 이론들은 행정학의 발달과 함께 그 흐름을 찾아볼 수 있다. 즉 1911년의 과학적 관리론, 1924년의 인간관계론, 1947년의 행태론, 1950년대의 생태론・체제론・비교행정론, 1960년대의 발전행정론, 1960년대부터 1970년대의 후기행태주의와 신행정학・현상학・행위이론・비판이론, 1970년대부터 1990년대의 공공선택이론・신제도론・신공공관리론・뉴거버넌스론, 1980년대 이후로 발전해 온 혼돈이론과 포스트모더니즘 등이 대표적이다.

이러한 행정학의 주요 이론을 표로 정리하면 다음과 같다.

〈표 2-3〉 행정학 주요 이론

| 연대 | 이론 | 주요 연구 내용 | 학자 |
|---|---|---|---|
| 1911년 | 과학적 관리론 | 시간동작연구, 성과급 | Taylor |
| 1924년 | 인간관계론 | 사회적・심리적 욕구 | Mayo |
| 1947년 | 행태론 | 의사결정형태에 대한 과학적 연구<br>이론정립 및 논리실증주의 | Barnard, Simon |
| 1950년대 | 생태론 | 환경의 중요성(행정: 종속변수) | Gaus |
| | 체제론 | 균형이론, 투입・전환・산출・환류 | Almond, Easton |
| | 비교행정론 | 일반이론화 및 선진국 우월주의 | Riggs, Heady |
| 1960년대 | 발전행정론 | 국가주도형 발전 | Esman, Weidner |
| 1960<br>~<br>1970년대 | 후기행태주의 | 적실성(현실적합성)과 실천 | Easton |
| | 신행정학 | 가치 중시 및 사회적 형평성 | Waldo, Frederickson |
| | 현상학 및 행위이론 | 상호 작용 및 간주관성 | Husserl, Harmon |
| | 비판이론 | 비판적 자기성찰 | Habermas, Denhardt |
| 1970<br>~<br>1990년대 | 공공선택론 | 비시장경제학 및 정부실패 | Buchanan, Ostrom |
| | 신제론 | 제도와 행위자 또는 제도와 제도 간의 관계 | Williamson, Ostrom |
| | 신공공관리론 | 민간경영기법의 도입 | Osborne & Gaebler Hood |
| | 뉴거버넌스론 | 정부, 기업, 시민사회의 협력 | Perters, Rhodes |
| 1980년대<br>~ | 혼돈이론 | 나비효과, 질적 연구 | |
| | 포스트모더니즘 | 공동체주의, 입헌주의, 담론이론 | Farmer, Fox & Miller |

자료: 이원희 외, 2006: 176의 표를 수정 및 보완함.

## 1. 과학적 관리론

### 1) 과학적 관리론의 의의

과학적 관리론이란 19세기 말부터 20세기 초엽 미국에서 산업자본주의가 전개됨에 따라 일어난 일련의 기업경영 및 생산과정 과학화 운동과 고전적 조직이론이 접목되면서 구축된 행정이론을 말한다.

이러한 과학적 관리론의 대표적인 학자인 테일러(F. W. Taylor) 등이 활동하는 과학적 관리학파는 '절약과 능률'을 행정의 가장 중요한 가치기준으로 삼고 정치·행정이원론을 토대로 하여 행정 고유 영역의 활동을 규율하는 과학적 원리와 합리적인 관리기법을 탐구했다.

### 2) 과학적 관리론의 기본원리

절약과 능률의 가치를 행정의 기준으로 하는 과학적 관리론의 기본원리는 다음과 같이 4가지이다(이원희 외, 2006: 179).

첫째, 노동자의 업무에 대해서 과학을 발전시키고, 과거의 주먹구구식 관리방법을 지양한다.

둘째, 과거에는 노동자가 스스로 일을 선택하고 스스로 학습했으나 과학적 관리론에서는 노동자를 선택해서 이들을 교육 및 훈련시킨다.

셋째, 발전시킨 과학의 원리에 따라 일을 하도록 관리자는 노동자와 마음으로부터 협조해야 한다.

넷째, 일과 책임이 관리자와 노동자 간에 거의 균등하게 배분되도록 노력해야 한다.

### 3) 과학적 관리론의 핵심기법

과학적 관리론은 시간 및 동작연구, 공구의 표준화, 과업관리법, 차별적 성과급제도와 같은 핵심기법이 존재한다. 이를 구체적으로 설명하면 다음과 같다(이원희 외, 2006: 178~179).

첫째, 시간 및 동작연구(time and motion study)이다. 시간 및 동작연구는 작업 수행상의 불필요한 동작을 제거하고 동작의 표준화를 꾀하기 위해 각 작업의 동작을 분석하고 요소별 동작에 대한 단위시간을 측정하는 등 동작의 개량작업을 연구하는 것을 말한다. 이러한 것을 동작연구라고도 한다.

둘째, 작업공구의 표준화(standardization of tools)이다. 작업공구의 표준화는 과학적 관리론이 주장된 이후 주먹구구식으로 만들어진 다양한 작업공구를 하나하나 상세히 조사하여 최대한의 속도를 낼 수 있는 표준공구를 만들어 내는 것을 말한다.

셋째, 과업관리법(task management)이다. 과업관리법이란 작업에 있어 시간과 동작연구를 통해서 각 근로자들이 하루에 할 수 있는 과업을 정밀하게 부여하는 것으로, 주어진 과업을 실행한 근로자에 대해서는 충분한 상여금, 즉 성과급을 제공하는 것을 말한다.

넷째, 차별적 성과급제도(differential piece-rate system)이다. 차별적 성과급제도는 근로자들에게 표준작업량을 정해 놓고 그 표준에 도달하지 못한 근로자에게는 낮은 비율의 성과급을 지급하고, 그 표준을 넘어서는 근로자에게는 보다 높은 비율의 성과급을 지급하는 것을 말한다.

#### 4) 과학적 관리론 장점

행정의 과학적 관리를 통해 정치와 행정의 이원화를 가져온 과학적 관리론의 장점은 다음과 같다(이원희 외, 2006: 179).

첫째, 행정의 과학화에 기여하였다. 과학적 관리론은 행정을 단순한 권력현상으로 바라본 것이 아니라 관리현상으로 인식함으로써, 조직연구에 있어 과학적 방법을 사용하는 길을 개척하였다.

둘째, 실증적 행정학을 발전시켰다. 과학적 관리론은 고전이론에 속하는 행정관리론이나 관료제론에 비해 더 실증적이고 귀납적 연구를 통해 실증적 행정학을 발전시켰다. 또한 행정관리론과 관료제론과는 반대로 상향적(bottom-up) 방식의 연구로서 그 가치가 인정되고 있다.

셋째, 행정개혁에 기여하였다. 과학적 관리론은 행정의 절약과 능률을 강조함으로써 행정개혁운동의 원동력이 되었다.

#### 5) 과학적 관리론의 단점

능률과 절약을 지나치게 한 나머지 과학적 관리론은 다음과 같은 단점을 지니고 있다(이원희 외, 2006: 179).

첫째, 조정과 통제비용의 증대이다. 과학적 관리론은 행정의 능률을 지나치게 강조한 나머지 과도한 분업을 통해 조정과 통제비용을 증대시켰다.

둘째, 인간의 부품화 및 수단화이다. 과학적 관리론은 지나친 표준시간과 표준동작을 강조한 나머지 인간을 부품 또는 수단으로 인식하는 오류를 범하였다.

셋째, 사회적 욕구 및 자기실현적 욕구의 간과이다. 과학적 관리론은 인간의 경제적 욕구를 지나치게 강조한 나머지 인간의 사회적 욕구와 자기실현적 욕구를 간과하였다.

## 2. 인간관계론

### 1) 인간관계론의 의의

인간관계론이란 조직구성원들의 사회적·심리적 욕구와 조직 내 비공식집단 등을 중시하며, 조직의 목표와 조직구성원들의 목표 간의 균형유지를 지향하는 민주적·참여적 관리방식을 처방하는 행정이론을 말한다.

이러한 인간관계론의 등장은 과학적 관리론에 대한 반발로 메이요(G. E. Mayo) 등 하버드대학의 경영학 교수들이 미국의 서부전기(Western Electric)회사 호손(Hawthorne)공장에서 1927년부터 1932년까지 수행한 일련의 실험에 의해 시작되었다.

그리고 인간관계론은 지속적인 발전을 통해 현대행정이론에 지대한 영향을 미쳤으며, 조직인도주의(organizational humanism)와 행태과학(behaviorism), 사회·기술학파 등의 이론 발전에 큰 영향을 미쳤다.

### 2) 인간관계론의 기본원리

조직구성원들의 사회적·심리적 욕구와 비공식집단 등을 중시한 인간관계론의 기본원리는 다음과 같다(이원희 외, 2006: 179).

첫째, 사회적 능력 및 규범에 의한 생산성이다. 인간관계론은 생산성은 육체적 능력으로만 결정되는 것이 아니라 사회적 능력과 사회적 규범에 의해 생산성이 결정되는 것으로 바라보았다.

둘째, 비경제적인 보상과 제재를 강조하였다. 인간관계론은 구성원들의 동기부여와 만족도를 결정하는 것은 단순히 경제적인 보상과 제재가 아니라 비경제적인 보상과 제재가 중요한 영향을 미친다고 바라보았다.

셋째, 관리자의 적극적인 역할을 강조하였다. 인간관계론은 관리자의 적극적인 역할이 능률의 향상에 크게 기여한다고 바라보았다. 즉 의사소통의 원활화, 민주적 리더십의 발휘, 참여의 확대에 의한 심리적 욕구의 충족을 위해 관리자의 적극적 역할을 매우 중시하였다.

### 3) 인간관계론의 주요 실험

인관관계론의 성립 및 발전에 있어 중요한 의미를 갖는 주요 실험들은 다음과 같다(이원희 외, 2006: 180).

첫째, 조명실험이다. 인간관계론의 대표적인 실험으로 조명실험은 공장 내의 조명의 명암에 따라 근로자의 생산의 결과가 어떻게 다른가를 측정하였으나 조명이 생산성과 별로 관계가 없음을 파악하였다. 즉 근로자의 생산성은 물리적인 자극이나 요인에 의해서 결정되는 것이 아니라는 결론을 얻었다.

둘째, 계전기 조립실험이다. 하버드팀이 직접 참여하여 6명의 여성 작업자가 일하는 작업실에 대한 실험적 연구를 실시한 것으로, 근무시간·휴식시간·간식 등의 실험적 자극을 가하고 그 결과를 측정하였다. 하지만 이 계전기 조립실험에서도 물리적 자극이 생산에 있어 큰 영향을 미치지 않는다는 결론을 얻었다.

이처럼 인간관계론의 주요 실험들은 기존 과학적 관리론에서 중시하던 물리적 자극이 생산에 있어서 어떠한 효과를 갖는지를 검증하는 실험이었다. 하지만 위의 실험결과에서처럼 물리적 자극들이 반드시 생산성에 큰 영향을 미치는 것이 아니라는 결론을 도출함으로써 경제적·합리적 인간관이 절대적인 것이 아님을 증명하였다.

### 4) 인간관계론의 공헌과 한계

인관관계론의 성립 및 발전은 다음과 같은 장점과 단점을 지니고 있다. 이를 구체적으로 살펴보면 다음과 같다(이원희 외, 2006: 181).

먼저 인간관계론의 장점이다. 인간관계론은 조직을 공식적인 조직으로만 파악하는 과거와는 달리 공식조직 속의 비공식집단, 집단 상호간의 관계로 이루어지는 사회체제로서의 조직을 중시하였다. 그리고 인간을 육체적 또는 기계적인 존재로서 인식하던 과학적 관리론을 비판하고, 사회심리적 존재로서의 인간을 강조함으로써 민주적·인간적 관리를 확대시켰다.

하지만 이러한 공헌에도 불구하고 인간관계론은 다음과 같은 한계를 지니고 있다. 인간관계론은 비공식조직을 지나치게 강조한 나머지 공식조직의 구조 및 기능과의 관계를 거의 고찰하지 않았으며, 조직과 외부환경과의 문제도 등한시하였다. 아울러 조직에 대한 이원론적 파악과 감정논리를 지나치게 중시하였다는 한계를 극복하지 못하였다.

〈표 2-4〉 과학적 관리론과 인간관계론의 비교

| 구분 | 과학적 관리론 | 인간관계론 |
|---|---|---|
| 유사점 | • 조직목표와 개인 목표의 양립성을 인정함<br>• 조직을 폐쇄적인 체제로 인식함<br>• 인간을 목표달성을 위한 수단 또는 조종대상으로 파악함 | |
| 차이점 | • 합리적 경제적 인간관<br>• 합리적 · 기계적 조직관 | • 사회적 인간관<br>• 비합리적, 자율적 조직관 |

자료: 이원희 외, 2006: 182의 내용을 요약함.

## 3. 비교행정론

### 1) 비교행정론의 의의

비교행정론(comparative administration)이란 각 국가의 행정체제를 비교 연구하여 이를 이론화시켜 다른 국가의 발전에 도움을 주고자 하는 행정이론이다. 이러한 비교행정론은 협의의 비교행정론과 광의의 비교행정론으로 나눌 수 있다. 먼저 협의의 비교행정론은 여러 나라의 공공행정을 상호 비교 연구하는 것을 의미하며, 광의의 비교행정론은 각국 행정의 비교는 물론 공공행정과 사경영(私經營) · 병원행정 · 교육행정 등의 상호 비교를 포괄하는 연구이다.

### 2) 비교행정론의 발달배경

비교행정의 연구가 시작된 것은 1940년대부터이며, 1950년대의 전후 냉전 상황에서 서방진영의 후진국에 대한 기술원조문제가 대두되면서 더욱 활기를 띠게 되었다. 이러한 비교행정론의 발달배경을 구체적으로 살펴보면 다음과 같다(이원희 외, 2006: 194).

첫째, 후진국 원조계획의 평가와 학자들의 현실참여이다. 1950년대 선진국들의 후진국에 대한 경제 · 군사 · 기술원조의 증가는 이와 관련된 학자들의 연구를 증가시켰고, 결국 각국의 행정을 비교하는 비교행정을 촉진시켰다.

둘째, 행정학의 과학화를 위한 노력과 전통적 방법론의 비판이다. 행정학은 각국에 있어서 행정의 특수성을 형성시키는 역사적 · 정치적 · 사회적 조건을 규명하는 연구를 강조하였고, 이는 기존의 정태적인 방법론을 비판하였다.

셋째, 비교행정연구회의 활동 강화이다. 1950년대 미국행정학회 산하에서 비교행정연구회가 설치되면서 리그스(Riggs)의 주도아래 괄목할 만한 활동을 전개하였고, 비교행정연구회는 포드재단의 지원을 통해 더욱 확대되었다.

아울러 비교행정론의 대표적인 학자인 리그스(F. W. Riggs)는 비교행정연구방법의 경향이 규범적 방법에서 경험적 방법으로, 개별 사례적 접근방법(idiographic approach)에서 일반 법칙적 접근방법(nomothetic approach)으로, 비생태론적 접근방법(non-ecological approach)에서 생태론적 접근방법(ecological approach)으로 전환되고 있다고 지적하며, 비교행정의 연구는 경험적 · 일반 법칙적 연구에 국한되어야 한다고 주장했다.

### 3) 비교행정론의 공헌과 한계

비교행정론은 다음과 같은 공헌과 한계점을 지니고 있다. 먼저 비교행정론의 공헌은 공식적인 법규만을 연구하던 과거와는 달리 비교행정론은 공식적인 법규가 아닌 실제 운영상태를 중심으로 비교 연구하였다. 예를 들어 공식적인 규정에는 국무총리가 행정 부처들 간의 갈등과 대립을 조정하게 되어 있지만, 실제로는 대통령 비서실에서 막후 조정하는 것을 밝혀내었다. 그리고 미국행정학의 한계를 밝혀 줌으로써 후진국에서의 토착적 행정연구의 중요성을 일깨워 주었다.

하지만 비교행정론은 대부분 조직, 인사, 재무 등 행정조직 내부관리 측면에 초점을 두었기 때문에 후진국의 절실한 과제였던 인구, 환경, 식량증산 등과 같은 사회기술 관련 연구를 등한시하였다. 아울러 후진국의 실정에 맞는 실천적 연구가 부족하였다.

## 4. 발전행정론

### 1) 발전행정론의 의의

발전행정론(development administration)이란 개발도상국 또는 발전도상국의 국가발전을 위한 행정적 관리체제를 연구해 온 행정학의 학파이다. 이러한 발전행정론은 행정체제 자체의 발전과 행정체제 주도의 국가발전을 모두 포함한다.

### 2) 발전행정론의 발달배경

발전행정론의 발달배경은 미국행정학계의 주도로 1950년대부터 점차 형성되기 시작하여 1960년대에 전성기를 맞이하였다. 왜냐하면 1950년대의 기능주의에 입각한 비교행정론이 신생국의 조속한 국가발전을 위한 동태적 또는 실용적 이론으로 부적합하였기 때문에 실용주의에 입각하고 목표 지향적이고 규범적이며 변화와 발전을 중시하는 동태적인 행정이론, 즉 발전행정론이 확대된 것이다. 그러나 1970년대부터는 1971년 포드재원의 지원 종결을 기점으로 현저히 위축되었다(이원희 외, 2006: 195).

### 3) 발전행정론의 특징

국가사회의 발전을 유도하고 이끄는 발전사업의 관리와 국가발전추진 체제로서의 행정의 발전을 의미하는 발전행정론의 특징은 다음과 같다(이원희 외, 2006: 195~196).

첫째, 경제적 이론과 고전적 행정이론의 결합이다. 발전행정론은 국가발전의 목표상태 가운데서 경제적 국면에 집착하고, 국가발전 목표를 추구하는 데 필요한 조직으로는 고전이론인 합리적 관료제를 활용하였지만, 행정발전의 처방에는 구조주의적이고 기술주의적인 접근방법을 활용하였다.

둘째, 국가주의적 관점이다. 발전행정론은 국가 또는 행정체제가 국가발전을 위해 주도적인 역할을 해야 한다는 국가주의적 관점이다.

셋째, 경제성장주의적 관점이다. 발전행정론은 성장주의를 지향하고 있다. 즉 사회체제의 통합보다는 경제의 성장을 위주로 하는 발전전략과 제도들을 중심으로 연구하였다.

넷째, 불균형발전전략을 중시하였다. 발전행정론은 개발도상국의 경우 모든 지역과 모든 산업을 동시에 발전시킬 수 있는 자원이 부족하기 때문에 특정 지역과 특정 산업을 우선 육성하는 불균형발전전략을 중시하였다.

〈표 2-5〉 비교행정론과 발전행정론의 비교

| 구분 | 비교행정론 | 발전행정론 |
|---|---|---|
| 행정이념 | 합법성, 능률성, 민주성 | 합법성, 능률성, 민주성+효과성, 생산성 |
| 이론의 성격 | 정태적, 일반법칙의 모색 | 동태적, 목표 지향적 |
| 방법론 | 기능주의 및 체제의 특징 중시 | 실용주의, 체제의 능력을 중시 |
| 행정관 | 종속변수로서의 행정 | 독립변수로서의 행정 |
| 행정인 | 행정인의 지식 중시 | 행정인의 지식, 쇄신, 성취지향성 중시 |
| 과학성과 기술성 | 과학성 추구 | 처방성 추구 |

자료: 이원희 외, 2006: 196의 표를 수정 및 보완함.

## 5. 신행정론

### 1) 신행정론의 의의

신행정론(new public administration)이란 1960년대 말 일단의 미국의 젊은 행정학자들이 기존 행정학의 학문방법과 개념, 연구의 적실성 등을 비판하면서 일으킨 새로운 학문

지향을 말한다.

이러한 신행정학은 행태론의 인식론적 근거를 이루는 논리실증주의 및 행태론적 학문자세를 비판하고 당시의 사회문제를 해결하기 위해서는 현실적합성(relevance)과 실천성(action)을 갖는 처방적 학문이 필요하다는 점을 강조했다.

특히 1968년 왈도(Waldo)가 주최한 Minnow brook회의에 참여하였던 젊은 학자들을 중심으로 주장되었으며, 마리니(Marini)는 토의내용을 정리하여 『신행정학을 지향하여』라는 책자를 발간하였다(이원희 외, 2006: 203~206).

### 2) 신행정론의 발달배경

신행정론의 발달배경은 정치적 맥락, 사회적 맥락, 경제적 맥락 그리고 행정학적 맥락 이상의 4가지 측면에서 살펴볼 수 있다(이원희 외, 2006: 204).

첫째, 정치적 맥락에서는 월남전 참전과 워터게이트사건이 신행정론의 대두배경이 되었다.

둘째, 사회적 맥락에서는 신구세대 간의 갈등, 흑인・백인의 갈등, 소수민족 차별문제 등이 신행정론의 발달배경이 되었다.

셋째, 경제적 맥락에서는 풍요 속의 빈곤, 스태그플레이션 등이 신행정론의 발달배경이 되었다.

넷째, 행정학적 맥락에서는 1960년대 비교행정에 대한 반발과 과거 미국행정학에 대한 비판이 신행정론의 발달배경이 되었다.

### 3) 신행정론의 특징

신행정학의 특징으로는 적실성 있는 행정학의 추구, 실증주의로부터의 이탈과 가치 및 규범의 중시, 사회적 형평의 추구, 능동적 행정인과 고객에 대한 관심 등을 들 수 있다. 이를 구체적으로 살펴보면 다음과 같다(이원희 외, 2006: 204~205).

첫째, 사회적 적실성 및 처방성의 중시이다. 신행정론은 사회적 적실성을 강조하며, 행정의 독립변수적 역할 및 적극적 가치관을 중시하였다. 즉 행정의 과학성보다는 문제의 해결을 위한 기술성을 중시하였다.

둘째, 사회적 형평성의 강조이다. 신행정론은 전통적으로 중시해 온 행정의 중립적인 능력보다는 공정하고 합리적인 가치결정의 능력을 강조하였다. 따라서 행정의 기본이념으로 능률성보다는 사회적 형평성을 주장하였다. 즉 사회 및 정치적 가치의 배분에 있어서 현재까지 불이익을 받은 사람들에게 더 많은 혜택을 주어야 한다고 주장하였다.

셋째, 능동적 행정의 추구이다. 신행정론은 행정의 능동적이고 책임 있는 역할을 촉구하였다. 따라서 행정인의 책임 있는 능동성을 요구하였다.

넷째, 고객 지향적 행정이다. 신행정론은 공무원들이 조직 내부 문제에만 몰입하지 말고, 고객의 편의를 위한 적극적인 행정을 강조하였다. 그리고 이를 위해서 행정을 공개하고 시민의 행정참여와 고객과의 상호 교류가 필수적이라고 주장하였다. 아울러 이러한 신행정론에서의 참여의 중시는 NGO 활동을 활성화시키는 계기가 되었다.

#### 4) 신행정론의 한계

변화에 대응하고 가치를 중시하며, 능동적인 행정을 추구하였음에도 불구하고 신행정론은 다음과 같은 한계를 지니고 있다(이원희 외, 2006: 205).

첫째, 신행정론이 주장하는 해결책이 논리적으로 사회적 형평성을 증대시키지는 않으며, 사회적 형평성이라는 목표가 매우 애매하여 실제적으로 평가하기가 어렵다.

둘째, 신행정론이 강조한 적극적 행정인은 스스로의 권한과 지위가 축소 또는 약화가 될 경우에는 사회적 형평성의 실현을 위해서 적극적 행정활동을 하지 않을 것이다.

셋째, 행정의 세계에 있어서 비계층제적 조직의 모색이 현실적으로 힘들다. 행정에서 계층제·전문화·통제·직접감독이 너무나 깊이 뿌리내리고 있기 때문에 관료제의 종언론은 비현실적이다.

### 6. 공공선택이론

#### 1) 공공선택론의 의의

공공선택론(public choice theory)은 정부를 공공재(public goods and services)의 생산자로 그리고 시민을 소비자로 규정하고, 시민의 편익을 극대화할 수 있는 서비스의 공급과 생산은 공공부문의 시장경제화를 통해 가능하다고 주장하는 이론 지향을 말한다.

공공선택론자들은 공공서비스를 제공할 때에 시민 개개인의 선호와 선택을 존중하고, 경쟁을 통해 서비스를 생산하고 공급하게 함으로써 행정의 대응성을 높일 수 있다는 것으로 바라본다.

이처럼 "비시장적 의사결정의 경제학적 연구 혹은 정치학에 경제학을 응용하는 연구"라고 정의되는 공공선택론은 경제학적인 분석도구를 국가이론, 투표규칙, 투표자 행태, 정당정치, 관료 행태, 이익집단 등의 연구에 활용되고 있다.

### 2) 공공선택론의 기본전제

비시장 분야에 대해 경제학적 분석기법을 적용하여 현상을 설명 및 분석하여 처방을 모색하는 공공선택론은 다음과 같은 기본전제를 바탕으로 한다(이원희 외, 2006: 206~207).

첫째, 교환으로서의 정치이다. 공공선택론은 정치작용을 일종의 교환으로 바라보며, 이 과정에서 관료와 정치가가 극대화하고자 하는 것은 국가이익 또는 사회이익이 공익이 아니라 사익이라고 가정한다.

둘째, 방법론적 개체주의이다. 공공선택론은 의사결정의 주체를 집단이 아닌 개인으로 바라본다. 따라서 집단적 현상으로 보이는 것은 개인적 선택행위의 총합에 불과하며, 전체 혹은 집단은 개인들로 환원될 수 있다고 바라본다.

셋째, 합리적·경제적 인간관이다. 의사결정의 주체를 개인으로 바라보았던 공공선택론은 이때의 개인을 합리적·경제적 인간으로 가정한다. 아울러 이때의 합리적이며 경제적인 인간관은 법질서의 범주 안에서 사익을 추구하며, 여러 행동대안에 대한 정보를 수집하여 자신의 선호를 극대화하는 행동대안을 선택하는 논리를 가진 인간관을 말한다.

넷째, 연역적 접근방법이다. 공공선택론은 비시장적 의사결정에 관한 경제학적 접근을 활용하는 것으로 논리적 추론의 과정을 거쳐 결론을 도출하는 연역적인 접근방법을 강조한다.

### 3) 공공선택론의 특징

공공선택론은 다음과 같은 특징을 지니고 있다(이원희 외, 2006: 209~210).

첫째, 시민참여 및 고객의 요구에 대한 대응성 제고이다. 즉 공공선택론은 공공재의 공급과 소비에 관련하여 시민공동체의 구성을 허용할 뿐만 아니라 이들의 참여를 촉진해야 한다고 주장한다.

둘째, 적정한 공급 영역의 설정 및 관할권의 중첩을 강조하였다. 공공선택론은 공공재의 공급과 그에 대한 고객의 수요를 부합시킬 수 있도록 공급 영역을 설정해야 한다고 주장하였다. 아울러 공공재의 공급의 중첩은 시민의 편익을 도모하는 데 기여하기 때문에 관할권의 중첩을 강조하였다.

셋째, 시장적 메커니즘의 활용이다. 공공선택론은 수익자 부담세, 수수료 등을 확대하여 공공재공급의 소비자부담원칙을 강화해야 한다고 주장하였다. 이는 수익자부담원칙을 통해 시민들이 공공재공급요구를 하는 데 신중해지고, 공급수준을 보다 합리적으로 결정할 수 있게 하기 때문이다.

#### 4) 공공선택론의 비판

시민의 편익을 극대화할 수 있는 서비스의 공급과 생산은 공공부문의 시장경제화를 통해 가능하다고 주장한 공공선택론은 다음과 같은 비판을 받고 있다(이원희 외, 2006: 211).

첫째, 협소한 인간관이다. 공공선택론은 인간을 경제적이고 합리적인 존재로만 바라봄으로써, 인간에게 중요한 영향을 미치는 사회심리적인 요인 등을 간과하였다.

둘째, 형평성의 미고려이다. 공공선택론은 시민 모두가 서비스를 이용하는 데 있어 지불할 수 있는 재화가 충분하다고 가정하였지만, 실제로 가난한 사람들이 공공서비스를 이용하지 못하는 수직적 형평성의 침해가 나타났다.

셋째, 행정 내에서 관리와 조정의 곤란이다. 공공선택론은 분산적이고 다원화되고 파편적인 결정구조를 선호하였다. 하지만 실제로 이러한 결정구조는 행정의 방향을 잃게 하거나 관리와 조정을 어렵게 한다(이원희 외, 2006: 223).

## 7. 신공공관리론

#### 1) 신공공관리론의 의의

신공공관리론이란 '시장주의'와 '신관리주의(new managerialism)'를 결합해 전통적인 관료제 패러다임의 한계를 극복하고 작은 정부를 구현하기 위해 개발된, 1980년대 이후 영미 국가들을 중심으로 등장한 정부운영 및 개혁에 관한 이론을 말한다.

즉 신공공관리론은 정부관료제의 운영체제가 경쟁의 원리에 기반한 시장체제를 모방, 계층제적 통제를 대체함으로써 정부관료제의 효율성을 높이고자 하였다.

이러한 신공공관리의 주요 정책수단으로는 인력감축, 민영화, 재정지출억제, 책임운영기관, 규제완화 등이 있다. 펄리(Ewen Ferlie) 등은 OECD 국가에 적용된 신공공관리 모형을 효율성 모형(the efficiency drive), 조직축소 및 분권화 모형(downsizing and decentralization), 우월성 추구 모형(in search of excellence), 공공서비스 지향 모형(public service orientation)의 네 가지 유형으로 분류했다.

#### 2) 신공공관리론의 개념

신공공관리론의 개념은 협의의 신공공관리, 일반적 신공공관리, 광의의 신공공관리 이상의 3가지 종류로 정의할 수 있다(이원희 외, 2006: 223~224).

#### (1) 협의의 신공공관리의 개념

신관리주의[4]라고도 불리는 협의의 신공공관리론은 인사나 예산 등의 측면에서 내부 통제를 대폭 완화하여 일선관리자에게 재량권을 주고 일선관리자가 책임을 지고 성과를 향상시키고 고객을 만족시키도록 행정을 관리하는 것을 말한다.

즉 내부 규제의 완화를 통한 민간기업적 관리를 적용한 공공부문의 관리개선을 말한다.

#### (2) 일반적 신공공관리의 개념

일반적 신공공관리는 협의의 신공공관리에다가 시장주의[5]를 추가한 것을 말한다. 즉 신관리주의와 신제도주의적 경제학[6]을 결합한 것이다.

#### (3) 광의의 신공공관리의 개념

광의의 신공공관리는 일반적으로 사용하는 의미의 신공공관리에다가 참여주의와 공통체주의를 합친 것을 말한다. 이러한 광의의 신공공관리론은 오스본(Osborne)과 개블러(Gaebler)가 강조하는 정부재창조 속에 나타난 기업가적 관리와 유사하다.

### 3) 신공공관리론과 공공관리

전 세계적으로 발생하고 있는 일련의 정부혁신을 지칭하는 신공공관리론은 구공공관리론[7]과 다음과 같은 차이점을 가지고 있다(윤영진·김태룡, 2002: 195, Thompson, 1997:

4) 신관리주의란 기업의 경영 원리와 관리 기법들을 공공부문에 도입·접목해 정부의 성과 향상과 관리의 효율성을 제고하자는 관리 원칙을 말한다. 신관리주의는 정부가 기업과 같이 운영되어야 하며, 관료는 공공기업가(public entrepreneurs)가 되어야 한다고 처방한다. 신관리주의는 따라서 기업가 정신, 성과 지향적 관리, 권한이양(empowerment), 품질관리 기법, 유인(incentive) 메커니즘, 마케팅 기법, 고객 만족 경영 기법 등을 행정에 도입할 것을 주장한다.

5) 시장주의란 가격 메커니즘에 의존하는 시장의 원리에 따라 공공서비스를 생산·공급하자는 주의주장을 말한다. 시장주의는 가격 신호에 따라 자원배분과 생산량의 조절이 이루어지는 시장의 원리에 따를 경우 공공부문의 효율성이 증대되리라는 가정에 입각하고 있다.

6) 신제도주의적 경제학이란 경제적 생산활동의 결과는 특정 사회의 정치적·사회적 제도(institution)에 달려 있다고 주장하는 경제학의 한 유파를 말한다. 제도주의 경제학에서는 자본주의 사회의 제도적 기초를 사유재산권의 보장으로 보고, 재산권이 확실하게 보장되어 있으면 개인과 조직은 재산 가치를 높이기 위해 최선의 노력을 기울일 강력한 동기와 유인을 가지며, 시장경쟁은 이들이 좀 더 가치가 큰 교환 기회(exchange opportunities)를 노려 이를 방해하는 거래비용의 감소 방법을 강구하도록 만든다고 본다. 이러한 경쟁 과정을 통해 새로운 지식과 기술이 발견되고, 나아가 생산성의 향상과 경제 성장이 초래된다는 것이다. 제도경제학자들이 자본주의를 효율적인 경제 시스템이라고 보는 것은 이 때문이다. 재산권이론(theory of property rights)과 거래비용이론(theory of transaction costs) 그리고 이런 시각을 원용한 경제사이론으로 구성되는 제도경제학은 오늘날 다양한 정치경제체제의 비교 연구, 역사적 실증 연구에 널리 활용되고 있다.

7) 구공공관리론이란 인간의 합리성에 대한 확신에 근거해 중앙집권화된 관료제에 의한 합리적 계획을 강조하고, 관료제의 '의사결정 능력 향상'에 관심을 둔 관리론을 말한다. 즉 구공공관리론은 계획예산제도

166~169).

첫째, 신공공관리론은 작업·임무·과정들은 강조하였지만, 기능·활동·업무들은 덜 강조한다. 둘째, 신공공관리의 관리자들은 의사결정권한이 조직의 업무를 행하는 팀에 위임되어야 할 것과 그것의 통제는 업무설계에 설정되어야 할 것이라고 믿는다. 셋째, 신공공관리자들은 경제성과 능률성을 전체적으로 고객만족의 관점에서 정의한다. 넷째, 수많은 신공공관리론자들은 조직 그 자체보다는 제도적 설계와 선택에 더 많은 관심을 가지고 있다. 끝으로 신공공관리론은 관리연구뿐만 아니라 경제학 및 공공선택과 밀접한 관계를 가지고 있다.

### 4) 신공공관리론의 특징

신공공관리론의 특징은 다음과 같다(이원희 외, 2006: 227).

첫째, 신공공관리론은 민간부문과 공공무문의 차이는 일반적으로 중대한 것이 아닌 것으로 파악하였다. 즉 신공공관리론은 공·사행정일원론에 가깝긴 하지만, 정치·행정이원론이라고 단정지을 수는 없다.

둘째, 신공공관리론은 정책결정보다는 정책집행, 특히 일반적인 관리기술에 대해 시장성테스트를 통해 경영메커니즘과 시장메커니즘의 도입을 강조하였다.

셋째, 신공공관리론은 상업적 기능과 비상업적 기능을 분리하고 상업적 기능에 대한 민간소유권, 경쟁적 공급, 민간위탁을 선호하였다.

넷째, 신공공관리론은 윤리, 정신과 같은 비화폐적인 유인보다 비용절감, 효율성, 감축관리를 강조하였다.

### 5) Osborne과 Gabler의 정부재창조론

신공공관리론의 대표적인 이론으로는 오스본과 개블러의 「정부재창조론(Reinventing Government)」(1992)이 있는데, 오스본과 개블러는 이 「정부재창조론」에서 '기업가적 정부운영의 10대 원리'를 통해 정부개혁의 방향을 제시하고 있다. 이들이 제시한 10대 원리는 다음과 같다.

첫째, 촉진적 정부이다. 즉 노 젓기보다는 방향 잡기를 강조하는 것으로 정부는 서비스

---

(PPBS) 등으로 대표되는 정책분석을 강조하는 1960년대의 정치경제학자들의 합리주의적 사고와 그 맥을 같이하며, 결과적으로 관료제의 팽창을 초래했다. 또한 신공공관리론이 민간기업의 관리기법을 정부관료제에 도입해 정부의 성과를 향상시키는 데 주된 관심을 두었던 반면, 구공공관리론은 민간기업에서 사용되는 의사결정 기법의 도입을 통한 정부관료제의 '의사결정 능력' 향상에 관심을 두었다.

공급자로서의 역할보다는 촉매작용자, 중개자 그리고 촉진자로서의 역할을 수행하는 것이 바람직하다고 보는 주장이다.

둘째, 경쟁적 정부이다. 즉 경쟁원리의 도입을 통해 행정서비스공급의 경쟁력을 제고하자는 주장이다.

셋째, 지역사회가 주도하는 정부이다. 관료적 통제와 공급자 위주의 행정에서 벗어나 주민들에게 권한을 부여하여 지역공동체를 형성시킴으로써 지역주민과 지역공동체를 서비스 공급주체의 일원으로 참여시키는 것이 바람직하다는 주장이다.

넷째, 성과 지향적 정부이다. 이는 업무성과를 제고하기 위해서는 투입이 아니라 산출이나 결과를 중시해야 한다는 주장이다.

다섯째, 사명 지향적 정부이다. 즉 법규나 규정에 의한 관리보다는 목표와 임무를 중심으로 조직을 운영하고 결과를 중시해야 한다는 주장이다.

여섯째, 고객 지향적 정부이다. 정부는 서비스 제공 대상자를 고객으로 인식하고, 이들에게 선택권을 부여하여 정부의 필요가 아니라 고객인 국민의 필요에 따라 서비스를 제공해야 한다는 것이다.

일곱째, 기업가적 정부이다. 정부는 예산지출 위주의 운영방식에서 탈피하여 수입확보의 개념을 활성화시키는 것이 중요하다는 주장이다.

여덟째, 분권적 정부이다. 즉 권한분산과 하부위임을 통해 참여적 의사결정을 촉진시키자는 주장이다.

아홉째, 미래에 대비하는 정부이다. 문제가 발생했을 때 사후적으로 대책을 수립하기보다는 사전에 문제예방에 주력해야 한다는 주장이다.

열째, 시장 지향적 정부이다. 즉 관료주의 메커니즘보다는 시장기능 메커니즘을 좀 더 폭넓게 활용함으로써 정부의 성과를 높이자는 주장이다.

이처럼 신공공관리론은 전통적인 관료제 정부모형을 새로운 정부모형으로 전환하기 위해 행정개혁 전략의 개발을 지향하고 있다.

〈표 2-6〉 전통적인 관료제 정부와 기업가적 정부(신공공관리론)의 비교

| 구분 | 전통적 관료제 정부 | 기업가적 정부 |
|---|---|---|
| 정부의 역할 | 노 젓기(rowing) | 방향 잡기(steering) |
| 정부의 활동 | 직접적인 서비스 제공 | 할 수 있는 권한 부여 |
| 행정의 가치 | 형평성, 민주성 | 경제성, 효율성, 효과성 |
| 서비스 | 독점적 공급 | 경쟁 도입: 민영화, 민간위탁 등 |
| 공급 방식 | 행정메커니즘 | 시장메커니즘 |
| 행정관리 기제 | 법령, 규칙 중심의 관리 | 임무 중심의 관리 |
| 행정관리 방식 | 투입 중심 예산<br>지출 지향<br>사후대처<br>명령과 통제 | 성과 연계 예산<br>수익 창출<br>예측과 예방<br>참여와 팀워크 및 네트워크 관리 |
| 행정주도주체 | 관료 및 행정기관 중심 | 고객 중심 |
| 책임성 | 계층제적 책임 확보 | 참여적 대응성 확보 |

자료: 윤영진·이종수, 2006: 175 〈표 4-1〉 전통적인 관료제 정부와 기업가적 정부 모형의 비교

### 6) 신공공관리론의 한계

신공공관리론은 세계적으로 새로운 정부혁신을 급속히 확산시키는 데 크게 기여하였지만, 이론적 체계와 엄밀성이 부족한 결과로 다음과 같은 한계를 지니고 있다(이원희 외, 2006: 227).

첫째, 신공공관리론의 제반 기법들은 선진국의 역사적 배경하에서 주장된 이론으로서 제반 기법을 우리나라에 도입할 때에는 사전에 심도 있는 검토가 필요하다.

둘째, 신공공관리론은 행정의 관리적 측면에서 행정과 경영의 유사성을 지나치게 강조한 나머지 행정의 정치적 또는 법적 지배의 성격을 등한시한다는 비판을 받고 있다.

셋째, 신공공관리론은 지나치게 효율성을 강조한 나머지 형평성·민주성·가외성의 중요성을 상대적으로 간과하고 있다.

### 7) 신공공관리론과 신행정론의 비교

신공공관리론과 신행정론을 비교하면 다음과 같다.

먼저 신공공관리론과 신행정론의 공통점은 첫째, 변화에 대한 필요성을 인식하고 있으며 탈관료주의 패러다임에 의한 행정의 현실문제의 적실성과 대응성을 강조한다는 것이다. 둘째, 신공공관리론과 신행정론 모두 수익자(고객) 지향성과 민주적 참여적인 관리와 리더십을 강조한다. 셋째, 지방분권과 공공서비스의 공동생산이나 공·사 협력의 체계를 선호한다.

신공공관리론과 신행정론의 차이점은 다음과 같다.

먼저 신행정론이 60년대 말 격동기 미국사회를 배경으로 소외계층의 문제 등 사회의 구조적 모순점을 해결하기 위해 정치적 문제 또는 근원적·철학적 문제에 관심을 가지고 제도적·정치적 접근을 시도하며, 행정이념으로 사회적 형평성을 제시하였으며, 사회적 형평성을 확보하기 위한 관료의 사회적·윤리적 책임을 중시한다. 반면에 신공공관리론은 1970년대의 두 차례에 걸친 석유파동과 선진국경제의 침체를 배경으로 한다. 또한 정책결정과 집행을 구분하여 국정관리, 종합적 품질관리 등 행정의 효율성을 강조함으로써 정치적·철학적 문제를 회피하는 경향이 있고, 개인적 선택에 의한 시장적 접근, 행정이념으로 절약과 능률을 제시하였으며, 관료들의 개인의 업무수행(실적)과 결과에 대한 평가와 책임을 중시한다.

## 연 습 문 제

1. 행정의 연구(The study of administration)를 발표한 윌슨(W. Wilson)에 관한 내용으로 옳지 않은 것은?(2004 국가7급 출제)
   ① 행정의 영역이 경영의 영역과 크게 다르지 않다고 보고 경영적 행정의 필요성을 주장하였다.
   ② 펜들튼 법(Pendleton Act)의 제정에 따라 추진되기 시작한 공무원 인사제도의 개혁에 관한 이론적 뒷받침을 시도하였다.
   ③ 행정부패를 막기 위해서 그 진원지가 되는 정치로부터 행정을 격리하려는 논리를 전개하였다.
   ④ 유럽국가의 행정을 참고하기보다 미국의 독창적인 행정이론 개발을 역설하였다.

   **〈해설〉** W. Wilson은 유럽행정의 선진적인 베버의 관료제이론을 받아들여 미국의 민주적 정치체제와 조화를 이루는 것이 필요하다고 보았다.

2. 다음 중 인간관계론에 해당하지 않는 것은?(2010 특채8/9급 출제)
   ① 비공식적으로 합의된 사회규범을 중시하였다.
   ② 경제적 합리성 등을 중시한다.
   ③ 메이요(E. Mayo)의 호오돈 실험에서 비롯되었다.
   ④ 개인행위보다 집단규범을 우선시한다.

   **〈해설〉** 인간관계론은 경제적 합리성보다는 비경제적 보상 등을 중시한다.

3. 다음 중 비교행정론에 영향을 미친 것이 아닌 것은?(2005 강원9급 출제)
   ① 제도론적 접근법
   ② 비교정치론의 영향
   ③ 2차대전 후 선진국의 경제원조
   ④ 행정의 과학화

   **〈해설〉** 비교행정론에 영향을 준 것은 제도론이 아닌 구조기능주의이다. 구조기능주의는 전통적인 개별국가 중심의 제도론을 반발하여 여러 나라의 제도를 비교 연구하는 실증적 연구이다.

---

[정답] 1. ④ 2. ② 3. ①

## 기출문제

〈2009년 행정고등고시 2차 시험〉

※ 행정학을 포함한 현대 사회과학에서 새로운 연구방법으로 자리매김하고 있는 신제도주의 이론에는 강조점이 서로 상이한 세 가지 접근방법(합리적 선택 신제도주의, 역사적 신제도주의, 사회학적 신제도주의)이 있다. (총 50점)

1) 신제도주의가 등장하게 된 이론적 배경을 기술하시오.(10점)
2) 신제도주의이론의 세 가지 접근방법을 제도의 개념, 주요 특징, 이론적 한계 등을 중심으로 상호 비교하시오(20점)
3) 아래 제시된 정부조직개편 사례의 원인과 대책을 신제도주의의 세 가지 접근방법으로 설명하시오.(20점)

| 정부는 1990년대 후반 내무부와 총무처를 통합하였고, 부총리 · 정무장관 · 공보처 · 민주평화통일자문회의 사무처를 폐지하는 등 대대적인 조직통폐합을 단행하였으며, 14만여 명의 공무원을 감축하였다. 그러나 정부는 2001년 이후 경제부총리와 교육부총리, 여성부를 부화 또는 신설하였고, 감축하였던 공무원을 다시증원하기 시작하였다. |
|---|

〈2001년 행정고등고시 2차 시험〉

※ 행정학 발달 초기에 대두한 원리주의 행정이론의 주요내용과 이에 대한 H. A. Simon의 비판을 설명하고, 이른바 행태주의론적 접근방법의 한계를 언급하시오.(50점)

〈1999년 외무고등고시 2차 시험〉

※ 행정학사에 있어 정치와 행정의 관계를 설명하고, 우리나라의 경우에 대하여 논평하라.

〈1985년 행정고등고시 2차 시험〉

※ 비교행정론적 측면에서 본 한국행정 체제의 특징을 논하라.

제 3 장

# 행정윤리와 포스트모더니즘

## 제 1 절 행정윤리

### 1. 공직윤리와 행정윤리의 개념

공직윤리를 단순하게 도덕성을 다루는 철학의 한 분야로 생각하는 사람들도 있지만 공직윤리에 대한 정의를 명확하게 내리는 것은 쉽지 않다. 사실 윤리라는 용어는 다양한 의미로 정의되고 어떤 이들은 사실 존재하지 않는 추상적 개념이라고 주장하기도 한다.

공직윤리란 공무원이 직무수행에 있어서 그 전문적 능력에 의해 최선을 다하여 국민 전체의 봉사자로서 공공의 목적을 달성하여야 할 의무 또는 준수하여야 할 행동규범을 의미한다. 이와 같은 의미의 공직윤리는 공무원이 직무를 수행하는 데 있어서 준수하여야 할 가치기준인 동시에 공무원이 자기의 전문적 능력에 의하여 직무를 능률적으로 수행하여야 한다. 권력이 국민의 동의에서 유래되는 민주사회에 있어서 공평성을 기하면서 공무원이 국민에게 봉사하여야 한다는 의미에서 능률성과 민주성을 함께 내포한 개념이다.

민주국가에서 공무원들은 국민 전체의 봉사자로서 공익을 추구해야 할 입장에 있고 공무원들은 국민생활에 지대한 영향을 미칠 수 있는 권력을 행사하기 때문에 국민들은 일반 국민이나 근로자보다 더 높은 직업윤리를 기대하게 된다. 공무원이 공직을 자기 세력 확대의 기회로 삼아 자기의 이익이나 씨족, 동문, 동향의 이익을 위하여 행정권력을 남용하게 되면 행정의 능률성을 확보할 수 없게 되고 공동사회의 이익은 파괴된다. 또한 이와 관련된 측면에서 공직윤리란 좁은 의미에서는 부정부패가 없는 상태를 말하는 것이며, 넓은 의미로는 공직자가 국가의 업무를 수행하는 데 있어서 준수해야 할 직업윤리를 의미하는 것으로 볼 수도 있다.

공직윤리와 비슷한 개념에는 행정윤리가 있다. 공직윤리는 직업윤리의 일종으로서 공직자가 지녀야 할 직업윤리이다. 공직이라는 것이 공공성과 전문성 그리고 봉사성이 강한 것이기 때문에 공직윤리는 다른 직업윤리에 비하여 당연히 이런 성격을 강하게 내포하게 된다. 공직윤리라고 할 때는 이런 모든 직책에서 공무를 수행하는 모든 사람들이 지녀야 할 직업윤리를 의미한다. 이에 비하여 행정윤리는 그중에서 행정부에 종사하는 공직자가 지녀야 할 직업윤리를 의미한다. 따라서 행정윤리는 공직윤리보다 범위가 좁은 개념이라고 할 수 있다. 다만 윤리의 내용에 있어서는 공직윤리와 행정윤리는 커다란 맥락에서는 같으나 그 세부적인 내용에서 차이를 보인다.

민주주의 이념을 구현하기 위하여 공무원에게 요구하고 있는 공무원의 직업윤리의 내용은 다음 세 가지로 요약할 수 있다. 첫째, 공무원은 공익을 추구해야 한다. 둘째, 공무원은 국민의 의사를 존중하여야 한다. 셋째, 공무원은 인간의 개인적 가치와 존엄성을 존중해야 한다. 공직윤리의 구체적인 내용은 공직윤리의 개념을 어떻게 규정하느냐에 따라 다를 것이다. 공직윤리를 좁은 의미에서 소극적으로 파악하면 공직윤리의 핵심내용은 부패하지 않는 깨끗한 태도와 행위가 되고, 공직윤리를 넓은 의미에서 적극적으로 보면 국가이념과 가치를 효과적으로 실현하기 위하여 공직자가 지녀야 할 의식과 직무자세라고 할 수 있다.

## 2. 공직자윤리의 필요성

### 1) 정부신뢰와 투명성 제고의 요구

최근 많은 국가들이 신뢰적자(confidence deficit)의 문제에 직면하고 있는데 이것은 정부의 정당성, 정부조직, 정책에 대한 불신까지 포함한다. 이러한 신뢰적자의 해소방안으로 윤리기반 혹은 이를 기초로 하는 윤리적 정부가 중요한 이슈로 부각되고 있다.

불신의 정부는 구조적으로 고비용 저효율적인 정부로서 막대한 거래비용과 기관손실(agency lost)을 유발하는 정부이다. 이와 같은 문제를 해결하기 위해서는 무엇보다도 먼저 정부의 신뢰성과 투명성을 확보하는 것이 필요하다.

공직자윤리에 대한 강조는 OECD, 세계은행 등에서도 제기되고 있다. 특히 최근 전 세계적 현상으로 나타났던 신공공관리 지향적 정부개혁도 한편에서는 윤리적 취약점을 지니고 있는 것으로서 지적되면서 신공공관리주의적 개혁에 대한 윤리적 보완의 필요성이 제기되고 있다. 물론 신공공관리 자체가 직접적으로 윤리적 문제를 발생시킨다고 하기는 어렵다. 다만 신공공관리주의가 지향하는 효율성, 책임성, 성과와 보상 그리고 권한의 분산과 위임 등의 가치들이 제대로 실현되지 못할 경우 오히려 윤리적 문제를 야기할 수 있다. 예를 들어 책임성과 성과, 보상의 가치가 제대로 실현되기 위해서는 공무원에게 충분한 권한을 부여하고 제대로 활용할 수 있는 여건을 조성한 후에야 성과에 대한 평가와 보상, 책임의 확보가 가능하다. 이와 같은 권한이 부여되지 않은 상태에서는 어느 공무원도 적극적인 윤리적 행위를 하지 않는다.

이와 같은 정부신뢰 제고와 공직자의 책임성 확보를 위한 방안으로서 최근 윤리 관리나 행동강령의 중요성이 제기되고 있다. 특히 행동강령은 그동안 폐쇄적이었던 공직사회의 문호를 투명하게 개방하며, 공직자의 행동이나 의사결정과정이 외부에 그대로 드러나고, 국민들이 기대하는 바와 어긋나지 않게 행동하도록 유인하는 장치의 역할을 수행하는 것으로 평가되고 있다. 과거의 부패문제해결이 주로 강제와 처벌이라는 수단에 의존하였다면 앞으로는 자율성과 윤리성에 기반하는 전략이 강조되는데, 이러한 전략이 행동강령과 같은 윤리적 수단을 통하여 어느 정도 가능할 것으로 평가되고 있다.

### 2) 공직구조의 특성: 법적 책임성 부과의 어려움

공무원은 공직에 있으면서 자신의 위상에 대한 갈등을 경험하게 된다. 즉 한편에서는 공무원의 신분이기는 하지만, 또 한편에서는 다른 사람들과 같이 사회를 구성하는 사인(私人)이기 때문이다. 그런데 문제는 사인의 신분에서는 자신만을 대표하면 되지만 공무원의 신분일 경우에는 자신이 아닌 다른 사람(집단)을 대표 혹은 대리해야 한다. 그런데 공무원으로서 직무를 수행함에 있어서 자신의 이익과 사회의 이익이 충돌할 경우 공무원은 자신의 이익에 앞서서 사회의 이익을 충족시켜야 한다.

예를 들어서, 오갈 데 없는 병약자가 살고 있는 무허가주택을 철거해야 하는 구청공무원, 가난한 노점상을 단속해야 하는 시청공무원, 진료비를 낼 처지가 못 되는 환자를 거부하는 시립병원, 지하도에서 잠을 자는 노숙자를 몰아내는 경비원, 고위직의 신속한 통행을 위하여 교통신호를 인위적으로 통제하는 거리의 교통경찰, 부실기업에 대한 정부의 재정지원, 나쁜 경제여건을 좋다고 말하는 고위경제관료 등 실로 다양하다.

물론 이러한 예들에 관련된 공무원들은 모두 자신들을 위한 행위를 한 것이 아님에도 불구하고 다양한 비판을 받는다. 이러한 비판에 대해서 공무원들은 자신들도 만일 공무원의 신분이 아니었다면 이와 같은 행위를 하지 않았을 것이며 더 나아가서 반대를 하였을 것이라고 항변한다. 비록 부도덕한 의사결정이라도 공리주의적 관점에서 다수의 이익을 위한 것이라면 책임이 면제되어야 한다는 입장으로서 공무원은 '선'의 목적을 위하여 '악'의 수단을 선택할 수밖에 없으며, 이는 공무원이 공직취임 이전에는 깨끗하였을 손을 자신의 의도와는 상관없이 더럽힐 수밖에 없게 된다는 것이다. 이러한 변명이 수용된다면 도덕적 비판은 물론 법적으로 문책하는 것도 어려워진다.

일반적인 행정구조는 계층제적 형태를 취하고 있는데, 이 계층제적 구조를 통하여 직무, 권한, 의사결정, 사람 등이 분산되어 있다. 따라서 공무원 개인 수준에서 독립적으로 이루어지는 행위도 있지만 사실상 대부분의 행정업무는 이러한 위임체계에 따라서 상호 연관되어 있기 때문에 특정 공무원 개인 수준에서 최종적으로 이루어지는 행위라 하더라도 실질적으로는 계층제상의 다수의 공무원이 관련되어 있는 집합적 행위라고 볼 수 있다. 행정부 내에서의 정책수립에 많은 공직자들이 다양한 방식으로 관여하는 '여러 손의 문제(the problem of many hands)'는 정책의 결과에 대한 책임을 져야 할 공직자가 누구인지 명확히 가려내기 어렵게 한다. 국민들은 공직자들에게 책임이 있다고 생각하지만 실제로 법적 혹은 도덕적 책임을 감수하는 경우는 매우 드물다. 이것은 공직자들이 문제에 대한 책임을 회피한 결과이기도 하지만 한편에서는 실제로 공직자 자신이 과연 문제에 대한 책임을 져야 하는지에 대한 판단의 기준이 없기 때문이다.

공무원 개인별로 공식적인 업무분장이 되어 있지만 업무가 실제로 수행되는 과정에서 계층제상에서 수평적 혹은 수직적으로 명확한 구분이 안 되어 있는 경우가 많으며, 복수의 공직자가 경계가 모호한 업무를 공동으로 수행함으로써 특정 문제에 대한 권한과 책임의 개인에 대한 귀착이 어려워진다. 공식적으로 배분된 권한과 책임의 불일치인 것이다.

### 3) 공공부문 부패의 문제점

공공부문의 부패가 지니고 있는 특성과 기존 부패방지정책의 문제점도 윤리 관리의 필요성을 제기한다. 먼저 공공부문부패의 특성을 정리하면 다음과 같다.

첫째, 권력 작용의 산물이다. 즉 공적권력이나 권위에 근거하여 발생하는 구조적 특성을 지닌다. 따라서 공적권력이 적절히 통제되지 않는 한 부패 가능성은 상존한다.

둘째, 호혜성을 들 수 있다. 일방적인 경우도 있지만 대개의 경우 상호 호혜적이며, 뇌물 특혜의 수수를 바탕으로 하므로 특혜의 제공을 차단하는 것이 가장 필수적이다.

셋째, 은폐성이다. 특수한 관계나 폐쇄적 관계에서 발생하기에 외부에 노출되지 않는다.

이로 인하여 부패는 잘 드러나지 않으며 감추어진다. 규모가 큰 부패사건의 경우에 종종 '의혹'의 상태로 남아 있다.

넷째, 자기 유지적 성향을 들 수 있다. 외부에 의한 통제가 이루어지지 않는 한 부패확대 지향적이다. 즉 부패행위의 결과는 개입 당사자에게 특혜(rent)를 제공하는 것으로서 이것이 통제되지 않는 한 부패의 악순환 고리는 지속적으로 확장된다.

다섯째, 영향의 익명성을 들 수 있다. 부패로 인한 부정적 영향은 직접적이기보다는 간접적이고 익명적이다. 본인이 피해를 직접적으로 보지 않는 한 사실상 관심을 갖지 않는다. 관심을 갖는 경우에도 사건발생 당시에 일시적으로 이루어진다.

이와 같은 특성을 지니고 있는 부패문제에 대해서 그동안 효과적인 부패방지대책이 실행되지 못하였다. 즉 부패방지정책이 효과를 발휘하지 못한 이유도 윤리 관리의 필요성을 제기한다. 그 이유를 정리하면 다음과 같다.

첫째, 장기적인 처방이 필요한데 단기적인 처방으로 실패하는 경우이다. 만성적인 질환과 마찬가지로 부패의 원인이 뿌리가 깊으면 깊을수록 이에 대한 처방도 오래 걸린다. 부패의 원인이 문화나 뿌리 깊은 관행일 경우에는 장기적 처방이 필요하다. 그렇다고 무조건 지속적인 처방만을 하는 것은 처방자체에 대하여 무감각하게 만드는 부작용도 있다.

둘째, 근원적인 처방이 필요한데 외상에 대한 처방만하여 실패하는 경우이다. 부패행위로 적발된 사람에 대한 처벌도 중요하지만 부패하게 된 근본적인 원인을 살펴야 한다. 그러나 외적인 부분만 주목하여 대응할 경우 문제를 일시적으로 봉하거나 복지부동만 양산하게 된다.

셋째, 최고관리자나 핵심의사결정자 등의 사람에 대한 처방이 필요한데 제도나 환경에 대한 처방만 하는 경우이다. 아무리 제도와 법을 만들고 바꾸어도 이에 관련된 사람의 가치와 태도의 근본적 변화가 없으면 법과 제도의 성공 가능성은 낮다.

넷째, 정신과 가치관에 대한 처방이 필요한데 처벌 중심으로만 대응하는 경우이다. 부패가 발생하는 원인이나 처방에 있어서 윤리적 정신이나 가치관을 중심으로 처방하는 것도 필요하다. 이러한 정신과 가치관 개선을 지향하는 처방은 장기적이고 체계적으로 추진되어야 한다.

## 3. 공직윤리와 청백리사상

공직부패의 문제는 공무원조직만이 아니라 사회 각 계층과 전 분야를 망라해 뿌리내리고 있다. 그래서 이 문제의 해결을 공무원 스스로의 노력이 매우 중요하지만 한국사회의 부패토양의 근원인 사회윤리적 여건을 고양하여야 하며 국민들의 성숙한 시민윤리정립이 시급하다. 이렇게 볼 때 공직부패에 대한 적극적인 대응전략으로 부패추방을 위한 반부패 국민의식개혁, 성숙한 사회윤리규범, 시민도덕운동 등의 종합적인 반부패문화가 중요시된다.

### 1) 한국의 행정문화

한국의 문화적 전통은 공동체적인 정의적 인간관계를 바탕으로 한 것이다. 이러한 문화적인 특징은 인간관계의 중시와 공·사무분별, 상부상조의식의 발달 등이다. 전통적 관점에서 한국의 관료문화는 권위주의적, 형식주의적, 운명주의적이며 이성적이기보다는 온정적이고 향리적 파벌주의 성향이 강하였다.

관료형태의 역기능적인 면은 충원에서의 인맥의식, 파벌의식, 관료의 과다권력소유, 관료들의 부패, 법규만능주의와 불신풍조 등을 지적할 수 있다. 합리성을 버리고 개인이나 가족 또는 특수한 이익을 추구하게 되며 정실주의, 연고주의, 가족주의 등 공사의 무분별한 관료 문화적 병폐가 나타났다. 합리적이고 도덕적인 시민문화가 결핍된 사회문화적 환경은 관료제의 병폐와 역기능을 통제하지 못하고 오히려 관료들에게 뇌물을 제공하고 그 대가를 바라는 사회분위기로 부패가 더욱 확장된다. 특히 한국행정문화에서는 유교의 영향을 많이 받았다.

### 2) 청백리 정신과 저해요인

한국의 전통윤리의 하나인 청백리사상은 깨끗하고 순백한 정신자세의 공직자를 지칭한다. 청백리의 어원적 의미는 맑은 물처럼 티 없이 깨끗하여 소색(素色, 흰색)으로 때 묻지 않은 광명의 청관(淸官), 청정(淸定)을 뜻하는 것이다. 즉 소극적 의미인 부패하지 않은 관리가 아닌 적극적 의미가 담긴 맑고 깨끗한 관리라고 하였다. 청백리 정신에서 가장 중요시하는 청렴정신은 탐욕의 억제, 매명행위의 금지, 성품의 온화성 등을 내포하고 있다. 그러므로 청렴윤리는 청백리의 기본정신에 포함되어 있으며 국가의 생명력과 도덕성을 활성화하고 따라서 역사적 평가기준이 될 수 있어야 한다.

#### (1) 일반시민의 불만과 무관심

한국행정문화에서의 병리현상으로는 합리성의 결여, 형식주의, 권위주의, 직업정신의 결여, 배금주의, 이기주의, 쾌락주의 등을 지적할 수 있다. 이러한 병리현상이 팽배하게 되면 일반국민들의 소외감을 증폭시켜 정치·행정체제에 대한 불신감을 조장시키게 된다. 그러면 공무원사회에서 유능한 공무원들의 사기는 더욱 떨어지게 되고 민간 부문으로의 이직률이 높아지게 된다.

일반국민들의 정치·행정체제에 대한 무관심으로 인해 사정기관도 본연의 역할을 충실히 수행하지 못하고 행정성과에 대한 평가가 왜곡되게 나타날 수 있다. 부실한 행정서비스에 대한 일반국민들의 불만은 더욱 증대되고 소외감을 심화시키는 악순환이 되풀이된다.

#### (2) 공공윤리 부문의 저해요인

첫째, 공적윤리 분석이다. 부패의 원인을 부패행위에 참여한 개인들의 자질, 본성윤리에 있다고 보는 견해이다. 즉 개인의 성격이라든가 독특한 습성이 부패와 밀접한 관계가 있다고 보는 입장이다. 정부조직은 전통적으로 조직윤리를 강조한다. 이 윤리는 공무원의 개인적 윤리나 동기와는 관계없이 충성심을 보여줄 것을 요구하며 복종의 형태로 나타난다. 그 결과 공무원은 조직에 대한 충성심을 가장 높은 단계의 도덕성으로 간주하게 되고 건설적인 이의제기나 반대는 조직에서 허용하지 않는다. 비합리와 비리를 고발하면 배신자나 고자질쟁이 등으로 낙인찍혀 조직에서 영원히 매장되는 것이 한국 조직사회의 특징이다. 이러한 행정·사회분위기의 도덕적 타락은 조직과 개인의 부패에 대해서 공무원은 저항하지 않고 침묵하게 만든다. whistle-blower가 되기보다 조직윤리에 따르는 것이 전통적인 미덕이고 올바른 처신이라 여기기 때문에 부패의 원인이 된다.

둘째, 환경적 요인이다. 환경적 요인은 공직사회에 반영되어 부정부패를 야기하는 전체 사회적인 특성을 의미한다. 환경적 요인으로는 정치경제의 불안정, 공동체의식의 박약, 상대적 박탈감, 전통적인 행정문화 등을 들 수 있다.

셋째, 조직문화적 측면이다. 한국의 전통적인 문화가 행정문화화된 것으로는 권위주의, 가족중심주의, 정적인간주의, 형식주의, 의리주의 등을 들 수 있다. 이러한 요소들은 하나의 일반윤리로 뿌리박혀 공직자들의 행태를 지배하고 있다. 전통적 행정문화는 행정조직에서 긍정적인 기능을 수행하기도 하지만 부정적인 행정행태를 유발하는 요인으로서 작용하기도 한다.

## 4. 공직윤리 규범체계의 현황 및 문제점

### 1) 공직윤리 규범체계의 현황

공직윤리는 공직이라는 특수한 직업 분야에 요구되는 도리 또는 직업적인 특수윤리로 국민 전체에 대한 봉사자인 공무원의 신분에서 지켜야 할 규범적 기준이며, 공직자들에 대한 사회적 기대의 구체적 현상이라고 할 수 있다. 따라서 공직윤리는 어느 사회에서나 공통적으로 적용될 수 있는 표준적 기준을 지닌 것이기도 하지만 동시에 그 사회의 사회경제적, 문화적 발전단계를 반영하기도 한다. 이를 위한 통제수단들이 있다.

우리나라의 경우 가장 기본적인 '공무원윤리헌장', '공직자윤리법', '국가공무원법', '국가공무원 복무규정'에서부터 각종 형법과 특별법으로서의 '공무원 범죄에 관한 몰수특례법'에 이르기까지 개별 공직자들에게 적용되는 법체계는 매우 다양하고 복잡하게 구성되어 있다. 정부는 행정에 적합한 공무원을 필요로 하고 있으며, 부과된 업무를 수행하고 공무원으로서의 품위를 유지하기 위하여 높은 수준의 윤리적 행동을 기대한다. 이것은 공직의 특성으로 현대 민주국가에서는 공무원의 윤리적 기준을 법제화하는 현상을 보이고 있다.

### (1) 법적 규제

우리나라 공무원이 법적 의무로서 준수하여야 할 행동규범을 국가공무원법에서는 성실의무 · 복종업무 · 직장이탈금지 · 친절공정의무 · 비밀엄수의무 · 청렴의무 · 명예 등의 수령규제 · 품위유지의무 · 영리업무, 겸직의무 · 집단행위 금지, 정치활동 금지 등으로 규정하고 있다. 공무원의 법적 의무는 무한정의 의무는 아니며 시민적 권리를 제약하므로 최소한도에 그쳐야 한다. 또한 공직사회의 부정부패를 방지하기 위하여 1981년에 제정된 공직윤리법에 의하여 재산등록과 선물신고를 하여야 하고 퇴직공직자는 취업제한을 받도록 되어 있다.

### (2) 자율적 규제

자율적 규제란 공무원이 직업윤리로서의 행동규범 · 행동기준을 자발적으로 설정하여 이에 따라 행동하도록 규율하는 것을 의미한다. 공무원의 의무위반이나 비위 · 부정 · 오직행위는 공무원법이나 형법 등의 규정을 엄격히 적용함으로써 방지될 수 있는 것은 아니며 오히려 직업윤리에 의한 공무원의 자율적 규제가 바람직한 방법이다.

우리나라는 공무원의 윤리적 행동규범으로서 공무원윤리헌장을 선포하였다. 이 헌장에서는 공무원의 신조로서 국가에는 헌신과 충성을, 국민에게는 정직과 봉사를, 직무에는 창의와 책임을, 직장에서는 경애와 신애를, 생활에서는 청렴과 질서를 규정하고 있다. 또한 1981년에 청백리상을 제정하여 청렴과 투철한 봉사정신으로 깨끗한 공직사회 구현에 있어서 다른 공무원의 귀감이 되는 자는 특별 승진시킬 수 있게 하였다.

### 2) 공직윤리 규범체계의 문제점

#### (1) 국가 및 지방공무원 관련 법체계 문제점

국가 및 지방공무원 관련 법체계의 문제점으로는 다음과 같은 것들이 있다.

첫째, 분산된 법체계의 문제점으로 종합적이고 체계적인 법체계 및 사정체계가 구축되어 있지 않다.

둘째, 모호한 규정이 있다. '국가공무원법' 제10장(제78조~제83조)에 공무원의 징계에 관한 사항들이 규정되어 있으나 형법상의 공무원 부정부패 관련 법규와는 달리 징계사유가 "국가공무원법, 지방공무원법 또는 이 법들에 의한 명령이나 조례를 위반한 때, 직무상 의무에 위반하거나 직무를 태만하였을 때, 공무원의 품위를 손상하는 행위를 한 때"(국가공무원법 제78조와 지방공무원법 제69조) 등으로 규정되어 있다.

셋째, 종합적인 부패방지정책기구의 부재이다. 기능의 중첩과 중복감사와 영역충돌 등의 행정적인 문제를 발생시키고 있어서 일관성 있는 정책기구를 설치하는 것이 필요하다.

넷째, 미약한 처벌로 현실적으로 부패공무원에 대한 처벌은 해임, 정직, 감봉, 견책, 파면 등에 그치고 있는 실정이다.

#### (2) 공직자윤리법의 문제점

공직자윤리법의 문제점은 다음과 같은 것들이 있다.

첫째, 목적의 한계이다. 주된 목적을 공직자의 재산등록과 공개, 선물신고 및 퇴직 이후 취업제한에 두고 있어 공직윤리의 극히 제한된 부분만을 포함하고 있다.

둘째, 적용범위의 한계이다. 모든 공직자를 대상으로 하지 않고 일부만을 대상으로 하고 있다. 퇴직 후 취업제한규정(제17조)도 산하기관이나 대기업 등에만 한정(공직자윤리법시행령 제33조)하고 있어 중소기업수준에서 야기되는 중하위직 퇴직공무원들의 직접적, 미공개적인 로비를 규제할 수 없다.

셋째, 구체성의 한계이다. 공직자윤리법시행령 제28조의 외국으로부터 선물에 대한 규정에 100달러 이상 혹은 10만 원 이상으로 규정하고 있을 뿐, 그 외에 직무수행과 관련하여 공직자들이 금품이나 부당이익 등을 수수할 수 있는 상황에서 어떻게 행동하는 것이 윤리적 기준에 적합한지에 대한 구체적이고 실효성 있는 기준이 부족하다.

넷째, 실효성의 한계이다. 공직자 등록재산에 대한 실사가 인원과 예산의 한계로 현실적으로 이루어지지 못하고 있으며, 퇴직공직자 취업제한의 경우에도 마찬가지의 한계에 봉착하고 있어 공직자윤리법의 실효성이 크게 제약받고 있다.

다섯째, 운용상의 한계이다. 공직자윤리위원회는 동법의 적용대상자가 운영자가 됨으로써(공직자윤리법 제9조 공직자윤리위원회) 위원회의 공정성과 객관성 및 독립성의 확보에 한계를 지니고 있고 구체적인 실사나 조사를 할 수 있는 인력 등을 보유하지 못했다.

### (3) 공직윤리헌장 및 행동강령의 문제점

공직윤리헌장 및 행동강령의 문제점은 다음과 같은 것들이 있다.

첫째, 성격의 모호성이다. 전반적으로 선언적이고 당위적인 규범적 내용만을 담고 있어 구체성이 결여되어 있다.

둘째, 법적 근거의 미약이다. 대부분 훈령수준으로만 제시되고 있어서 문제가 발생하면 국가공무원법과 공무원복무규정에 근거하여 처벌하는 실정이다.

셋째, 실효성의 한계이다. 구체성이 결여되어 있기 때문에 헌정과 강령의 위반에 대한 판단과 적용이 근본적으로 어려워 공직자들의 직무와 관련된 윤리적 행동을 제고시키기 위한 현실적 실효성을 발휘할 수 없다.

넷째, 추진체계의 문제점이다. 공직자윤리규범의 제고는 일회성의 선언식이나 결의대회만으로는 실현되기 어려운 만큼 지속적인 홍보와 교육, 정책적 지원과 점검 등이 필요한데도 공무원윤리헌장 및 실천강령에서는 이를 전담 추진하는 기구에 대한 규정이 마련되어 있지 않다.

어느 시대와 사회에서건 행정윤리성의 확보는 주된 목적이었으며 행정을 담당하고 있는 자들뿐만 아니라 정치를 수행하는 자들에게 있어서 정책신뢰성을 가름하는 주요한 관건이 되고 있다. 이러한 상황하에서 행정의 윤리를 확립하는 것은 행정의 가장 기본적인 문제가 되는 것이며, 진정한 행정국가는 행정윤리의 확립을 통해서만 가능하며 개개 국가들의 행정의 수준은 행정윤리의 수준을 의미하는 것이다.

오늘날의 행정은 환경의 변화에 따라 행정역량이 요구되고 있다. 이는 모든 면에서 행정의 역할과 책임은 강화되고 업무도 다양하고 복잡해졌기 때문이다. 공직도 전문직업으로 발돋움한 것이다. 이런 이유로 공직자는 특유한 윤리가 필요하며 행정의 모든 행위에 관련해서 사명과 목표, 지향해야 할 가치와 당위 등 필연적인 문제를 구현해 나가는 것이 목적이다. 행정은 사람에 의해서 행해지는 것이기 때문에 개개인의 윤리관, 가치관, 사고방식 등은 행정 전반의 윤리구현에 절대적인 영향을 미치게 된다. 또한 행정의 목표 자체가 윤리적이어야 한다는 점에서 윤리와 행정은 밀접하고 행정윤리의 관련성은 부정부패라는 행정윤리의 소극적 측면에서 적극적 측면인 행정의 이념, 목표, 효과를 증진시켜야 할 것이다. 특히 공직자들의 윤리관은 행정업무를 집행하고 국민의 신뢰 확보에 관련된다. 공직자의 올바른 가치기준과 윤리의식은 우선시되는 요건이기 때문에 공직자윤리적 가치관은 중요한 의미가 있다. 이런 의미로 합리적 행위를 수행하는 공직자의 행동규범이 올바른 공직윤리관에서 출발되어 21세기에는 바람직한 공직윤리와 행정문화가 정착되어야 한다.

## 제 2 절 행정부패

1990년대에 들어와 세계는 소련과 동구 등 사회주의 국가들의 몰락과 쇠퇴가 부패의 요인으로 말미암은 현상으로 보았다. 특히 아시아의 경제위기와 빈곤문제를 부패와 연관시키는 시각을 가지게 되었다. 이처럼 부패가 자국의 문제에서 국가적 문제로 떠오르자 세계 각 국가들은 반부패정책에 관한 새로운 방지시스템을 시행하게 되었다.

1994년 5월에 OECD에서는 "국제적 영업거래에 있어서의 뇌물방지에 관한 OECD각료이사회 권고"가 채택되어 회원국들은 국제영업거래에 있어서 타국 공무원들에게 뇌물 제공 등의 방지와 함께 외국 공무원의 법적 의무에 위반하는 일체의 금전적인 혜택과 이권을 뇌물로 보아 금지하는 권고안을 채택하였다.

최근 부패방지를 위한 국제적 활동 중 활발하게 움직이는 TI라는 기구는 국제투명성위원회라고 볼 수 있다. 이 기구에서 '국가 청렴도 검사'의 개념에 의하여 매년 조사하는 각국의 부패지수의 발표는 반부패정책의 촉매제로서 작용하고 있다.

### 1. 부패의 정의

#### 1) 부패의 개념

부패의 뜻을 국어사전에서 찾아보면 부패(腐敗)란 ① 부패균에 의해 단백질 및 유기물이 유독한 물질과 악취를 발생하게 되는 변화 ② 법규·제도 등이 문란해 바르지 못함 ③ 정신이 타락함 등으로 정의되어 있다(이희승 감수, 1999: 1049). 이러한 의미를 가진 부패는 사회적 현상에 대하여 어떤 사물이나 현상이 부정한 매개행위로 인하여 본래의 모습이 아닌 바람직하지 못한 현상으로 나타나는 것을 말한다. 부패(corruption)의 개념정립은 단순한 것이 아니라 정치, 경제, 사회문화적인 여러 요인들이 복잡하게 결합되어 나타나는 사회병리적(social pathological) 현상이다. 즉 부패는 시대별, 지역별, 계층별로 상이하게 나타나고 서로 다른 역사성을 가지고 있기 때문에 일반화된 개념을 도출하기는 매우 어렵다. 그러므로 부패현상을 분석하는 접근방법이 다양하다.

### (1) 부패개념에 관한 이론

부패의 개념과 부패의 실체(reality)를 바라보는 학설들은 매우 다양하다. 그중 김영종(2001: 35~36)은 다음과 같이 제시한다(〈표 3-1〉 참고).

① 공직 중심적 관점

사적 부문이 배제된 공직 중심적(public office centered)인 관점이다. 부패현상을 공직의 비윤리적, 비도덕적 일탈행위로 보는 입장의 윤리·도덕설로서 부패는 형사상의 사실성을 위반하지 않더라도 공직의 비윤리적, 비도덕적 일탈행위로서 도덕적 비난행위를 의미한다. 이 입장에 따르면 시민의 요구에 대한 대응성에 부응하지 못하고 있으며 공공윤리의 책임을 다하지 못한 경우를 부패라고 할 수 있다. 이것은 행정문화(administrative culture)와 관련하여 일반시민들의 기대 가능성(expectation)을 저버린 일탈행위(deviant behavior)로서 행정권력을 오용, 남용하여 개인의 사익을 추구하는 일체의 불법적, 비윤리적 행위를 말한다. E. C. Banfield, R. Wraith, J. T. C. Liu, W. L. Banfield 등이 주장한다.

② 제도적 접근설

부패현상을 개발도상국이나 후진국에 있어서 개인의 행태보다는 제도적 취약성과 사회적 기강의 해이에서 기인된 연성국가(soft state)의 결과적 부산물로 보는 입장이다. 공직자들의 범죄와 부패는 주로 후진국가나 개발도상국가에서 발생하는 제도적 취약성이나 정책에서 배태된 산물(outputs)로 보는 개념정의이다. 이것은 공익실현을 위해 정부가 일정한 인·허가상의 규범에 따라 민간 영역의 행위를 감독·통제하는 행위를 할 때 위반이나 일탈행위를 하는 것이라고 볼 수 있다. S. P. Huntington, G. Myrdal 등이 주장한다.

③ 시장 중심적 관점

시장 중심(market centered)의 접근방법으로 부패현상을 교환되지 말아야 할 상품교환으로 보는 경우로서 금전적 이익(pecuniary gains)을 추구하는 시장교환관계로 보는 입장이다. 시장이론을 기초로 경제에 대하여 관료제가 경제에 대하여 광범위한 조정자의 역할을 수행하면서 공공의 이익을 분배함에 있어서 부패공무원이 자신의 지위를 개인의 이익을 극대화하는 수단으로 생각할 때(Leff, 1970: 510~512) 부패가 발생한다고 보았다. J. V. Klavern, R. O. Tilman, A. J. Heidenheimer, H. Simon, N. H. Leff 등이 주장하고 있다.

④ 공익 중심적 관점

부패현상을 공익 중심(public interests centered)에서 보는 입장이다. 부패를 공익위반의 결과로 보는 시각으로 공공질서체제에 대한 책임을 위반한 것이고 특수이익을 공동이익에 우선시킴으로써 실제로 그러한 체제를 양립할 수 없게 한다. 여기서 말하는 특수이익은 관료 자신의 이익을 국가의 공적 임무보다 우선시하여 이익을 탐하는 행위를 말한다. C. Friedrichs, H. D. Lasswell 등이 주장하고 있다.

⑤ 구조기능주의적 관점

구조적 관점에서 접근하는 부패의 개념정의는 구조기능주의(structural functionalism)적 접근과 관련이 있다. 이는 합리적 의사결정의 과정을 일탈하여 부패를 일으킨다는 권력남용설로서 부패행위는 권력관계 측면에서 볼 때 권력남용의 병폐와 역기능의 결과적 부산물이라고 보는 학설이다(F. W. Riggs, H. H. Werlin, J. C. Scott). 이에 따르면 공무원이 인・허가권이나 주어진 권한을 집행할 때 재량권을 일탈하거나 유월함으로써 부패행위가 발생한다고 볼 수 있을 것이다.

⑥ 기능주의적 관점

기능주의적 시각으로서 부패현상은 행위의 결과와 효과의 차원에서 순기능과 역기능의 역할로 보며, 특히 개발도상국가에서는 발전과정에서 필연적으로 발생하게 되는 부산물(byproducts)로 보는 입장이다. N. H. Leff, J. S. Nye, B. F. Hoselitz 등이 주장한다.

⑦ 후기기능주의적 관점

후기기능주의(post-functionalism)적 시각으로서 부패현상은 선진국이나 후진국이나 할 것 없이 발생하는 보편적 현상으로서 자기영속성(self perpetuation)의 성격을 가진 것으로 보는 입장으로 S. Werner가 대표적이다.

⑧ 사회문화적 관점

사회문화적 규범의 일탈행위로 보는 입장으로서 부패현상은 사회문화적 환경과 역사적 전통의 부산물로 보는 입장이다. 이러한 시각에 의하면 주변 사회의 비난을 받으면 부패되었다고 보는 것이다. R. Wraith와 E. Simpkins가 주장하고 있다.

〈표 3-1〉 행정부패의 개념정립에 관한 이론

| 접근방법 (approach) | 주요 내용 | 분석의 단위 (unit of analysis) | 대표학자 |
|---|---|---|---|
| 윤리 및 도덕설 (moral approach) | 공직의 비윤리적 및 비도덕적 이용 | 관료와 사회 (관료의 행위) | E. C. Banfield<br>R. Wraith<br>J. T. C. Liu |
| 제도적 접근설 (institutional approach) | 제도적 취약성과 사회적 기강의 해이 | 후진국이나 개발도상국의 관료제도, 연성국가 (Soft State) | S. P. Huntington<br>E. V. Roy<br>G. Myrdal |
| 시장/교환설 (market/exchange approach) | 특수이익을 추구하는 시장교환관계 | 관료와 고객집단 (관료의 직책) | J. V. Klavern<br>R. O. Tilman<br>A J. Heidenheimer<br>H. Simon |
| 공익설(public interests approach) | 공익위반의 결과 | 관료의 행태, 의사결정과정(이해관계집단의 공존된 이익) | R. W. Friedrichs<br>H. D. Lasswell |
| 기능주의설 (functionalism approach) | 발전과정의 부산물 | 관료제도, 기업가, 사회(후진국) | N. H. Leff<br>J. S. Nye<br>B. F. Hoselitz |
| 후기기능주의설 (post-functionalism approach) | 보편적 현상과 자기영속성의 현상 | 선진국의 관료제도<br>후진국의 관료제도 | S. B. Werner |
| 권력관계설(power-relations approach) | 관료의 권력남용과 역기능의 부산물 | 관료제와 권력 | F. W. Riggs<br>H. H. Werlin<br>J. C. Scott |
| 사회문화적 규범설 (socio-cultural approach) | 사회문화적 환경과 전통의 부산물 | 사회문화적 환경, 관료제의 역사성 | R. Wraith<br>E. Simpkins |
| 통합설(integrated approach) | 복합적 행정현상: 선진국과 후진국의 공통성과 특수성(예: 제도, 행태, 환경)의 복합적, 다면적 현상, 제도, 행태, 환경의 상호 부적응에서 발생하는 복합행위, 공직의 사회문화적 규범위반과 기대 가능성의 일탈행위 | 선진국과 후진국의 관료제도의 특징 비교 관료제도, 행태 그리고 사회문화적 환경의 주요 변수 분석, 발전의 특수성과 보편성, 목표와 과정, 질, 양 그리고 가치변화와 사실변화 또는 문제발견과 문제해결의 통합적 분석 | Young Jong, Kim |

출처: 김영종(2001: 38).

### 2) 부패의 역기능

부패로 인한 역기능으로서 지적되는 것으로는 다양한 계층에 대한 객관적 정치지도의 불가능, 생산적 노력의 상실과 공권력의 감퇴, 사회범죄의 확대, 정부의 신뢰성・권위의 추락과 불신감 증대, 도덕적 · 윤리적 기준의 쇠퇴, 행정비용의 상승 등을 들 수 있다. 부패행위가 사회에 미치는 부정적 영향은 매우 크다. 부정적 영향에 대한 학자들의 견해는 다음과 같다. J. S. Nye는 부패는 첫째, 정부의 정통성의 상실로 사회혁명이나 군사 쿠데타를 유발함으로써 정치적 불안정을 가져오고 둘째, 자본유출, 경제적 투자의 왜곡, 기술낭비를 포함하여 국가자원이 비합법적으로 사용되어 경제발전을 지연시키는 원인이 되며 셋째, 행정능력의 저하로 정부능력의 소멸을 가져온다고 지적한다(Nye, 1970: 570~572).

부패의 역기능을 규범적 관점에서 이해한 사람은 G. Myrdal이다. 스웨덴 출신으로서 1974년 노벨경제학상을 받은 G. Myrdal은 10년간 남아시아에서 빈곤문제를 연구(아시아 드라마)하였다. 이 연구에서 G. Myrdal은 빈곤의 원인으로 인구과잉이나 자원부족 등 지금까지 논의되어 오던 경제적 요인 말고도 부패가 경제발전에 미치는 영향을 경제학자로서는 처음으로 심도 있게 분석하였다. 공무원들의 행정업무지연은 불법사례금을 획득할 목적에 있으며 뇌물은 뇌물 공여자에게 유리하게 작용하여 마치 행정엔진에 있어 배터리 역할을 한다고 보았다. 그는 경제개발에 있어서 경제적이고 수량적인 접근도 중요하지만 이에 못지않게 발전을 저해하며 저지하고 있는 비경제적인 요인에 대한 연구가 중요하다고 갈파했다. 그는 기능론 자들의 증명되지 않은 가정들은 오류라고 지적하고 오히려 국가발전의 저해요소라고 주장하였다. G. Myrdal은 아시아지역의 저발전과 빈곤의 핵심요인은 공직부패라고 지적하였다.

실증적 관점에서 부패의 역기능을 설명한 학자는 L. V. Carino이다. 그의 주장에 따르면 개인부패는 부패를 행한 개인에게는 경제적 부를 가져다주며, 신분상승의 기회를 갖게 하지만 발각되는 경우 유 · 무형의 큰 비용을 무는 부담을 갖게 한다. 또한 부패에 가담하지 않은 개인들에게 상대적 불공평으로 인해 유 · 무형의 비용을 부담하게 한다. 조직에 대한 부패는 조직의 공식적인 권한과 복종 구조를 왜곡시키는 결과를 초래하며, 부패하지 않은 유능한 인재들이 조직을 떠나게 되어 조직의 질적 수준을 약화시키고, 자원의 비효율적 운영으로 인해 조직의 성능을 저하시킨다(Carino, 1986: 170~191).

David H. Bayley는 부패의 역기능으로 첫째, 부패는 정부가 추구하는 목표의 달성을 실패로 돌리기 쉽다. 둘째, 행정비용을 가중시켜 자원배정의 비합리적 증가를 초래한다. 셋째, 공공목적에 사용될 자금을 유출시킨다. 넷째, 행정부 내의 다른 공무원에게도 영향을 미쳐 도의적 의욕을 저하시킨다. 다섯째, 정부권위에 대한 국민의 신뢰를 상실시킨다. 여섯째, 경제발전에 필요한 강력한 지도력을 약화시킨다. 일곱째, 공직자의 민폐에 대해 국민들의 원성을 자아내어 사회불안을 야기한다. 여덟째, 행정결정이 금전으로 좌우되고 업무처리가

지연되며 공무원의 공정성에 대한 신뢰상실로 기대세력의 규합공작을 통하여 막대한 자금과 시간이 낭비된다고 지적한다(Bayley, 1966: 526~528).

부패가 만연하면 행정에 대한 국민의 신뢰감이 결여되고, 행정의 규범적 기준이라고 할 수 있는 행정윤리의 기준에 많은 혼돈이 제기된다(유종해 · 김택, 2006: 148~149).

## 2. 부패의 유형

부패의 개념이 다양하듯이 부패의 유형도 국가와 문화의 차이에 따라 다양하게 나타난다. 따라서 유형구분에는 정설이 없고, 무엇을 기준으로 하는가에 따라 다양하게 분류될 수 있다. 다만 부패의 유형을 살펴보는 것은 부패라는 개념이 포함하는 현상들을 분류해 본다는 의미에서 부패의 정의와 밀접한 관련이 있으며, 부패의 실체를 보다 명확하게 밝혀 그 방지대책을 수립하기 위한 작업의 일환이라 할 수 있다. 여러 학자들에 의하여 제시된 다양한 부패의 분류기준 중에 중요한 몇 가지를 중심으로 부패의 유형을 살펴보면 다음과 같다.

### 1) 부패의 주체에 의한 분류

이러한 분류의 실익은 부패행위의 실천방법이나 과정이 다르므로, 규제방법과 범위도 달라진다는 데 있다. 정치부패는 일반적으로 규모가 크고 조직적으로 행하여지기 때문에 강력한 독립기구에 의하여 통제함으로써 처벌의 확실성을 강화할 필요성이 있으며, 행정부패는 개인 차원의 부패로부터 조직 차원의 부패로 구조화되는 속성이 있으므로 처벌에 앞서 행정의 투명성을 높이고, 윤리규정을 정비하며, 감시 · 감독기능을 강화하는 등 제도적, 예방적 조치가 우선되어야 한다.

부패는 행위주체에 따라 정치부패, 행정부패로 분류할 수 있는데 이를 구체적으로 살펴보면 다음과 같다.

#### (1) 정치부패

정치부패는 정치인이 부패의 주체가 되는 경우로서 정치인은 선거 또는 임명에 의하여 공직사회의 구성원이 될 수 있으며, 대부분 행정부를 비롯한 여러 기관에 대한 압력 · 청탁을 통해 실현된다. 정치자금조달과 관련된 부패, 부정선거, 반대세력의 억압과 관련된 공작정치 등 정권적 부패도 정치부패로 분류할 수 있다. '행정부패'는 행정관료 또는 관료조직이 부패의 주체인 경우를 말하며, '기타 공직자부패'는 정치인이나 행정관료 이외의 자, 즉 공무원에 준하는 자에 의하여 저질러지는 부패행위를 말한다.

정치부패의 개념을 구체적으로 살펴보면 다음과 같다.

첫째, 정치 엘리트들의 정치문화(political culture)와 관련하여 일반시민들의 기대 가능성을 일탈하는 행태(deviant behavior)로서 정치권력을 오용하거나, 남용하여 개인의 사익을 추구하는 일체의 불법적, 비윤리적 행위를 말한다.

둘째, 정치부패는 개인적 행태보다는 정치행정의 제도와 체제의 미비나 취약성에서 배태된 산물(outputs)로서 부패의 토양이나 소지(opportunity) 또는 잘못된 제도 그 자체가 부패라고 보는 개념정의도 있다(김영종, 2001: 324). 이 경우는 사실상 제도적인 부패(institutional corruption)라고 할 수 있다. 부패는 개인의 행태나 구조적인 취약성, 윤리적 효력의 부족보다는 정치제도의 긴장에서 유발된다고 한다(Johnston, 1982).

셋째, 정치조직의 구조적 관점에서 접근하는 개념정의로 정치역할담당자의 기능과 역할이 기대 가능성에 미치지 못하는 경우로서 합리적 의사결정의 과정을 일탈하여 구조적 탐욕과 사익추구의 일체의 비윤리적 행위의 총체적 개념이다. 이 경우는 구조기능주의(structural functionalism)적 접근과 관련되는 것으로서 합리성, 목적성, 내용성, 구조적 상호 관련성을 일탈한 비도적적, 비윤리적, 비합리적인 일체의 정치적 추문(political scandal)을 일컫는다(Garment, 1991).

넷째, 통합적 접근(integrated approach)에 의한 개념정의는 다음과 같다. 정치부패는 정치인과 관련된 자들의 불법적이거나 부당한 공직남용, 사익추구, 공직의 책임과 국민의 기대 가능성(expectation)을 일탈한 일체의 일탈행위(deviant behavior)를 말한다(김영종, 2001: 325).

정치부패는 정치인과 유권자의 공동책임이다. 우리나라의 정치부패는 경제가 제대로 성장하지 않아 불법적 정치자금을 제공할 수 있는 기업이 거의 없던 이승만 정권 때 국·공유재산을 불법으로 매각하거나 불하하는 방법으로 시작되었다. 1960년대 중반부터 유신체제까지는 정부가 고도의 산업성장을 이끌면서 민간기업에 특혜를 주는 대가로 이권의 일정 부분을 상납받는 '리베이트형 부정부패' 시대로 특징지어진다. 1965년 삼성, 금성 등 6개 업체에 60억 원을 부정대출 해 주고 15억 원을 거둬들였으며, 1969년에는 8억 달러의 차관을 도입해 1억 6천만 달러를 정치자금으로 받았다.

유신체제 때부터는 권력자의 압력을 받고 보복이 두려워 불법자금을 마지못해 강제로 헌납하는 형태로 바뀌어 제5, 6공화국까지 계속 이어진 것으로 볼 수 있다. 전두환 전 대통령이 42개 기업체로부터 2,159억 원을, 노태우 전 대통령이 35개 기업체로부터 2,838억원을 뇌물로 받아 구속된 것은 이런 사실을 증명한다. 그러나 과연 정치자금의 규모가 어느 정도인지 파악하기는 힘들다.

정치부패는 특히 불투명성과 정경유착의 문제에서 발생하게 된다. 적지 않은 기업들이 그동안 권력과의 유착을 통해서 성장한 것이 사실이다. 기업의 흥망성쇠가 권력과의 관계에 의해서 결정되었다고 해도 틀린 말은 아니다. 그리고 권력은 기업에 대해서 힘을 통해 제압하든지 유착을 통한 공생을 지향해 왔다.

이런 과정에서 많은 기업들이 불투명한 경영을 일삼아 왔으며, 이를 알고 있는 권력은 이를 빌미로 기업에 대한 영향력을 행사하려고 하였다. 역사적으로 보면 탈세가 가장 대표적인 예이다. 권력은 기업들이 탈세를 하지 않을 수 없도록 규제의 그물망을 만들고 기업을 길들여야 할 필요가 있을 때에는 세무조사를 실시하는 것이다. 물론 가끔은 기업이 정치자금을 제공하고 그 반대급부를 얻어 내기 위해서 은근한 압력을 가하는 경우가 없는 것은 아니다. 권력과 기업이 공생하고 유착하는 곳에서는 투명한 정의는 기대하기 힘들고 대신에 불투명한 경영, 이중장부, 차입경영, 탈세, 비자금과 불법로비, 과도한 소비 등이 일상적인 관행으로 자리 잡게 된다.

이제는 기업의 경영 자체가 경쟁력을 갖지 않으면 안 되게 되어 있다. 기업들은 재무구조를 건실하게 만들어 차입경영을 탈피하고, 내수시장보다 세계시장에 대한 과학적 분석을 토대로 시장경쟁전략을 수립해야 할 때다. 아울러 정부에서는 지하경제의 축소를 위해서 노력해야 한다. 그러기 위해서는 금융실명제를 보완하고, 부가가치세율을 인하하며, 영수증 주고받기를 정착시키는 것이 중요하다. 아울러 생산자들에 대한 소비자들의 견제권을 강화시키는 것도 부패를 줄이는 한 방법이 될 수 있다.

### (2) 관료부패

관료부패는 권한과 비리의 교환체제를 형성한다. '성장 지향적 국가'의 경험과 국가주도의 공업화 과정에서 많은 경우 공직자들은 경제성장을 기업의 노력뿐만 아니라 정부에서 일하는 공직자들의 성과라고 생각하게 되었다. 이런 사고방식은 성장의 성과를 기업인들과 공직자들이 함께 배분해야 한다는 생각으로 이어지기도 하였다. 게다가 한국의 경제모델은 국가의 규제와 개입을 중요한 특징으로 하고 있어서 공직자들이 기업에 대해서 다양한 인·허가권을 갖고 있었다. 공직자들의 과도한 권한은 부패와의 거래라는 유혹으로 이끌어 가는 역할을 담당하기도 한다.

관료부패에 대한 A. J. Heidenheimer의 정의는 ① 공직 중심적 정의로서 공직에서의 일탈 ② 시장 중심적 정의로서 시장에서의 일종의 경제행위 ③ 공익 중심적 정의로서 공익으로부터의 일탈이라고 한다. G. Myrdal의 정의는 "공직과 관련 있는 영향력이나 권력을 부당하게 사용하는 행태"라고 한다. 그러므로 관료부패란 "관료가 자신의 직무와 직·간접적으로 관련된 권력을 부당하게 행사하여 사익을 추구하거나 혹은 공익을 침해한 행위"라고 할 수 있다. 관료부패와 유사한 용어로는 부정, 의무불이행, 불법, 직권남용 등이 있다.

관료부패는 준공식문화(quasi-formal culture) 혹은 지하문화(underground culture)의 성격을 지니고 있기 때문에 관료부패를 연구하는 시각이나 접근방법은 연구자들마다 매우 상이하다. 기능주의적 입장(1960년대)은 국가가 성장하여 어느 정도 발전단계에 들어서면 관료부패는 소멸되는 것으로 이해하였다. 후기기능주의(1970년대 이후)에서 부패란 국가가 발전한다고 해서 소멸되는 것이 아니라 다양한 먹이를 먹고 사는 하나의 유기체로서 파악하고 있다.

### 2) 부패개입의 규모에 의한 분류

부패개입의 규모에 따라 부패는 개인부패, 조직부패, 체제부패로 나뉜다. G. E. Caiden & N. J. Caiden은 부패의 주체가 개인이냐 조직이냐에 따라 부패를 분류했다(Caiden & Caiden, 1997: 306~308).

#### (1) 개인부패

개인부패란 특정한 개인에 의해 부정행위가 행해지는 경우를 말하는데 복수의 당사자가 협동하는 경우도 있을 수 있다. 상대적으로 단발적이고 규모도 작다. 개인의 덕성, 담당한 업무의 특성, 재량의 범위, 감독·관리체제 등에 주로 영향을 받는다. 조직 내에서 적발될 가능성이 높고, 노출된 경우에 조직적 보호의 움직임은 약하다. 따라서 장기에 걸쳐 지속되기는 어렵다.

#### (2) 조직부패

조직부패는 조직의 기능을 이용하거나 조직에 의하여 조장 또는 요구된 부패를 말한다. 개인적 이익이 아니라 조직의 이익을 위하여 자행되기도 한다. 개인부패에 비해서 규모도 크고 적발하기도 어렵다. 개인은 부패한 조직의 구성요소에 불과하므로 개인의 덕성이나 의지는 중요하지 않다. 장기간에 걸쳐 지속적, 반복적으로 행해짐으로써 해당 조직의 직무집행과정이 매우 심각하게 왜곡된다. 대외적으로는 부패의 실상을 조직적으로 은폐하려는 노력이 행해지고, 노출되는 경우에도 적발된 개인 차원의 문제로 축소하려고 하며, 상급기관 또는 관련 기관에 대한 상납, 분배, 압력행사 등을 통해 체제부패로 발전한다.

#### (3) 체제부패

체제부패란 단위조직 차원의 부패가 아니라 여러 조직 또는 기관의 상호 연계를 통하여 행해지는 부패를 말한다. 구조적 부패 또는 제도화된 부패라고도 할 수 있다. 정치제도, 사회경제상황 등과 밀접하게 관련되어 발생한다. 이러한 상황에서는 국가조직의 구성원들에 의한 전 국민과 국가를 상대로 한 착취가 행해지게 된다.

개인부패는 내부감시시스템만으로도 어느 정도 방지할 수 있고 처벌의 효과도 크지만 조직부패, 체제부패는 개별 공직자의 인격적 특성은 그리 중요하지 아니하므로 단발적인 행위자 처벌만으로는 부패를 효율적으로 해결할 수 없다. 특히 체제부패하에서는 권력층이 부패를 주도하고 사법적 통제기구마저 부패에 개입되어 있으므로 무엇보다도 상층부의 부패구조 타파와 부패통제기구 자체의 개혁이 선행되어야 한다.

### 3) 부패의 수단에 의한 분류

부패수단에 따라 부패는 정실형, 위협형, 사기형, 거래형 부패로 나뉘며 이를 구체적으로 살펴보면 다음과 같다.

#### (1) 정실형 부패

정실형 부패는 친한 사람들에게 다른 일반 대상자에 우선하여 유리한 결정이나 조치를 취하는 것으로 그 규모가 커지면 거래형 부패로 쉽게 발전한다.

#### (2) 위협형 부패

위협형 부패(갈취형 또는 공갈형 부패)는 사업자에게 불리한 조치나 결정을 예방하거나 그러한 조치나 결정을 구실로 금품 등을 직접 또는 간접적으로 강요하는 부패행위를 말하는데, 일반적으로 민주화의 정도가 낮은 권위주의적 사회에서 보다 많이 나타나며, 공공업무뿐만 아니라 사기업 분야에서도 각종 업무처리절차나 표준들의 객관화 정도가 낮아서 업무담당자의 자유재량의 폭이 너무 큰 경우에 많이 나타난다. 이 경우 상대방은 피해자적 위치에 있게 된다.

#### (3) 사기형 부패

사기형 부패는 공직자가 그의 지위를 이용한 사기와 횡령을 혼합한 부패로서, 공공재산 횡령, 회계부정, 공문서위조, 기밀정보제공, 공금유용, 허위공문서발행, 허위보고서 작성 등이 그 전형적인 예이다.

#### (4) 거래형 부패

거래형 부패는 어떤 행정적 조치나 묵인의 대가를 받는 행위를 말한다. 대가는 일반적으로 금전이나 그 외에 어떠한 물품이라든가 또는 이에 상응하는 것들이다(Johnston, 1982: 11). 이 경우 상대방은 공범자적 위치에서 상호 이익을 도모하게 된다.

이상의 분류는 수사실무상 처벌의 방향을 정하는 데 도움이 된다. 즉 정실형 부패는 금품수수의 개연성이 낮으므로 주로 정치적 책임의 추궁 또는 형사상 직권남용죄의 적용이 검토될 것이다. 위협형 부패와 거래형 부패는 뇌물범죄의 범주에 속하지만 전자에 있어서는 뇌물공여자는 일종의 피해자적 지위에 있어 뇌물수수자인 공직자의 악성이 드러나는 반면, 후자에 있어서는 공직자는 물론 실질적인 이익취득자인 뇌물공여자 모두 엄중한 통제대상이 되어야 한다. 사기형 부패에 대해서는 감시·감독기능의 강화와 불법수익의 철저한 환수가 이루어져야 한다.

### 4) 부패의 내용에 의한 분류

부패는 그 내용에 따라 뇌물수수행위, 공적재산침해, 직무일탈행위, 연고자후원행위 등으로 나눌 수 있으며, 이를 구체적으로 살펴보면 다음과 같다.

#### (1) 뇌물수수

뇌물수수는 사회 전반에 걸쳐 가장 보편적으로 행해지는 부정부패의 형태라고 볼 수 있다. 뇌물수수는 어떤 사람이 바라는 행위를 확보하기 위하여 금전이나 다른 유인책을 제공하는 거래를 의미하는데(전수일, 1982: 21), 이 경우 그 대가는 요구하는 행위가 이루어지기 이전이나 이후에 지급되거나 혹은 여러 차례에 걸쳐서 지급된다. 대개 이 거래에서는 관여하는 사람의 범위가 좁고 뇌물행위자의 수도 적으며 수수행위가 외부에 공개되는 위험을 극소화하기 위해 일대일로 행해지는 경우가 많은 것이 특징이나, '상납', '평납'(동료들에 대한 분배), '하납'(부하직원에 대한 분배) 등의 형태로 전 조직으로 연결되고 전 사회로 확산될 수도 있다.

#### (2) 공적재산침해

공적재산침해는 보다 개인적인 차원에서의 행위유형으로서 의도적으로 사적인 이익을 위해 공금을 횡령, 배임, 절취, 편취하는 등 방법으로 공적재산에 침해를 가하는 행위를 말한다.

### (3) 직무일탈행위

직무일탈행위라 함은 공직자가 직무를 수행함에 있어서 사적인 목적으로 그 임무에 적절한 행위를 하지 아니하거나 부적절한 행위를 하는 것을 말한다. 직무유기, 직권남용, 비밀누설, 문서위조 등 범죄행위가 되는 경우는 물론 성실의무, 품위유지의무, 청렴의무 위반이나 소속기관의 내부 규칙에 위반되어 징계사유가 되는 경우도 포함된다.

### (4) 연고자후원행위

연고자후원행위(patronage)는 인사채용 또는 계약에 있어서 실적보다도 파당적 지원에 근거를 두고 권한을 행사하는 경우이다. 뇌물수수나 공금횡령은 금품취득을 목적으로 하는 반면, 족벌주의(nepotism)나 정실주의(favoritism)에 바탕을 둔 연고자후원행위는 일반적으로 사회적 또는 정치적 이익과 결부되는 개념이라는 점에서 구별된다. 한국사회에서는 다른 나라와는 달리 전반적으로 후원자-고객관계(patron-client relationship)에 따른 연줄이 어디에서든 유용하게 이용되는 경향이 강한데, 이러한 현상 역시 고질적인 병폐현상의 하나로서 부패의 범주에 포함되어야 할 것이다. 연고자후원행위는 물질적인 대가가 없는 경우가 많기 때문에 법률적으로 제대로 통제가 되지 아니하였으나, 새로운 공무원행동강령은 이해관계 직무의 회피의무, 지연·혈연·학연 등에 의한 특혜의 배제, 인사 청탁의 금지 등을 규정함으로써 연고자후원행위도 대부분 실정법상의 규제대상이 되었다.

부패의 내용에 의한 분류는 행위형태에 따른 처벌의 기준을 정함에 있어서 실무상 유용한 기준이 될 수 있고 대처방법도 다르지만, 하나의 부패행위에도 여러 가지 내용이 중첩적으로 나타날 수 있어 지나치게 세분화할 필요성은 크지 않다고 본다.

### 5) 기타의 분류

이상의 분류 외에 부패의 행위형태에 따라 일방적 부패와 쌍방적 부패로, 부패의 정도에 따라 백색부패(경미한 부패: petty corruption), 회색부패(일상화된 부패), 흑색부패(악성화된 부패)로, 부패공직자의 경제적 능력에 따라 생계형 부패, 치부형 부패로 나눈다. Susan Rose Ackerman은 부패행위의 주체가 관료제상 어떤 직위를 차지하는가에 따른 부패공직자의 지위에 따라서 고위공직자부패, 중·하위직 공직자부패로 분류한다(Ackerman, 1978: 60~73).

### 3. 부패인식지수(CPI)

국제투명성기구(Transparency International, TI)에서 1995년부터 발표하고 있는 국가별 부패인식지수에서 사용하고 있는 용어는 Corruption Perception Index(CPI)이다. 우리나라 국가권익위원회에서 사용하는 공식적 용어도 부패인식(Corruption Perception)이다.

우리나라의 부패수준을 객관적으로 파악하기 위해서는 CPI를 통해 그 정도를 비교할 수 있다. 국제투명성기구(Transparency International, TI)는 1995년 이래 국가별 부패지수(Corruption Perception Index-이하 CPI)를 연례적으로 발표해 왔다. 국제투명성기구(TI, Transparency International)는 부패방지 목적으로 1993년에 설립한 NGO단체(본부: 베를린)로 세계 80여 개국에 지부를 설치, 2년 주기로 국제반부패회의(IACC)를 개최하며 한국 지부는 반부패국민연대(TI-Korea)이다.

TI지수는 국제투명성기구에서 발표하는 부패지수로 부패인식지수(CPI)와 뇌물공여지수(BPI)가 있다. 부패인식지수(CPI: Corruption Perception Index)는 공직부분(정치 포함)에 존재하는 부패의 정도 인식을 나타내는 지수이며, 뇌물공여지수(BPI, Bribe Payers Index)는 주요 수출국 회사들이 신흥 시장국가 공무원에 대해 뇌물을 제공하는 정도에 대한 인식을 나타내는 지수이다. CPI는 국가경쟁력지수와 신뢰도지수를 조사할 때, 각국의 부패수준을 구성요소로 평가하던 것을 OECD와 세계은행(World Bank)의 반부패정책의 영향으로 국제투명성기구(TI)가 1995년부터 매년 발표하면서 반부패정책의 중심적인 평가수단이 되고 있다.

CPI는 TI의 뇌물공여지수(BPI)와 함께 대표적인 부패수준을 말해 준다. BPI는 주도적인 수출국가의 기업들이 신흥시장에서 뇌물을 줄 가능성을 나타내고 있다. 2002년 5월 14일에 발표된 BPI 2002는 러시아, 중국, 대만 그리고 한국의 기업들이 뇌물공여의 가능성이 높으며, 이탈리아와 홍콩, 말레이시아, 일본, 미국 그리고 프랑스 기업들이 뒤따르고 있음을 보여 주었다. 하지만 이들 나라의 대부분은 외국 공무원에 대한 뇌물증여를 불법으로 규정한 OECD 뇌물방지협약(OECD Anti-Bribery Convention)에 가입해 있다.

부패인식지수(CPI: Corruption Perception Index)의 성격을 살펴보면 TI(국제투명성기구) 부패지수는 여러 국제기관들의 조사결과를 단순 평균하여 산출한 집계지수(poll of polls)이다. 2005년 CPI는 10개 기관의 16개 설문조사결과를 집계(우리나라는 6개 기관의 12개 자료 사용)하였으며, 10개 조사기관(WEF, IMD, PERC 등)이 사용되었다. 개별 자료별로 조사내용 · 기간 및 조사대상 국가 범위가 달라 국가별 사용자료 수는 3~16개로 각각 상이하며, 조사방식 및 조사항목으로는 TI는 조사대상국가에 대한 다양한 설문조사 결과 중에서 부패수준과 관련된 항목만 집계하여 지수 산출한다. 16개 설문조사의 조사대상은 주로 국내외에 거주하는 민간기업의 CEO 및 전문가로 구성된다.

국제적으로 부패와의 전쟁에 보다 적극적인 정부의 노력을 경주하게 하고 사회적인 관심을 제고하는 데 있어 국제투명성기구의 국가별순위발표 및 창피주기(naming and shaming)전략은 크게 성공한 것으로 평가되고 있다(박정수, 2002). 부패지수가 반부패정책 평가의 중심적인 수단으로 자리 잡게 된 배경으로 다음 3가지 요인을 꼽고 있다.

첫째, 부패가 국가경쟁력과 신뢰도, 국가의 발전과 성장에 저해요인으로 작용한다는 연구결과(Mauro, 1995, 1997, Kaufmann, 1997)와 그에 따른 인식의 확산이다.

둘째, 국제사회 반부패라운드(OECD, World Bank, ADB, UN)의 움직임 속에 부패지수가 각국의 부패통제노력에 대한 효과적인 평가를 위한 수단으로서 작용하기 때문이다.

셋째, 부패지수를 통한 각국의 순위발표가 순위의 타당성과 신뢰성은 차치하더라도 각국 정부 및 언론, 시민단체의 적극적인 관심을 유도하고 있다.

부패는 본질적으로 양적 측정 자체가 힘든 '감춰진 실체(tip of iceberg: 빙산의 일각)'라는 속성을 지니기 때문에 부패수준을 측정한다는 것은 매우 어렵다. 흔히 적발된 부패공직자의 수 내지는 징계건수, 뇌물의 규모를 통해 사회의 부패수준을 추정하기도 하지만 이는 부패수준이나 규모와는 상관없이 정부의 부패적발노력이나 사회적인 인정수준에 따라 결과가 달라지는 한계를 내포하고 있다. 이러한 한계를 극복하기 위해서 현재까지는 전문가, 기업인, 국가전략분석가 등을 대상으로 한 설문조사나 인터뷰를 통해 비록 간접적이기는 하지만 부패수준을 추정하는 방법을 사용하고 있다. 그러나 설문조사나 인터뷰결과를 바탕으로 한 부패지수 역시 응답자의 부패에 대한 주관적인 인식을 바탕으로 취합된 것이기 때문에 객관적인 부패의 수준 · 규모를 나타내기에는 한계가 있을 수밖에 없다. 부패방지위원회(현 국가권익위원회) 출범을 즈음하여 우리 정부가 2005년 경제수준에 상응하는 투명성달성 CPI 20위권, 그리고 2010년 선진국수준의 투명성달성 CPI 10위권 진입이라는 단계적 목표를 내세운 바 있다. 2011년도 부패지수(CPI)를 살펴보면 아래 〈표 3-2〉와 같다.

〈표 3-2〉 2011년도 부패지수(CPI)

| 순위 | 국가명 | 점수 | 순위 | 국가명 | 점수 |
|---|---|---|---|---|---|
| 1 | 뉴질랜드 | 9.5 | 46 | 마카오 | 5.1 |
| 2 | 덴마크 | 9.4 | 46 | 모리셔스 | 5.1 |

| 2 | 핀란드 | 9.4 | 49 | 르완다 | 5.0 |
|---|---|---|---|---|---|
| 4 | 스웨덴 | 9.3 | 50 | 코스타리카 | 4.8 |
| 5 | 싱가포르 | 9.2 | 50 | 리투아니아 | 4.8 |
| 6 | 노르웨이 | 9.0 | 50 | 오만 | 4.8 |
| 7 | 네덜란드 | 8.9 | 50 | 세이셸 | 4.8 |
| 8 | 호주 | 8.8 | 54 | 헝가리 | 4.6 |
| 8 | 스위스 | 8.8 | 54 | 쿠웨이트 | 4.6 |
| 10 | 캐나다 | 8.7 | 56 | 요르단 | 4.5 |
| 11 | 룩셈부르크 | 8.5 | 57 | 체코 | 4.4 |
| 12 | 홍콩 | 8.4 | 57 | 나미비아 | 4.4 |
| 13 | 아이슬란드 | 8.3 | 57 | 사우디아라비아 | 4.4 |
| 14 | 독일 | 8.0 | 60 | 말레이시아 | 4.3 |
| 14 | 일본 | 8.0 | 61 | 쿠바 | 4.2 |
| 16 | 오스트리아 | 7.8 | 61 | 라트비아 | 4.2 |
| 16 | 바베이도스 | 7.8 | 61 | 터키 | 4.2 |
| 16 | 영국 | 7.8 | 64 | 그루지야 | 4.1 |
| 19 | 벨기에 | 7.5 | 64 | 남아프리카공화국 | 4.1 |
| 19 | 아일랜드 | 7.5 | 66 | 크로아티아 | 4.0 |
| 21 | 바하마 | 7.3 | 66 | 몬테니그로 | 4.0 |
| 22 | 칠레 | 7.2 | 66 | 슬로바키아 | 4.0 |
| 22 | 카타르 | 7.2 | 69 | 가나 | 3.9 |
| 24 | 미국 | 7.1 | 69 | 이탈리아 | 3.9 |
| 25 | 프랑스 | 7.0 | 69 | 마케도니아 | 3.9 |
| 25 | 세인트루시아 | 7.0 | 69 | 사모아 | 3.9 |
| 25 | 우루과이 | 7.0 | 73 | 브라질 | 3.8 |
| 28 | 아랍에미리트 | 6.8 | 73 | 튀니지 | 3.8 |
| 29 | 에스토니아 | 6.4 | 75 | 중국 | 3.6 |
| 30 | 사이프러스 | 6.3 | 75 | 루마니아 | 3.6 |
| 31 | 스페인 | 6.2 | 77 | 감비아 | 3.5 |
| 32 | 보츠와나 | 6.1 | 77 | 레소토 | 3.5 |
| 32 | 포르트갈 | 6.1 | 77 | 바누아투 | 3.5 |
| 32 | 대만 | 6.1 | 80 | 콜롬비아 | 3.4 |
| 35 | 슬로베니아 | 5.9 | 80 | 엘살바도르 | 3.4 |
| 36 | 이스라엘 | 5.8 | 80 | 그리스 | 3.4 |
| 36 | 세인트빈센트그레나딘 | 5.8 | 80 | 모로코 | 3.4 |
| 38 | 부탄 | 5.7 | 80 | 페루 | 3.4 |
| 39 | 몰타 | 5.6 | 80 | 태국 | 3.4 |
| 39 | 푸에르토리코 | 5.6 | 86 | 불가리아 | 3.3 |

| 41 | 카포베르데 | 5.5 | 86 | 자메이카 | 3.3 |
|---|---|---|---|---|---|
| 41 | 폴란드 | 5.5 | 86 | 파나마 | 3.3 |
| 43 | 대한민국 | 5.4 | 86 | 세르비아 | 3.3 |
| 44 | 브루나이 | 5.2 | 86 | 스리랑카 | 3.3 |
| 44 | 도미니카 | 5.2 | 91 | 보스니아헤르체고비나 | 3.2 |
| 46 | 바레인 | 5.1 | 91 | 라이베리아 | 3.2 |

자료: http://www.transparency.org/.2012.

CPI의 이전 연도 결과들과의 비교는 순위가 아니라 점수에 기초해야 한다. 한 국가의 순위는 어떤 나라가 CPI에 새로 진입하거나 또는 누락됨으로써 아주 간단히 바뀔 수 있기 때문이다. 지난 연도들보다 높은 점수는 응답자가 보다 나은 등급을 부여하고 있다는 것을 의미하며 반대로 보다 낮은 점수는 응답자들이 자신의 인식을 하향 조정했음을 의미한다. 그러나 어떤 나라에 대한 연간비교는 그 나라 사업수행능력에 대해 변화된 인식뿐만 아니라 변화된 샘플과 방법론에 기인하기도 한다. 한 나라 점수의 변화는 또한 집계된 다양한 견해들과 제출되었던 다양한 질문들로 인한 것일 수도 있다.

그러나 각각의 변화들은 개별 자료들의 결과에서 드러난 변화까지 추적이 가능하다는 점에서 전체 추이는 지속적으로 검증될 수 있다. 따라서 인식에서의 실질적 변화는 실제의 변화를 반영하는 것이라고 볼 수 있다. CPI의 목적은 국가들 내의 광범위한 부패인지도에 관한 자료를 제공하는 데에 있으며 이는 국가들 사이의 부패수준에 대한 인식을 고양시켜 주는 하나의 수단이라 하겠다.

## 4. 부패요인

부패가 왜 발생하는가에 대한 설명은 논자들의 견해에 따라 다양한 시각으로 나타난다. 또한 부패발생을 설명하는 용어도 부패요인, 부패의 발생원인, 부패소지 등 여러 가지로 사용되고 있다. 이것은 그만큼 부패가 복합적인 원인을 이루는 다양한 요소들에 의해서 발생한다는 점을 반증하고 있다. 이러한 복합적인 부패발생의 원인에 대한 내용의 범주에 대해서는 대체적으로 의견이 일치하는 것 같으며 이를 분류하는 데에도 대동소이한 체계를 보인다.

부패의 원인을 규명한다는 것이 쉽지 않은 이유는 부패의 양상이나 종류가 극히 다양하기 때문이다. 부패의 원인을 분석한다는 것은 부패의 개념과 마찬가지로 시각에 따라 다양한 접근방법이 요구된다. 부패현상이 단순하지 않고 복합적이고 다변수적이기 때문에 한마디로 그 원인을 말하기는 어려운 것이다.

이처럼 학자들마다 나름대로의 범주를 내세우며 다양한 측면에서 부패의 원인을 연구하고 있지만 여기서는 기존의 학자들이 논의하고 있는 사항들을 중심으로 부패발생의 원인 제공이 되는 수준별 단위에서 다음과 같이 정리한다. 첫째, 부패를 발생시키는 개인행태요인, 둘째, 제도적인 요인, 셋째, 환경적 요인 등으로 나누어 접근한다.

### 1) 개인행태요인

개인행태요인을 설명하려면 윤리 · 도덕적 측면에서 부패를 이해하고 개인들의 행동결과로 보아야 한다. 부패는 부패행위에 참여한 개인들의 자질(qualities), 본성(nature), 윤리(ethics)에 있다고 보는 견해이다(Johnston, 1982: 12~16). 즉 개인의 성격이라든가 독특한 습성이 부패행태와 밀접한 관계가 있다고 보는 입장이다(김해동, 1990: 146). 아무리 합리적인 정책결정과 계획이 수립되고 능률적인 조직이 존재한다고 하더라도 조직 속에서 정책과 계획을 집행하는 관료들의 가치관, 태도, 의식구조가 공익성과 윤리성을 외면한다면 행정은 곧 부패소지를 낳게 된다(유종해 · 김택, 2006: 186).

부패는 결국 사람의 행위이므로 그것에 개입된 사람의 품성, 성격 그리고 탐욕 등이 부패를 유도한다. 소득수준이 향상되어 인간의 기본적 욕구가 충족되어도 부패가 사라지지 않고 있다는 것은 결국 인간이 기본적으로 탐욕스러운 존재라는 것을 말해 준다. 정치인이나 고위공직자의 부패는 대부분 이러한 탐욕에서 그 원인을 찾을 수 있다. 나아가 부나 권력 혹은 지위에 대한 인간의 의식은 상대적인 것이기 때문에 자신이 소유한 부나 권력 혹은 지위가 다른 사람에 비해 적다고 느낄 때에는 자연히 이러한 부족분을 보충하려는 욕구가 생기게 되는 것이다.

또한 부패는 자신의 소비수준을 자신보다 상대적으로 부유한 주위 사람들의 소비수준에 맞추려는 욕구에 의해서도 유발된다. 이 경우 부패의 유혹에 빠지도록 충동하는 역할은 대체로 공직자의 배우자가 담당한다고 한다. 공직자의 배우자가 직설적으로 뇌물을 받으라고 말하지는 않을 것이다. 다만, 주위 부유한 사람들이 최근에 사들인 값비싼 물건들을 자신들은 어째서, 즉 얼마나 무능해서 소유할 수 없는지 불평을 제기하곤 한다.

공직자의 부패를 개인적 측면에서 접근하면 공직윤리의식의 미흡과 이기주의적 행태로 인해 발생하는 것을 발견할 수 있다. 공직윤리의식이 결여된 공직자는 공직 그 자체를 자신의 부를 축적하는 수단으로 보고 공권력을 남용하면서 부패를 일삼게 된다. 공무원의 부패원인도 인간의 끝없는 탐욕에서 비롯된다. 인간이 현재의 수준에서 만족하지 못하고 새로운 수준의 욕구충족을 위해 더 많은 노력을 하는 것은 당연하다. 오히려 이러한 인간의 욕구추구가 인간을 발전시키는 원동력이 된다. 그러나 그것을 추구하는 과정이 사회적 규범에 어긋나서는 안 된다. 그런데 부패는 이러한 인간의 욕심을 채우기 위한 과정에서 재물에 대한 유혹에 약한 사람에 의해 저질러지게 된다. 따라서 부패는 그 부패에 개입된 사람의 특정한 품성, 성격 그리고 탐욕 등에 의해 발생되므로 개인 간의 가치관이나 생활철학 등이 어떠한지는 중요한 변수가 된다. 많은 연구에서 한국의 공무원은 지역사회에서 집권적이면서 독선적인 권력을 향유하고 있다고 한다(최승범, 2002, 유재원, 1999).

### 2) 제도적 요인

제도적 요인은 공무원의 부패요인을 정치 및 행정적인 법과 제도 그리고 그 관리상의 비합리성, 모순, 비현실성과 이와 관련된 부정적인 체제적 요소 등에서 찾는다. 이 접근법은 법과 제도가 개인의 행위와 결합하여 부패행위를 낳게 되는지를 연구하는 데에 관심을 두기 때문에 개인적 접근법보다는 처방성이 강한 접근법이라고 할 수 있다. 특히 관료조직을 둘러싼 체제적 요소는 관료조직을 둘러싸고 있으면서 관료들의 부패발생에 직접적이든 간접적이든 영향력을 행사하는 사회·구조적인 체제적 요소를 일컫는다.

즉 부패는 단지 특정 개인의 나쁜 짓이라고 규정만 하고 끝나는 것이 아니라 이러한 부패행위를 만들게 하는 법이나 제도적인 조건들에 관심을 갖는다. 따라서 여기에서는 부패행위를 개인이나 제도상의 결함에서 야기되는 것일 뿐만 아니라 정부와 이해당사자 간의 상호 작용에서 야기되는 하나의 영향(influence)으로 파악한다.

이러한 접근법은 정치와 행정 간의 구조적 관계라든지 이와 관련된 체제적 요소에도 관심을 갖는다. 따라서 정경유착의 고질적인 사회구조 등 정치적 요인으로 인해 행정부패를 유발시키는 제도적 또는 체제적 요소를 중시한다. 특히 정치적인 특정 지배세력이 국가의 중요 정책결정과정에서 영향력을 강하게 행사하면서 형성되는 정치와 경제 간의 부패구조에 대해서 중시한다.

한편 정치적 이데올로기에 대한 국민적 합의가 이룩되지 않아서 공식적인 정치행정이념과 사회현실 간의 괴리가 크게 되면 이를 집행하는 행정의 정책결정과정에서 현실적인 실현 가능성을 기대하기가 어렵게 되고, 결국 지킬 수 없는 법과 제도의 양산으로 연결되어 부패발생의 가능성을 높인다고 한다. 이러한 접근법은 제도나 법을 시대적인 제정배경이나 국가적 차원의 전체적인 맥락에서 파악하기보다는 그 제도나 법만을 중심으로 들여다보는 경향을 보이는 한계를 가지고 있다. 현실적으로 조직 내에서 발생하는 부패발생의 원인을 보면 조직과 관련된 내부적인 요인보다는 오히려 외부의 제도적인 요인에 더 큰 원인이 있을 수 있다.

이러한 접근에 의한 부패발생의 요소로서 지적되는 일반적인 사항들로서는 권위주의적 정부구조, 고비용의 정치구조에 따른 정경유착, 투명한 행정절차 규정의 미비, 부패통제를 위한 효율적인 인프라 구축 미흡, 과도한 정부개입 또는 규제, 비현실적인 공무원의 보수 수준 등이 지적된다.

### 3) 환경적 요인

세계화에 따른 정부의 환경과 조건은 급격하게 변하고 다양한 형태로 나타나고 있다. 이러한 변화의 물결은 정치, 사회, 경제, 문화, 교육, 종교 등 모든 방면에 다양한 구조변화를 가져왔고, 이러한 변화는 국가의 정책방향과 내용을 변화시키는 환경변수로 작용하고 있다. 특히 세계화라는 큰 변화 속에 중앙정부의 역할은 축소된 반면 지역은 그 역할이 재정립되고 있으며 동시에 국가 경제활동의 동력이 되고 있다. 다국적기업들의 지역지향성이 가시화되면서 지역은 직접 세계경제의 경쟁질서를 내면화해야 하는 과제를 안게 되었고(Lee, 2003: 61~78), 지식기반의 지역혁신체제의 구축이 지역발전의 강력한 동력이 되면서 많은 관심의 대상이 되고 있기도 하다(이철우, 2004: 9~22). 부패도 이러한 환경의 변화와 환경적 요인에 많은 영향을 받게 된다.

공무원의 부패요인 중 환경적 요인은 사회문화적 원인 혹은 행정·문화적 원인이라고 할 수 있는데 한국의 관료문화는 권위주의적이고, 형식주의적이며, 운명주의적이며, 이성적이기보다는 온정적이고, 향리적 파벌주의 성향이 강하다는 것이 전통적 관점이다(황성돈, 1994: 27).

특히 우리나라의 경우 유교문화의 힘은 매우 막강했다. 유교문화의 사회규범은 가족주의, 의리주의, 정실주의, 연고주의 등이 있는데 이러한 유교문화에 바탕을 둔 관행이나 행태는 행정관료 부패의 토양이 된다(이서행, 2002: 84~86). 전통적인 유교문화의 관존민비와 권력지향적 가치관으로 공무원의 의식구조를 지배하게 되고 권위주의적 관료행태가 권력오용과 남용이란 결과를 가져와서 부패의 좋은 서식처가 될 수 있다.

부패를 유발시킬 수 있는 환경적인 요소로서는 사회적 불안정과 국민들의 가치관 파괴 현상을 지적할 수 있다. 전자의 경우는 특정한 사회 내에서 불안정한 상황이 반복 또는 지속된다면 법률이나 정책의 변동이 잦아지고 사람들이 특정한 사회체제와 질서에 대한 불신을 초래하게 된다. 이는 결국 사람들로 하여금 수단방법을 가리지 않고 목전의 이익만을 추구하게 하는 행태를 유발시켜 부패의 유혹에 빠지게 한다. 급격한 경제적·사회적 변동으로 인하여 그 후유증을 겪으면서 사회구조가 변화하고 특히 금전만능적인 사조가 지배하게 되면 부패유발요인이 증대된다는 것이다. 이 접근방법에 의한 부패발생의 요소로 지적되는 사항들로서는 정치적 정당성결여의 유산, 경제성장의 부작용, 사회의 미분화된 역할 관계 등이 있다.

## 5. 부패문화 개선과 공직윤리 제고방안

### 1) 부패문화 개선방안

#### (1) 의식개혁

의식개혁을 하기 위해 집중적으로 전개해야 할 부분은 다음과 같다.

첫째, 부패를 생성시키는 불신주의, 연고주의 등 왜곡된 의식구조의 타파와 제거를 위한 노력이 매우 중요하다. 이러한 의식개혁은 정부와 민간에 의해서 적극적으로 행해져야 하는데 그 방법에는 언론과 교육 등의 방법이 구체화되어야 하며 이를 위한 별도의 반부패 의식연구가 필요하다.

둘째, 건강하고 진취적이며 창의적인 바람직한 의식구조를 적극적으로 형성하려는 정부와 민간의 집중된 노력이 있어야 한다.

셋째, 법의식이 확립되어야 한다. 국가는 법이 엄정히 집행되도록 해야 하고 법을 지킨 사람과 안 지킨 사람 사이에 신상필벌이 적용되도록 공무원징계제도의 엄정적용이 필요하다.

넷째, 의식개혁운동에 참여하는 개인이나 단체는 처한 입장에 따라 다양하기 때문에 각 계층의 국민들이 참여할 수 있도록 분화되고 다양한 프로그램의 개발이 필요하다. 지역이나 직종 또는 계층이나 연령별로 각기의 상황과 처지에 맞는 국민의식개혁과제와 프로그램들을 개발하여 부패추방운동의 사회문화적 기반을 확충하는 것이 시급하다.

다섯째, 반부패 국민의식개혁운동은 우선적으로 민간자율에 의한 운동이 되어야 하며 정부는 우선적으로 시민운동을 지원하고 활성화될 수 있는 행정적·제도적 여건을 조성하는 역할에 머물러야 한다.

여섯째, 시민운동의 자율성과 독자성을 침해하지 않는 범위 내에서 시민단체와 정부기관과의 상호 협력체계를 점진적으로 확대시켜 나가는 것도 동시에 추진되어야 한다.

일곱째, 장기적 전망 속에서 단계론적으로 추진되어야 한다. 우선 실천하기 쉬운 것부터 시작하여 점차 그 수위를 높여 가야 한다.

#### (2) 권위주의의 추방

한국의 행정문화와 행정행태는 관치행정적인 것으로 권위주의적이다. 고압적인 자세, 업무처리의 복잡화, 봉사심 결여는 권위주의적 관료제화로 경직화되고 있으며 시민들은 손쉽게 청탁문화에 빠지게 된다. 따라서 행정기관과 관료는 국민의 복지를 위해서 봉사하는 기관이며 봉사하는 공복이라는 정신이 투철해야 하며, 국민은 이를 믿고 행정에 참여하며 서로 협조하는 관계가 이루어져야 할 것이다. 그리고 정부는 믿을 수 있고 봉사하는 정부라는 인식을 국민이 갖도록 권위주의 병폐들을 과감하게 타파하여야 한다.

#### (3) 행정권력 문화의 불식

우리나라에 있어서 행정관료가 일반국민에 대해서 아직도 선민의식과 우월의식, 만능주의 의식 등에 빠져 있다. 이러한 의미에서 관(官)지배의 행정문화를 불식시켜야 한다. 그렇게 하기 위해서는 민간기업을 존중하고 기업과 행정기관이 대등한 관계가 되도록 노력해야 한다. 현재의 고시문화와 시험에 합격하면 출세한다는 대다수의 국민의식도 하루빨리 개선해야 한다. 또한 혈연, 지연, 학연 등 연고나 파벌보다는 사회의 일정한 규칙과 존중하는 습관과 무분별한 사치와 낭비를 지양하고 절제 있는 생활태도를 갖추어야 한다.

### 2) 반부패 · 공직윤리 제고방안

공무원의 청렴의 공직윤리를 위해서 다음과 같은 방안들이 제시되어야 한다. 첫째, 정치영역에서 정권이 정당성과 도덕성을 가지려면 민주화가 선행되어야 한다. 둘째, 행정의 민주화를 위해서는 관료제의 개혁을 통해서 조직의 분권화와 참여 장치를 보장해야 한다. 셋째, 관료 자신이 비판의식을 가져야 한다. 조직이 부패하지 않도록 자신과 조직 그리고 책임을 지는 공무원이 될 수 있는 행동규범을 가져야 한다. 넷째, 시민들이 행정정책과정의 참여를 통해 자신들의 이익을 행정과정에 반영시킬 수 있어야 한다. 이를 위해 시민들에 대한 공식적 · 비공식적 교육을 통해 시민들이 공공정신을 함양하고 건강한 공동체를 구성할 수 있어야 한다. 다섯째, 공직자의 가치관이 건전하게 확립되어야 한다. 공익의 존중과 사회봉사의 정신, 정의 존중, 공정한 직무자세, 신의와 성실의 존중, 근면하고 검소한 생활자세, 책임과 의무의 확실한 이행 등의 가치관이 공무원 내면세계에 자리 잡도록 노력해야 한다. 여섯째, 공무원의 품위를 유지하고 국민들로부터 신뢰를 받도록 노력해야 하며 이를 위해 공직자윤리법 등 제반 법규나 윤리강령에 의무 내지 처벌규정을 두어야 한다.

이를 구체적으로 실천하기 위해서는 공무원윤리문제는 책임행정을 강조하고 고객 지향적 행정을 주창하며 깨끗한 공직사회를 구현하기 위해서 필연적으로 풀어야 할 기본전제이다. 그러므로 공무원윤리의 정확한 규정과 윤리측정지수(EPI)지표의 개발 및 시행이 중요하다.

## 제 3 절 포스트모더니즘(Post-Modernism)

### 1. 포스트모더니즘의 개념 및 특징

포스트모더니즘(Post-Modernism)은 제2차 세계대전을 거치면서 '아우슈비츠'로 대표되는 서구문명의 광기(狂氣)를 목격하고, 서구의 이성중심주의(理性中心主義)를 반성하면서 드러나게 된다. 그 배경은 이성중심주의에 대한 회의와 나치즘의 전체주의에 대한 거부였으며 이것이 확장되어 서구중심주의, 남성중심주의, 엘리트주의에 대한 거부로 이어진다. 장 프랑스와 리오따르(Jean Francios Lyotard)의 포스트모더니즘 철학은 18세기의 이후의 서구 계몽이성주의 철학전통이 내세워 온 '이성주의'와 이성에 입각한 '진리주장'에의 전면적 불신(不信)을 골자로 하고 있다.

포스트모더니즘은 아직은 확정된 일관성 있는 사상의 체계는 아니며 학자에 따라 많은 시각의 차이가 있고 용어 정의에 대한 합의도 아직 이루어지지 않은 상태이다. 그러나 20세기 후반을 지배하는 현상을 지칭하는 가장 핵심적이고 일반적인 용어라고 할 수 있으며 이에 대한 논의는 1960년대 미국의 문학계에서 본격적으로 시작되었지만 문학에만 국한된 현상이 아니라 문화 전반에 걸친 현상이다.

#### 1) 모더니즘의 이해

포스트모더니즘을 이해하기 위해서는 모더니즘(근대적, 합리적, 이성에 기초한, 과학적) 세계관에 대한 정확한 인식이 먼저 요청된다. 리오타르(Lyotard)는 모더니즘이란 이성, 과학 그리고 전체성(totality)에 대한 절대적인 주장과 동의어라고 이해한다.

모더니즘을 이해하기 위해서는 근대과학의 기초인 '뉴턴의 기계론적 세계관'을 보다 정확하고 객관적으로 이해할 필요가 있다. 데카르트의 철학적인 명제와 뉴턴의 과학적인 증명이 기계론적인 세계관으로서 근대철학 사상과 이성 중심의 모더니즘을 이해하는 기초라는 것이다.

16세기 이전의 세계관은 유기적인 상관관계를 가지고 자연을 경험하고 있었다. 이 중세의 세계관을 대체한 세계관이 바로 기계론적인 세계관이다. 이 기계론적인 세계관의 발전은 바로 코페르니쿠스, 갈릴레오, 뉴턴의 업적인 물리학과 천문학의 발달로 인한 것이다. 이러한 변화의 바탕 위에 데카르트와 베이컨 등의 철학과 어우러져 근대문화의 세계관이 정립된 것이다. 그러기에 16~17세기를 '과학혁명의 시대'라 부른다. 과학혁명은 천 년간의 도그마를 무너뜨렸다. 코페르니쿠스의 태양중심설은 지구중심설을 뒤바꾸어 놓았다. 갈릴레오는 코페르니쿠스의 가설을 유효한 이론으로 정립한다. 베이컨은 과학적인 실험법(귀납적인 방법)을 통하여 전통사상을 공격하고 과학적 사상의 기틀을 다진다. 이 세계관은 서구문명의 발전에 결정적인 기여를 하게 되는데, 뉴턴-데카르트에 의하여 시작되고 완성된 것이다.

카프라(Capra)는 근대과학의 패러다임을 데카르트, 뉴턴, 베이컨식이라고 정의하고, 이와 대비되는 신과학의 패러다임을 통전적이고, 생태적이고, 시스템적으로 이해한다. 이러한 패러다임의 변화는 '부분 중심에서 전체 중심으로', '구조 중심에서 과정 중심으로', '객관적에서 인식론적으로', '지식체계에서 네트워크체계로', '절대치에서 근사치로'의 전환을 가져오게 되었다. 이러한 전환은 기계론적인 세계관을 붕괴시킨 아인슈타인 등에 의한 새로운 물리학(신과학)의 시스템식 세계관의 등장으로 이루어진 것이다.

### 2) 포스트모더니즘의 이해

기계론적 주장은 하나님이 자연을 만들 때 우주를 창조하고 나서 하나님이 더 이상 관여하지 않아도 생명운동을 할 수 있는 스스로 불변하는 법칙에 의해 우주(자연)가 움직이는 자연법칙을 만들었다는 것이다. 과학자들의 주장은 인간에게는 자연법칙을 알 수 있는 능력인 이성이 있다는 것이다.

뉴턴은 물질의 근원을 원자에서 찾았고 원자개념은 모두가 동일하게 만들어졌다고 생각했다. 입자와 중력의 힘은 신에 의하여 창조되었으며, 더 이상 분석의 대상으로 삼지를 않았다. 즉 신이 물질 간의 근본법칙을 창조하였으며, 그 후 불변의 법칙에 의하여 지배되는 기계처럼 운동을 하고 있는 것으로 이해했다. 이는 인과론과 결정론과 밀접히 연결되어 있으며, 물리적인 현상은 신적으로 생각되지 않게 되었고 이제는 신을 점점 더 믿기 어렵게 만들었다.

19세기의 사상가들은 인간성과 인간이해에 대한 과학에 뉴턴의 역학을 적용함으로써 '사회과학'의 발전을 가져오게 된다. 이성 중심적 세계관에서는 백인남성으로, 유럽의 중산층인 건강한 기독교인을 이성적 인간이라고 보았고, 이성 중심의 기득권을 가진 사람들의 근대철학과 신학은 이들의 중심적 사상이었다. 현대물리학의 발전이 새로운 세계관의 모형전환(paradigm shift)을 가져왔다. 즉 근대의(뉴턴) 물리학의 한계가 극복된 현대물리학(아인슈타인)의 새로운 모형의 창출이 바로 포스트모더니즘을 가능케 하는 원인이 되었다. 이성 중심적 세계관에 반대하여 칼 마르크스 등의 출현이 있었고, 포스트모더니즘의 태동이 시작되었다.

포스트모더니즘(post-modernism)은 통일된 정의가 존재하는 것은 아니다. 모더니즘에 대한 반작용으로 시작되었고, 그 실체가 완전히 드러나지 않은 아직 형성과정에 있으며 문학, 예술, 건축, 철학, 사회이론, 매스컴 등 다양한 분야에서 사용되고 있다. 제1차 세계대전 후 스페인 작가 오니스(Federico de Onis)가 "스페인 및 라틴 아메리카 시선집"(1934)에서 처음으로 포스트모던이란 용어를 사용하였다.

미술 분야에서 포스트모더니즘의 기원은 건축 분야에서 찾아볼 수 있다. 국제양식, 즉 기하학적 기능주의 건축양식에 대한 반발로 장식적 요소가 부활했으며, 회화에서는 형상과 표현의 부활 등이 나타난다. 미술에서 포스트모더니즘은 모더니즘을 그린버그의 형식주의 이념과 동일한 것으로 보고 그 순수성을 비순수성으로 바꾸어 놓으려 한다. 합리성을 매개로 하는 과학기술과 사회과학적 방법의 미래 대신에 과거에 대한 향수가 나타나기 시작하며, 의미의 해체작업, 논리와 수량화를 대신하는 관계와 맥락의 유기적 구조화, 시각적인 영역에 있어서 패턴 및 장식문양의 복원 등이 포스트모더니즘의 성격을 이루게 된다.

포스트모더니즘은 현대세계에서 세 가지 현저한 문화현상을 대변한다.

첫째는 포스트모던 예술, 둘째는 후기구조주의 철학(post-structualism), 셋째는 후기산업사회(post-industrial society)이론 등이다. 포스트모더니즘의 가장 중심적인 특성은 모더니즘에서 주장하고 있는 보편성(universality), 전체성, 이성에 대한 비판이라고 할 수 있다.

포스트모더니즘을 이해하는 데 있어서 중요한 개념은 '진리의 해체와 상호 연관성'으로 설명할 수 있다. 전자는 자크 데리다(Jacques Derrida)의 해체주의적 개념이고, 후자는 화이트헤드(Whitehead)의 파편화된 진리를 다시 유기적인 진리로 재구성하는 대안적인 포스트모더니즘이라고 할 수 있다.

자크 데리다는 근대 형이상학뿐 아니라 '진리'를 주장하는 모든 '형이상학'을 해체의 대상으로 한다. 그에 따르면 '진리의 형이상학'의 공통점은 '이분법적인 대립의 논지'를 갖고 있다. 즉 진리는 항상 비진리에 속한 것을 그 희생물로 삼는다는 것이다. 고로 정신이 진리가 되기 위하여 물질이 희생되고, 남성이 진리가 되면 자연히 여성이 희생되고 배타되고 만다는 것이다. 그래서 데리다의 해체작업은 동일성과 중심주의 진리에 집중한다. 이 해체주의에 작업도구로서 신조어인 차연(differance)이 등장한다. 차연은 '공간적인 차이'와 '시간적인 지연'이라는 두 가지 의미를 동시에 함축한다. 고로 보편적이고 영원한 진리는 그 진리가 배제한 차연의 흔적 때문에 보편적인 것도 영원한 것도 아니라는 것이다.

화이트헤드는 해체주의가 관점의 특수성을 지나치게 강조하여 관점과 관점 사이의 교제 가능성을 배제한 '파벌주의'나 '고립주의'에 빠질 위험성을 직시한다. 그래서 온 우주의 모든 실체는 정신과 물질의 상호 작용의 결과이고, 정신에 있어서 주체와 객체는 고정개념이 아니라 일종의 관계개념으로서 근대철학을 극복한 포스트모더니즘의 성격을 갖는 것이다.

포스트모더니즘을 한마디로 요약한다면 '근대철학의 이원론적이고 보편주의적인 진리관의 붕괴와 그에 따른 진리의 상대화와 유기체적인 우주관에 따른 진리의 상호 연관성과 과정성이다.'고 말할 수 있다.

### 3) 포스트모더니즘의 개념

포스트모더니즘이란 용어에서 'post'는 시간적으로 앞섰으며 사실상 자신을 가능케 했던 이전의 논리에 대해 의존하는 동시에 독립한다는 모순적 입장을 가리킬 뿐만 아니라 개념 역시 그 의미에 일치를 보지 못한다.

'포스트모던(Post Modern)'이라는 용어는 1947년 아놀드 토인비(Arnold Joseph Toynbee, 1889~1975년)의 「역사의 연구(*A Study of History*)」를 요약해서 출판했을 때 제1권에서 사용되었다. 1959년에 어빙 하우(Irving Howe)는 「대중사회와 포스트모던 소설」에서 포스트모던의 상황을 대중사회의 등장과 함께 가족계급이 점차 희미해지는 수동적인 소비자의 시대로 보면서 위대한 모더니즘의 쇠퇴를 애도하는 뜻에서 향수적으로 이 말을 사용하였다. 이처럼 부정적이고 비관적인 의미의 포스트모더니즘은 1950년대 미국 문화계에서 제2차 세계대전 후의 위기의식을 나타내며 간헐적으로 나타났다가 1960년대에는 점차 낙관적 의미의 대항문화(Counter Culture)로 그 뜻이 변질되어 갔다.

포스트모더니즘이라는 용어는 50년대에는 문학비평 분야에서, 60년대에는 전위적인 무용과 연극 같은 미국 문화계에서부터 사용되기 시작하다가 건축가이자 비평가인 찰스 젠크스가 1978년에 「건축 디자인Architectural Design」지의 한 논문에서 포스트모던 양식과 말기 모던 양식을 구분하면서부터 신건축의 등장과 함께 더욱 그 사용범위가 광범위해졌다.

1970년대 포스트모더니즘 논의의 가장 큰 공로자라 할 수 있는 이합 핫산(Ihab Hassan)은 기술만능과 비인간화 그리고 도시화 등을 배경으로 한 반권위적, 무정부주의적 포스트모더니즘 문학의 주장과 함께 80년대 들어와 모더니즘과 포스트모더니즘의 속성을 구별하는 대조표를 작성하기에 이르렀다. 이처럼 주로 미국 문화계에서 맴돌던 포스트모더니즘이 유럽으로 전해지게 된 것은 1970년대 말경으로, 프랑스에서는 장 프랑소와 리오타르(Jean-Francios Lyotard)와 줄리아 크리스티바(Julia Kristeva)가 독일에서는 위르겐 하버마스(Jurgen Habermas)가 이 개념을 받아들이면서 점차 국제적인 확신을 하기에 이른다. 1968년 프랑스 5월 혁명이 포스트모더니즘의 출발이라고 말하는 학자들도 있다.

시의 전통형식을 해체하고, 일정한 줄거리가 없는 소설이 등장하는가 하면, 백남준의 비디오아트 같은 전위예술(前衛藝術)을 비롯하여 낯설고 기이한 형상의 회화와 조각들이 고전적인 미의 기준을 파괴하고 있다. 뿐만 아니라 포스트모더니즘은 철학, 사회학, 정치학 등 인문·사회과학의 강의실에서도 후기 자본주의를 설명할 이론으로 다루어지고 있으며, 점차 패션 등 풍속에까지 영향을 끼치는 등 90년대의 신사조(新思潮)로 자리매김을 하고 있다. 포스트모더니즘을 어떤 시각에서 보느냐에 따라 번역도 다르게 이루어지고 있는데, 후기(後期)로 번역하면 20세기 초의 모더니즘을 계승한 사조가 되고, 〈탈(脫)〉로 번역하면 모더니즘과의 결별을 뜻한다. 그래서 원어(原語) 그대로 사용하자는 주장도 있다.

이렇듯 포스트모더니즘은 단순한 미학적 차원의 용어가 아닌 서구의 역사, 문화, 정치 일반에 나타난 현상으로 의미가 다양하며 특히 모더니즘의 관련에서 후기 모더니즘을 의미하는지 아니면 모더니즘을 초월 극복하는 탈모더니즘을 의미하는지의 많은 논란의 여지를 지니고 있다.

### 4) 기계론적 세계관의 한계와 사고의 전환

#### (1) 뉴턴의 기계론적 세계관

데카르트의 꿈을 실현시키고 과학혁명을 완성한 사람은 존 뉴턴이다. 뉴턴은 기계론적인 자연관의 완전한 수식화를 이루어냈다. 뉴턴의 물리학이론은 20세기에 이르기까지 과학사상의 기초가 되었다. 뉴턴은 돌에서부터 위성에 이르는 태양계의 모든 물체를 지배하는 일반운동법칙을 공식화한 것이다.

뉴턴은 물질의 근원(모델)을 원자(原子)에서 찾았다. 뉴턴의 원자개념은 모두가 동일하게 만들어졌다고 생각했다. 현대물리학과는 다르게 입자와 중력의 힘은 신에 의하여 창조되었다고 보았으며, 더 이상 분석의 대상으로 삼지를 않았다. 즉 신이 물질 간의 근본법칙을 창조하였다고 보았다. 그 후 불변의 법칙에 의하여 지배되는 기계처럼 운동을 하고 있는 것으로 이해했다. 이는 인과론과 결정론과 밀접히 연결되어 있다. 그러기에 물리적인 현상은 신적으로 생각되지 않았다. 이전에는 물리적인 현상도 신의 영역으로 이해하였으나 이제는 신을 점점 더 믿기 어렵게 만들었다.

뉴턴의 역할에 고무된 물리학자들은 이어 유체, 열역학을 발전시켜갔다. 이에 에너지의 원인이 밝혀지고 존 달튼에 의하여 원자가설이 창안되었다. 19세기의 사상가들은 인간성과 인간이해에 대한 과학에 뉴턴의 역학을 적용함으로써 '사회과학'의 발전을 가져오게 된다. 뉴턴의 이론은 18세기 '계몽기'의 존 로크로 이어간다. 로크의 철학은 물리학에서 기체의 성질을 원자와 분자의 운동으로 환원하듯이 사회적인 현상을 개인으로 환원하여 인간 본질을 이해하려고 하였다. 이러한 로크의 사상은 계몽주의의 기초가 되었으며 개인주의, 사유재산권, 자유시장, 대의정부 등의 이념이 형성되도록 돕게 되었다.

뉴턴역학의 적용은 물리학의 기본법칙인 '에너지보존법칙'(질량불변의 법칙, 열역학 제1법칙)과 '열역학 제2법칙'(유용에너지는 점차 감소한다)으로 이어진다. 이는 물리학의 진화방향을 정확하게 계산하기 위한 '엔트로피'라는 새로운 '양(量)'이라는 개념을 형성한다. 에너지를 생각할 때 잊어서는 안 될 법칙이 두 가지 있다. 에너지는 두 가지 법칙에 최종적으로 지배된다고도 말할 수 있다.

첫째, 열역학 제1법칙은 다음과 같다.

이것은 에너지란 절대 만들 수도 없고 또 없애 버릴 수도 없다는 법칙이다. 사실 에너지는 빛에서 전기 그리고 열이라고 하는 형태로 변하여 가지만 그 양은 전체적으로 보아 일정하게 유지되고 있다. 이것은 보통 열역학 제1법칙이라든가 혹은 에너지가 늘 보존된다는 의미에서 에너지보존의 법칙이라고 한다. 여기서 에너지가 보존된다고 하는 것은 예를 들어 석유를 연소시킨다고 생각할 때 그 전후의 에너지 총량에는 변함이 없다는 것이다. 즉 태운 뒤의 열과 배기가스와 증기에 포함되어 있는 에너지를 합하면 석유가 원래 가지고 있던 에너지와 같게 된다는 뜻이다.

둘째, 열역학 제2법칙이다. 앞에서의 배기가스와 수증기도 그 나름대로의 에너지를 갖고 있지만 문제는 이들을 아무리 모아도 이미 난방용으로는 쓸 수 없다는 것이다. 가령 같은 에너지양이라 할지라도 이들이 지닌 에너지는 어떤 의미에서는 사람이 일을 시키기 위해 두 번 다시 쓸 수 없다는 것이다.

다른 예를 하나 들어 보면 다음과 같다. 높은 곳에 있는 물은 그 높이에 해당하는 위치에너지를 가지고 있다. 높은 곳에서 떨어지는 물은 물레방아를 돌리고 물레방아의 운동에너지는 곡식을 빻는 유용한 에너지로 쓰일 수 있다. 이때 물이 떨어지기 전이나 후의 에너지양은 서로 같으나 떨어진 물은 에너지를 더 공급해 주지 않는 한 이제 더 이상 유용하게 사용될 수 없다. 즉 에너지의 쓰레기가 생기는 것이다. 에너지의 양은 같지만 왜 그렇게 되는가를 설명하는 것이 열역학 제2법칙 또는 엔트로피 증가의 법칙이라고 불리는 것이다. 이 법칙이 설명하고 있는 것은 에너지란 자유로이 형태를 바꾸어갈 수 있으며 변환시킬 수도 있지만 그때마다 반드시 어떤 대가를 치르지 않으면 안 된다는 뜻이다. 여기서의 대가란 앞서 말한 예에서처럼 본래 그 에너지가 가지고 있는 '일'할 수 있는 능력, 즉 퍼텐셜(potential)의 포기라고 하는 것이다.

열역학에서는 이러한 '일'로 변환시킬 수 없는 양을 엔트로피라 정의하고 있다. 에너지를 변환시킬 때마다 엔트로피는 발생하며 그 총량은 증가해 간다는 말이 된다. 그러므로 가치 있는 에너지를 계속 무분별하게 사용하면 가치 없는 에너지가 발생하게 되고 결국 우주에는 에너지의 쓰레기만 쌓이게 된다. 에너지를 그만큼 많이 소비하면 공해문제를 발생시키며, 분별없는 과학의 남용은 엔트로피를 발생시켜 그 증가에 부딪히게 된다.

한편으로는 자원과 식량의 고갈은 과학에 의해 해결될지도 모르지만 결국 과학의 활동에 의해 엔트로피는 증가하여 인류는 멸망할 수도 있다는 의견도 있다. 미래의 인간이 안고 있는 모든 문제점은 과학에 의해 모두 해결될 수 있다고 생각하는 환상주의적인 몽상가들에게도 엔트로피의 개념은 매우 시사적이라고 할 수 있겠다.

#### (2) 기계론적 세계관의 한계와 사고의 전환(paradigm shift)

뉴턴의 기계론적인 세계관을 넘어선 것은 전자 및 자기현상의 발견에서 시작되었다. 페러데이는 힘의 개념을 역장(力場)이란 개념으로 대치하면서 뉴턴물리학을 초월하기 시작하였다. 장(場)이라는 것은 기계론적으로 이해되지 않고 '직관적'으로 본질적인 실체를 알게 된다는 것이다. 그러나 쉽게 설명이 되지 않다가 아인슈타인이 '전자기장'은 그 자체가 물리적 실체이며 빈 공간을 여행할 수 있는 것으로서 기계론적으로 더 이상 설명할 수 없는 것이라고 선언하게 되었다. 전자기론은 뉴턴의 기계론을 넘어서 미래의 과학사상을 지배하게 된다. 이것은 진화, 즉 변화와 성장·발전사상을 내포하고 있다.

아인슈타인의 '상대성 이론'과 20년 후 물리학집단에 의하여 완성된 '양자이론'이 가져온 물리학의 발전으로 말미암아 데카르트, 뉴턴의 기계론적인 세계관은 무너지고 말았다.

1905년 출판된 논문에서 아인슈타인은 특수상대성 이론과 양자론의 특성이 되는 전자기 복사에 대한 고찰방법으로 두 개의 혁명적인 사조를 일으켰다. 새로운 물리학은 공간, 시간, 물질, 객체, 인과 등의 관념의 심각한 변화를 필요하게 했으며, 이 관념들은 우리들이 세계를 경험하는 방법에 있어 너무나 근본적인 것이었기에 그들의 변혁은 엄청난 충격이었다.

데카르트의 기계론적 세계관과는 대조적으로 현대물리학에서 나오는 세계관은 유기적, 전일적, 상대적이란 용어로 그 특성을 말할 수 있다. 이것은 시스템관이라 말할 수 있다. 양자론에서의 물질의 아원자적 단위는 양면성을 갖고 있으며 우리가 보는 관점에 따라 때로는 입자로, 때로는 파동으로 나타난다. 우리가 기술하는 데 있어서 어느 한 면을 강조하면 할수록 다른 면이 불확실해지며 양자 사이의 정밀한 관계는 불확정성원리로 주어진다.

양자역학의 수학적 형식에서는 확률로 표현된다. 물질의 양면성의 발견과 확률의 기본적 역할은 물질이 고형체란 고전적 개념을 뒤엎어 버렸다. 우리들이 물질의 내부를 뚫고 들어갈수록 자연은 기본적 구성체로 구성된 것이 아니라 통일된 전체의 여러 가지 부분 상호간의 복잡한 관계의 그물임을 보여 준다. 이것을 통해 자연에는 정적인 구조가 존재하지 않고 역동적이라는 사실을 깨닫게 된다.

아인슈타인은 공간과 시간은 상대적 개념이며, 특정한 관찰자가 자연현상을 기술하기 위해 사용하는 언어적 요소의 주관적 역할로 환원된다고 한다. 상대성 물리학에서는 4차원적 연속체를 형성하는 것이며 시간을 말하지 않고 공간을 말할 수 없으며 또한 공간을 말하지 않고 시간을 말할 수 없다. 상대론적 기본구조가 가져온 가장 중요한 결과는 질량은 에너지의 또 다른 형태라는 것을 깨닫게 한 것이다.

현대물리학의 세계관은 시스템세계관이다. 이 세계관은 원자를 입자라는 입장으로만 보는 것이 아니라 network로 본다. 원자는 원자대로, 분자는 분자대로 인간은 인간대로 단위 하나하나가 모여서 상호 관계 속에 그물망처럼 일종의 network를 이루며 물질도 생명이 있는 존재로 이해하려고 한다.

### 5) 대중문화와 포스트모더니즘

현대의 사회·경제는 구조적으로 점점 더 복잡해지고 각 분야별로 변화가 가속화되어 감에 따라 전통적으로 존재해 가던 문화는 경계현상으로 사라져가고 새로운 문화의 형태인 탈문화현상이 등장했다. 전통적인 거대한 삶의 양식이 서서히 사라져가고 탈현대적인 문화와 생활양식의 형태로 형성되었다.

길거리 패션에 나타나는 포스트모더니즘을 살펴보면 이탈리아산 티셔츠에 멕시코산 귀걸이, 멀쩡한 청바지를 찢어 입는다. 성 개방시대를 맞아 신세대 계층들은 미니스커트와

반바지로 적극적인 에로시티즘을 나타내는가 하면 다른 한쪽에서는 발목까지 와 닿는 긴 치마가 병존된다. 현대사회의 가장 큰 특징 중의 하나였던 획일성, 동시성, 통일성이 옷차림에서부터 무너지고 있다. 그동안 현대사회를 이끌어 왔던 합리주의적 전통이 깨지고 전통적인 가치관으로부터 이탈된 독자적이고 다원화된 그들만의 문화현상이라고 볼 수 있다.

또한 셔츠와 청바지를 입은 것이 아니라 'Levi's', 'E·Land', '캘빈 클라인', '베네통', 'System', 'Si(씨)', '게스(Guess)' 등의 상표를 입고 있으며, 대일밴드가 일회용 반창고를 대표하고, 은행 캐시 카드번호, 통장계좌번호, 신용카드번호 등의 기호로 가득 차 있다. 그리고 인간과 인간이 모여 사회를 이루고 사는 것이 아니라 상표와 기호가 인간의 신분을 대신하여 주고 있는 기호화된 사회로 전이되고 있다. 즉 상표가 상품의 질을 대신하고, 신용카드가 현금을 대신하며, 통장의 비밀번호가 도장을 대신하는 사회가 된 것이다. 실물들은 제자리에서 추방되고 그 자리를 상표와 기호라는 이미지가 차지하게 된 것이다. 이것은 현대사회가 상표와 기호로 이루어진 포스트모던의 사회로 이루어져 가고 있음을 단적으로 시사해 주는 것이다.

최근 광고에 나타난 포스트모더니즘 현상과 유형들을 살펴보면, 어떤 특정한 파편화된 이미지나 실질적 내용이 없는 허구의 세계, 현실성이 없는 불가사의한 내용이나 일관성이 없고 모순된 내용들을 담고 있다. 전통적 광고에 등장하는 인물은 대부분 소비자가 이상으로 생각하는 모델이나 제품의 이미지가 잘 부합되는 탤런트나 가수, 영화배우 등이었으나, 포스트모더니즘 광고에서는 제품의 이미지와 전혀 연관이 없는 모델이 등장한다든지, 어색하고 평범한 소비자가 직접 등장함으로써 권위주의적이고 중심지향적인 모델의 이미지로부터 소비자의 시선을 이탈시키고 있다.

또한 전통적 광고에서 볼 수 없었던 어두운 조명에 풍부하고 깊이 있는 색감의 영상이미지를 표현하기도 하고, 신체의 일부분만을 유희적으로 사용하여 만화와 같은 느낌을 주는 기법을 사용하기도 한다. 음악은 여성의 얼굴에 남성의 음성을 삽입시킨다든가, 어른의 모습을 아이의 음성과 매치시킨다든가 하는 기법으로 새로움을 보여준다. 드라마 형식을 이용한 상호 텍스트성도 있는데 연속극의 스토리를 시리즈로 광고에 도입한 형태의 광고이다. 즉 사랑, 이별 등의 주제를 하나의 스토리로 설정하여 계속 전개시킴으로써 소비자의 궁금증을 유발시킨다.

### 6) 포스트모더니즘의 특징

계몽주의가 현대의 시대개념이라고 한다면 현대에 대한 비판으로서 등장한 포스트모더니즘은 반계몽적일 수밖에 없다. 포스트모더니즘의 특징은 다음과 같다.

첫째, 포스트모더니즘은 현대의 이성중심주의와 보편주의 형이상학 전통에 대한 반성이며 반작용이다. 이것은 이성과 합리주의에 대한 근본적 비판이다.

둘째, 새로운 관점의 세계관이다. 진화이론과 물리학의 양자이론의 발전으로 객관적 세계의 실재성을 부정하고 비실재론을 선호한다. 이는 세계를 내적 관계를 갖고 있는 역동적 연계체로 이해하며, 세계를 하나의 완성된 피조물로 보는 것이 아니라 끊임없이 진화하며 계속적으로 창조되는 것으로 본다.

셋째, 현대세계관은 이원론적이며, 인간은 물질적 또는 객관적 세계로부터 분리된다. 포스트모더니즘은 분리된 것을 재결합하며 인식하는 인간주체와 인식되는 객관적 세계 사이의 존재론적 연속성을 재확인한다.

넷째, 철저히 상대주의적이며, 절대적 진리, 영원불변적인 실재, 초월적 관점이나 원리, 보편적 사실들은 존재하지 않는다. 모든 담론은 개별적이며 제한되고 편협하다. 포스트모던은 '거대 담론에 대한 불신'이다.

다섯째, 중심성의 상실, 표준의 해체다. 문화적 표현은 다원주의며, 현대의 유일성이나 전체성을 철거하거나 교정하며 다원성을 강조한다.

카프라가 말하는 새로운 패러다임은 부분 중심에서 전체 중심으로 전환, 구조 중심에서 과정 중심으로, 건물로 비유되는 지식체계에서 그물로 비유되는 지식체계로, 절대치로부터 근사치로 전환된다는 것이다. 이는 근대과학의 기계론적 세계관의 붕괴요 유기체적 세계관으로의 전환이다.

포스트모더니즘의 양식적 특성은 다음과 같다.

첫째, 불확정성(Indeterminacy)이다. 포스트모더니즘은 특정한 유파가 아니라 사회의 주류를 이루는 사조의 견해, 문학과 미술 등 예술 전반에 걸쳐 개방성, 해체, 반항, 변용, 다원성, 이단의 정신 등의 불확정적인 이론들을 포괄하는 개념이다.

둘째, 단편화(Fragmentation)이다. 포스트모더니즘은 사회적, 인식론적 종합을 거부하고 총체성을 오명으로 여긴다.

셋째, 탈경전화(Decanonization)이다. 서구의 전통적인 형이상학 체계인 진리, 주체, 초월적 이성 등을 거부하고 규범과 경전에 대한 도전은 엘리트주의, 남성우월주의를 부인할 뿐 아니라 대중의 참여와 비평을 유도하며, 대중문화, 여성문화, 민중미술, 제3세계의 예술, 소수민족 예술, 노동자 예술, 이방인의 문화에 대한 관심 등의 대중예술이 주류를 이루게 한다.

넷째, 재현 불가능성(Unrepresentability)이다. 장르가 붕괴되고 혼합되는 양상을 보일 뿐만 아니라 많은 작가들이 모방을 거부하고 예술의 한계를 추구하며 소모를 즐기고 침묵 속에 존재하면서 예술고유의 재현(Representation)양식을 문제시한다.

다섯째, 혼성모방(Hybridization)이다. 풍자적, 조롱적 모방, 우스운 모방을 포함하는 것으로 장르의식의 붕괴와 혼합을 그 예로 들 수 있다. 혼성모방은 모방 자체에서 의미를 찾는 죽은 언어들의 연속이며 거기에는 의도도 없으며 풍자적인 충동도 없다.

여섯째, 대중주의(Populism)이다. 고급문화와 본격 모더니즘에 대한 적대감이 역력히 드러나며 대중문화에 대해 관심을 보인다.

일곱째, 행위(Performance)와 참여(Participation)이다. 포스트모더니즘은 직접행위와 대중의 참여를 유도하며 행위로 연출되기를 기대한다.

### 7) 포스트모더니즘의 영향과 행정

계몽주의의 모더니티(Modernity)이념 이래 인간의 실체적 이성과 그에 따른 합리주의는 과학, 도덕, 예술의 세 영역으로 분화되었으며 이들은 각기 고유 영역의 내적 논리에 따라 자율성을 획득하였다. 부정적인 시각에서 본 모더니즘의 세계관은 그 자체 메커니즘으로 전통적인 신(神)개념을 파괴하고, 우리를 막다른 곳으로 몰아넣는다. 이러한 세계관의 결과로 소비주의, 잘못된 과학주의, 생태계파괴, 핵확산, 새로운 군국주의가 생겼다. 부정적인 측면의 모더니즘 세계관이 계속 유지된다면 인류와 지구는 어려움을 당하게 될 것이라고 주장하는 학자들이 많다.

포스트모더니즘의 시각에서 일어나는 문명의 전환은 지역사회에서 세계 공동사회로, 인간의 자연정복생활에서 인간과 자연의 통전적 조화의 세계로, 경쟁적인 성장에서 전일적인 균형으로, 제 종교에서 세계종교로의 전환이다. 그러므로 생태학적 세계관과 윤리적인 관점에서 전통적인 사상과 세계관의 재해석이 필요하다. 포스트모더니즘은 다원주의와 개방화된 사회 속의 문화적 실제를 구체화하면서 서구문화와 동양을 비롯한 제3세계문화와의 관계설정문제를 생각하며 다차원적인 현실 앞에 민족문제와 국제문화 사이의 조화와 화해를 이루는 데까지도 큰 영향을 미친다.

만일 행정학에 포스트모더니즘의 시각을 접목해 본다면 중앙집권적인 행정에서 지방분권적인 행정으로의 변화가 가능하다. 이것은 각 지역의 특성과 목적과 수요에 맞는 행정이 이루어질 수 있게 한다. 효과성과 효율성을 중요시하고 합리성 위주의 행정인 비용편익적인 측면에서 배제된 형평성과 개인들의 충족을 어떻게 채워 줄 것인가에 관심을 가질 수 있다. 그리고 집단이나 체제적인 측면에서의 이익추구를 위한 행정에서 배제된 개인들의 의견과 이익, 소수집단의 의견과 이익을 정책에 반영시키고, 이들의 의견을 대변할 수 있고, 그들에게 행정편익을 제공할 수 있는 기회를 제공할 수 있다.

또한 획일적인 행정에서 다양한 행정으로의 전환이 가능하다. 공식적 조직활동뿐만 아니라 비공식조직의 활동의 중요성을 인식하게 된다. 한 가지 접근방법으로 행정의 문제를 해결하기보다는 다양한 이론과 접근방법을 유기적으로 사용하게 된다. 조직을 단순화된 조직으로 다루거나 이해하는 시각이 복합적 조직과 유기체적 조직으로 이해하려는 시각으로 바뀌게 된다.

만일 긍정적인 측면에서 포스트모더니즘적인 사고를 가진다면 정책결정이나 행정을 집행할 때 편익을 받지 못하거나 배제된 조직과 개인들에게 돌아갈 편익을 줄 수 있을 것이다. 다수의 의견이 중요하지만 다수의 횡포가 분명히 존재하는 국가나 사회에서 도외시한 부분을 찾아 더 많은 사람들에게 행복을 줄 수 있는 길을 찾을 수 있을 것이다.

그러나 포스트모더니즘적인 접근방법이 잘못 사용되면 효과성과 효율성을 중요시하는 행정활동에 제약을 줄 수도 있다. 개인의 이익을 적극적으로 추진하고 행정편익을 제공하려다가 국가나 전체 조직의 이익과 다수의 피해자가 생길 수 있는 위험을 감수해야만 한다.

파편화된 개인주의의 주장으로 인해 합리적 결정이론이나 구조-기능주의적 접근방법, 체제론적 접근방법 등이 가지고 있는 다양한 장점들이 사장될 수 있는 위험도 있다. 급변하는 사회현상에서 모든 대안들과 모든 의견을 충족시킬 수 있는 사회과학방법론이 과연 존재하는가의 질문이 발생할 것이다.

## 2. 양자이론(quantum theory)

### 1) 양자이론의 배경

그리스시대의 철학자 데모크리토스(B.C. 460~370)는 자연의 모든 물질을 쪼개면 더 이상 쪼갤 수 없는 알갱이가 나온다고 말했다. 그리고 그것을 아톰(atom: 그리스어로 더 이상 쪼갤 수 없다는 뜻)이라고 불렀다. 아톰은 우리말로 하면 '원자'(原子)다. 아톰이 다른 물질로 이루어질 수 없다는 것은 데모크리토스 이후 20세기 초까지 2400여 년 동안 과학자들이 믿어왔던 진리였다. 원자는 입자로 질량이 있고 크기가 있다. 근대 고전물리학에서는 물질의 본질을 원자론(Automism)에 입각하여 물질의 가장 작은 단위를 원자로 보았다.

더 이상 깨질 수 없는 것이 원자라는 주장이다. 원자는 이성을 가리키며 개인주의(individualism)를 설명한다. 세계는 객관적인 실재들이 존재하며 이는 시간과 공간이 일정한 사람들이 믿는 사람들의 진리였다.

그런데 20세기 초에 새롭게 등장한 양자이론은 이러한 믿음들을 근본부터 뒤흔들어 놓았다. 양자(量子)개념은 빛에너지가 고전적인 경우처럼 연속적으로 변화하는 어떤 연속체가 아니라 띄엄띄엄 불연속적으로 존재하는 에너지양자로 되어 있다는 막스 플랑크의 주장에서 출발하였다.

현대물리학에 와서 물리학의 충격이 있었는데 양자론에 의해서 원자도 원자핵과 전자로 깨진다는 것을 확인한 것이다.

원자 속에 뭐가 있을까에 대한 궁금증을 처음으로 풀어 준 사람은 영국의 물리학자 J. J. 톰슨(Joseph John Thomson, 1856~1940)이었다. 그는 1897년 전자를 발견했으며, 그의 제자인 러더퍼드(Ernest Rutherford, 1871~1937)가 원자 내부에 원자핵(nuclear)이 존재한다는 것을 발견했다.

원자핵은 양성자(proton)와 중성자(neutron)로 구성된다는 것을 영국의 물리학자 채드윅(1891~1974)이 중성자를 발견함으로써 해결해 냈다. 원자의 질량은 양성자와 중성자의 무게를 합한 것이었다.

프랑스의 드 브로이(De Broglì, 1875~1960)는 빛이 때로는 입자처럼 행동하고, 때로는 파동처럼 행동한다면 빛은 입자나 파동 둘 중의 하나가 아니라 입자와 파동의 이중성을 가지고 있는 물리적 실체라고 인정해야 된다는 물질파 이론을 주장했다.

전자(빛)는 입자로 보이다가 파동으로 보이기도 한다. 보는 관점에 따라서 실체가 입자로 보일 때도 있고 파동으로 보일 때도 있다. 분명한 것은 실체는 같은 것이다. 시간은 별개이며 공간에 절대 영향을 받지 않는다는 이론이 깨지게 된 것이다. 이는 객관적 사실이 존재하기가 어렵다는 것을 의미한다.

### 2) 양자물리학의 성립

#### (1) 에너지의 양자화 가설

에너지는 양자화되어 있다. 플랑크(Plank, 1858~1947)는 흑체복사의 문제를 이론적으로 설명하기 위해 대담한 가정을 하였다. 그는 물체가 흡수하거나 발산하는 에너지가 연속적인 양이 아니라 불연속적인 양으로만 가능할 것이라고 가정한 것이다.

### (2) 광전효과와 광입자설

1905년에 Einstein이 특수상대성 이론과 함께 발표하여 1922년에 노벨 물리학상을 받은 것으로 아인슈타인은 광전효과를 설명하기 위해 빛을 플랑크 상수의 진동수배 에너지를 가지는 입자라고 가정했다. 콤프턴(Compton)의 실험을 통해 빛이 전자와 충돌하는 과정에서는 당구공과 당구공이 충돌할 때와 똑같이 에너지 보존의 법칙과 운동량 보존의 법칙이 성립한다고 입증하였다.

### (3) 물질파 이론의 등장

아인슈타인의 광전효과 콤프턴의 실험은 입자와 파동의 논쟁을 완전히 종식시키고, 두 이론을 화해시킨 사람은 프랑스의 드 브로이(De Broglie)였다. 드 브로이는 빛이 때로는 입자처럼 행동하고, 때로는 파동처럼 행동한다면 빛은 입자나 파동 둘 중의 하나가 아니라 입자와 파동의 이중성을 가지고 있는 물리적 실체라고 인정해야 된다고 했다. 또한 빛이 가지고 있는 이중성이 빛만의 성질이 아니라 자연이 가지는 일반적인 속성이라고 일반화했다.

### (4) 양자물리학의 등장

양자화된 물리량과 물질파이론을 결합하여 탄생한 것이 양자물리학인데 물질의 운동을 파동방정식을 통해 수학적으로 풀어내려는 새로운 물리학이 등장한 것이다. 양자물리학의 특징은 다음과 같다.

첫째, 에너지, 운동량, 각 운동량 등 물리량은 연속된 양이 아니다.

둘째, 불연속적인 물리량을 파동함수를 이용하여 다룬다.

셋째, 주어진 조건하에서 슐레징거 방정식을 풀어서 계의 물리량을 포함한 파동함수를 구한다.

넷째, 이렇게 구한 파동함수를 확률적으로 해석하여 측정 가능한 물리량을 구한다.

### (5) 불확정성의 원리

자연이 가지는 파동적인 속성 때문에 측정의 정확성에 한계가 있다. 이러한 측정의 한계는 측정을 기본으로 하는 물리학과 물리법칙의 한계라고 할 수도 있다. 자연법칙에 존재하는 이러한 한계는 자연과 인간 그리고 신과의 관계에 대한 새로운 관계설정을 요구하게 하였다.

### 3) 양자이론의 이해

근대 고전물리학에서는 물질의 가장 작은 단위를 원자로 보았다. 더 이상 깨질 수 없는 것이 원자(atom)라는 주장이다. 원자는 이성(reason)과 합리성(rationality)과 개인주의(individualism)를 가리킨다. 이 세계관은 객관적인 실재들이 존재한다고 믿는 사람들의 진리였고, 이러한 합리성과 객관성이 근대사회를 지배하였다.

그런데 20세기 초에 새롭게 등장한 양자이론은 이러한 믿음들을 근본부터 뒤흔들어 놓았다. 이 현대물리학의 충격은 원자(atom)가 원자핵(nuclear)과 전자(electron)로 나누어진다는 것을 확인한 것이다. 그리고 원자핵은 또 양성자와 중성자로 나뉘게 된다. 드 브로이의 파동설을 통해 입자와 파동의 이중성과 빛은 보는 관점에 따라서 입자(particle)나 파동(wave)으로 보인다는 것을 알게 되었다. 이것은 우리가 알 수 있는 모든 것은 관찰의 결과들이며 근본적인 진리나 질서가 아니라는 의미이다. 이를 비결정론(indeterminism)의 세계라고 한다.

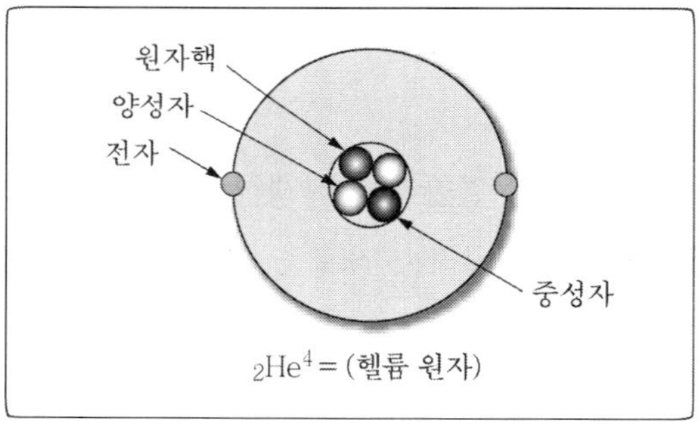


〈그림 3-1〉 원자의 구조

양자이론을 쉽게 이해하도록 설명하면 다음과 같은 예를 들 수 있다.

① 내(관찰자)가 서 있으면서 시속 100㎞로 가는 버스를 볼 때 느끼는 속도는 100㎞이다.

② 시속 10㎞로 걸으면서 시속 100㎞로 가는 버스를 볼 때 느끼는 속도는 90㎞이다.

③ 시속 100㎞로 달리는 차를 타고 가면서 시속 100㎞로 가는 버스를 볼 때 느끼는 속도는 0㎞로 정지되어 있는 것으로 느낀다.

④ 시속 120㎞로 달리는 차를 타고 가면서 시속 100㎞로 가는 버스를 볼 때 느끼는 속도는 -20㎞로 버스가 뒤로 간다고 느낀다.

이렇게 느끼는 속도가 달라진다. 관찰자의 보는 관점에 의해서 다르다는 것이다. 시간과 공간을 보는 관점에 내가 관여되어 있는 것이다. 이것은 관찰자로 인해서 일정 부분 굴절

된 진리가 나타난다. 그러므로 객관적인 진리는 존재하지 않으며, 나의 물질적 세계가 나의 진리가 된다는 것을 시사해 준다.

다음으로 슈뢰딩거(schrodinger)의 실험을 통하여 양자이론을 설명할 수 있다.

① 밀폐된 커다란 상자 속에 고양이 한 마리가 있다.

② 방사능재료, 방사능입자의 존재를 탐지할 수 있지만 전체 시간 중 반만 작동하는 방사능 탐지기가 있다.

③ 치명적인 유독가스를 담은 유리병이 있다.

④ 그 유리병을 부수려는 해머가 있다.

만일 방사능 붕괴가 실제로 일어나고, 탐지기가 작동되며, 해머가 유리병을 깨뜨린다면 가스가 유출되고 상자 속의 고양이는 죽게 될 것이다. 슈뢰딩거는 상자를 열지 않고 그 속의 고양이가 어떤 상황인지를 해석해 볼 것을 요구했다.

해석은 다음과 같이 할 수 있다.

① 죽었을 것이다.

② 살아 있을 것이다.

③ 상자를 열어 보아야 한다.

〈그림 3-2〉 슈뢰딩거의 실험

이러한 해석은 결정론(determinism)적인 해석이다. 그러나 상자를 열어서 확인할 때까지 그 고양이는 사실상 죽지도, 살지도 않았다. 뚜껑을 열어 확인하는 순간 고양이의 삶이 결정된다. 확인이 이루어지기 전에는 의미가 없는 것이다. 한쪽의 세계관에서 보면 고양이는 살았고, 다른 쪽의 세계관에서 보면 죽었다. 그러므로 고양이는 죽은 동시에 살아 있다.

### 4) 양자이론과 행정문제

대부분의 행정문제들이 슈뢰딩거 실험처럼 상자 속에 들어 있는 것과 같기 때문에 단순히 결정론(determinism)에 의해 행정문제를 해결한다는 것은 쉬운 일이 아니다. 대부분의 관리 문제와 정책문제들은 알 수 없고, 이해할 수도 없는 비결정론(indeterminism) 요인들을 많이 포함하고 있다. 양자이론가들은 행정학에서 객관적 현실, 확실성(reliability), 단순한 인과성 등에 대한 기대는 사라지고, 그 자리에 간주간성(inter-subjectivity), 불확실성(uncertainty), 맥락성(contextuality), 다세계론(every world-views), 다심론(every thoughts) 등의 개념이 등장한다고 주장한다.

그러므로 양자이론은 첫째, 실제적이고 가시적인 조직에 초점을 둘 뿐만 아니라 둘째, 물질보다는 에너지에 관심이 있다. 셋째, 고정화되어 있다는 존재(being)보다는 무엇이 되어 간다는 의미를 갖는 존재화(becoming)에 관심이 있다. 넷째, 객관적인 인과적(causal) 원인들보다는 주관적인 의도성에 관심이 있다. 다섯째, 우리의 현실이 다른 것에 의해 결정되는 결정론보다는 현실 그 자체를 능동적으로 구성하는 구성주의(constructivism)에 관심이 있다.

양자이론을 행정문제에 접목한다면 업적평가에 적용할 수 있을 것이다. 업적평가는 고용인들의 업무와 행태에 있어서 개선이나 결함에 관해 객관적으로 측정할 수 있도록 설계되어 있다. 급여나 승진과 연계됨으로써 업적평가는 고용인들의 동기를 유발시키고 조직의 효과성을 증진시키기 위한 강력한 도구가 된다.

그런데 양자행정가에게는 업적평가에 대한 이러한 객관적이고 인과성의 이해는 아무런 가치가 없다. 우선 업무는 질문과 점수들로 분해될 수 없다. 좋다거나 나쁘다고 판단되는 것은 상호 보완적이다. 고용인들의 업적에 영향을 미치는 요인들은 단일의 원인이 아니다. 다양한 인과성에 대한 복수의 확률을 지니면서 사회적, 개인적, 전문적 영역들에 널리 분산되어 있다고 말한다.

업적평가는 오로지 감독자로서의 가치만을 가진다. 고용인들은 더 나은 조직개선을 위해 참여하고 그들 서로 간에 담합하게 된다. 이러한 새로운 조직과정들은 세계 일류의 서비스, 정신적 차원의 영성, 생산적 경영이나 사업들을 창조하기 위하여 관리자 측면에서의 틀의 파괴와 새로운 패러다임을 요구하고 있다.

## 3. 카오스이론(chaos theory)

지난 30여 년 동안 서구 과학계에 엄청난 변화의 물결을 일으킨 것이 카오스이론이다. 카오스이론(chaos theory)은 혼돈이론이라고 한다. 카오스이론은 종래의 과학이 연구할 생각도 안 하고 있던 불규칙한 현상의 배후에 감추어져 있는 규칙성을 찾는 이론이다. 카오스이론(혼돈이론)은 무질서하고 불규칙한 것처럼 보이는 운동에서 새로운 규칙성을 찾아내려는 것이다. 이 이론은 과학의 패러다임 자체를 변혁시키며 인류의 지적 영역을 획기적으로 넓혀가고 있다.

### 1) 카오스이론의 성립

자연현상의 대부분은 카오스이다. 또 카오스는 규칙적인 운동과 어떤 차이가 있을까?

자연계에는 규칙운동의 예가 무수히 많다. 그중에서 진자운동은 쉽게 볼 수 있는 것이다. 줄에 매달린 추를 당겼다가 놓으면 주기적으로 왔다 갔다 한다. 또 스프링에 매달린 물체 역시 당겼다가 놓으면 주기적으로 진동한다. 반면 자연계에서는 예측하기 힘든 불규칙운동들도 눈에 많이 띈다. 기상변화와 지진활동 등이 그 대표적인 예다. 이런 자연현상들이 규칙운동에 비해 예측하기 힘든 이유는 무엇일까?

과거에는 대기나 지각에 대해서 충분한 자료가 축적될 경우 현대과학의 발전 속도로 보아 언젠가는 정확히 예측할 수 있을 것이라고 보았으나 이러한 낙관적인 견해는 20세기 후반 카오스의 발견으로 깨졌다. 이는 카오스라는 대단히 불규칙적인 운동이 자연계에서도 발견되었기 때문이다. 이로써 카오스에 숨겨진 질서들은 불규칙한 여러 현상들로부터 우리가 몰랐던 자연의 중요한 특성을 알게 해 주었다.

카오스이론은 자연의 무질서나 혼돈현상을 그대로 두지 않고 그 속에서 질서와 규칙을 찾아내 이를 해석하려는 사고의 대전환이론으로 1963년 미국의 기상학자이자 수학자인 에드워드 로렌츠가 기상현상을 이해하기 위한 연구를 하는 과정에서 처음 발견하였다.

카오스이론의 기본전제는 자연현상에 내재된 복잡성의 원인이 무작위성이 아니라 '예측불허성'이라는 것이다. 즉 동일한 초기조건이 주어지면 항상 같은 결과에 도달한다는 결정론적 관점이 무작위적인 요인을 배재하며, 초기조건이 조금만 달라져도 결과는 크게 바뀌어 예측이 불가능하게 된다는 것이 혼돈이론의 근본개념이 된다.

예측이 불가능하므로 무의미한 이론이 아니라, 수많은 초기조건 중 관심 있는 계를 특징지어 주는 결과에 항상 도달하는 초기조건을 찾아내면 결국 복잡성 속에 숨어 있는 질서를 찾아내게 되는 것이다. 카오스는 흔히 겉으로는 불규칙, 무질서하게 보이는 비예측성 현상 속에 일정한 규칙성을 가진 운동을 일컫는 말이다.

다시 말해 무질서 속의 질서를 파악하려는 과학이다. 즉 카오스는 보통 사람들이 이해하고 있는 완전한 무질서 혼란상태와는 달리 그 이면에 잘 정의된 규칙성이 존재하며 이 규칙성은 '기이한 끌개'(Strange Attractor)라고 불리는 질서구조에 의하여 주어진다.

### 2) 카오스(chaos theory)이론의 이해

#### (1) 대류현상과 난류

물과 유체의 운동변화로도 카오스를 관찰할 수 있는데 물을 그릇에 넣고 아래에서 가열하면 처음에는 대류현상이 일어난다. 대류현상이란 아래의 더운물이 위로 이동하고 대신 위의 찬물이 아래로 이동하는 물리적인 현상이다. 이 또한 주기적인 특성을 갖고 있다. 그러나 시간이 지나 물이 더 가열되면 대류운동이 격렬해지고 마침내 물의 흐름이 제멋대로인 난류(turbulence)가 생겨난다. 난류는 유체에서의 카오스운동을 말한다.

이러한 현상은 담배연기에서도 볼 수 있다. 담배연기는 위로 올라가면서 주기운동의 나선형 패턴이 깨지고 난류인 카오스에 이르는 것을 보여 준다.

뜨거운 물에 커피와 크림을 탈 때 일어나는 격렬한 섞임도 주위에서 쉽게 관찰할 수 있는 카오스현상이다.

이상의 원통형의 회전을 하는 유체운동을 살펴보면 동일한 원인에 의해 주기운동과 카오스가 생김을 알 수가 있다. 또 운동의 격렬함에 따라 주기운동으로부터 카오스운동으로 진전된다는 것도 알 수 있다. 카오스가 생기려면 자연계에는 비선형성을 가져야만 한다. 진자의 비선형성은 중력으로부터 나온다. 그리고 유체의 비선형성(정확하게 비례하지 않는 관계)은 압력차와 점성 때문에 생겨난다. 카오스가 있음으로 해서 자연현상은 다양해지고 복잡해지는 것이다.

#### (2) 나비효과

나비효과라는 용어를 처음으로 사용한 사람은 미국의 기상학자인 에드워드 로렌츠로 알려져 있다. 로렌츠가 1979년 미국 워싱턴에서 열린 한 발표장에서 '브라질에 있는 나비의 날갯짓이 미국 텍사스 주에 발생한 토네이도의 원인이 될 수 있을까?'라는 제목의 논문을 발표하면서 나비효과란 말이 일반인들에게 널리 퍼지기 시작하였다.

또 로렌츠는 카오스를 처음 발견한 학자로도 유명한데 그는 카오스를 연구하는 과정에서 나비효과를 발견하게 되었다. 로렌츠가 카오스와 나비효과를 발견한 과정은 다음과 같다.

미국 MIT대학 교수로 재직하고 있던 로렌츠는 항상 한 가지 의문을 갖고 있었다. 현대 과학이 일월식 같은 천체 운동, 로켓 운동 등은 정확하게 예측하면서도 왜 유독 날씨만은 정확하게 예측하지 못하는가?

이 질문에 답하기 위해 로렌츠는 1960년경 날씨변화를 설명할 수 있는 간단한 기상모델을 생각해 보았다. 로렌츠는 지표면으로부터 열을 받아 대기가 가열되고 대기의 움직임이 날씨를 결정한다고 생각했다. 이 모델에서 날씨는 오븐 위에 놓인 물이 담긴 냄비를 가열할 때의 물의 운동과 매우 유사하다. 약하게 가열하면 물은 이동하지 않고 가만히 있지만 불을 강하게 하면 물이 대류를 일으키며 움직이기 시작한다. 이후 열을 계속 가하면 물은 부글거리며 격렬한 운동을 보인다.

컴퓨터를 이용해 알게 된 기상모델의 성질은 놀라웠다. 지표면에 의한 대기의 가열 정도에 따라 다양한 날씨의 변화가 관찰되었다. 지표면에 의한 가열이 작을 경우 기상변화가 전혀 없었다.

대기가 좀 더 가열되면 삼한사온과 같이 주기적인 기상변화가 일어난다. 3일 동안은 온도가 낮았다가 4일 동안은 따뜻해지는 일이 정확히 반복된다. 따라서 다음 주의 날씨를 정확히 예측할 수 있다. 대기를 더 가열하자 놀라운 일이 관찰되었다. 아무리 시간이 지나도 날씨가 반복되지 않고 매우 불규칙하게 변화하였다. 다시 말해 날씨가 늘 변화하고 있어 일주일 뒤의 날씨를 예측할 수 없다. 이와 같이 끊임없이 불규칙하게 변화하는 것을 현대과학에서는 카오스라고 부른다.

카오스는 늘 변화하고 반복되지 않기 때문에 예측하기 어렵지만 카오스에 숨겨진 또 다른 성질이 예측을 더 힘들게 한다. 이 또 다른 성질이 바로 나비효과이다.

나비효과는 만약 이 나비가 가만히 꽃에 앉아 있었다면 허리케인이 뉴욕을 지나는 일이 없었을 것을 의미하기도 한다. 이처럼 카오스는 스스로 불규칙하게 변화할 뿐만 아니라 나비효과와 같이 작은 차이가 엄청난 결과를 가져오기 때문에 카오스를 장기적으로 예측하기는 불가능하다.

카오스의 변덕스런 성질과 카오스 속에 숨겨진 나비효과 때문에 한 달 후, 또는 일 년 후의 일기예보는 불가능하다. 일기예보에 관한한 최첨단의 현대과학을 동원한 장기예보나 관절염에 걸린 노인들의 예측이나 정확성에서 별 차이가 없다고 해도 지나치지 않다. 단지 하루나 일주일 후와 같은 단기예보에서는 현대과학이 성공을 거두고 있다.

그럼 어떤 것들이 카오스 또는 나비효과를 보이는가?

카오스의 예에는 여러 가지가 있다. 자연현상에서는 기상, 물체의 진동 등을, 사회현상에서는 주식가격을 대표적인 예로 들 수 있다.

이 세상에는 나비효과가 나타나지 않는 비카오스적인 것도 많다. 예를 들어 잘 알려진 시계추의 운동을 생각해 보자. 시계추의 주기적인 반복운동은 정확한 예측이 가능하기 때문에 비카오스적이다. 시계추에 아주 작은 충격을 가한다고 하더라도 시계추의 운동이 크게 달라지지 않는다. 즉 나비효과처럼 작은 변화가 큰 차이를 가져오지 않는다. 우리 태양계도 비카오스적인데 만약 카오스적이었다면 매일 지구에 떨어지는 수많은 별똥별 때문에 일찌감치 지구는 궤도에서 벗어나 우주공간을 헤매고 있을지도 모른다.

#### (3) 중국의 혼돈(渾沌)이야기

동양권에서는 혼돈, 즉 카오스에 대한 개념이 전혀 없었을까? 장자(莊子)편을 보면 아래의 글이 수록되어 있다.

남해의 임금을 숙(熟)이라 하고 북해의 임금을 홀(忽)이라 하고 중앙의 임금을 혼돈(渾沌)이라 하였다.

어느 날 숙과 홀이 혼돈의 땅에서 만나 혼돈에게 선한 대접을 받았다. 숙과 홀은 혼돈의 덕(德)에 보답하고자 했다.

"사람에게는 모두 칠규(七竅: 일곱 구멍)가 있다. 이로써 보고, 듣고, 먹고, 숨 쉬는 것이다. 혼돈만이 이런 구멍이 없으니 시험 삼아 뚫어 줍시다." 하며 숙과 홀은 의기투합하여 혼돈에게 하루에 한 구멍씩 뚫어 갔고, 마지막 칠 일째에 일곱 구멍이 완성되자 혼돈은 결국 죽고 말았다.

여기서 숙과 홀은 개별적인 규칙성, 나열되는 정보를 의미한다. 혼돈은 시스템을 말한다.

#### (4) 사회과학에서 카오스이론의 적용

카오스의 특성은 동태적 불안정성이다. 기존의 경제학은 시간이 흐르면 경제가 균형으로 수렴한다는 신념을 갖고 있었다. 그러나 한 나라의 경제가 카오스적인 구조를 가지고 있다면 자생력에 의한 균형으로의 회귀는 불가능하다. 초기 치에 대한 조그만 오차가 시간의 흐름에 따라 큰 폭의 예측오차로 변한다. 이러한 면에서 카오스는 장기적으로 '예측 불가능'하다. 따라서 카오스모형에 의한 예측은 단기에 한해 그 의의가 있다.

수만 명이 모일 수 있는 실내체육관에서 운동경기나 커다란 행사가 있었다든지, 야구나 축구경기장에서 경기가 끝나고 수많은 사람들이 동시에 떠나려고 하는 주차장이 있다고 하자. 그곳에서 모든 사람이 몇 개 안되는 출구를 향해 동시에 움직이면 균형체제에 가까운 상태에서 급작스럽게 비균형체제로 변한다. 이어서 엄청난 혼돈상태가 일어나지만 점차 자동차들의 줄이 만들어지고, 출구들 중 하나에 이르기 위해 점차 수가 줄어드는 줄들로 편입하여 자체적으로 조직화함에 따라 희미한 질서의 형태가 나타난다. 한편 있던 줄도 흩어져 버리고 새로운 줄의 체계가 재편성되면서 그러한 질서는 주기적인 파괴를 거듭한다.

모든 사람이 접근하는 방향을 바꾸어 가면서 줄에 편입하고 있다는 것을 알고 있더라도 바로 다음 차가 하나의 줄에 편입하는 데 있어 어떤 행태를 보일 것인가 하는 것을 예측할 수 없기 때문에 체제는 불가역적이다. 또한 분명히 역행은 없으며, 이 교통 혼잡에서의 역전은 불가능하다. 주차장이 완전히 빌 때까지 동일한 통행패턴이나 차원분열도형이 계속적으로 나타났다가 사라지곤 할 것이다.

카오스이론을 행정에 접목할 수 있는 것은 여러 가지가 있겠지만 내부고발자 보호정책으로 설명이 가능하다. 만일 행정에서 내부고발자 보호정책을 실시하면 부정적인 영향도 많이 나타날 것이라 예상하고 있다. 그러나 처음 내부고발자로 인해 어떤 사건이나 공무원에게 징계나 제재가 가해지면 반발도 일어나겠지만 그 파급효과는 카오스이론처럼 예상하지 못할 정도로 일어날 수도 있을 것이다.

# 연 습 문 제

1. 부패의 유형에 대한 설명으로 옳지 않은 것은?(2009 수탁9급 출제)
   ① 공무원과 기업인 간의 뇌물과 특혜의 교환은 거래형 부패에 해당된다.
   ② 공금횡령이나 회계부정은 거래를 하는 상대방 없이 공무원에 의해 일방적으로 발생하는 백색부패에 해당된다.
   ③ 과도한 선물의 수수와 같이 공무원 윤리강령에 규정될 수는 있지만, 법률로 규정하는 것에 대하여 논란이 있는 경우는 회색부패에 해당된다.
   ④ 민원처리 과정에서 소위 '급행료'가 당연시되는 관행은 제도화된 부패에 해당된다.

   **〈해설〉** 공금횡령이나 회계부정은 거래를 하는 상대방 없이 공무원에 의해 일방적으로 발생하는 사기형부패이다. 어느 정도 이해할 수 있는 매우 미미한 부패를 백색부패라고 부른다.

2. 내부고발에 대한 설명으로 가장 타당한 것은?(2009 서울9급 출제)
   ① 내부적인 이의제기 형식과는 다르다.
   ② 내부고발은 공직사회의 응집력을 강화시킨다.
   ③ 내부고발은 익명으로 이루어져야 한다.
   ④ 퇴직 후의 고발은 내부고발이 아니다.

   **〈해설〉** 내부고발이란 조직 내의 불법, 부당, 부도덕한 행위를 밖으로 폭로하는 것이므로 내부적인 이의제기와는 형식이 다르다.

3. 포스터모더니즘 행정이론에 대한 설명 중 틀린 것은?(2007 충북9급 출제)
   ① 포스터모더니즘의 세계관은 상대주의적이며 다원주의적인 것이다.
   ② 우리가 발견할 수 있는 객관적 사실이 있다고 보는 객관주의를 배척한다.
   ③ 포스터모더니즘은 해방주의적 성향을 지닌다.
   ④ 해체의 개념을 통해 타인을 하나의 대상으로서가 아니라 도덕적 타인으로 인정하고 개방적인 태도를 가져야 한다는 점을 강조한다.

   **〈해설〉** 타인을 도덕적 타인으로 인정하고 개방적인 태도를 가지는 것을 강조하는 것은 해체의 개념이 아니라 타자성과 관련이 있다.

---

[정답] 1. ② 2. ① 3. ④

## 기출문제

〈2010년 행정고등고시 2차 시험〉

※ '정보의 비대칭(information asymmetry)'이 초래한 행정부패의 구체적 사례를 제시하고 그 극복방안을 서술하시오. (10점)

〈2003년 입법고등고시 2차 시험〉

※ 최근 국제투명성위원회(TI)가 발표한 연구결과에 의하면 한국 공직자의 부패문제는 우려할 수준에 이르고 있다고 합니다. 이와 관련하여 공직자의 윤리성과 신뢰성 회복을 위한 방안을 제시하시오.

〈1999년 외무고등고시 2차 시험〉

※ OECD가 추진하는 「반부패규약」 가입과 더불어 부패가 국제적 관심사가 되는 이유와 「부패」는 계속되고 있는데(한국의 부패지수가 OECD국가 중 최하위권임) 그 이유와 해결방안을 설명하시오.(30점)

제 4 장

# 정책의 개념과 주요 이론

## 제 1 절 정책의 정의

### 1. 정책의 개념

정책의 의미는 사전적으로 정부 · 단체 · 개인의 앞으로 나아갈 노선이나 취해야 할 방침을 말한다. 하지만 정책의 개념은 학자마다 다르게 정의하고 있다. 이는 정책의 어느 부분에 중점을 두느냐에 따라 정책의 개념이 달라지기 때문이다.

이종수 · 윤영진(2006)은 정책이란 공공문제를 해결하거나 목표달성을 위해 정부에 의해 결정된 행동방침으로 정의하였고, 최창호 · 하미승(2006)은 정책이란 국가목표의 달성이 공공문제의 해결을 위하여 정부가 정하는 유효적절한 활동지침으로 정의하였다. 그리고 이원희 · 위계점은 정책이란 바람직한 사회 상태를 이룩하려는 정책목표와 이를 달성하기 위해 필요한 정책수단에 대하여 권위 있는 정부기관이 공식적으로 결정한 기본방침이라고 정의하였다.

이처럼 정책의 개념은 학자들마다 상이하지만 궁극적으로 바람직한 사회 상태를 이룩하기 위해 공공문제의 해결 또는 목표달성을 추구한다는 측면에서 정책은 다음과 같이 정의할 수 있다. 즉 정책이란 '바람직한 사회 상태를 이룩하기 위해 공공문제의 해결 또는 목표달성을 위한 활동지침 또는 활동'이다.

아울러 정책의 개념을 공공문제를 해결하거나 목표달성을 위해 정부에 의해 결정된 행동방침으로 다음과 같이 구체적으로 설명하였다(이종수 · 윤영진, 2006: 260).

첫째, 정책의 결정과 집행의 주체는 '정부'이다. 이때 정부란 단순히 행정부만 가리키는 것이 아니라 국민들로부터 어떠한 형태로든 권위를 받은 모든 국가기관을 말한다. 그 예로는 준정부기관, 시민단체, 자발적 조직 등이 있다.

둘째, 정책은 '권위 있는 결정'의 산물이다. 이때의 권위란 주권자들에 의해 부여되는데 그 형태는 법에 의하거나 투표 또는 묵시적 승인에 의해 부여된다. 이러한 권위는 일반적인 개인이나 민간조직이 갖지 못하는 합법적 강제력을 수반한다.

셋째, '행동방침'이다. 즉 정책, 사업, 사업계획, 정부방침 등과 같이 여러 가지로 표현되는 정책내용으로서의 행동방침은 정부가 '어떤 일을 하겠다' 또는 '하지 않겠다'는 의사표명이다.

넷째, 정책은 '공공문제해결이나 목표달성'과 관련이 있다. 왜냐하면 정부의 중요한 역할인 공공문제의 해결은 일반적인 개인이나 집단수준에서 해결하기 어렵기 때문이다.

다섯째, 정책은 미래지향성을 띤다. 왜냐하면 정책은 앞으로 취할 정부의 행동방침으로서 의도적인 변화를 추구하기 때문이다.

## 2. 정책의 구성요소

정책의 구성요소는 정책목표, 정책수단, 정책대상자를 합하여 정책의 3대 구성요소라고 하며, 정책결정자를 포함하여 정책의 4대 구성요소라고도 한다(〈표 4-1〉 참고).

〈표 4-1〉 정책의 구성요소

<table>
<tr><th colspan="4">정책의 구성요소</th></tr>
<tr><td rowspan="5">정책의<br>4대 구성요소</td><td rowspan="4">정책의<br>3대 구성요소</td><td colspan="2">정책목표</td></tr>
<tr><td rowspan="2">정책수단</td><td>실질적 정책수단</td></tr>
<tr><td>실행적 정책수단</td></tr>
<tr><td colspan="2">정책대상자</td></tr>
<tr><td colspan="3">정책결정자</td></tr>
</table>

자료: 이원회 외, 2006: 333의 정책 구성요소의 표를 수정 및 보완함.

이러한 정책의 구성요소를 구체적으로 살펴보면 다음과 같다.

### 1) 정책목표

#### (1) 정책목표의 의의

정책목표란 정책을 통하여 달성하고자 하는 바람직한 상태를 말한다. 여기에서 바람직한 상태(desirable state)란 일반적으로 정치체제 내부가 아닌 사회의 상태에 관한 것을 말한다. 따라서 정책목표는 미래성과 방향성을 가지며, 주관적·규범적인 가치판단의 성격을 가진다. 이러한 정책목표의 예로 국방정책은 타국으로부터의 국민의 안전이 정책목표가 되고, 도시교통정책의 목표는 신속하고 안전한 교통의 원활이 정책목표가 된다.

#### (2) 정책목표의 유형

정책목표는 정책목표의 성격에 따라 적극적 목표와 소극적인 목표로 나눌 수 있다(정정길·최종원·이시원·정준금, 2006: 58~60).

먼저 적극적 목표란 창조적 목표라고도 불리는 것으로 새로운 상태를 창조하려는 정책의 목표를 말한다. 예를 들어 2010년도에 1인당 국민소득을 20,000달러를 달성하겠다든가, 2020년까지 한국인의 평균수명을 100살까지 연장시키겠다는 것들이 적극적 또는 창조적 목표이다.

다음으로 소극적 목표란 치유적 목표라고도 불리는 것으로 문제발생 이전에 존재하던 상태를 정책목표로 삼는다. 이러한 소극적 정책목표의 예로는 환경오염개선을 정책목표로 하는 경우 환경오염의 원인을 제거하여 환경오염 이전의 상태로 되돌아가는 정책목표 등이다.

아울러 정책목표는 상호 관계에 따라서 상호 모순·상호 충돌, 상호 보완, 상호 독립적인 정책목표로 구분되기도 한다.

#### (3) 정책목표의 특징

정책목표는 다음과 같이 최선의 정책수단 선정의 기능, 정책집행에 대한 지침, 정책평가의 기준으로서의 특징을 지닌다(정정길·최종원·이시원·정준금, 2006: 58~60).

첫째, 정책목표는 최선의 정책수단 선정기준이 된다. 즉 정책목표는 정책수단을 선정하는 데 있어서 최선의 것을 선택하는 기준이 된다. 다만 최선의 정책수단 선정은 정책목표 외에도 효율성, 민주성과 같은 다른 기준에 의해 결정되기도 한다.

둘째, 정책집행에 대한 지침이다. 즉 정책목표는 정책을 결정할 때 집행과정에 필요한 정책수단이나 대안의 활동지침이 된다.

셋째, 정책평가의 기준이다. 정책목표는 정책이 바람직한 상태를 이룩하였는지를 평가하는 정책평가에 있어서 과연 정책목표를 얼마나 달성했는지를 평가하는 기준이 된다.

### 2) 정책수단

#### (1) 정책수단의 의의

정책수단이란 말 그대로 정책목표를 달성하는 수단을 말한다. 즉 환경정책의 경우 수질오염원인을 제거하기 위해 오・폐수처리장을 증설하거나, 오・폐수를 많이 생산하는 산업시설들을 친환경산업시스템으로 교체하는 것이 여기에 해당된다.

또한 정책수단은 국민들에게 직접적인 영향을 미치기 때문에 이를 둘러싼 이해관계자들의 갈등은 매우 첨예하게 대립한다. 특히 정책을 둘러싸고 일어나는 정치적인 갈등이나 타협에서는 정책수단을 어떤 것으로 하느냐에 관한 것이 주 핵심이다(정정길・최종원・이시원・정준금, 2006: 64~65).

#### (2) 정책수단의 종류

정책수단은 정책목표를 달성하는 정부기관의 수단에 따라 실질적 정책수단과 실행적 정책수단으로 나눌 수 있다(이원희 외, 2006: 334).

먼저 실질적 정책수단은 도구적 정책수단이라고도 하는 것으로 흔히 우리가 목표와 수단의 연쇄 또는 계층제에서 말하는 것으로 상위목표에 대해서는 정책수단으로서, 하위수단에 대해서는 정책목표로서 역할을 한다. 이러한 실질적 정책수단의 예를 들면, 물가안정을 위한 쌀 가격의 인하, 쌀 가격 인하를 위한 정부미의 방출, 막걸리용 쌀 사용중단과 같은 것이다.

다음으로 실행적 정책수단은 보조적 정책수단으로도 불리는 것으로 실질적인 정책수단들을 현실로 실현시키기 위하여 필요한 수단들이다. 즉 위에서 언급한 막걸리주조 중단이라는 정책수단을 실현하기 위해서는 순응확보수단(강제, 설득, 유인책), 집행기구, 집행요원, 자금, 공권력 등이 필요한데, 이를 실행적 정책수단 또는 보조적 정책수단이라고 한다.

### 3) 정책대상자(정책대상 집단)

정책대상자 또는 정책대상 집단은 정책의 적용을 받는 집단이나 사람들을 의미한다. 이러한 정책대상은 정책의 집행을 통하여 구조, 가치관, 문화, 질서, 규범, 행태 등을 바꾸고자 하는 개인이나 집단 또는 사회적・경제적・물리적 조건 등이다.

아울러 정책대상자는 정책의 혜택을 받는 수혜자와 정책 때문에 희생을 당하는 정책비용부담자로 구분할 수 있다.

먼저 정책의 수혜자 또는 정책의 수혜집단은 정책에서 제공하는 서비스나 재화를 받는 자들을 말한다. 예를 들어 대형마트가 생기면 주변 시민들은 물품을 구입하거나 서비스를 이용하는 데 있어서 값싸고 질 좋은 제품을 이용할 수 있다. 또한 대형마트 주변의 아파트나 주택들의 가격은 상승하게 되어 아무런 노력 없이 재산을 증식할 수 있다.

다음으로 정책의 희생자 또는 비용부담자들은 정책 때문에 희생을 당해야 하는 사람들로 정책수단의 실행과정에서 피해를 입게 된다. 예를 들어 대형마트가 생김으로 인해 기존의 중·소형 마트와 재래식 시장들은 경쟁력 약화로 그들의 생존에 위협을 받으며, 대형마트 주변의 아파트나 주택에 거주하는 임차인들은 주택가격의 증가로 인해 거주지를 옮겨야 하는 문제가 발생한다.

### 4) 정책결정자

정책결정자는 정책과 수단을 결정하는 집단을 말한다. 이러한 정책결정자는 흔히 권위 있는 정부기관이 여기에 해당한다. 즉 정책을 결정할 권한을 지니고 있는 정부기관을 말한다. 이러한 정부기관은 오늘날 삼권분립적 민주제도하에서 원칙적으로 국회와 정치적 책임을 지니는 대통령 및 장관 등이 여기에 해당된다(정정길·최종원·이시원·정준금, 2006: 70).

그리고 여당이 정책을 결정하는 데 있어서 실질적으로 강력한 영향을 미치기는 하지만 실제로 정당은 정책을 결정할 권위 있는 정부기관은 아니며, 공식적인 정책결정권은 없다.

## 3. 정책의 특징

바람직한 사회 상태를 이룩하기 위해 공공문제의 해결 또는 목표달성을 위한 활동지침 또는 활동인 정책은 다음과 같은 특징을 가지고 있다(이원희 외, 2006: 334~335).

첫째, 목표지향성이다. 정책은 바람직한 사회 상태, 즉 이상으로 설정해 놓은 사회를 이룩하려는 목표지향성을 내포하고 있다.

둘째, 수단지향성이다. 정책은 달성하고자 하는 정책목표를 실현할 구체적인 수단과 방법을 내포한다.

셋째, 변동대응성이다. 정책은 어떠한 원인에 의해 야기된 바람직하지 않은 상태를 바람직한 상태로 바꾸겠다고 하는 정부의 의도를 내포하고 있다.

넷째, 가치배분성이다. 정책은 결정과 집행에 의해 사회구성원들 가운데 어떠한 사람들이나 집단들은 혜택을 보는 반면에 어떠한 사람들이나 집단들은 손해를 보게 된다.

다섯째, 문제해결지향성이다. 정책은 사회가 당면하고 있는 공공의 문제를 해결하려는 문제해결 지향적 성격을 지니고 있다.

여섯째, 정책은 사회가 직면하고 있는 문제를 해결하기 위한 수단이다. 즉 정책을 원인으로 본다면 정책의 시행으로 개선되거나 해결되는 상태는 정책의 결과로 이해할 수 있다.

일곱째, 공식성, 강제성 그리고 제약성이다. 정책은 어떠한 사회를 만들겠다는 정부의 공식적 결정으로 결정이 된 정책은 권위 있는 정부기관에 의해 공식성, 강제성 그리고 제약성을 갖는다.

## 4. 정책의 분류

정책은 다양한 기준에 의하여 여러 가지 유형으로 분류할 수 있다. 이를 구체적으로 살펴보면 다음과 같다(최창호 · 하미승, 2006: 192~193).

첫째, 정책의 역할에 따른 분류이다. 정책은 정책의 역할에 따라 실체적 정책과 절차적 정책으로 나눌 수 있다. 여기에서 실체적 정책이란 고속전철의 건설이나 복지연금의 지급과 같이 실질적인 그 무엇(what)이 이루어지는 정책이고, 절차적 정책은 조직개편, 물가억제 등과 같이 그 무엇이 이루어지기 위한 방법(how)에 관한 정책이다.

둘째, 정책의 분야에 따른 분류이다. 정책은 정책의 분야에 따라 사회정책, 교육정책, 국방정책, 외교정책, 통일정책, 환경정책 등으로 나눌 수 있다.

셋째, 정책의 영향에 따른 분류이다. 정책은 정책이 정책대상자에게 주는 영향에 따라 분배정책, 재분배정책, 규제정책 등으로 나눌 수 있다.

넷째, 정책의 효과에 따른 분류이다. 정책은 정책이 가져오는 효과의 정도에 따라 정책을 실질적 정책과 상징적 정책으로 나눌 수 있다. 여기에서 말하는 실질적 정책이란 정책대상자들에게 가시적이고 구체적인 이익과 불이익을 준다. 반면에 상징적 정책은 가시적이고 구체적인 효과를 거두지 못하고, 다만 상징적인 의미만을 가지는 것으로 인구정책, 묘지정책 등이 그 예이다.

다섯째, 정책의 분할 가능성에 따른 분류이다. 정책은 분할 가능성에 따라 통일적 정책과 별분적 정책으로 나눌 수 있다. 먼저 통일적 정책은 국방이나 치안과 같은 어떤 혜택이나 편익이 특정인에게만 제공되는 것이 아니라, 보다 많은 다수에게 제공되는 것으로 특정인에게 많이 제공되었다는 것을 산출할 수 없는 정책을 말한다. 다음으로 별분적 정책은 의료보호, 쓰레기 수거 정책과 같이 각기 다른 단위로 분할하여 혜택이나 편익의 제공이 가능하다.

## 제 2 절 정책의 주요 이론

많은 학자들이 정책과 관련하여 이론을 정립하였는데, 그중 Lowi(로위)와 Almond(알몬드)·Powell(파월)의 이론이 대표적이다.

〈표 4-2〉 Lowi의 정책유형과 Almond와 Powell의 정책유형

| Lowi의 정책유형 | Almond와 Powell의 정책유형 |
|---|---|
| 1. 규제정책<br>2. 분배정책<br>3. 재분배정책<br>4. 구성정책 | 1. 규제정책<br>2. 분배정책<br>3. 추출정책<br>4. 상징정책 |

자료: 이원회 외, 2006: 333의 정책 구성요소의 표를 수정 및 보완함.

### 1. Lowi의 정책의 분류

로위는 정책의 연구가 사례연구를 중심으로 하였기 때문에 사례연구로부터 일반화 또는 이론화를 정립할 수 없다는 점을 비판하였다. 따라서 로위는 정책이 그 사회에 미치는 영향의 특성에 따라 정책유형론을 체계적으로 정리하였다.

이러한 로위의 정책유형은 정책을 분배정책, 규제정책, 재분배정책, 구성정책으로 구분하였다(정정길·최종원·이시원·정준금, 2006: 74~77).

#### 1) 분배정책

분배정책(distributive policies)이란 정부가 특수한 대상 집단에 각종 서비스·지위·이익·기회 등을 분배하는 정책을 말한다. 즉 정부가 적극적으로 국민들이 필요로 하는 재화나 서비스를 제공하는 정책을 말한다. 이러한 분배정책의 예로는 수출산업에 대한 재정·금융지원정책과 도로·항만건설사업 등이 있다.

이러한 분배정책의 특징은 다음과 같다.

첫째, 구체적인 내용을 보면 여러 가지 사업들로 구성되고 이 사업들은 상호 커다란 연계 없이 독립적으로 집행될 수 있기 때문에 세부 사업들의 집합이 하나의 정책을 구성한다. 즉 정책의 내용이 쉽게 하위 세부 단위로 분해가 가능하고 다른 단위와 개별로 처리될 수 있다.

둘째, 분배정책은 정책의 결정과정이 돼지구유식 갈라 먹기와 같다. 즉 수출보조금이나 정부융자금과 같은 것이 여기에 해당된다.

셋째, 돼지구유식 갈라 먹기로 인한 다툼이 있음에도 서로 정면대결을 벌이지 않는다. 오히려 서로 간의 타협과 담합을 통해 각종 서비스 및 이익의 기회를 서로 교환한다.

### 2) 규제정책

규제정책(regulatory policy)이란 공공목적의 달성을 위해 특정한 개인, 기업체, 조직에 제재나 통제 및 제한을 가하는 정책을 말한다. 개인이나 일부 집단에 대해 재산권 행사나 행동의 자유를 구속하여 반사적으로 다른 개인이나 집단을 보호하려는 정책이다.

이러한 규제정책의 예로는 환경오염과 관련된 규제, 독과점 규제, 공공요금 규제, 기업활동 규제정책이 있다.

아울러 규제정책의 규제장치로는 ① 활동기준 설정 ② 인가·허가 ③ 재정통제 ④ 검열·감사 ⑤ 가격·생산량 통제 ⑥ 지시·명령 ⑦ 조직·인사 관여 등 여러 가지가 있다.

#### (1) Ripley와 Franklin의 규제정책

Ripley(리플리)와 Franklin(프랭클린)은 규제정책을 사적인 활동을 제약하는 조건을 설정함으로써 일반대중을 보호하려는 '보호적 규제정책'과 많은 수의 경쟁자들 중에서 몇몇 개인이나 집단에 일정한 재화나 용역을 공급할 수 있도록 제한하려는 '경쟁적 규제정책'으로 구분하였다.

이를 좀 더 구체적으로 살펴보면, 보호적 규제정책은 소비자나 사회적 약자, 일반대중들을 보호하기 위하여 개인이나 집단의 권리행사 또는 행동의 자유를 구속 또는 통제하는 정책을 말한다.

반면에 경쟁적 규제정책은 경쟁에서 승리한 경쟁자에게 공급권을 주는 대신에 공공이익을 위해서 서비스 제공의 일정한 측면을 규제하는 정책이다.

〈표 4-3〉 Ripley와 Franklin의 정책유형별 특징

| 구분 | 분배정책 | 경쟁적 규제정책 | 보호적 규제정책 | 재분배정책 |
|---|---|---|---|---|
| 안정적인 루틴의 확립을 통한 원만한 집행의 가능성 | 높음 | 보통 | 낮음 | 낮음 |
| 주요 관련자들의 동일성과 그들 간의 관계의 안정성 | 높음 | 낮음 | 낮음 | 높음 |
| 집행에 대한 논쟁과 갈등의 정도 | 낮음 | 보통 | 높음 | 높음 |
| 관료의 집행 결정에 대한 반발의 정도 | 낮음 | 보통 | 높음 | 낮음 |
| 집행을 둘러싼 논쟁에 있어 이데올로기의 정도 | 낮음 | 약간 높음 | 높음 | 보통 |
| 정부 활동의 감소를 위한 압력의 정도 | 낮음 | 약간 높음 | 높음 | 보통 |
| 성공적인 집행의 상대적 어려움 | 낮음 | 보통 | 보통 | 높음 |

자료: 이원회 외, 2006: 339의 정책의 유형별 특징 표를 수정 및 보완함.

이 밖에도 규제정책은 다수의 경쟁자 중에서 특정한 개인이나 집단에 이권이 걸려 있는 서비스나 물품을 제공하면서 이들에게 특별한 규제장치를 부여하는 '경쟁적 규제정책'과 다수의 일반국민을 보호하기 위해 일부 사람들의 행동을 규제하는 '보호적 규제정책', 그리고 규제대상자 또는 집단에 그 소속의 활동에 대해 스스로 규제기준을 설정하도록 하고 그 집행까지도 위임하는 '자율 규제정책'으로 나누기도 한다.

### 3) 재분배정책

재분배정책(redistributive policy)은 부(富)·소득·재산·권리 등을 집단 간에 이전시키는 정책을 말한다. 즉 고소득층으로부터 저소득층으로의 소득이전을 목적으로 한다. 따라서 소득과 부를 많이 소유한 집단으로부터 그렇지 못한 집단으로 이전시키는 복지정책들이 이러한 재분배정책에 속한다. 그 예로는 누진세제도와 영세민 보호정책 등이 여기에 속한다.

이러한 재분배정책은 다음과 같은 특징을 가지고 있다.

첫째, 재분배정책은 가진 자와 못 가진 자, 노동자계급과 자본가계급의 대립을 정책결정을 통해 관여하는 것으로 계급적 대립의 성격을 지닌다.

둘째, 재분배정책은 규제정책과 배분정책과는 달리, 평등한 대우를 문제로 삼는 것이 아니라 평등한 소유를 문제로 삼고 있다.

### 4) 구성정책

구성정책은 행정 부처 및 법원의 관할구역 설정, 예산기관·인사정책기관의 설치 등과 같이 권력에 대한 규칙(rules about powers)을 설정하는 정책을 말한다. 즉 헌정수행에 필

요한 운영규칙에 관련된 정책이다.

하지만 정치적으로 안정된 상황에서는 대체로 헌정질서에 대한 변동이 미약하기 때문에 새로운 정책이 거의 없다. 따라서 구성정책의 중요성은 다른 정책에 비해 상대적으로 낮다.

이러한 구성정책의 예로는 선거구의 조정, 정부의 새로운 기구나 조직의 설립뿐만 아니라 공직자보수와 군인퇴직연금에 관한 정책을 모두 포함시키고 있다.

## 2. Almond · Powell의 정책유형

알몬드와 파월은 자신들의 「비교정치론」 정책의 유형을 분배 · 규제 · 추출 · 상징정책 등의 4가지로 분류하였다. 하지만 알몬드와 파월의 분배정책과 규제정책은 로위의 정책과 거의 유사하므로 간단히 요약하고, 추출정책과 상징정책을 구체적으로 살펴보기로 한다(이원희 외, 2006: 337, 정정길 · 최종원 · 이시원 · 정준금, 2006: 78~79).

### 1) 분배정책

알몬드와 파월은 분배정책을 국가가 소유하고 있는 희소자원을 국민에게 나누어주는 정책으로 바라보았다. 그 예로 사회보장정책 등이 있다.

### 2) 규제정책

알몬드와 파월의 규제정책은 로위의 규제정책과 유사한 것으로 특정 집단을 보호하기 위하여 다른 집단을 통제하는 정책을 말한다.

### 3) 추출정책

추출정책(extractive policies)이란 조세 · 병역 · 물자 수용 · 노력의 동원 등과 같이 국가목표의 달성을 위해 일반국민들로부터 인적 · 물적 자원을 추출하는 정책을 말한다. 즉 자원을 민간 부문에서 추출하는 내용을 지닌 정책을 말한다. 오늘날 현대 국가에서 가장 대표적인 추출정책으로는 조세와 국채 발행이 여기에 해당된다.

### 4) 상징정책

상징정책(symbolic performance)이란 정부나 정치지도자들이 역사, 용기, 과감성, 지혜 등이나 평등, 자유, 민주주의, 공산주의 등의 이념에 대해 호소를 하거나 미래의 업적 또는 보상을 약속하는 정책 등을 말한다.

즉 공공건물, 동상, 광장 등의 상징적 물체뿐만 아니라 정치체제 및 정부의 정통성을 제고하고 국가권력에 대한 순응을 확보하기 위해 애국가를 제창하고, 국기를 게양하며, 군대 사열식을 거행하는 등 국가적 상징물을 동원하는 것도 상징정책에 해당된다.

## 제 3 절 정책학의 본질

### 1. 정책학의 개념

정책학의 의미는 사전적으로 일정한 가치목표(價値目標)가 설정되었을 때, 그것을 성취하는 데에 어떠한 수단과 방법이 가능한가를 연구하는 학문을 말한다. 하지만 정책학의 개념은 학자들마다 상이하게 정의하고 있다. 이원희·위계점(2006)은 정책학을 정책결정과 집행을 설명하고, 정책문제와 관련이 있는 자료를 탐색 및 수집하여 그 해석을 제공하는 학문으로 정의하였고, 최창호·하미승(2006)은 국가목표의 달성이나 공공문제의 해결을 위하여 정부가 행하는 활동의 지침을 연구하는 학문이라고 정의하였다.

이에 본서에서는 정책학을 정책을 연구하는 학문이라는 전제하에 바람직한 사회 상태를 이룩하기 위해 공공문제의 해결 또는 목표달성을 위한 활동지침 또는 활동을 연구하는 학문이라 정의하겠다.

이처럼 정책학은 학자들마다 정책학의 어느 부분에 중점을 두느냐에 따라 정책학의 개념을 조금씩 달리하고 있다. 하지만 정책학의 대두배경은 모든 학자들이 공통적으로 Lasswell(라스웰)의 정책지향(Policy Orientation)을 시작으로 보고 있다.

### 2. 정책학의 등장배경

정책학의 등장은 '정책학의 아버지'라 불리는 라스웰의 1951년 「정책지향(Policy Orientation)」이라는 논문에서 시작되었다. 물론 정책에 대한 관심과 연구는 1951년보다 훨씬 이전부터 존재하였다. 그래서 어떤 이들은 정책연구의 역사를 고대, 중세, 산업혁명과 19세기까지 거슬러 올라가야 한다고 주장하기도 한다(Dunn, 1981: 8~30, 강근복, 2002: 13).

하지만 오늘날의 현대적 정책학은 고대, 중세, 산업혁명시대의 정책학과는 상당한 차이가 있다. 따라서 1950년대 이후의 미국적 환경에서 정책을 통한 사회문제의 해결을 지향하는 정치학자와 행정학자들의 주도하에 발전시킨 정책학을 실질적 정책학이라 할 수 있다.

### 1) 라스웰의 정책학

정책학과 관련하여 라스웰은 기존의 연구가 미시적인 행태과학과 관리과학을 중심으로 이루어지고 있다고 보았다. 따라서 라스웰은 정책중심의 연구가 미시적인 행태과학과 관리과학 중심으로 이루어지고 있다고 보면서 정책중심의 연구가 이루어져야 한다고 주장하였다(이원희 외, 2006: 329).

이러한 라스웰의 정책학을 좀더 구체적으로 살펴보면 다음과 같다.

라스웰은 정책지향에서 정책학적 경향이 당시 여러 분야에서 진전되고 있다고 하면서 크게 두 가지 방향을 지적하였다(정정길·최종원·이시원·정준금, 2006: 5~6). 첫째는 정책과정(policy process)에 대한 것이고, 둘째는 정책에 필요한 지식(intelligence needs of policy)에 대한 것이다. 전자인 정책과정에 대한 지식은 정책과정에 대한 과학적 연구를 얻어지는 것으로 정책형성이나 집행에 대한 과학적 연구를 말한다. 즉 정책이 어떻게 결정되고 어떻게 집행되는가에 대한 체계적이고 경험적인 연구를 말한다. 후자인 정책에 필요한 지식은 정책과정에 대한 처방적·규범적 지식 또는 정책의 실질적 내용에 관한 지식으로 정책결정자들이 이용하는 정부의 구체적인 내용과 해석을 개선시키는 연구를 말한다.

이처럼 라스웰은 정책학이 시시급급 눈앞에 닥친 문제만을 해결하는 것이 아니라 사회속의 인간이 부딪히는 근본적 문제에 초점을 두게 되고 인간의 존엄성을 충분히 실현시키기 위한 지식의 개발에 중점이 놓일 것을 조명하면서 정책학을 민주주의의 정책학이라고 하였다.

하지만 이러한 라스웰의 제언은 1950년대 미국 정치학계를 휩쓸었던 행태주의 혁명에 의해 밀려나고 말았다.

### 2) 행태주의의 퇴조

1960년대 후반 미국의 정책학이 급속히 발전하게 된 것은 당시 미국의 사회·경제·정치·문화적 상황과 종전의 행태주의적 정치 및 행정학의 약점이 결합되어 나타난 극단적인 결과이다.

1960년대 이전 행태주의(Behavioralism)는 논리실증주의를 배경으로 사회과학 전반에 걸쳐 새로운 연구대상과 연구방법을 주장하였지만, 행태주의는 보다 중요한 현실문제의 해결이나 본질적인 측면의 연구를 간과하고 문제의 사회적 중요성을 파악할 수 있게 하는 거시적 분석이 곤란하였다.

즉 1960년대 흑인폭동이나 월남전의 여파로 인해 혼란에 빠진 미국은 1960년대 중반부터 존슨 정부의 '위대한 사회' 건설이라는 기치를 걸고 사회복지정책을 대대적으로 추진하지만 행태주의 이론은 큰 도움이 되지 못하였다.

### 3) 후기행태주의의 등장

가치문제를 연구대상에서 제외하고, 연구방법을 연구목적보다 지나치게 강조했던 행태주의와는 달리 후기행태주의는 적실성과 현실성을 강조하였다. 그렇다고 과학적 방법을 무조건 포기하는 것이 아니라 오히려 과학적 방법과 기법을 현실문제의 해결에 적용하려고 노력하였다(정정길・최종원・이시원・정준금, 2006: 11~12).

이러한 후기행태주의의 대표적인 학자 이스턴은 1960년 말에 정치학의 새로운 혁명으로서 후기행태주의를 선언한다. 이스턴은 후기행태주의 혁명의 성격을 '적합성의 신조(credo of relevance)'라고 한마디로 표현하고 다음과 같이 행태주의를 비판하고 후기행태주의를 강조하였다.

첫째, 현실 사회문제의 해결에 중점을 두었다. 이스턴은 행태주의처럼 정교한 과학적 방법을 적용할 수 있는 것을 연구대상으로 삼기보다는 현재 급박한 사회문제의 해결에 의미가 있다고 보고, 이와 관련된 적절한 연구가 있어야 한다고 주장하였다.

둘째, 가치에 대한 연구 강화이다. 이스턴은 가치문제를 제외시켰던 행태주의와는 달리 가치에 대한 연구와 새로운 가치의 개발을 강조하였다.

셋째, 가치의 보호와 사회개혁의 강조이다. 이스턴은 후기행태주의에서 인류의 가치를 보호하고 사회를 개혁하는 데 관여하는 것이 정치학자의 임무라고 주장하였다.

요컨대 후기행태주의는 행태주의에 대한 비판으로 시작되었지만 행태주의의 과학적 방법을 단순히 포기하는 것이 아닌, 과학적 방법을 현실에서의 중요한 사회문제・정치문제의 해결에 적용하려고 하였다.

### 4) 정책학의 재출발

후기행태주의와 신행정학의 발달은 1960년 후반 정책연구를 급증시켰지만 공통적인 틀을 마련하기에는 아직 미흡하였다. 하지만 행정학의 독자적인 틀을 마련하기 위해서 라스웰을 비롯한 여러 학자들은 다양한 연구를 진행하였다. 그 중 Dror(드로)의 연구는 다음과 같은 측면에서 의의를 갖는다.

첫째, 드로는 정책학의 목적은 사회지도체제(societal direction system), 특히 정책결정체제에 대한 이해를 증진시키고 이를 개선시키는 것이라고 강조하였다.

둘째, 연구의 초점은 대안의 개발, 대안의 비교·선택을 위한 정책분석, 정책결정의 전략, 기본정책결정 등이라고 주장하였다.

셋째, 정책결정에 대한 최적모형을 제시하였다. 이때의 정책결정단계는 상위정책결정단계, 정책결정단계, 정책결정이후단계로 구성된다.

넷째, 정책학은 방법론상 처방적 접근을 채택하며, 따라서 순수연구와 응용연구를 연계시키고자 하였다.

## 3. 정책학의 연구목적

정책학의 연구목적을 라스웰은 다음과 같이 정리하고 있다. 라스웰은 정책학의 최종 목표는 인간사회의 근본적인 문제 등을 해결하여 인간의 존엄성을 실현시키는 것이라고 정의하였다. 이러한 궁극적 목적을 실현하기 위한 중간목표로는 정책과정의 합리성을 제고하는 것이며, 구체적인 목표로는 정책결정·정책집행·정책평가에 필요한 지식[1]을 제공하는 것이라고 정리하였다(〈그림 4-1〉 참조).

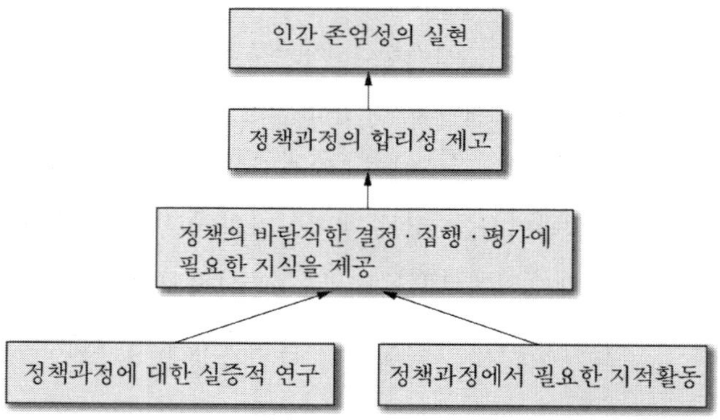


자료: 정정길·최종원·이시원·정준금, 2006: 5의 〈그림 1-1〉을 수정·보완함.

〈그림 4-1〉 라스웰의 정책학의 목적

아울러 라스웰은 정책학의 속성을 맥락 지향적(Contextuality)이며, 문제 지향적(problem-

1) 구체적인 목표인 정책결정·정책집행·정책평가에 필요한 지식은 정책과정에 대한 실증적·과학적 지식과 정책과정에서 필요한 지식으로 구성되어 있다.

oriented)이며, 방법론적 다양성(diversity: synthesis of methods)이 있다고 정리하였다. 이에 대한 구체적인 설명은 정책학의 특성에서 자세히 설명하고자 한다.

### 4. 정책학의 연구대상과 연구방법

정책학의 연구대상은 정책목표, 정책수단 그리고 정책대상자와 관련되는 문제이다. 이를 구체적으로 살펴보면 다음과 같다(이종수 · 윤영진, 2006: 264).

첫째, 정책목표이다. 정책학의 연구대상은 정책목표와 관련된 것으로서 목표의 적실성과 상황적 맥락, 다수 목표 간의 상호 관계, 목표달성 정도와 기대하지 못한 2차적인 효과들 및 전체로서의 사회에 대한 정책의 체제적 결과들의 의미 분석 등이다.

둘째, 정책수단이다. 정책목표를 달성하기 위한 '프로그램과 단위사업들'인 실질적 정책수단의 능률성, 효과성, 정치적 합리성, 형평성 및 실현 가능성의 분석 등이 여기에 해당된다.

셋째, 정책대상자이다. 정책대상자와 관련해 정책의 혜택을 받는 수혜집단과 희생을 당하는 정책비용 부담집단 및 혜택과 희생의 수준 그리고 양자 간의 균형 등이 정책학의 연구대상이다.

정책학의 연구방법은 경험적 · 실증적 연구방법과 규범적 · 처방적 연구방법으로 나눌 수 있다(정정길 · 최종원 · 이시원 · 정준금, 2006: 21~23).

먼저 경험적 · 실증적 연구방법은 행태주의에서 채택하는 과학적 방법과 거의 같은 의미로 쓰인다. 즉 경험한 사실을 연구대상으로 하는 존재(Sein)에 대한 연구이다. 경험적 · 실증적 연구방법의 예로는 정책문제의 내용이 무엇이며, 그 문제로 인하여 피해를 입은 사람의 수가 얼마만큼이며 이 문제를 해결하기 위해서 누가, 무슨 대안을 제시하였으며, 최종적으로 선택된 대안은 무엇이며, 이것을 집행하기 위해서 무엇이 필요한가를 사실 그대로 나타내는 것이다.

다음으로 규범적 · 처방적 연구방법은 정치철학에서 흔히 보듯이 바람직한 가치가 무엇인지를 파악하는 가치판단적 접근으로 당위(Sollen)에 관한 연구방법이다. 규범적 · 처방적 연구방법의 예로는 사회문제 중에 어떤 것을 정책문제로 채택하는 것이 옳은지, 정책문제 중 어느 것을 해결해야 옳은지를 판단하는 것들이다.

## 5. 정책학의 특성

정책학은 다음과 같이 다른 학문과 구별되는 연구목적, 문제 지향성, 맥락 지향성, 연합 학문성이라는 특성을 가지고 있다(Lasswell, 1951: 3~15, 강근복, 2002: 16~17).

첫째, 사회문제해결을 통해 인간의 존엄성을 실현시키고자 한다. 즉 정책학은 인간의 존엄성 실현을 지향하는 학문이며, 인도주의와 과학적 지식의 실천적 통합을 모색하는 학문이다.

둘째, 문제 지향성이다. 정책학은 현실세계에서 일어나는 중요한 문제의 해결에 직접적으로 기여하고자 하는 의도를 가지고 있다. 즉 우리 사회의 문제를 탐색·발견·추적하고 정의할 뿐만 아니라 문제의 해결을 위한 목표의 설정, 현상의 파악, 미래의 전망과 여건의 분석 그리고 문제해결 대안의 개발 등과 문제해결을 목적으로 하는 학문이다.

셋째, 맥락 지향성이다. 정책학은 현실의 문제를 시간적·공간적·윤리적·역사적 맥락 속에 놓고 접근하는 맥락 지향적인 특성을 지니고 있다. 즉 어떤 문제를 해결하는 데 있어, 문제를 단절적으로 취급하는 것이 아니라 시간적·공간적·윤리적·역사적 맥락을 통합적으로 고려하여 문제를 해결하는 학문이다.

넷째, 연합 학문성이다. 정책학은 문제에 접근하는 과정과 이를 해결하는 과정 모두에 있어 다양한 전문지식들을 종합적으로 활용하는 학문이다.

〈표 4-4〉 라스웰과 드로의 정책학의 특성

| 구분 | Lasswell | Dror |
|---|---|---|
| 특징 | 맥락 지향성<br>문제 지향성<br>방법의 다양성 | 공공정책결정체제의 개선<br>거시적 수준에 초점<br>학문 간의 경계의 초월<br>순수연구와 응용연구의 융화<br>경험 및 묵시적 지식의 중시<br>조직화된 독창성과 비합리적 요소의 활용<br>시간감각의 중시<br>동태적인 변동과정의 중시 |

자료: 이원희 외, 2006: 332p의 정책학의 패러다임.

# 제 4 절 정책참여자

정책과정에는 많은 행위자들이 참여를 한다. 즉 정책과정은 많은 참여자들 간의 복잡한 일련의 상호 조정을 거치면서 정책과정은 전개된다. 이러한 정책참여자는 공식적 참여자와 비공식적 참여자로 구분할 수 있다(이종수 · 윤영진, 2006: 268~272).

〈표 4-5〉 정책참여자

| 공식적 참여자 | | 비공식적 참여자 |
|---|---|---|
| 중앙정부의 참여자 | 의회, 대통령, 행정기관 및 관료, 사법부 | 이익집단, 정당, 전문가집단, 시민단체 |
| 지방정부의 참여자 | 지방자치단체장, 지방의회, 지방공무원 | |

## 1. 공식적 참여자

### 1) 중앙정부의 참여자

#### (1) 의회

의회는 오늘날의 자유민주주의 정치체제에서 정치적 기능의 수행을 위하여 입법을 담당하는 국민의 대표기관을 말한다. 이러한 의회는 정책과정에서 내각책임제와 대통령중심제에 따라 다른 역할을 한다.

즉 의회는 정책의제설정단계에서는 의회를 구성하는 정치지도자들의 적극적인 참여를 통해 정책과정에 큰 영향을 미치고 있다. 하지만 의회가 정책과정에서 가장 큰 영향을 미치는 부분은 바로 정책결정과 정책집행단계이다. 정책이 결정되고 집행되는 데 있어 반드시 필요한 법적 근거를 마련해 주는 기관이 의회이기 때문이다. 또한 정책이 집행되는 데 있어 사용되는 예산을 결정하는 기관도 의회이다.

이처럼 의회는 의제설정단계뿐 아니라 정책의 결정과 집행단계에서 큰 영향을 미치는 공식적 권한을 가지고 있다.

#### (2) 대통령

대통령은 정책과정에서 어떠한 역할을 하느냐는 그 나라가 채택하고 있는 정치체제에 따라 다르게 결정된다. 즉 우리나라와 같이 대통령이 정책과정 전반에 대한 주도적 역할과 기능을 수행할 수 있도록 헌법에서 보장하고 있는 국가들은 공식적인 권한을 가지고 있다.

즉 국회에 대해 법률안 제출권을 가지고 있으며, 거부권을 행사할 수 있는 권한도 가지고 있다. 이 외에도 행정부의 수반으로서 총리를 비롯한 각 부처 장관의 임명과 해임, 고급공무원의 임명과 해임에 대한 일체의 권한을 가지고 있다.

따라서 대통령은 정책과정에 영향을 미치는 형식적 권한과 실질적 권한을 모두 가지고 있다고 볼 수 있다.

#### (3) 행정기관과 관료

기존의 행정기관과 관료의 공식적 권한은 의회가 법률의 형태로 결정한 정책과 대통령이 결정한 주요 정책을 충실하게 집행하는 것이다. 하지만 오늘날의 행정기관과 관료는 다른 정책참여자, 즉 대통령이나 의회에서 형성된 정책을 단순히 집행하는 권한을 가진 존재에서 새로운 책임을 지닌 공식적 권한자로 변화되고 있다.

이를 Fesler(페슬러)는 사회가 발전함에 따라 입법활동의 기술적 복잡성이 제고되고, 정책의 주도자인 행정수반의 역할이 증대되고, 법률이 제정된 이후에 법률규정의 모호성과 비정밀성으로 인해 실질적으로 정책을 집행하는 행정기관과 관료의 공식적 권한이 더욱 확대되고 있다고 주장한다.

#### (4) 사법부

정책과정에 있어서 신분보장을 받는 법관들로 구성되는 사법기관은 미국의 경우 상당한 결정권한을 가지고 있어 정책과정에 큰 영향을 미치지만, 우리나라의 경우에는 사법부에 실질적인 권한이 미약하여 정책과정에 큰 영향을 미치지 않는다고 볼 수 있다.

### 2) 지방정부의 참여자

#### (1) 지방자치단체장

지방자치단체장이란 국가 아래서 국가 영토의 일부를 구성요소로 하고 그 구역 안의 주민을 법률이 정한 범위 안에서 지배할 수 있는 권한을 가진 단체의 장을 말한다. 이러한 지방자치단체장은 지방의회에 대한 조직권과 인사권을 가지고 있어 지방자치단체의 실질적인 정책과정의 공식적 참여자이다.

특히 지방자치단체장은 조례에 대한 거부권을 가지고 있는데 이때의 거부 사유는 법령 또는 공익을 현저히 저해했을 때로 규정하고 있으며, 정책과정에 있어 지방정부에서 가장 권한을 많이 가진 참여자이다.

#### (2) 지방의회

지방의회는 지역주민에 의해 선출된 의원으로 구성되는 지방자치단체의 대의기구를 말한다. 이러한 지방의회는 중앙정부에서 의회의 기능이 약화되고 있듯이 기능과 권한이 약화되고 있다.

하지만 의회와 마찬가지로 지방의회도 지방행정과정의 정책결정과 과정에서 어느 정도의 통제기능은 가지고 있다.

#### (3) 지방공무원

지방공무원은 지방자치단체에서 근무하는 공무원을 말한다. 이러한 지방공무원들은 모든 국가정책의 실질적인 집행자라 할 수 있다. 따라서 지방공무원들의 현장에서의 업무수행은 정책과정에 있어서 가장 기초적인 단위로서 의미를 지닌다.

## 2. 비공식적 참여자

### 1) 이익집단

이익집단이란 특정 문제에 관해 직·간접적인 이해관계 및 관심을 공유하고 있는 사람들의 자발적인 집단을 말하며, 압력단체라고도 한다. 이러한 이익집단은 구성원들의 공통의 이익을 증진시키기 위해 정책과정에 일정한 영향력을 행사한다.

즉 이익집단은 정책결정과정에서 자신들의 제안을 성공시키기 위해 다양한 방법을 동원한다.

첫째, 시간과 능력이 부족한 국회의원이나 고위정책결정자들에게 문제의 해결에 필요한 전문지식 또는 문제 상황 및 문제의 원인과 결과에 관한 정보와 자료를 제공하는데, 이때 자신들에게 유리한 정보를 제공하거나 각색 또는 조작도 하게 된다.

둘째, 정치적인 것으로 정책결정자들을 유인하기도 한다. 이러한 정치적 지원은 선거 때의 많은 표, 행정관료가 승진하도록 상급자에게 청탁을 해 주는 것 등이 모두 포함된다.

### 2) 정당

정당이란 정권획득을 목적으로 결성된 조직을 말한다. 정당은 정치적 이슈를 형성하고 이것을 정책으로 공약화함으로써 유권자의 지지를 호소한다.

이러한 정당은 특히 정책의제설정과정에서 이익결집기능을 수행한다. 즉 이익결집기능이란 각종 집단의 요구를 행정 및 정치체제를 통해 정책대안으로 전환시키는 것을 말한다.

### 3) 전문가집단

전문가집단은 정책과정에 있어 정책 아이디어와 정책자문의 중요한 원천으로서 큰 영향을 미친다. 즉 전문가들은 사회구성원들이 미처 생각하지 못하는 사회문제를 검토하여 그 사회문제가 정책의제화 되도록 영향을 미친다.

이러한 전문가집단은 무엇보다 정책의 대안을 제시하는 지적·분석적 작업에 가장 큰 영향을 미친다.

### 4) 시민단체

오늘날 시민단체는 정책과정에서 가장 참여가 활발한 참여자라 할 수 있다. 특히 공익을 지향하는 시민단체의 참여는 비약적으로 증가하였다.

이러한 시민단체의 예로서 경실련, 참여연대, 환경운동연합과 같은 시민단체들은 시민여론을 동원하여 정책의제설정에 영향을 미칠 뿐 아니라 정책대안의 제시, 집행활동의 감시·감독 등을 통해 정책과정의 전반에 큰 영향을 미치고 있다.

# 연 습 문 제

1. 다음은 Almond & Powell의 정책유형에 대한 설명이다. 무슨 정책에 해당하는가?(2010 경기소방 출제)

> · 정치체제에 대한 정당성 · 신뢰성이나 국민통합성을 증진시키기 위하여 환경에 산출시키는 이미지를 이용하는 정책
> · 국경일의 제정, 축제의 개최, 스포츠행사와 연관된다.

① 추출정책　② 분배정책
③ 상징정책　④ 규제정책

〈해설〉 위의 설명은 상징정책에 해당된다.

2. 로위(Lowi)가 분류한 정책유형으로 옳은 것은?(2009 국회9급 출제)

① 분배정책, 규제정책, 재분배정책, 구성정책
② 분배정책, 규제정책, 재분배정책, 추출정책
③ 분배정책, 규제정책, 추출정책, 상징정책
④ 분배정책, 규제정책, 재분배정책, 자율규제정책

〈해설〉 로위(Lowi)는 1964년 정책유형을 분배정책, 규제정책, 재분배정책으로 구분하였고, 1972년에 구성정책 추가하여 정책유형을 설명하였다.

3. 다음 중 반발과 갈등의 강도가 가장 적은 정책은?(2003 대구9급 출제)

① 보호적 규제정책　② 추출정책
③ 배분정책　④ 재분배정책

〈해설〉 가장 많은 반발과 갈등이 발생하는 것은 조세, 징병, 성금 징수하는 추출정책이며, 특정인의 부담이 없는 국가예산으로 시행되는 배분정책은 모두 혜택을 받기 때문에 다른 정책에 비해 갈등이 적다.

[정답] 1. ③　2. ①　3. ③

## 기출문제

〈2010년 행정고등고시 2차 시험〉

※ 정책갈등을 해소할 수 있는 방안을 다양한 정책행위자들(policy actors)의 정책참여양태(樣態)와 관련하여 제시하시오. (10점)

〈2003년 외무고등고시 2차 시험〉

※ 환경이 불확실하고 복잡해짐에 따라 국가의 정책결정과 관련된 행위자들 사이의 갈등도 커지는 경향이 있다. 정책결정과정에서 나타나는 갈등의 원인과 기능, 그리고 그 해결전략을 논하시오.(25점)

제5장

# 정 책 과 정

정책과정(policy process)이란 정책문제의 인지로부터 정책목표의 설정과 대안의 분석, 결정 · 합법화 · 집행 · 평가의 과정을 거쳐 정책이 종결되기까지의 일련의 과정을 말한다. 이러한 정책과정은 정치적 성격을 띠고 역동성을 지닌다.

이러한 정책과정은 학자들마다 상이하게 구분하고 있다. 먼저 라스웰은 정책과정을 정보의 수집 및 처리, 동원, 처방, 행동화, 적용, 종결, 평가 등의 7단계로 구분하였고, 드로는 정책과정을 상위결정단계, 정책결정단계, 정책결정이후단계로 구분하였다. 그리고 존스는 정책과정을 문제 확인, 정책형성, 정책의 합법화, 정책집행, 정책평가 등 다섯 단계로 구분하였다. 끝으로 앤더슨은 정책과정을 문제의 확인 및 의제형성, 정책형성, 정책채택, 정책집행, 정책평가 등으로 구분하고 있다.

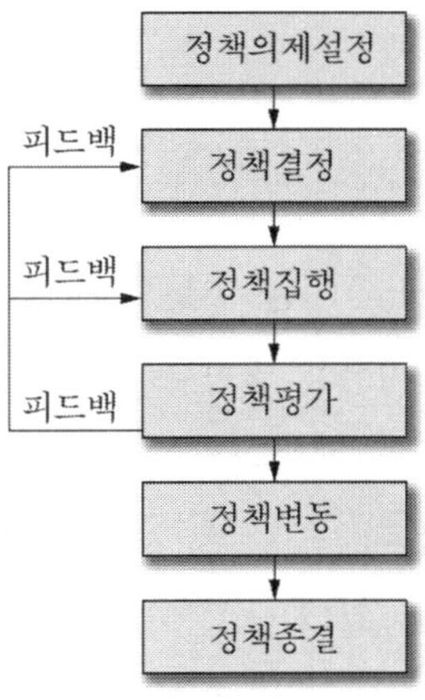


〈그림 5-1〉 정책과정단계

본서에서는 연속적이고 순차적이며, 순환적인 정책의 과정을 정책형성, 정책결정, 정책집행, 정책평가, 정책변동, 종결과정으로 구분하여 설명하겠다(〈그림 5-1〉 참조).

## 제 1 절 정책형성

### 1. 정책형성의 의의

정책형성(policy formulation, policy formation)은 정책을 만들어 내는 과정으로 정책목표를 설정하고 정책대안을 개발·선택하는 일련의 과정을 말한다. 이러한 정책형성은 다음과 같은 단계를 거쳐 만들어진다(이종수·윤영진, 2006: 273).

첫째로, 정책문제와 국민욕구의 파악단계이다. 즉 정책문제와 국민들이 바라는 욕구가 무엇인가를 파악함으로써 정책형성 작업이 시작된다.

둘째로, 목표설정단계이다. 정부의 활동에는 그 지향점, 즉 목표가 있다. 문제를 해결하는 경우도 그렇고, 국민들이 원하는 가치를 실현하기 위한 경우도 그렇다.

셋째로, 정책대안의 수립 및 분석단계이다. 목표를 달성하기 위해 정책대안을 찾아내고, 이들 정책대안들의 각각의 장·단점, 제약요인, 실현 가능성을 비교해 보는 것이다.

끝으로 최적대안의 선택단계이다. 대안들에 대한 각각의 분석결과를 놓고 결정권자가 최종 결정을 하는 단계로 정책형성의 마지막 단계이다.

### 2. 정책의제의 설정

정책의제설정(policy agenda setting)이란 정부가 정책적 해결을 위하여 사회문제를 공식적인 정책의제로 채택하는 일련의 과정을 말한다(이원희 외, 2006: 347).

이러한 정책의제설정은 정책의제로 채택되지 못하면 정책으로 형성되어 집행될 수 없다는 점에서 매우 중요한 의미를 갖는다.

아울러 정책의제의 특징은 다음과 같다.

첫째, 정책의제는 참여하는 집단의 이해관계나 주관이 개입되어 고도의 복잡성과 다양성을 띤다.

둘째, 정책의제설정은 결정자의 주관적 판단에 의해 채택되기 때문에 자의적 또는 주관적으로 인지되는 경우가 많다.

셋째, 정책의제설정은 정책과정 중 많은 갈등이 수반되는 정치적 갈등이다.

## 3. 정책의제의 과정에 따른 유형

### Cobb(콥)과 Elder(엘더)의 모형

콥과 엘더는 정책의제 채택의 과정을 사회문제, 사회적 이슈, 공중의제(체제적 의제=토의의제=환경의제), 정책의제(제도적 의제=행동의제=공식의제)로 설명하였다.

이를 구체적으로 살펴보면 다음과 같다(이원회 외, 2006: 348).

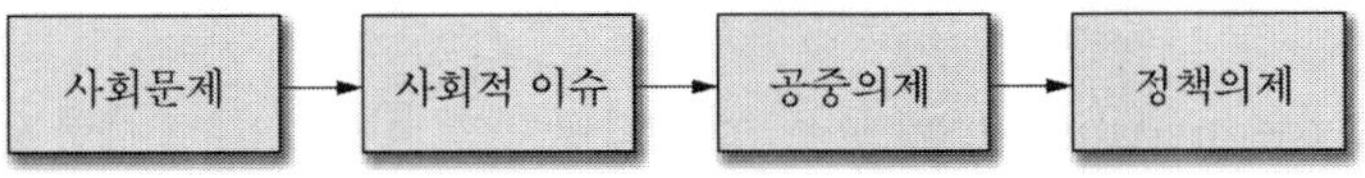


〈그림 5-2〉 정책의제 채택과정

첫째로, 사회문제(social problem)이다. 콥과 엘더는 정책의제 채택과정의 첫 상태를 사회의 많은 구성원들이 느끼는 문제, 즉 사회문제라고 정의하였다.

둘째로, 사회적 이슈(social issue)이다. 문제에 대한 정의와 해결방안에 관하여 사회적 의견이 일치하지 않는 사회문제로서 집단들 간에 논쟁의 대상이 되어 있는 사회문제가 여기에 해당된다.

셋째로, 공중의제(public agenda)이다. 콥과 엘더가 말한 공중의제는 체제적 의제, 토의의제, 환경의제라고도 불리는 것으로 일반대중이 정부가 해결방안을 강구해야 한다고 공감하는 문제를 말한다.

넷째로, 정책의제(policy agenda)이다. 콥과 엘더가 말한 정책의제는 제도적 의제, 행동의제, 공식의제라고도 불리는 것으로 공식적 권한을 가진 정부가 신중하게 적극적으로 검토하기로 결정한 문제를 말한다.

이 밖에도 C. Jones(존스)는 정책의제설정을 첫째로는 문제의 인지 및 정의단계, 둘째로는 결속과 조직화 단계, 셋째로는 대표단계, 끝으로는 의제 채택단계로 정리하였다.

그리고 R. Estone(이스톤)은 정책의제설정을 첫째로는 사회문제 인지단계, 둘째로는 사회이슈화 단계, 셋째로는 공중의제화 단계, 끝으로는 공식의제화 단계로 정리하였다.

## 4. 주도집단에 따른 유형

### Cobb(콥)과 Ross(로스)의 모형[3]

콥과 로스는 정책의제설정을 주도집단에 따라 다르게 나타난다고 주장하였다. 이를 구체적으로 살펴보면 다음과 같다(〈그림 5-3〉 참조).

〈그림 5-3〉 정책과정단계

### 1) 외부주도형

외부주도형(outside initiative model)은 정책담당자가 아닌 외부 사람들의 주도에 의해 정책문제의 정부 귀속화가 이루어지는 정책의제설정이다. 즉 외부주도형은 이익집단에서 발달하고 정부가 외부의 요구에 민감하게 반응하는 다원화되고 민주화된 선진국에서 나타나는 유형이다(〈그림 5-4〉 참조).

이러한 외부주도형은 외부집단의 경쟁으로 인하여 점진적 해결에 머무르는 수가 많다는 특징을 가지고 있다. 그 예로는 페놀오염, 벤처 지원, 전자상거래 등이 있다.

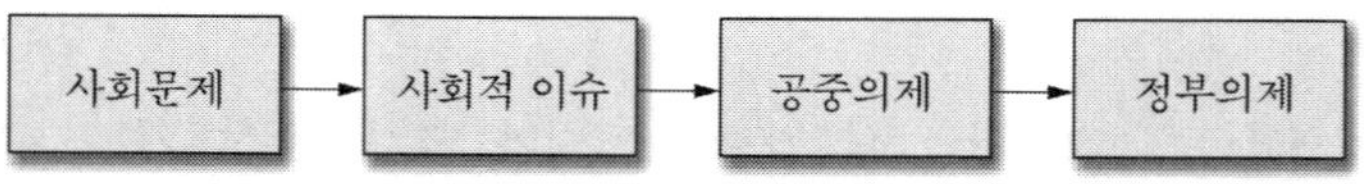


〈그림 5-4〉 외부주도형의 정책의제 채택과정

### 2) 동원형

동원형은 정책담당자들에 의해 정책의제가 형성되는 정책의제설정이다. 즉 외부주도형과는 정반대로 정부 내의 정책결정자들이 주도하여 정책의제를 채택하는 경우이다(〈그림 5-5〉 참조).

이러한 동원형은 사회문제가 바로 정부의제로 채택되고, 일반대중의 지지를 얻어 정책의 집행을 성공적으로 이끌기 위한 정부의 활동을 통해 공중의제가 된다.

따라서 동원형은 전문가의 영향력이 매우 크고, 정책결정과정과 내용이 좀 더 분석적이

3) 이원희 · 위계점, 2006: 349.

다. 이 동원형의 예로는 새마을운동, 가족계획사업, 전자주민카드제 등이 있다.

〈그림 5-5〉 동원형의 정책의제 채택과정

### 3) 내부접근형

내부접근형(inside access model)은 동원형처럼 정책담당자들에 의해 자발적으로 정책의제화가 진행되는 것으로 내부주도형이라고도 불린다(〈그림 5-6〉 참조).

이러한 내부접근형은 정부기관 내의 관료집단이나 정책결정자에게 쉽게 접근할 수 있는 외부집단이 최고결정권자에게 접근하여 정책의제로 채택되게 한다. 그 예로는 외교·국방정책의 경우 많이 나타나며, 후진국에서 관료들이 주도하는 경제개발계획에서도 흔히 나타난다.

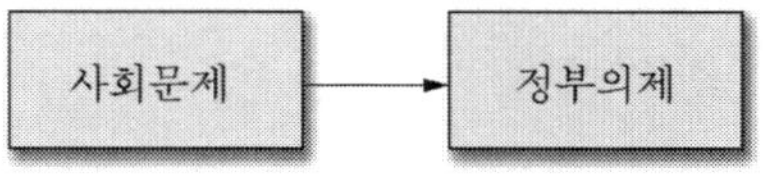


〈그림 5-6〉 동원형의 정책의제 채택과정

## 5. 의제설정에 영향에 미치는 요인

의제설정에 영향을 미치는 요인들은 정책문제의 성격, 관계집단의 크기 및 응집력, 정치상황 등이 존재한다(이원희 외, 2006: 357).

### 1) 정책문제의 성격

정책문제의 성격은 의제설정에 영향을 미치는데 다음과 같은 특징을 지닐 때 정책의제설정 가능성이 높아진다.

첫째, 사회적 유의성이다. 정책의제설정은 문제로 인한 피해자의 숫자가 많거나 피해의 강도가 크거나, 피해의 사회적 의미가 중대할수록 채택될 가능성이 높다.

둘째, 기간의 적절성이다. 정책의제의 설정에 있어서 사회문제가 오랫동안 누적되어 온 것일수록, 장기적으로 고통을 주면 줄수록 채택될 가능성이 높다.

셋째, 문제가 단순하고, 기술적으로 이해하기 쉬울수록 정책의제로 설정될 가능성이 높다.

넷째, 문제가 구체적일수록 채택될 가능성이 높다. 하지만 이념과 사상과 관련된 정책은 포괄적일수록, 추상적일수록 지지 세력이 많아져서 채택될 가능성이 높아지기도 한다.

다섯째, 관련 집단들에 의해 예민하게 쟁점화 될 것일수록 의제설정으로 채택될 가능성 높다.

끝으로 선례가 있는 문제일수록 의제설정으로 채택될 가능성이 높다.

#### 2) 관계집단의 크기 및 응집력

정책의제의 설정은 관계집단의 크기가 클수록, 응집력이 강할수록 정부의제화 되기 쉽다. 이러한 관계집단의 종류는 확인집단, 관심집단, 관심대중, 일반대중으로 구분할 수 있다. 이를 구체적으로 살펴보면 다음과 같다.

첫째, 확인집단이다. 확인집단은 동일집단이라고도 하는데, 이슈제기집단과 강한 유대감을 느끼고 자기들의 이해가 이슈제기집단의 이해와 일치한다고 생각하는 집단이다.

둘째, 관심집단이다. 관심집단은 주의집단이라고도 하는데, 특정 문제가 자기들의 이해관계와 밀접한 관계가 있는 집단을 말한다.

셋째, 관심대중이다. 관심대중은 주의공중이라고 하는데, 공중문제를 잘 알고 관심이 있는 계층의 사람들로 여론지지층이 여기에 해당된다.

넷째, 일반대중이다. 일반대중은 비활동적이며, 문제에 대한 관심이 적고 지식이 부족한 사람을 말한다.

이러한 관계집단들 간의 이슈의 확산과정은 일반적으로 확인집단에서 관심집단으로, 관심집단에서 관심대중으로, 관심대중에서 일반대중으로 나타난다.

## 제 2 절 정책결정과 정책결정모형

### 1. 정책결정의 정의와 특징

#### 1) 정책결정의 정의

정책결정이란 주로 정부기관이 장래의 주요 행동지침인 정책을 매우 복잡한 동태적 과정을 거쳐 결정하는 정책과정을 말한다. 좀 더 구체적으로 말해 정책결정이란 행정기관이 국가목표를 설정하고, 그것을 달성하기 위한 정책대안을 작성해 그 결과를 예측·분석하고 채택하는 동태적인 과정을 말한다. 즉 정책결정은 정책이 추구하는 미래의 바람직한 상태, 즉 목표상태를 결정할 뿐만 아니라, 정책목표달성의 수단으로서의 정책대안을 개발·분석·채택하는 일련의 과정을 말한다.

이러한 정책결정은 일반적으로 정책문제의 정의, 정책목표의 설정, 정책대안의 탐색 및 개발, 정책대안의 결과 예측, 정책대안의 비교 및 평가, 최적대안의 선택의 과정을 거친다 (〈그림 5-7〉 참조).

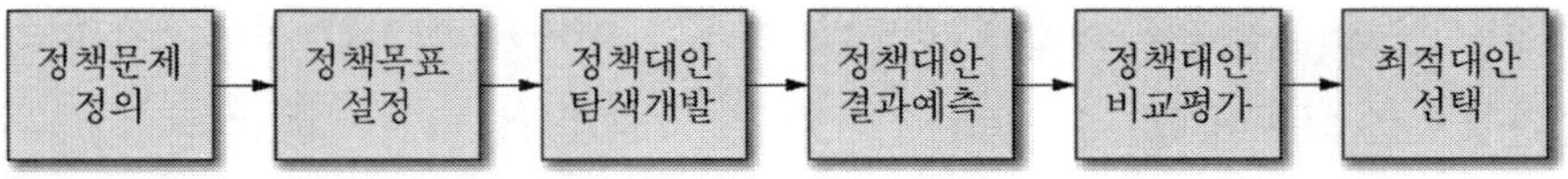


〈그림 5-7〉 정책결정의 과정

#### 2) 정책결정의 특징

정책결정은 다음과 같은 특징을 지니고 있다(이원희 외, 2006: 371).

첫째, 공공성·정치성·규범성과 복잡성을 띠는 동태적 과정이다.

둘째, 공식적·비공식적 성격을 가진 하위구조가 관련되는 다원적 과정이다.

셋째, 공익을 추구하며, 불확실한 미래를 예측하고 행동대안을 탐색한다.

넷째, 의사결정의 한 형태로서 가능한 최선의 수단을 선택하는 과정이다.

## 2. 정책결정의 과정

### 1) 정책문제의 정의단계

#### (1) 정책문제의 의의

정책문제의 정의란 정책문제의 구성요소, 원인 또는 결과 등의 내용을 규정하여 '무엇이 문제인지'를 밝히는 것을 말한다. 여기에서 말하는 정책문제[4]는 '바람직하지 못한 상황', '바람직한 상태와 현재 상태와의 차이', '차이 중 극복 가능한 차이', '극복 가능한 차이 중 개선을 위한 기회가 가미된 것' 등을 말한다(이원희 외, 2006: 374~375).

4) David Dery(데리)는 정책문제를 ① 바람직하지 못한 상황, ② 바람직한 상태와 현재 상태의 차이, ③ 극복 가능한 차이, ④ 개설을 위한 기회라고 정의하였다.

이러한 정책문제를 파악할 때는 다음과 같은 측면을 주의하여야 한다.

첫째로 문제의 제반 측면을 개략적으로 파악하여야 한다.

둘째로 문제의 결과로서 문제의 범위, 크기, 강도를 통해서 문제의 심각성을 파악하여야 하는데, 이때에는 반드시 피해계층이나 피해집단을 파악하여야 한다.

셋째로 문제의 발생 원인을 파악하고 문제의 원인과 결과 사이의 인과관계를 파악하여야 한다.

넷째로 이 정책문제가 미래에 어떻게 될 것인가를 파악하여야 한다.

### (2) 정책문제정의의 관점

정책문제는 문제의 실체를 어떻게 보느냐, 문제를 어떻게 정의할 것이냐에 따라서 크게 두 가지 관점으로 나누어 볼 수 있다. 그 하나는 객관론적 관점이고, 다른 하나는 주관론적 관점이다(강근복, 2000, 55~56).

먼저 객관론적 관점에서의 정책문제이다. 객관론적 관점은 정책문제를 문제시되는 상황 그 자체로서 경험할 수 있는 객관적 실체라고 보는 입장이다. 따라서 문제는 객관적인 실체를 가지고 있기 때문에 그 실체를 규명하는 것이 문제분석의 핵심이라고 본다.

따라서 객관론적 관점은 문제 상황을 '있는 그대로' 정확히 묘사하는 문제분석을 강조한다.

다음으로 주관론적 관점에서의 정책문제이다. 주관론적 관점은 문제의 주관성을 강조하는 관점이다. 즉 문제를 그 자체가 관찰 가능한 객관적인 실체가 아니라, 문제를 인식하는 사람들의 마음속에 있는 '분석적 축조물'이라고 본다.

따라서 주관론적 관점은 문제는 모든 사람에게 같은 모습으로 나타나는 것이 아니라 사람에 따라 다르게 나타난다고 주장한다.

### (3) 정책문제의 특징

정책문제는 다음과 같은 특징을 지니고 있다(Dunn, 1981, 박수영, 2006: 157, 강근복, 2000: 58~61).

첫째, 상호 의존성이다. 정책문제는 하나의 문제가 다른 정책문제와 영향을 미치는 등 긴밀하게 관련을 맺고 있다. 즉 한 분야에서 발생되는 정책문제가 종종 다른 분야의 정책문제에 영향을 미치고, 또 영향을 받는다. 이러한 정책문제의 상호 의존성에 대한 예를 들면 석유가격 인상은 택시요금 인상의 요인이 되며, 결국은 국민경제의 척도라 할 수 있는 물가에 직접 영향을 미친다.

둘째, 주관성이다. 정책문제는 조건 또는 상황에 따라 정의되고 해석되는 과정으로, 문제

상황은 객관적일 수 있지만 정의된 문제는 매우 주관적이다. 즉 정책 담당자의 입장에 따라서 정책문제의 성격이 달라진다.

셋째, 인공성이다. 정책문제는 사회적으로 정의되는 것으로 조건이나 상황으로부터 인간이 창조해낸 인공물이다.

넷째, 역동성이다. 사회환경은 계속 변화하고 정책의 양태도 수시로 변화한다. 따라서 정책문제도 문제의 발생과 해결방법이 끊임없이 변화해야 한다.

다섯째, 중요성 및 심각성이다. 정책문제는 그 피해의 정도가 심각하고 다른 문제에 파급성이 크다는 특징을 지니고 있다.

여섯째, 차별적 이해관계성이다. 정책문제는 여러 집단에 동일한 문제로 영향을 미칠 때 어떤 집단에는 더 큰 이익 또는 손해를 배분하지만, 어떤 집단에는 더 작은 이익 또는 손해를 배분하는 차별적 이해관계성을 지닌다.

끝으로 정치성이다. 정책문제는 문제인지 자체의 주관적 성격에 따라 문제의 정의가 달라지고, 문제를 어떻게 정의하느냐에 따라 정책의 목표 설정이나 문제해결방식이 달라진다. 따라서 특정 문제에 대하여 이해관계를 가지고 있는 집단들은 자기들에게 유리한 방향으로 문제정의가 이루어지도록 정치적 활동을 벌인다.

#### (4) 정책문제의 분석과정

정책문제의 분석과정은 분석과정에 따라 예비분석, 본분석으로 나누어 볼 수 있다. 물론 이러한 분석은 단 한 번만에 종결되는 것이 아니라 정의된 문제에 따라 다르게 진행된다(강근복, 2000: 66~76).

##### ① 예비분석

예비분석은 문제에 대해 본격적인 분석을 하기 이전에 하는 분석을 말한다. 즉 예비분석은 문제분석의 효용성을 평가하고 문제분석을 좀 더 효율적으로 하기 위해서 실행되는 분석이다.

이러한 예비분석은 요서별 점검법, 나뭇가지모양 분석법, 우선순위 행렬표를 이용하여 분석한다. 하지만 정책문제를 정밀하게 분석하기 위해서는 많은 노력과 시간 및 비용이 투입되어야 하는 한계를 지니고 있다.

##### ② 본분석

본분석이란 예비분석을 통해 정하여진 정책문제를 분류 및 여과하여 개별적으로 분석하는 것을 말한다. 즉 본분석은 정책결정자나 문제 관련 집단들이 추구하는 가치 또는 문제의 원인과 결과, 문제와 관련된 집단과 문제의 변화 가능성을 분석한다.

따라서 본분석은 문제시되는 상황의 배경, 정책문제의 원인분석, 정책문제의 결과적 측면과 중요성 및 심각성 파악, 정책문제 관련 집단의 파악, 정책결정자 및 문제해결 요구집단이 추구하는 가치의 분석, 정책문제의 변화 가능성과 새로운 문제발생의 예측을 중심으로 한다.

### (5) 정책문제의 분석방법

정책문제 분석방법으로는 계층분석, 유추분석, 가정분석, 분류분석, 주관적 · 직관적 분석이 있는데 이를 구체적으로 살펴보면 다음과 같다(강근복, 2000: 76~84).

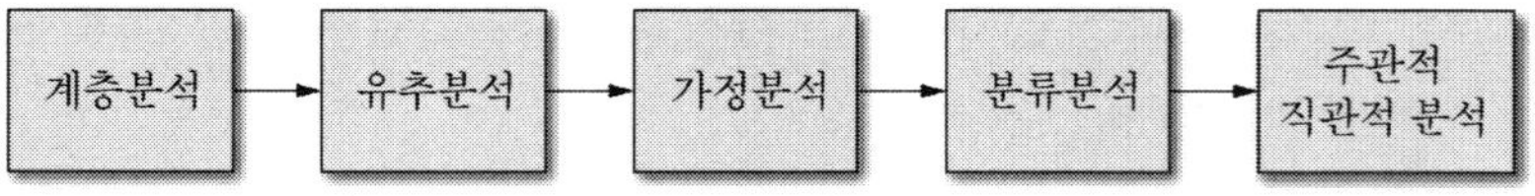


〈그림 5-8〉 정책문제 분석의 종류

첫째, 계층분석(hierarchy analysis)이다. 계층분석은 계서분석이라고도 하는 것으로 문제시되는 상황을 야기하였을 것으로 여겨지는 원인을 발견하기 위한 방법이다. 즉 계층분석은 원인들을 여러 차원으로 구분하여 세밀하게 분석함으로써 문제를 발생시킨 근본적인 원인을 파악하고, 문제의 해결방안을 모색할 수 있다.

둘째, 유추분석(synectics analysis)이다. 유추분석은 과거에 등장하였거나 다루어 본 적이 있는 유사한 문제에 대한 분석을 말한다. 즉 유추분석은 기본적으로 새로운 문제인 것처럼 여겨지는 것들도 단지 과거에 등장하였던 문제를 새롭게 인식하는 것에 불과한 것으로 본다. 따라서 유추분석은 현재의 문제해결을 위해서 과거에 유사한 문제의 이해를 통해 현재의 문제해결에 도움을 얻고자 한다. 이러한 유추분석으로 인적 유추(personal analogies), 직접적 유추(direct analogies), 상징적 유추(symbolic analogies), 가상적 유추(fantastic analogies)가 있다.

셋째, 가정분석(假定分析, assumptional analysis)이다. 가정분석은 문제 상황의 인식을 둘러싼 여러 대립적인 가정들을 드러내고 이를 창조적으로 통합하는 것을 목표로 하는 분석방법이다. 이러한 가정분석은 정책 관련 집단의 확인, 가정의 노출, 가정들의 비교 및 평가, 가정들 사이의 타협과 종합, 가정의 통합과정을 통해 이루어진다.

넷째, 분류분석(classificational analysis)이다. 분류분석은 문제시되는 상황을 정의하고 분류하기 위해 사용되는 개념들을 명확히 하는 분석이다. 이러한 분류분석은 중요한 두 가지 절차를 가지는데, 전자는 논리적 분할로 어떤 하나의 부류를 선택하여 그것을 구성요소로 나누는 것을 말한다. 후자는 논리적 분류로 여러 상황, 물적 대상 또는 사람 등을 더 큰 집단 또는 부류로 결합시키는 것을 말한다. 하지만 분류분석은 무엇보다 실체적 적실성, 포괄성, 상호 배타성, 일관성, 계층적인 명백한 구분 등의 규칙을 반드시 준수해야 한다.

다섯째, 주관적 또는 직관적 방법이다. 주관적 또는 직관적 분석방법으로 개인의 통찰력과 창의력 및 직관적 판단에 의해 문제를 분석하는 개인적인 분석과 회의방법이나 집단자유토론 그리고 정책델파이 등의 집단적 분석이 있다.

### 2) 정책목표의 설정단계

#### (1) 정책목표의 의의

정책목표란 사전적 의미로 정책을 통해 달성하려는 미래의 바람직한 상태(desirable future state)를 말하는 것으로, 정책목표는 정책수단 선택의 기준이 되고 정책집행과정에서 의사결정의 지침으로 기능하며, 정책평가의 기준이 된다.

이처럼 정책목표란 정책을 통해서 달성하고자 하는 바람직한 상태, 즉 정책이 달성하고자 하는 최종상태로 행정이 지향하는 궁극적인 상태를 말한다.

아울러 바람직한 정책목표는 그 실질적 내용에서 적합성과 적정성을 지녀야 한다. 먼저 적합성이란 달성할 가치가 있는 여러 가지 목표들 중에서 가장 바람직한 것들을 목표로 채택하였는지의 여부를 파악하는 것이며, 적정성은 정책목표의 설정수준이 지나치게 높거나 낮지 않고 적당한 수준인지를 파악하는 것이다(이원희 외 2006: 379).

#### (2) 정책목표의 기능

바람직한 상태를 달성하고자 하는 정책목표는 다음과 같은 기능을 가지고 있다(이종수·윤영진, 2006: 279~280).

첫째, 정책목표는 다양한 정책수단 중에서 최선의 것을 선택하는 기준으로 이용된다.

둘째, 정책목표는 정책집행과정에서 무수히 나타나는 일련의 결정들의 지침으로서의 역할을 한다.

셋째, 정책목표는 정책집행 후에 그 정책의 성과를 평가하는 정책평가의 기준이 된다.

#### (3) 정책목표의 유형

정책의 목표는 공식적 목표와 실질적 목표, 계층제의 기준에 따라 상위목표와 하위목표, 무형적 목표와 유형적 목표 등 다양한 유형이 존재한다(이원희 외, 2006: 381~383).

이러한 정책의 목표를 페로우(Perrow)는 목표의 유형에 따라 정리하였다.

첫째, 사회적 목표이다. 사회적 목표는 사회가 요구하는 것으로, 에치오니가 말하는 경제적 목표, 질서목표, 문화적 목표 등이 여기에 해당된다. 이러한 사회적 목표의 준거집단은 주로 사회 전체이다.

둘째, 산출목표이다. 산출목표는 소비자들의 선호나 요구를 충족시켜 주는 것을 말한다. 이러한 산출목표의 준거집단은 주로 고객이다.

셋째, 체제목표이다. 체제목표는 최고관리자가 관심을 가지는 조직의 유지, 생존, 적응 및 성장이 여기에 해당된다. 이러한 체제목표의 준거집단은 주로 최고관리자이다.

넷째, 생산목표이다. 생산목표는 투자자가 원하는 것을 조직목표로 한다. 따라서 생산목표의 준거집단은 주로 투자자이다.

다섯째, 파생적 목표이다. 파생적 목표는 조직이 본래에 추구하던 목표 이외의 다른 목표를 추구하는 경우를 말한다.

#### (4) 정책목표의 구체화

정책목표는 정책과정에서 판단의 기준 또는 행동의 지침으로서의 기능을 수행하기 위해서 가능한 한 구체적이고 명확하게 설정되어야 한다. 즉 달성해야 할 목표가 무엇인지를 분명하게 하지 않으면 목표를 달성하기 위한 수단을 찾기란 더욱 어려워진다.

따라서 목표를 더욱더 구체적이고 조작적인 형태로 표현함으로써 정책수단을 더 쉽게 찾을 수 있게 해야 한다. 아울러 목표를 구체화시켜 감에 따라 목표와 수단의 연쇄관계를 더욱 튼실해질 것이다.

#### (5) 정보의 모집 · 분석

정책목표가 정해지면 정책결정에 필요한 정보를 모집 · 분석하는 일련의 행동이 필요한데, 이때 MIS(Management Information System, 경영정보체제)가 적용된다.

MIS와 행정정보체제(Public Management Information System)를 비교하면 〈표 5-1〉과 같이 설명할 수 있다.

〈표 5-1〉 정보처리과정상의 MIS와 PMIS의 비교 특성

| 정보처리단계 | MIS | PMIS |
|---|---|---|
| 자료처리단계 | 능동적 자료 채취 | 수동적 자료 채취 |
| 해석단계 | 합리모형, 알고리즘에 의한 대안탐색 과정 중심 | 만족모형, 휴리스틱에 의한 대안탐색 내용 중심 |
| 목표설정단계 | • 목표의 구체성 · 명확성<br>• 계량화<br>• 장기적인 계획기간 설정 | • 목표의 추상성 · 불명료성, 계량화 및 기억화의 곤란<br>• 계획기간의 단기적 성향 |
| 평가단계와 평가기준 | • 명확한 평가 가능<br>• 경제성과 능률성(기준) | • 여론에 의한 평가와 그 유동성 · 경제적 합리성+민주성<br>• 형평(기준) |

① 문제해결에 도달하는 과정이 알려져 있고 그 과정을 따라가면 반드시 목표상태에 도달할 경우, 그 과정을 일컬어 알고리즘(Algorithm)이라고 하고, 그 반대적인 상황을 휴리스틱(Heuristic)이라고 한다.

② 알고리즘은 합리모형에 의해 최적의 대답의 해답을 구해 가는 것이고, 휴리스틱은 만족모형에 의해 목표를 지속적으로 탐색해 가는 것이다.

### 3) 정책대안의 탐색단계

#### (1) 정책대안 탐색의 의의

정책대안을 탐색하는 것이란 정책대안들을 탐색하는 것과 창출하는 것을 모두 포함하는 것이다. 즉 정책목표의 설정 이후에 이를 잘 달성할 것으로 예상되는 정책수단들을 개발하고 탐색하는 과정을 말한다.

#### (2) 정책대안의 의의

일반적으로 대안이란 사전적으로 어떤 목표를 달성하기 위해 선택할 수 있는 행동 노선, 즉 선택 가능한 정책수단을 말한다. 즉 대안이란 결정자가 그것을 사용함으로써 원하는 목표를 달성할 수 있다고 믿는 수단이나 방법을 말한다.

이러한 측면에서 정책대안이란 정책결정자들이 정책문제의 해결과 정책목표의 달성을 위해 채택 가능한 여러 가지 수단들을 지칭하는 것이다.

#### (3) 정책대안의 탐색 및 개발방법

바람직한 정책대안을 선택하기 위해서는 우선 다양한 정책대안을 광범위하게 탐색하고 개발해야 한다. 이러한 정책대안의 구체적인 탐색 및 개발방법은 과학적인 지식과 모형에

의한 개발과 주관적 판단에 의한 개발이 있다(강근복, 2000: 100~117).

먼저 과학적인 지식과 기술 및 모형에 의한 대안개발은 과학적 지식이나 기술을 통해 정책목표와 정책수단 간의 인과관계를 파악하여 가장 합리적인 정책대안을 탐색 및 개발하는 데 도움이 되고자 한다. 아울러 모형은 정책문제를 발생시킨 모형을 찾아내고 그 원인을 제거하는 정책대안을 찾아내는 데 매우 중요한 역할을 한다.

다음으로 주관적 판단에 의한 대안의 탐색 및 개발이 있다. 즉 주관적 판단에 의한 대안 탐색 및 개발은 주로 개인 또는 집단의 판단력·직관력·통찰력을 기초로 하는 것으로 대면적 토론법, 집단자유토론법, 기술식 집단자유토론법, 정책델파이 등이 대표적이다. 이를 구체적으로 살펴보면 다음과 같다(〈그림 5-9〉 참조).

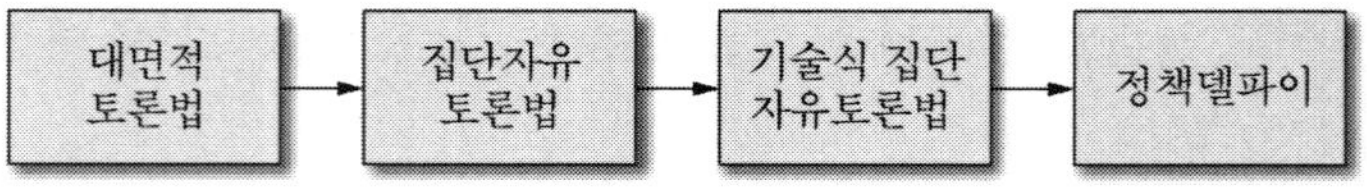


〈그림 5-9〉 정책문제 대안분석의 종류

### ① 대면적 토론법

대면적 토론법은 한 사람의 지혜보다는 여러 사람의 지혜가 더 다양하며 정확하고 합리적일 것이라는 원칙에 입각하여 다수의 사람들이 대면적으로 상호 의견을 교환함으로써 다양하고 창의적인 의견을 제시하는 주관적 판단기법이다.

하지만 집단 내의 압력이나 토론의 분위기, 인간관계나 체면 때문에 의견표명에 제한을 받거나, 공격적인 사람 또는 연장자 등에 의해 결론이 크게 좌우되기도 하는 단점이 있다.

이러한 대면적 토론법의 유형으로는 세미나, 패널, 심포지엄, 포럼, 분임토의 등이 있다.

### ② 집단자유토론법

집단자유토론법은 기발하고 다양한 아이디어를 자유롭게 제안할 수 있도록 함으로써 가능한 많은 아이디어를 얻기 위해 활용되는 방법이다. 즉 미래 상황이 어떻게 전개될 것인가에 대한 예측뿐만 아니라, 문제를 해결할 수 있는 여러 가지 방안을 고안하고 그러한 방안이 어떠한 결과를 초래할지를 예측하는 데 이용하는 방법이다.

이러한 집단자유토론법은 정해진 절차에 따라 조직적으로 행해지기도 하지만 정책분석가의 의도나 현실적인 상황적 제약에 따라 상대적으로 치밀하게 조직화되어 진행될 수도 있고 느슨한 형태로 진행될 수도 있다.

③ 기술식 집단자유토론법

기술식 집단자유토론법은 앞서 말한 집단자유토론법과 매우 유사한 방법이다. 그러나 이 방법은 아이디어를 제시하거나 토론이 끝난 후에 제시된 아이디어를 점수로 평가할 때 구두로 하는 것이 아니라 종이로 한다는 점에서 집단자유토론법과 차이가 있다.

④ 정책델파이

정책델파이는 델파이 방법의 기본논리를 이용하여 정책문제의 해결을 위한 정책대안을 개발하기 위한 방법이다.

즉 본래의 델파이 방법은 미래의 사건 변화에 대해 계명된 전문가 간의 합의 도출을 위해 개발되었지만, 정책델파이는 정책문제의 잠재적인 해결의 개발을 위해 델파이의 방법을 응용한 것이다.

따라서 델파이가 어떤 이해관계나 입장과는 상관없이 객관적인 입장에서 주관적 판단에 따라 아이디어를 모으는 것과는 달리, 정책델파이는 가능한 한 상이한 관점과 의견을 노출시킴으로써 좀 더 바람직한 대안을 개발하는 데 목적이 있다.

### 4) 정책대안의 결과 예측 단계

#### (1) 정책대안의 결과 예측의 의의

정책대안의 결과 예측이란 정책대안이 실현되었을 경우에 나타나게 될 결과들을 미리 예측해 보는 것을 말한다. 즉 정책대안의 결과 예측은 대안분석에서 가장 어려운 단계 중의 하나로, 전문적인 능력과 시간이 부족한 정책결정자들에게 정책분석이 기여할 수 있는 가장 중요한 단계이기도 하다(강근복, 2000: 123~125).

이러한 정책대안의 예측이 대상으로 하는 미래는 세 가지 형태가 있다. 이를 구체적으로 살펴보면 다음과 같다.

첫째, 가능한 미래 또는 잠재적 미래이다. 가능한 미래 또는 잠재적 미래는 실제로 발생하게 될 미래의 상태가 아니라 단순히 발생 가능한 또는 나타날 수도 있는 미래의 상태를 말한다.

둘째, 개연적 미래 또는 확률적 미래이다. 이는 정책 활동을 통해 방향전환을 시도하지 않는다면 자연이나 사회의 인과관계에 따라 자연스럽게 나타나게 될 가능성이 큰 미래 상태를 말한다.

셋째, 규범적 미래 또는 바람직한 미래이다. 이는 정책분석가가 바람직하다고 여기는 미래의 상태, 그렇게 나타나기를 기대하는 미래를 말한다.

### (2) 정책대안의 결과 예측의 방법

정책대안의 결과를 예측하는 방법에는 경향치의 투사(trend extrapolation)와 이론적 가정(theoretical assumptions) 그리고 주관적 판단(subjective judgement)이 있다. 이를 구체적으로 살펴보면 다음과 같다(강근복, 2000: 136~148).

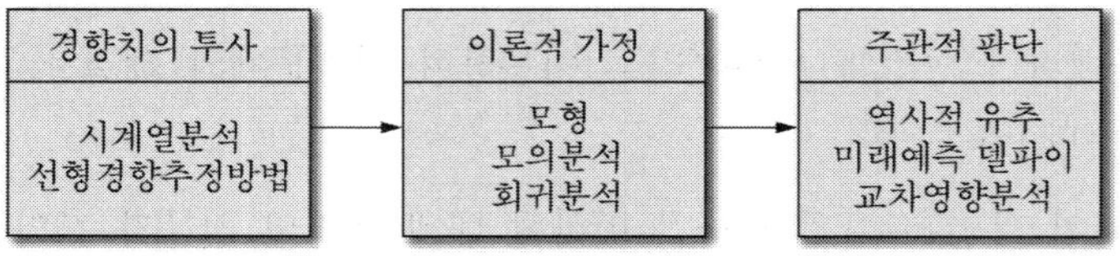


〈그림 5-10〉 정책대안의 결과 예측방법

#### ① 경향치의 투사

경향치의 투사는 과거부터 현재에 이르기까지 관찰된 역사적 경향을 미래의 시점까지 확장시켜 정책대안의 결과를 예측하는 방법이다. 즉 경향치의 투사는 귀납적 논리에 기초를 두고 있어서, 특정한 관찰 결과로부터 일반적인 결론이나 주장을 이끌어낸다.

이러한 경향치의 투사에 활용되는 방법으로는 시계열분석과 선형경향추정방법이 있다. 이를 구체적으로 살펴보면 다음과 같다.

첫째, 시계열분석이란 시간을 독립변수로 하여 과거로부터 현재에 이르는 변화를 분석함으로써 미래를 예측하는 동태적인 분석방법이다. 즉 수많은 양상을 띠며 나타나는 시계열 자료를 잘 적합될 수 있도록 여러 모형을 통해 분석하는 것을 말한다. 최근에는 Box-Jenkins에 의해서 개발된 ARIMA모형 등이 많이 사용되고 있으며, 이 외에도 회귀분석방법, 이동평균법, 지수평활법(exponential smoothing method), 요소분석법(decomposition method) 등이 사용된다.

둘째, 선형경향추정방법이다. 선형경향추정방법은 선형회귀방법을 이용하여 시계열의 관측치를 기초로 미래 상태의 정확한 추정치를 수학적으로 얻는 절차이다.

#### ② 이론적 가정

이론적 가정은 한 사건의 발생을 예측할 수 있게 체계적인 구조를 가지고 있으면서 경험적으로 검증 가능한 일단의 법칙과 명제를 말한다. 즉 이론적 가정은 대개 변수와 변수 사이의 인과관계를 기초로 연역적 논리과정을 통해 예측한다.

이러한 이론적 가정의 미래예측방법으로는 모형, 모의분석법, 회귀분석 등이 있다. 이를 구체적으로 살펴보면 다음과 같다.

첫째, 모형이다. 모형은 현실에서 분석에 필요하고도 중요한 측면만을 선별하여 단순화시킨 것으로 어떤 적극적인 정책을 추진하지 않고 현재의 추세가 지속될 경우에 나타날 상황을 예측할 수 있다. 또한 예측 결과를 토대로 상황의 긍정적인 측면과 부정적인 측면을 구분할 수 있다.

둘째, 모의분석법이다. 모의분석법은 시뮬레이션이라고 불리는 것으로 어떤 실제 체제의 성질, 행태 및 특성들을 이해하기 위하여 그 체제를 모방한 어떤 고안물을 활용하는 것이다. 즉 모의분석법은 비교적 적은 비용으로 정책대안의 실현으로 인해 어떠한 변화가 일어나는가 하는 것을 알아낼 수 있다.

셋째, 회귀분석이다. 회귀분석이란 변수들의 관계를 이용하여 미래를 예측하는 기법을 말한다. 즉 경제 분야의 변인들 간의 관계를 분석하여 수리모형을 개발하고 종속변인의 미래예측치를 산출하는 데 많이 사용된다.

③ 주관적 판단

주관적 판단은 주로 내적 통찰력에 의해 정책대안의 결과를 예측하는 것이다. 이러한 주관적 판단은 보통 예측하고자 하는 대상에 대한 전문가나 지식인들에 의해 이루어지게 되며, 앞서 설명한 경향치의 투사나, 이론적 가정을 활용하기가 어려운 경우에 사용된다.

이 주관적 판단의 예로는 역사적 유추법, 미래예측 델파이, 교차영향분석 등이 있다. 이를 구체적으로 살펴보면 다음과 같다.

첫째, 역사적 유추법이다. 역사적 유추법은 예측하고자 하는 대상과 유사한 과거의 사례를 비교 및 분석하여 미래를 예측하는 방법이다. 하지만 역사가 반드시 되풀이되는 것은 아니기 때문에 이러한 방법에 의한 예측이 빗나가는 경우도 많다.

둘째, 미래예측 델파이이다. 미래예측 델파이는 전문가들로부터 미래의 사건들에 대한 계명된 판단(informed judgment)을 체계적으로 얻어 내고 교환하며 개발하는 직관적 예방 방법이다. 하지만 델파이를 통한 예측도 다음과 같은 측면에서 비판을 받고 있다. 먼저 전문가들의 능력문제이다. 예측하고자 하는 문제에 대해 정통한 전문가들을 확보하였더라도 예측의 결과가 반드시 타당하다는 보장은 없다. 즉 특정 분야의 전문가들이 자신이 관심을 가지고 있는 특정 영역에 관심을 집중시키는 것이 그 예이다. 다음으로 조사방법상의 문제이다. 델파이방법도 조사연구방법의 한 유형이기 때문에 조사방법상의 문제점을 가지고 있다. 즉 표본추출, 설문지 설계, 응답의 신뢰성 등에서 문제가 있을 경우 대안의 예측도 큰 영향을 받아 대안의 결과 예측 자체가 잘못될 수 있다.

셋째, 교차영향분석이다. 교차영향분석은 정책문제와 관련된 선행사건의 발생 여부에 따라 특정 사건의 발생 가능성을 주관적 판단에 입각해서 예측하는 방법이다. 이러한 교차영향분석은 본래 델파이방법과 같은 직관적 예측방법을 보완하기 위해 미국 랜드연구소 연구진들에 의해 고안되었다.

### 5) 정책대안의 비교 및 평가단계

#### (1) 정책대안의 비교 및 평가의 의의

정책대안의 비교 및 평가란 정책결과를 예측한 후에 대안의 선택기준을 명확히 하고 이를 기준으로 비교 및 평가하는 단계를 말한다. 즉 대안들 간의 우선순위를 정하는 단계이다.

#### (2) 정책대안의 비교 및 평가의 기준

정책대안을 비교 및 평가하는 기준은 정책대안의 당위성, 실현성, 능률성 이상의 3가지 측면에서 살펴볼 수 있다. 하지만 이 세 가지 차원은 계층성을 지닌다. 즉 모든 정책대안은 우선적으로 당위성 차원의 타당성을 지녀야 한다. 그 다음으로 당위성을 지닌 정책대안은 실현성을 가질 수 있고, 실현성을 가진 정책대안이 능률성을 가질 수 있다.

이를 구체적으로 살펴보면 다음과 같다(강근복, 2000: 150~177).

① 당위성 차원의 비교 및 평가

당위성 차원의 비교 및 평가는 먼저 다음과 같은 기준을 가지고 있다. 첫째, 바람직한 정책대안은 인간의 존엄성을 구현해야 한다. 둘째, 인간의 존엄성은 인간의 기본적 권리가 보장받을 수 있을 때 확보될 수 있다. 셋째, 바람직한 정책대안은 형평성의 기준을 충족시켜야 한다.

이러한 당위성 차원의 대표적인 가치는 형평성이다. 즉 형평성이란 법적 또는 사회적 합리성과 밀접하게 관련되어 있고, 사회 내의 여러 집단 사이에 효과와 비용을 배분하는 것을 말한다.

아울러 형평성은 단순히 사전적인 기회균등이나 절차적인 측면의 형식적 평등뿐만 아니라 결과적인 측면에서의 평등인 실질적 평등을 동시에 고려해야 한다.

② 실현성 차원의 비교 및 평가

실현성 차원의 비교 및 평가는 정책대안이 실제로 채택되고 그 내용이 집행될 가능성을 말한다. 이러한 실현 가능성으로 기술적 실현 가능성, 재정적 또는 경제적 실현 가능성, 행정적 실현 가능성, 법적 실현 가능성, 정치적 실현 가능성이 있다. 이를 구체적으로 살펴보면 다음과 같다.

첫째, 기술적 실현 가능성이다. 기술적 실현 가능성은 현재 이용 가능한 기술로 그 실현이 가능한 정도를 말한다.

둘째, 재정적 또는 경제적 실현 가능성이다. 재정적 또는 경제적 실현 가능성은 정책대안의 집행을 위해서 필요한 재원의 확보가 가능한지의 여부이다.

셋째, 행정적 실현 가능성이다. 행정적 실현 가능성은 정책대안의 집행을 위하여 필요한 집행조직, 집행요원 및 전문인력 등의 이용 가능성을 의미한다.

넷째, 법적 실현 가능성이다. 법적 실현 가능성은 정책대안이나 정책의 내용이 다른 법률의 내용과 모순되지 않을 가능성을 말한다.

끝으로 정치적 실현 가능성이다. 정치적 실현 가능성은 정치체제에 의하여 정책대안이 채택되고 이것이 집행될 가능성을 말한다.

③ 능률성 차원의 비교 및 평가

능률성 차원의 비교 및 평가는 효과성과 능률성을 통해 설명할 수 있다.

먼저 효과성이란 일반적으로 목표달성도를 말한다. 즉 효과성이 큰 정책대안일수록 바람직한 정책이다. 하지만 효과성 기준은 목표달성을 위해 지불해야 할 정책비용을 고려하지 않는 단점이 있다.

다음으로 능률성이란 투입과 산출 간의 비율을 나타내는 것으로 투입과 산출의 계량화를 전제로 정의된다. 이러한 능률성 기준은 정책의 효과를 평가하는 데 있어 정책효과만이 아니라 정책비용까지도 고려하여 대안을 선택할 수 있게 하는 장점이 있다.

이처럼 효과성과 능률성은 정책대안을 비교 및 평가하는 데 있어 정책의 목표달성도와 비용을 측정할 수 있다는 장점이 있다. 하지만 정책효과가 누구에게 얼마만큼 배분되는가 하는 문제가 고려되지 않는다는 단점이 있다.

### 6) 최적대안의 선택단계

정책의 최적대안의 선택단계는 수많은 정책대안이 탐색 및 검토되고 이를 집행할 경우에 나타나는 결과를 예측하는 과정을 지나 비교 및 평가하는 기준까지 정해진 상태에서 실행되는 단계이다.

즉 최적대안의 선택단계에서 정책대안들의 실현 가능성과 소망성[5] 기준에 따라 바람직한 대안을 선택해야 할 것이다.

---

5) 소망성이란 정책대안의 소망스러움(desirability)을 평가하는 데 사용되는 기준이다. 이러한 소망성의 기준에는 노력, 효과성, 능률성, 형평성, 대응성 등이 있다.

## 3. 정책결정모형의 의의

모형이란 실제 생활의 어떠한 국면을 단순화시켜 구현한 것이다. 여기서 다루고자 하는 모형들은 정책분석을 위한 개념적 모형들로서 다음과 같은 점들에 논의의 중점을 두고 있다.

첫째, 공공정책에 대한 우리의 사고를 단순화하고 체계화한다.

둘째, 정책문제의 중요 문제들을 확인한다.

셋째, 정치적 핵심 양상에 초점을 맞추므로 서로 간의 의사전달을 돕는다.

넷째, 공공정책의 중요한 점을 제시함으로써 이에 대한 이해의 증진을 도모한다.

다섯째, 공공정책에 대한 설명과 그 결과를 예측한다.

정책결정모형이론의 전개에 있어서는 처음에는 인간의 완전한 합리성을 전제하는 합리모형으로부터 출발하였다. 그러나 현실적으로 인간의 완전한 합리성이란 이상에 불과하기 때문에 합리모형 이후의 대부분의 모형들은 합리모형을 비판하고 수정하는 형태로 발전하였다.

정책문제와 의사결정상황의 복잡성 때문에 하나의 특정한 이론모형만으로 모든 정책선택을 설명하고 이해하기에는 부족하다. 각 이론모형들은 특정 맥락에 있는 정책결정을 설명하는 데 부분적인 장점을 가지고 있기 때문이다. 의사결정은 본질적 특성이 사회적, 정치적 과정이며, 그 정책이 미치는 영향도 다양하다. 따라서 연합 학문적 접근방법과 다양한 차원의 관점을 통합해서 접근할 필요가 있다. 그러나 의사결정에 대한 지금까지의 접근방법들은 모두 분석과 결정을 필요로 하는 모든 정책문제들 하나하나가 독특한 특성을 지니고 있다는 점에 대한 관심이 부족했다. 그러므로 문제에 따라서 이론모형을 달리 선택해야만 한다. 이론적 접근 자체가 문제를 정의하지는 않기 때문이다.

## 4. 정책결정모형의 유형

정책결정모형의 유형을 간략하게 표로 설명하면 다음과 같다.

〈표 5-2〉 정책결정모형의 유형

| | |
|---|---|
| 이상적 규범적 총체적 연역적 낙관적 접근 | 합리모형: 인간의 전능성, 완전한 합리성(최선의 수단, 제1접근), 목적 및 환경고정, 수리모형/합리적 결정과정 |
| 현실적 실증적 부분적 귀납적 비관적 접근 | 만족모형: 인위성, 의도성, 제한된 합리성(현상유지), 개인심리 차원 |
| | 점증모형: 문제점의 계속보완, 정치적 합리성(기존+α, 제2접근), 다원화된 민주사회 |
| 혼합모형(제3접근) | 합리모형+점증모형, 활동적 사회 |
| 최적모형 | 합리성(경제적 합리성을 위한 양정 분석)+육감, 직관(질적 분석)에 의한 초합리성 +feedback |
| 공공선택이론 | 합리모형의 변화된 형태. 정치·경제적 접근, 합리인, 이익의 극대화, 정치적 참여의 활성화, 정책분석과 파급효과, 개체적 방법주의, 민주적 패러다임 |
| 쓰레기통모형 | 대학의 교수회의나 국회의 날치기 통과, 가장 불확실한 상황하의 의사결정 |

### 1) 합리모형

합리모형은 의사결정이 인간의 이성과 합리성에 근거하여 합리적으로 이루어진다고 가정하는 이론이다. 즉 의사결정자는 문제와 관련된 모든 대안에 대한 고려를 할 수 있는 전능의 능력이 있으며 주어진 목적달성을 극대화하기 위해서 최대한 합리적으로 노력한다는 합리적 인간을 전제한다. 합리모형은 정책결정이 실제로 어떻게 이루어지고 있느냐보다는 가장 바람직한 결정이 어떻게 이루어져야 하는가를 설명하는 규범적 성격을 지니고 있다.

합리모형의 정책개념은 사회적 이익의 극대화이며, 달성하고자 하는 가치와 희생되어야 하는 가치와의 차이가 (+)가 되어야 하고 다른 어떤 정책대안보다 나을 때에 그것은 합리적인 정책이라고 할 수 있는 것이다.

합리모형에 따르면 정책결정자가 정책문제를 해결하기 위한 가장 바람직한 정책을 결정하려면 다음의 다섯 가지 단계를 의식적으로 밟아야 한다.

첫째, 해결해야 할 문제나 달성하고자 하는 목표를 명확히 정의하고,

둘째, 문제를 해결할 수 있는 또는 목표를 달성할 수 있는 모든 대안들을 탐색하고,

셋째, 대안들이 추진되었을 때 나타날 모든 결과들을 예측하고,

넷째, 대안의 모든 결과들을 평가 비교하며,

다섯째, 대안에 대한 평가결과에 근거하여 목표달성을 극대화하는 최선의 대안을 선택한다.

그러나 합리모형은 비판도 많이 받게 된다. 인간은 그 능력에 있어서 전지전능하지 않으며 실제의 행동도 여러 가지 이유와 여건상 반드시 합리적으로 행동하는 것은 아니기 때문이다. 따라서 합리모형에서 주장하는 것과 같은 완전한 합리적 결정은 비현실적이라는

비판을 받고 있다. 합리모형에 대한 비판의 내용은 다음과 같이 주로 인간의 완전한 능력을 부정하고 합리성이 제약받는 현실적인 여건을 들 수 있다. 특히 일반적으로 인정된 사회적 편익(societal benefit)은 존재하지 않는다는 것이다.

첫째, 정책결정을 하는 정책결정자 개인은 인간으로서 능력에 한계가 있다. 정책결정자가 관련된 모든 정보를 가지고 정확한 대안의 결과를 미리 예측하여 비교·평가한다는 것은 불가능하며 동시에 시간적인 제약이 뒤따른다.

둘째, 정책결정자가 해결해야 하는 정책문제는 매우 다양하고 복잡하며 역동적인 성격을 지니고 있기 때문에 명확히 규정하기가 어렵다.

셋째, 매몰비용(sunk cost)의 문제가 있다. 기존의 정책이나 사업에 이미 상당한 투자가 이루어져 있는 경우 그보다 더 합리적인 대안이 있다 하더라도 이미 투자된 비용 때문에 기존의 정책이 시행될 수밖에 없다.

넷째, 인간의 주관적 합리성에도 한계가 있다. 현실적으로 인간은 주어진 목적달성의 극대화를 위하여 최선의 노력을 하기보다는 여러 가지 제약요건 때문에 만족할 만한 수준에서 머무르고 만다.

합리모형의 기법으로는 체제분석(비용·편익분석, 비용·효과분석), OR, 관리과학(MS), 게임이론, EDPS, PERT, CPM, LP, MIS, 공공선택이론 등과 밀접하게 연계된다.

〈표 5-3〉 합리성 vs 제한적 합리성

| 합리성 | 제한적 합리성 |
|---|---|
| 완전한 정보·지식 | 불완전한 정보·지식 |
| 완전한 의사결정자 | 불완전한 의사결정자 |
| 소수의 의사결정자(고정) | 다수의 의사결정자(유동) |
| 확실한 선호 | 불확실한 선호 |
| 극대화 | 만족할 만한 수준 |

제한적 합리성(bounded rationality)은 이상적인 합리성에 입각해 현실을 외면하기보다는 만족할 만한 수준의 제한된 범위에서 합리성을 추구한다.

### 2) 만족모형

만족모형은 March와 Simon이 개인적 차원의 의사결정 행태에 관하여 제시한 모형이다. 만족모형은 합리모형이 지닌 완전한 합리성, 특히 객관적인 사실판단을 하는 데 있어서 인간의 한계를 지적하고 그 대신 보다 현실성 있는 인간의 제한된 합리성(bounded rationality)을 전제하고 있다. 인간은 합리성이 제한되기 때문에 완전무결한 최적의 대안을 탐색하기보다는 현실적으로 만족할 만한 수준의 대안선택을 한다는 것이다. 이 모형은 인간의 인지적, 정서적 요소를 많이 고려함으로써 보다 실제에 적합한 이론모형을 개발했다는 점과 의사결정이 실제로 일어나는 상황에 대한 실증적 연구를 창도하는 데 공헌을 했다는 점에서 큰 의의를 찾을 수 있다.

만족모형의 내용은 다음과 같다.

첫째, 정책결정자는 대안을 탐색하고 그 결과를 예측하는 데 있어서 사실판단, 즉 인지(cognition)상의 제약을 받는다. 따라서 이미 관심을 가지고 있는 것에 대해서만 선별적으로 인식(perception)한다.

둘째, 정책결정자는 이러한 인지상의 제한, 즉 제한된 합리성 때문에 모든 가능한 대안 중에서 최적의 대안을 선택하는 것이 아니라 만족할 만한 또는 그 정도면 괜찮다고 생각되는 대안을 찾으면 그 대안을 선택하고 더 이상의 대안탐색은 중지한다.

셋째, 따라서 대안을 탐색하는 경우도 모든 대안을 탐색하지 않고 주위에서 쉽게 찾을 수 있는 대안들 가운데에서 무작위적이고 순차적으로 몇 개의 대안만을 탐색한다. 탐색된 대안의 결과에 만족하지 못하면 이러한 탐색을 반복하지만 탐색된 대안의 결과가 만족할 만한 수준에 이르면 대안탐색을 중지한다.

넷째, 정책결정자는 인지상의 한계를 알고 있기 때문에 외부의 복잡한 상황을 단순화시켜 인식하며 자기와 관련된다고 느껴지는 일부분만을 관심의 대상으로 삼는다.

그러나 만족모형은 다음과 같은 비판을 받고 있다.

첫째, 어느 정도 심리적으로 만족할 만한 수준의 대안이 발견되면 대안탐색을 중지한다고 하는데 그 만족의 정도를 결정할 객관적인 기준이 없다.

둘째, 최선의 대안이 아니라 만족할 만한 대안을 찾은 후에 대안탐색을 중단하게 되면 미처 탐색되지 않은 대안 중에서 훨씬 더 중요한 대안이 있어도 이것은 검토되지 않고 포기된다.

셋째, 일반적이고 가벼운 의사결정인 경우에는 무작위적이고 순차적으로 탐색하겠지만 이례적이고 중대한 의사결정에서는 보다 분석적인 결정이 이루어질 가능성이 크다. 또한 이 모형은 개인적인 차원의 의사결정을 설명하려는 의도에서 출발하고 있기 때문에 정부의 정책결정에 그대로 적용하기는 무리가 따른다.

### 3) 점증주의 모형

점증주의(incrementalism)는 합리모형이 현실의 정책결정에 적용되기 어렵다는 점을 지적하고 현실에서 실제로 이루어지고 있는 정책결정을 설명하기 위하여 Lindblom과 Wildavsky 등이 주장한 것이다. 이들은 Simon, March, Cyert 등이 지적한 인간의 인지상의 제약과 현실에서 이루어지고 있는 정책결정 자체의 정치적 성격 및 그것으로 인한 제약을 지적한다. 이를 근거로 합리모형이 전제하고 있는 완전한 합리적 분석은 불가능하며 실제로 정책은 점증적으로 결정된다고 주장한다. 뿐만 아니라 한 걸음 더 나아가서 정책을 점증적으로 결정하는 것이 바람직하다고 주장하고 있다. 또한 점증주의자들은 Dahl과 같은 다원론자들의 정치이론을 근거로 점증주의가 정치적 정당성도 있음을 강조하고 있다.

점증모형의 정책개념은 과거로부터의 약간의 변이로 과거의 정부활동에 약간의 수정만을 가한 연속적인 활동이다. Charles E. Lindblom은 실제로는 시간, 정보, 비용 등의 여러 가지 제약 조건으로 인해 합리적이고 포괄적인 정책형성이 불가능함을 알기에 다소 보수적인 과정을 통해 정책을 결정한다고 한다. 기초(base)라고 여겨지는 기존 프로그램, 정책, 지출 등에 대해서는 보수성을 띠고 있으며, 주요 관심은 새로운 프로그램과 정책 및 현행 프로그램들의 증감과 변형에 집중하며, 정책결정자들은 기존의 정책에 대해 정당성을 부여하고 이전의 정책을 관습적으로 수용한다는 점이 점증모형의 핵심이라 할 것이다.

Lindblom은 점증주의적 정책결정을 다음과 같이 설명하고 있다.

첫째, 대안분석에 있어서 기존의 정책과 크게 다르지 않는 몇 개만을 추출하여 달라지는 부분을 토대로 선택한다.

둘째, 대안을 분석 평가할 경우 정보가 충분한 몇 개의 대안에 국한시킨다.

셋째, 각 대안에 대하여 예상되는 결과도 몇 가지에 한정시켜 분석한다.

넷째, 일단 정립된 목표도 수단적 대안의 탐색과 선택과정 중에서 재조정 내지 수정된다.

다섯째, 대안의 탐색평가과정에서 나타나는 새로운 정보와 자료들을 처리 재구성하여 활용한다.

여섯째, 목표 설정에서부터 최종선택에 이르는 분석평가 작업은 반복해서 연속적으로 행한다.

일곱째, 분석과 평가는 다분히 치료 지향적이다.

여덟째, 정책은 행정부나 정부가 독자적으로 만드는 것이 아니라 사회를 구성하고 있는 여러 구성단위에 의해서 분석되고 평가된다.

요컨대 정책결정자의 능력의 한계 및 시간과 비용 등이 제한된 현실에서는 기존의 정책에서 소폭적인 변화만을 대안으로 고려하여 정책을 결정하고, 시간이 흐름에 따라 환류되는 정보를 보고 잘못된 점이 있으면 수정·보완해 가는 식으로 연속적인 결정을 하는 것이 가능하고 바람직한 정책결정의 방법이라는 주장이다.

그러나 점증주의는 다음과 같은 비판을 받고 있다.

점증주의는 현실의 정책결정을 설명하는 데 유용한 기술적·분석적 결정이론이다. 많은 학자들도 현실의 정책이 점증적으로 이루어진다는 것에 대해서는 수긍을 하고 있다. 그러나 점증적인 결정을 해야만 최적의 결정을 할 수 있다는 것에 대해서는 다음과 같은 비판을 하고 있다.

첫째, 점증주의는 기준이 되는 과거의 정책이 바람직한 것이고 정책결정이 사회 각 계층의 이익을 반영한다는 정치적 다원론의 주장을 전제로 하고 있다. 그러나 이 전제가 충족되지 않는 상황, 즉 과거의 정책이 바람직하지 않거나 사회 각 계층의 이익이 정책결정에 고루 반영되지 않은 경우 적합성이 상실된다.

둘째, 현존하는 정책에서 소폭의 변화만을 고려할 때, 얼마만큼을 소폭이라고 해야 하는지 판단기준이 없다.

셋째, 점증주의는 반개혁적이고 보수주의적 성격을 지닌다. 그러나 급격한 사회변동의 경우와 같이 정책이 실제로 점증적으로 이루어지지 않는 경우도 많다.

〈표 5-4〉 합리모형과 점증모형의 비교

| 정책과정의 구성요소 | 합리모형 | 점증모형 |
|---|---|---|
| 정책선택의 범위 | 합리적 세계 | 정치적 세계 |
| | 현상과 무관계 | 현상과 세계 |
| 대안의 범위 | 수는 무한정 | 수는 한정 |
| | 현상과의 괴리 | 현상과의 괴리 적응 |
| 정책집행결과의 범위 | 넓음 | 좁음 |
| 목표와 수단의 상호 작용 | 수단은 목표에 합치되도록 선택 | 목표는 수단에 합치되도록 선택 |
| 문제의 구성 | 재구성·재정의 거의 없음 | 재구성·재정의 빈번 |
| 분석·평가과정 | 단발적 | 계속적 |
| 정책평가기준 | 목표의 달성도 | 바람직하지 않은 상황 수정 |
| 분석·평가주체 | 의사결정자·분석자<br>집중적·통일적 | 다양한 이해관계집단<br>분산적·비통일적 |

### 4) 혼합주사모형

혼합주사모형(mixed scanning model)은 Etzioni가 합리모형과 점증주의 모형의 단점을 제거하고 장점만을 취한 변증법적 통합모형으로 제시한 것이다. Etzioni는 합리모형은 그것이 전제하고 있는 완전한 합리적 분석적 결정의 비현실성 때문에, 그리고 점증모형은 근시

안적이고 방향감각이 없으며 보수적인 경향을 지니고 있기 때문에 두 가지 모형 모두가 바람직한 정책결정 전략이 될 수 없다고 주장한다.

혼합주사모형은 정책결정을 크게 근본적 결정과 세부적 결정으로 나누고 이 두 가지의 결정을 혼합하여 사용해야 한다고 주장하고 있다.

첫째, 근본적인 결정은 전반적이고 근본적인 방향을 올바르게 설정하기 위해서 합리모형에 따라 중요한 대안을 포괄적으로 모두 고려한다. 그러나 합리모형의 지나친 엄밀성을 극복하기 위하여 대안들의 중요한 결과만을 개괄적으로 예측하고 미세한 내용은 무시한다.

둘째, 세부적 결정은 근본적 결정의 구체화 내지 집행에 해당하는 것으로 근본적인 결정이 설정한 맥락 안에서 소수의 대안만을 고려하되(점증주의) 그 결과에 대해서는 세밀한 분석(합리모형)을 한다.

혼합주사모형은 이와 같이 합리주의의 지나친 엄밀성과 점증주의의 보수성을 극복하고 두 가지 모형이 가지는 장점만을 살릴 수 있는 전략으로 제시된 것이다. Etzioni는 이 모형을 인간의 미시적 결정행태뿐만 아니라 사회지도체계(societal guidance system)의 조직원리로 발전시키고 있다. 즉 합리모형은 전체주의 사회체제에, 점증모형은 민주적 사회체제에 적합하고 혼합주사모형은 자율적 사회(active society)에 적합한 전략이라고 말하고 있다. 그러나 혼합주사모형도 다음과 같은 비판을 받고 있다. 혼합모형에 대한 학자들의 일반적인 비판은 이 모형이 새로운 것이 아니라 두 개의 대립되는 극단의 모형을 절충 혼합하는 것에 불과하다는 점을 지적하고 있다.

#### 5) 최적모형

최적모형(optimal model)은 Dror가 주장한 것으로 개인적 차원이나 합리적 선택이라는 의사결정 국면에 초점을 두고 있는 다른 모형과 달리 질적으로 보다 나은 정책을 산출하기 위한 정책결정체제의 운영에 초점을 두고 있다. 즉 Dror의 최적모형은 체제적인 관점에서 정책형성체제 전체가 최적화를 달성하게 할 수 있는 합리적인 운영방법에 관심을 두고 있는 것이다. 특히 Dror는 정책의 최적화를 위해서 합리성뿐만 아니라 직관, 판단, 창의성과 같은 초합리적 요인을 동시에 고려해야 한다고 주장하고 있다.

최적모형의 내용은 다음과 같다.

첫째, 최적화는 정책체제의 산물인 정책결과가 투입보다 큰 상태를 말한다. 이러한 의미에서 최적모형은 경제적 합리성에 기초하고 있다. 그러나 최적치가 동원 가능한 투입물과 예상되는 산출물과의 관계를 의미하고 이러한 투입물의 각 단계에 대한 효율적인 배분, 특히 정책결정체제 자체의 개선을 위한 투입도 경제적 합리성에 포함시키고 있다. 따라서 최적치란 양적인 것만을 의미하는 것이 아니라 질적인 개념을 포함하고 있다.

둘째, 최적모형은 동태적인 정책과정의 질적 최적화를 달성하기 위해서는 합리성뿐만 아니라 직관, 판단, 창의성과 같은 초합리적 요인도 중요시한다.

셋째, Dror는 넓은 의미의 정책결정을 크게 상위정책결정단계, 정책결정단계, 정책결정이후단계로 나누고 이들을 다시 18개의 국면으로 세분하고 이러한 단계와 환류에 따라 정책을 결정하면 최적화에 이를 수 있다고 주장한다. 특히 이 중에서도 정책결정을 위한 정책결정, 즉 정책결정의 전략에 관한 상위정책형성을 중요시한다. 이러한 의미에서 최적모형은 규범적·처방적 모형이라고 할 수 있다.

최적모형은 정책결정에서의 초합리성의 중요성, 인간이 노력하면 최적의 결정에 이를 수 있다는 점, 그리고 상위정책결정과 환류를 강조한 것 등은 높이 평가할 수 있다. 그러나 최적모형은 정책결정체제 전반을 내용으로 하는 일종의 정책학의 패러다임이라고 할 수 있다. 그러다 보니 최적의 의미가 불분명해지고 또한 초합리성을 강조하고 있지만 그것의 이용방법이나 합리성과의 관계가 모호하다는 비판을 받고 있다.

### 6) 회사모형

회사모형(firm model)은 연합모형(coalition model)이라고도 하는데, 이 모형은 Cyert와 March가 개인적 차원의 의사결정에 초점을 두는 만족모형을 발전시켜서 조직의 집단적 차원에 적용시킨 것이다. 회사모형은 기업이 합리모형에 따라서 의사결정을 하는 것으로 전제하는 고전 경제학적 전제에 대한 비판에서 출발하여 회사조직의 의사결정행태를 조직의 구조 및 목표의 변화, 기대의 형성과 욕구수준, 갈등의 준해결, 불확실성의 회피, 조직체의 학습 등 여러 측면에서 설명하고 있다.

회사모형은 기업을 단순한 계층으로 이루어진 유기체 조직이 아니라 아주 복잡한 연합체 조직으로 본다. 현실에서 기업들은 이윤뿐만 아니라 다른 목표들도 가지고 있으며 목표의 달성도 제한된 합리성 때문에 그것의 극대화가 아니라 만족모형에서 설명하는 것처럼 만족할 만한 수준이면 충분하게 생각한다는 것이다. 회사모형은 갈등의 준해결, 문제 중심의 탐색, 불확실성의 회피, 조직의 학습과 표준운영절차 등의 개념으로 기업의 의사결정행태를 설명하고 있다.

첫째, 회사조직은 서로 다른 목표를 가지고 있는 하위조직체들이 느슨하게 연결되어 있는 연합체(coalition)를 이루고 있다. 따라서 이들 간에는 상호 모순 충돌되는 목표를 가지며 이러한 갈등은 전체 목표라는 단일 기준에 의해서 해결되기보다는 상호간의 협상을 통하여 잠정적으로 해결되는, 즉 준해결에 머물고 만다.

둘째, 보통 의사결정에서는 문제나 목표를 확인한 후에 탐색을 시작하는 데 반하여, 회사에서는 문제가 발생한 경우에 비로소 탐색활동을 시작하여 문제해결책을 찾으려고 한다.

셋째, 회사모형은 시장, 소비자 욕구, 주주의 태도, 경쟁기업의 행태 등 기업의 환경을 매우 유동적인 것으로 보기 때문에 대안이 초래할 결과에 대해서도 불확실하게 생각한다. 따라서 장기적인 전략보다는 변화에 즉각 환류 반응할 수 있는 단기계획을 선호하고 적극적으로 환경을 통제하거나 타협함으로써 이를 회피하고자 한다.

넷째, 조직도 인간과 같이 과거의 경험을 통하여 문제를 해결하고 갈등을 해결하는 방법을 학습한다. 이렇게 장기적으로 경험을 통하여 학습된 행동규칙으로 표준운영절차를 구성하며 이 표준운영절차는 구성원에 대한 통제수단이 되며 단기적인 의사결정을 지배한다.

회사모형은 다음과 비판을 받고 있다.

첫째, 조직 내의 의사결정 중에는 회사모형에서 설명하는 것보다 훨씬 더 비합리적인 경우도 있다.

둘째, 조직 내의 수평적 하위조직들 간의 관계를 주로 취급하고 있기 때문에 조직의 상하관계 등에서 나타나는 권력적 측면이 의사결정에 미치는 영향을 소홀히 취급하고 있다.

#### 7) 쓰레기통모형

쓰레기통모형(Garbage Can Model)은 Cohen, March, Olsen 등이 제시한 것으로 조직이나 집단의 응집성이 아주 약한 상태, 즉 조직화된 혼란상태 또는 무정부상태(organized anarchies)에서 이루어지는 비합리적인 의사결정의 측면을 강조하는 모형이다. 이러한 혼란상태에서는 의사결정들이 어떤 규칙에 따라 일어나는 것이 아니라 쓰레기통에 마구 집어넣은 쓰레기처럼 뒤엉켜 있다가 우연하게 일어난다는 것이다.

쓰레기통모형은 다음과 같은 내용이 있다.

첫째, 조직화된 혼란상태란 참여자들 간에 합의된 선호가 없거나 또는 참여자 개인이 자신의 선호를 정확히 모르는 경우(확정적 선호), 목표와 수단의 인과관계가 명확하지 않은 경우(불명확한 기술), 의사결정과정에 참여자들이 일시적으로 참여하는 경우(일시적 참여자)를 전제로 한다.

둘째, 의사결정에는 해결해야 할 문제, 문제의 해결책, 참여자 그리고 의사결정의 기회 등 네 가지 요소가 있다. 이들 네 가지 요소는 서로 아무런 관계없이 독자적으로 움직인다.

이들 요소들(쓰레기에 비유)이 서로 다른 시간에 쓰레기통에 들어와서 우연히 한곳에서 동시에 만날 때 의사결정이 이루어진다는 것이다.

셋째, 따라서 실제로 의사결정이 이루어지는 경우란 네 가지 요소의 흐름과 관계있다. 쓰레기통모형이 전제하고 있는 조직화된 혼란상태에서는 우연히 발생하는 두 가지의 계기, 즉 극적인 사건이나 정치적 사건이 발생하였을 때 네 가지 요소가 합쳐진다. 이 경우 의사결정방식은 진빼기 결정(choice by flight), 날치기 통과(choice by oversight)라는 두 가지 유형이 전형적으로 나타난다. 이러한 모형에 해당하는 예로서 조직의 계층적 관계가 분명치 않은 대학조직이나 친목단체를 들 수 있다.

쓰레기통모형은 다음과 같은 비판을 받고 있다.

쓰레기통모형이 가정하고 있는 조직화된 무정부상태는 공공조직이나 교육기관에서 쉽게 발견되기 때문에 그 실용성을 인정할 수 있다. 그러나 모든 조직에서 나타나는 현상은 아니다. 따라서 일부의 조직 또는 일시적으로 나타나는 혼란상태에서의 의사결정행태를 설명하는 데 적합할 뿐이다.

### 8) 게임이론모형

게임이론모형의 정책개념은 경쟁상황에서 합리적인 선택이며, 둘 이상의 상대방이 각자의 선택에 따라 서로 영향을 주고받는 상황하에서의 합리적 의사결정을 말한다. 합리모형의 의사결정이 어떤 개인이나 단체의 독립적 의사가 중심이라면 게임이론에서는 그러한 결정이 언제나 상대방의 결정과 관련하여 상대적인 것으로 파악한다. 게임이론모형의 중요한 개념은 '전략(strategy)'과 'payoff'이다. 정책결정자들의 선택과 관련된 모든 상황을 파악할 수 있다는 전제하에서 최대손실의 극소화 또는 최저이익의 극대화를 위한 정책대안의 선택이 곧 합리적 전략이라는 것이다. 최대의 이익을 초래할 가능성은 높으나 최대손실을 가져올 우려도 높은 대안은 최종선택 가능성에서 배제된다. 게임이론적 시각에서 본 정책체계의 한 특징으로서 보수성이 지적되는 이유도 바로 여기에 있는 것이다.

게임이론에서 주의할 점은 일반적으로 정책결정자가 모든 상황을 완전히 파악할 수 없는 현실적 제약조건과 함께, 상대방의 행위예측이 상당히 어려운 점을 감안해야 한다는 것이다. 다만 게임이론은 정책결정자가 실제로 어떠한 결정을 내리는가를 설명해 주는 것이라기보다는 갈등 상황하에서 전략적으로 어떠한 결정을 내리는 것이 유용할 수 있는가를 설명해 주는 분석수단으로 이해하는 것이 바람직하다고 할 것이다.

### 9) Allison의 의사결정모형

Allison모형은 규범적인 입장이 아니라 설명적인 관점에서 의사결정을 설명할 수 있는 개념으로서 3가지 형태의 의사결정모형을 제시했다. 그는 1962년 10월 16일부터 28일 사이에 John F. Kennedy 대통령과 그의 정책결정 집단이 취한 일련의 위기관리 정책결정상황과 그 과정을 문제해결의 방법에서 어떤 요소, 즉 합리성과 조직과정에서 예를 들면, SOPs(standard operating procedures), 조직관행(Routines), 각 조직들의 입장 등, 그리고 관료들의 정치라는 3가지의 모델로써 설명한 사례연구이다. 즉 구 소련이 Cuba에 미사일 기지의 설치를 결정하고 이를 시행하려고 하자 미국은 외교상의 위기와 국가안보상의 위기대응으로서 단기간에 어떻게 대응전략을 구사했으며 결국에는 Kennedy 행정부의 승리와 Nikitas S. Khrushchev 구소련 공산당 서기장의 미사일기지 설치의 중단과 철수로 끝난 Cuba미사일 위기라고 하는 정책사례를 설명한 모형이다.

구체적으로 Allison이 제시한 3가지의 모형은 다음과 같다.

첫째, 합리적인(rational policy) 모형(model Ⅰ)으로서 정책은 합리적인 선택이라는 것으로 앞서의 합리모형과 그 내용이 같다.

둘째, 조직과정(organizational process) 모형(model Ⅱ)으로서 정부정책은 다양한 이해관계와 목표와 인식과 분석단위와 재량권의 역할과 집행과 운영규정(SOPs)과 조직목표 등의 변수에 의해서 결정되는 조직활동의 결과물(organizational outputs)이라는 것이다.

셋째, 관료정치(organizational politics) 모형(model Ⅲ)으로서 정부정책은 정치적 협상과 타협 권력게임과 밀고 당기는 이해관계에 의한 정치의 결과산물이라는 것이다. 이때 가장 중요한 역할을 하는 것은 정책결정자의(players) 능력이며, 이 능력은 그의 권력과(개인적 조직적 명성과 위치) 그의 조직에서의 위치에 따라서(where you stand depends on where you sit) 결정되게 된다는 것이다.

〈표 5-5〉 Allison의 의사결정모형의 정책결정과정

| 모형 | 합리적 행위자 | 조직과정 | 관료정치 |
|---|---|---|---|
| 의사결정 | 국가이익 추구라는 공통의 목표를 극대화하는 합리적 선택 | 준독립적인 하위조직 간의 조직적 갈등과정 | 철의 삼각형 간의 정치적 협상 및 타협의 결과에 불과 |
| 가정 | 조정, 통합, 통제 가능 | 조정, 통합, 통제 불가능 | 정치적 협상 |
| 목표 | 국가목표<br>공통목표 | 운영목표 | 개인 및 이익집단 목표 |
| 권한 소재지 | 중앙정부 | 국방부(DOD),<br>국가안보의(NSC)<br>CIA | 철의 삼각형<br>군산복합체 |

이 모형은 외교정책이나 위기관리정책에서의 관료의 역할을 가장 잘 분석했다는 평이다. 또 정책사례를 이론적으로 연구하고 설명할 수 있는 패러다임을 제공할 수 있다는 장점도 있다.

그러나 이 모형을 외교위기정책 이외의 타 정책 영역이나 분야에는 적용하기 어렵다는 단점이 지적된다. 또 3가지 모형의 내부적인 논리전개상의 문제로서 각 모형의 전제조건(assumptions)이 불분명하고 너무 간단하면서도(model Ⅰ에서), 또 너무 복잡하다는(model Ⅲ에서) 것이며, 각각의 모델을 구별해서 설명할 수 있는 기준(특히 models Ⅱ와 Ⅲ)이 애매모호하다는 등의 비판이 있다.

## 제 3 절 정책집행

### 1. 정책집행의 의의와 집행단계

정책집행(policy implementation)은 정책의 내용을 실현시키는 과정을 말한다. 즉 정책수단들을 동원해 정책을 실질적으로 집행하는 것을 말한다. 실제로 정책 속에 포함되어 있는 수많은 정책수단과 계획들은 집행 작업을 거쳐 현실로 나타나야만 원하는 목표를 달성할 수 있고 정책문제를 해결할 수 있게 된다. 이러한 정책집행은 오랜 시간, 여러 장소, 복합적인 상황 속에서 발생하는 일련의 행정적·정치적 결정과 활동으로 이루어진다. 정책집행에 영향을 미치는 요인은 정책의 내용, 정책문제의 성격, 집행환경과 맥락, 집행기관의 성격 등으로 나누어 볼 수 있다.

그러나 주의할 점은 정책수단이 단순히 실현되었다고 해서 정책목표가 반드시 달성되는 것은 아니다. 즉 정책집행이 있었더라도 정책내용상의 이론이 잘못되었거나, 효과적이지 못한 정책집행 때문에 정책집행이 실패할 수도 있기 때문이다(이원희 외, 2006: 445).

정책집행의 단계는 다음처럼 정책지침개발단계, 자원확보단계, 조직화 단계, 실현활동단계, 감독 및 통제단계로 구성된다(이원희 외, 2006: 445~446).

이를 구체적으로 살펴보면 다음과 같다(〈그림 5-11〉 참조).

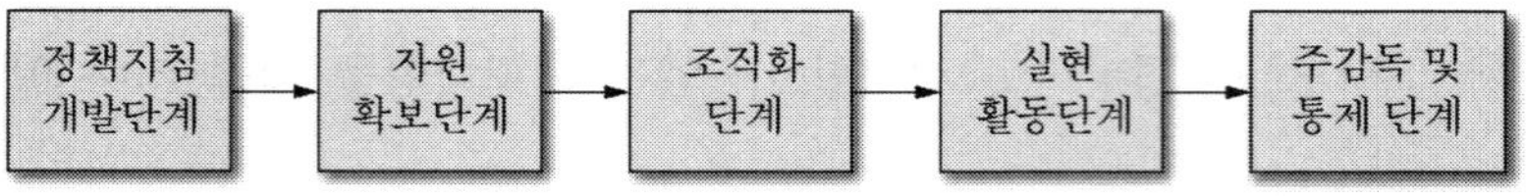


〈그림 5-11〉 정책집행의 과정

첫째로, 정책지침 및 개발단계이다. 이 단계는 결정된 정책이 추상적이기 때문에, 현실적으로 집행이 가능하도록 정책내용을 구체화시켜 무엇을 어떻게 하는가를 집행자에게 밝혀주는 단계이다. 이러한 정책지침 및 개발단계에서는 일반적으로 SOP(표준운영절차)를 개발하고 작성한다.

둘째로, 자원확보단계이다. 이 단계는 집행담당기간이나 집행대상자에 대한 예산·인력·시설·정보 등 필요한 자원을 확보하는 단계이다.

셋째로, 조직화 단계이다. 조직화 단계는 정책을 집행할 정책집행기구를 설치하고 집행절차를 마련하는 단계이다.

넷째로, 실현활동단계이다. 이 단계는 확보된 자원을 이용하여 정책지침에 따라 정책대상자에게 서비스를 제공하거나 행동을 규제하는 단계이다.

끝으로 감독 및 통제단계이다. 이 단계는 정책집행의 마지막 단계로서 실현활동이 지침에 따라 충실하게 수행되었는가를 감독 및 통제하는 단계이다.

## 2. 정책집행의 중요성

정책의 내용을 실현시키는 정책집행은 다음과 같은 중요성을 가지고 있다(이종수·윤영진, 2006: 289~290).

첫째, 정책내용의 구체화이다. 정책집행은 추상적이고 포괄적인 정책형성 및 정책결정 상태의 정책의 내용을 실현 가능하도록 구체화시킨다. 즉 용어를 하나하나 새롭게 해석하거나 공식적 의도나 잠재적 의도를 파악하여 이를 현실화한다.

둘째, 정책문제의 해결 및 목표달성이다. 정책집행은 정책을 생겨나게 한 정책문제를 해결하여 목표를 달성해 가는 과정이다. 이러한 정책집행은 문제를 해결하기 위해 인적·물적 자원을 사용한다.

셋째, 정책대상 집단에 실질적 영향을 미친다. 즉 정책집행의 단계는 정책의 과정 중에서 일반국민들과의 직접적인 접촉이 가장 빈번한 단계이다. 왜냐하면 정책집행의 수단 및 방법에 따라서 정책대상 집단은 국민들의 태도가 순응적이거나 저항적인 태도가 결정되기 때문이다.

넷째, 정책형성과 상호 작용이다. 즉 정책집행은 단순히 정책을 실행하는 것 이상의 의미를 지닌다. 왜냐하면 정책집행은 입법가들의 모호하고 추상적인 정책결정이 현실에 구체화되면서 세부적인 결정들이 재구성되기 때문이다. 아울러 이러한 정책의 세부적인 재구성은 정책의 전반적인 기조를 변화시키기도 한다.

## 3. 정책집행의 연구방법

정책의 연구방법은 하향적(전 방향적) 접근방법과 상향적(후 방향적) 접근방법으로 나누어 설명할 수 있다(이원희 외, 2006: 447~448).

### 1) 하향적 접근방법

하향적 접근방법(top-down approach)은 전 방향적(forward) 접근방법이라고도 불리는 정책집행의 실패를 되풀이하지 않고 성공적으로 정책집행을 하기 위한 조건이나 전략을 알아내는 연구방법으로 대표적인 학자로는 프레스만(Pressman)과 윌다브스키(Wildavsky)가 있다.

이러한 하향적 접근방법은 집행과정의 법적 구조화가 중요하다는 사실을 발견하였고, 정책전략을 이해하는 데 중요한 요인들이 무엇인지를 점검할 수 있게 해주었다.

그럼에도 불구하고 전 방향적 접근은 정책집행을 원하는 자들의 입장에서 집행과정을 연구하기 때문에 반대자의 입장이나 행동을 쉽게 파악할 수 없으며 집행현장의 중요성을 간과한다는 한계를 지니고 있다.

### 2) 상향적 접근방법

상향적 접근방법(bottom-up)은 후 방향적(backward) 접근방법으로 불리는 접근방법으로 정책집행이 실제로 현장에서 어떻게 이루어지는지를 기술하고 설명하는 데 1차적 목적을 지니고 집행현장에서 연구하는 접근방법이다. 상향적 접근방법의 대표적인 학자로는 엘모어(Elmore)가 있다.

이러한 상향적 접근방법은 여러 지역 간의 집행상의 차이를 파악하고 집행현장에서 나타나는 문제와 현상을 파악하는 데 도움이 된다.

## 4. 정책집행의 연구유형

정책집행의 연구유형은 Elmore의 집행조직모형과 Nakamura와 Smallwood의 유형이 대표적이다(이원희 외, 2006: 448).

### 1) Elmore의 집행조직모형

엘모어의 집행조직모형은 체제관리모형, 관료과정모형, 조직발전모형, 갈등 및 협상모형으로 구성되어 있다. 이를 구체적으로 살펴보면 다음과 같다.

먼저 체제관리모형이다. 체제관리모형이란 조직을 합리적 가치극대자로 보고 집행의 성공조건으로서 효율적인 관리통제체제를 강조하는 모형이다.

둘째, 관료과정모형이다. 관료과정모형은 조직의 핵심적인 속성으로서 재량과 루틴을 강조하고 집행성공으로써 루틴과 새로운 정책의 통합이 중요하다고 보는 모형이다.

셋째, 조직발전모형이다. 조직발전모형은 조직구성원의 참여를 강조하고 집행의 성공조건으로서 결정자와 집행자의 합의를 중시하는 모형이다.

끝으로 갈등 및 협상모형이다. 갈등 및 협상모형은 조직을 갈등의 장이라고 보고 집행의 성공은 협상과정에 따라 달라진다고 보는 모형이다.

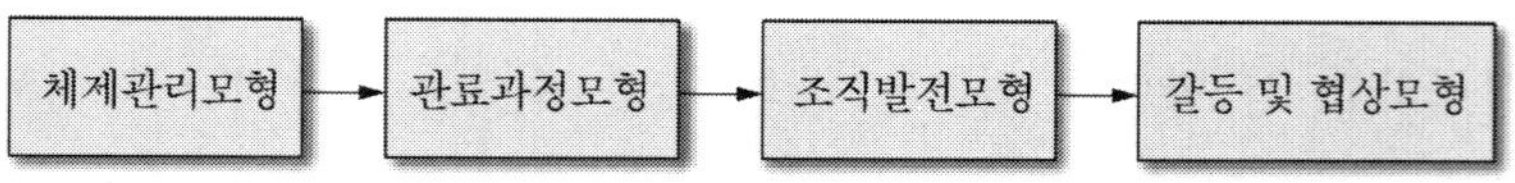


〈그림 5-12〉 Elmore의 집행조직모형

### 2) Nakamura와 Smallwood의 모형

나카무라와 스몰우드는 정책집행자의 유형을 정책결정자와 집행자의 관계에 중점을 두고 고전적 기술자형, 지시적 위임형, 협상형, 재량적 실험, 관료적 기업가형으로 구분하였다. 이때 집행 관료의 재량은 고전적 기술자형에서부터 관료적 기업가형으로 갈수록 커진다.

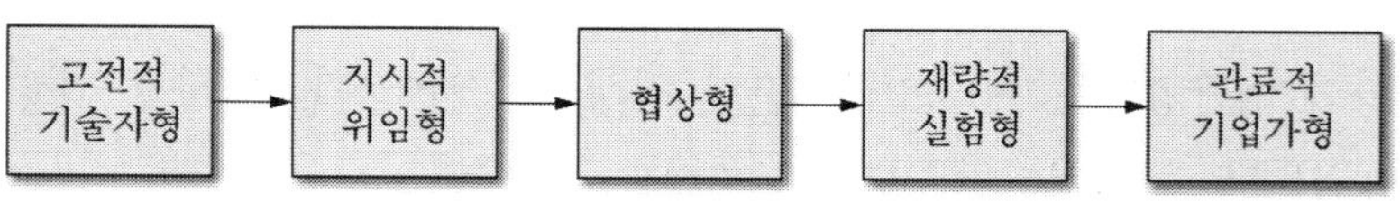


〈그림 5-13〉 Nakamura와 Smallwood의 유형

### (1) 고전적 기술자형

고전적 기술자형(classical technocrats)의 정책결정자와 정책집행자의 특징은 다음과 같다. 먼저 정책결정자의 경우 명백한 목표를 기술하고, 집행자는 이들 목표를 지지한다. 또한 정책결정자는 계층적 명령구조를 수립하여 목표를 달성할 수 있는 기술적 권한을 특정한 집행자에게 위임한다.

다음으로 정책집행자들은 결정자들이 결정한 정책목표를 달성할 수 있는 기술적 능력을 소유하고 있다.

### (2) 지시적 위임형

지시적 위임형(instructed delegate)의 정책결정자와 정책집행자의 특징은 다음과 같다.

먼저 정책결정자의 경우 구체적인 목표를 제시하고 집행자는 목표의 바람직성에 대해 동의한다. 그리고 정책결정자는 하나 또는 그 이상의 집행자 집단에 목표를 달성할 것을 지시하며, 집행자들에게 재량적인 행정적 권한을 위임한다.

다음으로 정책집행자들은 정책결정자들이 정한 목표를 달성하기 위해서 기술적, 행정적 그리고 협상을 할 수 있는 능력을 소유하고 있다.

### (3) 협상형

협상형(bargainers)의 정책결정자와 정책집행자의 특징은 다음과 같다.

협상형에서는 정책결정자의 경우 정책목표를 제시하는 역할을 가진다. 그리고 정책결정자와 정책집행자 사이에 목표의 바람직성에 대해 필연적으로 합의를 하지는 않는다. 하지만 정책집행자는 정책결정자와 정책의 목표와 수단에 대해서는 협상을 한다.

### (4) 재량적 실험형

먼저 재량적 실험형에서 정책결정자는 추상적이고 일반적인 목표를 지지하지만 지식이나 다른 확실성의 결여로 인해서 이를 확실하게 표현할 수 없다. 또한 정책결정자는 집행자에게 목표를 명확히 하고 이를 달성할 수 있는 수단을 개발할 수 있도록 광범위한 재량권을 준다.

다음으로 정책집행자는 정책결정자들이 정한 업무를 수행할 능력을 가지고 있으며 이를 기꺼이 수행할 의사도 가지고 있다.

### (5) 관료적 기업가형

먼저 관료적 기업가형의 정책결정자는 정책집행자와 목표를 달성하는 수단을 협상하는 존재이다.

다음으로 집행자는 자신의 정책목표를 결정하여 정책결정자가 이 목표를 채택하도록 확신시키기 위해서 충분한 힘을 정비한다. 아울러 집행자는 그들의 정책목표를 달성할 능력과 의지를 가지고 있다.

이상의 나카무라와 스몰우드의 정책집행자 유형을 표로 정리하면 다음과 같다.

〈표 5-6〉 Nakamura와 Smallwood의 유형

| 유형 | 정책결정자 | 정책집행자 | 집행실패 요인 | 평가기준 |
|---|---|---|---|---|
| 고전적 기술자형 | 명백한 목표 설정 | 기술적 권한 행사 | 수단에 대한 기술적 실패 | 효과성(강조) +능률성 |
| 지시적 위임형 | 구체적인 목표 설정 | 행정적 권한 행사 집행자 상호간 협상 | 협상의 실패 | 능률성(강조) +효과성 |
| 협상형 | 목표와 수단에 대해 서로 협상 | | 흡수 내지 사술 | 주민만족도 |
| 재량적 실험형 | 일반적이고 추상적 목표 설정 | 목표와 수단의 재정의 | 무책임성 | 수익자 대응성 |
| 관료적 기업가형 | 집행자가 형성한 목표와 수단에 지지 | 목표달성을 위한 수단을 집행자와 협상 | 정책의 선매 | 체제유지도 |

자료: 이원희 외, 2006: 451 Nakamura와 Smallwood의 정책집행자 유형.

## 5. 정책집행에 영향을 미치는 요인

정책집행에 영향을 미치는 요인은 정책의 특성 및 자원, 집행조직과 담당자, 정책결정자와 정책 관련 집단의 지지가 있다. 이를 구체적으로 살펴보면 다음과 같다(이원의 외, 2006: 453~454).

### 1) 정책의 특성과 자원

정책집행에 영향을 미치는 정책의 특성과 자원을 구체적으로 살펴보면 다음과 같다.

첫째, 정책내용의 명확성이다. 즉 정책내용이 정책집행자에게 명확하게 전달되면 정책의 목표와 수단 간에 나타나는 상호 모순이나 대립이 감소될 것이다.

둘째, 정책내용의 소망성이다. 정책집행은 목표의 바람직성, 수단의 효과성, 능률성, 공평

성, 실현 가능성이 높을 때 성공할 가능성이 커진다.

셋째, 정책집행수단 및 자원의 확보이다. 정책집행은 정책을 집행할 인적·물적 자원의 확보 및 설득, 유도, 강압과 같은 순응수단이 확보될 때 성공할 가능성이 커진다.

넷째, 정책유형의 차이이다. 정책집행은 규제정책이나 재분배정책보다는 배분정책의 경우 성공 가능성이 커진다.

#### 2) 집행조직과 담당자

정책집행은 집행조직과 담당자의 특성에 큰 영향을 받는다. 즉 집행조직과 담당자의 능력이 클수록 집행의 성공 가능성은 커지며, 집행자의 의욕과 태도가 적극적일수록 집행의 성공 가능성이 커진다.

아울러 집행의 절차가 간소할수록 이해관계자의 참여를 통한 협조가 확보되어 정책집행의 가능성이 커진다.

#### 3) 정책결정자와 정책 관련 집단의 지지

정책집행은 정책결정자와 정책 관련 집단의 지지에 큰 영향을 받는다. 즉 정책결정자의 적극적인 지지가 동반되는 정책의 경우 그 집행의 성공 가능성은 커진다. 하지만 무엇보다 중요한 지지는 대중 및 매스컴의 지지라고 할 수 있다.

### 6. 정책집행의 순응과 불응

#### 1) 순응과 불응의 의의

순응(compliance)이란 정책이나 법규에서 요구하는 행동에 따르는 행위를 말한다. 반대로 불응이란 정책이나 법규에서 요구하는 행동에 따르지 않는 행위를 말한다.

따라서 성공적인 정책집행을 위해서는 정책대상 집단과 정책집행자들의 순응이 매우 중요하다. 특히 규제정책의 경우 정책대상 집단의 순응이 무엇보다 중요하다.

#### 2) 순응의 원인

정책집행과정에서 대상 집단이 순응하기 위해서는 다음과 같은 것들이 필요하다(박수영 외, 2006: 192).

첫째, 권위와 합리성이다. 정책에 관련된 사람들이 권위적이고 그 정책이 합리적일수록 정책의 순응을 확보하기가 쉬워진다.

둘째, 정부의 정통성이다. 정책을 집행하는 정부의 경우 헌법에 근거한 합당한 권한을 가지고 있다. 이러한 정부의 정통성은 순응을 확보하는 데 큰 도움이 된다.

셋째, 개인적 이익이다. 정책을 집행하는 데 있어 정책대상이 이익을 얻는 경우 정책에 순응하는 것은 당연한 것이며 이러한 예로는 아파트 재건축과 같은 이익을 주는 정책들이 이에 해당된다.

### 3) 불응의 원인

정책집행과정에 있어 다음과 같은 원인들은 불응을 초래한다(이원희 외, 2006: 455).

첫째, 정책의 모호성 및 불명확성이다. 정책의 목표 및 집행수단이 모호하고 불명확할수록 정책집행에 있어서 불응은 더욱 강해진다.

둘째, 기존 가치체계와의 대립이다. 정책이나 정책의 집행이 일반대상이나 그 집행대상의 가치와 대립할 경우 불응이 발생할 수 있다.

셋째, 다수기관의 관련성 및 의사전달의 부족이다. 정책의 집행에 있어서 관련 기관이 많을수록 정책집행의 어려움이 커지며, 의사전달이 부족할수록 정책대상 및 정책집행자 모두의 불응은 더욱 커진다.

이 밖에도 집행자의 소극적 성향이나 재량권의 남용 또는 정책집행자의 형식적 집행태도와 집행자의 불신은 불응을 야기하는 원인이다.

### 4) 순응확보전략

정책집행과정에 있어서 순응을 확보하기 위해서는 다음과 같은 노력이 필요하다.

첫째, 교육과 설득이다. 즉 대상 집단과 집행자에게 정책을 이해시키고 동의를 구함으로써 자발적인 순응을 확보할 수 있다.

둘째, 정책의 수정 및 관습의 채택이다. 정책을 집행하는 과정에서 정책이 많은 갈등을 유발한다면 무조건적으로 순응시키기보다는 정책을 수정하는 것이 더 효과적이다. 또한 기존의 가치와 대립하거나 집행에 있어서 불확실성이 커지면 기존의 관습을 채택하는 것이 효과적이다.

셋째, 보상수단의 사용이다. 정책을 집행하는 집행자와 정책의 대상인 정책대상자들에게 실제적인 편익을 제공하는 것은 정책집행의 순응을 확보하기 위한 효과적인 방법 중 하나이다.

넷째, 제재수단의 사용이다. 정책의 순응을 얻기 위해서 모든 수단을 사용하였음에도 불구하고 순응이 확보되지 않았을 경우에는 행정기관이나 법원에 의하여 부과되는 제재의 수단을 사용할 수 있다.

## 제 4 절 정책평가 및 변동

### 1. 정책평가의 의의와 필요성

정책평가(policy evaluation)는 정책의 내용과 집행 및 그 영향 등을 평가하는 것을 말한다. 즉 정책이 제대로 집행이 되고 있는지 그리고 정책의 개입에 따른 효과가 있는가를 연구하는 것을 정책평가라 한다.

이러한 정책평가를 James E. Anderson은 정책과정 가운데 최후의 단계가 정책평가이나 단순히 마지막 단계에만 나타나는 것이 아니라 정책 모든 과정을 통해서 발생하는 기능적 활동이라고 정의하기도 하였다(박수영 외, 2006: 198).

정책과정의 하나로 정책평가는 다음과 같은 필요성을 가지고 있다(박수영 외, 2006: 198~199).

첫째, 정책의 정당성 확인을 위하여 필요하다. 정책이란 바람직한 사회 상태를 이룩하려는 정책목표와 이를 달성하기 위한 정책수단으로 구성되어 있다. 이러한 정책의 목표달성도과 정책수단의 적절성을 확인하는 것은 정책평가를 통해 가능하다.

둘째, 정책참여자의 지지를 확보할 수 있다. 즉 설득력 있는 정책의 평가는 복잡하고 다양한 정책의 참여자들을 설득하고 그들의 지지를 확보하는 데 큰 도움이 된다.

셋째, 정책담당자의 책임성을 확보할 수 있다. 오늘날 정책이나 사업을 결정하고 집행하는 담당자의 책임은 단순한 회계책임을 넘어 관리책임까지도 요구한다. 즉 정책평가를 통해 정책이나 사업에 대한 실증적인 검토를 바탕으로 정책담당자에게 책임을 물을 수 있다.

### 2. 정책평가의 유형

정책평가의 유형은 평가의 분류기준에 따라 여러 가지로 구분된다. 여기에서는 평가시기에 따라 사전평가·사후평가와 형성평가·총괄평가 그리고 평가의 목적에 따라 과정평가와 영향평가 및 메타평가로 구분하여 설명하겠다(이원희 외 478~481, 박수영 외, 2006: 200~202).

### 1) 평가의 시기 따른 정책평가의 유형

#### (1) 사전평가와 사후평가

사전평가는 정책집행이 이루어지기 이전에 하는 평가로 평가의 대상이 될 결과가 발생하기 전에 이루어지는 평가를 말한다. 반면에 사후평가는 집행이 이루어진 후에 실시되는 평가를 말한다.

#### (2) 형성평가와 총괄평가

형성평가는 프로그램의 문제를 발견하고 이의 개선을 위해서 정책결정 또는 집행 중에 수행하는 평가를 말한다. 따라서 형성평가는 사업계획의 개발과정이나 그것의 개선과정에서 수행된다.

즉 형성평가는 보다 나은 사업계획을 구성하고 이미 확정 및 실시되고 있는 사업을 개선하기 위한 목적으로 수행된다.

반면에 총괄평가는 정책이나 사업의 완료 후에 실시되며, 주로 고위정책결정자 혹은 정책자금제공자와 같은 외부 고객의 요구를 충족시키기 위하여 수행된다.

즉 총괄평가는 정책의 추진 여부, 정책 내용의 수정에 필요한 정보를 제공하는 기능을 한다. 이러한 총괄평가는 평가의 대상과 목적에 따라 효과성 평가, 능률성 평가, 공정성 평가로 나눌 수 있다.

### 2) 평가의 목적 따른 정책평가의 유형

#### (1) 과정평가

과정평가는 정책집행 및 활동을 분석하여 이를 근거로 보다 효율적 집행전략을 수립하거나 정책내용을 수정 또는 변경하며, 정책의 중단·축소·유지·확대 여부의 결정에 도움을 주는 평가이다.

이러한 과정평가는 정책 활동으로부터 목표에 이르는 도중에 개입되어 있는 중간목표를 포함한 변수들 간의 인과관계 경로를 확인하는 좁은 의미의 과정평가와 정책분석이 의도했던 대로 집행이 되었는가를 점검하는 집행평가로 구성된다.

#### (2) 영향평가

영향평가는 어떤 정책이 의도한 방향으로 어떤 변화를 야기했는지를 평가하는 정책평가이다.

#### (3) 메타평가(상위평가)

메타평가는 상위평가로 평가에 대한 평가를 말한다. 즉 정책평가의 결과를 다시 평가하는 평가이다. 이러한 메타평가는 평가계획이나 진행 중인 평가, 그리고 이미 완료된 평가를 다른 평가자로 하여금 평가할 것을 요구한다.

### 3. 정책평가의 한계

정책의 내용과 집행 및 그 영향 등을 평가하는 정책평가는 다음과 같은 원인들에 의해 정책평가의 어려움을 겪는다(박영수 외, 2006: 207~208).

첫째, 정책목표의 불확실성이다. 정책목표의 채택을 둘러싸고 수많은 이해관계인이 각자 자기들의 주장을 펼치는데, 이때 정책결정자는 이러한 갈등을 완화하기 위해서 정책목표를 애매모호하게 설정하기도 한다. 하지만 이러한 애매모호하게 설정된 정책목표에는 앞서 설명한 것처럼 정책의 집행을 어렵게 할 뿐 아니라, 정책의 효과성을 평가할 때 혼란을 초래한다.

둘째, 저항이다. 즉 정책결정자 및 정책집행자들은 정책평가의 부정적인 결과를 방지하기 위하여 정보를 제대로 제공하지 않거나, 자신들에게 유리한 정보만을 제공하기도 한다. 또한 부정적 평가에 대해서는 순응하지 않는 등의 저항을 갖기도 한다.

셋째, 자원의 문제이다. 정책평가는 돈·시간·인력 등의 많은 자원이 요구된다. 특히 정책평가는 전문적인 지식과 기술이 요구되는데 이를 뒷받침하지 못할 경우 정책평가는 한계에 부딪힌다.

넷째, 효과성 측정의 어려움이다. 정책평가는 정책의 효과를 측정하는 데 있어 많은 어려움을 겪는다. 특히 공익, 만족, 행복 등의 무형적 가치를 평가한다는 것은 매우 어려운 일이다. 따라서 정책평가는 어떻게 측정을 할 것인지 또한 평가의 신뢰도와 타당성을 어떻게 확보할 것인가 매우 중요하다.

## 4. 정책변동과 유형

정책변동(policy change)이란 당초의 정책목표, 수단 등이 변하는 것을 말한다. 이러한 정책변동은 정책목표·수단·대상 집단 등 정책의 내용이 변하는 것뿐만 아니라 정책집행 방법의 변화까지도 포함한다.

정책변동을 Brain W. Hogwood(호그우드)와 B. Guy Peter(피터스)는 다음과 같이 정책유지, 정책승계, 정책종결, 정책혁신 이상의 네 가지로 구분하였다(박영수 외, 2006: 210~211).

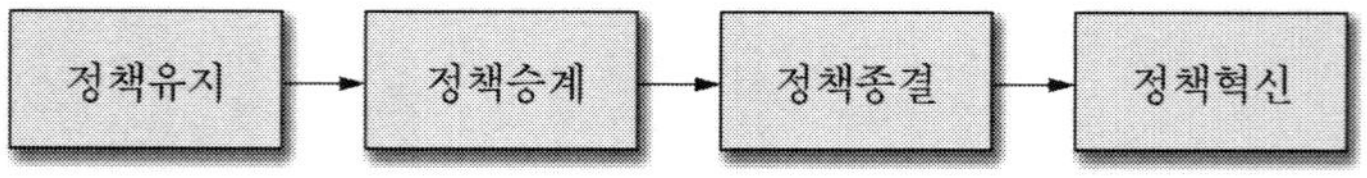


〈그림 5-14〉 Brain W. Hogwood와 B. Guy Peter의 정책변동 유형

### 1) 정책유지

정책유지는 현재의 정책을 그대로 지속시키는 것으로, 정책의 기본적 특성을 그대로 유지시키는 것을 말한다. 즉 정책의 유지는 정책의 기본내용을 대폭 수정하거나 아니면 정책의 종결을 하기 위해 노력하다가 반대세력의 저항 또는 합리적인 판단에 따라 정책을 그대로 유지하는 경우에 사용된다.

### 2) 정책승계

정책승계는 정책변동 중 가장 중요한 것으로 기존 정책의 목표는 변경시키지 않고 내용의 일부 또는 전부를 변경시키는 것을 말한다. 이러한 정책승계는 기존의 정책수단이나 사업을 완전히 종결하고 종전과 동일한 목표를 달성하기 위해 새로운 사업계획을 수립하는 것을 의미하는 선형적 승계(linear succession)와 두 개 이상의 정책이나 사업계획이 완전히 또는 부분적으로 종결되고 이와 유사한 정책목표를 추구하기 위해 새로운 단일의 정책이 제도화되는 것을 의미하는 정책통합(policy consolidation), 정책통합에 반대되는 개념으로 기존 정책이 두 개 또는 그 이상의 정책으로 분할되는 것을 의미하는 정책분할(policy splitting), 기존의 정책 중 일부는 계속적으로 유지하면서 일부는 완전히 종결시키는 부분종결(partial termination), 정책유지·대체·종결 또는 추가 등 정책승계의 여러 유형들이 복합적으로 나타나는 복합적 정책승계(complex patterns of policy succession) 등이 있다.

### 3) 정책종결

정책의 종결은 현존하는 정책을 완전히 소멸시키는 것을 말한다. 즉 특정 정책목표와 이를 실현하기 위한 정책수단 등을 완전히 폐지·소멸시키는 것을 말한다. 이러한 정책종결은 특정한 정책을 의도적으로 종결시키거나 중지시키는 것으로 여기에는 특정 부문의 기능·사업·정책 및 조직의 중지 또는 종식 등이 포함된다.

### 4) 정책혁신

정책혁신은 정부가 관여하지 않고 있던 분야에 개입하기 위하여 새로운 정책을 결정하는 것을 의미한다. 즉 정책변화가 아니라 새로운 정책결정이라고 볼 수 있다.

## 연습문제

1. 문제의 구조화과정에서 범하는 세 가지 오류에 관한 설명이다. 빈 칸에 적절한 것은?(2010 경정승진 출제)

> 문제의 정의나 구체화에서 공통적으로 범할 수 있는 오류를(㉠)오류라 한다. 이것은 문제의 구조화를 잘못해서 틀린 문제의 해결을 유도하는 오류이다. 맞는 귀무가설을 배제하는 것을(㉡)라 하고, 틀린 귀무가설을 채택하는 것을(㉢)라 한다며, 틀린 문제의 해답을 찾는 것은(㉠)오류인 것이다.

① ㉠-제3종오류, ㉡-제1종오류, ㉢-제2종오류
② ㉠-제3종오류, ㉡-제2종오류, ㉢-제1종오류
③ ㉠-제1종오류, ㉡-제3종오류, ㉢-제2종오류
④ ㉠-제1종오류, ㉡-제2종오류, ㉢-제3종오류

**〈해설〉** 정책분석에서 3종오류(meta error)란 문제를 잘못 인지하여 정책문제가 해결되지 않는 상태로 남게 되는 오류를 말한다.

2. 다음은 정책결정모형에 대한 설명이다. 합리모형의 특징이 아닌 것은?(2004 강원9급 출제)

① 대안의 의도적 선택
② 포괄적인 가치변화를 추구한다.
③ 목표수단분석을 실시한다.
④ 참여자들의 상호조절에 의한 문제해결을 중시한다.

**〈해설〉** 참여자들 간의 협상과 타협 등 상호조절에 의하여 문제를 해결하는 정책모형은 점증모형이다.

3. 의사결정모형 가운데 엘리슨(Allison)의 '관료정치모형'에 대한 설명으로 적절한 것은?(2010 경정승진 출제)

① 정책은 최적의 대안을 모색하는 합리적 선택의 산물이다.
② 정책결정의 행위주체들은 상호의존성이 높다.
③ 목표에 대한 합의정도가 낮다.
④ 행위자들은 당장 활용할 수 있는 대안의 선택보다는 총체적인 정책분석에 더 많은 관심을 가진다.

**〈해설〉** 관료정치모형(모형Ⅲ)은 목표에 대한 합의정도가 가장 낮다. 나머지는 모두 합리적 행위자모형(모형Ⅰ)과 관련되어 있다.

---

[정답] 1. ① 2. ④ 3. ③

## 기출문제

〈2010년 행정고등고시 2차 시험〉

문 1. 최근 사회적 이슈를 둘러싼 정책갈등이 빈번해지면서 공공갈등관리가 시급한 사회적 과제로 대두되고 있다. (총 25점)

1) 공공정책으로 인해 발생할 수 있는 정책갈등의 원인을 구체적 사례를 들어 정책의 제설정단계, 정책결정단계, 정책집행단계별로 설명하시오. (15점)

2) 정책갈등을 해소할 수 있는 방안을 다양한 정책행위자들(policy actors)의 정책참여 양태(樣態)와 관련하여 제시하시오. (10점)

제 6 장

# 조직의 본질과 관료제

## 제 1 절 조직의 본질과 유형

### 1. 조직의 본질

#### 1) 조직의 개념

조직이란 공동의 목적이나 목표를 달성하기 위해 외부와 구별되는 일정한 경계 안에서 협력적으로 활동하는 둘 이상의 사람의 집합체를 말한다. 이러한 조직의 개념을 좀 더 구체적으로 살펴보면 조직은 ① 사람의 집합체이며, ② 사람들이 활동하기 위해 분업·조정·통제와 공식적 구조가 필요하고, ③ 외부와 구별되는 일정한 경계를 가지고 있는 ④ 목적 지향적·목표 추구적인 집합체이다.

#### 2) 조직의 의의

조직을 정의하거나 개념화함에 있어서 학자들은 하나의 공통된 견해를 가지고 있지 못하다. 왜냐하면 조직을 보는 각도에 따라서 그 개념이 얼마든지 달라질 수 있기 때문이다. 조직마다 크기가 다르고 유형도 다르며 그 속성마저 차이가 있어 어느 한 가지로 조직 전체를 설명하기란 매우 어려운 작업이다.

스콧(W. Richard Scott)은 이것을 합리체계, 자연체계, 열린 체계로 구분하여 학자들이 어떤 체계에 속하여 조직을 정의하는가를 보여 주었다.

합리체계(rational system)에 따르면 조직은 비교적 구체적 목표를 집합적으로 추구하는 성향과 비교적 고도로 공식화된 사회구조로서의 성격을 띤다. 조직이 특정 목적을 추구하거나 의식적으로 협력관계를 유지하기 위해 구성되는 이유가 바로 여기에 있다. 따라서 합리체계에 따른 학자들은 조직의 의식성·의도성·목적성·공식성·구조성·규범성 등을 강조한다.

바나드(Chester I. Barnard), 마치(James G. March)와 사이먼(Herbert A. Simon), 블라우(Peter M. Blau)와 스콧, 에치오니(Amitai Etzioni) 등이 이에 속한다. 합리체계는 조직이 목표를 추구하며 이를 위해 고도의 공식화된 사회구조를 필요로 한다는 것을 보여 줌으로써 공식조직이 어떠한 규범적 성격을 가지고 있는가를 이론적으로 제시해 주고 있다.

자연체계(natural system)는 조직성원들이 공식구조 또는 공식적 목표에 영향을 받지 않으면서 체계의 생존에 공통적 이해를 나누어 갖고 이를 보존하기 위하여 비공식구조로 집합적 활동에 참여하는 집합체를 조직으로 정의한다. 자연체계는 직위에 따른 권위를 거부하고, 규칙이나 절차를 희소화하며, 성원 사이의 지위에 따른 차등보다 역할의 차별화나 기능의 전문화를 중시한다. 의사결정에 있어서의 평등 및 개인적 관심의 다양성을 강조한다.

합리체계에서 주장하는 공식성이 크게 약화되기 때문에 조직이 아닌 조직을 말하는 것이 아닌가 하는 생각을 갖게 하지만, 공식성이 결여되어 있다 하더라도 조직체계가 필요로 하는 것과 요구되는 것을 나름대로 적극적으로 파악하고 그 체계를 유지하고 존속시키기 위한 노력을 한다는 점에서 합리체계와 접근방법이 다를 뿐이다. 자연체계는 조직을 보다 유기적인 체계로 간주하여 성원의 능력과 관심을 자연적으로 조직에 투입하도록 함으로써 집합체가 성원의 인적자원으로부터 자발적인 유익을 얻도록 한다는 점에서 매우 바람직하다. 자연체계는 조직이 어떤 것이어야 한다는 조직의 구조적이고 공식적인 성격을 가지고 있는 합리체계의 성격과는 다르다. 이 체계에 부합하는 조직들로서는 보다 자유스럽고 창의적인 조직들로서 자유의료기관, 대안학교, 강간상담센터, 전문변호기관 등을 들 수 있다. 이러한 집합조직은 대체로 합리적이고 관료제적인 조직모형의 대안으로 제시된다. 이에 관한 연구자로 로드쉴드-윗트(Joyce Rothschild-Whitt)를 들 수 있다. 자연체계는 비록 조직이 특정 목적을 지지하고 추구해 나아간다고 해도 성원의 행동은 꼭 그 목적에 의해 인도되는 것이 아니며, 따라서 조직의 행위는 쉽게 예측할 수 있는 것이 아님을 보여 준다.

열린 체계(open system)에 따르면 조직은 형상에 의해 목표를 발전시키는 이해집단들의 단합체로서 단합의 구조, 활동 및 결과는 환경적 요인에 크게 영향을 받는다. 조직이 환경문제를 고려하지 않거나 자기 체계 밖으로부터 인물이나 자원을 지원받기를 고려하지 않고 조직의 문제를 자기 체계 내에서 일사불란하게 해결하고자 하는 조직이라면 그것은 닫힌 체계에 속한다. 다양한 환경조건 아래서 조직이 살아남기 위해서는 열린 체계를 유지해야 할 필요가 있다. 또한 성원으로 하여금 자원, 에너지, 시간을 조직에 기여하도록 유인해야 한다. 개인은 다양한 이해관계를 가지고 있고, 여러 유인들을 따져 본다는 점을 조직은 인식해야 한다. 상대적인 이점에 따라 조직에 남기도 하고 조직을 떠나기도 한다. 따라서 조직을 단순히 특정 목적을 추구하는 것으로 보기보다 다양한 이해집단들이 이해에 따라 일시적으로 한 무리가 되는 기회주의적인 집합체로서 이해하는 것이 더 정확하다. 스콧은 이 체계에 따른 조직의 입장을 가장 바람직한 것으로 보고 있다.

### 3) 조직의 성격

조직의 성격은 다음과 같이 정리할 수 있다.

첫째, 사회적 실체(social entity)이다. 조직은 여러 사람들과 집단들로 구성된 사회적 실체이다. 이러한 조직 가운데 가장 기초단위는 개인이며, 이보다 큰 단위가 집단이다. 이처럼 조직은 개인과 집단을 포괄하는 조직체계로서 이보다 큰 사회체계의 일원으로 활약하고 있다.

둘째, 목적 지향성(goal-directed)이다. 조직의 형태에 따라서 또는 조직이 처한 상황에 따라서 목적은 달라질 수도 있다. 즉 이윤을 추구하는 경제적 목표일 수도 있고, 교육이나 자선 등 문화적 목표일 수도 있으며, 질서를 유지하기 위한 목표일 수도 있다. 그리고 목표가 하나 이상일 수도 있다. 이와 같이 조직마다 다양한 종류의 목적을 가지고 있지만 한 가지 확실한 것은 어떤 조직이든 추구하는 목적이 명백히 있으며 그 목적을 능률적으로 그리고 효과적으로 달성코자 한다는 점이다. 조직이 커 가면서 보다 사회적인 욕구를 수용하게 되어 이윤의 극대화라는 단일목표 이외에 직원의 만족이나 사기, 사회적 책임수행과 같은 목적들이 추가됨으로써 여러 복합적인 목적을 갖게 된다.

셋째, 구조적 활동체계(structured activity system)이다. 조직은 구조라는 틀과 특정 임무를 수행하기 위한 활동체계를 가지고 있다. 여기에서 구조란 조직의 목표를 달성하기 위해 전문화된 활동을 논리적인 유형에 따라 공식화시키고 지위와 책임을 부여하여 조직을 비교적 안정적이고 지속적인 형태로 유지하도록 만드는 것이다. 그리고 구조는 조직성원이 조직 안에서 상호 작용하는 것까지 포함하므로 매우 동태적인 의미를 가지고 있다.

넷째, 계획된 조정체계(planned coordination)이다. 조직은 그 목표를 달성하기 위해 최선의 방법을 모색할 필요가 있고, 이 필요를 충족시키기 위해 관리는 매우 중요한 역할을 담당하고 있다. 따라서 조직의 규모가 커지고 환경이 복잡해짐에 따라 조직을 보다 효율적으로 관리하기 위한 조정체계가 크게 요구되고 있다.

다섯째, 계속성(continuity)이다. 조직은 구성원이 비록 바뀐다 할지라도 적정 성원을 계속 유지하면서 조직의 목표를 수행해 나간다. 이런 의미에서 조직의 성원들은 조직의 성원으로 계속 이어지고, 아울러 조직도 계속 이어진다.

여섯째, 경계(boundary)구분 및 외부환경과의 상호 작용이다. 조직은 내부에 조직성원, 구조, 관리 등 여러 자체 요인들을 가짐으로써 조직 외부와의 경계가 구분되어 있다. 그렇다고 조직이 외부환경과 단절되어 있는 것은 결코 아니다. 즉 조직은 경계와 외부환경 상호 작용을 통해 서로에게 긍정적인 효과와 부정적인 효과를 미친다.

### 4) 공 · 사조직의 비교와 특성

공조직이란 중앙정부와 관계된 것이든, 지방정부와 관련이 있는 것이든 간에 정부기관을 뜻한다. 이에 비해 사조직은 정부기관이 아닌 개인 또는 사적단체에 의해 소유되고 운영되는 회사나 비영리기관을 의미한다.

공조직과 사조직의 두 유형은 특정한 목표를 추구하기 위해 의도적으로 구성된 인간의 집합체로서 어느 정도의 영속성을 가진 존재라는 점에서는 공통점을 가진다. 또한 양자 모두 대규모 조직에서 볼 수 있는 관료제적 성격을 가지며, 목표달성을 위한 수단이라는 점에서는 공통점을 가진다.

그러나 공조직과 사조직 간에는 차이점도 많다. 근본적으로 공조직은 규모가 사조직에 비하여 클 뿐만 아니라 세금이나 징병 등과 같이 투입을 강제할 수 있는 권한을 가지고 있다는 점에서 차이가 있다. 그러나 모든 공조직이 규모가 큰 것은 아니며, 징병권이나 조세권을 가지고 있는 것은 아니라는 점에서 절대적 기준은 못 된다. 이런 점에서 과연 공조직과 사조직에 근본적 차이가 있느냐 하는 점에 대해 의문을 제기할 수 있다.

#### (1) 내부 구조와 과정

사조직의 목표는 비교적 단순하고 명확하여 그 목표달성도를 평가하기가 용이한 데 비하여 공조직의 목표는 다양하고 복잡하고 애매하므로 그 성과의 평가가 쉽지 않다. 그러나 일반적으로 공조직은 지나친 문서주의, 경직성, 책임 전가, 유인장치의 미흡 등으로 인해 사조직에 비해 그 성과가 낮다. 또한 공조직의 관리자는 사조직의 관리자보다 의사결정의 자율성이나 융통성이 적다. 그 이유는 행정의 결정에는 다양한 법적, 절차적 통제가 부과되고 있기 때문이다.

#### (2) 환경적 요인

공조직은 시장기제(market mechanism)보다 예산기제(budge mechanism)에 의해 움직이므로 비용의 절감이나 생산성 향상을 위한 노력이 적다. 또한 사조직에 비해 법률적, 공식적 제약을 많이 받고 법적인 규정에 의존하려는 경향이 강하다. 공조직은 결정에 있어서 시민들의 협조와 지지도 필요하기 때문에 사조직에 비해 외부로부터 훨씬 더 다양한 압력을 받게 된다. 이러한 환경적 요인들은 조직의 외부에 존재할 뿐만 아니라 조직의 통제 밖에 있는 경우가 많다.

#### (3) 조직과 환경과의 관계

공조직의 활동은 강제성과 독점성을 가지며, 그 결정의 영향은 민간조직보다 넓고 상징적 의미가 크다. 따라서 행정관료들의 행동은 주민들의 감시와 주목을 받게 되며, 관료들에게는 보다 책임성이 강하고 정직할 것이 요구된다.

공조직과 사조직의 구별을 상대적인 것으로 보는 학자는 정부조직에 못지않은 대규모 민간조직의 출현을 든다. 그리고 민간조직이 사회에 미치는 영향도 커지고 있어 공·사조직 간의 고유 경계 영역이 점차 허물어지고 있다고 본다. 즉 명령·복종관계를 중시하는 관료조직과 경쟁관계를 중시하는 시장조직의 구별은 더 이상 공·사조직의 구분과 일치하지 않는다. 더욱이 오늘날의 많은 조직들이 재원의 출처, 사회적 통제방식, 조직의 소유권을 명확하게 구분하기 어려운 혼합조직화(organization hybridization) 되어 공·사조직을 구분하기 위한 기준이 더욱 모호해지고 있다.

## 2. 현대조직이론의 특징

조직이론의 발달은 행정학의 발달에서 설명하였으므로 본 장에서는 현대조직이론의 특징에 대해서 살펴보고자 한다.

### 1) 조직의 중요성

인간은 사회의 일원인 동시에 조직의 일원이다. 따라서 인간을 사회적 동물이라고 함은 인간의 조직성원성의 불가피성을 말한 것이다. 사실 인간은 요람에서 무덤에 이르기까지 조직생활에서 벗어날 수가 없다. 조직은 인간의지실현의 주 도구이며, 인간생활 전반에 걸쳐 중대하고 광범한 영향을 미친다. 더구나 현대를 변동의 시대라고 하거니와 이러한 사회

변동과 사회발전의 속도가 빠르면 빠를수록 인간생활에서 조직이 차지하는 비중은 날로 높아지지 않을 수 없는 것이다. 따라서 현대사회를 조직사회(organizational society), 현대인을 조직인(organizational man)이라고 부른 것[1]은 적절한 표현이라 하겠다.

### 2) 조직의 대규모화

현대조직은 과거조직과 비교해 볼 때 그 인원·예산·기구 면에서 점차 대규모화되고 있는 것이 큰 특징이다. 이른바 거대정부 현상은 일면을 행정조직의 대규모화에서 엿볼 수 있다. 또한 기업조직의 경우도 마찬가지로 그 수가 증가하였을 뿐만 아니라 그 규모도 확대되었다.

이러한 조직의 대규모화 현상의 원인을 살펴보면 다음과 같다.

첫째, 인간의 자기생활에 대한 욕구를 들 수 있다. 인간은 언제나 현재보다 나은 생활을 영위하려고 노력하고 있다. 예를 들어 국민이 정부에 대하여 생활의 질적 향상과 문화적인 생활을 요구하며, 후진국 농촌에서 농민이 도시로 이주하는 것은 모두 인간의 생활수준향상을 위한 욕구 때문이라고 할 수 있다.

둘째, 과학기술의 발달을 들 수 있다. 과학기술의 발달도 조직의 대규모화를 초래하게 된 중요한 요인이다. 즉 20세기에 들어와 현저하게 발달한 과학기술로 말미암아 인간은 그의 환경의 활용과 통제를 더욱 효과적으로 할 수 있게 되었다.

셋째, 커뮤니케이션(communication)의 발달을 들 수 있다. 교통·통신수단의 발달은 원거리와의 커뮤니케이션에 필요한 시간을 극도로 단축시켰다. 또한 통신수단의 발달은 기업조직·행정조직의 관리기술을 발전시켰으며 조직의 팽창을 가져왔다.

### 3) 조직의 복잡화

현대조직은 과거조직에 비하여 더욱 복잡한 것이 특징이다. 반면, 과거의 조직은 그 구성이라든지 조직운영이 퍽 단순하였다. 조직계층은 그 수가 적었으며, 구성원은 지도자와 노동자와 같이 단순권한의 관계에 있었다. 그리고 전문가는 필요시되지 않았다. 그러나 현대조직은 그 구성이나 내부 또는 외부에서 작용하는 모든 요소가 극히 복잡하게 되었다.

### 4) 조직의 전문화

현대사회는 사회구조의 기능적 분화와 더불어 조직에 있어서도 기능의 전문화 내지 분

---

1) Robert V. Presthus, *Organizational Society*(New York: Alfred A. Knopf, Inc, 1962) 참조.

화현상이 광범하게 나타나고 있다. 이러한 현상은 업무수행의 기계화와 과학적 관리를 필요로 하며 따라서 조직관리상의 전문가의 채용을 필요로 한다. 특히 자본주의의 발전에 수반하는 복잡한 문제와 과학기술의 발달은 전문적 지식이나 기술의 수요를 크게 증대시켰다.

#### 5) 조직의 통합성과 계층성

조직이 공동의 목적을 추구하기 위해서는 그 구성요소가 분화되어 있어야 한다. 즉 조직단위, 노동, 권한과 책임 등이 조직의 목표달성에 잘 기여할 수 있도록 분화되어야 한다. 그러나 조직 안에 있는 세력중추는 권한의 계층을 통하여 분화된 노력을 조정·통제함으로써 조직의 목적에 기여하도록 하는 등의 통합 활동을 하여야 한다.

#### 6) 조직의 민주화

행정조직을 예로 들자면 국민에 대한 행정의 책임성을 확보하기 위한 민주성이 보장되지 않으면 안 된다. 행정조직의 민주성은 국민에 대한 행정의 책임성을 확보하기 위한 민주적 통제뿐만 아니라 조직 내 민주주의의 실현과도 관련된다. 즉 행정의 민주성은 대외적으로 국민과의 관계에 있어서도 중요하지만, 대내적으로 행정기관 내부 또는 행정계층제의 상하관계에 있어서도 확보되어야 하는 것이 현대행정조직의 특징이다.

## 3. 조직의 유형

조직을 쉽게 이해하기 위해서는 조직을 유형화할 필요가 있다. 조직을 분류하여 설명하는 유형론(typology)은 조직의 개념을 쉽게 이해하게 해주며, 조직들을 비교·연구하는 데 큰 도움을 준다(김문성, 2005: 122~130).

#### 1) 조직의 형태에 따른 유형

##### (1) 공식조직

공식조직(formal organization)이란 법률이나 규칙 또는 직제에 의하여 인위적으로 명문화시킨 제도상의 조직이다. 공식조직은 인간의 인격과는 독립된 별도의 몰인간적 요소를 내포한 조직으로 목표달성을 위한 수단으로서 계획적으로 창안된 것이며, 권한과 책임의 관계를 나타내는 구조와 종적·횡적 의사전달의 통로를 갖추고 있다. 그리고 구성원의 직무역할이 확정되어 있으며 구성원의 대체 가능성을 전제로 하는 조직을 말한다.

공식조직이 반드시 형식적이거나 딱딱하거나 혹은 부당하게 속박을 하는 등의 경직성을 띠는 것은 아니다. 다만 공식조직은 인간관계가 규칙에 함몰되어 몰인간적으로 될 가능성이 높다는 것이다. 또한 조직의 규정이 모든 문제를 세밀하게 예측하고 규제할 수 없는 일반성을 지니고 있으며, 신뢰적 인간관계를 형성하기 곤란하다는 한계를 가지고 있다.

공식조직은 다음과 같은 세 가지 기본 원리에 입각하여 구성되고 있다.

첫째, 분업(division of labor)의 원리이다. 하나의 과업을 여러 사람들에게 배정되도록 보다 작은 일의 단위로 나누는 것을 의미한다. 분업을 통해 업무의 전문화가 이루어질 수 있다.

둘째, 부문(department)의 원리이다. 이 원리는 조직의 전체 과업을 차례로 보다 작은 과업들로 분류한 부문을 설정하고 분류된 과업들을 관리대상에 따라 적절한 집단으로 결합하는 것이다.

셋째, 통솔의 범위(span of control)이다. 이는 한 사람의 관리자가 얼마나 많은 사람들을 감독할 수 있는가를 결정하는 문제이다.

### (2) 비공식조직

비공식조직(informal organization)은 동질성을 지니고 정규적으로 상호 교류하는 사람들 사이에 자발적이고 정적으로 형성되는 집단이다. 공식조직을 제도상의 조직이라고 한다면 비공식조직은 현실의 조직이라고 할 수 있다.

비공식조직의 인간관계는 다음과 같은 특징을 지니고 있다.

첫째, 당사자 사이의 직접적 접촉에 의하여 성립되고 계속되는 관계이다.

둘째, 구성원 간에 특별한 감정과 가치판단을 가지고 이루어지는 관계로 인격적 관계를 지닌다.

셋째, 공식조직에 의하여 설정되지 않고 사람들의 상호 교류 속에서 자발적으로 형성된다.

이러한 비공식조직이 왜 존재하는가에 대한 문제는 사회·심리학 분야의 특별한 연구과제이기도 하다. 특히 비공식조직이 조직관리에서 매우 중요하다는 사실을 인지해야 한다. 많은 경우에 행정업무가 공식조직을 통한 공식적 행정과정으로만 처리되지 않는다. 공식적인 행정과정이 이루어지기 전에 비공식조직을 통한 상호 의사전달과정을 거쳐야 한다. 그러나 현실적으로 많은 지도자들이 비공식조직을 도외시하고 있다. 비공식조직의 동태적인 상호 관계는 사람의 수나 지도력의 변화에 따라 영향을 받게 된다. 그러므로 공식지도자는 비공식조직의 특성을 알아야 하며, 비공식조직의 순기능을 활용하면 조직관리에 오히려 유리하다는 점을 인식하여야 한다.

① 비공식조직의 순기능

비공식조직이 조직의 목표달성에 기여하는 순기능은 다음과 같다.

첫째, 구성원으로 하여금 귀속감과 안정감 등 심리적 욕구를 충족시킴으로써 조직을 안정화시킨다.

둘째, 구성원이 서로 정보를 교환할 수 있는 의사소통의 체계와 그 통로를 확장시켜 주는 역할을 한다.

셋째, 비공식조직구성원 간의 협조와 직무에 관한 지식 및 경험의 공유에 의해 업무의 능률적 수행을 돕는다.

넷째, 비공식조직은 구성원의 좌절감과 욕구불만에 대한 배출구 역할을 하기 때문에 이러한 감정을 어느 정도 해소하여 준다.

다섯째, 지도자는 비공식조직을 통하여 조직구성원의 업무태도와 내부 사정 등을 파악할 수 있고, 조직의 목표달성에 적극적으로 기여하도록 촉구할 수 있다.

② 비공식조직의 역기능

비공식조직은 조직의 목표달성에 다음과 같은 역기능을 한다.

첫째, 비공식적 접촉을 통하여 조직 전체의 이익보다 자기 집단의 이익을 도모하기 쉬워 집단이기주의와 정실이 조장될 우려가 있다.

둘째, 파벌을 조성하여 구성원 간에 갈등을 유발할 수 있다.

셋째, 공식적 의사전달을 오도하거나 혹은 왜곡된 의사전달을 함으로써 조직의 활동을 잘못된 방향으로 이끌 수 있다.

넷째, 비공식적 접촉을 통하여 개인의 이해와 관련된 활동을 하게 될 우려가 있어 행정의 중립성을 저해할 수 있다.

③ 비공식조직의 통제

관리자는 비공식조직을 무조건 무시하기보다는 공식조직 속에 존재하고 있는 비공식조직의 유형과 활동을 잘 파악하고, 이들의 역기능을 최대한 제거하여 조직목표에 이들이 공헌할 수 있도록 통제하여야 한다. 통제방법으로는 다음과 같은 점을 고려해야 한다.

첫째, 비공식조직은 억압한다고 해서 없어지는 것이 아니라 오히려 그로 인한 부작용만 심해질 수 있으므로 이를 무조건 무시하거나 억압하는 것은 피해야 한다.

둘째, 비공식조직의 구성원이 가진 불만의 원인을 분석하여 이를 제거할 수 있는 환경을 조성하고, 공식조직의 목적이 비공식조직의 목적이나 이익과 양립하는 것이라는 점을 인식시키도록 한다.

셋째, 비공식조직의 지도자를 파악하여 조직의 현황과 방향을 이해하도록 설득하거나 의사결정과정에 참여시킨다.

### 2) 조직 내의 권한관계에 따른 유형

모든 조직에는 두 가지 이상의 형태가 있는데 하나는 집행을 담당하는 계선조직이며, 다른 하나는 기획과 기타의 보조적인 서비스를 제공하는 막료조직이다. 조직의 규모가 확대되고 기능이 복잡해지면 조직의 기능을 분화시켜야 하는데, 이를 위해 우선 고려해야 할 조직 설계의 방향은 계선과 막료조직에 대한 것이다.

#### (1) 계선조직(line organization)

계선조직(line organization)은 조직의 목표를 달성하는 데 직접적으로 기여하는 기능을 집행하는 조직을 말한다. 예컨대 공공부문의 계선조직은 대체로 계층제 구조를 가지고 있으며, 법령을 집행하고 정책을 결정하며, 국민에게 직접적으로 봉사하는 역할을 담당한다. 이를 단일(unitary)조직이라고도 한다.

#### (2) 막료조직(staff organization)

막료조직(staff organization)은 전문지식과 기술을 가지고 계선의 활동이 보다 효과적으로 이루어질 수 있도록 촉진시키는 기능을 수행하는 조직이다. 막료는 계선이 원활하게 기능을 수행하도록 지원하고 촉진하는 역할을 맡는다. 막료는 자문·권고·협의·정보의 수집과 판단·기획·통제·인사·회계·법무·공보·조달·조사 및 연구기능을 담당한다. 막료는 조직의 목적달성에 간접적으로 기여하고 조직 최고 정책결정권자의 업무를 보조하지만 명령·집행 및 결정을 행할 수 있는 독자적인 권한을 가지고 있지는 않다. 막료업무는 행정성을 띠고 있어 지적 기능의 제도화라고 불린다.

#### (3) 계선과 막료의 한계

계선과 막료의 전통적인 구분은 근래에 와서 많은 비판을 받고 있다. 이론상으로는 계선과 막료 간의 기능 구분이 가능하나 실제적으로는 양자의 엄격한 구분이 곤란하여 서로 순환된 명령이나 지시가 내려질 가능성이 많다. 때로는 명령과 조언을 엄격히 구별하기 곤란한 경우도 많다. 특히 전문적이거나 기술 분야에서 현실적으로 조언이 명령과 동일한 효과를 발휘할 때가 많다.

#### (4) 기능적 권한(functional power)

관리자가 직접 명령하고 업무를 감독하는 대신 자신의 담당직무에 대하여 직능별로 전문화하고, 직능별 전문가로 하여금 지시와 통제를 하도록 하는 것이 때로는 효과적일 수 있다.

기능적 권한(functional power)이란 다른 조직의 업무활동을 통제하기 위하여 어느 개인이나 조직에 위임된 권한이다. 만약 명령통일의 원칙이 예외 없이 준수된다면 명령권은 계선조직의 상급자에 의해서만 행사될 것이다. 그러나 전문지식의 결여, 여러 과정을 감독할 능력의 부족, 정책이 다르게 해석될 위험 등의 이유 때문에 계선조직의 책임자는 때때로 이러한 권한을 행사할 수 없게 되며, 그들의 상사에 의하여 전문막료나 다른 계선조직의 관리자에게 위임되기도 한다.

전통적인 관점에서 보면 막료는 권한을 갖지 않는 것으로 되어 있다. 그러나 실제로는 막료에게 일정한 권한을 부여하여 그들로 하여금 계선에 명령과 지시를 직접 내릴 수 있게 하는 경우도 적지 않다. 과거 경제정책의 경우 경제수석비서가 경제 관련 장관에게 막대한 영향력을 미치는 경우를 종종 볼 수 있었는데 이때 막료가 갖는 권한이 기능적 권한에 속한다.

이와 같은 기능적 권한은 지나치게 남용될 수 있고, 그 권한의 행사가 불가피한 경우에는 그 한계가 모호한 경우도 발생한다. 따라서 기능적 권한은 어느 관리자 또는 어느 조직에 위임되며, 언제 어떻게 행사되어야 하는가를 명확하게 규정하여야 한다. 최고관리자가 기능적 권한을 위임하여 최선의 성과를 달성하기 위해서는 권한의 범위를 그것을 행사하는 사람과 그것에 복종하는 사람 양쪽 모두에게 명확히 규정해야 한다.

### 3) 합의제 조직

합의제 조직은 위원회를 말한다. 위원회(committee)란 계층제적 단독제 조직에서 소홀하기 쉬운 민주적 결정과 조정을 보완하기 위하여 여러 사람들이 동등한 지위로 참여하여 합의적으로 의사결정을 하고 그에 대하여 책임을 지는 조직을 말한다. 중앙인사위원회, 독립규제위원회, 자문위원회, 조정위원회 등이 그 예라고 할 수 있다. 위원회 조직은 구성원 개개인의 의사와는 별개의 독립된 의사를 가지는 것이 특징이다. 위원회에서 결정된 사항은 위원 개개인의 책임이 아니라 구성원 전체를 의미하는 위원회의 책임이다.

행정조직에서 위원회 조직이 필요한 이유는 첫째, 전문지식의 활용이 요구될 뿐만 아니라 준입법적 또는 준사법적 기능까지 담담해야 할 경우가 많기 때문이다. 둘째, 정책결정의 정당성이나 민주성을 확보하기 위해서는 합의제가 더욱 신뢰적이기 때문이다. 그러나 모든 의사결정을 다수의 위원들의 합의를 통하여 수행하기 때문에 결정이 지연되고 기밀유지가 어려우며, 경비가 많이 소요되고, 책임의 한계가 모호하다는 단점이 있다.

#### 4) Parsons의 유형론

Talcott Parsons는 조직이 추구하는 대사회적 목표 또는 사회적 기능이 무엇인가를 기준으로 네 가지 유형의 조직을 분류하였다.

##### (1) 분류기준

Parsons의 분류체계를 AGIL Scheme이라고 부르는데 이는 그가 제시한 기능유형의 머리글자들을 모아 만든 합성어이다. Parsons는 사회체제 전체가 수행해야 할 기능을 적응(adaptation), 목표성취(goal attainment), 통합(integration), 체제유지(latency)로 분류하였다. 적응은 자원을 확보하는 기능이며, 목표성취는 목표의 설정과 집행에 관한 기능이며, 통합은 체제구성 부분들을 조정하고 결속을 유지하는 기능이며, 체제유지는 문화와 가치를 창출하고 보존하며 전승시키는 기능을 말한다.

##### (2) 조직의 유형

위의 적응(adaptation), 목표성취(goal attainment), 통합(integration), 체제유지(latency) 네 가지 사회적 기능 가운데서 어떤 범주에 주로 기여하는가에 따라 다음과 같이 네 가지의 조직유형을 분류하였다.

첫째, 경제적 생산을 지향하는 조직이다. 사회의 적응기능에 기여하는 것이 경제적 생산을 지향하는 조직이다. 이 유형은 사회가 소비하는 재화와 용역을 생산하는 조직이다. 그 예로는 사기업체를 들 수 있다.

둘째, 정치적 목표를 추구하는 조직이다. 사회의 목표성취에 기여하는 것이 정치적 목표를 추구하는 조직이다. 이 유형은 사회 내에서 권력을 창출·분배하며, 사회가 바람직한 목표를 달성할 수 있도록 보장하려는 조직이다. 행정기관과 은행을 그 예로 들 수 있다.

셋째, 통합기능적 조직이다. 사회의 통합기능에 기여하는 것이 통합기능적 조직이다. 이 유형은 사회 내의 갈등을 해결하고 사회의 구성 부분들이 공존·협동할 수 있게 하며 제도적 기대의 실현에 기여하도록 사회구성원들의 동기를 유발하는 기능을 수행하는 조직이다. 법원, 정당 등을 그 예로 들 수 있다.

넷째, 체제유지적 조직이다. 사회의 체제유지기능에 기여하는 것이 체제유지적 조직이다.

이 유형은 교육 · 문화 등의 활동을 통해서 사회의 지속성을 유지하려는 조직이다. 교육기관, 종교단체 등을 그 예로 들 수 있다.

### 5) Etzioni의 유형론

Alitai Etzioni는 복종의 구조(compliance structure)를 기준으로 조직을 분류하였다. 여기서의 복종이란 부하를 통제하기 위해 상급자가 행사하는 권한과 그에 대한 부하의 태도 사이에 형성되는 관계로 파악된다. 따라서 그의 유형론은 구조적이며 동시에 행태적 · 동기론적이라고 할 수 있다. 조직 내의 권한배분과 그 종류에 관련되기 때문에 구조적이며, 다른 한편으로는 조직의 요구에 순응하는 조직구성원들의 반응에 관련되기 때문에 동기론적이라 할 수 있다. 그의 이론은 조직이 동원하는 통제 또는 유인의 수단과 그에 기초한 권한의 종류를 구분하는 데서부터 출발하기 때문에 통제에 동원하는 권한의 종류에 기초를 둔 유형론이라고 할 수 있다.

#### (1) 통제수단 · 권한 · 복종의 종류

에치오니의 유형론은 세 가지의 기본적인 통제수단이 구별될 수 있다는 것을 전제로 한다. 세 가지 통제수단은 강압적 수단(coercion), 경제적 수단(economic rewards), 규범적 수단(moral or normative rewards)을 말한다.

강압적 통제수단(coercion)은 신체적 위해나 위협을 내용으로 한다. 이에 기초를 둔 권한은 강압적 권한(coercive authority)이다. 강압적 권한이 통제에 동원될 때 조직구성원의 반응은 소외 또는 굴종으로 나타난다. 굴종이란 심리적으로 소외되고 조직으로부터 이탈하려는 마음을 갖게 되지만 별수 없이 조직에 남아 복종하지 않을 수 없을 때 나타나는 반응을 말한다.

경제적 수단(economic rewards)에는 돈이나 그 밖의 물질적 보상이 해당된다. 경제적 수단에 기초를 둔 권한은 공리적 권한(utilitarian authority)이며, 이것은 타산적 복종을 결과하는 것이 보통이다. 타산적 복종이란 경제적 보상이 적정하다고 생각하는 범위 내에서만 권한에 순응하는 것을 말한다.

규범적 수단(moral or normative rewards)은 애정, 인격존중, 신망, 사명 등 상징적 내지 도덕적 가치를 내용으로 하는 것이다. 이에 기초를 둔 권한이 규범적 권한(normative authority)인데 규범적 권한의 사용은 도덕적 복종을 기대한다. 도덕적 복종이란 조직의 임무와 자기가 맡은 일을 가치 있는 것이라고 생각하고 충심으로 조직의 요구에 순응하는 태도를 말한다.

### (2) 권한과 복종의 유형에 따른 분류

에치오니는 권한의 종류와 복종의 종류에 따라 각각 세 가지씩 조직유형을 나누고 이를 조합하여 다시 9개의 유형을 보여 주는 분류의 틀을 구성하였다.

〈표 6-1〉 권한과 불종의 유형

| 복종의 종류 | 권한의 종류 | | |
|---|---|---|---|
| | 강압적 | 공리적 | 규범적 |
| 굴종적 | ◎ | | |
| 타산적 | | ◎ | |
| 도덕적 | | | ◎ |

9개 유형 가운데 권한의 성격과 복종의 성격이 부합되는 유형은 세 가지밖에 되지 않는다. 나머지 조직유형에 있어서는 두 가지 국면(권한과 복종) 사이에 일관성이 없다. 권한의 종류와 복종의 성격이 부합되지 않는다는 것은 강압적 권한에 대해 도덕적 반응이 나타난다든지 규범적 권한에 대해 타산적 반응이 나타난다든지 하는 것을 말한다. 대부분의 조직은 권한의 성격과 복종의 성격이 부합되는 조직유형에 해당되며 그 두 가지가 부합되지 않는 조직들은 결국 그것이 부합되는 방향으로 변해 간다고 한다. 이 중에서 강제적 조직, 공리적 조직과 규범적 조직이라는 세 개의 조직만이 현실성이 있다.

첫째, 강압적 조직(coercive organization)은 강압적인 권한의 사용과 굴종적인 복종이 부합되어 있는 조직이다. 그 예로서는 강제수용소와 대부분의 교도소를 들 수 있다.

둘째, 공리적 조직(utilitarian organization)은 공리적 권한과 타산적 복종이 부합되어 있는 조직이다. 그 예로서는 대부분의 사기업체를 들 수 있다.

셋째, 규범적 조직(normative organization)은 규범적 권한과 도덕적 복종이 부합되어 있는 조직이다. 규범적 조직의 예로는 교회와 같은 종교집단, 이념정당, 대학, 병원 등을 들 수 있다.

### 6) Blau와 Scott의 유형론

Peter M. Blau와 W. Richard Scott의 유형론은 조직활동의 주된 수혜자가 누구인가를 기준으로 하는 것이다. 이들은 먼저 공식적 조직에 관련된 사람들을 네 가지 범주로 분류하고 그 가운데서 어느 범주의 사람들이 조직의 주된 수혜자인가에 따라 네 가지의 조직유형을 구분하였다.

### (1) 분류기준

분류기준이 되는 네 가지 범주의 사람들이란 다음과 같다. 첫째, 조직의 구성원 또는 하급 참여자, 둘째, 조직의 소유주 또는 관리자, 셋째, 고객, 넷째, 국민일반을 말한다. 이러한 네 가지 범주의 어느 것에 속하거나 조직과 관련되고 또 그에 기여하는 사람들은 모두 다소간의 혜택을 조직으로부터 받는 것이 보통이다. 어느 한 집단만이 절대적으로 혜택을 독점하는 예는 찾아보기 어렵다. 그러므로 조직활동의 수혜자를 기준으로 한다는 말은 주된 수혜자를 기준으로 한다는 뜻이다.

### (2) 조직의 유형

누가 주된 수혜자인가를 기준으로 하여 분류한 네 가지 조직유형은 다음과 같다.

첫째, 호혜적 조직(Mutual-Benefit Associations)이다. 호혜적 조직의 주된 수혜자는 조직의 구성원들이다. 이러한 유형의 조직에 있어서 가장 중요한 문제는 구성원의 참여와 구성원에 의한 통제를 보장하는 민주적 절차를 조직 내에서 유지하는 것이다. 호혜적 조직의 예로는 정당, 노동조합, 전문직업단체, 종교단체 등이다.

둘째, 기업조직(Business Concerns)이다. 기업조직의 주된 수혜자는 소유주이며 가장 핵심이 되는 문제는 경쟁적인 상황 속에서 운영의 능률을 극대화하는 것이다. 이 유형에는 제조회사, 은행, 보험회사 등이 해당된다.

셋째, 봉사조직(Service Organization)이다. 봉사조직의 주된 수혜자는 고객집단이다. 고객에 대한 전문적 봉사와 행정적 절차 사이에서 생기는 갈등은 이러한 조직의 중요한 특성이라 할 수 있다. 봉사조직의 예로는 사회사업기관, 병원, 학교 등을 들 수 있다.

넷째, 공익조직(Commonweal Organization)이다. 공익조직의 수혜자는 일반국민인데 이와 관련된 가장 중요한 문제는 국민에 의한 외재적 통제가 가능하도록 민주적 장치를 발전시키는 문제이다. 각종 행정기관, 군대조직, 경찰조직 등이 공익조직에 해당한다.

Blau와 Scott는 어느 한 조직이 위의 네 가지 유형 중 두 가지 이상에 해당하는 경우가 있음을 시인하였는데 이것은 조직의 유형에서 혼합형의 존재가 가능하다는 것이다.

# 제 2 절 관료제

## 1. 관료제의 의의와 발달

관료제(bureaucracy)란 전문적인 능력을 소유함으로써 임명된 행정관(관료)이 국민에 대한 민주책임의 보장을 면제받고 정치지도를 행하는 통치제도를 말한다.

이러한 관료제는 합리주의에 기반을 두어 조직의 성과를 높이기 위한 표준화된 조직프로그램의 대명사이며, 모든 조직공식이 이 틀을 벗어날 수 없기 때문에 공식조직의 또 다른 명칭이기도 하다.

관료제는 고어 불어의 '뷰레(bure)', 곧 사무실 · 책상 · 책상보를 뜻하는 단어와 통치를 뜻하는 '크라시아(cratia)'를 합하여 만든 말이다. 이 말은 18세기 프랑스의 한 상공장관이 처음 사용했는데, 그 의미는 움직이는 정부기구 전체를 가리키는 말이었다. 관료제가 흔히 행정관료제로 인식되는 것은 이 때문이다. 그러나 관료제는 행정기관뿐만 아니라 대규모 조직을 포함한 조직 모두를 포괄한다.

이처럼 관료제는 합리적 관리를 위한 이상적 도구이기도 하지만 인간의 기본적 자유를 해치는 독선적이고 권력적인 의미로도 해석되어 사실 애매모호한 의미를 가지고 있다.

이러한 관료제를 베버(M. Weber)는 머리를 써서 계산하고 합리화할 줄 아는 능력 · 합리성과 예측성 · 법적 전통에 의한 제도화 · 개인적 관계보다 비개인성 · 자의적 규칙보다 기술적 능력을 중시하는 산업주의 논리를 담고 있는 것이라고 정의하였다.

그리고 리그스(F. Riggs)는 관료제를 구조적인 면과 기능적인 면으로 구분하여 인식하고 있다. 따라서 구조적으로 볼 때 관료제는 국가뿐 아니라 사기업 · 조합 · 교회 등 비국가적 조직 모두를 포함하는 보편성과 단일의사결정의 최고정점을 지닌 계층적 조직구조를 이루고 있다. 기능적으로 볼 때 관료제는 관료합리성(bureau-rationality)의 표상이자 관료병리(bureaupathology)를 낳는 기구이며 권력성(bureaucratism)을 가지고 있다.

## 2. 관료제의 특성

베버는 합리적이고 작업능률을 극대화할 수 있는 이상적인 조직을 관료제 모형이라 하고 이 모형에 대한 가설을 세웠다. 이 가설은 곧바로 관료제의 특성을 나타낸다. 이것은 관료제가 왜 효율적인가를 밝혀 주고 관료제의 발전방향을 제시하며 학문연구에도 큰 도움을 주었다. 그 가설을 소개하면 다음과 같다.

첫째, 법에 따른 공식화된 원칙이다. 베버는 관료제의 근간을 전통이나 카리스마보다 합법성에 두고 있다. 즉 법에 따라 공식 업무가 주어지고, 임무에 따른 권한도 함께 주어진다고 주장한다.

둘째, 직위에 따른 계층질서와 권한의 등급이 존재한다. 관료제는 상하의 명확한 구분과 감독체계를 이루고 있다. 즉 위계 · 직무 · 권리 · 권한의 한계가 법규에 명백하게 규정되어 있다.

셋째, 분업이다. 관료제는 각 사람의 직무는 단순하고 일상적이며 명확히 규정된 과업으로 세분화되어 있으며, 그 직무에 대해 전문지식과 기술이 요청된다고 바라본다.

넷째, 비개인성이다. 관료제는 공식적인 임무수행에는 비개인성에 바탕을 둔다. 즉 개인적 특성이나 기호가 개재되지 않도록 제재한다.

이 밖에도 관료제는 성과에 근거한 선발 및 승진, 자유로운 계약관계, 선거가 아닌 임명제, 고정 봉급 등의 특징을 가지고 있다.

## 3. 관료제의 유형

### 1) 민츠버그(H. Mintzberg)의 관료제

민츠버그(H. Mintzberg)는 관료제 조직구조를 기계적 관료제(machine bureaucracy)와 전문적 관료제(professional bureaucracy)로 구분하였다. 이를 구체적으로 설명하면 다음과 같다.

#### (1) 기계적 관료제

기계적 관료제란 베버가 설명한 전통적 유형에 속한 관료제로서 단순하고 안정된 환경 아래서 고도로 일상적인 기술을 사용하고 있는 대규모 조직에 효과적이다. 예를 들어 자동차, 철강, 교도소, 보험회사, 전화회사, 우체국, 국세청, 항공회사, 소방서 등이 이에 속한다. 이 조직의 특징은 고도로 일상적인 과업이나 매우 공식화된 규칙이나 규정, 기능별 부서는 분할된 과업, 집권화된 권한, 공식적 명령의 연쇄에 따른 의사결정, 라인과 스태프의 활동이 명확히 구분된 정교한 관리구조 등을 들 수 있다.

#### (2) 전문적 관료제

전문적 관료제란 여전히 관료제의 특성을 가지고 있으나 고도로 숙련된 전문적 종사자들에게 효과적인 조직유형이다. 즉 과업활동이 표준화되고 예측 가능하지만 역시 복잡하다.

왜냐하면 과업의 복잡성 때문에 고도로 발달된 기술이나 지식을 가진 전문가들에 의해 과업이 수행되어야 할 필요가 생기고, 조직은 이러한 전문적 종사자로 충당된다. 이들이 수행하는 작업은 쉽게 통제할 수 없는 것이어서 조직구조는 기계적 관료제보다 덜 공식화되어 있고 분권화된 의사결정이 이루어지기 때문이다.

이상의 두 관료제는 모두 표준화에 의존하고 있지만 그 원천은 다르다. 즉 기계적 관료제는 관리자가 생산작업자의 작업표준을 정하고 라인관리자들에게 그 표준의 시행을 촉구하므로 표준화의 원천이 조직 내부에 있지만, 전문적 관료제는 작업표준을 전문교육기관이나 전문기관 등 주로 조직 외부에서 설정한 것을 사용하므로 표준화의 원천이 조직 외부에 있다. 또한 기계적 관료제는 지위권력을, 전문적 관료제는 전문적 권력을 강조한다.

그러나 전문적 관료제는 기계적 관료제와 공존하고 있음에 유의해야 한다. 즉 대학의 경우 교수·사서직·연구원 등 전문직 관료제가 대학 일반 사무부서의 직원 등 기계적 관료제와 함께 있는 것이 그 보기에 속한다. 이것은 일반조직에서도 마찬가지이다.

## 4. 관료제의 순기능과 역기능

관료제는 긍정적인 면(순기능)과 부정적인 면(역기능) 모두를 함께 가지고 있다. 이를 구체적으로 설명하면 다음과 같다.

### 1) 순기능적 측면

관료제의 순기능적 측면은 다음과 같다.

첫째, 표준화된 행동통제와 조직의 능률이다. 관료제는 표준화에 의해 직원의 행동이 통제되고 예측되므로 조직운영을 능률적으로 할 수 있다. 그러므로 선발에서부터 직무와 무관한 부적절한 기준이 적용되지 않도록 한다. 아울러 관료제가 법 앞의 평등·기회의 균등

등으로 민주적 목표를 수행하는 데 기여한다.

둘째, 고용의 안정성 제공이다. 관료제는 종신재직권을 허용함으로써 고용을 안정시킨다. 여기에서 종신재직권이란 심지어 그들의 정력이 다 소진되어도, 또는 그들의 기술이 쓸모없어지더라도 계속 고용되어야 한다는 것을 말한다. 이것은 조직구성원들에게 안정감을 심어 주기는 하지만 무사안일주의를 유발시킨다는 비난을 받고 있다. 그러나 종신고용의 이점도 있다. 성원들의 적극적인 참여를 유발하고, 상부층의 독단적 횡포로부터 직원을 보호하며, 성원들로 하여금 조직특유의 기술을 습득하게 할 수 있다. 일본 직원들은 경기변동에 관계없이 종신고용을 보장받음으로써 애사심이 높고 생산성도 높은 것으로 평가되고 있다.

셋째, 규칙과 규정을 통해 공정성과 통일성의 확보이다. 규칙과 규정의 설정은 직원이 공정하게 대우받을 수 있는 가능성을 높이고 안전을 확보할 수 있을 뿐 아니라 행동의 모호성을 감소시키고 행동의 통일성을 높여 준다. 어떤 정책 내지 방침이 세워져 있지 않다면 언제 어떻게 의사결정을 내려야 할지 확신을 갖지 못하고 조그만 일에도 주저하게 될 것이다. 관료제는 이런 역할 모호성을 감소시키고 일을 능률적으로 하게 만든다.

넷째, 수직적 권한계층을 통한 용이한 책임수행이다. 관료제는 수직적 위계구조 때문에 악영향이 나타날 수도 있지만, 오히려 권한·규칙·직무·절차의 명확성으로 인해 문제에 직면했을 때 누가 맡고, 권한의 범위는 어떠하며, 의사결정을 위해 누구와 상의해야 하는가를 확실히 해 줌으로써 의사결정은 물론 그에 대한 책임한계를 분명히 해 주고 일을 책임성 있게 한다는 이점이 있다.

### 2) 역기능적 측면

관료제의 역기능적 측면은 관료제를 부정적으로 보게 만드는 원인이 되었고, 심지어 관료제는 소멸되어야 할 것으로 인식하도록 만들어 주었다. 이러한 관료제의 역기능을 살펴보면 다음과 같다.

첫째, 목적과 수단의 전도(goal displacement)이다. 관료제의 경우 조직 전체의 목표가 하위단위나 개인의 목표에 의해 전도되고 있다는 비판을 받고 있다. 즉 전체 목적을 달성하기보다는 사소한 규칙과 절차에 스스로 구속되어 그것을 지켜야 한다는 의무만 내세우다 결국 일을 그르치게 되는 것이 그 예이다.

둘째, 규정이나 규칙에의 집착이다. 관료제는 상황의 변화에도 불구하고 그것을 깨닫지 못하고 일정한 규칙이나 절차를 적용시키려 한다든지, 과거의 훈련과 경험에 바탕을 둔 의사결정과 행동은 상황이 달라짐에 따라 적절하지 못하게 될 수 있음에도 이전에 했던 의사결정과 행동을 맹목적으로 반복하는 규칙에 대한 집착을 보임으로써 역기능적인 결과를 초래한다.

셋째, 구성원의 소외유발이다. 관료제의 몰인간성은 인간성 상실의 주범이다. 즉 구성원들이 큰 톱니바퀴에 하나의 톱니바퀴 또는 단순기계로 인식되어 그들 작업 속에서 거리감을 느끼고 조직에 대한 일체감을 갖지 못하며 결국 소외된다.

넷째, 권력의 집중이다. 관료제는 조직을 보다 인간화하기 위해 조직 내의 권력을 평등화하기를 원하는 사회학자들은 관료제가 소수의 손에 막강한 권력을 집중시켜 독선의 길을 열어 주고 민주적 관리에 역행하는 모습을 보여 주고 있다고 비판한다.

다섯째, 혁신성의 결여이다. 조직은 쇄신과 창조를 통해 발전해 나갈 수 있음에도 불구하고 관료제에 내재하는 보수성과 여러 병리현상 때문에 미래지향적이고 창의적인 조직분위기를 가지고 있지 못하다.

여섯째, 형식주의(formalism)이다. 관료제는 형식주의 · 문서주의 · 의례주의(ritualism)에 빠져 있다. 물론 형식 · 문서 · 의식 · 절차가 중요하지 않은 것은 결코 아니지만 이것이 번거로움이 되면 행정의 낭비를 초대한다.

이 밖에도 조직정치 유발, 인력활용의 불충분성, 상황적응의 결여 등의 역기능이 있다.

## 제 3 절 애드호크라시(Adhocracy)

애드호크라시는 관료조직처럼 지위나 역할에 따라 종적으로 조직된 것이 아니라 기능과 전문적 훈련에 의해 유연하게 기능별로 분화된 횡적 조직이다.

### 1. 애드호크라시의 발달

애드호크라시는 ad+hoc+cratia를 합성한 단어로 ad는 방향(to) 또는 목적(for)을 나타내는 라틴어의 접두어이며, hoc은 이것(this) 또는 그것(it)을 나타내는 방향 및 목적의 대상을 뜻하는 라틴어이다. 그리고 cratia는 통치를 나타내는 그리스어이다. 이를 미루어 보아 애드호크라시는 특정 사건을 해결하기 위한 방향으로 움직이기 위한 조직구조를 나타내며, 그 특정 사건은 안정된 환경 아래서 일상적으로 일어나는 것이 아니라 불안정한 환경 아래서 비일상적으로 일어나는 것이다.

Adhocracy라는 용어는 Toffler가 기능적 또는 임시적 조직이라는 뜻으로 처음 사용하였다. 이 단어를 만들어 낸 베니스는 애드호크라시를 "다양한 전문기술을 가진 비교적 이질적인 전문가들이 프로젝트를 중심으로 집단을 구성하여 문제를 해결하는 변화가 빠르고 적응적이며 일시적인 체계"로 정의하고 있다. 애드호크라시를 특별위원회 격인 성격의 조직구조로 보는 것은 이 때문이다.

Adhocracy의 기원은 제2차 세계대전 중 특수 임무를 수행했던 기동타격대 'adhoc team'에서 유래된 것으로, 이 부대는 그들의 임무가 완수되면 일단 해산되었다가 새로운 임무가 주어지면 그 임무에 적합한 병력으로 재구성되었다. 이러한 유래에서 나타난 애드호크라시는 관료제와는 달리 유연성(flexibility), 적응성(adaptability), 대응성(responsiveness), 혁신성(innovation)이 높다는 점에서 유기적 조직구조에 속한다.

## 2. 애드호크라시의 특징

### 1) 애드호크라시의 조직적 특징

애드호크라시의 조직적 특성은 복잡성 · 공식화 · 집권화의 정도가 모두 낮다는 것이다. 즉 낮은 수준의 복잡성 · 낮은 수준의 공식화 · 낮은 수준의 집권화가 바로 애드호크라시이다.

이러한 애드호크라시의 특징을 구체적으로 살펴보면 다음과 같다.

첫째, 낮은 수준의 복잡성이다. 애드호크라시는 고도의 전문성을 가진 전문요원들로 구성되어 있어 전문성에 따른 수평적 분화 정도는 아주 높지만 관료제와 같이 위계가 많은 조직구조를 가지고 있지 않아 복잡성 정도가 낮다.

둘째, 낮은 수준의 공식화이다. 애드호크라시에는 규칙과 규정이 거의 없으며 규칙이나 규정이 존재한다 해도 그 성격이 엄격하지 않고 명문화되어 있지 않다. 따라서 애드호크라시의 공식화 수준은 매우 낮다.

셋째, 낮은 수준의 집권화이다. 애드호크라시는 신속한 결정과 유연성을 필요로 하므로 분권화 정도가 높다. 즉 애드호크라시는 최고관리층이 모든 의사결정을 내리는 데 필요한 전문성을 가지고 있지 않기 때문에 의사결정은 전문요원들로 구성된 분권화된 팀에 의존한다. 따라서 집권화의 수준이 낮다.

### 2) 애드호크라시의 구조적 특징: 민츠버그

민츠버그는 애드호크라시의 구조적 특성으로서 고도의 유기적 구조, 고도의 수평적 직무분화, 기능별 집단과 목적별 집단의 공존, 연락장치의 설치 선택적 분권화 등을 들었다. 이를 구체적으로 살펴보면 다음과 같다.

첫째, 고도의 유기적 구조이다. 애드호크라시는 혁신적 조직으로서 표준화에 따른 통제를 거부한다. 즉 혁신을 위해 역할의 모호성을 추구하고 유연성과 비공식적 흐름을 강조한다.

둘째, 고도의 수평적 직무분화이다. 애드호크라시는 고도의 훈련과정을 거친 전문요원을 고용하고 그들에게 전문성에 따른 권력을 부여함으로써 고도의 수평적인 직무전문화를 창출한다. 따라서 애드호크라시는 조정을 위해 기능의 표준화 대신 전문가들 사이의 상호 조정에 의존한다.

셋째, 기능별 집단과 목적별 집단의 공존이다. 애드호크라시는 상이한 전문가들이 프로젝트를 중심으로 모여 있고, 여러 분야가 각각의 전문성을 발휘하여 문제해결에 통합적인 노력을 하도록 요구한다. 따라서 구성원들은 각각 혁신업무를 수행한다는 점에서 프로젝트 팀에 속하지만 조직운영상 기능적 단위에 속하므로 기능 분야를 떠나 있으면서도 그 분야의 특성을 유지할 수 있다.

넷째, 연락장치 설치이다. 애드호크라시는 전문가들 사이의 상호 조정을 주요 조정장치로 사용하고 있기 때문에 일련의 연락장치의 설치 및 활용을 중시한다.

끝으로 선택적 분권화이다. 애드호크라시는 고도로 훈련된 전문가들로 구성되어 있어 분권화 구조를 이루고 있다. 이때 전문가들은 의사결정의 성질에 따라 각각 의사결정권이 위임되어 있기 때문에 선택적 분권화의 성격을 가지고 있다.

## 3. 애드호크라시의 조직형태

애드호크라시는 여러 조직구조의 모양을 가지고 있다. 가장 대표적인 것은 매트릭스 조직이며 그 밖에 태스크포스·위원회 조직 등이 있다. 이를 구체적으로 살펴보면 다음과 같다.

### 1) 매트릭스 조직

매트릭스 조직(matrix organization)은 애드호크라시를 채택하고 있는 조직구조로서 기업환경이 다양해지고 복잡해짐에 따라 경영활동을 직능부문으로서 전문화시키면서 전문화된 부문들을 프로젝트로 통합시킬 단위를 갖고자 하는 조직의 요구에 부응하고자 고안된 것이다.

매트릭스 조직은 두 가지 점에서 특색이 있다.

첫째, 이 조직은 기능별 부서의 관리자와 프로젝트 관리자에게 보고해야 하는 두 사람의 상사체계(two boss system)를 가지고 있어서 각 직원은 한 사람의 상사에게만 보고해야 하는 명령일원화의 원칙(unity of command)을 깨뜨리고 있다는 점이다.

둘째, 매트릭스 조직은 전통적인 기능구조와 새로운 프로젝트구조에서 두 구조의 장점을 택하고 단점을 피하기 위해 설계된 구조라는 점이다. 기능구조는 전문요원을 한곳에 집합시킬 수 있는 장점은 있으나 그 요원들의 활동을 적절하게 조정하기 어렵다는 단점이 있다. 그리고 프로젝트구조는 전문요원들의 활동을 조정할 수 있는 장점은 있으나 비용의 중복을 초래한다는 단점이 있다. 매트릭스 조직은 전문요원을 기능별로 확보하고 프로젝트별로 활용함으로써 두 구조의 관계를 서로 보완해 주고 있다.

즉 매트릭스 조직은 조직의 여러 활동을 조정하고 전문요원을 능률적으로 배분함으로써 규모의 경제에서 오는 유익을 얻게 해 주며 환경변화에 신속하게 대응하고, 미래를 위해 기술능력을 개발하며, 민주적 규범과 일치되는 환경을 제공함으로써 동기유발을 증진시키는 장점이 있다. 그러나 구조 자체가 만들어 내는 혼란성, 권력투쟁을 조장하는 경향성, 직원 개인에게 미치는 스트레스, 역할 모호성 등 여러 단점들을 가지고 있다.

### 2) 태스크포스

태스크포스(task force)는 제2차 세계대전 중에 있었던 기동타격대·특공대 등에서 따온 군사적 용어로서, 조직에서는 영어 그대로 또는 특수임무반 등으로 불리고 있다. 이 시기에 군대에서 많은 특별팀을 만들어 그들의 사명을 완수하고 나면 곧 그 팀을 해체하곤 했다. 어떤 팀은 정한 시간범위가 없었고, 어떤 팀은 하루 정도 지속되는가 하면, 어떤 팀은 1개월 또는 1년간 지속되기도 했다. 팀 역할은 상호 교환적이고 임무의 성질과 복잡성에 따라 집단이 하위단위로 분할되기도 했다. 특별팀은 변화에 신속하게 대응할 수 있는 능력이 있었다.

조직에서 태스크포스는 여러 하위단위의 결합된 노력이 필요한 구체적이고 명료하고 복잡한 과업을 수행하기 위해 형성된 임시조직구조이다. 따라서 태스크포스는 임시적인 매트릭스 구조의 축소판으로 생각할 수 있지만 조직 전체에 적용될 수 있는 완전한 구조가 아니라 전통적인 계층구조의 부속기구에 속한다.

태스크포스는 수행과업의 성공 여부가 조직에 결정적인 영향을 미칠 만큼 중요한 과업에 직면해 있고, 그 과업이 구체적인 시간제약과 성과기준을 가지고 있으며, 과업이 독특하고 생소하며, 상호 의존적인 여러 기능들을 필요로 할 때 바람직하다.

### 3) 위원회

위원회(committee organization)는 애드호크라시의 조직형태 가운데 하나로서 원만한 의사결정을 위해 광범한 경험과 배경을 가진 사람들을 한곳에 모아 의논하는 것이 바람직할 때, 의사결정 결과에 의해 영향을 받게 될 사람들의 대표자를 참석시킬 필요가 있을 때, 부담을 분산시킬 필요가 있을 때, 어느 한 개인이 조직을 이끌어 나갈 준비가 되어 있지 않은 관리상 과도기인 경우에 효과적이다.

즉 위원회는 임시적일 수도 있고 영구적일 수도 있다. 임시적일 경우 그 위원회는 태스크포스와 유사하다. 그러나 영구적인 경우 태스크포스와 같은 다양한 기능을 집결시키고 그 위에 매트릭스 구조의 안정성과 일관성을 결합시킨 구조적 특성을 가진다.

아울러 위원회는 일대일의 위계구조(man to man hierarchy)를 수정하고, 자유로운 의사표시와 의견조정을 하며, 특정 분야에 대해 집단적으로 의견·지식·경험을 나눔으로써 의사결정을 할 수 있는 특성을 가지고 있다.

### 4) 공동관리구조

공동관리구조(collegial structure)는 대학교·연구실·고도의 전문직 조직 등에서 널리 사용되고 있는 애드호크라시의 형태이다. 주요 결정에 모든 성원이 참여하는 완전민주주의(full democracy)라는 점에서 대표제를 택하고 있는 태스크포스나 위원회 조직과 다르다.

따라서 학과의 경우 주요 의사결정이 전체로서의 학과에 의해 결정되고, 학과장이라 할지라도 한 표 이상의 비중이 주어지지 않는다.

즉 공동관리구조는 최고도의 분권화를 가지고 있지만 최소한도의 지침만 허용하고 자유재량의 폭을 넓게 가진다.

# 연 습 문 제

1. 다음 중 조직의 유형별 특징을 잘못 설명하고 있는 것은?(2010 특채8/9급 출제)
   ① 학습조직 - 기능이 통합된 팀으로 실험을 장려한다.
   ② 네트워크 - 조직을 핵심역량 위주로 합리화하고 부수적 기능은 다른 조직에 맡긴다.
   ③ 매트릭스조직 - 기능구조와 사업구조의 결합이다.
   ④ 수평구조 - 수직적 계층과 부서간 경계를 유지한다.

   **〈해설〉** 수평구조는 구성원을 과정 중심으로 조직화한 팀조직으로 수직적 계층과 부서간 경계를 제거하여 개인을 팀 단위로 모아 의사소통과 조정을 용이하게 하기 위한 유기적 구조이다.

2. Scott의 조직이론 체계와 발달에서 이론이 전개된 시대적 순서로 올바른 것은?(2004 부산 9급 출제)
   ① 폐쇄자연적 - 폐쇄합리적 - 개방합리적 - 개방자연적
   ② 개방합리적 - 개방자연적 - 폐쇄합리적 - 폐쇄자연적
   ③ 폐쇄합리적 - 폐쇄자연적 - 개방합리적 - 개방자연적
   ④ 개방자연적 - 개방합리적 - 폐쇄자연적 - 폐쇄합리적

   **〈해설〉** Scott의 조직이론을 설명하면서 고전이론은 폐쇄합리적 이론, 신고전이론을 폐쇄자연적 이론, 현대이론을 개방합리적 이론과 개방자연적 이론으로 분류하였다.

3. Etzioni의 조직통제유형과 수용태도의 연결이 틀린 것은?(2006 충남9급 출제)
   ① 자의적 - 자발적
   ② 규범적 - 도덕적
   ③ 보수적 -계산적(타산적)
   ④ 강제적 - 소외적

   **〈해설〉** Etzioni는 조직을 통제하는 권력의 유형과 수용(복종)의 태도를 분류하여 조직을 구분하여 설명하였다.

---

[정답] 1. ④ 2. ③ 3. ①

## 기출문제

〈2012년 행정고등고시 2차 시험〉

※ 행정학에서 지배적이었던 관료제적 패러다임이 정부실패(government failure)의 주된 원인으로 간주됨에 따라, 1970년대 후반부터 이를 극복하기 위한 대안적 패러다임들이 등장하기 시작했다. 예컨대, 신공공관리론(new public management theory)과 신공공서비스론(new public service theory) 등이 그것이라 할 수 있다. (총 50점)

1) 기존 관료제적 패러다임에 가해진 비판에 대해 기술하시오. (10점)
2) 신공공관리론적 패러다임이 한국 행정에 끼친 영향에 대해 설명하시오. (20점)
3) 신공공서비스론적 관점에서 한국 행정의 개혁방향을 논하시오. (20점)

〈2006년도 행정고등고시 2차 시험〉

※ 우리나라 정부조직에서 팀(team)제가 도입되게 된 배경을 기술하고 팀(team)제가 정착하는데 필요한 성과평가의 합리성제고 방안에 대해 설명하시오.(30점)

〈2005년 입법고등고시 2차 시험〉

※ 참여정부 출범 이후 계층제 형태의 관료조직의 한계를 보완하기 위해 부처 조직에 팀제를 도입하려는 움직임이 가시화되고 있다. 팀제 도입의 이론적 배경을 설명하고 참여정부의 정부혁신사례들을 들면서 예상되는 문제점과 성공적 도입방안에 대해 논해 보시오.(25점)

〈1991년 행정고등고시 2차 시험〉

※ 다음을 약술하라.

(1) 애드호크라시(adhocracy)적 조직구조

(2) Ombudsman 제도

# 제 7 장

# 조직관리와 조직발전

## 제 1 절 동기부여이론

동기부여이론은 인간의 일에 대한 동기가 발생하는 유형을 연구하는 이론으로 내용이론, 과정이론이 있다. 내용이론은 욕구의 내용 하나하나를 확인하는 이론이고, 과정이론은 욕구가 유발되는 과정을 분석하는 것이다. 이러한 동기부여이론의 종류는 다음과 같다(〈표 7-1〉 참조).

〈표 7-1〉 동기부여이론의 종류

| | | |
|---|---|---|
| 내용이론 | Taylor | 합리적 경제적 인간 |
| | Mayo | 사회적 인간 |
| | Maslow | 성장이론: 욕구계층이론(생리, 안전, 소속, 존경, 자아) |
| | Murray | 명시적 욕구이론 - 학습된 욕구(방향, 강도, 환경) |
| | Alderfer | 생존, 관계, 성장(ERG) |
| | McClelland | 성취동기 |
| | McGregor | X이론, Y이론 |
| | Herzberg | 욕구충족이원론 |
| | Likert | 착취적 권위, 온정적 권위, 협의적 참여, 참여집단 |
| | Schein | 복잡한 인간 |
| | Hackman, Oldham | 직무특성이론( = 잠재적 동기지수: 기술다양성, 직무정체성, 직무중요성, 자율성, 환류) → 의미성, 책임성, 결과에 대한 지식 → 만족도 |
| 과정이론 | Adams | 공정성 이론: 준거인물<br>형평이론: 호혜주의 규범, 인지일관성 정향 |

| | | |
|---|---|---|
| | Vrooms | 기대이론 동기=f(가치, 수단성, 기대)<br>Porter와 Lawler 업적 → 만족 |
| | Locke | 목표 설정 이론: 난이도, 구체성 |

## 1. 내용이론(Content theory)

동기부여의 내용이론이란 동기를 유발하는 요인의 내용을 설명하는 이론을 말한다. 즉 무엇이 개인의 행동을 유지 혹은 활성화시키는가, 혹은 환경 속의 무슨 요인이 사람의 행동을 움직이게 하는가에 관한 이론을 말한다. 동기유발의 주요 내용이론으로는 매슬로의 욕구단계이론, 앨더퍼의 ERG이론, 허츠버그의 2요인이론, 맥클레랜드의 성취동기이론 등이 있다(〈표 7-2〉 참조).

〈표 7-2〉 동기부여의 내용이론

| McGregor | Maslow | Alderfer | Herzberg |
|---|---|---|---|
| X | 생리적 욕구 | 생존욕구(E) | 위생요인 |
| | 안전욕구 | | |
| Y | 애정(사회적)욕구 | 관계욕구(R) | 동기유인 |
| | 존경욕구 | | |
| | 자아실현욕구 | 성장욕구(G) | |

### 1) 맥그리거(D. McGregor)의 X · Y이론

#### (1) X이론

인간은 본래부터 일하기를 싫어하는 속성이 있으므로 조직의 목적을 달성하기 위해서는 인간을 강제로 통제하여 벌로 다스려야 하고, 평범한 인간은 지시받는 것을 좋아하고 책임을 회피하며 생의 안전만을 원한다고 본다.

#### (2) Y이론

인간을 자아실현적인 존재로 본다. 즉 여건만 잘 조성되면 일이란 놀이와 마찬가지로 즐거운 것이며, 인간은 적절한 상황하에서 책임을 지고 스스로 노력에 의하여 조직의 목적을 수행하려 한다.

### 2) A. H. Maslow의 욕구단계설

인간의 욕구는 타고난 것이며 욕구를 강도와 중요성에 따라 5단계로 분류한 아브라함 매슬로(Abraham H. Maslow)의 이론이다.

매슬로는 하위단계에서 상위단계로 계층적으로 배열되어 하위단계의 욕구가 충족되어야 그다음 단계의 욕구가 발생한다고 주장하였다. 그리고 욕구는 행동을 일으키는 동기요인이며, 인간의 욕구는 낮은 단계에서부터 그 충족도에 따라 높은 단계로 성장해 간다고 주장하였다.

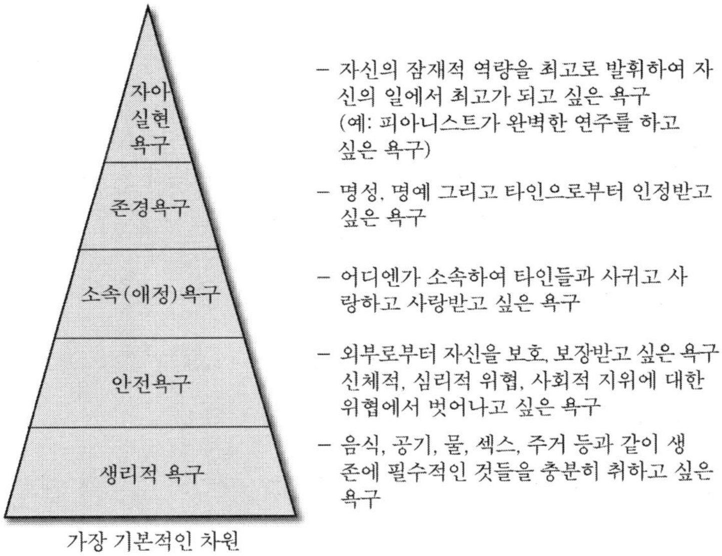


〈그림 7-1〉 A. H. Maslow의 욕구단계설

매슬로의 욕구 5단계 중 1단계 욕구는 생리적 욕구로 먹고, 자는 등 최하위단계의 욕구이다. 2단계 욕구는 안전에 대한 욕구로 추위 · 질병 · 위험 등으로부터 자신을 보호하는 욕구이다. 3단계 욕구는 애정과 소속에 대한 욕구로 어떤 단체에 소속되어 애정을 주고받는 욕구이다. 4단계 욕구는 자기존중의 욕구로 소속단체의 구성원으로 명예나 권력을 누리려는 욕구이다. 5단계 욕구는 자아실현의 욕구로 자신의 재능과 잠재력을 발휘해 자기가 이룰 수 있는 모든 것을 성취하려는 최고수준의 욕구이다.

### 3) ERG이론(C. P. Aldefer)

ERG이론이란 매슬로(Abraham H. Maslow)의 5단계 욕구이론을 수정해서 개인의 욕구

단계를 3단계로 단순화시킨 앨더퍼(Clayton R. Alderfer)의 욕구이론을 말한다.

인간의 욕구를 생존욕구(existence needs), 관계욕구(relatedness needs) 그리고 성장욕구(growth needs)의 3단계로 구분한 앨더퍼는 사람들이 실제로 욕구단계를 어떻게 인지하고 있는지를 경험적으로 연구한 결과를 토대로 하여 좀 더 현실적인 관점에서 이론을 정립했다. 이러한 앨더퍼는 매슬로와 달리, 욕구가 하급단계로부터 상급단계로만 진행하는 것이 아니라 반대의 방향으로도 이행한다고 주장한다. 즉 생존욕구가 충족되어 상위욕구인 관계욕구를 추구하다 실패하면 다시 전 단계인 생존욕구로 이행한다는 것이다.

요약건대 매슬로가 욕구계층 간의 만족-진행(satisfaction-progression)의 요소만을 중시한 데 비해, 앨더퍼는 좌절-퇴행(frustration-regression)의 요소도 함께 포함해서 인간욕구의 발로를 설명하고 있다.

#### (1) E(존재욕구: Existence)

생리적 욕구나 안전욕구와 같이 인간이 자신의 존재를 확보하는 데 필요한 욕구.

예) 급여, 육체적 작업에 대한 욕구, 물질적 욕구 등.

#### (2) R(관계욕구: Relatedness)

개인이 주변 사람들과 의미 있는 인간관계를 형성하고 싶은 욕구.

#### (3) G(성장욕구: Growth)

매슬로의 존경욕구와 자아실현욕구를 뜻하는 것으로 개인의 잠재력 개발과 관련되는 욕구.

### 4) 2요인이론(F. Herzberg)

2요인이론이란 인간의 욕구 가운데는 동기요인과 위생요인의 두 가지가 있으며, 이 두 요인은 상호 독립되어 있다는 허즈버그(Frederick Herzberg)의 욕구이론을 말한다. 동기요인(動機要因, motivator) 또는 만족요인(satisfier)은 조직구성원에게 만족을 주고 동기를 유발하는 요인을 말하며, 위생요인(衛生要因, hygiene factor) 또는 불만요인(dissatisfier)은 욕구충족이 되지 않을 경우 조직구성원에게 불만족을 초래하지만 그러한 욕구를 충족시켜준다 하더라도 직무수행동기를 적극적으로 유발하지 않는 요인을 말한다. 동기·위생이론(motivation-hygiene theory)이라고도 한다.

#### (1) 위생요인(hygiene factor)

위생요인이란 개인의 욕구를 충족시키는 데 있어서 주로 개인의 불만족을 방지해 주는 효과를 가져오는 것을 말한다. 따라서 이들을 '불만족요인'이라고도 한다.

예) 기업의 정책과 관리, 감독, 작업조건, 동료와의 관계, 부하와의 관계, 지위, 안전, 책임, 개인생활 등 주로 '직무의 환경'과 관련된 요인.

#### (2) 동기요인(motivation factor)

동기요인은 직무에 대한 만족을 결정짓는 데 영향을 미치는 요인으로 이는 직무내용과 관련되어 직무에 대한 만족을 결정짓는다는 의미에서 '만족요인'이라고도 한다.

예) 성취감, 인정, 책임감, 성장과 발전, 직무 그 자체.

## 2. 과정이론

동기부여의 과정이론은 인식절차이론(cognitive process theories of motivation)이라 부르기도 한다. 내용이론은 관리자가 근로자를 동기부여 하는 요인들을 보다 잘 이해시켜 주었다. 그러나 왜 사람들이 목표를 달성하기 위하여 특정 행동방식을 선택하는지에 대해서는 설명을 하지 못한다. 이러한 선택이라는 측면에 초점을 맞춘 것이 과정이론이다.

동기부여의 내용이론이 행동을 일으키는 욕구의 내용과 충동에 초점을 둔 이론이라면, 과정이론은 정보처리(information processing)나 인식(cognition) 혹은 직무환경요인과 상황 등에 초점을 두어 어떻게 개인의 행태가 나타나며, 지속되고 멈추는가 하는 문제를 설명하려고 한다.

그리고 과정이론은 이러한 인식요인들이 서로 어떻게 관련되어 있는가를 분석하는 데 관심의 초점을 둔다. 다시 말하면 인식변수(cognitive variables)가 동기유발에 '어떻게' 그리고 '왜' 영향을 미치는지에 많은 관심을 두며, 이러한 변수를 확인하는 것 외에 그러한 변수 간의 관계나 교류절차에 대해 연구한다. 과정이론에는 브룸의 기대이론과 포터 및 롤러의 업적만족이론 그리고 애덤스의 공정성 이론 등이 있다.

### 1) 애덤스의 공정성 이론

공정성 이론이란 조직구성원은 자신의 투입에 대한 결과의 비율을, 동일한 직무상황에 있는 준거인(準據人)의 투입 대 결과의 비율과 비교해 자신의 행동을 결정하게 된다는 애덤스(J. Stacy Adams) 등의 동기이론을 말한다. 다시 말해서 조직구성원은 자신의 편익/투입을 준거인(referent person)의 그것과 계속적으로 비교해, 양자의 투입/산출비가 일치하면 만족하고, 자신의 것이 작으면 편익증대를 요구하거나 생산량을 감축하는 등 투입을 감소시키며, 반면에 자신의 투입/산출비가 크면 노력을 더하는 등 투입증대를 꾀한다는 것이다. 이 이론은 사회적 비교이론(social comparison theory), 분배의 공정성 이론(distributive justice theory), 균형이론(balance theory), 교환이론(exchange theory)이라고도 한다.

이러한 공정성 이론의 핵심은 사람들의 행동이 타인들과의 관계에서 자신의 공정성을 유지하는 쪽으로 동기부여가 된다는 것이다. 공정성 이론은 인간행동에 관한 기본적인 가정으로서 개인들이 자신의 사회적 관계를 타인들과 비교하여 평가한다는 전제를 가지고 출발한다.

이 이론의 기본원리는 개인 자신의 투입 대 산출의 비율을 동일한 작업상황하에 있는 타인의 투입 대 산출과 비교하고, 그 결과가 크거나 작을 때는 불공정성(inequity)을 지각한다는 것이며, 결과가 동일한 경우에는 공정성을 지각하게 된다고 한다.

### 2) 브룸의 기대이론

브룸(V. Vroom)의 기대이론(expectancy theory)은 개인의 동기는 그 자신의 노력이 어떤 성과를 가져오리라는 기대와 그러한 성과가 보상을 가져다주리라는 수단성에 대한 기대감의 복합적 함수에 의해 결정된다는 브룸(Victor H. Vroom)의 동기이론을 말한다. 이 이론을 VIE이론이라 부르기도 하는데 이는 곧 사람의 동기를 유발하는 데 미치는 요인이 행위의 결과로 얻게 되는 보상에 부여하는 가치(V: valence)와, 행위의 1차적 결과가 2차적 결과로서의 보상을 초래할 가능성, 즉 수단성(I: instrumentality)과, 자신의 행동을 통해 1차적 결과물을 가져올 수 있으리라는 자신감 즉 기대(E: expectation 또는 expectancy), 이 세 가지라는 것이다.

다시 말해서 사람이 조직 내에서 어떠한 행위 또는 일을 수행할 것인가의 여부를 결정하는 데는 그 일이 가져다줄 가치와 그 일을 함으로써 기대하는 가치가 달성될 가능성 그리고 자신의 일처리능력에 대한 평가가 복합적으로 작용한다는 것이다. 이를 $M=f(V, I, E)$와 같이 간략한 식으로 표시할 수 있을 것이다. 여기서 M은 일을 하고자 하는 심리적 힘, 즉 동기의 강도를 뜻한다. 이러한 동기부여의 기대이론은 레빈(Kurt Lewin)과 톨먼(Edward Tolman)의 인지개념(cognitive concepts) 및 고전적 경제이론의 선택행동과 효용개념에 이론적 근거를 두고 있다.

#### 3) 포터와 롤러의 확장기대이론

포터와 롤러(L. W. Porter and E. E. Lawler)는 앞에서 언급된 브룸의 이론을 기초로 몇 개의 작업 관련 변수들을 첨가하여 포괄적인 동기모델인 확장기대이론을 제시하였다.

이 확장기대이론은 개인의 동기유발의 강도, 즉 노력의 수준은 그가 시도하고 있는 것을 달성할 수 있을 것인가를 어느 정도로 믿고 있느냐에 달려 있다는 것에서 출발한다. 그리고 그가 그 같은 목표를 달성하면 그 업적에 대해 적절하게 보상받을 수 있을 것인가에 대한 기대의 강도가 동기유발에 영향을 미치게 되고, 만약 조직에 의해 보상받게 된다면 그 보상이 개인적인 목표를 충족시킬 수 있을 것인가에 대한 기대의 정도가 그 사람의 노력과 행동에 영향을 미친다고 한다.

이처럼 포터와 롤러의 확장기대이론이 브룸의 단순기대이론과 다른 점은 브룸이 노력에 의해 성과가 주어지며 성과가 보상을 가져온다는 인과적인 설명방식을 제시한 데 비해, 포터와 롤러는 외부의 관찰 가능한 행동에 의해 노력 자체가 변화될 수 있다는 것을 강조하고 있다. 또한 이 이론은 보상을 내재적 보상과 외재적 보상으로 나누어 설명함으로써 동기유발의 내용이론과 연결하여 통합모델을 제시하고 있다. 그리고 공정성 이론을 모델에 도입함으로써 보상과 만족과의 관계에 인지적으로 관련된 변수를 도입한 점 등이 단순기대이론과 차이가 있다.

## 제 2 절 의사전달과 조직관리

### 1. 의사전달의 의의와 기능

#### 1) 의사전달의 의의

의사전달이란 사람과 사람, 사람과 컴퓨터, 조직구성원 사이에 정보·데이터·메시지 등을 주고받는 행위를 말한다. 이러한 의사전달이란 광의로는 상징에 의한 정보·생각·감정 등을 전달하는 것을 총칭하나, 사람 간의 의사전달은 인간과 인간 사이에서 사실과 의견을 전달하고 교환하는 것을 의미한다.

조직 내의 교호작용은 모두 의사전달과정에 의존한다. 즉 의사결정, 권한의 행사, 통제 등 모든 과정은 의사전달에 의존하기 때문에 의사전달은 그러한 과정들의 형태를 빌려 표출된다.

의사전달의 유형은 조직 내의 공식적인 의사전달의 통로와 수단에 의해 이루어지는 공식적 의사전달과 비공식적 의사전달, 조직 내 상하급자 간에 이루어지는 수직적 의사전달과 동료 간의 수평적 의사전달 등으로 나누어 볼 수 있다. 수직적 의사전달은 다시 위로부터 아래로 내려오는 하향적 의사전달(상의하달)과 부하가 상관에게 하는 상향적 의사전달(하의상달)로 나눌 수 있다.

#### 2) 의사전달의 기능

의사전달은 다음과 같은 기능을 수행한다(이원희 외, 2006: 649).

첫째, 정책결정 및 의사결정의 합리화이다. 왜냐하면 정책결정의 합리성은 정확하고 신속한 의사전달체제에 의하여 확보되기 때문이다.

둘째, 사기앙양과 참여촉진이다. 의사전달을 통하여 정책, 업무절차, 인사 등에 관한 정보를 제공함으로써 인정감, 소속감 등을 느낄 수 있기 때문이다.

셋째, 조정의 효율화이다. 의사전달을 통하여 사업계획이나 조직목표에 대하여 구성원이 충분한 이해와 헌신적 태도를 갖게 될수록 조직의 조정이 효율화된다.

넷째, 리더십의 발휘수단이다. 왜냐하면 의사전달을 활성화시키고 효과적으로 활용하느냐에 따라 행정 리더십의 성패가 좌우되기 때문이다.

### 2. 의사전달의 유형

의사전달은 그 기준에 따라 다양하게 분류된다.

#### 1) 공식성과 비공식성을 기준으로 한 분류

##### (1) 공식적 의사전달

공식적 의사전달이란 조직 내에서 공식적인 의사전달의 통로와 수단에 의해 이루어지는 의사전달을 말한다. 이러한 공식적 의사전달은 어느 조직의 경우에나 조직의 모든 구성원에게 조직의 목표 및 정책을 알리고 직원들의 의견 및 보고 내용을 관리자와 직원에게 알리는 데 필수 불가결한 것으로 인정되어 왔다. 공식적 의사전달은 주로 서면과 구두에 의해 이루어진다.

#### (2) 비공식적 의사전달

자생 집단 내에서 비공식적인 방법으로 이루어지는 의사전달을 의미한다. 이러한 의사전달은 조직의 공식적 규범에 의해 이루어지는 것이 아니라, 자생적으로 형성되는 것으로서 공식적인 의사전달을 도와 그 효율성을 제고하기도 하나 다른 한편 공식적인 권위관계를 파괴하고 조정을 곤란하게 하는 문제점을 지닌다.

### 2) 방향을 기준으로 한 분류

#### (1) 수직적 의사전달

① 하향적 의사전달

상관으로부터 부하에게로 전달되는 수직적 의사전달의 한 방식으로 주요 방식은 명령과 일반정보제공이다. 명령은 규칙 및 규정과 같은 행정입법적인 성격을 띤 것으로부터 특수한 지시 및 각서에 이르기까지 다양하며, 일반정보제공의 수단으로는 직원에게 조직 내의 사정을 알리기 위한 편람, 뉴스레터 및 게시 등을 들 수 있다.

② 상향적 의사전달

부하로부터 상관에게 전달되는 수직적 의사전달의 한 종류를 말한다. 상향적 의사전달의 수단으로는 보고・면접・의견조사・제안제도 등을 들 수 있다. 일반적으로 보고가 가장 공식적인 의사전달의 수단으로 이용된다. 하의상달(下意上達)이라고도 한다.

#### (2) 수평적 및 사각적 의사전달

수평적 및 사각적 의사전달은 계서제상의 직속상관이나 직속부하가 아닌 사람들끼리의 의사전달이다.

① 수평적 의사전달

수평적 의사전달은 조직 내에서 계층제상의 지위가 같은 구성원 혹은 사람들끼리의 횡적인 의사전달을 말한다.

② 사각적 의사전달

횡적인 의사전달 가운데서도 사각적(斜角的) 의사전달은 횡적인 의사전달의 한 종류로 계층제상의 지위가 다르고 직속상관이나 부하의 관계에 있지 않는 조직구성원 사이나 사람들 사이의 의사전달을 말한다.

## 3. 의사전달의 저해요인

의사전달은 다음과 같은 저해요인으로 그 기능이 저하된다(이원희 외, 2006: 651).

### 1) 의사전달자와 관련된 요인

의사전달에 방해를 하는 의사전달자와 관련된 요인은 준거기준의 차이와 지위상의 차이가 대표적이다.

먼저 준거기준의 차이는 의사전달과정에서 의사전달의 개시자 또는 전달자, 피전달자가 문제의 정확한 인식을 불가능하게 하는 정신적 태도 또는 준거기준을 가지고 있는 경우 방해를 받게 된다.

다음으로 지위상의 차이는 상의하달에 있어서나 하의상달에 있어서나 의사전달을 왜곡시키는 영향을 미친다.

### 2) 매체 및 조직구조 요인

의사전달에 방해를 하는 매체 및 조직구조의 요인은 다음과 같다.

첫째, 매체의 불완전성이다. 의사전달에서 언어의 부정확한 사용은 효과적인 의사전달을 방해하는 요인이다.

둘째, 지리적 거리이다. 전달자와 피전달자 사이에 지리적 거리가 있으면 그만큼 의사전달은 곤란해진다.

셋째, 의사전달에 대한 의식적 제한이다. 이는 정부계획의 효과적인 수행을 위하여 어느 정도의 비밀을 유지하는 것을 말한다.

끝으로 계층제와 집권화이다. 계층제에서는 권한, 책임, 역할, 지위의 차이로 경직성, 비신축성, 비정의성을 야기하여 의사전달의 효율성을 저하시킨다. 또한 최고관리층으로의 집권화는 의사전달의 괴리를 초래한다.

## 4. 조직관리

### 1) 행정관리의 의의

행정관리(administrative management)란 행정기관이 행정목표를 설정하고 그것을 효과적으로 달성하기 위해 필요한 사항을 기획 · 조직 · 동작화하고 지도 · 조정 · 통제하는 것을 말한다. 관리를 좁은 의미로 해석해 주어진 목표의 능률적 달성을 위한 효과적 수단의 동원기술로 이해할 경우, 이것은 인적 자원과 물적 자원을 최소한으로 투입한 가운데 최대의 목표를 달성하도록 경제성의 원칙을 적용하는 것을 뜻한다.

### 2) 목표관리(MBO)

#### (1) 목표관리의 의의

목표관리(management by objective)란 조직의 상하 구성원들이 참여의 과정을 통해 조직단위와 구성원의 목표를 명확하게 설정하고, 그에 따라 생산활동을 수행하도록 한 뒤, 업적을 측정 · 평가함으로써 관리의 효율화를 기하려는 포괄적 조직관리체제를 말한다.

이러한 목표관리는 종합적인 조직운영기법으로 활용될 뿐만 아니라, 근무성적평정 수단으로, 그리고 예산운영 및 재정관리의 수단으로 다양하게 활용되고 있다.

#### (2) 목표관리시스템의 의의

목표관리시스템(MAP : MBO action program)은 비전, 워크숍, 목표, 업적평가 등을 통해 실질적인 성과와 질의 경영을 추구하는 내부 경쟁 프로그램이다. MAP는 MBO를 우리나라 기업실정에 맞게 개선한 종합적인 혁신 프로그램으로, '인간에 대한 신뢰'에 바탕을 두고 있다. 이는 기존의 MBO가 지나친 경쟁을 유발하고 탑다운(top-down)식으로 진행되며, 수평적인 업무 흐름보다는 수직적 구조가 강조되어 지나치게 경직적이라는 문제점을 극복하기 위한 프로그램이다. 즉 인간의 잠재력은 그에 대한 신뢰 여부에 따라 결정되며, 알맞은 동기부여와 성취감 여부에 따라 구성원들이 더욱 자발적으로 회사에 대한 기여도를 높일 수 있다는 신념을 기본바탕으로 하고 있다. MAP에서는 전략적 관점이 강조되고 고객 중심적이며 시스템 자체가 유연성을 지니며 탑다운보다는 보텀업이 강조되며 개인보다는 집단이 강조되어 있다. 특히 MAP는 목표의 설정에서 실시, 평가 및 피드백의 전 과정에 조직구성원이 충분히 참여할 수 있도록 워크숍 프로그램이 활성화되어 있다.

### 3) 총체적 품질관리(TQM)

총체적 품질관리란 조직에서 산출하는 재화 및 서비스의 품질을 향상시키기 위해 조직 내의 전체 구성원이 참여해 업무수행방법을 개선하는 조직운영방식을 말한다.

1920년대 미국에서 창안된 총체적 품질관리제도는 제2차 세계대전 중 미국과 영국의 방위산업체에 적용되었으며, 전후 일본의 복구사업에 도입되기도 했다. 민간기업체에 크게 확산된 총체적 품질관리는 오늘날 정부 부문에도 많은 영향을 미치고 있다. 총체적 품질관리는 전통적 관리방식과 달리 고객의 필요에 따라 목표를 설정하는 고객중심주의를 지향하고, 전체 구성원의 자발적 참여에 의해 지속적인 개혁을 추구하며, 집단적 과정을 통해 문제해결을 추구한다는 특징을 지닌다.

이러한 TQM 방식을 채택하는 조직은 일종의 학습조직이라 할 수 있다.

## 제 3 절 리더십

### 1. 리더십의 의의

리더십이란 희구되는 목표를 달성하기 위해 개인 및 집단을 조정하며 동작하게 하는 기술을 의미한다. 조직 속의 리더십은 구성원으로 하여금 바람직한 조직목표에 자발적으로 협조하도록 하는 기술 및 영향력을 말한다. 리더십은 조직의 공식적 구조와 설계의 미비점을 보완하고 변화하는 환경에 조직이 효율적으로 적응하도록 하며, 조직 내부의 조화를 유지시키고, 조직구성원의 동기를 유발하고 재사회화하는 기능 등을 수행한다. 리더의 유형은 권위형·민주형·자유방임형 등으로 구분되며, 리더십이론은 자질론(資質論, traits theory)으로부터 시작해 행동유형론(行動類型論, styles of leader behavior)을 거쳐 상황론(狀況論, situation theory)으로 발전해왔다.

### 2. 리더십의 주요 이론

#### 1) 자질론

자질론(traits theory)이란 지도자가 될 수 있는 사람은 다른 사람들에게서 찾아볼 수 없는 독특한 생리적 속성을 가지고 있다고 주장하는 리더십이론을 말한다.

이러한 자질론에는 지도자의 신체적 특성에서 지도자의 자질을 찾는 이론과 지도자의 성격 속성을 내세우는 이론의 두 가지 유형이 있다.

하지만 속성이론은 리더의 보편적인 속성을 확인하는 데 실패하였다.

아울러 자질론은 다음과 같이 단일적 자질론, 성좌적 자질론으로 구분할 수 있다.

첫째, 단일적 자질론이다. 이는 특정한 단일의 자질을 가진 자는 어떤 집단과 상황에서도 지도자가 된다는 입장이다.

둘째, 성좌적 자질론이다. 이는 단일적 자질론을 수정한 이론으로서 자질의 복합성, 가변성을 인정한다.

### 2) 행태이론

행태이론(behavior theory)은 관찰 가능한 리더십행태에 착안한 접근방법이다. 이러한 행태이론은 리더십행태의 유형을 발전시키고 리더십행태와 추종자들의 업무성취 및 만족 사이의 관계를 밝히려고 노력한다.

하지만 행태이론도 속성이론과 마찬가지로 효율적인 리더십행태를 발견할 수 없고 리더의 행태만이 리더십의 효율성을 결정하는 유일한 요인이 아니라는 것 등의 이유로 비판받았다.

### 3) 상황이론

상황이론이란 리더십의 효율성을 결정하는 데에 리더의 속성과 행태뿐만 아니라 상황적 요인의 작용이 중요하다는 것을 강조하는 이론이다.

그러나 상황이론은 충분히 포괄적이지 못하고, 충분히 상세하지도 못하다는 비판을 받고 있다. 뿐만 아니라 연구인들이 실제로 만든 상황이론들의 이론구조에 내포된 문제들이 불완전한 측정방법의 문제들이라는 여러 가지 비판을 받고 있다.

## 3. 리더십의 유형

리더십은 다음과 같은 유형으로 분류할 수 있다(이원의 외, 2006: 661~664).

### 1) 권위형, 민주형, 방임형 리더십

첫째, 권위형 리더십은 모든 방침과 작업과제를 독자적으로 결정하며 추종자의 개인적 실책에 대해 직접 비판하고 과업성취에 주된 관심을 갖는 리더십이다.

둘째, 민주형 리더십은 집단활동에 참여하지만 이를 압도하지 않도록 조심하며, 인간관계 중심적이고 추종자의 참여와 자율성을 강조하는 리더십이다.

셋째, 방임형 리더십은 추종자 개개인 또는 추종자 집단의 자유로운 의사결정을 허용하고 정보제공이나 집단활동은 요청받았을 때만 행동하는 수동형 리더십이다.

### 2) 변혁적 리더십

변혁적 리더십이란 변화를 지향하는 리더십을 말한다. 이러한 변혁적 리더십은 조직의 노선과 문화를 변동시키려고 변화추구적 또는 개혁적 성향을 지닌다. 그리고 조직을 위해 새로운 비전을 창출하고 그러한 비전이 새로운 현실이 되도록 적절한 지지를 확보함으로써 조직의 문화를 개조할 수 있는 리더십이다.

또한 변혁적 리더십은 조직에 대한 사람들의 인식과 신념을 변화시켜 변동을 실천한다. 그리고 사람들 사이에 신뢰를 구축하고 다양성과 창의성을 존중하며, 지속적 학습을 지원한다.

### 3) 발전적 리더십

발전적 리더십이란 항상 변동을 긍정적인 기회로 받아들이고 변동에 유리한 조건을 만드는 데 헌신하는 리더십이다. 이러한 발전적 리더십의 기본정신은 종복의 정신이다. 즉 변혁적 리더십과 유사하지만, 리더의 봉사정신과 추종자중심주의가 특별히 더 강조된다.

이러한 발전적 리더십의 요건은 다음과 같이 표로 요약된다(〈표 7-3〉 참조).

〈표 7-3〉 발전적 리더십의 요건

| | |
|---|---|
| 내재적으로 지향된 원칙 | 개인적 책임의 원칙<br>신뢰의 원칙 |
| 직원 지향의 원칙 | 직원 옹호의 원칙<br>직원자긍심 향상에 관한 원칙 |
| 업무성취 지향적 원칙 | 업무수행파트너십의 원칙<br>직무수행개선의 원칙<br>효율적 의사전달의 원칙 |
| 조직 지향적 원칙 | 조직일관성에 관한 원칙<br>총체적 사고의 원칙<br>조직종속의 원칙 |

출처: 이원희 외, 2006: 662.

### 4) 카리스마 리더십

카리스마 리더십은 리더의 특출한 성격과 능력에 의하여 추종자들의 특별히 강한 헌신과 리더와의 일체화를 이끌어 내는 리더십이다.

이러한 카리스마 리더십은 초인적이거나 적어도 보통사람과 구별되는 특출한 능력을 가진 사람들이다. 그렇기 때문에 카리스마 리더들은 독특하고 강력한 성격과 비전의 힘으로 추종자들의 존경, 신뢰, 충성 그리고 헌신을 이끌어 낸다.

### 5) 영감적 리더십

영감적 리더십은 리더가 향상적 목표를 설정하고 그 목표를 성취할 능력이 있다는 데 대한 자신감을 갖도록 만드는 리더십이다. 이러한 영감적 리더십의 핵심요소는 미래에 대한 구상이다.

### 6) 촉매적 리더십

촉매적 리더십은 정부 부문의 리더십을 준거로 삼는 개념으로 연관성이 높은 공공의 문제들을 다루는 데 촉매작용을 할 수 있는 리더십이다.

### 7) 분배된 리더십

분배된 리더십은 리더십의 책임을 단일의 명령계통에 집중시키지 않고 여러 사람에게 분배한 공유의 또는 공동의 리더십이다. 이러한 분배적 리더십은 위임된 리더십, 공동의 리더십, 동료의 리더십으로 구분된다.

### 8) 문화적 리더십

문화적 리더십이란 문화와 의식을 통하여 구성원들에게 모범을 보이는 성직자와 같은 지도력을 의미한다. 즉 문화적 지도자들은 규범, 가치 그리고 신념 등의 강화를 통하여 리더십을 행사한다.

이러한 문화적 리더십은 변혁적 리더십이 진보한 것으로 볼 수 있으나 문화적 리더십은 초점을 지도자와 추종자 간의 관계의 본질에 두는 것이 아니라 사회문화적 맥락에 두고 있다.

## 제 4 절 조직갈등과 조직발전

### 1. 조직갈등

#### 1) 갈등의 의의

갈등이란 조직 내의 의사결정과정에서 대안의 선택기준이 모호하여 개인이나 집단이 대안을 선택하는 데 곤란을 겪는 상황으로 행태론 및 인간관계론 등에서 본격적으로 연구되었다(이원희 외, 2006: 673).

아울러 갈등은 어느 개인이 두 가지의 상반되는 선택의 문제에서 의사결정을 해야 할 때와 같은 개인수준에서도 발생한다. 예를 들면 어떤 사람은 타 지역으로 이직기회를 수락할 것인가, 아니면 가족, 동료 그리고 친구들과 같이 지낼 수 있는 현 직장에 남아 있을 것인가 하는 등의 선택을 해야 할 경우가 있을 것이다. 이때 전직을 거부할 경우에는 새로운 직무기회의 상실을 의미할 것이다. 이에 반해서 이직을 수락할 경우에는 가족과 친구들과 가까이 지낼 수 있는 기회가 감소되거나 상실되는 것을 뜻할 것이다. 갈등은 관계되는 당사자에게는 스트레스를 일으키기에 충분한 정서적 내용을 담고 있다.

#### 2) 갈등의 특성 및 갈등의 원천

갈등은 다음과 같은 특성을 가지고 있다.

첫째, 갈등은 둘 이상의 행동주체 사이에서 일어나는 현상이다. 즉 일반적으로 조직이 보유하는 각종 자원은 한정되어 있어서 이러한 자원을 획득하기를 원하는 주체들은 서로 많이 차지하려고 하기 때문에 상대방의 목표달성을 방해하고 좌절시키면서 갈등이 발생한다.

둘째, 갈등이란 당사자들이 갈등의 존재를 인식하였을 때 비로소 존재하게 된다.

셋째, 갈등은 표면화되는 대립적인 행동만을 지칭하는 것이 아니라 내면적인 갈등이 존재한다고 보고 이것까지도 포함하는 것이다.

넷째, 갈등이 표면화되는 대립적인 행동의 양태는 다양하다.

다섯째, 갈등은 조직의 역기능일 수도 있고 순기능일 수도 있다.

갈등의 원천, 즉 갈등의 직접적이고도 명백한 원인들은 무수히 많으며 다양하다. 시대에 따라서는 경영자의 고용방침 등에서 볼 수 있는 것처럼 새로운 그리고 잠재적인 갈등의 원천들이 나타날 수 있다.

#### (1) 불리한 변화의 지각

갈등의 아주 중요한 원천은 관련 조직구성원이 부정적으로 지각하는 작업방법, 작업조건 또는 고용기회 등에서의 어떤 변화이다. 감량경영, 즉 비용을 줄이고 효율성을 증대시키기 위해서 직원을 감축하는 것은 이러한 변화의 하나이다. 이 경우, 조직에 남게 된 직원은 떠나 버린 동료들에 대해서 미안한 감을 느끼면서 죄책감, 분노 또는 이별 등으로 괴로움을 겪을 것이다. 또한 계속되는 감원은 그것으로 인해서 기업조건이 개선되고 있다고 하더라도 노조와 경영자 간의 갈등을 더욱 심화시킬 수 있다. 그러나 이러한 문제에도 불구하고, 다운사이징은 모든 당사자들이 불리한 변화로만 지각하는 것은 아니다. 기업경영자들은 감량경영이 올바른 조정이라고 하며 투자자들을 유인할 수 있는 효율성이 있고 경쟁력이 있는 기업으로 만들 수 있다고 믿는다.

#### (2) 라인과 스태프의 차별화

갈등의 중요 형태는 라인(line)과 스태프(staff)에서도 나타난다. 라인부서는 판매집단과 같은 기업의 일차적 목표들을 다룬다. 그러나 스태프부서는 기업 내의 환경보호부서처럼 기업의 이차적 목표를 취급한다. 그러므로 스태프들은 라인들의 활동이 보다 능률적이고 효과적으로 이루어질 수 있도록 필요한 활동을 하게 된다. 스태프부서는 제품이나 서비스를 생산하거나 판매하지는 않으나 고용과 노동계약의 판단 등을 하며 또한 라인부서가 환경관련법 등을 준수하는지를 확인하기도 한다.

스태프관리자와 전문집단은 관리자들에게 조언을 하지만 스스로 어떤 의사결정을 내릴 수는 없다. 예컨대 최고경영자의 의사결정이나 그 결과에 조언을 할 수는 있으나 그것을 중단시킬 권한은 가지지 못한다. 그래서 라인관리자들은 스태프전문직이 그들의 의사결정에 막대한 영향을 끼치려 한다고 지각되면 이들 간에 갈등이 야기된다. 이 경우, 또 다른 갈등의 원천은 스태프부서의 직원들이 흔히 조직보다는 자신의 분야에 더욱 충성하고자 하는 데 있다.

#### (3) 성적 괴롭힘(sexual harassment)

많은 직원들이 관리자, 동료 혹은 고객들에 의한 성적 괴로움을 당함으로써 갈등을 경험한다. 성적 괴롭힘이란 작업현장에서 원치 않는 성적 관련 행동으로 야기되는 불편함 또는 직무상 방해를 받는 것 등으로 정의된다.

#### (4) 직장과 가정의 갈등(family conflict)

직장의 요구와 가정의 요구에 조화롭게 부응하는 것은 오늘날의 작업환경에서 직면하는 주요한 문제가 되고 있다. 특히 오늘날 맞벌이부부의 가정에 속한 직원들에게는 특히 심각하다. 직장과 가정의 갈등은 개인이 다중의 역할들, 즉 직장인, 배우자, 부모 등의 역할 등을 수행해야 할 때 발생한다.

이러한 형태의 갈등은 그러한 다중적인 역할들이 흔히 양립할 수 없기 때문에 빈번히 나타난다. 직장과 가정의 갈등문제를 감소시키기 위한 조직 차원의 활동은 탄력적 작업시간, 탁아소, 휴가 프로그램 등을 운영하는 것이다.

#### (5) 개인의 기질과 성격의 불일치

작업현장에서의 갈등 가운데 나타나는 예들은 성격의 불일치뿐만 아니라 개인의 기질(personal disposition)에 기인하는 경우가 많다. 여기서 기질이란 어떤 특성적인 태도를 말한다. 무례하고 공격적이고 경솔하고, 적대적이거나 또는 극도의 비관적인 사람들이 쉽게 갈등에 빠져든다. 그리고 자존심이 낮은 사람과 권위주의적 태도를 가진 사람들도 역시 갈등의 성향이 높다.

이들은 심지어 무시해도 좋을 사소한 우려에 대해서도 자신을 방어하려는 경향을 나타낸다. 또 다른 직무상의 갈등은 사람들이 단지 서로 좋아하지 않는다는 이유 때문에도 많이 나타난다.

### 3) 갈등의 순기능과 역기능

#### (1) 순기능적 갈등(functional conflict)

순기능적 갈등이란 조직의 이익이 어떤 논쟁이나 의견의 불일치 등의 결과로써 충족될 수 있을 때 발생한다.

즉 순기능적 갈등은 동기부여, 문제해결능력, 창의성 및 건설적인 변화 등을 증대시키는 것과 같은 제 수단을 통하여 보다 높은 수준의 성과를 촉진시킨다. 예를 들면, 기술적 처리와 제조활동과 같은 다양한 기능 사이의 갈등은 교차 기능적 팀(crossfunctional teams)을 만들어 내기도 한다. 이러한 팀은 상이한 기능을 수행하는 팀들의 대표자들로 구성되기 때문에 갈등의 분야를 해결하기가 훨씬 용이하다.

#### (2) 역기능적 갈등(disfunctional conflict)

역기능적 갈등은 어떤 논쟁이나 의견의 불일치 등이 조직에 해를 끼칠 때 발생한다. 그래서 비건설적인 갈등이 생기면 관리자는 이의 해결을 위해서 개입하려고 한다.

이러한 역기능적 갈등은 기업의 이익보다는 개인의 안녕을 우선시하여 이에 시간을 허비하는 등 여러 가지 면에서 조직을 분열시키는 결과를 가져온다. 예컨대 노동조합은 파업을 요청할 것이며, 회사 측에서는 주로 힘을 과시하기 위해서 몇몇 직무들을 제거하려고 할 것이다. 이처럼 갈등은 시간과 에너지를 분산시켜서 중요한 목표의 달성을 어렵게 만들 수 있다.

### 4) 갈등관리의 전략

갈등이란 매우 복잡한 동태적 현상이므로 갈등관리의 전략은 상황 적응적이어야 한다. 갈등관리의 기본적인 전략은 다음과 같다.

첫째, 갈등상황이나 그 출처를 근본적으로 변동시키지 않고 사람들이 거기에 대응하도록 만드는 것이다. 조직이라는 체제의 기본적인 조건은 변동시키지 않고 일부 요인에 수정을 가함으로써 조직상의 배열이 보다 원활하게 운영되도록 하는 것이다. 이러한 전략의 실현에는 인간관계에 치중한 기법들이 많이 쓰인다.

둘째, 조직상의 배열을 적극적으로 변동시켜 갈등상황을 제거하는 것이다. 조직을 구성하는 일부 요인의 교체 또는 새로운 요인의 추가, 기본적인 구조의 개편 등을 통해 갈등의 출처와 갈등상황을 제거하는 것이다.

셋째, 조직을 위하여 순기능적이라고 판단되는 갈등을 조성하는 것이다. 전통적인 갈등관리개념에는 이러한 조성전략이 포함되어 있지 않다.

#### (1) 갈등의 해결방안

갈등의 구체적인 모습은 지극히 다양하기 때문에 갈등관리 전략을 실현하는 방법도 다양하다. 갈등의 해결방안을 살펴보면 다음과 같다.

① 문제해결(problem solving)을 하게 한다.

갈등을 일으키고 있는 당사자들이 직접 접촉하여 갈등의 원인이 되는 문제를 공동으로 해결하게 하는 방법이 문제해결(problem solving)이다. 당사자들의 이견을 서로 용납하거나 갈등상황에 적응하기로 합의하는 것은 문제해결이 아니다. 공동의 노력으로 갈등상황을 제거하는 것이 갈등해결방안이다. 당사자들이 협동적인 문제해결능력을 가지고 있을 때 이

방안이 효율적일 수가 있다.

② 상위목표(superordinate goals)를 제시한다.

갈등을 일으키고 있는 당사자들이 공동적으로 추구해야 할 상위목표를 제시함으로써 갈등을 완화시킬 수 있다. 상위목표는 갈등관계에 있는 행동주체들이 모두 추구해야 하고 또 추구하기를 원하지만 어느 하나의 행동주체가 단독으로 성취할 수 없다. 갈등관계에 있는 행동주체들이 모두 협력해야만 상위목표를 달성할 수 있으므로 행동주체들의 개별적인 목표 추구에서 빚어지는 갈등은 상위목표가 제시되면 상당히 완화될 수 있을 것이다.

③ 공동의 적을 제시한다.

갈등 당사자들에게 공동의 적을 확인해 주고 이를 강조하면 잠정적으로 갈등을 해소하거나 이를 잠복시킬 수 있다. 공동의 적을 제시하는 방법은 상위목표의 제시와 비슷한 효과를 얻을 수 있다.

④ 자원을 증대(expansion of resources)한다.

자원의 증대는 희소자원의 획득을 위한 경쟁에서 초래되는 갈등을 해소하는 가장 효과적인 방법이다. 희소한 자원에 공동적으로 의존하는 행동주체들이 서로 더 많은 자원을 차지하려고 갈등을 일으킬 때 자원을 늘리면 어느 당사자도 패자가 되지 않고 모두 승자가 될 수 있기 때문에 갈등이 해소된다. 그러나 조직 내의 전체적인 가용자원은 한정되어 있기 때문에 자원증대에 의한 갈등해소방법에는 제약이 따른다.

⑤ 회피(avoiding)한다.

회피란 자신의 이익이나 상대방의 이익 모두에 무관심하며 의사결정을 보류하거나 피하고, 당사자들이 접촉을 피하는 대인적 갈등해결방안이다. 회피는 단기적으로 갈등을 완화할 수 있으나 근본적인 갈등의 원인이나 갈등상황을 제거하는 방법은 될 수 없다.

⑥ 경쟁(competing)한다.

경쟁이란 상대방의 이익을 희생시켜 자신의 이익을 추구하는 대인적 갈등해결방안이다.

⑦ 순응(accommodating)한다.

순응이란 자신의 이익은 희생하면서 상대방의 이익을 만족시키려는 대인적 갈등해결방안이다. 순응은 완화(smoothing)라고도 하는데 당사자들의 이견이나 상충되는 이익과 같은 차이를 억압하고 유사성과 공동이익을 전면에 부각시키는 방법으로 회피방법과 상위목표 제시방법을 혼합한 것으로 볼 수 있다.

⑧ 협동(collaborating)한다.

협상(negotiation)이라고도 할 수 있는데 협동이란 자신과 상대방의 이익 모두를 만족시키려는 대인적 갈등해결방안이다. 협동에는 당사자들이 각기 자기 몫을 주장하는 분배적 협상과 당사자들이 모두 승리자가 될 수 있도록 공동이익 또는 효용을 키우는 방안을 탐색하는 통합적 협상도 있다.

⑨ 타협(compromising)한다.

타협이란 부분적으로 양보하여 자신과 상대방 이익의 중간 정도를 만족시키려는 대인적 갈등해결방안이다. 타협에 의하여 얻어지는 결정은 어느 당사자에게도 최적의 결정이 될 수는 없는 절충의 결정이 된다. 타협은 갈등의 원인을 제거하지 않고 갈등을 일시적으로 모면케 하는 것이므로 잠정적인 갈등해소방안이 된다.

⑩ 상관이 명령한다.

부하들의 의견대립에 의한 갈등은 공식적 권한에 근거한 상관의 명령에 의하여 해소될 수 있다. 상관의 명령에 의한 갈등해소는 갈등 당사자 간의 합의를 전제로 하는 것이 아니라 어느 한쪽이 상관의 결정에 찬성하지 않더라도 상관의 정당한 명령에 복종하지 않을 수 없다. 이 방안은 표면화된 갈등행동만을 해소할 수 있다.

⑪ 갈등 당사자의 태도를 변화시킨다.

갈등을 일으키거나 일으킬 가능성이 있는 사람들의 인적 변수를 변화시킴으로써 갈등을 예방 또는 해소할 수 있다. 그러나 당사자의 태도를 바꾸는 방법은 시간과 비용이 많이 들고 단기적인 노력으로 사람들의 태도들을 바꾸기는 어렵다. 태도변화를 촉진하는 데 쓰이는 주된 수단은 교육훈련이다.

⑫ 구조적 요인을 개편한다.

구조적 요인을 개편하는 방법의 예로는 인사교류, 조정담당직위 또는 기구의 신설, 이의제기제도의 실시, 갈등을 일으키는 조직단위의 합병, 갈등을 일으키는 집단들의 분리, 지위체제의 개편, 업무배분의 변경, 보상체제의 개편 등이 있다.

이러한 갈등의 해결방안을 결정하는 상황적 요인에는 조직구성원 간의 상대적 지위가 있다. 예를 들면 우리나라의 중간관리자들은 자신의 상사와 갈등이 있으면 주로 회피적인 갈등해결방안을 사용하고, 동료에게는 주로 타협적인 갈등해결방안을, 자신의 부하에게는 주로 경쟁적인 갈등해결방안을 사용한다. 그러므로 갈등상황에 있는 당사자들의 상대적 지위 차이가 대인적 갈등해결방안을 선택하는 데 크게 영향을 준다고 볼 수 있다.

### (2) 갈등을 조성하는 방법

갈등을 일으킴으로써 오히려 조직의 목표를 성취하는 데 도움이 된다는 것이다. 갈등의 순기능적 작용을 인정하는 사람들은 관리자들이 조직목표의 성취를 위해 필요한 갈등을 조성하는 책임도 져야 한다고 본다. 관리자들은 조직의 활력, 창의와 쇄신을 위해 순기능적인 갈등을 적절히 조성하고 그것을 창의적이고 건설적으로 해결해 나가야 한다는 것이다. 관리자들이 이러한 역할을 수행하려면 먼저 건설적인 갈등을 긍정적으로 받아들인다는 입장을 보이며 갈등이 자연스럽게 표면화될 수 있도록 분위기를 조성해야 한다.

① 의사전달통로를 변경한다.

표준화된 공식적 또는 비공식적 의사전달통로를 의식적으로 변경하여 갈등을 조성할 수 있다. 특정한 의사전달통로에 통상적으로 포함되던 사람을 일부러 제외하거나 또는 본래 포함되지 않았던 사람을 새로 포함하는 것은 의사전달통로변경의 한 예이다. 의사전달통로의 변경은 정보의 재분배와 그에 입각한 권력의 재분배를 초래하기 때문에 갈등을 야기할 수 있다.

② 정보전달을 억제하거나 정보를 과다하게 조성한다.

조직구성원이 얻으려는 정보를 감추면 그의 권력은 감소되므로 권력의 재분배가 일어나고 그로 인한 갈등이 조성될 수 있다. 정보전달을 억제하는 경우와는 반대로 지나치게 많은 의사전달을 함으로써 정보과다현상이 나타나게 되어 갈등을 조성할 수도 있다. 정보과다로 인한 혼란은 갈등을 야기하고 나아가 조직구성원들의 정체된 행태를 활성화하고 창의성과 자율성을 일깨워 줄 수 있다. 정보과다를 일으키지 않고도 관리자들은 의식적으로 모호한 정보나 위협적인 정보를 전달함으로써 갈등을 직접 야기할 수 있다.

③ 구조적 분화를 만든다.

조직 내의 계층 수, 기능적 조직단위의 수를 늘려서 서로 견제하게 함으로써 갈등을 조성할 수 있다. 이 경우에 조직단위 간의 의존도를 높이면 갈등발생의 가능성은 더욱 커진다.

④ 구성원의 재배치와 직위 간 관계를 재설정한다.

조직구성원을 이동시키거나 직위 간의 관계를 재설정함으로써 갈등을 조성한다. 사람의 유동과 직위 간 관계의 재설정은 관련된 조직단위의 동질성을 와해시키고 의사결정권을 재분배하며, 상호 감시기능을 확대시켜 갈등을 야기할 수 있다. 가치관 등이 서로 다른 이질적인 사람들을 같은 집단에서 일하게 하면 갈등발생의 가능성이 높아진다.

⑤ 리더십 스타일을 변경한다.

리더십 유형을 적절히 교체함으로써 갈등을 야기하고 대상 집단을 활성화할 수 있다.

⑥ 구성원의 태도를 변화시킨다.

조직구성원의 태도변화를 통해서 간접적으로 갈등을 조성하는 방법이 있을 수 있다. 그러나 사람들의 태도를 변화시키는 것은 하루아침에 이루기는 어렵다. 역할 갈등이나 지위 부조화 등으로 인한 개인의 내면적 갈등을 조성하여 조직 내의 갈등을 유도할 수도 있다.

## 2. 정보화 시대의 조직개혁

현대사회를 정보화 사회(information society) 혹은 정보화 시대(information age)라고 한다. D. Bell(1973)은 후기산업사회(post-industrial society)라고 불렀고, H. Simon(1976)은 후기산업사회에서 조직의 핵심적인 문제는 효율적인 생산을 위해 어떻게 설계할 것이냐의 문제가 아니라 의사결정, 즉 정보처리를 위해 어떻게 조직을 설계하느냐의 문제라고 주장한다. J. Naisbitt(1982)는 그의 저서 『거대한 추세(*Megatrends*)』에서 분권화된 수평적 망상조직(network organization)의 도래를 예견하고 있다. 정보화 사회가 고도로 발달되면서 조직의 내외적 환경은 급변하고 있으며, 많은 조직들이 급변하는 환경에 적응하기 위한 노력을 기울이고 있다. 그러나 새로운 환경에 적응하지 못하는 조직은 조직의 성과가 저하될 뿐만 아니라 조직의 존속마저도 위태롭게 될 수도 있게 된다. 조직의 활동 분야와 장소의 변화, 규모의 확대, 기술의 변화, 조직구성원의 변화 등은 예전에 비해 아주 빠르게 진행되고 있다. 조직들의 생존경쟁도 치열해지고 있는데 이러한 변화요인들은 모두 조직개혁활동을 촉구하는 것들이다.

조직개혁과 유사한 용어로는 조직변화, 조직혁신, 조직발전, 조직개발 등이 있다. 조직변화는 변화의 방향에는 상관없이 가치중립적으로 사용되는 용어이며, 조직혁신, 조직개혁, 조직발전, 조직개발 등은 바람직한 변화를 상정하는 가치개입적인 용어이다. 또한 조직변화라는 용어는 의식적이든 무의식적이든 모든 종류의 변화를 총칭하는 것이고, 조직개혁은 주로 제도의 변화를 대상으로 하며, 조직개발과 조직발전은 주로 의식적인 변화에 관한 노력만을 의미하는 경우가 많다(이창원 · 최창현, 2003: 561~562).

### 1) 조직개혁의 정의

조직개혁(Organization Reform)은 조직을 어떤 하나의 상태에서 보다 나은 상태로 변동시키는 것을 말한다. 조직개혁은 조직의 바람직한 변동(preferred change)을 뜻한다. 조직개혁은 가치기준의 인도를 받는 계획적 변동이며, 행동 지향적이고 연관적 특성을 지니는 변동이다. 조직개혁은 지속적으로 추진되어야 하는 과정이며 조직개혁에는 저항이 따른다. 조직개혁의 개념에는 다음과 같은 속성들이 내포되어 있다.

#### (1) 목표지향성

조직개혁은 의식적으로 설정된 목표를 추구하는 것이다. 목표가 있기 때문에 조직개혁은 의식적・계획적・유도적 성격을 지니게 된다. 조직개혁의 일반적이며 구체적 목표는 결국 사람들의 가치기준이 인도하는 바에 따라 설정될 수밖에 없다. 조직개혁의 이러한 가치 지향성을 도덕성 또는 윤리성이라 말하기도 한다. 조직개혁이 목표 지향적(purposive)이라고 하는 것은 그 행동과정에서 개혁의 목표와 그에 따라 도달하려는 상태가 규정된다는 것을 의미하며 그러한 목표상태의 설정은 물론 가치기준의 인도를 받는 것이다. 개별적인 개혁 사례의 구체적인 목표상태는 조직마다 특이한 사정과 가치기준에 따라 상황 적응적으로 설정하여야 한다.

#### (2) 동태성・행동 지향성

조직개혁이 동태적(dynamic)이라고 하는 것은 미래로 향한 시간선상에 펼쳐지는 현상임을 의미한다. 조직개혁이 행동 지향적(action-oriented)이라고 하는 것은 무엇인가를 이룩하려는 사람들의 의식적 행동이 전개된다는 뜻이다. 계획한 바가 실천되어야만 조직개혁이라고 볼 수 있다는 점을 강조하기 위해 행동 지향적이라는 말을 쓴다. 조직개혁의 동태적・행동 지향적 특성에 착안할 때 우리는 개혁의 과정과 전략 및 방법에 관심을 갖게 된다.

조직개혁이 미래의 시간에 관련되어 있기 때문에 개혁의 행동과정에는 대개 불확실성과 위험이 있다. 사람들은 조직개혁에 연관되는 변수와 조건들을 통제하려고 꾸준히 노력해 왔으며, 미래에 대한 예측능력도 많이 발전시켜 왔다. 그러나 미래의 불확실성을 만족할 만큼 극복할 수 있는 수준에는 도달하지 못하였다. 그러므로 개혁의 행동과정에서 환류를 받아 계획을 수정해 나갈 수 있어야 하며, 개혁이 순환적・반복적으로 계속되어야 하는 경우도 많을 것이다.

#### (3) 포괄적 연관성

조직개혁은 개방체제적인 현상을 대상으로 한다. 조직개혁은 개혁문제를 둘러싸고 있는 요인들의 포괄적 연관성을 중시하고 그에 대처하는 활동이다. 조직개혁의 대상이 되는 조직 내적 요인들은 복잡하게 서로 연관되어 있으며, 그러한 내적 요인들과 그들을 둘러싼 환경적 요인들이 또한 상호 의존적인 관계에 놓여 있는 것이다. 그러므로 조직개혁의 행동과정에서는 그러한 연관성과 상호적 영향관계를 충분히 감안하여야 한다. 현대조직개혁론은 개혁요인의 포괄적 연관성을 중시하기 때문에 이 문제에 관한 지식의 통합적 동원을 추구하며 학제적 연구를 강조한다.

#### (4) 지속성

조직 전체에 걸친 개혁은 지속적인 현상이 되어야 한다. 왜냐하면 조직 내에서는 개혁의 필요가 지속적으로 요구되며, 조직 내외의 여건은 끊임없이 변동하면서 조직개혁의 필요를 만들어 내기 때문이다. 그리고 여건의 현저한 변동이 없더라도 어느 한 시점에서 고쳐야 할 것이 전혀 없는 완벽한 조직이 존재할 수 있다고 생각하기는 어렵다. 장기적이고 지속적인 노력을 필요로 하는 조직 전체의 개혁은 다단계적 개혁의 누진적인 전개에 의존하는 경우가 많다. 그리고 부분적인 문제에 한정된 개혁사업도 시행착오를 경험하면서 개혁의 과정을 순환적으로 되풀이해 밟아야 하는 경우가 많다. 개혁의 성과를 제대로 거두려면 많든지 적든지 간에 지속적인 노력이 필요하며, 파장이 큰 급진적인 개혁을 시행한 경우에도 조직개혁의 필요를 항구적으로 종결시킬 수 있는 것은 아니다.

#### (5) 저항의 야기

조직개혁은 인위적으로 현상유지를 무너뜨리는 행동과정이므로 거의 현상유지적 세력의 저항을 크든 작든 받게 마련이다. 조직개혁을 성공으로 이끌려면 저항의 원인과 양태를 진단하고 거기에 대처해야 한다.

### 2) 조직개혁의 과정

#### (1) 조직개혁과정의 활동단계

조직개혁의 과정에 내포된 단계들과 그들 사이의 연관적 작용관계를 통합적으로 규정하는 것은 매우 어려운 일이다. 개혁이 이루어지는 상황과 접근방법에 따라 개혁과정에 내포되는 구체적인 단계와 행동수단들은 서로 달라질 수 있다. 조직개혁을 연구하는 사람들이 말하는 조직개혁 행동과정의 단계들도 다양하다. 그러나 그들의 다양한 의견에 내재하는 공통성을 발견하는 일이 불가능한 것은 아니다. 개혁행동과정에 관한 단계들을 살펴보면 대체로 인지단계, 입안단계, 시행(집행)단계, 평가단계로 나눌 수 있다.

① 인지단계(Awareness Stage)

인지단계(Awareness Stage)는 현실수준(실적)이 기대수준(기준)에 미달하는 차질을 발견하고 개혁의 필요를 확인하며 그에 관한 합의를 형성하는 단계이다. 인지단계에서는 기준, 실적 및 양자 사이의 차질이 확인된다. 그리고 개혁의 필요에 대한 지각의 차이가 노출되고 조정된다. 인지단계에서는 첫째, 차질이라는 문제를 지각하는 것, 둘째, 관련자들의 지각 차이를 조정하여 합의를 이룩하는 것, 셋째, 지각되고 합의된 차질의 문제를 개혁이 필요한 문제로 확인하는 것 등이 중요한 행동과제로 된다.

② 입안단계(Formulation Stage)

개혁의 필요가 확인된 다음에는 개혁의 실천방안이 모색된다. 입안단계(Formulation Stage)에서는 기준과 실적 사이의 차이를 해소할 수 있는 대안을 탐색하여 채택한다. 즉 개혁의 목표체계와 개혁실현의 내용 및 전략을 결정하여 개혁실천의 계획을 수립한다.

개혁을 입안한다는 것은 사전적 준비를 한다는 의미이다. 그러므로 입안단계에서는 미래로 향한 행동계획을 미리 세워야 하기 때문에 미래의 불확실성을 극복하고 개혁에 수반되는 위험을 최소화하기 위해 노력해야 한다. 합리적 분석의 과정을 통해서 개혁을 입안할 수 있을 때 가장 이상적이 된다. 그러나 조직개혁의 실제에서 합리적 입안을 성취하기란 매우 어렵다. 상충되는 세력의 작용으로 인하여 목표 설정에서부터 타협과 양보라는 합리성 제약의 현상이 빚어질 수 있기 때문이다. 시간적 긴박성, 정보의 부족, 정보 분석능력의 부족 등 이유로 말미암아 행동대안의 합리적 선택이 제한되는 경우가 허다하다. 개혁사업이 쉽게 수용되게 하는 문제는 개혁의 목표와 내용을 결정할 때부터 유념해야 한다. 개혁의 입안단계에서는 개혁추구의 동기유발, 외재적 장애 제거, 개혁의 시행과 정착화에 방해가 될 저항의 극복 등에 관한 전략과 방법을 결정해야 한다.

③ 시행단계(Implementation Stage)

시행단계(Implementation Stage)에서는 입안된 개혁사업을 실천에 옮기고 개혁을 정착시킨다. 입안된 개혁을 현실화하는 단계에서는 먼저 개혁실현의 행동주체를 선정 또는 조직하고 필요한 지지와 인적·물적 자원을 동원하여야 한다. 개혁의 시행은 적응적으로 이루어져야 하며, 개혁의 영향을 받게 될 사람들의 태도를 개혁에 유리하게 변화시키고 개혁에 대한 저항을 극복하는 것도 시행단계의 주요 과제이다.

개혁을 입안할 때 시행단계에서 발생할 모든 사태를 예측하기는 어려우며 예측했던 상황이 개혁을 실현하는 동안에 변동될 수 있기 때문에 개혁이 입안된 대로 정확히 시행되지 못하고 수정되는 경우도 있다. 그러므로 개혁의 시행은 상황변화에 적응할 수 있는 융통성을 지녀야 한다.

④ 평가단계(Evaluation Stage)

평가단계(Evaluation Stage)에서는 조직개혁의 진행상황과 성과 등을 분석・평가하여 그 결과를 개혁과정의 적절한 단계에 환류시키거나 새로운 개혁과정을 촉발하는 정보로 제공한다. 평가 작업은 개혁이 당초의 처방대로 실현되었는가를 확인해 보는 목적도 지닌 것이지만 평가의 궁극적인 목적은 평가의 결과를 환류시킴으로써 조직개혁활동을 촉진 또는 개선하려는 것이다.

평가결과의 환류는 진행된 개혁활동을 수정하거나 새로운 개혁활동을 유발하려는 것이기 때문에 평가・환류의 작용은 개혁과정의 흐름을 순환적인 것으로 만드는 기능을 한다. 환류된 평가정보에 따라 잘못된 개혁은 시정하고 재개혁해야 하지만, 성공적인 개혁은 정착시키고 승계하여야 한다. 승계라고 하는 것은 조직의 최고관리자 등 개혁의사결정자들이 교체되어도 전임자들이 한 개혁을 계속 유지한다는 뜻이다. 그러나 현실에 있어서 개혁의 승계를 가로막는 요인들 때문에 개혁을 위한 개혁 등의 문제가 자주 발생한다.

## 3. 조직발전

### 1) 조직발전의 의의

조직발전(organization development)이란 조직구성원의 잠재력을 최대한 개발하고 행태를 개선함으로써 조직 전체의 개혁을 이룩하려는 조직혁신의 한 접근방법을 말한다.

1950년대에 일부 기업체에서 적용되기 시작한 조직발전은 1970년대를 거치면서 빠른 속도로 성장・보급되어 왔다.

이러한 조직발전의 기법으로는 실험실훈련(laboratory training, T-group training) 또는 감수성훈련(sensitivity training), 작업집단발전(team development or team-building), 과정상담(process consultation), 태도조사 환류기법(survey feedback method), 격자도 조직발전(grid organization development), 직무다양화(job enrichment) 등이 있다.

### 2) 조직발전의 특징

조직발전은 다음과 같은 특징을 지니고 있다(이원희 외, 2006: 707).

첫째, 행태과학의 응용이다. 조직발전은 조직의 실천적인 문제를 해결하려는 응용행태과학의 한 유형이다.

둘째, 조직 전체의 바람직한 변화를 위한 계획적·의도적 노력이다. 조직발전은 체계적이고 계획적인 변동노력으로 과학적 합리성을 강조하기 때문에 목표, 방법 등에 관하여 철저한 계획을 수립하여야 한다.

셋째, 집단의 중요성 강조이다. 조직발전의 개입대상에는 개인, 집단, 조직, 개인과 개인, 개인과 집단, 집단과 집단의 관계 등이 널리 포함되지만 가장 중요시되는 것은 집단이다.

넷째, 과정 지향성이다. 조직발전의 관심은 업무의 내용이나 조직구조 등에도 미치는 것이지만, 관심의 초점이 되는 것은 대인관계, 집단 및 조직의 제 과정이다.

### 3) 조직발전의 주요 기법

#### (1) 감수성훈련

감수성훈련이란 사전에 과제나 사회자를 정해 주지 않고 10명 내외의 이질적이거나 동질적인 피훈련자끼리 자유로운 토론을 통해 어떤 문제의 해결방안이나 상대방에 대한 이해를 얻도록 하는 훈련방법을 말한다. 이러한 훈련의 목적은 대인(對人) 간의 정서적인 접촉과 토의의 과정에서 얻어지는 집단 내에서의 자신의 위치에 대한 이해, 대인관계의 이해 및 이를 통한 인간관계의 개선 등에 목적을 두고 있다. 실험실훈련·T-집단훈련 등 다양한 이름으로 불리는 감수성훈련은 조직개혁의 행태적 접근방법인 조직발전(OD: organization development)의 대표적인 기법이다.

#### (2) 태도조사 환류기법

태도조사 환류기법이란 조직 전체에 걸쳐 구성원들의 태도를 체계적으로 조사하고 그 결과를 조직 내 모든 계층의 개인과 집단에 환류시켜 그들이 환류된 자료를 분석하고 개선방안을 마련하도록 하는 조직발전(OD: organization development)의 한 기법을 말한다. 이 기법의 주요 도구는 태도조사와 연구집회(work shop)다.

#### (3) 작업집단발전

작업집단발전이란 작업집단구성원들의 협조적 관계 형성을 통해 조직의 효율성을 높이려는 조직발전(OD: organization development)의 한 기법을 말한다. 작업집단발전의 과정은 일반적으로 구성원들이 집단활동상의 문제를 지각하고 발전목표를 모색하는 촉발(initiating team development)단계, 자료 수집(collecting data)단계, 계획(planning the meeting)단계, 실시(conducting the meeting)단계, 평가(follow-up and evaluation)단계로 구성된다.

### (4) 과정상담

과정상담이란 개인 또는 집단이 조직 내의 '과정적 문제'를 지각하고 이해하며 해결할 수 있도록 제삼자인 상담자가 도와주는 조직발전(organization development)의 한 기법을 말한다. 과정상담에서는 조직구성원들의 인간적 과정에 대한 진단능력과 문제해결능력의 향상을 통해 조직의 효율성을 제고하고자 한다.

## 연 습 문 제

1. 다음 동기부여이론에 대한 설명으로 맞지 않는 것은?(2007 경남7급 출제)
   ① Herzbeg는 불만족을 제거해주는 요인을 위생요인, 직무자체에 만족을 주는 요인을 만족요인이라 했다.
   ② V. Vroom은 욕구충족과 동기유발 사이에 어떤 주관적인 평가과정이 개재되어 있다고 보며 그 지각과정을 통한 기대요인의 충족에 의해 동기 또는 근무의욕이 결정된다고 하였다.
   ③ Maslow는 생리적 욕구, 안정적 욕구, 사회적 욕구, 자아실현의 욕구, 존경의 욕구로 순차적으로 발생한다고 하였다.
   ④ McGregor는 X, Y이론에서 X는 하위목표, Y는 상위목표라고 했다.

   **〈해설〉** Maslow는 인간의 욕구는 생리적 욕구, 안정적 욕구, 사회적 욕구, 존경의 욕구, 자아실현의 욕구 순서로 발생한다고 하였다.

2. 다음 내용을 모두 포함하는 리더십 유형에 해당하는 것은?(2006 국가9급 출제)

   | ·추종자에게 권한을 부여하고, 자신감을 심어준다.<br>·추종자에게 개별적 관심과 배려를 보이고, 지적 자극을 부여한다.<br>·추종자에게 도덕적 목표와 임무, 미래의 비전을 추구하도록 격려한다. |
   |---|

   ① 촉매적 리더십(catalytic leadership)
   ② 카리스마적 리더십(charismatic leadership)
   ③ 변혁적 리더십(transformational leadership)
   ④ 발전적 리더십(developmental leadership)

   **〈해설〉** 위의 내용을 모두 포함하는 안정보다는 변화를 추구하는 개방체제적인 전략적 리더십은 곧 변혁적 리더십이다.

3. 조직발전(OD)에 대한 설명으로 틀린 것은?(2003 국가7급 출제)
   ① 기존 권력구조 강화에 악용될 수 있다.
   ② 문화적 갈등이 발생할 수 있다.
   ③ 조직 속의 인간을 X이론으로 가정하여 통제·교화시켜야 한다.
   ④ 성장이론이 편견이 반영되었다.

   **〈해설〉** 조직발전(OD)은 MBO 등과 함께 Y이론에 바탕을 둔 민주적 관리전략에 속한다.

---

[정답] 1. ③ 2. ③ 3. ③

## 기출문제

〈2010년 행정고등고시 2차 시험〉

※ 현재 우리나라는 정부조직의 업무성과 증진을 위해 개인과 조직차원에서 다양한 성과관리제도를 도입하여 운영하고 있다. 목표관리제(MBO: Management By Objectives), 전략기획(Strategic Planning), 균형성과표(BSC: Balanced Score Card) 등이 그 대표적 예이다. 공공부문 성과관리의 개념과 취지를 설명하고 개인성과, 부서성과, 조직전체성과 간의 연계측면에서 소기의 목표를 달성하는데 나타날 수 있는 장애요인과 극복방안을 논하시오. (50점)

〈2004년 행정고등고시 2차 시험〉

※ 현대 지식정부사회의 정부조직 관리자에게 요구되는 리더십행태를 제시하시오.(30점)

〈1983년 행정고등고시 2차 시험〉

※ 동기부여에 있어서 A. H. Maslow와 V. H. Vroom의 이론 비교

제 8 장

# 인사행정 본질과 공직의 분류

## 제 1 절 인사행정의 본질

### 1. 인사행정의 개념과 목표

인사행정은 정부조직에 필요한 인적자원을 동원 및 관리하는 활동을 말한다. 이러한 인사행정을 이종수 · 윤영진(2006)은 "정부활동의 수행에 필요한 인적자원의 효율적인 관리활동이다."라고 정의하였으며, 이원희 · 위계점은 "유능한 인재를 행정조직에 유치하여 인간적 가치를 존중하면서 능력발전을 계속적으로 도모하고 높은 근무의욕을 유지시켜 개인의 목적과 조직의 목적 간의 균형 및 조화를 실천하여 조직의 활력을 최고로 발휘시키는 관리활동이다."라고 정의하였다. 이처럼 인사행정은 행정조직의 인적자원들을 효율적으로 관리하는 것을 말한다.

이상의 인사행정의 목표는 무엇보다 공공부문의 인적자원을 효율적으로 관리할 수 있도록 도와주는 것이다. 즉 각종 사업의 수행을 위한 쇄신 지향적이고 전문적인 지식을 갖춘 인력을 발굴하고, 이들을 교육 및 훈련시킴으로써 국민에 대한 봉사의 질을 높이고자 하는 노력이다. 아울러 인사행정의 목표는 단순한 효율적 관리뿐 아니라 인사행정체제의 발전에도 기여한다. 예를 들어 인적자원 활용의 합리화, 조직운영의 민주화, 사무처리의 능률화 등이 여기에 해당된다(이종수 · 윤영진, 2006: 425).

우리나라의 정부조직은 2013년에 17부, 3처, 17청으로 구성하게 된다.

2013년 1월 대통령직 인수위원회가 발표한 새 정부 조직은 현행 15부 2처 18청에서 2개

부처가 늘어나고, 1개 청을 1개 처로 승격시킨 17부 3처 17청으로 확정했다. 경제부총리와 해양수산부가 부활했고, 미래창조과학부가 신설된다. 우리나라의 정부조직도를 간략하게 살펴보면 다음 〈그림 8-1〉과 같다.

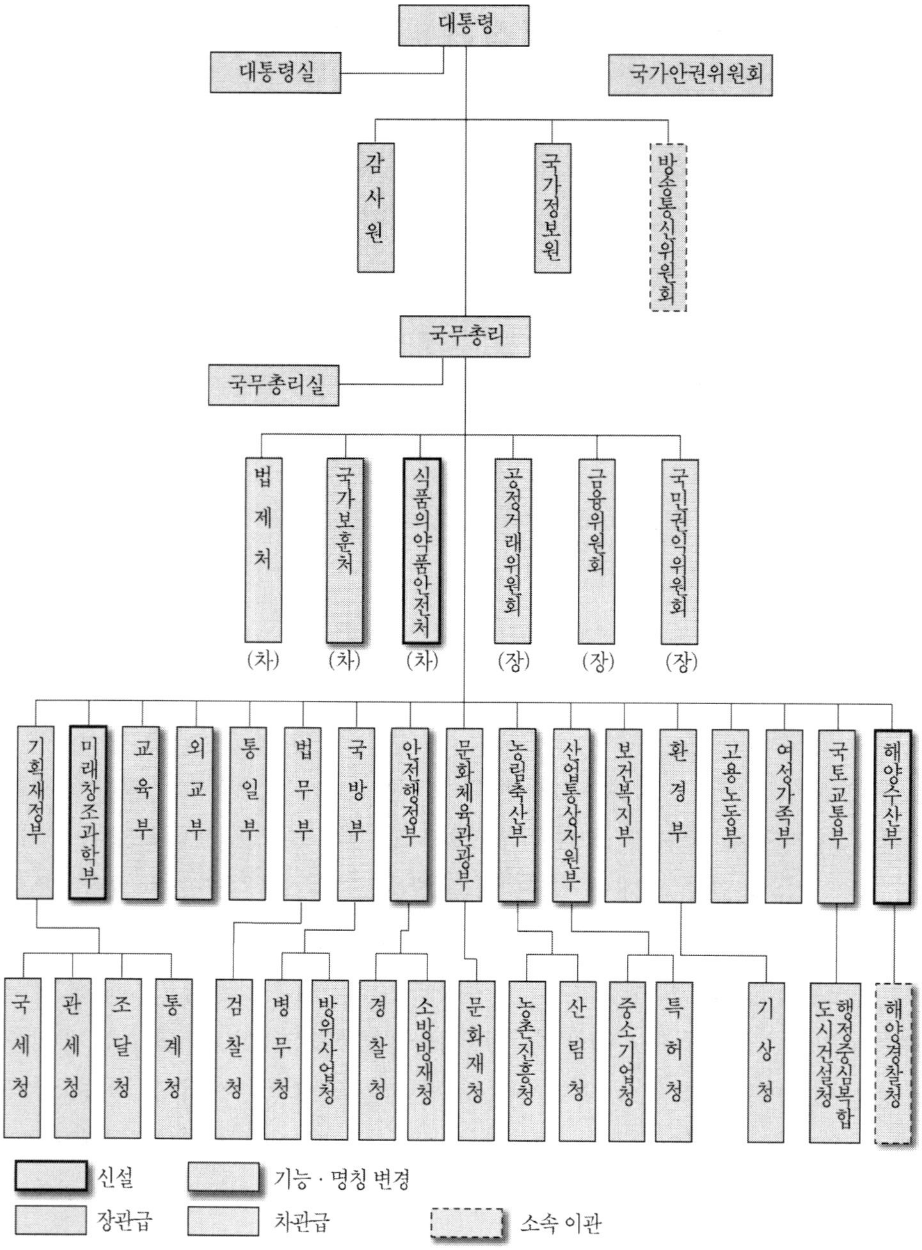


자료: 대통령인수위원회, 2013.

〈그림 8-1〉 대한민국 정부조직도

2013년 박근혜 정부의 출범과 함께 정부부처 조직이 변화된다. 변화의 핵심은 정보과학기술 분야를 총괄할 미래창조과학부 신설이다. 미래부의 ICT 차관은 방송통신위와 행정안전부, 지식경제부에 분산되어 있던 정보통신 기능을 전담할 예정이다. 경제 위기를 극복하기 위해 경제부총리 제도도 5년 만에 부활했다. 기획재정부 장관이 겸하는 경제부총리는 경제부처 컨트롤타워 역할을 맡을 것으로 예상된다. 지식경제부는 산업통상자원부로 외연을 넓혔고, 외교부는 '통상' 분야를 넘겨주면서 순수 외교 기능만 담당하게 된다. 또 보건복지부의 외청인 식품의약품안전청은 국무총리 소속 식품의약품안전처로 격상됐고, 중소기업청은 지식경제부가 가지고 있던 중견 기업정책 등을 가져가며 기능이 커진다.

행정안전부는 국민의 안전을 최우선으로 한다는 취지에서 안전행정부로 이름을 바꿨으며, 정치권과의 가교 역할을 해온 특임장관실은 폐지된다.

17부는 기획재정부, 미래창조과학부, 교육부, 외교부, 통일부, 법무부, 국방부, 안전행정부, 문화체육관광부, 농림축산부, 산업통상자원부, 보건복지부, 환경부, 고용노동부, 여성가족부, 국토교통부, 해양수산부이다.

3처는 법제처, 국가보훈처, 식품의약품안전처이다.

17청은 국세청, 관세청, 조달청, 통계청, 검찰청, 병무청, 방위사업청, 경찰청, 소방방재청, 문화재청, 농촌진흥청, 산림청, 중소기업청, 특허청, 기상청, 행정중심복합도시건설청, 해양경찰청이다.

## 2. 인사행정의 과정

인사행정이 이루어지는 과정은 인력계획, 공직구조형성, 임용, 능력발전, 동기부여, 규범 및 통제의 순서대로 이루어진다. 이를 구체적으로 살펴보면 다음과 같다(이종수 · 윤영진, 2006: 425~427).

### 1) 인력계획

인사행정의 첫 번째 단계는 인력계획단계이다. 인력계획단계는 먼저 행정조직에 필요한 인력의 수요와 공급을 예측한다. 그리고 그 예측에 부합하는 최적의 공급방안을 모색한다. 즉 인력계획은 오늘날 정부가 수행하고 있는 업무의 증가나 감소에 대한 양적 측면의 예측은 물론 미래에 필요로 하는 인적자원의 질적인 측면에 대한 예측도 함께 수행하여야 한다.

### 2) 공직구조의 형성

인사행정의 두 번째 단계는 공직구조의 형성단계이다. 공직구조의 형성단계는 인력계획단계가 수립되면 정부에서 수행되고 있는 업무의 증가 및 감소에 대한 예측을 바탕으로 구체적인 직위에 대한 직무설계를 하고 공직구조를 형성해야 한다.

### 3) 임용

인사행정의 세 번째 단계는 임용단계이다. 임용이란 사전적 의미로 직무를 맡겨서 사람을 쓰는 것으로, 정부조직에 사람을 선발하고 활용하는 활동을 말한다. 이러한 인사행정에서의 임용은 정부조직에서 외부에서 사람을 임용하는 외부임용과, 정부조직 내부에서 사람을 임용하는 내부임용이 있다.

### 4) 능력발전

인사행정의 네 번째 단계는 능력발전단계이다. 이 능력발전단계에서는 행정업무의 효율적인 수행을 위해서 공무원 개개인의 능력을 발전시키기 위한 활동이 이루어진다. 아울러 오늘날의 능력발전은 직무를 수행하는 조직구성원 개인의 능력발전뿐만 아니라 정부조직 전체의 효율적인 인력활용과 이를 통한 목표달성의 극대화라는 관점에서도 매우 중요한 의미를 갖는다.

### 5) 동기부여

인사행정의 다섯 번째 단계는 동기부여단계이다. 동기부여는 사전적 개념으로 사람에게 어떤 특정한 자극을 주어 행동을 하게 하는 것을 말한다. 이러한 동기부여는 인사행정에 있어서 조직구성원의 능력발휘 여부를 결정하는 의욕과 관련된다.

따라서 오늘날의 인사행정에서는 근무의욕과 관련된 공무원의 사기를 중요한 연구대상으로 바라보고 이에 관한 연구도 매우 활발하다.

### 6) 규범과 통제

인사행정의 마지막 단계는 규범과 통제단계이다. 규범과 통제단계는 공무원들의 태도와 활동이 정부의 목표와 일치되도록 조직구성원을 통제하는 단계로 공무원들이 준수해야 하는 엄격한 의무와 행동규범을 적용한다.

이상의 인사행정이 이루어지는 과정을 요약하면 다음과 같다(〈그림 8-2〉 참고).

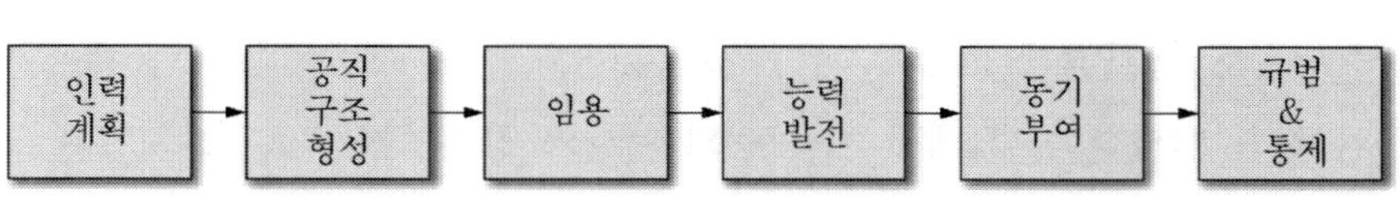


〈그림 8-2〉 인사행정의 과정

## 3. 인사행정의 특징과 발달

### 1) 인사행정의 특징

오늘날의 인사행정은 정부목표의 실현을 위한 관리활동으로 다음과 같은 특징을 가지고 있다(이원희 외, 2006: 719~720).

첫째, 공공성과 정치성이다. 인사행정은 공공적 또는 정치적 상황 속에서 작용하기 때문에 능률성 외에도 공정성과 사회적 형평성과 같은 다양한 규범이나 요구가 개입된다.

둘째, 법령에 의한 통제이다. 인사행정에서 수행되는 주요한 절차 및 기준은 법률이나 규칙에 근거해 수행되어야 한다. 따라서 인사행정을 수행하는 공무원들에게는 매우 엄격한 행정규범이 따른다.

셋째, 다양성과 복잡성이다. 인사행정의 대상이 되는 정부는 국가를 통치하는 데 필요한 모든 기능을 수행한다. 즉 정부의 모든 기능을 수행하는 인력과 관련된 인사행정은 다양성과 복잡성을 지닌다.

넷째, 비시장성이다. 정부의 활동은 공익을 목표로 하기 때문에 정부의 활동을 시장·경제적 성과로 측정하는 데 있어 어려움이 따른다. 즉 국민의 행복감, 만족 등과 같은 것은 객관적으로 측정하거나 시장가격으로 환산하기 어렵기 때문이다.

### 2) 엽관주의

#### (1) 엽관주의의 의의

엽관주의(spoil system) 또는 정실주의(patronage)란 공직 임면의 기준을 능력·자격에 두는 것이 아니라 당파성, 개인적 충성심, 혈연, 지연 및 학연에 두고 있는 제도를 말한다. 즉 엽관주의는 공무원의 임면(任免)을 당파적 충성이나 정신에 의하여 결정하는 제도이다.

이러한 엽관주의는 1829년 대통령에 당선된 A. 잭슨이 "엽관제를 공직의 민중에 대한 해방과 공무원에 대한 인민통제의 역할을 지닌 것"이라고 강조하면서 확립되었다.

그러나 19세기 후반에 정당이 독점자본과 결합하고 정당의 세력 확대와 독점자본의 이익증대의 수단으로 엽관제가 쓰이게 되자 엽관제는 특권적 관료제의 타파라는 당초의 목적을 잃고 관직의 당파적 독점 내지 이용 등의 폐해와 정치부패가 표면화되었다.

아울러 엽관주의, 즉 스포일 시스템(spoil system)이라는 말은 19세기 중엽에 상원의원 마시가 말한 "전리품(戰利品)은 승리자의 것(To the victor belongs the spoils)"이라는 유명한 문구에서 생긴 것이다.

#### (2) 엽관주의와 정실주의의 차이점

엽관주의와 정실주의는 공직의 임용이 능력이나 실적 이외의 요소에 의하여 행하여졌다는 점에서는 동일하나 미국에서 처음으로 인사행정에 도입된 엽관주의는 선거에서 승리한 정당이 모든 관직을 당파적인 관계로 대폭적으로 경질하는 제도인 데 비하여, 영국에서 발달하기 시작한 정실주의는 금품을 포함한 정실적 요인에 의하여 공직에 임용된다는 차이점이 있다.

또한 엽관주의는 한 번의 정권교체로 많은 수의 공직이 경질되는 데 비하여, 정실주의는 국왕이나 집권당의 의원들에 의하여 소수의 공직이 교체되었으며, 일단 임용되면 종신적이라는 차이점을 가지고 있다.

#### (3) 엽관주의의 순기능

공무원의 인사관리나 공직임용에 있어 기준을 당파성이나 인사권자에 대한 충성, 학연, 학벌 등에 두는 엽관주의는 다음과 같은 효용을 가지고 있다.

첫째, 정당이념의 철저한 실현과 공약의 강력한 추진이 가능하였다.

둘째, 관직을 만인에게 개방함으로써 민주주의의 평등이념에 부합하였다.

셋째, 중대한 정책변동에 대응이 유리하고 관리자 양성이나 리더십 강화에 큰 도움이 되었다.

넷째, 국민의 지지를 받은 정당의 당원이 관직에 임명됨으로써 국민의 의사를 존중하는 민주적 통제를 구현하였다.

즉 엽관주의는 행정의 민주성과 대응성, 참여성 그리고 책임성 확보를 가능하게 하였다.

#### (4) 엽관주의의 역기능

엽관주의는 관직을 만인에게 개방함으로써 민주주의의 평등이념을 구현하였다는 장점에도 불구하고 다음과 같은 문제점을 지니고 있었다.

첫째, 행정능률의 저하를 초래하였다. 엽관주의로 인해 정권이 교체될 때마다 공무원의 대폭적 경질이 단행되었으므로 행정경험이 있는 사람은 물러나고 대신 경험이 없는 사람이 등용되어 행정의 계속성을 저해하고 비능률을 초래하였다.

둘째, 불필요한 공직이 남설(濫設)되었으며, 이로 인하여 정부재정의 막대한 낭비를 초래하였다.

셋째, 기강의 문란을 초래하였다. 엽관주의로 인해 정치적 배경을 안고 공직에 임용된 많은 공무원들은 이것을 믿고 위계질서를 파괴하고, 매관매직을 하거나 뇌물을 수수하는 등 공직의 기강을 혼란케 하는 일이 발생하였다.

넷째, 관료의 정당에의 사병화(私兵化)를 초래하였다. 엽관주의로 인해 관료는 국민을 위하여 봉사하는 것이 아니라 정당을 위하여 봉사하며, 공익보다는 사익에 치중하게 되었다.

### 3) 실적주의(merit system)

#### (1) 실적주의의 의의

실적주의란 공직에의 임면이 당파성이나 정실관계에서가 아니라 자격·능력 그리고 실적 등을 기준으로 행해지는 인사행정제도를 말한다. 즉 실적주의는 행정국가화가 본격화되면서 엽관주의의 병폐를 극복하기 위하여 채택된 제도이다.

이것은 당파적인 정실(情實)인사를 하는 엽관제(spoils system)에 대응된다. 19세기 후반 정실임면이 횡행하여 정치가 부패된 것을 개혁하고 복잡한 현대행정의 전문성과 계속성을 확보하기 위하여 공개시험에 의한 공무원의 임용과 이를 집행하는 중립 공정한 인사기관의 설치를 중심으로 하는 실적주의는 1855년 영국에서, 1883년 미국에서 제도화되었다. 그 후 세계 각국에 보급되었으며 현재 한국의 공무원제도도 이것을 기조로 한다.

아울러 실적주의는 공무원의 정치적 중립 요청과 그 신분·지위의 보장으로 행정의 공정과 능률을 확보하는 합리적인 제도이지만 실적주의에 의한 공무원이 정책을 작성·집행하는 데 점차 중요한 역할을 감당하게 된 오늘날에는 그에 대한 민주적인 통제가 문제로 제기되고 있다.

#### (2) 실적주의의 발달

미국의 실적주의는 소극적 실적주의로부터 차츰 적극적 실적주의로 발전되었다. 소극적 실적주의는 엽관주의의 방지에 중점을 둔 보호중심의 인사관리였으며, 적극적 실적주의는 소극적 실적주의를 포함하여 공무원의 능력발전 및 경력발전에도 중점을 두는 관리중심의 인사관리라 할 수 있다.

즉 실적주의의 발달은 엽관주의적인 요소가 지배적이던 남북전쟁 이전부터 이미 싹트기 시작되어 엽관주의에 대한 개혁운동인 1883년 펜들턴법(Pendleton Act)의 제정으로 그 열매를 맺게 되었다. 펜들턴법은 1881년 엽관주의자에 의해 Garfield 대통령이 암살당한 후에 만들어졌다.

이러한 실적주의의 기본원칙은 다음과 같다. 첫째, 공직취임에 있어서 기회균등을 제공한다. 둘째, 개인의 능력·적성·자격·실적을 기준으로 한 인사행정이다. 셋째, 공무원의 정치적 중립을 강조한다. 넷째, 공무원의 신분보장을 강조하였다.

### (3) 실적주의의 순기능

개인의 능력·자격·성격에 공직임용에 기준을 두는 실적주의는 다음과 같은 순기능을 가지고 있다(이원희 외, 2006: 732).

첫째, 공무원의 임용상의 기회균등을 통하여 진정한 민주주의적 평등이념을 실현하고자 하였다.

둘째, 실적에 의한 임용을 통해 행정의 능률성을 향상시켰다.

셋째, 공무원의 정치적 중립을 통하여 공익의 대변자로서의 역할을 수행하였다.

넷째, 공무원의 신분보장을 통하여 행정의 계속성과 전문성을 확보하였다.

다섯째, 공무원의 직업적 안정성을 통하여 직업공무원제 확립에 기여하였다.

즉 실적주의는 행정의 자율성, 중립성, 능률성 그리고 전문성 등을 확보할 수 있게 하였다.

### (4) 실적주의의 역기능

엽관주의 극복을 위해 실시하려던 수단으로서의 실적주의는 그 원칙을 지나치게 강조한 결과 오히려 인사행정을 소극적·형식적·집권적으로 변화시키게 되었다. 구체적 내용은 다음과 같다.

첫째, 공무원은 발전정책을 능동적으로 추진하여야 하는데 공무원이 정당으로부터 당파적 중립성을 가져야 한다는 것을 정책에 대한 중립성으로 잘못된 인식을 함으로써 정책의 효과적인 수립·집행에 곤란을 초래하였다.

둘째, 인사행정에 대한 정치적 간섭을 배제하기 위하여 공무원의 권익을 보호하는 데만 중점을 두는 소극적 성격을 가졌으며, 인사행정의 집권화를 초래하였다.

셋째, 인사행정이 행정사회와 그 구성원에게 광범위한 포괄적 영향을 미친다는 점을 과소평가하고 법규·절차·기준에 대한 위반 여부만을 따지게 됨으로써 수단에 치중하는 형식화 · 경직화를 초래하였다.

넷째, 행정책임자가 적재적소에 인사배치를 통하여 업무를 효율적으로 처리하여야 하는 행정관리적 측면이 등한시되었다.

다섯째, 공무원의 지나친 신분보장은 관료제의 강화 · 특권화 · 보수화를 초래할 우려가 있다.

여섯째, 인사행정은 정치적 환경 속에서 이루어지는 것인데 절차의 획일적 적용으로 인해 그 정치적 성격과 가치 지향성이 충분히 인식되지 못하는 경향이 있다.

### (5) 펜들턴법

1883년 1월 미국의회는 펜들턴법을 통과시켰고 이로써 미국의 공무원제도는 엽관주의적 요소를 청산하고 실적주의에 입각하여 발전하기 시작한다.

이러한 펜들턴법의 주요 내용을 구체적으로 살펴보면 다음과 같다.

첫째, 공무원의 임면에 관한 정치적 자의를 방지하기 위하여 독립적이고 초당적인 인사위원회를 설치하였다.

둘째, 공무원의 채용은 실제적인 내용으로 실시하는 공개경쟁시험에 의해서 이루어진다.

셋째, 채용과정의 일부로서 시보기간(수습기간, probation period)을 둔다.

넷째, 공무원은 정치헌금을 제공할 의무를 지지 않으며, 정치활동에 참여해서도 안 된다.

다만, 실적주의의 적용을 받는 분류직(classified service) 범위의 확대 또는 축소는 대통령의 재량권에 속한다.

### (6) 공무원제도개혁법(Civil Service Reform Act)에서의 실적주의의 기본원칙

1978년 카터 대통령이 서명하여 1979년 1월부터 효력이 발생한 공무원제도개혁법은 다음과 같은 측면을 강조하였다.

첫째, 공무원의 임용은 자격을 갖춘 후보자들 가운데에서 이루어져야 하되, 선발과 능력개발은 균등한 기회가 보장된 공정하고도 공개적인 경쟁을 거쳐야 하고 개인의 능력, 지식 및 기술에 의하여 이루어져야 한다.

둘째, 인사관리에 있어서 정치성, 지역성, 혈연성, 성별, 연령, 사회적 신분 또는 기타 불리한 조건 등에 의하여 공무원에게 불리한 판단 · 결정을 하는 행위는 제거되어야 한다.

셋째, 공무원들에게 민간 부문의 임금을 고려한 보수를 균등하게 지급해야 하며, 탁월한 실적에 대해서는 그에 상응하는 인센티브를 제공하여야 한다.

넷째, 공무원은 높은 수준의 성실한 품행과 공익에 대한 관심을 유지해야 한다.

다섯째, 정부의 인력은 효과적이고 효율적으로 활용되어야 한다.

여섯째, 공무원들은 실적에 의하여 관리되어야 한다.

일곱째, 공무원들은 자의적인 행동, 개인적 정실 및 당파적 정치압력으로부터 보호되어야 하며, 또한 선거 또는 지명(nomination)의 결과에 간섭하거나 영향을 미치기 위한 목적으로 행정권한을 사용하지 말아야 한다.

여덟째, 공무원은 법률의 위반, 자원낭비, 권력남용과 국민의 건강과 안전에 심대한 위협을 가할 수 있는 정보에 관한 합법적 공개에 대해서 부당한 보복을 받지 않도록 보호되어야 한다.

### 4) 적극적 인사행정

#### (1) 적극적 인사행정의 의의

적극적 인사행정(positive personnel administration)이란 인사행정의 원칙으로, 소극적인 실적주의와 과학적 인사행정만을 고집하지 아니하고, 실적주의의 개념과 범위를 확대하여 엽관주의적인 요소나 인간관계론적인 요소를 신축성 있게 받아들이는 발전적 인사관리방안을 말한다.

즉 실적주의 인사행정의 비융통성 · 소극성 · 경직성 · 집권성을 탈피하기 위하여, 엽관주의적 요소와 인간관계론적 요소의 보완을 통해 인사행정의 인간화와 적극적 · 분권적 · 신축적 인사원칙을 추구하는 인사행정을 말한다.

이러한 적극적 인사행정을 구현하는 방안으로는 적극적 모집활동, 구성원의 능력발전과 잠재력의 계발을 위한 교육훈련의 강화, 공직에의 안정감을 확보하고 의욕적으로 근무하게 하기 위한 근무환경의 개선, 고충처리 · 인사상담 · 제안제도 등의 수단을 동원한 행정의 인간화, 공무원단체의 활용, 인사행정의 분권화, 엽관주의적 요소의 활용 등을 들 수 있다.

#### (2) 적극적 인사행정의 주요 내용

초기의 실적주의에 대한 비판과 엽관주의의 적절한 가미의 필요성은 이른바 적극적 인사행정관을 탄생시켰으며, 이를 실현하기 위한 적극적 인사행정의 주요 내용은 다음과 같다.

첫째, 적극적 모집이다. 즉 유능한 인재를 적극적으로 공직에 유치하는 것을 말한다.

둘째, 정치적 임명이다. 고위정책결정 직위에는 행정수반과 정치적 이념을 같이하는 사람을 정치적으로 임명해야 한다.

셋째, 능력발전이다. 적극적 인사행정은 재직자의 능력을 발전시키기 위하여 교육훈련 · 근무성적평정 · 인사이동제도를 적극적으로 활용해야 한다.

넷째, 분권화이다. 적극적 인사행정은 인사권 및 인사기능을 각 부처에 분산하는 것을 강조하였다.

다섯째, 과도한 합리주의·능률주의의 지양이다. 적극적 인사행정은 직위분류제의 지나친 합리성과 능률성의 완화를 주장하였다.

끝으로 적극적 인사행정은 사기, 제안제도, 고충처리제도, 공무원단체, 커뮤니케이션체제, 민주적 리더십 등에 보다 많은 관심을 기울였다.

### 5) 직업공무원제도

#### (1) 직업공무원제도의 의의

직업공무원제도(career civil service system)란 젊은 인재들이 공직에 들어와 평생에 걸쳐 명예롭게 근무하도록 조직·운영되는 인사제도를 말한다. 이러한 직업공무원제에서는 젊은 인재를 최하직급으로 임용해 단계적으로 승진시키므로 응시자의 학력과 연령은 엄격히 제한되며, 선발기준으로는 전문적인 직무수행능력보다는 장기적인 발전 가능성을 중시한다.

#### (2) 직업공무원제도(career civil service system)와 실적주의의 차이점

직업공무원제는 실적주의와 서로 배치되는 것은 아니지만 동일시되는 것은 아니다. 직업공무원제도와 실적주의는 다음과 같은 차이점을 지니고 있다.

첫째, 역사적 배경의 차이이다. 유럽에서 직업공무원제는 절대군주국가 시대부터 발달하기 시작하였으나, 실적주의는 19세기 후반에야 비로소 확립되었다. 반대로 미국에서 실적주의는 1880년대 후반에 확립되었으나 직업공무원제는 1930년대 이후부터 논의되기 시작되었으며, 또한 미국의 공무원제도는 아직도 직업공무원제적인 성격이 약하다.

둘째, 정치적 중립의 유·무이다. 실적주의는 정치적 중립을 주요 요소로서 포함하고 있으나, 직업공무원제도는 독일이나 프랑스의 경우에서 보듯이 반드시 정치적 중립을 요구하지 않는다. 반면에 미국에서는 실적제도와 직업공무원제도 모두 정치적 중립을 요구한다.

셋째, 공무원제도의 차이이다. 직업공무원제는 계급제와 폐쇄형 공무원제 및 일반행정가주의에 입각하고 있지만, 실적주의가 확립된 미국의 공무원제도는 직위분류제와 개방형 공무원제 및 전문가주의에 입각하고 있다.

이상의 직업공무원제도와 실적주의의 차이점을 간단히 요약하면 다음과 같다(〈표 8-1〉 참조).

〈표 8-1〉 실적주의와 직업공무원제의 차이점

| 구분 | 실적주의(미국의 실적주의) | 직업공무원제(영국의 실적주의) |
|---|---|---|
| 공통점 | 신분보장, 정치적 중립, 자격 및 능력에 의한 채용 및 승진, 정실배제 | |
| 차이점 | • 개방형 실적주의로 상대적 신분보장<br>• 결원보충방식-내·외부 충원형<br>• 공직임용 시 연령 및 학력의 제한이 없음<br>• 직위분류제 및 직무급 | • 폐쇄적 실적주의로 절대적 신분보장<br>• 결원보충방식-내부 충원형<br>• 공직임용 시 연령 및 학력 등의 제한<br>• 계급제 및 생활급 |

자료: 이원희 외, 2006: 735의 표를 수정 및 보완함.

### (3) 직업공무원제의 순기능과 역기능

직업공무원제의 순기능과 역기능을 살펴보면 다음과 같다.

먼저 직업공무원제의 순기능이다.

첫째, 공직에의 장기근무를 보장하기 때문에 공직근무를 평생의 직업(a life work)으로 인식하는 경향이 강하며, 따라서 공직을 하나의 전문 직업 분야로 확립하는 데 유리하다.

둘째, 공직에 대한 자부심과 일체감이 강화되며 따라서 높은 수준의 봉사정신과 행동규범을 유지하는 데 도움이 된다.

셋째, 공무원의 능력발전이 폭넓게 이루어지므로 정책결정 및 행정관리기능을 담당하는 고급공무원의 양성에 유리하다.

넷째, 공무원의 장기근무를 유도하므로 행정의 계속성과 안정성 및 일관성을 유지할 수 있다.

반면에 직업공무원제의 역기능은 다음과 같다.

첫째, 폐쇄적 임용으로 인하여 공무원집단이 보수적으로 되거나 관료주의화 되는 경향이 나타났다.

둘째, 공직의 분위기가 침체되어 공무원의 전반적인 질적 수준을 저하시켰다.

셋째, 공무원에 대한 신분보장은 외부환경의 급격한 변화에 신속하게 대응하지 못하고 무사안일에 빠지거나 변화에 저항적인 관료적 병리현상을 초래하였다.

넷째, 일반행정가의 양성은 전문행정가의 양성을 저해함으로써 행정의 전문화 요구를 역행하였다.

# 제 2 절 공직의 분류

인사행정에서 공직분류라 함은 공무원 또는 직위를 일정한 기준에 따라 구분하여 정부 조직 내의 작업구조를 형성하는 과정을 말한다. 즉 공직분류란 행정조직 속의 직위를 일정한 기준에 따라 질서 있게 배열하는 것을 말한다. 이러한 분류에 의해 공직구조가 형성되고 인사행정의 기준과 방향이 제시된다.

일반적으로 공무원은 실적을 토대로 하는 경력직 공무원과 그렇지 않은 공무원으로 구분되고, 또 중앙정부 공무원과 지방정부 공무원으로 구분된다. 실적주의가 전반적으로 적용되는 범주로는 미국의 경쟁직(competitive service) 혹은 분류직(classified service), 영국의 항구직(established service), 일본의 일반직이 여기에 해당된다. 반면에 미국의 제외직(excepted service)과 비분류직(unclassified service), 영국의 비항구직(unestablished), 일본의 특별직은 실적주의나 공무원법이 획일적으로 적용되지 않는 비경력직이다.

## 1. 경력직과 특수 경력직

### 1) 경력직 공무원

경력직 공무원이란 실적과 자격에 의하여 임용되고 그 신분이 보장되어 평생토록 공무원으로 근무할 수 있음이 예정되는 공무원을 말한다.

이러한 경력직 공무원의 종류는 다음과 같이 일반직 · 특정직 · 기능직의 3종으로 구분된다. 이를 구체적으로 살펴보면 다음과 같다.

#### (1) 일반직 공무원

일반직 공무원이란 기술 · 연구 또는 행정 일반에 대한 업무를 담당하는 공무원으로 직군, 직렬로 분류되는 직업공무원을 말한다. 이러한 일반직 공무원의 계급은 1급에서 9급으로 구분된다.

#### (2) 특정직 공무원

특정직 공무원이란 법관 · 검사, 외무 · 경찰 · 소방 · 교육공무원(교원과 교육 전문 직원),

군인·군무원 및 국가정보원의 직원과 특수 분야의 업무를 담당하는 공무원으로 다른 법률이 특정직 공무원으로 지정하는 공무원을 말한다.

#### (3) 기능직 공무원

기능직 공무원은 현업관서(철도·체신) 공무원, 토목건축, 전신, 기계, 화공, 선박, 농림, 보건·위생, 사무보조, 방호업무 등의 기능적인 업무를 담당하는 공무원을 말한다. 이러한 기능직 공무원은 대통령령에 의해 1급에서 10급으로 구분된다.

### 2) 특수 경력직 공무원

특수 경력직 공무원이란 국가공무원법이나 실적주의의 획일적 적용을 받지 않으며, 임용이 필요하거나 특수한 직무를 담당하는 자로서 경력직 이외의 공무원을 말한다. 이러한 특수 경력직 공무원은 정무직, 별정직, 전문직, 고용직으로 구분된다.

이를 구체적으로 살펴보면 다음과 같다(이원희 외, 2006: 754).

#### (1) 정무직 공무원

정무직 공무원이란 정치적 판단이나 정책결정을 주로 하는 고급공무원을 말한다. 이러한 정무직 공무원에는 선거직 공무원, 국무위원, 장·차관, 감사원장·감사위원·사무총장, 헌법재판소 재판관, 국회 사무총장·차장, 국가정보원장 및 차장, 국무조정실장, 특별시 부시장 등이 있다.

#### (2) 별정직 공무원

별정직 공무원이란 공무원법상 특수 경력직의 별정직으로 열거·규정되어 있거나 다른 법령 또는 조례에서 별정직으로 지정되어 있는 공무원을 말한다.

이러한 별정직 공무원에는 국회수석 전문위원, 감사원의 사무차장, 국가정보원 기획조정실장, 노동위원회 상임위원, 비서관(차관보급 이하), 차관보는 1급 상당의 별정직, 광역시와 도의 정무부시장 등이 있다.

#### (3) 계약직 공무원

계약직 공무원이란 국가와 채용계약에 의하여 일정한 기간 동안 전문지식 또는 기술이 요구되거나 임용에 있어서 신축성 등이 요구되는 업무에 종사하는 공무원을 말한다.

이러한 계약직 공무원은 국가와 채용계약에 의해 일정 기간 연구 또는 기술업무를 담당한다.

### (4) 고용직 공무원

고용직 공무원은 단순한 노무에 종사하는 공무원을 말한다. 이러한 고용직 공무원에는 보선원, 건축보조원, 정비원, 화공보조원, 조리원, 경비원, 건널목 안내원 등이 해당되며, 신규채용의 대상 연령은 14~20세이며, 정년은 43세이다.

## 2. 개방형 공무원과 폐쇄형 공무원

### 1) 개방형 공무원

개방형 공무원 인사제도는 공무원이 독점해 오던 정부 내 직책을 민간에 개방하는 제도로, 개방형 직위제 혹은 개방형 임용제도라고도 한다. 우리나라에서 개방형 공무원 인사제도를 통해 임용된 개방형 공무원은 고도의 전문성이 요구되거나 효율적인 정책수립을 위하여 공직 내부 또는 외부에서 적격자를 임용할 필요가 있는 1~3급의 실국장급 직위를 대상으로 하되, 소속장관별로 실국장급 직위 총수의 20% 범위 내에서 중앙인사위원회와 협의하여 정하도록 되어 있다.

물론 개방형 공무원은 무조건 민간인 대상으로 하는 것은 아니며 공무원과 민간인이 함께 공개경쟁을 통해 임용되므로 공무원이 계속 해당 직책을 맡을 수도 있다. 타 부처 공무원도 응모할 수 있다.

이러한 개방형 공무원의 임용과정은 다음과 같다.

먼저 개방형 직위로 지정된 직위에는 소속장관이 중앙인사위원회와 협의하여 직무수행요건을 설정하여야 하며, 원칙적으로 당해 직위에 보할 수 있는 직급 또는 그 상위직급의 결원이 있는 때에 공개모집절차를 거치게 된다.

다음으로 공개모집결과 민간위원이 50% 이상 참여하는 선발시험위원회에서 가장 적격자로 판단되는 자 2~3인을 소속장관에게 추천하고 소속장관은 이들의 우선순위를 정하여 중앙인사위원회의 심사를 거쳐 임용(제청)하게 된다.

이렇게 개방형 직위에 임용되는 민간인은 전원계약직이며, 공무원인 자가 개방형 직위에 임용되는 경우에는 경력직 공무원으로 임용될 수 있는 경우와 계약직 공무원으로 임용되는 경우가 있다.

#### 2) 폐쇄형 공무원

폐쇄형 공무원은 신규 채용되는 공무원은 누구나 원칙적으로 당해 계급의 최하위직에 임용되며 상위계급은 내부승진에 의해 충원되는 제도(폐쇄형 인사제도)에 의해 임용되는 공무원을 말한다. 일반적으로 폐쇄형 공무원들은 계급제도에 바탕을 두고 있고, 일반행정가 중심의 인사체제를 강조한다.

이러한 폐쇄형 공무원을 임용하는 폐쇄형 인사체제는 절대주의 정치체제의 전통을 가진 국가나 사회가 다원화되지 못하고 국가발전에 필요한 외부 전문가가 부족한 후진국가에서 흔히 볼 수 있다.

#### 3) 개방형 공무원 임용제도와 폐쇄형 공무원 임용제도의 비교

개방형 공무원 임용제도와 폐쇄형 공무원 임용제도의 특징을 비교하면 다음과 같이 정리할 수 있다(〈표 8-2〉 참조).

〈표 8-2〉 개방형 공무원 임용제도와 폐쇄형 공무원 임용제도의 특징

| 구 분 | 개방형 공무원 임용제도 | 폐쇄형 공무원 임용제도 |
|---|---|---|
| 신분보장 | 신분 불안정(임용권자 좌우) | 신분보장(법적 보장) |
| 신규임용 | 전 등급에서 허용 | 최하위직만 허용 |
| 승진임용기준 | 최적격자(내·외부) | 상위 적격자(내부임용) |
| 임용자격 | 전문능력 | 일반능력 |
| 직위분류 기준 | 직위: 직무 중심 | 계급: 사람 중심 |
| 직원 간의 관계 | 사무적 | 온정적 |
| 채택 국가 | 미국, 캐나다 | 영국, 독일, 프랑스, 일본 |

출처: 이원희 외, 2006: 756, 개방형과 폐쇄형의 특징 비교를 수정·보완함.

## 3. 직위분류제와 계급제

#### 1) 직위분류제

##### (1) 직위분류제의 의의

직위분류제란 조직 내의 직위를 각 직위가 내포하고 있는 직무 종류별로 분류하고 또 직무수행의 곤란성과 책임성에 따라 직급별·등급별로 분류해 관리하는 인사행정제도를 말한다.

이러한 직위분류제는 사람을 중심으로 하여 공직구조를 형성하는 계급제와는 달리 직무의 특성이나 차이를 중심으로 하여 공직의 구조를 형성하는 직무 지향적 공무원제도(job-oriented career system)다.

아울러 직위분류제를 채택하고 있는 나라는 미국을 비롯한 캐나다・파나마・필리핀・호주・뉴질랜드 등이다.

### (2) 직위분류제의 구성요소

① 직위: 한 사람의 근무를 필요로 하는 직무와 책임

② 직급: 직무의 종류, 곤란도・책임도가 유사한 직위의 군

③ 등급: 직무의 종류는 다르지만 직무의 곤란도・책임도가 유사하여 동일한 보수를 줄 수 있는 모든 직위의 집단

④ 직렬: 직무의 종류는 유사하나 곤란도・책임도가 다른 직급의 군

⑤ 직군: 유사한 직렬의 군

⑥ 직류: 동일한 직렬 내에서 담당 분야가 보다 유사한 직위의 군

### (3) 수립절차

직위분류제의 수립절차는 다음과 같이 6단계로 이루어지며 이를 구체적으로 살펴보면 다음과 같다.

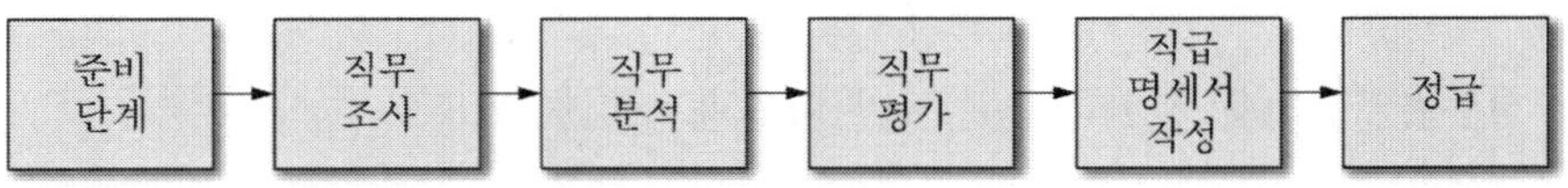


〈그림 8-3〉 직위분류제의 수립절차

첫째로 준비단계이다. 직위분류제의 준비단계에서는 분류작업을 위한 법적 근거를 마련하고, 주관기관 및 분류대상 직위를 결정한다. 그리고 분류기술자를 확보하고, 직위분류에 대한 홍보활동을 한다.

둘째로 직무조사단계이다. 여기서 직무조사란 직위분류제 수립과정에서 분류될 직위의 직무에 대한 객관적 정보를 수집하고 기록하는 작업을 말한다. 직무조사에서는 직무의 내용, 책임도, 곤란성, 자격 요건 등에 관한 모든 자료를 수집한다. 또한 직무조사를 정확하게 하기 위해서는 공무원으로부터 얻은 직무에 관한 정보 이외의 법령, 규칙, 조직도표, 업무보고서, 예산서, 보수지급표, 사무용구와 비품 등에 관한 정보도 보조적 자료로 이용해야 한다.

이러한 직무조사의 방법으로는 질문지방법(questionnaire method), 면접방법(interview method), 관찰방법(observation method) 등이 있다.

셋째로 직무분석단계이다. 직무분석은 직위분류제의 수립과정에서 직위를 직무의 종류에 따라 직군·직렬·직류 등으로 분류하는 것을 말한다. 즉 직무분석은 근로자 각자의 작업 내용, 책임, 일의 난이도, 그 일을 하는 데 필요한 경비, 능률 등을 밝히는 것을 말한다. 이에 대해 직무평가란 책임도·곤란도 등 직위의 상대적 가치 또는 비중을 기준으로 하여 직위의 등급을 결정하는 것을 말한다.

넷째로 직무평가단계이다. 직무평가는 직위분류제의 수립과정에서 직무급(職務給)에 있어서 직무 간의 임금비율을 정하는 가장 기본적인 절차로서, 각 직무 상호간의 비교에 의하여 상대가치를 결정하는 일이다. 이러한 직무평가의 방법으로 다음과 같은 것이 있다.

① **서열법**: 각 직무의 중요도·곤란도·책임도 등을 종합적으로 판단하여 일정한 순서로 늘어놓는다.

② **분류법**: 직무의 가치를 단계적으로 구분하는 등급표를 만들고 평가직무를 이에 맞는 등급으로 분류한다.

③ **요인비교법(要因比較法)**: 급여율이 가장 적정하다고 생각되는 직무를 기준직무로 하고 그에 비교해 지식·숙련도 등 제반 요인별로 서열을 정한 다음, 평가직무를 비교함으로써 평가직무가 차지할 위치를 정한다.

④ **점수법**: 책임·숙련·피로·작업환경 등 4항목을 중심으로 각 항목별로, 각 평가점수를 매겨 점수의 합계로써 가치를 정한다.

이상의 직무평가방법을 간단히 정리하면 다음과 같다(〈표 8-3〉 참조).

〈표 8-3〉 직무평가방법

| 구분 | | 특징 | 비고 |
|---|---|---|---|
| 비계량적 방법 | 서열법 | 직위의 전체적 가치를 개괄적 평가 | 직무와 직무 |
| | 분류법 | 등급 기준표에 의해 파악 | 직무와 기준표 |
| 계량적 방법 | 점수법 | 직무구성요소별 평가기준표로 점수화 | 직무와 기준표 |
| | 요소비교법 | 평가요소별 직무 간 비교하여 점수화 | 직무와 직무 |

다섯째로 직급명세서 작성단계이다. 이 단계는 직급명세서를 작성하는 단계로, 직급명세서란 각 직위의 직급별 특성을 상세하게 설명한 서류를 말한다. 즉 직급명세서란 원래 정급(定級)의 지표를 제시하기 위한 것이나, 모집·선발·훈련·근무성적평정 등 인사관리의 기준으로도 활용된다. 이러한 직급명세서에는 각 직급별로 직급명칭(class title)·직무개요

(general statement of duties) · 직무수행의 예시(typical task) · 자격요건(qualification) 등이 명시된다.

마지막으로 정급단계이다. 즉 직위분류제의 수립과정에서 직급명세서의 작성이 끝난 뒤 분류대상 직위들을 해당 직급에 배치하는 단계를 말한다. 정급이 끝나면 정급표(allocation list)를 기관별로 작성해서 각 기관에 배포한다. 이러한 정급표에는 해당 기관 공무원의 성명, 그 직위가 속하는 직급 및 등급이 기록된다.

#### (4) 직위분류제의 장·단점

직위분류제의 장 · 단점을 구체적으로 살펴보면 다음과 같다(이원희 외, 2006: 764~765).

먼저 직위분류제는 다음과 같은 장점을 가지고 있다. 첫째, 구성원을 동등하게 대우할 수 있으며, 보수구조를 개선하는 데 큰 도움이 된다. 둘째, 채용시험, 근무성적평정 그리고 교육훈련 등에 필요한 인사행정의 합리적인 기준을 제공해 준다. 셋째, 직위 간의 책임과 권한을 명확히 해주며, 효율적인 정원관리에 도움이 된다. 끝으로 직위분류제는 전문행정가를 양성하는 데 도움이 되며, 행정의 전문화에 기여한다.

다음으로 직위분류제는 다음과 같은 한계를 가지고 있다. 첫째, 일반적 관리능력을 가진 일반행정가의 양성이 어렵다. 둘째, 조직, 직무의 변화 그리고 새로운 직무의 부과 등 변화하는 상황에 신속한 적응이 곤란하다. 셋째, 공무원의 인간적 요소가 고려되지 않으며, 조직에 대한 자발적 헌신이나 구성원의 단결심을 구성하기 어렵다.

### 2) 계급제

#### (1) 계급제의 의의

계급제란 국가기관이나 조직체(組織體)에서 그 조직의 요소가 되는 각 직위를 인적 요소를 기준으로 하여 분류하는 인사관리제도를 말한다. 이러한 계급제는 직무의 종류 · 곤란성 · 책임도 등을 기준으로 직위를 분류한 직위분류제에 대응하는 개념이다. 주로 영국 · 프랑스 · 이탈리아 · 네덜란드 등에서 채용하고 있으며, 한국은 원칙적으로 이 제도를 채용하면서 직위분류제를 가미하고 있다.

#### (2) 계급제의 특징

공무원의 자격, 학력, 능력을 기준으로 계급을 분류하는 계급제의 특징은 다음과 같이 설명할 수 있다(이원희 외, 2006: 760~761).

첫째, 4대 계급제[4]이다. 계급제를 취하는 대부분의 국가는 4대 계급제로 구분한다.

둘째, 계급 간의 차별이다. 계급제는 계급에 따라 사회적 평가나 보수 등의 차이가 크며, 계급 간의 이동이 매우 어렵다. 즉 계급 간의 차별이 나타난다.

셋째, 일반행정가 지향이다. 계급제는 특정 직위가 요구하는 지식과 기술 및 경험을 가진 사람을 그 직위에 임용하는 것이 아니라, 공직에 채용된 뒤 다양한 경험과 지식을 축적시켜 조직 전체 혹은 국가 전반의 시각에서 업무를 파악하고 처리할 수 있는 일반행정가를 지향한다.

넷째, 폐쇄형 인사제도이다. 계급제를 취하고 있는 나라는 대개 폐쇄형 공무원제도를 유지하고 있다.

#### (3) 계급제의 장·단점

계급제의 장 · 단점을 구체적으로 살펴보면 다음과 같다(이원희 외, 2006: 761).

먼저 계급제는 다음과 같은 장점을 지니고 있다. 첫째, 공무원 채용에서 장래의 발전 가능성이나 잠재력을 지닌 사람, 즉 교양과 능력을 가진 사람을 골고루 임용할 수 있다. 둘째, 채용 후에 순환근무를 통하여 신축적인 인사정책이 가능하며, 일반행정가의 양성에 유리하다. 셋째, 분류구조와 보수체계가 단순하고 융통성이 있어서 인사관리가 수월하고 비용이 절감된다. 즉 인력활용의 융통성과 효율성을 제고한다.

반면에 계급제는 다음과 같은 단점을 지니고 있다. 첫째, 직위 간의 직무경계가 명확하지 못하기 때문에 갈등이 발생할 소지가 많다. 둘째, 엘리트 의식에 빠져 의사결정의 합리화를 기하기 어렵고, 순환보직으로 인해 행정의 전문화에 부응하지 못하며 행정의 능률을 저해한다. 끝으로 신분보장으로 인해 무사안일과 특권집단화 현상이 나타난다.

4) 우리나라도 일반직이라 볼 수 없는 1급 공무원을 제외하면, 이사관(부이사관), 서기관과 사무관, 주사(주사보), 서기(서기보)의 4대 계급으로 구분된다. 이를 교육정도와 관련시켜 보면 사무관[5급] 이상은 대졸 수준, 주사는 초급 대졸 수준, 서기는 고졸 수준으로 구분할 수 있다.

〈표 8-4〉 직위분류제와 계급제의 비교

| 구분 | 계급제 | 직위분류제 |
|---|---|---|
| 분류단위 | 계급 | 직위 |
| 채용기준 | 잠재적 · 일반적 능력 | 전문능력 |
| 경력 발전 | 일반행정가 | 전문행정가 |
| 충원체계 | 폐쇄형 | 개방형 |
| 신분보장 | 강함 | 약함 |
| 인사이동 | 광범위적 · 신축적 | 제한적 · 경직적 |
| 공무원의 시각 | 종합적 · 광범위적 | 부분적 · 협소적 |
| 행정의 전문화 | 장애 | 기여 |
| 직무수행의 형평성 | 낮음 | 높음 |
| 보수 | 동일 계급 동일 보수 | 동일 직무 동일 보수 |
| 인사관리 | 연공서열 중심, 상관의 자의성 개입 | 능력 · 실력 중심, 객관적 기준 적용 |
| 채택국가 | 영국, 일본 | 미국, 캐나다, 필리핀 |

출처: 박수영, 2006: 322, 직위분류제와 계급제의 특징 비교 표를 수정 · 보완함.

# 제 3 절 중앙인사기관

## 1. 중앙인사기관의 의의

### 1) 중앙인사기관의 개념

중앙인사기관이란 각 행정기관의 균형적인 인사운영, 인력의 효율적 활용, 공무원의 능력발전 등 정부 전체의 인사행정을 총괄하는 전정부적 인사행정기관을 말한다. 이러한 중앙인사기관은 현대 국가의 중앙인사기관들은 엽관주의적 인사행정의 폐단을 시정하고 인사행정상의 부처 간 할거주의를 타파해 인력운용의 전정부적 통일성을 기하고자 19세기 중반 이후 설치되기 시작했다.

그렇다고 모든 국가가 중앙인사기관을 설치하는 것은 아니며, 각국 사정에 따라 상이한 형태를 취하나 오늘날 많은 국가들은 중앙인사기관을 설치 · 운영하고 있다. 우리나라의 중앙인사기관으로는 행정안전부 · 소청심사위원회 · 중앙징계위원회 등이 있다. 대체로 행정안전부에서 담당한다.

### 2) 중앙인사기관의 기능

합리적 인사행정을 위하고 공무원의 권익보호를 강조하는 중앙인사기관은 다음과 같은 기능을 가지고 수행한다(이원희 외, 2006: 722).

첫째, 준입법적 기능이다. 중앙인사기관은 의회에서 제정한 법률의 범위 내에서 인사행정 전반에 관한 명령과 규칙을 제정하는 준입법적 기능을 수행한다.

둘째, 준사법적 기능이다. 중앙인사기관은 공무원에 대한 제재 및 징계를 하며, 위법 또는 부당한 제재를 받은 공무원으로부터의 소청을 심사하는 준사법적 기능을 수행한다.

셋째, 기획기능이다. 중앙인사기관은 인력수급계획 수립 등 인사에 관한 기획기능을 수행한다.

넷째, 집행기능이다. 중앙인사기관은 공무원의 임용, 훈련, 승진, 보수, 신분보장 등 인사법령에 따른 집행기능을 수행한다.

다섯째, 권고 및 보좌기능이다. 중앙인사기관은 행정수반에게 인사행정에 관한 정책에 대해 권고 또는 보좌기능을 수행한다.

### 3) 중앙인사기관의 성격

중앙인사기관의 성격은 독립성, 합의성, 집권성 이상 세 가지 측면에서 살펴볼 수 있다.

먼저 독립성이란 입법·사법은 물론 행정부로부터의 독립을 의미한다. 다음으로 합의성이란 복수의 구성원에 의한 회의체식 기구를 말한다. 끝으로 집권성이란 각 부처인사기관보다는 중앙인사기관의 인사권이 강화되어 있는 것을 말한다.

이러한 세 가지 기준에 따른 중앙인사기관의 장·단점을 살펴보면 다음과 같다(〈표 8-5〉 참조).

〈표 8-5〉 중앙인사기관의 장·단점

| 구분 | 장점 | 단점 |
|---|---|---|
| 독립성 | • 엽관주의의 압력 배제<br>• 행정부패 및 무질서의 방지<br>• 정치적 중립성 확보 | • 책임한계 불분명 및 인사통제 곤란<br>• 행정수반의 강력한 정책추진력 확보 곤란 |
| 합의성 | • 행정의 신중성 및 공정성 확보<br>• 독단화 방지 및 중립성 확보<br>• 전문지식의 활용과 민주성 확보 | • 책임소재의 불명확<br>• 신속한 결정이 어려움<br>• 의견의 타협화 |
| 집권성 | • 실적주의 확립<br>• 인사행정의 통일성과 공정성 확보<br>• 통합적 조정 가능 및 인사통계 | • 사기저하<br>• 적극적 인사행정의 어려움<br>• 인사행정의 경직화 |

출처: 이원희 외, 2006: 722, 표 중앙인사기관의 조직상의 성격을 수정·보완함.

## 2. 중앙인사기관의 유형

중앙인사기관의 유형은 위원회형이라고도 불리는 독립합의형과 집행부형이라고도 불리는 비독립합의형으로 구분할 수 있다. 이를 구체적으로 살펴보면 다음과 같다(이원희 외, 2006: 722~724).

### 1) 독립합의형(위원회형)

독립합의형은 일반적으로 행정부에서 분리된 것으로 행정수반으로 독립된 지위를 가지고, 의사결정은 세 명 정도의 비전문가 위원들에 의해 이루어진다.

이러한 독립합의형 중앙인사기관은 다음과 같은 장점과 단점을 지니고 있다.

먼저 독립합의형 중앙인사기관의 장점은 첫째, 엽관주의나 정실주의의 영향력을 배제함으로써 인사행정의 정치적 중립을 보장하여 실적제를 발전시키는 데 유리하다. 둘째, 한 사람의 책임자에 의한 인사행정의 독단을 막고 다수의 위원들이 인사행정에 관한 결정을 함으로써 신중한 의사결정을 할 수 있다. 셋째, 중요한 이익집단의 대표자를 합의제에 참여시킴으로써 인사행정에 대한 이익집단의 요구를 균형 있게 수용할 수 있다.

반면에 독립합의형 중앙인사기관은 다음과 같은 단점을 지니고 있다. 첫째, 중요한 인사행정이 다수의 위원들로 구성된 합의제의 합의과정을 통하여 결정되므로 인사정책의 결정이 지나치게 지연된다. 둘째, 합의제의 구성원들은 양당적 혹은 초당적인 비전문가들이기 때문에 전문적 인사문제를 다루게 될 때 비능률적이고 비합리적인 과오를 범하기 쉽다. 셋째, 독립합의형 조직형태의 근본목적은 엽관주의를 방지하기 위한 것이었기 때문에 인사행정의 적극화나 전문화를 기대하기 어렵다.

지금까지 살펴본 독립합의형 중앙인사기관의 예로는 1883년부터 1978년까지 존속하였던 미국의 연방인사위원회 그리고 1978년 이후의 실적제도보호위원회가 대표적이다.

### 2) 비독립합의형(집행부형)

비독립합의형 중앙인사기관은 행정수반으로부터 독립되지 아니하고 의사결정도 행정수반에 의하여 임명된 한 사람의 기관장이 주관한다.

이러한 비독립합의형 중앙인사기관의 장점과 단점을 살펴보면 다음과 같다.

먼저 비독립합의형 중앙인사기관의 장점은 첫째, 중앙인사기관이 단일의 지도층을 형성하므로 인사행정의 책임소재를 분명히 할 수 있다. 둘째, 지도층이 한 사람의 기관장에 의하여 이루어지기 때문에 중요한 인사정책을 신속하게 결정할 수 있다. 셋째, 인사행정의 지도층이 한 사람에 의하여 구성되기 때문에 행정의 변화에 신축적으로 대응할 수 있다.

반면에 비독립합의형 중앙인사기관은 다음과 같은 단점을 지니고 있다. 첫째, 인사행정의 정치적 중립성이 결여되므로 인사행정의 엽관화 내지 정실화를 막기 어렵다. 둘째, 중앙인사기관의 장이 바뀔 때마다 인사행정의 방향이 달라질 경우, 인사행정의 일관성 및 계속성이 결여된다. 셋째, 행정수반이 인사행정을 행정 프로그램의 능률적이고 신속한 집행만을 위한 관리도구로 활용하기 쉬워 공무원 개인의 권익이 침해될 가능성이 높다.

### 3) 각국의 중앙인사행정기관

주요 국가들의 중앙인사행정기관을 간단히 표로 정리하면 다음과 같다(〈표 8-6〉 참조).

〈표 8-6〉 각국의 중앙인사행정기관 비교

| 국가 | 합의제 · 독립기관 | 단독제 · 비독립기관 |
|---|---|---|
| 미국 | MSPB(실적제도보호위원회: 3명)<br>대통령이 상원의 동의 얻어 임명,<br>실적주의 보호, 공무원 보호<br>FLRA(연방노사관계청) | OPM(인사관리처)<br>대통령의 인사관리 보좌 |
| 영국 | CSC(인사위원회)<br>CSAB(공무원소청심사위원회) | CO(내각사무처)내의 공무원실 |
| 일본 | NPA(인사원) | 총리 산하의 총무청 인사국 |
| 프랑스 | | 인사행정처<br>(수상 직속, 기획 · 조정업무) |
| 우리<br>나라 | 중앙징계위원회(비독립합의제기관), 소청심사위원회(비독립합의제기관),<br>행정안전부 인사국(비독립합의제) | |

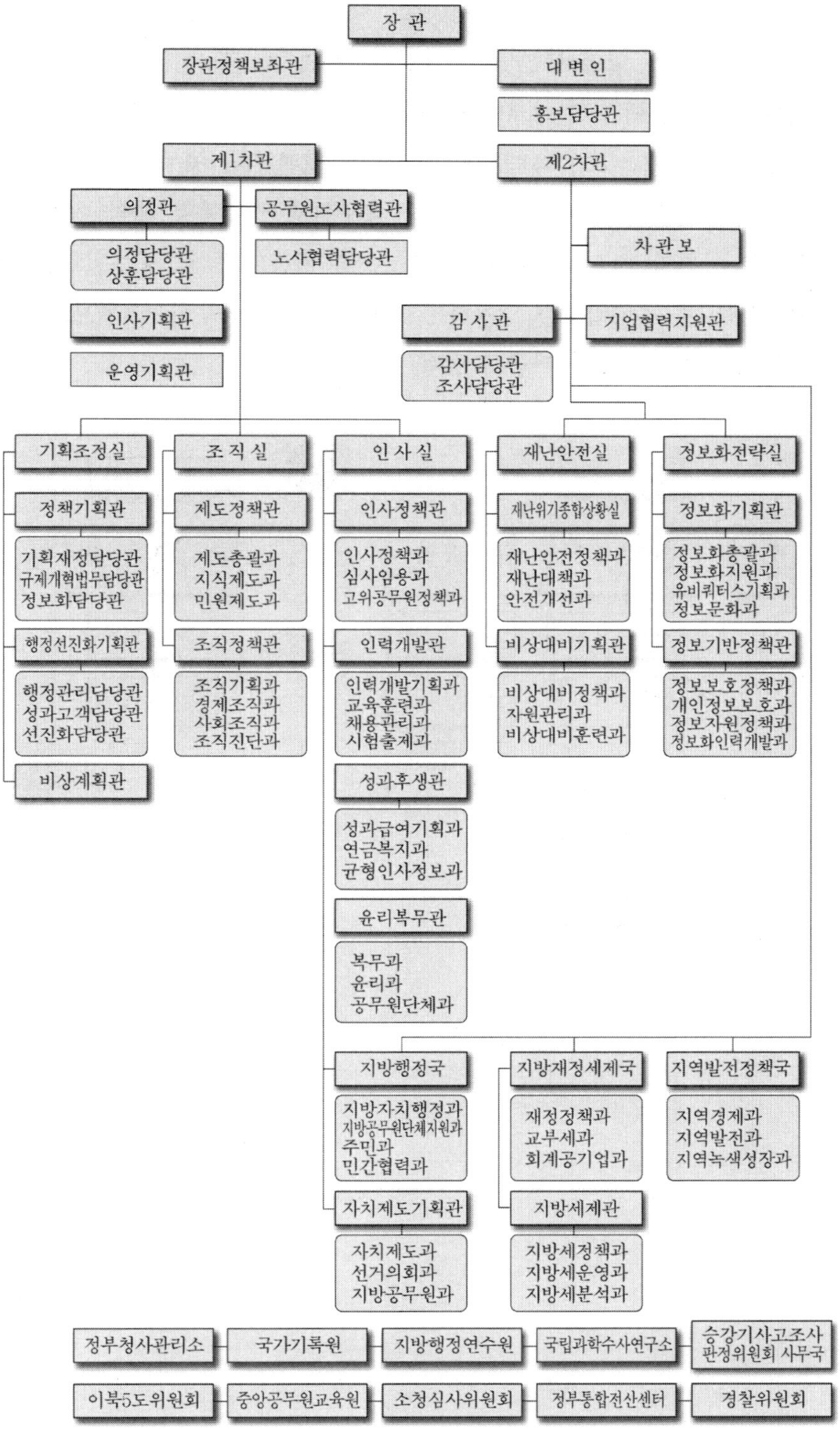


자료: 행정안전부, 2009.

〈그림 8-4〉 행정안전부 조직도

우리나라에는 중앙징계위원회, 소청심사위원회, 행정안전부 인사국 등이 있는데 많은 부분의 인사를 행정안전부가 담당하고 있다. 행정안전부의 조직도는 〈그림 8-4〉와 같다. 인사실장을 비롯하여 인사정책관, 인력개발관, 윤리복무관 등의 체계를 이루고 있다.

인사를 담당하는 행정안전부가 대대적으로 조직을 개편했다. 공무원노조 전담과 신설·채용업무 중앙교육원 이관이 중요한 목적이다. 공무원노조의 동향 파악 등을 위해 전담 '과'를 신설하고 '노사관리 태스크포스(TF)팀'도 본격 가동된다. 또 공무원 채용시험과 관련, 시험 출제·감독 등 집행업무를 담당하는 2개 과를 중앙공무원교육원으로 편입시키기로 했다. 조직의 개편을 살펴보면 다음 그림과 같다.

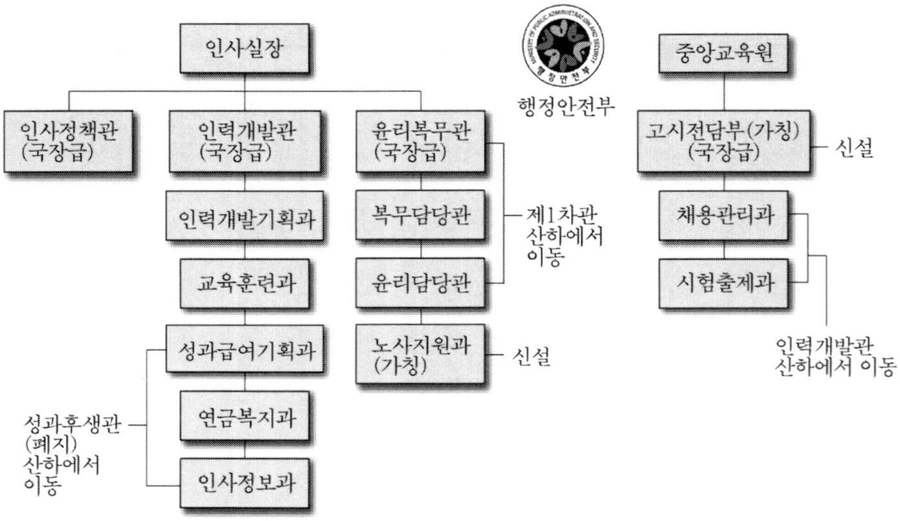


자료: 행정안전부, 2009년 10월 14일.

〈그림 8-5〉 행정안전부 조직 개편안

## 연 습 문 제

1. 실적주의와 엽관주의에 대한 설명 중 적절하지 않은 것은?(2007 국가7급 출제)
   ① 실적주의는 엽관주의의 폐해를 방지하고 행정의 효율성 제고에 기여한다.
   ② 엽관주의는 각 개인이 가지고 있는 능력에는 차이가 있음을 인정하는 인간의 상대적 평등주의를 신봉한다.
   ③ 엽관주의는 정당정치이념의 구현에 기인한다.
   ④ 실적주의는 공직임용의 기회를 균등히 보장함으로써 민주주의적 평등이념의 실현에 기여한다.

   **〈해설〉** 각 개인이 가지고 있는 능력에는 차이가 있음을 인정하는 인간의 상대적 평등주의를 신봉하는 것은 실적주의에 대한 설명이다.

2. 직업공무원제의 특성에 대한 설명으로 옳지 않은 것은?(2009 국가8/9급 특채 출제)
   ① 조직의 안정성보다는 변화의 유연성을 강조한다.
   ② 대체로 실적주의와 일맥상통한다.
   ③ 적정한 보수체계를 확립해야 한다.
   ④ 내부승진에 의하여 상위직이 충원된다.

   **〈해설〉** 직원공무원제는 정치적 중립과 신분보장이 되어 안정성을 확보하는데 유리하다. 대신에 환경변화에 유연하게 대처하기가 곤란하고 경직성이 초래되는 단점이 있다.

3. 다음 중 중앙인사기관의 기능과 관계가 먼 것은?(2006 경남9급 출제)
   ① 인사행정상 할거주의를 방지함으로써 인사행정의 범정부적 통일성 확보
   ② 인사관리에 있어서 인사권자의 뜻을 최대한 반영할 수 있도록 함으로써 행정기관의 집행능력 강화
   ③ 인사관리 기술과 인력 운영의 효율화를 통하여 각부서 인사관리를 지원
   ④ 정실주의 인사의 피해를 배제하고 인사관리의 공정성과 중립성 확보

   **〈해설〉** 인사권자의 권한 남용을 막기 위하여 초당적이고 독립적인 중앙이사기구를 설치하여 인사관리를 담당하도록 하였다.

---

[정답] 1. ② 2. ① 3. ②

## 기출문제

〈2009년 행정고등고시 2차 시험〉

※ 우리나라 고위공무원단제도의 개념과 특징을 기술하고, 직업공무원제·개방형 임용제와의 관계를 설명하시오. 나아가 고위공무원단제도의 성과와 한계를 논하고, 현행 고위공무원단제도를 보완할 수 있는 구체적인 방안을 제시하시오.(30점)

〈2004년 행정고등고시 2차 시험〉

※ 엽관제는 실적제와 함께 공적임용 제도로 시행되고 있으나, 행정의 효율적 운용에 있어 긍정적 효과와 부정적 효과를 동시에 가져다주고 있다.(30점)

(1) 엽관제의 폐혜로 인해 실적제가 채택되었던 미국의 정치 및 사회적 배경과 과정에 대하여 설명하시오.(10점)

(2) 한국과 같은 대통령 중심제하에서 엽관제 임용이 행정의 효율적 운용에 대해 가져다주는 긍정적 효과와 부정적 효과에 대해 설명하시오.(20점)

제 9 장

# 공무원 임용과 능력발전

## 제1절 공무원 임용

### 1. 임용의 의의

임용이란 국가 또는 공공단체의 임용권자가 공무원법의 규정에 따라 특정인을 다음과 같이 신규채용, 승진임용, 전보(轉補), 겸임, 파견, 강임(降任), 휴직, 직위해제, 복직, 면직, 해임 및 파면하는 것을 말한다.

즉 임용이란 신규로 공무원관계를 설정하는 임명(任命)과 이미 공무원의 신분을 취득한 자의 신분 또는 직위의 득상(得喪)변경에 관한 모든 행위를 포함한다. 공무원임용의 요건・절차 등은 국가공무원법 및 지방공무원법 등에 규정되어 있다.

이러한 임용을 좀 더 구체적으로 살펴보면 신규임용, 결원의 보충 그리고 승진임용으로 구분할 수 있다.

먼저 신규임용은 공개경쟁채용시험에 의함을 원칙으로 하며, 예외적으로 국가공무원법 제28조 2항에 해당하는 경우에는 특별채용시험에 의할 수 있다.

다음으로 결원의 보충은 신규채용・승진임용・강임・전직(轉職)・전보의 방법에 의하되, 공개채용시험 합격자를 우선 임용하여야 하며, 임용에는 절차적인 요건을 갖추어야 한다.

끝으로 승진임용은 근무성적평정・경력평정・기타 능력의 실증에 따라서 이루어진다. 다만 1급이나 3급 공무원의 승진임용에는 능력과 경력 등이 고려되며, 5급 공무원의 경우에는 승진시험을 거치되 필요한 경우에는 승진심사위원회의 심사를 거치도록 되어 있다.

## 2. 임용의 유형

### 1) 모집

모집이란 공직희망자를 경쟁에 유치하는 과정으로 공무원이 되기 위한 후보자들이 지원하도록 선별 및 유도하는 활동을 말한다. 이러한 모집은 과거에 소극적 모집, 즉 부적격자의 응모를 사전에 억제한다는 시험의 사전적 연장이라는 의미가 강하였지만, 오늘날에 와서는 좀 더 유능한 인력의 유치에 중점을 두는 적극적 모집으로 바뀌고 있다(이종수 · 윤영진, 2006: 332).

이러한 모집의 적극화를 위해서는 공직에 대한 사회적 평가의 제고가 선행되어야 하고 시험방법 및 절차의 개선이 필요하며, 장기적 인력수급 계획의 수립이 동반되어야 한다. 또한 인력양성기관의 연계강화와 모집결과의 사후평가와 환류가 동반되어야 한다.

### 2) 시험

#### (1) 시험의 의의

시험은 모집에 의해서 지원자들이 모이면 그들 가운데서 적격성이 높은 사람을 선발하기 위한 방법을 말한다. 간단히 말해 공무원의 임용을 위한 시험으로 인사행정(人事行政)의 주요한 기능이다.

이러한 시험은 '공무원임용령'에서 임용을 신규채용 · 승진 · 승급 · 전직 · 전보 · 강임 · 휴직 · 복직 · 면직 · 파면 등으로 광범위하게 규정하고 있는 것과는 달리, 시험은 신규채용, 승진 및 전직에 한하여 실시한다.

아울러 '공무원임용시험령'에는 다음과 같이 시험과 관련된 내용을 규정하고 있다.

첫째, 공무원의 임용을 위한 시험은 직급별로 실시함을 원칙으로 하되, 특수한 직렬에 대해서는 직무별로 분리하여 실시할 수 있다.

둘째, 시험방법은 필기시험 · 면접시험 · 실기시험 · 서류전형 또는 신체검사 등을 거쳐 최종합격결정을 한다. 제1차(객관식시험 · 선다형을 원칙으로 하되 기입형을 가미함) · 제2차(주관식시험 · 논문형을 원칙으로 하되 단답형을 가미함) · 제3차(면접 또는 실기시험) 시험으로 구분하여 단계적으로 실시한다.

셋째, 출제수준은 5급 이상은 대학졸업 정도로, 6급 및 7급 시험은 전문대학졸업 정도로,

8급 이하 시험은 고등학교졸업 정도로, 기능직시험은 당해 직무수행에 필요한 기능을 검정할 수 있는 정도로 한다. 다만 특수한 직급의 시험은 그 출제수준을 국무총리령으로 정할 수 있다.

넷째, 합격자 결정을 과거에는 대체로 자격시험제, 곧 일정한 합격점이 정하여져 있고 그 점수 이상을 취득한 자는 그 인원수의 많고 적음에 관계없이 모두 합격시키는 제도를 채택하였다. 그러나 1963년부터 채용시험제, 곧 합격 여부가 선발 예정인원수에 따라 결정되는 제도로 바뀌었는데, 자격시험제적 요소는 일부 남아 있다.

다섯째, 현재 공무원임용시험은 채용시험 · 승진시험 · 전직시험으로 구분되며, 채용시험과 승진시험은 다시 공개경쟁시험과 특별시험으로 구분 실시하고 있다.

### (2) 시험의 요건

시험의 요건은 타당성, 신뢰성, 객관성, 난이도, 실용성이다. 이러한 시험의 요건을 구체적으로 살펴보면 다음과 같다.

① 타당도(validity)

타당도는 시험이 무엇을 측정하는 것인가에 관한 기준으로 기준타당도, 내용타당도, 구성타당도로 구분할 수 있다.

- 기준타당도(criterion validity): 시험이 직무수행능력을 얼마나 정확하게 예측하여 주는가에 대한 개념으로 시험성적(예측치)과 근무성적(기준치)을 비교함으로써 상관관계를 알 수 있다. 기준타당성의 검증방법에는 두 가지 방법이 있다.

〈표 9-1〉 예측적 타당도와 동시적 타당도

| | |
|---|---|
| 예측적 타당도 | 시험에 합격한 사람이 일정 기간 근무한 후에 채용시험성적과 근무성적평정을 비교하여 상관관계를 확인하는 방법이다. |
| 동시적 타당도 | 현재 근무하고 있는 재직자를 대상으로 시험을 실시한 다음 시험성적과 그 후 실제의 근무성적과의 상관관계를 조사하는 방법이다. |

- 내용타당도(contents validity)

㉠ 시험의 내용이 직무가 요구하고 있는 지식 · 기술 등의 내용을 제대로 반영하고 있는가를 나타내는 정도를 의미한다. 시험의 내용이 실제 직무의 표본에 가까울수록 내용타당도는 높아진다(예컨대 비서직 지원자에 대한 시험에서 타이핑과 워드프로세스의 조작능력을 테스트한다면 비서직에 요구되는 대표적 행위를 포함하고 있기 때문에

내용타당도가 높은 것이다).

㉡ 타당도의 제고: 직무분석을 철저히 하여 직무수행에 필요한 자격요건을 명확히 하고 직무와 관련된 항목을 시험내용에 포함시킨다(새로운 직렬을 신설하고 시험과목을 변경하는 등의 조치).

㉢ 내용타당성과 기준타당성의 차이: 내용타당성은 응시자가 직무수행에 필요한 지식과 능력을 현재 얼마나 가지고 있는가와 관련되지만 기준 타당성은 응시자들의 장래 근무실적을 예측하는 것과 관련 있다.

• 구성타당도(construct validity)

㉠ 시험이 직무수행과 관련된 추상적 · 잠재적인 능력요소를 얼마나 정확하게 측정할 수 있느냐에 관한 것으로 주로 경험적으로 포착하기 어려운 자질을 평가할 때 사용된다.

㉡ 내용타당성과 구성타당성의 차이: 구성타당도는 잠재적 능력요소를 시험이 측정하는 정도이며, 내용타당도는 현재의 능력요소를 시험이 측정하는 정도이다.

② 신뢰도

신뢰도란 같은 사람에게 동일한 내용의 시험을 시간을 달리하여 반복해도 동일한 결과가 나와야 한다는 것으로 시험의 측정수단으로서의 일관성을 의미한다. 여기에서의 일관성은 종적 일관성(다른 시점에서의 일관성)과 횡적 일관성(동일시점에서의 일관성)이 있다.

이러한 신뢰도를 제고하기 위해서는 채점의 객관도를 높이고, 출제 수를 많이 하고, 답안작성시간을 적절하게 주어야 한다.

아울러 신뢰도와 타당도의 관계는 다음과 같다. 먼저 타당도가 높으면 신뢰도가 높지만, 타당도가 낮으면 신뢰도는 높을 수도 낮을 수도 있다. 그리고 신뢰도가 낮으면 타당도가 낮지만, 신뢰도가 높으면 타당도는 높을 수도 낮을 수도 있다.

〈표 9-2〉 신뢰성의 검증방법

| |
|---|
| • 재시험법: 일정한 기간 후 동일 문제로 재시험, 종적 일관성 검증<br>• 동질이형법: 문제수준이 비슷한 두 개의 시험 실시, 종적 · 횡적 일관성 검증<br>• 내적 일관성: 문항 상호간에 일관성 여부 측정, 동시적 · 횡적 일관성 검증<br>• 이분법: 하나의 시험지로 문항만 두 집단으로 나눔, 동시적 · 횡적 일관성 검증 |

③ 객관도

객관도란 채점기준을 객관화함으로써 시험성적이 채점자에 따라 심한 차이가 없어야 하며 동일한 수험환경에서 시험이 실시되어야 하는 것을 말한다.

이러한 객관도는 시험 외적 요인이 개입하지 않도록 함으로써 응시자 개개인의 공정한 경쟁을 보장해 주기 위하여 필요한 요건이다.

④ 난이도

시험의 쉽고 어려운 정도로서 우열의 구분을 위해서는 너무 어렵거나 쉬워서는 안 되며, 득점차가 적절하게 분포되도록 출제되어야 한다는 것이다.

⑤ 실용도

시험관리비용의 저렴성, 시험실시·채점의 용이성, 이용가치의 고도성을 말한다.

### 3) 배치전환

배치전환이란 담당직위의 수평적 변동을 지칭하는 것으로 동일계급 내의 인사이동을 배치전환이라 한다. 이러한 배치전환의 목적은 기술혁신에 따른 사무내용의 변화, 업무량의 증감에 대응하는 노동력의 효율적 활용, 인원합리화, 교육훈련, 사기앙양 등이다.

이러한 배치전환의 종류로는 전직, 전보, 전입, 파견, 겸임이 있다. 이를 구체적으로 살펴보면 다음과 같다.

#### (1) 전직

전직이란 직급은 동일하나 직렬을 달리하는 직위로 수평적 이동을 하는 것을 말한다. 이러한 전직은 직렬이 달라지므로 전직시험에 합격한 후에 가능하다.

#### (2) 전보

전보란 동일한 직급, 직렬, 직류 내에서 직위만 변동되는 보직변경을 의미한다.

#### (3) 전입(轉入)

전입이란 인사 관할을 달리하는 법원, 국회, 행정부, 헌법재판소, 중앙선거관리위원회 간 인사이동을 말한다.

#### (4) 파견근무

파견근무는 본래의 소속을 바꾸지 않고 일정 기간 다른 기관에서 근무하는 것을 말한다.

#### (5) 겸임

겸임이란 직위 및 직무 내용이 유사하고 담당 직무수행에 지장이 없다고 인정되는 경우에 한 사람의 공무원에게 둘 이상의 직위를 부여하는 것을 말한다.

아울러 배치전환의 용도는 다음과 같이 소극적 이용방법과 적극적 이용방법으로 구분할 수 있다.

먼저 소극적 이용방법으로는 징계의 수단, 부정부패의 방지수단, 사임의 강요수단, 개인적 특혜의 제공수단, 개인세력의 부식수단 등으로 활용된다.

다음으로 적극적 이용방법으로는 공무원의 능력발전과 교육훈련의 수단, 보직부적응과 인화문제의 해결, 직무수행에 대한 권태방지, 행정조직·관리상의 변동에 의한 배치조정, 조직 전체에의 충성심 확보, 개인의사의 존중, 승진기회의 균등화를 위해 활용된다.

### 4) 승진

#### (1) 승진의 의의

승진이란 하위직급에서 상위직급으로 수직적인 인사이동을 하는 것을 말한다. 이러한 승진은 동일직급 내에서 호봉만 올라가는 승급과 다르며, 수평적인 전직·전보와 구별된다.

그리고 승진은 사기앙양, 유능한 인재의 확보, 공무원의 능력발전, 인적자원의 효율적 활용, 직업공무원제와 실적주의 확립에 기여한다.

#### (2) 승진의 기준

승진기준은 그 성격에 따라 주관적 성격을 가진 면접시험·근무성적평정·훈련성적(시험평가 시 객관적) 등과 객관적 성격을 가진 필기시험·경력평정 등으로 나누어 볼 수 있다.

#### (3) 우리나라의 승진제도

우리나라의 승진제도는 일반승진, 특별승진, 승진시험으로 구성된다.

① 일반승진

일반승진이란 임용권자가 승진후보자명부의 순위 등에 의해 적격자를 승진 임용하는 방법을 말한다. 특별한 공적이 있는 공무원을 승진후보자명부의 순위에 관계없이 승진시키는 특별승진과 대비된다. 일반승진은 시험에 의한 승진과 시험에 의하지 않는 승진으로 나뉜다. 시험에 의한 일반승진은 시험성적 및 승진후보자명부의 평정 점수를 합산해 결정하며, 시험에 의하지 않는 일반승진은 승진후보자명부의 평정 성적순위를 기초로 한 심사에 의해 승진 임용한다.

② 특별승진

특별한 공적이 있는 공무원 등에 대해 승진소요 최저연수의 단축 또는 승진시험 우선응시권한을 부여하거나 승진후보자명부의 순위에 관계없이 승진 임용하는 것을 말한다. 특별승진의 대상은 청백리포상을 받은 공무원이나, 소속 장관에 의해 특별한 공적이 있다고 인정받거나 행정발전에 지대한 공헌이 있다고 인정받은 공무원 및 창안 등급 동상(銅賞) 이상을 받은 공무원 등이다. 특별승진과 대비되는 일반승진은 임용권자가 승진후보자명부의 순위에 의해 적격자를 승진 임용하는 방법을 말한다.

③ 승진시험

승진후보자명부의 고순위자순으로 결원의 2~5배 수 인원의 범위 내에 속한 자에 대해 실시되는 승진시험을 말한다. 일반승진시험의 합격 여부는 시험성적 및 승진후보자명부의 평정점수를 합산해 결정한다. 이에 비해 공개경쟁승진시험은 5급 공무원의 승진에 한하되 기관별 승진기회의 균형유지 등을 위해 필요한 경우에 실시하며 합격자는 시험성적에 의해 결정한다.

〈표 9-3〉 우리나라 승진시험의 개선

| 승진제도 개선을 위한 새로운 대안(현재 도입하고 있는 제도) |
|---|
| ① 대우공무원제도: 승진에 필요한 최저연수를 근무하고, 승진에 제한 사유가 없을 때 상위직급을 대우하는 제도이다. |
| ② 필수실무요원: 근무수행이 우수할 경우, 6급에 계속 머무르게 하는 제도<br>(승진을 포기하는 조건으로 좋은 보직과 수당을 더 주는 방안) |
| ③ 복수직급제: 동일수준의 직위에 계급이 다른 사람을 배치하는 것이다. |
| ④ 통합정원제: 7급 이하는 별도로 관리하지 않고 전체로 묶어 관리한다. |
| ⑤ 기타(도입 고려방안): 계급 수 확대, 계급 정년제의 확대 |

### 5) 해직 및 징계

#### (1) 직위해제

직위해제란 직무수행능력이 부족하거나 근무성적이 극히 불량한 자, 중징계의 징계의결이 요구 중인 자, 형사사건으로 기소된 자 등에 대해 임용권자가 공무원으로서의 신분은 보존시키되 직위를 부여하지 않는 임용행위를 말한다. 임용권자는 특정 공무원의 직무수행능력이 부족하거나, 근무성적이 불량한 자 등에 대해서는 3개월 이내의 기간 대기를 명하게 되며, 대기명령을 받은 자에 대해서는 능력 회복을 위한 교육훈련 등 특별한 조치를 취해야 한다. 그리고 직위해제의 사유가 소멸하면 임용권자는 지체 없이 직위를 부여해야 한다. 그러나 이 기간 중 능력의 향상 또는 개전(改悛)의 정이 없다고 인정된 때에 임용권자는 직권면직을 통해 공무원의 신분을 박탈할 수 있다.

### (2) 대기명령

대기명령이란 직무수행능력이 부족하거나 근무성적이 극히 불량하여 직위가 해제된 자에 대하여 3개월 이내의 기간 대기명령을 내리고 능력회복을 위한 교육훈련 또는 특별한 연구과제의 부여 등 필요한 조치를 취하는 임용행위이다.

### (3) 직권면직

직권면직이란 임용권자의 일방적 의사와 직권에 의해 행해지는 면직행위를 말한다. 국가공무원법은 신체·정신상의 이상으로 1년 이상 직무를 감당하지 못할 만한 지장이 있을 때, 직무수행능력의 현저한 부족으로 근무성적이 극히 불량한 때, 직제와 정원의 개폐 또는 예산의 감소 등에 의해 폐직(廢職) 또는 과원(過員)이 되었을 때, 휴직사유 소멸 후 복귀하지 않을 때, 대기명령을 받은 자가 그 기간 중 능력의 향상 또는 개전(改悛)의 정이 없다고 인정된 때 등의 경우에 직권면직이 가능하도록 규정하고 있다. 그러나 근무성적 불량 및 대기명령 기간 중 능력의 향상 또는 개전의 정이 없다는 사유로 직권면직 시킬 때는 국가공무원의 경우에는 징계위원회의 동의를, 그리고 지방공무원의 경우에는 인사위원회의 동의를 얻어야 한다.

### (4) 당연퇴직

당연퇴직이란 공무원이 금치산자·한정치산자가 되거나 파산자로서 복권되지 아니한 경우 또는 금고 이상의 형을 받고 집행이 종료되지 않거나 집행유예 판결을 받은 후 5년이 경과하지 아니한 경우 등, 법령의 규정에 의해 당연히 퇴직하는 것을 말한다.

### (5) 징계면직

징계면직이란 파면과 해임 등 징계에 의한 신분상실을 의미한다.

### (6) 감원

감원이란 정부의 인사정책이나 공공조직의 특수한 사정·예산감축 등으로 공무원의 일부가 불필요해져 퇴직시킴으로써 공무원의 수를 줄이는 것으로 강제적·일방적 조치로 이루어진다.

# 제 2 절 능력발전

## 1. 교육훈련

### 1) 교육훈련의 의의

교육훈련이란 조직구성원에게 직무수행에서 필요한 지식과 기술을 연마시키고 가치관과 태도를 발전 지향적으로 개선시키고자 하는 인사기능을 말한다.

따라서 교육훈련을 체제적 관점에서 보면 교육훈련은 공무원사회라는 체제를 유지·발전시켜 주는 체제유지기능(부정적 엔트로피)을 가지고 있다.

이러한 공무원 교육훈련의 경우 그 종류로는 신규 채용자 및 승진·배치전환자 등을 대상으로 한 적응훈련(introduction or orientation training)과 정부 고유업무담당자훈련, 일반 재직자훈련(refresher and extension course), 감독자훈련(supervisory training), 관리자훈련(executive training), 윤리교육훈련(ethical education and training) 등이 있다.

### 2) 교육훈련의 목적

교육훈련의 목적은 다음과 같다.

첫째, 지식 또는 기술의 습득과 직무수행능력의 향상을 통해 행정의 능률을 향상시키고자 한다. 둘째, 행정관리의 개선과 효율화이다. 셋째, 직무습득에 소요되는 노력과 시간을 경감시키고자 한다. 넷째, 가치관의 변혁과 관료제의 역기능 극복을 추구한다.

### 3) 교육훈련의 방법

교육훈련의 방법은 다음과 같이 설명할 수 있다.

#### (1) 토론방식

토론방식은 정보교환에 용이하나 토론의 초점이 상실될 우려가 있다. 이러한 토론방식의 종류로는 회의·세미나, 패널, 심포지엄, 포럼이 있다.

① 회의 · 세미나

회의 · 세미나는 12인 내지 25인이 모여 주제 중심으로 정보교환, 문제해결방법 모색, 사회자는 전체적으로 리드하고 결론을 맺어주는 역할을 한다.

② 패널(panel)

패널은 3~6인의 전문가나 경험자가 동일 주제에 관하여 토론하는 방법이다.

③ 심포지엄(symposium)

심포지엄은 3~6인의 전문가가 다른 주제로 특정 문제에 대한 각자의 의견을 발표하는 방법이다.

④ 포럼(forum)

포럼은 공개토론회, 3~6인의 발표자 이외에 피훈련자의 참가를 요청하게 되며 발표자와 질의응답이나 의견교환을 한다.

#### (2) 사례연구

사례연구란 현실적 사례를 가지고 연구하여 문제점을 도출하고 해결을 모색하는 방법으로 인간관계 훈련에 적합, 분석적 사고능력의 발전에 유용하나 단편적인 문제해결에만 도움이 되는 한계를 지니고 있다.

#### (3) 역할연기

역할연기란 사례를 준비하여 실제 행동연기를 통하여 인간관계의 실질적인 움직임을 직접 깨닫도록 하자는 것이다. 이러한 연기가 끝나면 청중에게 논평을 요구한다.

#### (4) 신디케이트(syndicate)

신디케이트란 피훈련자를 몇 개의 균형이 잡힌 분단으로 편성한 것을 말한다. 이러한 신디케이트를 중심으로 피훈련자의 상호 접촉을 긴밀하게 연구하고 연구과제를 토의시킴으로써 훈련시킨다.

#### (5) 브레인스토밍(brain storming)

브레인스토밍은 여러 사람이 모여 문제해결을 위한 다양한 아이디어를 자유롭게 제시하고 이러한 아이디어들을 취합 · 수정 · 보완해 정상적인 사고방식으로는 생각해낼 수 없는 독창적인 아이디어를 얻는 방법을 말한다.

이러한 브레인스토밍은 10인 내외 소집단을 구성하고 하나의 과제를 주어 각자 생각나는 대로 자신의 아이디어를 제안하는 방법으로 창의성을 개발시키는 데 적합하다.

#### (6) 바스켓게임

바스켓게임은 피훈련자에게 직무내용과 유사한 과제를 부여하고 제한된 시간 내 처리하도록 하는 방법으로 일종의 의사결정게임이다.

#### (7) 모의훈련(simulation)

모의훈련은 실제와 유사한 가상적 상황을 꾸며 놓고 피훈련자가 거기에 대처하도록 하는 훈련방법이다.

## 2. 근무성적평정

### 1) 근무성적평정의 의의

근무성적평정이란 조직구성원의 근무실적·근무수행능력·근무수행태도 등을 체계적·정기적으로 평가해 인사관리에 반영하는 제도를 말한다. 이러한 근무성적평정의 유형은 방법을 기준으로 할 때 도표식 평정척도법·사실기록법·서열법·체크리스트평정법·강제선택법·중요사건기록법·직무기준법·목표관리 등으로 나눌 수 있으며, 평정자를 기준으로 하여 자기평정법·동료평정법·감독자평정법·부하평정법·집단평정법·감사적 방법 등으로 나눌 수 있다.

그리고 근무성적평정의 목표는 상벌의 불공평성 제거와 적재적소의 인사배치로 공무원의 능력발전과 행정능률의 향상에 기여하는 것이다.

### 2) 근무성적평정의 용도

근무성적평정의 용도는 다음과 같이 설명할 수 있다.

첫째로, 공정한 인사행정의 기준을 제공한다. 근무성적평정은 승진, 승급을 결정하거나 면직·강임·징계 등 상벌의 판단기준을 제시한다. 그러나 징벌적 목적의 이용은 바람직하지 않다.

둘째로, 공무원의 능력발전에 큰 도움이 된다. 즉 공무원 스스로 파악하기 힘든 자신의 장·단점을 감독자·동료·고객 등이 지적해 줌으로써 능력발전을 촉진시키고 약점을 극복하도록 도와주는 길잡이가 된다.

이 밖에도 근무성적평정은 교육훈련수요의 파악에 도움이 되며, 공무원의 적재적소배치에 이용되고, 개인의 가치인정과 근무능률 향상에 기여한다.

### 3) 근무성적평정의 방법

#### ① 도표식 평정척도법

도표식 평정척도법은 도표로 된 평정표를 사용해 근무성적평정을 하는 방법을 말하며 가장 많이 이용되고 있다. 그 구체적인 내용에는 여러 가지가 있으나 대체로 근무평정에 필요한 평정요소를 나열하고, 다른 한편에는 각 평정요소마다 그 우열을 표시해 주는 척도인 등급이 나열된다. 평정자는 피평정자를 평정요소별로 관찰해 해당되는 등급에 표시를 함으로써 평정한다.

#### ② 강제배분법

강제배분법이란 근무성적평정 등에서 평정결과의 분포가 과도하게 집중되거나 관대화되는 것을 막기 위해 성적분포의 비율을 미리 정해놓고 평정하는 방법을 말한다. 분포비율을 정하는 데는 여러 가지 방법이 있으나 분포비율을 10, 20, 40, 20, 10 으로 하여 종(鐘) 모양인 정상분포곡선(normal curve)이 되도록 배분하는 것이 일반적인 예다. 우리나라에서는 평정대상공무원의 등급(수 · 우 · 양 · 가)별 분포비율이 2 : 4 : 3 : 1이 되도록 평정하게 하는 강제배분방법을 채택하고 있다.

#### ③ 사실기록법

사실기록법이란 공무원의 근무성적을 객관적인 사실에 기초를 두고 평가하는 방법을 말한다. 이때 공무원이 달성한 작업량이 평가대상이 되며, 이 방법은 객관적이기는 하나 작업량을 측정하기 어려운 업무에 대해서는 적용할 수 없다는 결점이 있다. 사실기록법에는 공무원이 달성한 작업량을 측정하는 산출기록법(production records)과, 평정기간 중 일정 시간에 한정해 작업량을 조사하고 그것으로 전 기간의 성적을 추정해 평정하는 정기적 시험법, 공무원의 지각 빈도수 · 결근 일수 등의 기록을 주요 요소로 하여 평정하는 근태기록법(勤怠記錄法), 피평정자의 직무사항에 나타난 긍정적인 요소와 부정적인 요소를 점수로 환산해 가점 또는 감점을 주는 가감점수법(加減點數法) 등이 있다.

#### ④ 서열법

서열법이란 대상을 비교할 때 절대점수를 산출해 상호 비교하는 것이 아니라 단순한 서열만을 기준으로 비교 · 평가하는 것을 말한다. 근무성적평정에서 서열법은 피평정자의 근무성적을 서로 비교해서 그들 간의 서열을 정해 평정하는 방법을 말한다. 이 방법에는 피평정자의 전체적인 근무상황을 포괄적으로 비교하는 종합순위법과 평정요소를 선정하고 각 요소별로 피평정자를 비교해 통합하는 분석적 순위법이 있다. 그리고 서열을 정하기 위한 비교방법에는 피평정자를 두 사람씩 짝을 지어 비교를 되풀이하는 쌍쌍비교법(paired comparison method)과, 평정요소(예컨대 지도력 · 전문지식 · 협조성 · 책임성 등)를 선정해 각 요소별로 평정등급을 정한 후 각 평정등급별로 피평정자들 중에 표준인물을 선택해 그를 기준으로 나머지 피평정자를 비교 · 평가하는 대인비교법(man-to-man comparison) 등이 있다.

⑤ 체크리스트법

체크리스트법이란 평정자가 평정표에 나열된 평정요소에 대한 설명 또는 질문을 보고, 피평정자에 해당되는 것을 골라 표시하는 방법이다.

⑥ 목표관리(MBO)평정법

목표관리평정법은 부하직원이 상사와의 면담을 통해 자신이 수행할 도전목표를 설정하고 목표달성도를 중심으로 근무성적평정방법이다.

⑦ 자기평정법

자기평정법이란 피평정자가 자신을 스스로 평가하는 근무성적평정방법을 말한다. 자기평정은 상향적 정보소통의 촉진, 상하 간의 이해 증진, 직무수행에 대한 체계적 반성의 기회 제공, 자기발전의 동기유발 등의 장점을 지닌다. 그러나 자기평정만으로는 객관성을 확보하기 어려운 난점이 있어 일반적으로 감독자평정과 병행해 자기평정의 결점을 보완한다. 우리나라에서는 평정대상 기간 동안 평정대상공무원이 행한 업무실적을 스스로 평가해 기재하게 함으로써 근무성적평정에 반영하고 있다.

⑧ 중요사건기록법

중요사건기록법이란 근무성적평정에서 피평정자의 근무실적에 큰 영향을 주는 주요 사건들을 평정자로 하여금 기술하게 하거나 또는 주요 사건들에 대한 설명구를 미리 만들고 평정자로 하여금 해당되는 사건에 표시하게 하는 평정방법을 말한다.

⑨ 행태기준평정척도법

행태기준평정척도법이란 근무성적평정에서 주요 과업 분야별로 바람직한 행태의 유형 및 등급을 구분 · 제시한 뒤 해당 사항에 표시하게 함으로써 평정하는 방법을 말한다. 이 방법은 주관적 판단을 배제하기 위해 직무분석에 기초해 직무(job)와 관련된 중요한 과업(task) 분야를 선정하고, 각 과업 분야에 대해 가장 이상적인 과업행태에서 가장 바람직하지 못한 행태까지를 몇 개의 등급으로 구분하고, 각 등급마다 중요 행태를 명확하게 기술한 뒤 점수를 할당하는 방법을 사용한다. 이때 평정척도는 직무수행 담당자와 계선상의 관리자가 공동으로 참여해 설계한다.

⑩ 행태관찰척도법

행태관찰척도법이란 조직구성원의 주요 행태별 척도를 제시한 뒤 해당 척도를 선택하게 하는 근무성적평정의 한 방법을 말한다. 행태기준평정척도법(BARS)과 마찬가지로 구체적인 행태의 사례를 기준으로 평정하나, 행태기준평정척도법의 단점인 바람직한 행동과 바람직하지 않은 행동 간의 상호 배타성을 극복하기 위해 행태별 척도를 제시한 점이 서로 다르다.

## 제 3 절 사기앙양

### 1. 공무원의 사기

#### 1) 사기의 의의

사기란 집단의 구성원이 만족감과 긍지를 가지고 결속해 공동목적을 달성하려는 자발적인 의욕을 말한다. 즉 사기란 조직구성원의 태도・감정・정서의 집합체로 집단의 융합적인 감정을 토대로 하여 의욕적이고 적극적인 행동을 자아내는 독특한 정신상태라고 할 수 있다. 일반적으로 조직구성원의 사기는 생산성과 상관관계가 높은 것으로 알려지고 있다.

#### 2) 사기의 효용

사기는 다음과 같은 측면에서 그 효용을 찾을 수 있다(이원희 외, 2006: 802).

첫째, 목표달성에의 기여이다. 사기가 높으면 조직활동과 담당직무에 대한 관심이 높아진다. 그리고 자기의 직무 및 역할을 헌신적으로 수행함으로써 목표달성에 기여한다.

둘째, 조직과의 일체감 형성이다. 사기가 높으면 소속한 조직에 대하여 긍지를 가지며, 조직과 지도자에 대하여 충성심을 가진다.

셋째, 조직의 쇄신이다. 사기는 창의성을 발휘하게 하며, 조직의 위기극복능력을 배양한다.

넷째, 생산성과의 관계이다. 일반적으로 사기와 생산성은 밀접한 관계가 있다고 생각하여 사기가 높으면 생산성도 높아진다고 인식되어 왔으나, 실제 연구결과는 사기는 생산성에 영향을 미치는 여러 복잡한 요인 중 하나이다.

### 3) 사기의 앙양방법

사기의 앙양은 다음과 같은 노력을 통해 가능해진다.

첫째, 공직에 대한 사회적 평가의 향상과 민주적 공직관의 확립이다.

둘째, 실적 중심의 공정한 인사관리와 승진제도의 운영이다.

셋째, 인간관계관리의 개선이다.

넷째, 합리적인 보수제도의 확립과 보수의 적정화이다.

다섯째, 직무확장과 직무충실화이다.

여섯째, 근무조건의 개선과 공무원단체의 활성화이다.

일곱째, 교육훈련의 적정화와 커뮤니케이션의 원활화이다.

## 2. 공무원의 보수

### 1) 보수의 의의

보수란 조직구성원에 대해 노무·사무처리 등의 대가로 지급하는 금전·유가물 등을 말한다. 이러한 보수에는 봉급과 기타 각종 수당이 합산된다. 그리고 공무원의 보수는 일반의 표준생계비·민간의 임금 기타 사정을 고려해 직무의 곤란성 및 책임의 정도에 상응하도록 등급별·계급별로 정한다.

### 2) 보수의 기본원칙

공무원의 보수는 다음과 같은 5가지 원칙을 가지고 있다.

첫째, 직무급의 원칙이다. 이는 직무가 갖는 책임성과 곤란성의 정도에 상응하도록 결정해야 한다는 원칙이다.

둘째, 보수법정의 원칙이다. 이는 공무원의 보수는 법령에 의하여야 한다는 원칙이다.

셋째, 비교·균형의 원칙이다. 이는 공무원의 보수가 대내적·대외적 균형의 원칙에 기반을 두어야 한다는 원칙이다.

넷째, 보수조정의 원칙이다. 이는 공무원의 보수가 균형을 이루고 공무원 생활환경의 변동에 적응하도록 합리적으로 조정되어야 한다는 원칙이다.

다섯째, 중복보수 금지의 원칙이다. 이는 두 개 이상의 직위를 겸임하는 경우 보수액이 높은 직위의 것만 지급하여야 한다는 원칙이다.

### 3) 우리나라 공무원의 봉급제도

우리나라 공무원의 보수체계는 크게 호봉제와 연봉제로 구분되며, 연봉제는 고정급적 연봉제,[6] 성과급적 연봉제,[7] 직무성과급적 연봉제[8]로 구분된다.

먼저 호봉제는 호봉에 따라 봉급(기본급)이 지급되는 제도로서, 공무원의 경우 매년 정기승급을 통하여 호봉이 올라가도록 되어 있는 연공급적 성격의 보수체계로 되어 있다. 호봉체계에 따른 봉급표는 12개의 직종별로 다르게 설정되어 있으며, 봉급 외에 약 49종의 수당 및 직급보조비·교통보조비 등 각종 복리후생비가 지급된다. 특히 공직사회의 경쟁력을 높이고 일하는 분위기를 조성하여 열심히 일하는 자를 우대하기 위한 취지에서 근무성적, 기타 업무실적 등에 따라 차등 지급되는 성과급(실적급)인 성과상여금을 지급하고 있다.

과거 연공급을 근간으로 한 보수제도는 보상의 공정성 측면보다는 균등성을 지향함으로써 개인의 능력과 실적, 공헌도 및 조직의 성과를 제대로 반영할 수 없으며 조직의 동기부여를 위한 인센티브 기능이 미흡하다는 단점이 있었다. 이에 공무원의 보수체계를 연공급 보수체계에서 능력(실적)주의 보수체계로 전환함으로써 공직사회의 경쟁력과 생산성을 제고하고, 창의적이고 열심히 일하는 공직분위기를 조성하며, 탄력적인 보수체계 전환으로 민간 부문의 우수전문 인력의 공직유치에 기여하고, 복잡한 보수체계의 단순화로 보수제도의 투명성을 확보하고자 하는 목적으로 1999년부터 연봉제를 도입하게 되었다.

---

6) 우리나라 공무원연봉제는 고정급적 연봉제, 성과급적 연봉제, 직무성과급적 연봉제로 나뉜다. 직위별로 연봉이 고정되는 고정급적 연봉제는 차관급 이상 정무직 공무원 등을 대상으로 한다. 정무직 공무원은 일반직 공무원과 달리 성과측정이 극히 어렵기 때문에 개별직위마다 고정된 연봉을 책정하고 있다. 고정급적 연봉대상자는 공무원보수규정에서 정한 연봉 외에 가족수당, 자녀학비보조수당, 직급보조비, 정액급식비, 봉급조정수당 등을 보수 관련 법령에 따라 지급받는다.

7) 성과급적 연봉제는 일반직, 별정직 등의 복수직 4급 과장급 이상 공무원과 계약직 공무원을 대상으로 하며, 호봉제를 폐지하는 대신 계급별 기본연봉과 업무실적에 따른 평가결과에 따라 차등 지급되는 성과연봉으로 구성된다. 연봉은 계급별로 설정된 연봉한계액 범위 내에서 정해진다. 연봉 외의 급여로는 가족수당, 시간외근무수당, 자녀학비보조수당, 연가보상비, 직급보조비, 정액급식비, 봉급조정수당, 특수근무수당, 특수지근무수당 등이 지급된다.

8) 직무성과급적 연봉제는 고위공무원단에 적용되며, 기본 골격은 성과급적 연봉제와 같다. 다만 기본연봉이 기준급과 직무급으로 구분되며 성과급 비중이 더 높다는 점에서 성과급적 연봉제와 다르다.

## 3. 공무원의 연금과 고충처리

### 1) 연금

연금이란 피용자(被傭者) 또는 국민이 소정의 기여금을 일정 기간 납부하고 퇴직하거나, 노령·장애 혹은 사망 등의 보험사고가 발생했을 때 일정 기간마다 계속해 지급받는 급여를 말한다. 이러한 공무원연금제도는 공무원의 퇴직 또는 사망과 공무로 인한 부상·질병·폐질에 대해 적절한 급여를 실시함으로써 공무원 및 그 유족의 생활안정과 복리향상을 목적으로 하는 공무원들에 대한 사회보장제도이다.

### 2) 고충처리

고충처리제도란 조직구성원의 개인적인 애로사항이나 근무조건·인사운영 등에 대한 불만을 처리·해결해주는 절차를 말한다. 고충처리제도는 인사상담·제안제도·소청제도 등과 같이 공무원의 권익을 보호하고 신분보장을 강화하기 위한 제도이다. 우리나라에서는 인사상담과 고충처리를 통합해 운영하고 있다. 우리나라 국가공무원법에서는 고충처리를 전담하게 하기 위해 중앙고충심사위원회를 중앙인사관장기관(소청심사위원회에 기능부여)에 설치해 5급 이상 공무원의 고충과 재심을 심사·처리하게 하고, 6급 이하 공무원과 기능직 공무원의 경우에는 임용권자나 임용제청권자를 단위로 보통고충심사위원회를 두어 심사·처리하게 한다.

# 제 4 절 공무원의 단체행동과 정치적 중립성

## 1. 공무원의 단체행동

### 1) 공무원단체의 의의

공무원단체란 공무원들이 자주적으로 단결하여 근로조건의 유지개선과 복지증진, 기타 경제적·사회적 지위의 향상을 목적으로 조직하는 공무원집단의 단체를 말한다. 좁은 의미의 공무원단체는 공무원노동조합(labor union)을 의미한다. 공무원단체에 대한 정책은 나라마다 다르다. 일부 국가는 공무원단체의 구성과 활동을 폭넓게 허용하는가 하면, 공무원단체의 조직 자체를 금지하는 나라도 있다. 대부분의 국가에서는 공무원단체에 단결권과 단체교섭권을 부여하고 있으나 단체행동권은 부여하지 않고 있다.

### 2) 공무원단체의 장점

공무원들의 근로조건을 위해 조직화된 공무원단체는 다음과 같은 장점을 지니고 있다.

첫째, 공무원의 의견반영이다. 즉 공무원은 공무원단체를 통하여 입법부와 관리층에 대하여 그들의 입장과 의견을 표시함으로써 압력단체의 역할을 담당하게 된다.

둘째, 일반 공무원의 실태파악이다. 즉 집단으로서의 일반 공무원의 진정한 의견을 파악하고자 하는 경우 관리층에 편의를 제공할 수 있다.

셋째, 사기의 앙양이다. 즉 공무원단체를 통해 공무원들은 귀속감·일체감을 느낄 수 있으므로 사기가 높아진다.

넷째, 관리층과 직원 간의 상호 이해 촉진이다. 공무원단체는 관리층과 직원 간의 의사소통의 통로역할을 할 수 있고 불평·고충의 해결수단이 된다. 또한 상호 이해의 증진을 통하여 관리층이 원하는 개혁도 용이하게 할 수 있다.

다섯째, 행정개선과 공직윤리의 확립이다. 공무원단체는 실적주의 강화, 행정관리의 개선과 공무원의 질적 향상, 행정윤리의 확립, 공무원의 부패방지, 행정과정의 민주화 등에 이바지할 수 있다.

### 3) 공무원단체의 단점

공무원단체의 지나친 강조는 다음과 같은 문제점을 초래하였다.

첫째, 공무원단체의 인정은 무책임한 행동을 초래할 수 있고 행정의 지속성과 안정성을 저해하는 등 국민의 다수이익에 부정적 영향을 미칠 수 있다.

둘째, 공익보다 특수이익·부분이익 내지 집단이익을 추구하여 일반 납세자에게 추가적 부담을 지울 뿐만 아니라 경제발전을 저해한다.

셋째, 능력·능률·적성을 기준으로 하는 실적주의 인사와 권익·신분보장만 강조하며 관리층의 인사권을 제약하게 된다.

넷째, 생산성보다 동일보수지급이나 업무처리수준의 최고·최적수준보다 최저수준에 집착하여 행정의 능률을 저하시킨다.

다섯째, 개인의 능력이나 실적, 능률급 보수보다는 경력이나 연공서열만 요구할 경우 실적주의를 저해할 수도 있다.

## 2. 공무원의 정치적 중립성

### 1) 공무원의 정치적 중립의 의의

공무원의 정치적 중립은 어느 정당이 집권하든 공무원은 성실하게 봉사해야 한다는 당파적 중립성을 의미한다. 즉 공무원이 부당하게 정파적 특수이익과 결탁해 공평성을 상실하거나 정쟁(政爭)에 개입하지 않는 비당파성(非黨派性)을 말한다. 공무원의 정치적 중립은 엽관주의의 폐해를 극복하기 위한 실적주의의 등장과 밀접한 관계를 지닌다. 즉 공무원 인사에 대한 정치적 간섭을 배제해 공무원의 신분을 보호함으로써 행정의 안정성과 전문성을 확보하려는 데 정치적 중립의 근본의의가 있다.

이러한 정치적 중립의 원칙은 원래 정치·행정이원론에서 비롯된 것이지만 정치와 행정의 상관관계가 밀접한 현대국가에 있어서 공무원이 정치 또는 정책으로부터 단절이나 행정에서 정치적 성격이나 고려를 일체 배제하자는 것은 아니다.

즉 정치적 고려를 하거나 정치성을 띠어도 특정 정당에 치우치지 않고 공평하기만 하면 된다는 적극적 개념이다.

### 2) 공무원의 정치적 중립의 필요성

공무원의 정치적 중립이 필요한 이유는 다음과 같다.

첫째, 공익의 증진이다. 즉 행정이 정치에 관여하는 것이 아니라 행정은 오로지 국민 전체에 대한 봉사 및 공익증진에 전념해야 한다.

둘째, 행정의 안정성 및 계속성이다. 즉 정권교체와 관계없이 신분보장으로 직무수행에 전념할 수 있어야 행정의 안정성 및 계속성이 유지된다.

셋째, 행정의 능률성 및 전문성이다. 즉 공무원의 정치적 중립을 통해 실적제에 의한 행정의 능률성 및 전문성을 확보하게 한다.

넷째, 공직부패의 방지이다. 즉 행정에 대한 정치적 영향의 배제로 공직부패를 방지한다.

다섯째, 국민의 신뢰확보이다. 공무원의 정치적 중립은 국민에게 충성을 바치는 관료제를 신임하게 한다.

### 3) 공무원의 정치적 중립의 한계

공무원의 정치적 중립은 다음과 같은 한계를 지니고 있다.

첫째, 평화적인 정권교체에 걸림돌이 될 수 있다. 즉 후진국의 경우 집권당이 정권연장의 수단으로 이용할 경우 정치적 중립 확보가 곤란해진다.

둘째, 정당정치 발달 저해이다. 실제로 정당정치하에서 정책결정자는 선거공약의 강력한 추진을 위하여 인재등용에 있어 어느 정도 엽관주의 인사가 필요하다.

셋째, 공무원의 기본권 제한이다. 즉 시민으로서 향유해야 할 정치적 자유권을 제한한다.

넷째, 대표관료제와의 상충이다. 즉 실적주의에 의한 정치적 중립적 충원방식은 관료를 특권 집단화함으로써 관료제의 대표성을 상실하게 한다.

끝으로 참여관료제의 발전 저해이다. 지나친 정치적 중립은 공무원이 정책결정에 참여하여 자기의사를 개진할 수 있는 참여관료제의 발전을 저해한다.

### 4) 각국의 공무원의 정치적 중립성

각국의 공무원의 정치적 중립성에 대하여 간략하게 비교하여 살펴보면 다음과 같다.

〈표 9-4〉 각국의 공무원의 정치적 중립성

| 구분 | 주요 내용 |
|---|---|
| 우리나라 | • 헌법 제7조: 공무원의 정치적 중립<br>• 국가공무원법(제65조): 공무원은 정당, 기타 정치단체의 결성에 관여하거나 이에 가입할 수 없고, 공무원은 선거에 있어서 특정 정당 또는 특정인의 지지나 반대를 하기 위한 행위를 금지하며, 다른 공무원에게 위의 금지사항에 위배되는 행위를 하도록 요구하거나 또는 정치적 행위의 보상 또는 보복으로 이익 또는 불이익을 약속할 수 없다고 규정하고 있다. |
| 미국 | • 정치적 중립이 엄격하다.<br>• Pendleton법(1883): 엽관주의의 폐단을 극복하기 위해 실적주의를 도입하였으며, 공무원의 정치적 중립을 최초로 규정하였다.<br>• Hatch법(1939): 공무원의 정치활동을 광범위하고 엄격하게 제한(선거자금 공여금지, 선거운동금지, 공무원 신분으로 입후보금지, 공무원단체의 정치활동금지)<br>• 1974년 연방선거운동법: 공무원의 정치적 중립이 상당히 완화되었다. |
| 영국 | • Masterman위원회(1948)의 권고에 기초하여 하급직은 정치활동의 자유를 인정하고, 중간직은 입후보만 금지하며, 상위직은 정치활동을 금지하고 있다.<br>• 정치활동의 제한은 Whitley협의회의 운영을 통해 직접적인 법적 규제 없이도 실현되고 있으며, 공무원의 높은 윤리의식이 작용하고 있다. |
| 독일<br>프랑스<br>이태리 | • 공무원이 국회의원에 입후보 가능하고 당선되면 공직을 사임해야 하지만 의원직을 사퇴하면 복직이 가능하다. |

## 연 습 문 제

1. 채용시험의 구성타당성(construct validity)에 관한 설명으로 옳은 것은?(2008 국가7급 출제)
   ① 채용시험이 특정한 직위의 직무수행에 필요한 능력요소를 어느 정도까지 측정할 수 있는가.
   ② 채용시험이 개인 간의 능력 차이를 어느 정도까지 식별할 수 있는가.
   ③ 채용시험이 이론적으로 추정된 능력요소를 얼마나 정확하게 측정할 수 있는가.
   ④ 채용시험이 장래의 직무수행에 필요한 능력요소를 어느 정도까지 측정할 수 있는가.
   **〈해설〉** ①은 내용타당도, ②는 난이도, ④는 기준타당도를 설명한다.

2. 공무원 교육훈련 방법에 대한 설명으로 옳지 않은 것은?(2009 국가7급 출제)
   ① 감수성훈련(sensitivity training)은 어떤 사건의 윤곽을 피교육자에게 알려주고 그 해결책을 찾게 하는 방법이다.
   ② 강의(lecture)는 교육내용을 다수의 피교육자에게 단시간에 전달하는데 효과적인 방법이다.
   ③ 시뮬레이션(simulation)은 업무수행 중 직면할 수 있는 어떤 상황을 가상적으로 만들어 놓고 피교육자가 그 상황에 대처해 보도록 하는 방법이다.
   ④ 역할연기(role playing)는 실제 직무상황과 같은 상황을 실연시킴으로써 문제를 빠르게 이해시키고 참여자들의 태도변화와 민감한 반응을 촉진시킨다.
   **〈해설〉** 어떤 사건의 윤곽을 피교육자에게 알려주고 그 해결책을 찾게 하는 방법은 사건처리연습(incident method)이며, 감수성훈련은 구성원의 태도를 변화시키기 위한 방법이다.

3. 다음 중 직위해제의 요건에 해당되는 것은?(2005 주택공사 출제)
   ① 재직 중에 임용결격사유가 발생한 자
   ② 전직시험에서 3회 이상 불합격하고 능력이 부족한 자
   ③ 직제개정 및 예산감소 등 폐직으로 인한 감원대상자
   ④ 중징계의결이 요구중인 자
   **〈해설〉** ②와 ③은 직권면직사유에 해당하며, ①은 당연퇴직사유에 해당한다.

---

[정답] 1. ③ 2. ① 3. ④

## 기출문제

〈2010년 행정고등고시 2차 시험〉

※ 조직 내에서 관리자가 부하직원에 대해 근무평정을 할 때 다양한 평정오류를 범할 수 있는데, 이러한 오류의 유형을 설명하고 이를 극복할 수 있는 방안에 대해 설명하시오.(25점)

〈2009년 행정고등고시 2차 시험〉

※ 오늘날 인사행정에서 강조되고 있는 '전략적 인적자원관리(Strategic Human Resource Management)'에 관한 다음 질문에 답하시오.(총 20점)

1) 현대 인사행정의 패러다임 변화에 근거한 '전략적 인적자원관리'의 의의와 특징을 설명하시오.(10점)

2) '전략적 인적자원관리'의 개념이 인사행정의 하위 활동과정(인적자원의 확보, 개발, 활용, 평가, 보상 등)에 적용된 대표적인 제도 또는 사례를 통해 '전략적 인적자원관리'의 적실성과 한계를 논하시오.(10점)

〈2008년 행정고등고시 2차 시험〉

※ 우리나라에서는 「공무원의 노동조합설립 및 운영 등에 관한 법률」이 2005년에 제정되었다. 공무원노동조합이 점차적으로 활성화되면 국민들의 관심이 더욱 커질 것으로 보인다. 다음의 물음에 답하시오.(총 30점)

1) 공무원노동조합의 개념과 기능을 설명하시오.(10점)

2) 공무원노동조합 활동을 제한할 수 있는 근거들을 제시하시오.(10점)

3) 공무원노동조합의 정치적 중립성에 대해 논하시오.(10점)

**〈2007년 행정고등고시 2차 시험〉**

※ 우리나라 순환보직제의 문제점과 개선방안을 제시하시오.(20점)

제10장

# 재 무 행 정

## 제 1 절 재무행정의 본질

### 1. 예산

#### 1) 예산의 의의

예산이란 국가 또는 지방자치단체의 1회계연도의 세입・세출에 관한 예정계획을 말한다. 이러한 예산은 넓은 뜻으로는 민간기업・공공단체 및 기타 조직체는 물론이고 개인의 수입・지출에 관한 계획서도 포함된다.

또한 재정용어로서의 예산을 간단히 정의하면 ① 일정 기간(회계연도)의 재정적 지출이 재정적 수입과 함께 일정한 체계하에 게기(揭記)되고 ② 그것에 대하여 국회가 심의・의결해야 하는 것 또는 심의・의결된 것이라는 2가지 요건을 구비한 일정한 문서라고 할 수 있다.

즉 ①은 근대 재정운영의 기술적 필요에서 나온 것이다. 재정을 가계나 사기업에 비교하면 모두 동일하게 화폐의 수입과 지출이라는 형태로 행해지지만, 재정은 그 규모가 대단히 크며 게다가 그 운영의 기준으로 되어 있는 것이 영리를 위한 것이 아니고 사회적 수요의 충족이라는 복잡한 측면을 가지고 있다. 더욱이 그 운영의 담당자는 운영결과에 대하여 직접적으로 이해관계를 갖지 않는 '관료'이다. 그러므로 현대 재정에 있어서 재정을 효과적・능률적으로 운영하려면 미리 일정한 체계하에 그 수지(收支)에 대한 계획서를 만들고, 그것을 기준으로 운영해 나가는 것이 필요하다.

②의 경우는 재정운영에 대한 민주주의적 요구 또는 재정법치주의를 반영한 것이다. 재정은 수입과 지출 그 자체가 국민경제나 국민생활에 여러 중요한 영향을 직접적으로 미치는 국가 활동이다. 현대 국가의 활동에는 어떠한 형태이든 화폐수지를 수반하기 때문에 재정은 국가 활동의 전제가 되며, 그 활동이 보장되는 하나의 특수한 국가 활동이다. 그래서 재정수지를 일정한 체계하에 표시한 계획서에는 국가와 국민경제 또는 국민생활 간의 화폐적 관계가 표시됨과 동시에, 다른 한편으로는 국가 활동의 전모가 투영(投影)되어 있는 것이다. 이러한 의미에서 오늘날 대부분의 국가에서는 재정에 관한 계획서를 심의·의결하는 것이 국회의 중요한 권한이며 임무로 되어 있다.

이와 같이 예산이란 재정에 관한 예정계획서임과 동시에 정부가 국회에 바라는 승인요구서이다. 국회의 의결을 거쳐서 성립된 예산은 영국이나 미국의 경우에는 법률이라는 형태를 취하며, 한국의 경우에는 법률과는 상이한 특수한 의결이라는 형태를 취하는데, 어느 것이나 정부를 구속하는 힘을 갖는 문서이다.

### 2) 예산의 기능

예산은 정치적 기능, 경제적 기능, 법적 기능, 행정적 기능을 가지고 있다. 이러한 예산의 기능을 구체적으로 살펴보면 다음과 같다(이원희 외, 2006: 849~850).

첫째, 정치적 기능이다. 예산은 다양한 이해관계의 조정과정에서 점증주의적 성격을 지닌다. 또한 정책을 실현하는 수단일 뿐만 아니라 정책을 보완하고 구체화하는 기능을 한다. 이러한 예산을 윌다브스키는 정치적 타협(정치과정)의 산물이라고 바라보았다.

둘째, 경제적 기능이다. 예산은 경제안정, 경제성장 촉진, 소득재분배, 자원배분 등의 경제적 기능을 수행한다. 이러한 예산의 경제적 기능을 머스그래이브는 경제안정, 경제성장 촉진, 소득재분배, 자원배분으로 구분하였다.

셋째, 법적 기능이다. 예산은 입법부가 행정부에 대하여 재정권을 부여하는 중요한 형식으로 세입 및 세출 모두 국회의 심의를 받는다.

넷째, 행정적 기능이다. 쉬크(Schick)는 행정적 기능으로서 예산의 통제·관리·계획의 기능을 제시하였다.

〈표 10-1〉 쉬크의 예산의 기능

| | |
|---|---|
| 통제 기능 | 재정민주주의(납세자 주권) 실현, 의회의 행정부 통제수단 국민의 지지 확보, 책임 확보) |
| 관리 기능 | 가용자원을 효율적으로 동원·관리(정책결정의 도구, 공공관계, 동기부여) |
| 계획 기능 | 정부의 재정계획(계획의 타당성과 효율성의 제고, 자원의 합리적 배분, 변화와 개혁의 촉진, 조정) |
| 기타 | 참여관리적 기능(MBO), 감축기능(ZBB) |

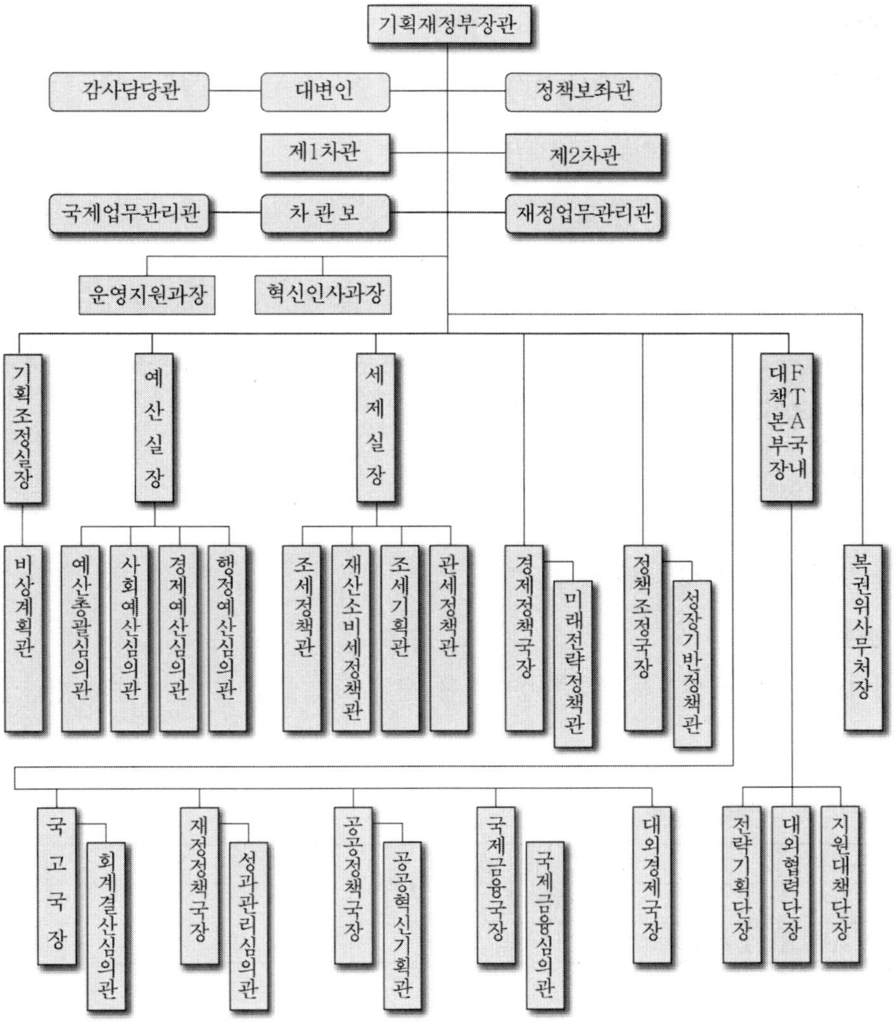


〈그림 10-1〉 기획재정부조직

### 3) 예산의 원칙

예산의 원칙은 예산을 운영할 때 지켜야 하는 기본적 규범이다. 이러한 예산의 원칙은 통제 지향적인 전통적 예산원칙과 관리 지향적인 현대적 예산원칙으로 나누어 설명할 수 있다.

#### (1) 전통적 예산원칙(통제 지향)

전통적 예산원칙은 다음과 같이 공개성, 명료성, 사전의결성, 엄밀성, 한정성, 통일성의 원칙을 강조한다.

① 공개성

공개성이란 예산과정은 국민에게 공개되어야 한다는 원칙이다. 다만 신임예산과 비밀예산의 경우 공개성이 예외가 된다.

② 명료성

명료성이란 수지추계가 명료해야 하며, 쉽게 이해되어야 한다는 원칙이다.

③ 사전의결

사전의결의 원칙은 국회의 사전의결 후 집행해야 한다는 원칙이다. 다만 준예산, 예비비, 전용, 이체, 사고이월의 경우는 예외이다.

④ 엄밀성

엄밀성은 정확성이라고도 불리며, 수지의 정확한 추계, 예산과 결산의 일치를 강조하는 원칙이다. 다만 적자예산의 경우는 예외이다.

⑤ 한정성

한정성이란 목적 · 금액 · 기간에 한정된다는 원칙으로 질적 한정성, 양적 한정성, 기간 한정성이 있다.

〈표 10-2〉 한정성의 종류

| | | |
|---|---|---|
| 질적 한정성 | 목적 외 사용 금지 | 예외) 이용 · 전용 |
| 양적 한정성 | 금액 초과사용 금지 | 예외) 예비비 |
| 기간 한정성 | 회계연도 독립 | 예외) 이월 · 계속비 |

⑥ 단일성

단일성이란 구조면에서 단일화된 예산을 말한다. 다만 특별회계예산, 기금, 추경예산의 경우 단일성이 예외가 된다.

⑦ 통일성

통일성은 특정 세입으로 특정 세출에 충당되어서는 안 된다는 원칙이다. 다만 특별회계예산, 기금, 목적세의 경우 통일성의 예외이다.

### (2) 현대적 예산원칙(관리중심)

현대적 예산의 원칙은 다음과 같다.

① 행정부사업계획의 원칙

행정부사업계획의 원칙은 행정부수반의 사업계획을 반영한다는 원칙이다.

② 행정부 책임의 원칙

행정부 책임원칙이란 정해진 범위 내에서 경제적으로 집행해야 하는 원칙이다.

③ 보고의 원칙

보고의 원칙이란 예산집행은 재정 및 업무보고에 기초를 두어야 한다는 원칙이다.

④ 다원적 절차의 원칙

다원적 절차의 원칙이란 행정기능에 따라 제도운영에 복수의 절차를 사용하여야 한다는 원칙이다.

⑤ 행정부재량의 원칙

행정부재량의 원칙이란 자유재량의 부여와 결과에 대한 책임을 지는 원칙이다.

⑥ 시기 탄력성의 원칙

시기 탄력성의 원칙이란 사업계획의 실시시기를 신축성 있게 조정할 수 있다는 원칙이다.

### 4) 예산의 종류

#### (1) 일반회계예산과 특별회계예산

예산의 종류는 사업의 성질에 따라 일반회계예산과 특별회계예산으로 구분할 수 있다.

① 일반회계예산

일반회계예산은 국가・지방자치단체의 고유기능을 수행하는 예산이다. 즉 특별회계와 대립되는 개념이다. 이러한 일반회계예산은 일반적 국가 활동에 관한 세입(歲入)・세출(歲出)을 포괄하는 정부회계의 기간(基幹)을 이룬다.

또한 일반회계예산은 원칙적으로 재정의 본원적 수입인 조세를 세입으로 하고, 주로 국가의 존립과 유지를 위한 기본적 경비를 세출로 한다. 19세기에 이르러서도 공공수지(公共收支)의 경리는 행정관청이나 특정 지역에 따라 각각 독립된 회계에 계상하였다. 그러나 중앙집권제가 확립되고 조세의 징수가 일반화됨에 따라 기금별 독립회계는 통합되어 예산 단일의 원칙이 확립되었다.

그러나 국가 활동의 범위가 확대되고, 특히 정부의 기업적 활동이 증대되자 국가의 모든 세입・세출을 단일회계에 계상하는 것은 재정수지를 복잡하게 할 뿐 아니라 특정한 사업이나 자금의 운용실적을 불명료하게 하므로 일반회계와 구별되는 많은 특별회계를 설정하고 있다. 그러나 일반적으로 재정예산이라 할 때는 일반회계예산을 말하는 경우가 많다.

한국에서는 일반회계예산과 일반재정부문 예산으로 구별하고 있는데, 일반재정부문 예산은 일반회계와 대충자금(對充資金)·경제개발·재정자금 운용의 3개 특별회계예산을 합한 것으로 조세를 주된 재원으로 하여 일반경비·국방비 및 재정투융자에 충당한다. 한 나라의 재정규모 및 재정정책을 분석할 때는 일반회계예산과 특별회계예산을 합하여 회계 간의 전출입이나 중복된 부분을 공제한 예산순계(純計)로 산출한다.

② 특별회계예산

특별회계예산이란 일반회계와는 별도의 세입세출예산을 경리하는 회계이다. 근대 예산제도는 예산통일성의 원칙을 바람직한 예산원칙으로 인정하고 있으나, 자본주의 경제가 고도화하고 국가기능이 복잡해짐에 따라 일반회계의 예산을 명백하게 하기 위해서도 특별한 사업이나 자금운용에 관한 특별회계의 설치가 필요하게 되었다.

즉 정부가 ① 특정 사업을 운영할 때, ② 특별자금을 보유·운용할 때, ③ 특정 세출을 특정 세입에 의해서만 충당할 때에 법률에 의해 일반회계에서 분리된 특별회계를 설치하여 독립계정으로 경리하는 경우가 늘어나고 있다.

한국의 경우 우편사업·우체국금융·양곡관리·조달의 기업특별회계, 재정자금운용·대충자금·국민생명보험·우편연금·공무원연금 등의 자금특별회계와 경제개발·원호사업·텔레비전 방송사업 등의 사업특별회계가 있다.

### (2) 본예산, 수정예산, 추가경정예산

예산은 성립시기에 따라 본예산, 수정예산, 추가경정예산으로 나눌 수 있다.

① 본예산

본예산이란 정기국회에서 의결·확정된 예산(당초 성립된 예산)을 말하며, 정부에서 편성한 예산안은 회계연도 개시 90일 전까지 국회에 제출되며, 국회는 회계연도개시 30일 전까지 이를 의결하여야 한다.

이러한 본예산은 당초예산이라고도 한다. 수정예산이나 추가경정예산에 대하여 처음 성립된 예산이며, 회계연도 개시 전에 정상적인 절차에 따라 확정된 기본이 되는 예산으로서 당해 연도의 전반적인 경비가 계상된다.

그리고 본예산 성립 후에 발생한 사유로 인하여 본예산의 내용 항목이나 금액을 변경한 추가경정예산과는 예산 성립의 절차상에서 볼 때 형식적인 구분으로, 추가경정예산이 공포되었을 때는 일반적으로 본예산과 합산하여 전체로 시행된다. 그 밖에 특별회계예산에 대한 총예산 또는 일반회계예산의 뜻으로 쓰이기도 한다.

우리나라 2013년 예산의 총지출은 당초 정부안인 342조5천억원보다 5천억원 감소한 342조원으로 확정됐다. 이는 4조9천100억원이 감액되는 대신 복지 및 사회간접자본(SOC) 예산 등을 중심으로 4조3천700억원이 증액된 데 따른 것이다. 2012년 예산 325조 4천억원보다는 5.1% 증액된 규모이다.

② 수정예산

수정예산이란 국회제출 후 성립 전 행정부에서 수정을 가한 예산을 말한다. 즉 예산안을 국회에 제출한 후 부득이한 사유로 내용의 일부를 수정하고자 할 때 국무회의의 심의를 거쳐 대통령의 승인을 얻어 제출하는 예산을 말한다.

③ 추경예산(추가경정예산)

추경예산이란 예산이 성립한 후에 생긴 부득이한 사유로 인하여 이미 성립된 예산에 변경을 가하는 예산이다. 이러한 추경예산은 구재정법(舊財政法)에서는 추가예산과 경정예산을 구별하고 있었으나(23조), 현행 헌법(56조) 및 국가재정법(89조)은 이를 포괄하여 추가경정예산으로 정하고 있다. 추가경정예산은 이미 성립된 예산의 변경을 가져온다는 점에서 국회에 제출된 예산(안)의 수정을 위한 수정예산(修正豫算)과 다르다.

또 종래의 추가예산은 편성 후에 생긴 불가피한 사유(예컨대 전쟁이나 대규모 자연재해가 발생한 경우, 경기침체·대량실업 등 대내외 여건에 중대한 변화가 발생하였거나 발생할 우려가 있는 경우, 법령에 따라 국가가 지급하여야 하는 지출이 발생하거나 증가하는 경우)에 기인한 데 반하여, 추가경정예산은 성립 후에 생긴 사유에 기인한다는 점에서 양자는 다르다. 추가경정예산은 단일예산의 원칙에 대한 예외이기도 하다.

아울러 예산 성립 후 생긴 사유로 추가 변경한 예산으로 1950년 7회, 1961년 4회 편성된 바 있으며, 1970년대 이후에는 매년 1회 또는 2회 편성되고 있다.

### (3) 기금

기금이란 예산원칙의 일반적인 제약으로부터 벗어나 좀 더 탄력적으로 운용할 수 있도록 특정 사업을 위해 보유 또는 운용하는 특정 자금을 말한다. 이러한 기금은 세입 및 세출예산에 의하지 아니하고 운용할 수 있다.

즉 기금은 통일성과 완전성(예산총계주의) 및 단일성에 대한 예외이다. 아울러 기금과 예산을 특징을 비교하면 다음과 같다(〈표 10-3〉 참조).

〈표 10-3〉 예산과 기금의 비교

| 예산 | 기금 |
|---|---|
| 일반보상원리, 강제적 징수 | 개별적 보상원리, 자발적 부담 |
| 예산총계, 회계연도 독립의 원칙 | 원칙의 예외적인 적용 인정 |
| 합법성에 대한 통제 | 합목적 차원에서 탄력성 보장 |

### (4) 통합예산

통합예산이란 국가의 살림을 한눈에 살펴볼 수 있도록 정부의 모든 수입과 지출을 통틀어 파악하는 회계방식이다. 한 나라의 예산은 보통 일반회계·특별회계·정부관리기금으로 구성되는데, 이를 따로 분리하지 않고 하나로 합쳐 파악하는 회계방식으로, 이를 통해 나타나는 수지를 통합재정수지라고 한다.

미국·영국·프랑스 등 경제협력개발기구(OECD) 국가들은 지방재정 역시 통합재정의 범위에 포함시키고 있는데, 한국의 경우에는 2000년 국제통화기금(IMF)의 재정투명성 진단보고서에서 지방정부의 통합재정 포함을 권고 받고 통합재정의 포괄범위를 지방재정에까지 확대해 2003년부터 공표하기로 하였다.

이에 따라 지방자치단체의 통합재정 분석기준 방안을 마련해 기초 작업을 벌이는 한편, 2002년 상반기까지 2001년 결산과 2002년 예산을 대상으로 248개 지방자치단체와 16개 지방교육청의 통합재정을 시범 작성하였다. 이 기준에 따르면 통합재정은 중앙정부의 일반회계와 특별회계 17개, 공공기금 34개, 기업특별회계 5개 등 기존 항목 외에 지방자치단체의 일반회계 248개와 특별회계 1,617개, 공기업특별회계 173개, 기금 1,942개, 지방교육청특별회계 16개 등이 작성 범위에 포함된다.

### (5) 잠정예산, 가예산, 준예산

회계연도 개시일까지 예산이 성립하지 못할 때 예산은 잠정예산, 가예산, 준예산이 활용된다. 이러한 잠정예산, 가예산, 준예산을 간략히 정리하면 다음과 같다(〈표 10-4〉 참조).

〈표 10-4〉 잠정예산, 가예산, 준예산

| 구분 | 사용기간의 제한 | 국회의결 | 우리나라의 적용 여부 | 채택국가 |
|---|---|---|---|---|
| 잠정예산 | 제한 없음 | 필요 | 없음 | 영국, 캐나다, 일본 |
| 가예산 | 1개월 | 필요 | 1948~1960년 | 프랑스 |
| 준예산 | 제한 없음 | 불필요 | 현재 채택하고 있지만 실제로 사용한 적 없음 | 독일 |

자료: 이원희 외, 2006: 867.

## 2. 예산결정이론

### 1) 총체주의

총체주의적 예산결정이란 합리적 선택모형에 입각한 예산상의 의사결정을 말한다. 즉 '과정' 측면에서 본다면 합리적·분석적 의사결정단계를 거쳐 결정하는 것을 말한다. 그리고 '결과' 측면에서 본다면 예산을 통해 달성하고자 하는 목표, 즉 사회후생이 극대화되도록 예산이 배분된 상태를 말한다.

따라서 총체주의적 예산결정에는 경제학의 한계효용, 기회비용, 최적화 개념 등이 사용된다.

이러한 총체주의적 예산결정은 예산결정과정을 합리화하여 예산상의 편익을 극대화하기 위한 결정방식으로서 규범적인 성격이 강하다(이원희 외, 2006: 891).

### 2) 점증주의

점증주의란 총체주의의 기본전제를 완화하여 상황의 불확실성과 인간능력의 부족을 전제로 한 결정모형[10]을 제시한다. 즉 의사결정자의 분석능력 및 시간이 부족하고 정보도 제약되어 있으며, 대안비교의 기준마저 불분명한 상태에서는 현존 정책에서 소폭적인 변화만을 대안으로 고려하여 정책을 결정할 수밖에 없다고 본다.

---

10) 점증모형: 정책결정은 기존 정책을 토대로 하여 그보다 약간 향상된 대안을 추구하는 점증적 방식으로 이루어진다는 정책결정의 이론 모형을 말한다. 즉 정책은 기존 정책·전년도 예산·전례·관례 등에 기초해 이를 부분적으로 수정하거나 결함을 교정하는 수준에서 결정된다는 것이다. 린드블롬(C. E. Lindblom)과 윌다브스키(A. Wildavsky)는 의사결정에서 선택되는 대안은 기존의 정책이나 결정을 점증적으로 수정한 것이며, 의사결정은 부분적·순차적으로 진행되고, 이 과정에서 목표와 수단은 상호 조절되며, 의사결정과정에서 대안분석의 범위는 크게 제약을 받는다는 관점에서 이 모형을 제시했다. 이러한 점증모형의 특징으로는 기존 정책의 점증적 수정, 목표와 수단의 상호 조절, 계속적 결정, 참여집단의 합의 중시 등을 들 수 있다.

이러한 점증주의는 과정 측면에서의 점증주의와 산출 측면에서의 점증주의로 나누어 살펴볼 수 있다.

먼저 과정 측면에서의 점증주의는 미시적 과정과 거시적 과정으로 구분된다. 미시적 과정은 연속적이고 제한된 비교분석으로 정책결정자는 모든 대안을 탐색하는 포괄적 검토 없이 제한된 수의 대안만을 비교하여 결정하는 방식을 취하며, 그럭저럭 헤쳐 나가는 것에 의해 한계적 변화만을 시도한다. 그리고 미시적 과정이 개인적 차원에서의 결정과정이라면 거시적 과정은 정책결정체제에서의 결정과정을 의미한다.

반면에 산출 측면에서의 점증주의는 점증성의 정도와 점증성의 대상에 따라 구분된다.

이상의 총체주의와 점증주의를 비교하면 다음과 같다(〈표 10-5〉 참조).

〈표 10-5〉 총체주의와 점증주의의 비교

| 구 분 | 특 성 | 제 도 |
|---|---|---|
| 총체주의: 합리적 성격 | 자원의 합리적 배분, 분석적 방법 → 예산의 규범적 성격<br>목표-수단의 분석과 분석모형 중시<br>하향적·거시적(단 ZBB는 상향적·미시적) | PPBS, ZBB |
| 점증주의: 정치적 성격 | 자원배분을 둘러싼 정치적 타협과정 → 예산의 현실적 성격<br>목표-수단의 분석 미실시(목표조정 가능)<br>상향적·미시적 예산결정현상을 설명 | LIBS, PBS |

# 제 2 절 예산과정

## 1. 예산편성

### 1) 예산편성의 의의

예산편성이란 정부의 사업과 계획에 사용될 재원을 추계하고 각종 사업을 지원할 지출규모를 확정하는 작업을 말한다. 예산편성작업은 일반적으로 행정부가 담당하고 있다.

이러한 제도를 행정부 제출 예산제도(executive budget system)라 한다. 행정업무와 구조가 단순한 시대에는 입법부 예산제도(legislative budget system)가 사용되기도 했다.

그리고 중앙정부의 예산편성은 대개 다음의 4단계로 이루어진다. 즉 기획재정부가 재정운영계획을 수립하고 중앙부처에 예산편성지침서를 시달하면, 각 중앙부처가 그들의 사업을 확정해서 예산요구서를 제출하게 되고, 다음으로 중앙예산기관이 각 부처의 예산요구서를 사정해 정부예산안을 확정, 의회에 제출하게 된다.

아울러 우리나라 예산편성은 예산단가의 비현실성, 요구액의 가공성, 전년도 답습주의, 통제 지향적이라는 문제점을 가지고 있어서 예산단가의 현실화, 사정기간의 적정화 및 분석기법이용, 계획 지향적 예산도입과 같은 예산편성의 개선이 시급하다.

### 2) 예산편성의 절차

예산편성의 절차는 다음과 같다(〈그림 10-2〉 참조).

첫째, 사업계획서 제출이다. 이 과정에서는 각 중앙관서의 장이 전년도 2월 말까지 신규사업과 주요 사업에 대한 사업계획서를 제출해야 한다.

둘째, 예산편성지침의 시달이다. 이 과정에서는 국무회의의 심의와 대통령의 승인을 얻은 예산안편성지침을 중앙관서의 장에게 시달한다.

셋째, 중앙관서의 예산요구서 작성 · 제출이다. 이 과정은 각 중앙관서의 장이 예산편성지침에 따라 예산요구서를 작성 및 제출하는 과정이다.

넷째, 예산의 사정(査定)이다. 이 과정은 각 중앙관서가 제출한 예산요구를 종합적으로 분석 · 검토 · 조정하는 과정이다.

끝으로 국무회의 심의와 대통령 승인 및 국회제출이다. 이 과정은 예산편성의 마지막 절차로 정부예산안의 최종안이 결정되면 국무회의의 심의를 거쳐 대통령의 승인을 받은 다음 국회에 제출하는 과정이다.

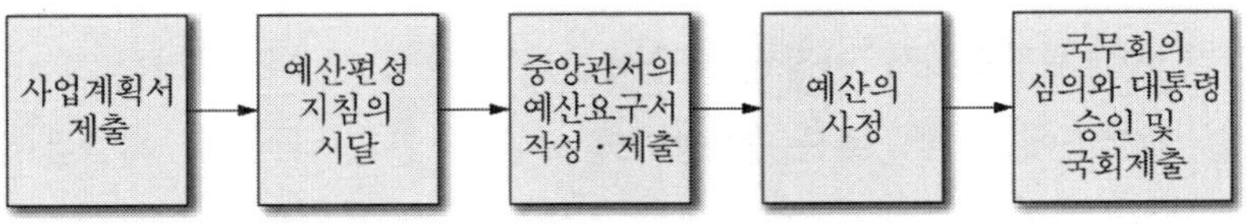


〈그림 10-2〉 예산편성의 절차

### 3) 예산편성의 형식

예산편성의 형식은 다음과 같다.

#### (1) 예산총칙

예산총칙이란 예산안편성의 한 부분으로 예산 전반에 대한 총체적인 규정으로서 국채발행 또는 차입금의 한도액 및 그 밖의 예산집행에 관하여 필요한 일반 사항의 규정을 포함한다. 이러한 예산총칙은 세입세출예산 · 명시이월비 · 계속비 등에 관한 총괄적 규정이다.

#### (2) 세입세출예산

세입세출예산에는 한 회계연도의 모든 수입과 지출 예정액이 구체적으로 표시된다. 따라서 국가의 주요 정책이나 사업계획 및 경비 소요내역 등이 모두 이 세입세출에 계리되고 운용된다.

#### (3) 계속비

계속비란 여러 해에 걸친 사업의 경비를 미리 일괄하여 국회의 의결을 얻고, 이를 변경할 경우 외에는 다시 의결을 얻을 필요가 없는 경비를 말한다.

원래 국가의 예산은 회계연도마다 새로 심의 결정하는 것이 원칙이나 계속비는 예외이다. 대규모의 토목공사와 같이 수년간 계속되는 사업 등은 일단 착수된 후에 중도에서 국회의 의결을 얻지 못함으로써 중단되는 일이 일어나지 않도록 하기 위하여 계속비라는 항목으로 총경비(總經費)와 각 연도마다 지출할 금액을 미리 정하여 국회의 의결을 얻어야 한다(헌법 55조 1항).

이러한 계속비의 연한은 5년 이내이다. 다만 필요하다고 인정할 때는 국회의 의결을 거쳐 다시 그 연한을 연장할 수 있다(국가재정법 23조). 계속비의 성질상 매년도의 지출잔액(당해 연도에 지출하지 못한 금액)은 예정연한이 끝날 때까지 순차로 이월(移越) 사용할 수 있다. 그 밖에 지방자치단체에서도 계속비의 제도가 인정되고 있다(지방자치법 119조).

#### (4) 명시이월비

명시이월비란 국가재정법에서 인정된 세출예산의 이월제도이다. 이러한 명시이월비에 관해 국가재정법 제24조에는 세출예산 중 경비의 성질상 연도 내에 그 지출을 끝내지 못할 것이 예측되는 때에는 특히 그 취지를 세입세출예산에 명시하여 미리 국회의 승인을 얻어 다음 연도에 이월하여 사용할 수 있다고 규정되어 있다.

즉 각 중앙관서의 장은 명시이월비에 대해서 예산집행상 부득이한 사유가 있는 때에는 사항마다 사유와 금액을 명백히 하여 국가재정부장관에게 승인을 받은 범위 안에서 다음 연도에 걸쳐서 지출하여야 할 지출원인행위를 할 수 있다. 이때 기획재정부장관이 이러한 지출원인행위를 승인한 때에는 감사원에 통지하여야 한다.

아울러 명시이월비는 동법 제48조에 규정된 매 회계연도의 세출예산은 다음 연도에 이월하여 사용할 수 없다는 회계연도 독립의 원칙에 대한 예외의 하나이다.

#### (5) 국고채무 부담행위

국고채무 부담행위란 예산 외에 국가의 부담이 될 계약을 체결하는 행위를 말한다. 이러한 국고채무 부담행위는 국가가 주 채무를 부담하는 계약뿐만 아니라 보증채무를 부담하는 계약까지도 포함된다.

즉 국고채무 부담행위는 다음 연도의 세출이 되는 채무부담계약을 국회에서 동의하는 것이므로 계속적인 사업 집행의 계속비와 동일한 효과가 있는 것이나 일정한 연할액(年割額)이 없는 점에서 계속비와는 다르고, 보다 탄력적 · 유동적인 운용을 할 수 있는 것이므로 공공사업 등에 활용된다.

## 2. 예산심의와 집행

### 1) 예산심의의 의의와 비교

예산심의란 의회가 행정부 사업계획의 효율성을 검토하고 예산을 확정하는 것으로 국민의 대표기관인 의회가 행정감독권을 행사하여 행정부가 수행할 사업계획의 효율성을 사전에 검토하여 예산을 확정하는 것이다.

이러한 예산심의는 사업계획의 결정, 자원의 합리적 배분 그리고 의회의 행정부감독과 통제기능을 가지고 있다.

아울러 예산의 심의는 시정연설과 예산안 제안 설명, 예비심사(각 상임위원회), 종합심사(예산 · 결산특별위원회), 본회의 의결의 과정으로 진행된다.

예산의 심의는 다음과 같이 각 변수마다 다르게 영향을 미친다.

#### (1) 대통령제와 내각책임제

예산의 심의는 대통령제에서는 권력 간의 견제와 균형을 강조하기 때문에 비교적 엄격하게 이루어진다. 하지만 내각책임제에서는 예산심의가 형식적으로 이루어지고 거의 심의 과정에서 수정되지 않는다.

#### (2) 단원제와 양원제

예산의 심의는 단원제와 양원제에서 다르게 나타난다. 즉 단원제인 영국과 일본의 경우 하원이 선결권을 가지지만, 양원제의 경우 권한이 동등하다.

## 2) 예산의 집행

### (1) 예산집행의 의의

예산집행이란 정부의 수입·지출을 실행하는 행위로 국고채무 부담행위의 실행이나 지출원인행위도 포함된다.

이러한 예산집행의 목적은 두 가지가 있는데 먼저 재정통제이다. 이는 입법부가 확정한 금액, 목적과 한도 내에서 집행한다. 다음으로 예산의 신축성 유지이다. 즉 예산의 신축성은 정세의 변동에 융통적으로 적응하는 것을 강조한다.

### (2) 예산배정

예산배정이란 예산이 성립되면 정부는 예산이 정한 바에 따라서 각 중앙관서의 장에 대해서 각각 집행되어야 할 세입·세출예산, 계속비와 국고채무 부담행위 등에 대하여 배분하는데 이것을 배정이라고 한다.

이러한 예산배정은 그 형태에 따라서 정기배정,[11] 긴급배정,[12] 조기배정,[13] 당겨배정[14]으로 나눌 수 있다.

### (3) 예산집행의 신축성 유지

예산의 집행은 오늘날의 정세변화에 적응하고, 경제안정화를 촉진시키며, 경비의 절약을 가져올 뿐 아니라, 효율적인 집행을 위한 재량권부여라는 측면에서 신축성을 강조한다.

이러한 예산집행의 신축성 유지를 위한 방법으로는 다음과 같은 것들이 있다.

① 예산의 긴급배정

예산의 긴급배정이란 회계연도 개시 전에 예산을 배정받는 것으로 외국에서 지급하는 경비, 선박의 운영·수리 등에 속하는 경비, 특수 활동비, 여비 등이 여기에 해당된다.

② 예산의 이용과 전용

예산의 이용은 입법과목 간의 융통을 의미하는 것으로 사업의 내용이나 규모를 변경시키기 때문에 미리 국회의 승인을 필요로 한다.

반면에 예산의 전용은 행정과목 간의 융통을 필요로 하지 않는다.

---

11) 분기별-연간배정계획에 의거하여 예산배정.
12) 회계연도 개시 전에 예산배정.
13) 정책상의 필요에 의해 1/4분기 또는 2/4분기에 집중배정.
14) 계획이나 여건변동에 의해 지출원인행위를 앞당겨야 할 필요가 있을 때 분기별 정기배정계획과 관계없이 앞당겨 배정하는 제도.

〈표 10-6〉 이용과 전용의 차이점

| 구분 | 특징 | 과목 |
|---|---|---|
| 이용 | 입법과목 간의 상호 융통(장, 관, 항), 국회의결 요함 | 장: 기본목표, 관: 기능,<br>항: 사업계획 |
| 전용 | 행정과목 간의 상호 융통(세항, 목), 기획재정부장관의 승인을 얻어 전용, 자체 전용 한도제 인정 | 세항: 단위사업, 목: 품목 |

③ 이체

이체란 정부조직 등에 관한 법령의 재정, 개정 또는 폐지로 인하여 그 담당업무의 내용에 변동이 생겼을 때 예산도 그에 따라 변경하는 것을 말한다(이원희 외, 2006: 920).

④ 이월

이월은 예산을 다음 연도로 넘겨서 사용하는 것으로 명시이월과 사고이월로 나누어 설명할 수 있다.

가. 명시이월

명시이월이란 세출예산 중 해당 연도 내에 지출을 집행하지 못할 것이 예측되는 항목에 대해 미리 국회의 승인을 얻어 다음 연도에 이월해 사용하는 것을 말한다. 회계연도 독립의 원칙에 반하는 것이지만 예산집행의 신축성을 유지하기 위한 방안으로 인정되고 있다.

이월의 범위는 의결된 바에 한정되어야 하며 이월된 명시이월비에 대해서는 재차 사고이월이 가능하다.

나. 사고이월

사고이월이란 명시이월에 대비되는 것으로 연도 내에 지출원인행위를 했으나 재해 또는 관급자재의 지급 부진 등의 사고로 공사 등이 연도 내에 완성되지 못해 지출할 수 없는 경우 등 불가피한 사유로 인해 연도 내에 지출을 하지 못한 경비를 다음 연도에 이월해 사용할 수 있는 제도를 말한다.

아울러 명시이월과 사고이월은 다른 개념이나 둘 다 회계연도 독립원칙의 예외라는 점에서는 동일하다.

⑤ 예비비

예비비는 예측할 수 없는 예산 외의 지출 또는 예산 초과지출에 충당할 목적으로 계상되는 예산을 말한다. 우리나라의 국가재정법은 예비비로서 상당하다고 인정되는 금액을 세입세출예산에 계상할 수 있다고 규정하고 있다.

이러한 예비비는 특정한 목적을 설정하지 않고 포괄적인 금액만 계상한 것이기 때문에 그 지출은 사후에 국회의 승인을 얻어야 한다. 그리고 예산의 사전의결원칙에 대한 예외이므로 중대하고도 거액인 비용은 예비비에서 지출할 수 없으며 추가경정예산을 편성, 충당해야 한다. 국회의 예산심의 때 삭감된 비용 항목에 대해서도 예비비를 사용해서는 아니 된다.

⑥ 계속비

계속비란 몇 년에 걸쳐 완성되는 사업의 경비에 대해 그 총액과 연부액(年賦額)을 미리 정해 국회의 의결을 받음으로써, 매 회계연도마다 그 예산에 대해 국회의 의결을 받지 않고 지출할 수 있는 경비를 말한다.

이러한 계속비의 사용 기간은 5년까지나 우리나라는 회계연도 독립의 원칙을 고수하고 있기 때문에 계속비의 경우에도 2차 연도부터 매년 새롭게 국회의 의결을 얻어야 지출할 수 있도록 하고 있다.

⑦ 국고채무 부담행위

국고채무 부담행위는 앞서 설명한 것처럼 국가재정이 예산확보 없이 미리 채무를 지는 행위를 말한다.

⑧ 수입대체경비

수입대체경비는 재정운용에서 지출이 직접 수입을 수반하는 경우 그 수입이 확보되는 범위 안에서 직접 지출할 수 있도록 규정된 경비를 말한다.

즉 국가가 특별한 역무를 제공하고 그 역무를 제공받은 자로부터 비용을 징수하는 경우의 해당 경비, 수입의 범위 안에서 관련 경비의 총액을 지출할 수 있는 경우의 해당 경비 중 각 중앙관서의 장이 그 수입이 확보되는 범위 안에서 직접 지출할 수 있도록 기획재정부장관이 정하는 경비 등을 말한다.

이러한 수입대체경비는 수입이 예산을 초과하거나 초과할 것으로 예상되는 경우에는 그 초과수입을 대통령령이 정하는 바에 의해 당해 초과수입과 직접 관련되는 경비 및 이에 수반되는 경비에 초과 지출할 수 있다.

### 3) 회계검사

#### (1) 회계검사의 의의

회계검사란 예산집행에서의 수지의 결말에 관한 사실을 확인하기 위해 회계의 기록과 장부 등을 체계적으로 검사하는 행위를 말한다.

즉 회계검사란 회계체제(accounting system)의 정확성을 검증하고, 나아가서 재고품과 보유 장비의 확인, 실무수행의 적법성 그리고 부정·낭비·잘못된 관리 및 사업의 효과성을 확인할 수 있는 통제체제를 운용하고 있는가의 여부를 검증하는 체계라고 할 수 있다.

우리나라의 경우 국가의 세입세출의 결산, 국가 및 법률에 정한 단체의 회계검사는 감사원이 담당하고 있다.

### (2) 회계검사의 방법

회계검사의 방법은 다음과 같이 시기, 검사범위, 방법, 장소에 따라 다양하게 구분될 수 있다. 이를 구체적으로 살펴보면 다음과 같다(이원희 외, 2006: 926~927).

#### ① 시기에 따른 회계검사방법

시기에 따라 회계검사는 사전검사, 사후검사로 나눌 수 있는데 우리나라는 사후검사를 원칙으로 하며, 미국은 사전검사와 사후검사를 병행으로 한다. 하지만 감사원이 사전검사를 실시할 경우 감독기관의 감독 소홀을 초래하게 된다는 비판이 있다.

#### ② 검사범위에 따른 회계검사방법

회계검사의 방법은 검사범위에 따라 정밀검사와 발췌검사로 나눌 수 있다. 먼저 정밀검사는 모든 수입과 지출을 상세히 검사한다. 반면에 발췌검사는 표본추출에 의해 선택적으로 검사한다.

#### ③ 방법에 따른 회계검사방법

회계검사는 방법에 따라 일반검사, 상업식 검사·종합식 검사로 구분할 수 있다. 먼저 일반검사는 전통적 합법성 위주의 회계검사이며, 상업식 검사는 재정기록의 정확성과 타당성을 확인하고 일정한 기간 중의 손익을 표시하는 대차대조표상의 숫자를 확인하는 것으로 주로 공기업에 적용된다. 끝으로 종합식 검사는 주로 각 기관이 합법적·능률적·효과적으로 그 자원을 활용하였는가를 검사하는 방식이다.

#### ④ 장소에 따른 회계검사방법

회계검사는 장소에 따라 서면검사, 실지검사, 대행검사로 구분할 수 있다. 먼저 서면검사(paper audit)란 각 기관에서 제출된 서류를 통하여 검사하는 것을 말한다. 다음으로 실지검사(field audit)는 감사원 직원을 현지에 파견하여 실지로 검사를 행하게 한다. 끝으로 대행검사는 비교적 경미한 사항에 관하여 당해 기관 또는 감독기관에 위임하여 검사를 실시한다.

# 제 3 절 예산제도

## 1. 품목별 예산제도

### 1) 품목별 예산제도의 의의

품목별 예산제도(line-item budgeting system: LIBS)란 예산제도에서 지출대상을 품목별로 분류해서 지출대상과 그 한계를 명확히 규정하는 통제 지향적 예산제도를 말한다.

즉 품목별 예산제도는 예산계정을 정부의 개별적인 조직 또는 기능이나 사업에 사용되는 구체적인 지출품목에 따라 분류하는 제도로, 예산에 대한 책임의 소재를 분명하게 하고, 예산집행 시의 유용이나 부정을 방지하기 위해 품목별로 예산액을 명시하고 그 집행을 결산으로 확인하는 제도다.

이러한 품목별 예산제도의 지출계정을 예를 들면 봉급, 물건비, 자본설비 등 지출의 대상(objects)에 따라 분류되며, 지출대상은 다시 품목으로 세분되는데 봉급을 예로 들면 월급, 임시월급, 초과수당 등으로 구분된다.

아울러 품목별 예산제도는 여러 선진국에서 가장 오래 사용되어 왔으며, 우리나라도 품목별 예산제도에 주로 의존하고 있다.

### 2) 품목별 예산제도의 장점

품목별 예산제도의 장점은 다음과 같이 설명할 수 있다(이원희 외, 2006: 994).

첫째, 예산의 통제가 용이하다. 품목별 예산제도는 공무원들의 재량을 줄이기 때문에 예산의 남용을 방지할 수 있다.

둘째, 의회의 권한 강화이다. 품목별 예산제도는 예산의 심의를 용이하게 함으로써 행정부에 대한 의회의 권한을 강화할 수 있다.

셋째, 서비스구매에 효과적이다. 품목별 예산제도는 세부적으로 분류되기 때문에 급여와 재화 및 서비스 구매에 효과적이다.

넷째, 책임의 명확화이다. 품목별 예산제도는 예산과 회계상의 계정을 연결시켜 주어 책임을 명확히 한다.

### 3) 품목별 예산제도의 단점

품목별 예산제도의 단점은 다음과 같이 설명할 수 있다(이원희 외, 2006: 994).

첫째, 투입과 산출의 연계가 없다. 왜냐하면 품목별 예산제도는 구입하는 물품이나 서비스를 표시하지만 왜 그것을 구입하는지를 알 수는 없기 때문이다.

둘째, 품목별 예산제도는 목표의식이 결여되고 장기적인 계획과 연계시킬 수 없다.

셋째, 지출대상 및 지출금액에 대한 한계가 명확하게 설정되어 있기 때문에 예산집행과정에서 신축성의 제약을 받는다.

## 2. 성과주의 예산

### 1) 성과주의 예산(실적예산)의 의의

성과주의 예산제도(performance budgeting system, merit based budget system)란 예산의 투입을 정부의 기능이나 사업 · 활동 · 성과 등과 연결시켜, 관리기능을 중시하는 예산제도를 말한다.

이러한 성과주의 예산제도는 투입 중심의 예산제도에 반대되는 개념이다. 성과주의 예산제도하에서 중앙관서는 예산요구 시에 성과목표와 목표달성 여부를 측정하기 위한 성과지표를 체계적으로 기술한 성과계획서를 작성해 기획재정부에 제출하고 결산 시점에 성과목표의 달성 여부를 기술한 성과보고서를 작성 · 제출해야 한다.

미국 예산국은 성과주의 예산제도를 "소요되는 자금의 목표와 이러한 목표를 달성하기 위해 제안된 사업의 비용, 그리고 각각의 사업하에서 수행된 작업과 성과측정을 위한 계량적 자료를 제시하는 것"으로 정의하고 있다.

이러한 성과주의 예산은 1949년의 제1차 후버위원회가 성과주의 예산제도의 개념과 기법을 일반화시킨 뒤, 1955년 제2차 후버위원회가 예산이 프로그램으로 구체화되어야 한다고 주장함으로써 성과주의 예산제도는 새로운 예산제도로 발전되었다.

### 2) 성과주의 예산의 장 · 단점

성과주의 예산의 장단점을 간략히 정리하면 다음과 같다(〈표 10-7〉 참조).

〈표 10-7〉 성과주의의 장·단점

| 장 점 | 단 점 |
|---|---|
| • 정부사업의 이해가 용이<br>• 계획수립, 예산심의 용이<br>• 예산집행의 신축성과 효율적인 관리수단<br>• 의사결정의 분권화<br>• 회계책임의 명확: 활동의 양과 단위당 비용이 명백히 제시 | • 업무측정단위 선정, 단위원가 계산 곤란: 합리적 사고, 회계제도의 발달이 필요하다.<br>• 회계책임: 현금지출의 주체와 회계책임이 불명확<br>• 입법부의 예산통제곤란<br>• 총괄계정에 부적합 |

### 3) 신성과주의 예산

신성과주의 예산은 최근 선진국의 예산개혁방향을 말한다. 기본방향이 산출이나 결과 중심의 예산이라는 점에서 '신성과주의 예산'이며, 성과관리를 예산뿐만 아니라 국정 전반에 연계하여 관리한다는 점에서 전통적인 성과주의와 구분할 수 있다. 특징으로는 다음과 같은 것들이 있다.

첫째, 부처별 예산의 총괄배정(하향적 예산)과 각 부처장관의 재량권 확대

둘째, 성과협약의 체결에 따른 관리자의 책임증대

셋째, 경영성과를 분명히 하기 위한 발생주의 회계방식 도입

넷째, 지출수요 중심의 지출통제예산 및 지출 대 예산제도의 활용

다섯째, 운영예산제도, 산출예산제도, 지출통제예산제도 등 성과나 결과 중심의 예산제도 운영

〈표 10-8〉 전통적 성과주의 예산제도와 최근 신성과주의 예산제도의 차이

| | 성과주의 | 신성과주의 |
|---|---|---|
| 시대자율과 책임성과 관리초점 범위 흐름 | • 1950년대 행정국가<br>• 자율보다는 통제와 감독을 기본으로 한 개혁<br>• 단순한 성과관리<br>• 원가계산 등 예산편성과정<br>• 예산과정에 국한<br>• 상향(분권) | • 1980년대 신행정국가(탈행정국가)<br>• 자율과 책임이 유기적으로 연계<br>• 성과를 높이기 위한 성과의 제고<br>• 실제 달성된 성과<br>• 국정 전반의 성과관리와 연계<br>• 집권과 분권의 조화 |

### 4) 신성과주의 예산의 종류

#### (1) 정치관리예산(BPM: Budgeting as Political Management)

기존예산제도(PPBS, MBO, ZBB 등)의 장점에다가 목표를 정해주고 정부지출을 줄이며 의회와의 정치적 교섭을 강화시키려는 정치적 의도의 예산이다.

#### (2) 총괄배정예산제도(Bulk Budgeting)·지출대예산제도(Expenditure Envelop Budget)

중앙예산기관이 포괄적인 용도에 따라 총괄적인 규모로 재원을 배분한 후, 각 부처로 하여금 분야별 재원범위 내에서 사업우선순위에 따라 예산을 편성하도록 하고 중앙예산기관이 이를 최종 조정하는 제도이다.

#### (3) 다년도예산제도(Multi-Year Budget)

전통적인 1년 단위의 단년도예산의 문제점을 극복하기 위하여 장기적인 안목에서 자유로이 정책을 결정한 후 이를 기초로 여러 해에 걸친 다년도예산을 편성할 수 있게 하는 제도이다.

#### (4) 지출통제예산제도(Expenditure Control Budget)

각 부처가 부서 내의 모든 지출항목을 없애 버리고 중앙예산기관이 예산의 총액만 정해주면 그 범위 내에서 구체적인 항목별 지출은 집행자의 재량에 맡기는 성과 지향적인 예산제도이다.

#### (5) 산출예산제도(Output Budgeting)

공공재 및 서비스를 생산하는 과정을 투입-산출-효과 단계로 구분할 경우 이 가운데에서 재화 및 서비스의 산출과 효과에 모든 초점을 맞추어 예산을 편성하는 제도이다.

## 3. 기획예산제도

### 1) 기획예산제도의 의의

기획예산제도(Planning Programming Budgeting System: PPBS)란 정부의 장기적인 기획수립(planning)과 단기적인 예산편성(budgeting)을 유기적으로 결합시킴으로써 자원배분에 관한 의사결정을 합리적으로 행하고자 하는 예산제도를 말한다.

기획예산제도의 구성요소는 첫째, 측정 가능한 서비스의 목표 둘째, 목표를 달성하는 대안적인 메커니즘 셋째, 대안에 대한 비용·편익분석 넷째, 다년도예산 등으로 이루어져 있다.

즉 예산제도는 기본계획을 수립하고 거기에 예산을 배정하기 전에 먼저 부처별로 기본목표를 정하고 그에 따라 중장기계획을 수립하도록 한다. 그다음 사업계획을 달성할 수 있는 가능한 대안을 찾아내고 이른바 과학적 분석기법들을 동원하여 최적의 대안을 선택하고 여기에 우선적으로 예산을 배정하는 방법이다.

### 2) 기획예산제도의 발달

최대의 찬사를 받았던 기획예산제도의 시작은 미국 케네디 행정부의 맥나마라(Robert McNamara)국방장관에 의해 1961년 국방부에 도입되었고, 1968년부터 연방예산에 제도화 되었다. 1970년에는 미국 연방정부 예산액의 95%가 이 방식에 의해서 편성되기도 하였다. 그러나 일선공무원들은 기획예산제도의 전반적인 프로그램 구조가 함축한 조직개편의 위협을 두려워하여 이 제도의 시행에 소극적이었으며, 여러 가지 요인에 의해 이 제도는 1970년대 초 쇠퇴하게 되었다. 그럼에도 불구하고 기획예산제도의 많은 요소들은 현재 광범위하게 사용되고 있다.

### 3) 기획예산제도의 효용과 한계

기획예산제도가 광범위하게 사용되는 이유와 특징은 다음과 같다.

첫째, 목표 지향적인 예산제도이다. 조직목표를 가능한 수치로 명확히 설정하고 대체적인 목표를 분석·비교함으로써 선택한 목표의 효과적 달성을 위한 활동을 산출로 표시한다.

둘째, 경제적 합리성을 추구한다. 체계분석기법을 통하여 정치적 합리성보다는 경제적 합리성을 추구한다.

셋째, 효과성을 추구한다. 효과성이란 달성하려는 목표를 어느 정도 성취하였는가를 의미한다. 기획예산에서는 목표달성을 위한 여러 대안을 비교·평가하여 효과성이 높은 대안을 선택한다.

넷째, 능률성을 추구한다. 일정한 자원을 투입하여 최대의 산출이나 일정한 산출을 내기 위하여 최소의 자원을 투입하는 것을 의미하는 능률성은 기획예산의 주요한 이론적 기초가 된다.

다섯째, 과학적 객관성을 지향한다. 체계분석, 비교·효과분석 등 과학적인 기법을 통하여 가능한 의사결정자의 주관적 편견을 배제하고, 논리적·객관적 판단을 내리는 데 도움을 준다.

여섯째, 장기적 시계를 가진다. 일정 기간의 산출과 소요되는 모든 비용을 예측하여 장기적 시계에서 프로그램을 선택하고 예산을 결정한다.

일곱째, 비교·조정을 특징으로 한다. 목표달성을 위한 각 대안들을 비교하고 대립을 조정하는 특징을 가진다.

반면에, 기획예산제도는 다음과 같은 문제점을 가지고 있다.

첫째, 각종 정책목표들은 상호 의존성을 가지고 있어 명확한 설정이 어려울 뿐만 아니라 경제적 효율만을 중시하여 목표를 설정하는 것도 비현실적인 경우가 허다하다. 또한 정책목표달성을 위한 대체 방안들의 선정도 그 범위와 기준을 설정하는 데 많은 시간과 경비가 든다.

둘째, 정부의 활동 중에는 경제성 분석을 위한 계량화 작업이 가능한 영역이 제한되어 있으며, 설령 계량화 작업이 가능할지라도 정확한 자료와 통계치를 얻는 데는 많은 어려움이 따른다.

셋째, 비용·편익분석의 주된 가치기준이 경제적 효율이기 때문에 합리적이기는 하지만 정치적·경제 외적 요인을 감안해야 하는 현실성이 결여되어 있다.

그러나 기획예산제도가 단명으로 끝난 주된 이유는 방대한 비용·편익분석을 수행할 유능한 전문분석가의 부족, 풍부한 자료의 부재, 예산 편성권한을 가지고 있는 미국 의회의 무관심 등 부수적인 요인이 있었기 때문이다.

기획예산제도의 효용과 한계를 간략하게 표로 구성하여 살펴보면 다음과 같다(〈표 10-9〉 참고).

〈표 10-9〉 기획예산제도의 효용과 한계

| 효용 | 한계 |
|---|---|
| • 의사결정의 일원화<br>• 자원배분의 합리화<br>• 장기사업계획에 대한 신뢰성<br>• 계획과 예산의 일치 | • 지나친 중앙집권화<br>• 목표 설정의 곤란<br>• 환산작업의 곤란(PPBS과목과 예산과목)<br>• 의회 지위 약화 |

## 4. 영기준예산제도

### 1) 영기준예산제도의 의의

영기준예산제도(zero base budgeting)란 기존사업과 새로운 사업을 구분하지 않고 매년 모든 사업의 타당성을 영기준에서 엄밀히 분석해 예산을 편성하는 제도를 말한다.

이러한 영기준예산 편성은 예산운영 단위의 선정(decision unit), 단위사업 분석표의 작성(decision package), 단위사업 분석표의 순위결정(ranking) 순으로 이루어진다. 이 제도는 자원의 능률적 배분과 예산절감을 가져올 수 있고, 의사결정과 계획기능의 개선에 이바지하며, 신속한 예산조정 등 변동대응성의 증진에 기여한다는 등의 장점을 지닌다. 그러나 사업의 빈번한 변경은 오히려 더 많은 비용을 초래할 수 있고, 경직성 경비가 많을 경우 효용이 떨어지며, 예산결정에 작용하는 정치적 요인 등을 간과한다는 비판을 받고 있다. 우리나라에서는 1983년부터 예산안 편성에 이 제도를 적용하고 있다.

### 2) 영기준예산제도의 효용과 한계

영기준예산제도의 효용과 한계를 표로 정리하면 다음과 같다(〈표 10-10〉 참조).

〈표 10-10〉 영기준예산제도의 효용과 한계

| 효용 | 한계 |
|---|---|
| • 재정운영과 자금배정의 탄력성<br>• 자원의 합리적 배분, 감축관리<br>• 관리자의 참여 확대<br>• 사업의 효율성 향상<br>• 높은 신축성: 어떤 예산제도와도 공존 가능함 | • 전면적 평가의 곤란(시간, 노력의 과중)<br>• 사업의 축소·폐지의 곤란<br>• 목표 설정 및 기획기능의 위축<br>• 소규모 조직의 희생<br>• 점증적 요소의 잔존 |

### 3) 영기준예산제도와 일몰법

일몰법이란 정부의 사업 또는 조직이 미리 정한 기간이 지나면 입법기관이 별도의 조치를 취하지 않는 한 자동적으로 폐지되도록 규정한 법을 말한다.

즉 일몰법은 기존사업과 지출을 재검토하여 불필요한 사업을 폐지하고 강력한 저항력을 지닌 행정조직들을 효과적으로 폐지하는 데 주목적이 있다.

이러한 일몰법은 영기준예산제도와 다음과 같은 차이점을 지니고 있다(〈표 10-11〉 참조).

〈표 10-11〉 영기준제도와 일몰법의 비교

| 구분 | 영기준예산제도 | 일몰법 |
|---|---|---|
| 대상 | 행정과정 | 입법과정 |
| 관리 | 하층구조에서 효율적 관리도구 | 최고관리층과 관련이 있는 관리도구 |
| 시야 | 매년 실시-단기적 | 주기적 검토-장기적 |
| 운영방식 | 상향적 | 하향적 |
| 참여 | 관리자와 참모 | 일반시민 |

출처: 이원희 외, 2006: 951.

### 4) 각 예산제도들의 비교

지금까지 설명한 예산제도들의 특징을 비교하면 다음과 같다(〈표 10-12〉 참조).

〈표 10-12〉 예산제도들의 특징 비교

| | 품목별예산제도 | 성과주의 예산제도 | 기획예산제도 | 영기준예산제도 |
|---|---|---|---|---|
| 중점 | 품목 | 기능 · 사업 · 활동 | 목표 · 정책 | 목표달성 |
| 기능 | 통제 | 관리 | 계획 | 우선순위 |
| 결정권 | 분권화 | 분권화 | 집권화(막료) | 분권화 |
| 책임소재 | 분산 | 분산 | 집중 | 분산 |
| 결정권 흐름 | 상향적 | 상향적 | 하향적 | 상향적 |
| 결정의 유형 | 점증모형 | 점증모형 | 합리모형 | 합리모형 |

# 제 4 절 조세제도

## 1. 조세의 기본원칙

흔히 세금이라 부르는 조세는 국가나 지방자치단체가 법령에 의하여 강제로 거두어들이는 경제적 부담이다. 국가나 지방자치단체가 활동하는 데 필요한 돈은 직접 사업을 해서 벌기도 하지만 대부분 조세로 충당하게 된다.

조세의 특징은 조세를 징수하는 과세권자가 우월적인 입장에서 납세자에게 아무런 반대급부 없이 일방적으로 징수할 수 있고 또 강제로 징수하여 이에 불응할 때는 처벌할 수도 있으며, 조세부과 처분에 불복하려면 일반행정심판절차가 아닌 국세기본법에 정해진 이의신청, 심사청구, 심판청구 등의 절차를 거쳐야 한다는 점이다.

조세의 징수 목적은 재정수입의 확보에 있으며, 현대 국가에서 조세수입이 충분하지 못한 경우에 국가재정의 부족분은 국공채 등 세외수입에 의하여 충당될 수밖에 없게 된다.

그리고 세법의 기본원칙은 이를 크게 나누어 납세부담의 승인이 법률유보사항임을 명확히 하는 조세법률주의의 원칙(憲法 59)과 세부담의 공평 배분이라는 이념의 표현을 구체화하는 조세평등주의의 원칙(경제적 관찰방법)으로 집약할 수 있다. 이 두 가지 원칙과 함께 납세자의 신뢰이익보호문제를 다루는 신의성실의 원칙(民法 2)도 세법을 해석 · 적용함에 있어서 지켜야 할 일반원칙이므로 이를 세법의 기본원칙에 포함시켜야 할 것이다. 조세는 다음과 같은 원칙에 따라 부과되고 운용되어야 한다(김문성, 2005: 249~250).

첫째, 조세부담의 공평성이다. 국민 전체에 조세의 부담이 공평하게 배분되어야 한다는 것으로 모든 납세자들이 세금을 공평하게 지불함으로써 소득재분배의 목적을 달성할 수 있다.

둘째, 경제적 효율성이다. 조세는 시장에서 이루어지는 자원의 배분에 대하여 그 간섭을 최소화하여야 한다. 납세자들의 경제행위에 조세가 영향을 끼쳐 자원배분에 왜곡현상을 야기하지 않도록 조세를 구성해야 한다.

셋째, 행정적 단순성이다. 조세가 복잡하면 납세자들이 이해하기 곤란할 뿐만 아니라 행정적으로 많은 어려움이 따르기 때문에 가능한 단순하고 간단한 조세구조를 유지함으로써 납세자들로 하여금 협력비용(compilation costs)을 줄이도록 하고, 조세행정을 수행함에 있어서도 최소비용이 소요되도록 해야 한다.

넷째, 경기변동에 대한 신축적 대응성이다. 조세는 대개 자동 안정화 기능을 가지고 있으며 적절한 유인 조치를 통해 경제성장에 기여한다. 따라서 조세가 경기변동에 신축적으로 대응할 수 있도록 구성된다면 경제정책의 수단으로서 매우 중요한 역할을 담당할 수 있다.

다섯째, 정치적 책임성이다. 납세자들로부터 불신감을 줄 수 있는 조세제도를 유지해서는 안 되며, 조세부담 및 부담에 따른 혜택은 명료하게 밝혀야 한다. 이를 위해서 조세제도 운용의 정치적 책임성이 필요하다.

#### 1) 조세법률주의

법률의 근거 없이 국가는 조세를 부과 징수할 수 없고 국민은 조세의 납부를 요구받지 아니하는 원칙이다. 과세권자(국가 · 지방자치단체)가 자의적으로 누구한테서나 마음대로 세금을 징수한다면 납세자는 안심하고 살 수가 없다. 생업에 종사하는 국민의 입장에서는 언제 어떻게 얼마만큼의 세금을 물게 되는지 예측할 수 있어야 안심하고 경제활동을 할 수 있다. 따라서 언제 어떻게 얼마만큼의 세금을 내야 하는지를 법률에 명확하게 규정함으로써 생업에 종사하는 국민이 안심하고 경제활동을 할 수 있도록 하는 것이다.

그러나 과세요건의 세부사항까지 모두 법률로 규정할 수 없으므로 기본적 과세요건 외의 세부사항은 하위법규인 대통령령(시행령)과 재정경제부령(시행규칙)에 위임되고 있다. 조세법률주의는 과세요건이 법정되어야 하고, 과세요건은 명확하여야 하며, 조세법령은 불소급의 원칙 등이 그 주요 내용이다.

#### (1) 조세공평주의(공평부담의 원칙)

국민은 각종 조세법률 관계에 있어서 평등하게 취급되어야 하고 조세부담은 국민의 담세력에 따라 공평하게 배분되어야 하는 원칙을 말한다. [헌법 제11조 1항]에 "모든 국민은 법 앞에 평등하고 누구든지 성별, 종교 또는 사회적 신분에 의하여 정치적, 경제적, 사회적, 문화적 생활의 모든 영역에 있어서 차별을 받지 아니한다."라고 되어 있다.

담세력이란 국민이 세금을 부담할 수 있는 경제적 능력을 말하며, 조세는 국민 각자의 담세력에 알맞도록 공평하게 부담시켜야 하는 것은 당연한 일이다. 조세가 국민의 담세력을 무시하고 불공평하거나 무리하게 부과될 때는 국민들이 저항감을 갖게 되는데 이를 조세저항이라고 한다. 따라서 공평부담의 원칙은 조세저항을 줄이기 위한 최선의 정책이라 하겠다.

#### (2) 수입확보의 원칙

세금 내기를 좋아하는 국민은 어느 나라에도 없다고 한다. 그러므로 국가나 지방자치단체에는 조세수입을 확보하기 위한 강력한 공권력이 인정되고 있다.

#### (3) 조세능률주의

조세는 수입의 확보가 제1의 목표이기 때문에 적은 경비로 신속하게 부과·징수하여야 한다. 자진신고납부제도·원천징수제도 등은 능률적으로 조세수입을 올리기 위한 방법이다.

#### (4) 실질과세의 원칙

과세의 대상이 되는 소득 수익 재산 행위 또는 거래의 귀속이 명의일 뿐이고 사실상 귀속되는 자가 따로 있는 때에는 사실상 귀속되는 자를 납세의무자로 하여 세법을 적용한다(국세기본법 제14조 제1항). 예컨대 남의 이름을 사용해서 소득을 올린 사람이 있다면 명의자가 아니라 실제로 소득을 올린 사람에게 세금이 부과되어야 한다는 원칙이다.

#### (5) 근거과세의 원칙

납세의무자가 세법에 의하여 장부를 비치 기장하고 있는 때에는 당해 국세의 과세표준의 조사와 결정은 그 비치 기장한 장부와 이에 관계되는 증빙자료에 의하여야 한다(국세기본법 제16조 제1항). 조세는 장부나 영수증 등의 증빙자료에 의하여 부과되어야 하고 아무런 근거 없이 부과되어서는 아니 된다는 원칙이다. 그러나 증빙자료가 없거나 납세자가 제출하는 증빙자료가 도저히 믿기 어려울 때는, 동업자 상황 등을 고려하여 추계 과세할 수 있다.

### 2) 신고와 납세

#### (1) 신고납부제도

납세자가 스스로 자기가 낼 세금을 신고하여 납부하는 것이 신고납부제도인데 가장 민주적이고 능률적인 제도이기는 하나 국민의 올바른 납세정신이 뒷받침되어야만 실효성이 있다. 현재 우리나라의 거의 모든 조세가 이 제도를 채용하고 있다.

#### (2) 부과과세제도

세무관청에서 납세액을 결정·부과하는 제도로서 상속세·증여세·부당이득세가 해당된다.

#### (3) 원천징수제도

봉급생활을 하는 근로소득자의 경우 봉급에 대한 세금은 기업이 급여에서 일부를 차감하여 일괄적으로 납부하게 되는데 이러한 제도를 원천징수제도라고 한다. 예금이나 사채이자도 이자를 지불하는 쪽에서 원천징수하도록 되어 있다.

### 3) 권리구제제도

#### (1) 행정심판 전치주의

조세부과 처분으로 인하여 위법 또는 부당하게 권리침해를 받았다고 주장하는 경우에는 행정소송을 제기하기 전에 반드시 심사청구 등 행정상의 불복청구절차를 거쳐야 한다.

#### (2) 행정상의 불복청구

위법한 조세부과 처분은 물론 부당한 조세부과 처분에 대해서도 할 수 있다. 불복청구에는 조세를 부과한 세무서장 또는 지방 국세청장에게 하는 이의신청과 국세청장에게 하는 심사청구가 있고, 국세심판소장에게 심판청구를 할 수 있다. 심사청구를 거치지 않고 심판청구를 할 수도 있다.

#### (3) 행정소송

행정소송은 위법한 조세부과 처분에 대하여서만 할 수 있고 사전에 전술한 심판청구나 심사청구를 거쳐야 한다.

## 2. 조세의 종류

경제구조가 비교적 단순하고 공공수요가 많지 않았던 시대에는 몇 가지의 세금만을 갖고서도 공공수입을 조달할 수가 있었다. 그러나 경제사회가 분화되고 공공경비가 팽창됨에 따라서 세금의 종류도 많아지고 또 그 구조도 복잡하게 되었다.

즉 어떠한 세금이라도 그 세금 하나만으로는 그 시대의 정치적·경제적 및 사회적 요구를 모두 만족시킬 수는 없는 것이다. 따라서 여러 가지의 세금을 그 성질과 경제적인 작용에 따라 유기적으로 결합하여 체계를 세우게 되는데 이것을 조세체계라고 한다.

우리나라의 조세체계도 경제 및 사회 여건의 변동에 맞추어 계속 정비 개선되어 왔으며, 현행 조세체계를 보면 과세권자가 중앙정부냐 지방정부냐에 따라 국세와 지방세로 대별하고 있다. 현행 우리나라 조세의 체계를 도표로 나타내면 〈그림 10-3〉과 같다.

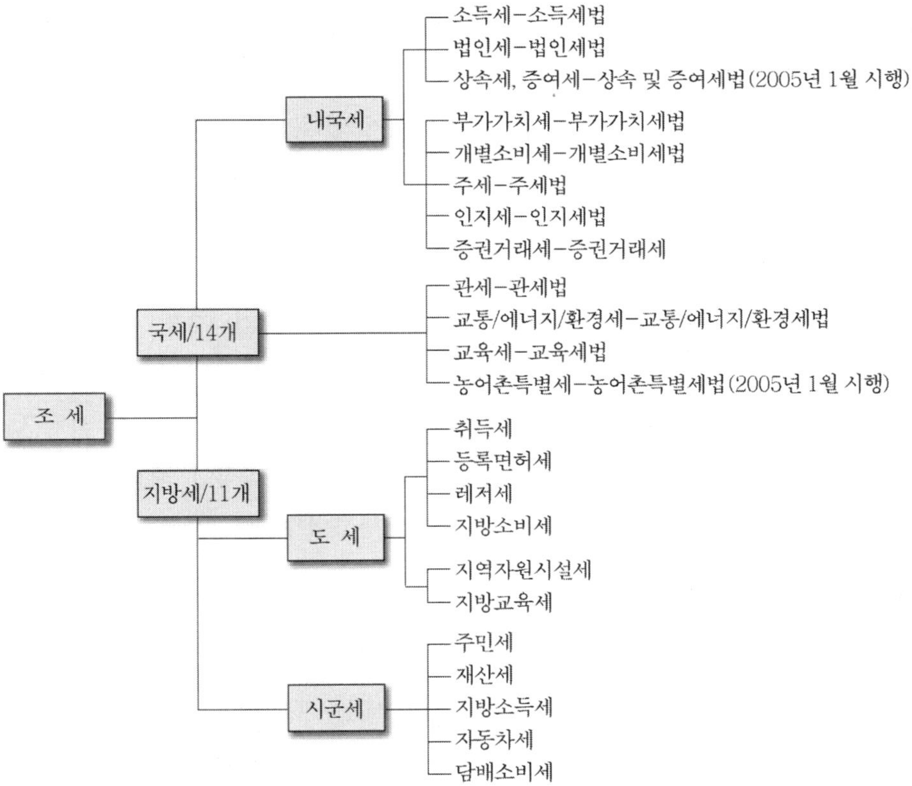


자료: 한국조세연구원, 2012. 4. 30.

〈그림 10－3〉 조세 체계도

### 1) 국세의 체계

국가가 과세권을 가지고 있는 조세로 중앙정부의 행정관서인 국세청(세무서)과 관세청(세관)에서 부과 징수하며, 국방·치안·교육 등과 같은 국민 전체의 이익을 위해 사용된다. 국세는 과세물건이 국경을 통과하는가의 여부에 따라 내국세와 관세로 구분하고, 내국세는 중앙정부의 일반적인 재정수요를 충당하기 위한 보통세와 특별한 목적의 용도에 충당하기 위해 징수되는 목적세로 나누어지며, 보통세는 다시 조세부담의 전가 여부에 따라 직접세와 간접세로 분류된다.

일반적으로 세금들은 대부분 보통세에 속하며, 목적세에는 교육시설 및 교원의 처우개선을 지원하는 데 필요한 재원을 확보할 목적으로 징수하는 교육세와 도로 및 지하철 등 사회간접자본의 건설을 위한 투자재원을 확보할 목적으로 징수하는 교통세 그리고 농어업의 경쟁력 강화와 농어촌 기반시설의 확충 및 농어촌지역 개발사업을 위하여 필요한 재원을 확보함을 목적으로 하는 농어촌특별세가 있다.

내국세 중 직접세에는 소득세·법인세·종합부동산세·상속세·증여세·부당이득세의 6가지가, 간접세에는 부가가치세·특별소비세·주세·인지세·증권거래세의 5개 세목이 있으며, 목적세에는 교육세와 교통세 및 농어촌특별세가 있다.

### 2) 지방세의 체계

지방자치단체가 과세권을 가지고 있는 조세로 특별시와 광역시 및 도와 시·군·구의 행정기관에서 부과·징수하며, 상·하수도 및 소방 등과 같은 지역주민의 이익과 지역발전을 위해 사용된다.

지방세는 지방자치단체의 종류에 따라 도세(특별시세와 광역시세 포함)와 시·군세(구세 포함)로 나누어진다. 이와 같은 지방세도 지방자치단체의 일반적인 재정수요를 충당하기 위한 보통세와 특별한 목적으로 징수되는 목적세로 나누어진다.

#### (1) 보통세: 조세수입의 용도를 정하지 않은 조세

① 취득세: 지방세 중에서 기본세로서 모든 지방세의 출발점으로서 유통세(거래세), 즉 재산유통과정(토지, 건물, 자동차 등)의 취득행위에 대한 과세이다.

② 등록세: 취득세와 같이 유통세의 일종이나 취득세와는 달리 사실상의 취득 여부와는 관계없이 공부상에 등기·등록하는 행위에 과세한다.

③ 면허세: 건축물 신·개축허가, 자동차등록면허, 사업자등록 등 각종 권리의 설정 또는

금지의 해제를 하는 행정처분과 신고의 수리, 등록, 지정, 검열, 검사 등 명칭의 여하를 불문하고 행정관청으로부터 받는 일정한 행정행위에 대해 과세하는 행위세이다.

④ 주민세: 지방자치단체가 필요로 하는 경비는 그 자치단체 주민이 부담함을 원칙으로 할 때, 지역에서 삶을 영위하고 있는 주민이 바로 그 자치단체의 회원이라고 할 수 있으며, 따라서 회원은 회비를 내야 하는 것이다.

⑤ 재산세: 재산의 소유 그리고 이로 인한 수익의 발생 가능성에 대해 과세한다.

⑥ 자동차세: 자동차세는 자동차 보유사실에 대한 재산세적 성격, 도로손상, 교통 혼잡, 소음, 대기오염 등에 대한 원인자(사용자) 부담금으로서의 목적세적 성격, 차체 감가 등의 감안 시 소비세적 성격을 함께 내포하고 있다.

⑦ 주행세: 자동차세 세율인하 및 중고차의 세액경감에 따른 지방재정손실금을 보전하기 위하여 국세인 교통세 일부를 재원으로 하여 2000년에 신설된 지방세로서 휘발유, 경유의 구입금액에 간접적으로 부과되는 소비세의 일종이다.

⑧ 농업소득세: 농작물 관련 소득에 대해 과세하는 것이므로 소득세적 성격을 갖고 있다.

⑨ 도축세: 가축을 소비할 목적으로 도살하는 행위에 대하여 과세하는 소비세이며 비과세 감면규정은 없다.

⑩ 레저세: 형식적으로는 경마・경륜・소싸움경기 투표권의 발매에 대하여 과세하는 수익세의 일종이지만 실질적으로는 배당금을 노리고 금전을 거는 사행행위에 대하여 과세하는 소비세 성격의 조세로 볼 수 있다.

⑪ 담배소비세: 담배의 소비행위에 대하여 과세하는 소비세이다.

#### (2) 목적세: 조세수입의 용도를 미리 정한 조세

① 도시계획세: 도시계획사업의 수혜자에게 응익과세 해서 도시계획사업비(도로개설 및 유지, 상・하수도, 공원 등)에 충당하는 목적세이다.

② 공동시설세: 소방시설, 오물처리시설, 수리시설 등 공공시설의 설치에 필요한 비용을 마련하기 위해 당해 공동시설의 수혜자에게 응익과세 해서 관련 시설비에 충당하는 목적세이다.

③ 사업소세: 환경개선 및 정비에 필요한 비용을 마련하기 위한 목적세이다.

④ 지역개발세: 지역의 균형개발 및 수질개선과 수자원 보호 등에 소요되는 재원을 마련하기 위한 목적세로서 지방도로확충, 상・하수도시설 개선 등에 사용된다.

⑤ 지방교육세: 지방교육의 질적 향상을 위해 지방교육재정의 확충에 필요한 재원을 확

보하기 위하여 1991년도부터 지방세에 부가하여 교육세(국세)로 과세하고 있던 것을 2001년부터 시·도세로 전환한 세목이다.

세법이 바뀌면서 변화된 것을 간략히 살펴보면 다음과 같다.

토지초과이득세는 1998.12.28 폐지, 자산재평가세는 2000.12.31 폐지, 전화세는 2001.9.1 폐지되었다.

2001. 1월부터 지방세분 교육세(국세)가 지방교육세(지방세)로 전환되었다.

2005.1.1 종합토지세 폐지, 2007.7.19 부당이득세 폐지되었다.

2010.1.1 농업소득세 폐지, 부가가치세의 일부를 지방세로 전환하여 지방소비세 신설, 소득할 주민세와 종업원할 사업소세를 통합하여 지방소득세 신설, 균등할 주민세와 재산할 사업소세를 통합하여 주민세로 개정되었다.

2011년 지방세법이 개정되면서 16개 세목이 11개 세목으로 변경되었다.

### 3) 지방세와 국세의 비교

지방세와 국세의 세수규모를 비교한 것이 〈표 10-13〉이다. 지방세의 비중이 1990년부터 높아져 20% 내외를 유지하고 있다. 국가재정에 있어서는 국세수입의 비중이 매우 높은 데 비하여 지방재정에 있어서는 지방세수입의 비중이 낮다.

〈표 10－13〉 국세와 지방세 구성비

| 국세 및 지방세 비중 | 단위 : 조원, % | | | | | | |
|---|---|---|---|---|---|---|---|
| | 2004 | 2005 | 2006 | 2007 | 2008 | 2009 | 2010 | 2011 |
| 조세 | 152 | 163.4 | 179.3 | 205 | 212.8 | 209.7 | 226.9 | 244.7 |
| (GDP대비,%) | 18.4 | 18.9 | 19.7 | 21 | 20.8 | 19.7 | 19.3 | 19.8 |
| 국세 | 117.8 | 127.5 | 138 | 161.5 | 167.3 | 164.5 | 177.7 | 192.4 |
| (국세 비중,%) | 77.5 | 78 | 77 | 78.8 | 78.6 | 78.5 | 78.3 | 78.6 |
| 지방세 | 34.2 | 36 | 41.3 | 43.5 | 45.5 | 45.2 | 49.2 | 52.3 |
| (지방세 비중,%) | 22.5 | 22 | 23 | 21.2 | 21.4 | 21.5 | 21.7 | 21.4 |

출처 : 국세청·관세청「징수보고서」, 행정안전부「지방세정연감」 2012.

### 4) 지방재정과 지방재정자립도

지방재정자립도란 지방정부가 재정활동에 필요한 자금을 어느 정도 조달하고 있는가를 나타내는 지표를 말한다. 이것은 지방정부의 일반회계세입에서 자체 수입, 즉 지방세와 세외수입이 차지하는 비율로 나타낸다. 이에 반해 재정자주도는 지방세 · 세외수입 등 자체수입과 지방교부세 · 재정보전금 · 조정교부금을 합한 자주재원으로 일반회계 지출을 감당하는 비율을 말한다.

한국의 나라살림은 국가재정과 244개 지방자치단체의 재정으로 구성된다. 국가재정은 하나인 데 반해 지방재정은 일반적으로 이들 244개 지방정부의 살림을 모두 더해서 이야기한다.

우리나라 지방자치단체의 재정자립도를 살펴보면 〈표 10-14〉와 같다. 특별시와 광역시를 제외한 기초지방자치단체는 30% 이내의 재정자립도를 가지고 있다. 그러기에 자치행정에 매우 어려움을 겪고 있음을 알 수 있다.

〈표 10-14〉 지방자치단체 재정자립도

| | 2004 | 2005 | 2006 | 2007 | 2008 | 2009 | 2010 | 2011 | 2012 |
|---|---|---|---|---|---|---|---|---|---|
| 전국평균(순계규모) | 57.2 | 56.2 | 54.4 | 53.6 | 53.9 | 53.6 | 52.2 | 51.9 | 52.3 |
| 특·광역시(총계규모) | 81.4 | 80.3 | 78.5 | 73.9 | 73.8 | 72.7 | 68.3 | 68.6 | 69.1 |
| 도(총계규모) | 41.3 | 36.6 | 36.1 | 34.9 | 39.5 | 33.3 | 31.6 | 33 | 34.8 |
| 시(총계규모) | 38.8 | 40.6 | 39.4 | 39.5 | 40.7 | 40.7 | 40 | 38 | 37.1 |
| 군(총계규모) | 16.6 | 16.5 | 16.1 | 16.6 | 17.2 | 17.8 | 18 | 17.1 | 16.4 |
| 자치구(총계규모) | 42.6 | 44.3 | 40.5 | 37.5 | 37.1 | 37.3 | 35.4 | 36.6 | 36.0 |

자료 : 행정안전부 「지방자치단체 예산개요」 2013.

지방자치 실시 이후 지방세 증가와 정부의 이전재원 증가로 지방재정의 규모는 꾸준하게 증가하고 있으며 2011년 예산기준 141조(전체예산대비 33.5%)로 총재정 사용액 기준으로 중앙과 지방의 상대적 비중은 2001년 51.6대 35.4에서 2007년 42.6대43.3으로 지방의 비중이 계속 증가하고 있으나 지방세의 상대적 비중은 2004년 22.5%에서 2011년 21.4%로 오히려 감소하고 있다.

현재 우리가 겪고 있는 경제위기는 추경과 같은 재정정책과 금융당국의 한시적 금융권 지원과 같은 금융정책 위주만으로는 해결할 수 없다. 한시적 재정 · 금융정책이란 긴급수혈과 같은 응급조치이며 무너져 가는 경제시스템을 복구시키는 근본 치유책이 될 수는 없다.

지방재정 부문에 있어서 주기적으로 반복되는 경제위기에 견고하게 지탱할 수 있도록 스스로 설 수 있는 자생력을 키워야 한다. 이를 위해서는 규모의 경제를 확보할 수 있는 지방행정구역 개편과 지방교부세 지원시스템을 현재의 모자라는 부분 메워주기 방식에서 기본적인 부족분을 깔아주고 추가적인 부분은 주민과 지역의 부담에 의해 조달하도록 하는 진정한 지방재정의 틀로 다시 세워야 할 것이다.

# 제5절 구매행정

## 1. 구매행정의 의의와 원칙

구매행정이란 행정업무수행에 필요한 소모품·비품·시설 등을 구입하는 행정을 말한다. 이러한 구매행정의 목표는 첫째, 필요할 때 물품을 이용 가능하게 해 주고 재고가 바닥나지 않게 한다. 둘째, 적정한 주문량을 통해 단위 비용의 최소화와 재고품의 최소화의 조화를 꾀한다. 셋째, 적시주문을 통해 적시조달이 이루어지도록 한다(이원희 외, 2006: 973).

국제투명성기구(Transparency International)[15]는 구매행정에 있어서 다음과 같은 다섯 가지 원칙을 제시하고 있다.

첫째, 조달의 경제성이다.

둘째, 계약자결정의 공정성이다.

셋째, 조달과정의 투명성이다.

넷째, 조달과정의 능률성이다.

다섯째, 조달행정의 책임성이다.

## 2. 구매의 방식

구매행정은 구매방식에 따라 집중구매와 분산구매로 구분할 수 있다(이원희 외, 2006: 974~975).

### (1) 집중구매

집중구매란 필요한 물품 및 서비스를 중앙조달기관에서 일괄적으로 조달하여 수요기관

15) 국제투명성 기구는 국가 활동의 책임성을 확장하고 국제적·국가적 부패의 극복을 목표로 하는 공익적인 국제비정부기구(NGO)이다. 1993년에 설립되었으며, 본부는 독일의 베를린에 있다. 이 기구의 가장 큰 사업은 각국의 공무원이나 정치인이 얼마나 부패를 조장하는지에 대한 인식을 나타내는 부패지수(CPI: Corruption Perceptions Index)의 산출이다. 부패지수는 부패 문제에 대한 관심을 불러일으키기 위해 괴팅겐대학교의 요한 람스도르프 교수와 국제투명성기구가 공동 개발하여 1995년부터 매년 발표하고 있다.

에 공급해 주는 제도이다. 이러한 집중구매의 장점과 단점을 구체적으로 살펴보면 다음과 같다.

① 집중구매의 장점

첫째, 비용절감이다. 집중구매는 규모 및 범위의 경제를 활용하여 국가 전체적 차원에서 조달소요비용을 절감할 수 있게 한다.

둘째, 업무의 전문화이다. 집중구매는 담당자가 구매업무에만 전념하게 되므로 구매에 있어 전문적인 지식을 습득하게 한다.

셋째, 신축성의 유지이다. 집중구매는 집중보관을 통해 긴급수요나 예상외의 수요에 대처할 수 있게 한다.

이 밖에도 집중구매는 경기조정과 물가안정 및 재화의 수급조절 등 정책적 도구로 활용이 가능하며, 다양한 수요기관의 업무감소로 인력낭비를 줄일 수 있다.

② 집중구매의 단점

첫째, 구매행정업무의 관료화로 신축성의 결여 및 형식주의를 초래한다.

둘째, 구매기간의 지연으로 적절한 조달시기를 놓칠 수 있다.

셋째, 표준화로 인하여 제품의 다양성과 질의 저하가 우려된다.

〈표 10-15〉 집중구매의 장·단점

| 장점 | 단점 |
|---|---|
| ① 재정상의 절약<br>② 구매업무의 전문화<br>③ 물품규격의 표준화 및 통제의 용이<br>④ 신축성 유지(긴급수요충족 · 부처)<br>⑤ 공급자의 편의 | ① 구매절차의 복잡<br>② 적기 · 적재공급의 곤란<br>③ 특수품목구입에 부적합<br>④ 대기업에 편중<br>⑤ 형식주의와 신축성 저해 |

### (2) 분산구매

분산구매란 수요기관이 직접 필요한 물품 및 서비스를 조달하는 제도이다. 이러한 분산구매의 장점과 단점을 살펴보면 다음과 같다.

① 분산구매의 장점

첫째, 지방중소기업의 육성과 지역경제의 활성화이다.

둘째, 구매행정 소요일수의 단축과 절차의 간소화를 통한 구매행정비용의 절감이다.

셋째, 수요기관의 실정에 맞는 구매행정업무의 운영이다.

② 분산구매의 단점

첫째, 규모 및 범위의 경제를 향유하기가 어려워 비용이 증가한다.

둘째, 지역업체의 과잉보호로 경쟁력 저하 및 예산낭비를 초래한다.

셋째, 시간 · 인력 · 경비의 중복투자로 낭비를 초래한다.

# 연 습 문 제

1. 우리나라 국가재정법 제16조에 규정된 예산운용의 기본원칙이 아닌 것은?(2009 국가8/9급 특채 출제)
   ① 정부는 예산과정의 투명성과 예산과정에의 국민참여를 제고하기위하여 노력하여야 함
   ② 정부는 예산이 여성과 남성에게 미치는 효과를 평가할 필요는 없다.
   ③ 정부는 재정건전성의 확보를 위하여 최선을 다하여야 한다.
   ④ 정부는 국민부담의 최소화를 위하여 최선을 다하여야 한다.

   **〈해설〉** 남녀평등의 원칙: 정부는 예산이 여성과 남성에게 미치는 효과를 평가하고 그 결과를 예산편성에 반영하기 위하여 노력해야 한다는 규정

2. 예산제도에 관한 설명으로 옳지 않은 것은?(2008 수탁9급 출제
   ① 영기준예산제도(ZBB)는 모든 지출제안서를 영점 기준에서 기준한다.
   ② 계획예산제도(PPBS)는 상향식 예산 접근으로 재정민주주의의 실현에 적합한 장점이 있다.
   ③ 품목별예산제도(LIBS)는 투입 중심의 예산편성으로 인해 사업성과에 대한 이해가 어렵다.
   ④ 성과주의예산제도는 정부사업과 활동에 대한 국민들의 이해를 증진시킬 수 있는 장점이 있다.

   **〈해설〉** 계획예산제도(PPBS)는 하향식 예산 접근으로 재정민주주의의 실현에 부적합한 단점이 있다. 전문막료 중심의 운영으로 최고관리층의 권한이 강화되어 하위공무원의 참여가 어렵다.

3. 다음 중 집중구매의 장점이 아닌 것은?(2004 농수산유통공사 출제)
   ① 구매의 표준화　　② 구매의 적시성 확보
   ③ 구매의 경제성 확보로 예산절약　　④ 구매업무의 통제용이

   **〈해설〉** 분산구매는 적기구매를 할 수 있는 장점이 있으나, 집중구매는 적기구매를 하기가 곤란하다는 단점이 있다.

---

[정답] 1. ② 2. ② 3. ②

## 기출문제

〈2010년 행정고등고시 2차 시험〉

※ 우리나라에서도 복식부기 발생주의 회계제도의 도입이 논의되어 왔다. 단식부기와 복식부기, 현금주의와 발생주의의 개념을 설명하고, 기존의 단식부기 현금주의 회계제도가 가지고 있는 문제점을 지적하면서 이러한 문제점을 극복하기 위한 대안으로 복식부기 발생주의 회계제도의 장점과 정착조건을 설명하시오.(25점)

〈2009년 행정고등고시 2차 시험〉

※ 통제지향적 품목별예산제도와 달리 관리지향적 성과주의예산제도는 정부의 기능별 회계와 실적(성과)을 강조한다. 성과주의예산제도는 책임행정의 구현, 예산의 신축적 운영 등 다양한 장점이 있으나 공공부문에 적용하는데 여전히 많은 문제점을 안고 있다. 성과주의예산제도를 간략히 기술하고, 우리나라에 도입하는 데 따른 한계를 중점적으로 설명하시오.(20점)

〈2009년 행정고등고시 2차 시험〉

※ 정부 예산의 기능이 변하면 이를 수행하는데 적합한 새로운 예산제도가 등장하였다. 예산의 기능과 예산제도의 변화와 관련하여 다음 질문에 답하시오.(총 30점)

1) 예산이 수행하는 통제, 관리, 계획, 감축 기능 등을 중심으로 정부예산제도의 발전과정을 설명하시오.(10점)

2) 각 예산제도를 통해 특정의 예산기능이 어떻게 수행되고 있는가를 예산편성방식을 중심으로 설명하시오.(20점)

〈2007년 행정고등고시 2차 시험〉

※ 예산단일의 원칙에도 불구하고 우리나라에서는 일반회계뿐만 아니라 특별회계와 기금제도 등을 채택하고 있다. 일반회계, 특별회계 및 기금의 개념과 필요성을 각각 설명하고, 이들을 예산운영의 효율성과 투명성 및 규모의 적정성을 기준으로 비교・평가하시오.(30점)

〈2006년 행정고등고시 2차 시험〉

※ 예산집행에 있어서 신축성 확보가 중요한 이유와 신축성 확보를 위한 제도적 장치에 대해 설명하시오.(20점)

제 11 장

# 지방자치의 본질과 역사

## 제 1 절 지방자치의 본질

### 1. 지방자치의 의의

#### 1) 지방자치의 정의

지방자치의 개념은 '지방(地方)'과 '자치(自治)'라는 두 가지 성분의 결합방식에 따라 다양하게 정의할 수 있다. 이에 학자들은 다양하게 정의하고 있다. 노융희(1987: 13)는 지방자치의 사상적 지주로 지방분권과 민주주의를 들고 있는데, 이는 '자치'라는 성분을 강조하여 지방자치를 이해하고 있다. 김안제(1995: 64)는 지방자치의 성립요건으로 구역, 주민 및 자치권을 들고 있는데, 이 중에서 구역과 주민은 '지방'의 성분으로 자치권은 '자치'의 성분으로 분류할 수 있다.

결국 지방자치(地方自治)의 개념은 '지방(地方)'과 '자치(自治)'라는 두 단어가 결합한 것이다. 즉 지방에서 이루어지는 자치를 말한다. 여기서 지방(地方)이란 국가의 한 부분으로서 지역을 의미하는 것이고, 자치(自治)란 자기 일을 스스로 다스림을 말한다. 좀 더 구체적으로 정리해 보면 다음과 같다.

지방자치란 "지방공공단체를 구성하는 일정 지역의 주민이 스스로 또는 대표자를 통해 지역 내의 사무를 처리하여 궁극적으로 주민의 복리를 실현하는 것"이라고 할 수 있다.

〈표 11-1〉 지방자치의 개념

| 지방자치란? |
|---|
| Who - '지방공공단체를 구성하는 일정 지역의 주민이' |
| How - '스스로 또는 대표자를 통해' |
| What - '지역 내의 사무를 처리하여' |
| Why - '궁극적으로 주민의 복리를 실현하는 것' |

### 2) 지방행정의 정의

지방행정은 중앙행정기관에 의하여 수행되는 중앙행정에 대응하는 개념이다. 즉 지방행정기관에 의하여 수행되는 행정을 말한다.

지방행정이 자치행정이라고 할 때에는 이와 대립되는 지방관치행정과 함께 동시에 검토해야 한다. 지방관치행정(地方官治行政)과 지방자치행정(地方自治行政)은 주체, 특성, 권한, 통제, 사무처리라는 측면에서 근본적으로 상이한 차이점을 지니고 있다. 즉 지방관치행정은 그 주체가 국가 또는 중앙정부로서 중앙의 의사에 의해 운영되며 법인격을 부여받지 못한 타율적 행정인 데 반해, 지방자치행정은 지역주민 또는 지역주민의 대표자에 의해 구성되는 자치단체가 법인격을 갖고 자율적 행정을 도모하는 것이라 할 수 있다.

〈표 11-2〉 지방관치행정과 지방자치행정의 차이점

| | 지방관치행정(地方官治行政) | 지방자치행정(地方自治行政) |
|---|---|---|
| 주체 | 국가의 기관 또는 공무원 | 지역주민, 주민대표자와 지방공무원 |
| 특성 | 관료적·타율적 행정 | 자주적·자율적 행정 |
| 권한 | 독자적 과세권이나 소송의 능력 또는 기관의 자기 조직권 부재 | 행정상·재정상 독립성을 인정받은 법인격이 있는 조직체 |
| 통제 | 국가의 의사에 의한 행정운영 | 지역주민의 의사에 의한 행정운영 |
| 사무처리 | 지역주민의 참여와 통제 배제 | 지역주민의 참여와 통제 전제 |

지방에서 처리되어야 할 공적사무를 처리하는 방식은 국가나 시대적 상황과 환경에 따라 다양하다. 집권적 전통이 강한 나라는 중앙정부의 일선기관에 의해 처리해야 하는 사무가 많고, 분권적 전통이 강한 나라는 지방자치단체가 처리해야 하는 사무가 훨씬 많기 때문이다.

그러므로 지방의 공적사무를 지방자치나 지방관치의 어느 한 가지 방식에 의해서만 처리하는 경우는 없고 두 가지 방식이 모두 이용된다. 실제로 전국적으로 통일이 필요한 사무와 지방의 자주적 판단에 의해 처리하는 것이 필요한 사무가 공존하고 있다.

## 2. 지방자치의 목적

지방자치는 "지방공공단체를 구성하는 일정 지역의 주민이 스스로 또는 대표자를 통해 지역 내의 사무를 처리하여 궁극적으로 주민의 복리를 실현하는 것"이라고 앞서 논한 바 있다. 이러한 지방자치의 목적에는 학자들마다 다양한 입장을 표명하고 있다.

토크빌(A. de Tocqueville)은 "지방자치는 자유를 국민의 손에 맡기는 것에 있다. 국민은 다양한 정치제도가 없어도 자유로운 정치를 할 수 있다. 그러나 지방자치제도가 없이 국민의 자유로운 정신을 소유하기 어렵다. 지방자치제도는 국민에게 자유를 평화적으로 행사하는 흥미를 갖도록 하는 것이고 자유의 활동을 습득하게 한다."고 하여 지방자치의 목적을 민주주의 근본이념인 '자유 실현'으로 바라보았다.

조창현(2000: 321~322)은 지방자치를 "국민의 기본적인 생계를 보장하고 생활의 질적 향상을 도모함으로써 모든 국민이 인간다운 삶을 누릴 수 있도록 하는 것"으로 규정하여 궁극적으로 지방자치의 목적을 지역주민의 복리증진으로 바라보았다.

최창호(2006: 58~62)는 지방자치의 효용을 정치・행정적인 것과 경제・사회적인 것으로 크게 구분하고, 정치적 측면에서는 민주주의 이념 실현, 민주주의 훈련장, 전제정치의 방파제, 정국마비의 방지를, 행정적인 측면에서는 지역실정 적응행정, 정책의 지역적 실험, 분업을 통한 효율행정, 지역 안의 종합행정을 들었다. 그리고 경제적 측면으로는 자원배분의 효율성, 후생의 극대화, 소비자선호성의 구현, 지역 특수산업의 발전을, 사회적 측면으로는 경쟁성과 창의성의 제고, 주체의식・책임의식의 함양, 다원적 사회의 형성, 인구의 균등분산을 들고 있다(소진광, 2008).

종합하면 지방자치의 목적은 주민복지증진 혹은 삶의 질 향상이라고 할 수 있다. 다만 이와 같은 주민복지증진과 삶의 질 향상은 추상적인 개념으로 그 지표화가 어렵기 때문에 목표달성 정도를 가늠할 수 없어서 행정서비스의 수급불균형과 낭비가 은폐되기 쉽다. 그러므로 구체적이고 실천적인 목표 선정을 통해 정책수단 및 결과의 투명성을 향상시키고, 나아가 지방자치활성화 및 지방자치발전을 이끌어 가야 할 것이다.

## 3. 자치권의 근거

지방정부는 지방자치단체, 주민, 자치권으로 구성되기 때문에 지방자치의 핵심이 되는 자치권을 어떻게 이해하느냐에 따라서 지방자치에 대한 이해도 달라질 수 있다. 자치단체의 권능, 즉 자치권은 개인이 천부인권적 기본권에 해당하는 자치단체의 고유권인가 또는 국가로부터 수여된 전래권인가에 대하여 학설의 대립이 있다. 그리고 제도적 보장설적 입장과 기능적, 자치행정관념적 입장도 있다.

사전적 의미로의 자치권은 지방자치단체가 그 구역 안에서 가지는 공적지배권 또는 넓은 의미로 공공단체의 자주적 사무처리기능을 말한다. 즉 자치권이란 국가로부터 독립한 법인격을 가진 지방자치단체가 그 소관업무를 자신의 창의와 책임하에 자율적으로 처리할 수 있는 권한을 말한다. 이러한 자치권에는 자치입법권, 자치행정권, 자치재정권, 자치사법권 등이 해당된다. 다만 이와 같은 자치권한의 범위 및 행사의 정도는 국가 간 또는 시대적으로 차이가 있다. 이러한 차이점이 발생하는 근거를 고유권설 · 전래설 · 제도적 보장설로 나누어 살펴볼 수 있다.

### 1) 고유권설

고유권설은 지방자치단체의 고유한 인격과 고유한 지배권을 주장한다. 즉 국가와 관계없이 인간이 태어나면서부터 천부의 인권을 갖는 것처럼 지방자치단체도 고유한 권리를 갖는다는 주장이다. 따라서 지방자치단체는 독자적인 고유의 정치적 지배권을 갖고서 국가, 기타 모든 외부적 권력으로부터 독립하여 활동한다는 것이다. 다시 말해서 국가권력은 지방자치단체의 정치적 지배권을 승인할 뿐, 자치권을 제한하거나 외부로부터 창조하거나 부여받을 수 없다는 것이 핵심이다.

다만 고유권설은 지방자치단체의 자치권을 자연권적 고유권으로 이해하는 입장이지만, 실질적으로 고유권이 무엇인가에 대한 불충분한 논증과 자치권을 헌법에 명시된 개인의 기본권과 동일시 여긴다 하더라도, 자치권을 지방자치단체의 고유의 기본권이라고 확대 해석하는 것은 무리라는 비판도 제기되고 있다.

### 2) 전래설

전래설은 고유권설을 배척하고 이를 비판하는 데서 그 시작이 되는데, 지방자치가 민족적 통일국가의 성립을 그 전제로 하는 까닭에 국가가 자치단체에 일정한 지방사무를 이양하여 지방주민 스스로 처리하도록 허용할 때 비로소 가능했던 것이라는 주장이다. 따라서 자치권은 고유한 권리, 즉 천부적 권리가 아니라 통치구조의 일환으로 형성된 국법으로 부여된 권리를 말한다.

법인격으로서의 지방자치단체는 법의 규정으로 존재의 의미를 부여받게 되는데, 법은 국가의 법인 헌법 또는 지방자치법 이외에는 존재할 수 없다. 따라서 법인격으로서의 지방자치단체는 국가가 창조한 것이고 공법인격의 내용인 정치적 지배권, 기타 정치적 능력의 행사는 국법이 규정하는 바에 의하며, 이런 의미에서 자치권은 국가로부터 부여받은 것이고 지방자치단체에 고유한 것은 아니라고 주장한다.

### 3) 제도적 보장설

제도적 보장설은 헌법에 지방자치 규정이 있으므로 지방자치가 제도적으로 보장된다는 주장이다. 즉 지방자치의 조직과 운영에 대한 기본원칙을 헌법에 보장함으로써 법률로는 절대로 파괴할 수 없다는 것이다. 이러한 제도적 보장설은 독일의 바이마르 헌법을 논거로 하고 있으며 슈미트(C. Schmidt)에 의하여 확립되었고 오늘날 많은 학자들이 이를 따르고 있다. 우리나라에서도 제도적 장치로서 지방자치제도는 헌법상 자유민주주의 원리(대한민국 헌법 제8장 제117조, 제118조), 권력분립의 원리, 보완의 원리 및 기본권의 보장을 내용으로 하고 있다(김성호, 1994).

그러나 제도적 보장설은 지방자치권의 보장이라는 소극적 기능을 갖지만, 입법에 대한 승인을 인정하게 되므로 시대에 따라 변천하는 지방자치제도의 탄력성과 발전이라는 적극적 기능을 해친다는 비판을 받고 있다.

## 4. 지방자치의 이념

### 1) 지방자치와 민주성

지방자치와 민주주의의 상호 관계성에 대한 상이한 두 개의 관점의 검토를 통해 지방자치의 본질을 이해하는 데 한 걸음 더 다가갈 수 있다. 이 상이한 두 가지 주장 중 하나는 지방자치와 민주주의가 상호 밀접한 불가분의 관계라고 주장하는 상관성 긍정론이고, 다른 하나는 지방자치와 민주주의가 관계가 없거나 멀다고 주장하는 상관성 부정론이다.

#### (1) 상관성 긍정론

상관성 긍정론은 지방자치와 민주주의를 상호 필연적이며, 상호 보완적인 불가결 관계로 보는 주장이다. 즉 지방자치는 민주주의의 필수 불가결의 요인으로 작용하며 민주주의를 부단히 육성하고 발전시키는 통치방식이라는 것이다(최봉기, 2006: 15).

#### (2) 상관성 부정론

상관성 부정론은 지방자치와 민주주의는 필연적인 관계가 아니며, 상호 보완적인 불가결한 관계가 아니라는 주장이다. 즉 지방자치는 민주주의와 필연성이 있는 것이 아니라 유럽대륙(대륙계)에서의 역사적 우연으로 보는 것이다.

### 2) 지방자치의 장단점

풀뿌리민주주의라고 표현되는 지방자치는 도입과 실시에 있어서 동전의 양면처럼 장점과 단점을 지니게 되는데 그 특징은 다음과 같다.

#### (1) 지방자치의 장점

첫째, 권력의 집중을 방지할 수 있다. 권력의 집중은 남용될 가능성이 많은데, 지방자치의 실시는 분권을 통해서 집권화된 권력의 횡포를 방지할 수 있다.

둘째, 정치교육을 할 수 있다. 지방자치는 지방의원이나 단체장의 선출, 조례 제정, 개정 및 폐지의 청구, 주민투표 등과 같이 주민이 정치에 참여하는 기회를 제공한다. 정치 참여의 기회는 주민들로 하여금 지역의 공적 문제에 대한 관심을 제고시키고 이것들에 대해 생각하고 토론하게 만드는 계기가 된다. 이러한 정치교육을 통해 민주주의는 발전하게 된다.

셋째, 정치인의 교육과 훈련이 가능하다. 정치인은 지방자치를 통해 정치에 대한 교육과 훈련의 기회를 갖게 되고, 지방에서 쌓은 경험과 기술은 중앙정치에 진출할 수 있는 역량이 된다. 또한 유권자의 입장에서는 정치인의 능력과 자질을 검증할 수 있는 기회가 된다.

넷째, 민주적 사회로 발전할 수 있다. 지방자치가 실시되면 각종 선거와 투표 등으로 정치 참여의 기회가 확대되어 사회적인 불만과 요구를 반영시킬 기회가 많아진다. 따라서 지방자치는 급진적인 정치적 변화를 피하고 사회를 점진적이고 민주적으로 변화·발전시키는 데 꼭 필요한 제도이다.

#### (2) 지방자치제도의 단점

첫째, 지역이기주의를 심화시킬 우려가 있다. 지방자치는 일정 지역을 기반으로 행정이 이루어지기 때문에 편협한 지방적 이해관계를 강화하게 되어 쓰레기 소각장·장애인 시설·노숙자 시설·화장터·교도소와 같이 많은 주민들이 혐오하는 특정한 시설의 설립을 반대하는 NIMBY현상이나, 학교·은행·공원 등의 특정 시설의 설립만을 선호하는 PIMFY현상과 같은 집단이기주의 내지 지역이기주의를 증가하게 할 수 있다.

둘째, 지역갈등을 심화시킬 수 있다. 지방자치를 통해 지역주민들은 자기 지역의 문제에 대한 관심과 협력으로 문제를 해결하다 보면, 지역 간의 선의의 경쟁이 자칫 지역 간 감정 대립으로 비화될 수 있다. 또한 지역 간의 견해 차이에 따른 대립이 지방자치를 통해 더욱 악화될 우려가 있다.

셋째, 소수 엘리트에 의한 독선이 나타날 수 있다. 이상적인 지방자치를 위해서는 주민들의 적극적인 참여와 협력이 필요한데, 자칫 주민의 참여와 협력이 저조하면 지역의 소수 엘리트에 의한 지역의 문제 결정 및 처리와 같은 독선이 나타날 수 있다.

넷째, 폐쇄적 지방주의가 나타날 수 있다. 지방자치의 중요한 이념인 자율성과 주체성을 지나치게 강조하여 지역적 특수성만 강조하게 되면 우물 안의 개구리가 될 수 있다는 것이다. 즉 지나친 지방주의는 무한경쟁시대의 오늘날 지역의 역량을 떨어뜨리고, 지역발전을 방해할 뿐만 아니라 나아가 지방자치의 발전을 저해하게 된다.

〈표 11-3〉 지방자치와 민주성

| 비교 | 장점 | 단점 |
|---|---|---|
| 특성 | 1. 권력 집중 방지<br>2. 정치교육<br>3. 정치인의 교육과 훈련<br>4. 민주적 사회 발전 | 1. 지역이기주의<br>2. 지역갈등<br>3. 소수 엘리트의 독선<br>4. 폐쇄적 지방주의 |

### 3) 지방자치와 효율성

지방자치의 궁극적 목적은 주민의 복리실현이라 할 수 있기 때문에 민간 부문에서 제기되는 효율성의 개념과는 상이하다. 이는 민간 부문에서는 사적 이윤 증대가 그 목적이지만, 지방정부는 사적 이윤 증대보다는 공익을 추구하며 공익을 위해 정책을 결정하고 집행한다.

이렇게 지방정부와 민간 부문의 운영원리가 근본적으로 상이함에도 불구하고 민간 부문에서와 같은 효율성의 개념이 중요한 것은 지방정부에 있어서도 인사행정, 조직행정, 재무행정 등의 분야에서 효율적인 관리과정이 빠뜨릴 수 없는 중요한 기본적 기능이기 때문이다.

#### (1) 맞춤형 행정서비스

지방자치는 다양한 지역적 특성과 주민들의 요구에 적절하게 부응할 수 있는 행정을 가능하게 한다. 다시 말해 지역사회의 생태적·문화적 차이에 따라 발생하는 지역의 특수성·다원성의 이해를 통해 중앙정부가 지방행정수요를 일일이 파악하고 처리할 수 없는 한계를 극복하고, 나아가 맞춤형 행정서비스를 가능하게 한다.

#### (2) 신속한 지역문제 처리

지방자치는 기존의 중앙집권적 통제관리에서 벗어나 주민의 행정수요에 민감·신속하게 반응할 수 있다. 또한 중앙과 지방의 상호 협력적인 분업체계를 통한 기능적 분화로 중앙정부는 국가 전체에 이해관계를 가진 행정에 전념할 수 있고, 지방정부는 지역문제에 전념함으로써 신속한 처리를 할 수 있게 된다. 이는 궁극적으로 국가 전체적인 행정의 효율을 증진시킨다.

#### (3) 지방공무원의 발전

지방자치는 지방공무원들의 사기를 증진시키고 그들의 능력을 발전시킨다. 지방자치를 통한 지방의회의 구성과 의원들의 행정사무에 대한 조사 및 감사활동과 지역주민들의 통제 및 감독을 통해 지방공무원들은 자기 업무에 대한 전문가적 자질함양을 자극·촉진시키게 된다. 또한 지방분권에 따른 지방공무원들의 재량권 증대는 지방공무원들의 역량과 책임을 향상시켜 궁극적으로 지방공무원들을 발전시키게 된다.

#### (4) 예산절감과 효용극대화

지방자치는 지역주민이 직·간접적으로 예산의 편성 및 지출 과정을 가까이에서 감시 및 통제하기 때문에 예산의 낭비를 줄일 수 있다. 또한 주민들은 자신의 세금이 낭비 또는 오용되는 것을 원치 않기 때문에 신중한 예산의 결정 및 집행을 원하게 되고, 궁극적으로 예산의 절감과 효용의 극대화를 얻을 수 있다.

#### (5) 지역행정서비스의 향상

지방자치는 지역주민이 공공서비스를 구매하는 고객이며 소비자이다. 따라서 공공서비스의 만족은 지방자치단체장이나 지방의원을 선택할 때 가장 중요한 기준이 된다. 즉 지방자치단체장이나 지방의원은 고객인 지역주민에게 품질 좋은 행정서비스를 제공하기 위해 경쟁하게 되고 나아가 지역행정서비스의 향상을 이끌어낸다.

### 4) 지방자치의 비효율성

#### (1) 비효율 행정

지방자치는 중앙정부와 지방정부 또는 광역정부와 기초정부 간의 기능배분이 분명하지 못하면 중앙정부와 지방정부 간 또는 광역정부와 기초정부 간에 중복행정 내지 이중행정이 되어서 자원을 낭비 또는 오용할 우려가 있다. 그리고 행정수준이나 기술수준에 있어서 각종 자원의 부족, 권력의 한계 등의 이유로 지방정부가 중앙정부보다 불가피하게 열등할 수밖에 없다.

#### (2) 국가행정의 통일성 및 효율성 저해

중앙정부의 권한이 지방에 분산함으로 나타난 행정의 중복·혼란현상은 효과적이고 일관된 정책집행을 어렵게 하고, 전국적 규모의 각종 개발계획 또는 경제사회적 발전을 위한 정책 및 법률 등의 국가행정의 통일성 및 효율성을 저해한다.

#### (3) 무기력한 지방행정

전통적인 지방행정은 투입요소와 행정절차에 있어서 명령과 통제를 중심으로 행정을 수행해 왔다. 즉 지방정부는 목표에 의한 행정이 아닌 규칙과 예산에 의한 운영을 하게 된다. 물론 규칙과 예산은 행정의 오용, 남용 등의 부정적인 측면을 방지할 수 있지만, 창의적이고 생산적인 좋은 행정의 결과를 방해하거나 지방정부를 무기력하게 만들 수 있다.

#### (4) 지역 간 불균등

지방자치는 지역의 행정을 주민 스스로 처리하기 때문에 국가적으로 일정한 수준을 유지해야 할 행정서비스가 지방자치단체의 재정력격차로 행정서비스를 제공하지 못하거나 미약할 경우 지역 간 불균등이 발생하게 된다. 또한 지방자치단체 간 재정력격차의 심화는 오히려 행정서비스 제공의 불균등뿐만 아니라 도시이탈, 상대적 소외감 등 심각한 사회문제를 발생시킬 우려가 있다.

## 제 2 절 지방자치의 구성과 유형

### 1. 지방자치의 구성요소

지방자치의 실체를 구성하는 단위를 지방자치의 구성요소라고 할 수 있는데, 여기서는 지방자치의 주체요소와 객체요소로 구분(강용기, 2008: 34~37)해 보기로 한다.

#### 1) 지방자치의 주체요소

지방자치의 주체(主體)라 함은 지방자치 과정에서 의사결정력을 행사하고, 그를 통해 특정한 이익을 실현하고자 하는 의사능력과 행위능력의 주체를 의미한다. 국가, 지방자치단체, 주민을 지방자치의 의사능력과 행위능력의 주체로 본다.

#### (1) 국가(중앙정부)

지방자치에서 국가(國家, state, nation)는 지방과는 독립된 실체이지만, 지방과 관련된 의사결정에 항상 관여하여 나름대로의 의사결정권을 가진다. 국가는 지방의 전체적 연합체로서 지방자치의 문제는 항상 국가의 의사와 이익과 연관되어 존재한다. 따라서 지방자치와 관련된 의사결정에서 국가의 존재가 무시될 수는 없다.

국가와 유사한 의미로 중앙정부(central government) 혹은 그냥 정부(government)라는 용어를 사용하기도 한다. 특히 우리나라나 일본의 지방자치법에서 사용하는 '국가'라는 개념은 실질적으로 '중앙정부'와 동일한 의미로 사용된다.

#### (2) 지방자치단체(지방정부)

지방자치단체(地方自治團體, local state, local government, local authority)는 지방자치를 수행하는 기본단위이며, 지방자치의 법적인 권리와 의무의 주체이다.

지방자치단체는 주민, 구역, 자치권을 기본 요소로 형성된 법인격을 갖는 지역의 공공단체라는 면에서 국가 내의 부분 영토에 형성된 지방국가(local state)적 성격을 가지고 있다. 이 밖에도 지방자체단체는 국가 내의 부분 영토에 형성된 주민들의 주권을 위임받은 통치기구라는 의미의 지방정부(local government)로 이해되기도 한다. 또한 가장 좁은 의미로 지방자치단체를 '지방자치단체장을 중심으로 한 지방행정부 혹은 집행부'로 인식하기도 한다.[17]

우리나라의 경우 법·제도적 측면에서는 지방자치단체라는 용어를 정치·경제 등의 영역에서는 지방정부라는 용어를 주로 쓴다. 우리나라 헌법이나 지방자치법은 지방자치단체라는 용어를 사용하고 있는데, 여기서 지방자치단체는 통상 지방정부와 동일 개념으로 이해된다.

#### (3) 주민(시민)

주민(住民, citizen, resident)은 지방자치의 실질적 주체이며 주권자이다. 지방자치법상 주민은 해당 주소지에 주민등록이 되어 있어야 한다. 주민은 또한 지방자치단체가 제공하는 행정 혜택을 받을 권리를 가지며, 그에 따른 의무도 부담한다. 주민은 개별적 지위로서

---

17) 지방자치단체는 주민·구역·자치권·자치기관 등을 포함하는 공법인이며, 단체장과 집행부는 지방자치단체에 속한 집행기관으로 엄밀히 구분되는 개념이다.

혹은 주민집단으로서 다양한 방식으로 참여할 수 있으며, 국가와 지방자치단체에 의사결정권을 행사할 수 있는 독자적인 의사결정과 행위의 주체이다.

주민이란 용어 대신으로 시민이란 표현을 쓰기도 한다. 주민은 헌법·지방자치법상에 규정된 법·제도적 의미를 가지며, 시민은 근대 시민사회의 성립과 함께 형성된 정치적 개념으로 근대 민주국가에서 주권자라는 역사적·정치적 의미를 내면에 지니고 있다.

### 2) 지방자치의 객체요소

지방자치의 객체(客體)란 지방자치의 주체들이 추구하는 대상에 관한 것이다. 지방자치의 행위자인 국가, 지방자치단체(지방정부), 주민들이 그들의 복지와 이익향상을 위해 노력하는 대상을 객체요소라 한다.

#### (1) 지역문제

지역문제(local problem)는 지방자치가 담당하는 고유사무의 영역이다. 지방자치는 이러한 지방적 사무, 지역의 문제를 해결하고자 한다. 지역의 거리를 편리하게 만들고, 가로등을 관리하며, 청소를 하고, 공원을 관리한다. 또한 지역의 경제를 고민하고, 주민의 복지를 고민하고, 지역의 문화를 발전시키고자 노력하는 것이다. 따라서 지방의 사무는 국가나 중앙정부가 관여해 해결하는 것보다는 일상생활 속에서 경험하고 문제를 느끼고 있는 지방주민에게 맡겨 처리하는 것이 효과적이다.

#### (2) 주민복리

지방자치는 궁극적으로 행복한 지역 만들기를 추구하며 주민 스스로의 참여와 노력에 의해 행복한 지역을 만들려고 노력한다. 또한 주민이 행복하기 위해서는 갈등을 제도적이고 평화적으로 해결할 수 있는 합리적 통치 시스템이 구축되어야 하고, 지역경제가 발전되어야 하며, 지역의 문화가 발전되어야 하고, 지역복지 여건이 충족되어야 한다. 또한 지역주민이 거주할 수 있는 쾌적한 거주공간과 환경이 정비되어야 한다.

그러나 지방마다 지리적 여건이 다르고, 경제적·재정적·사회문화적 여건이 다르기 때문에 살기 좋은 지방, 살고자 모이는 지방이 있는가 하면, 살기 힘든 지방, 떠나가는 지방이 있을 수 있다. 그러나 이러한 현실 속에서도 주민이 필요로 하는 여건, 주민이 좀 더 행복할 수 있는 환경을 만들기 위해 최선을 다하는 것이 지방자치의 궁극적 존재 이유이다.

## 2. 지방자치의 유형

지방자치제도의 역사적 발전과정에 따라 영국을 중심으로 발달된 주민자치, 프랑스와 독일을 중심으로 발달된 단체자치로 설명할 수 있다. 다만 오늘날 주민자치와 단체자치를 명확하게 구분하기보다는 양자의 장점을 조화시켜, 상호 협력적인 방향으로 나가려는 노력이 나타나고 있다.

### 1) 주민자치와 단체자치의 의의

#### (1) 주민자치(민주화): 영 · 미형

주민자치란 지방의 행정을 그 지방주민의 참여와 의사에 기초하여 그들의 판단과 책임에 의해 처리하는 것을 말한다. 이때 주민은 직접 스스로의 의사를 실현하거나 대표자를 선출하여 이들에게 행정처리를 맡기기도 한다.

이러한 주민자치는 일찍이 영 · 미 지역에서 발달하였다. 역사적으로 영 · 미 지역은 중앙정부보다 지방정부가 먼저 발달하였으며, 따라서 지방의 사무는 당연히 지방정부가 이를 처리하는 것으로 정착되었다. 이로 인해 지방사무에 대한 중앙정부의 관여나 개입은 당연히 생각될 수 없었고, 제도적으로도 지방정부가 존재하는 곳에 유사한 업무를 관장하는 중앙정부의 지방행정기관이 공존하는 일은 없었다.

#### (2) 단체자치(분권화): 대륙형(독일 · 프랑스 등)

단체자치란 국가로부터 독립된 인격을 인정받은 지역적 단체가 국가 내부에 일정 지역을 자신의 권능과 책임 아래 원칙적으로 국가의 간섭과 감독을 받지 않고 행정을 처리하는 것을 말한다.

이러한 단체자치는 강력한 통치권을 가진 독일 · 프랑스 등의 대륙계형 국가에서 발달하였다. 유럽의 국가들은 대개 중앙집권적 정치체제를 가지고 있었다. 그래서 정치적 권력은 중앙정부에 속하는 것으로 간주되었으며 지방사무의 처리도 원칙적으로 중앙정부의 소관사항이었다. 그러나 국가는 공간적으로 떨어져 있고, 지역에 따라 여건이 다른 지방의 사무를 효율적으로 처리하기 위해서 일정한 범위의 권리와 책임을 지방정부에 부여하지 않을 수 없었다. 따라서 단체자치 아래서 지방자치단체가 수행하는 자치사무는 국가로부터 부여된 것이다.

### 2) 주민자치와 단체자치의 비교

주민자치와 단체자치는 핵심이념, 자치권에 대한 인식, 지방사무의 처리 경향, 권한 부여 방법, 감독방법, 권한배분, 기관구성, 국가공무원의 배치 등에서 상이한 측면이 있다.

첫째, 주민자치는 지방정부가 주민과의 관계에서 지방의 문제를 주민과 협의하여 주민의 의사에 따라 처리하는 '민주화'가 핵심이념인 반면에, 단체자치는 국가와의 관계에서 일정한 독립적인 지위에서 그 지방의 문제를 자주적으로 처리하는 '분권화'가 핵심이념이다.

둘째, 자치권에 대한 인식에 있어서 주민자치는 주민 스스로의 처리가 당연하며, 국가 성립 이전부터 존재했다고 바라보는 반면에, 단체자치는 중앙정부의 필요에 따라 국가에서 주어지는 권리로 바라보았다.

셋째, 지방정부의 사무에 대해서 주민자치는 중앙에 의지하지고 않고, 주민 스스로 또는 대표자에 의해 사무처리를 하지만, 단체자치는 국가와 별개의 법인격을 갖는 지방단체가 자율적으로 사무처리를 한다.

넷째, 권한 부여방법에 있어서 주민자치는 권한의 범위는 법이 지정하는 기능에 한정되어 있는 개별적 지정(specific grant)주의인 반면에, 단체자치는 국가나 다른 단체의 권한 외에 지방자치단체와 관계있는 사무를 처리할 수 있는 포괄적 위임(grant of general powers)주의이다.

다섯째, 감독방법에 있어서 주민자치는 입법적 통제와 사법적 통제가 주된 통제의 방식이 되어서 자치권을 강하게 보장하는 반면에, 단체자치는 입법적 통제와 사법적 통제가 아닌 허가 · 명령 · 취소 등의 수단을 이용하여 지방자치단체에 관여하므로 자치권에 대한 제약이 크다.

여섯째, 권한배분에 있어서 주민자치는 법률에 의해 권한이 명시적 · 한시적으로 규정되어 사무를 자주적으로 처리할 수 있는 재량권의 범위가 큰 데 비하여, 단체자치는 권한 한계가 불명확하여 권한상의 마찰과 중복이 많다.

일곱째, 기관의 구성에 있어서 주민자치는 대체로 의결기관과 집행기관이 통합된 기관통합형을 채택하여 지방의회가 입법과 집행을 책임지는 반면에, 단체자치는 의결기관과 집행기관이 분리된 기관분립형을 채택하여 지방의회가 입법을, 집행기관은 집행을 책임지고 있다.

〈표 11-4〉 주민자치와 단체자치의 차이

| | 주민자치 | 단체자치 |
|---|---|---|
| 핵심이념 | 민주화 | 분권화 |
| 자치권에 대한 인식 | 국가 성립 이전부터 존재 | 국가에서 주어진 권리 |
| 지방사무 처리 경향 | 주민 스스로(대표자) 사무처리 | 자율적 사무처리 |
| 권한 부여 방법 | 개별적 지정(specific grant)주의 | 포괄적 위임(grant of general powers)주의 |
| 감독방법 | 입법·사법적 통제 | 허가·명령·취소 등의 수단 |
| 권한배분 | 법률에 의해 권한 규정 | 권한의 한계가 불명확 |
| 기관구성 | 기관통합형 | 기관분립형 |

# 제 3 절 우리나라 지방자치의 역사

## 1. 근대 이전의 지방자치

### 1) 삼국시대

우리나라의 지방제도 및 지방행정은 약 1500~2000년 전인 삼국시대에서부터 찾아볼 수 있다. 고구려·백제·신라는 모두 부족국가에서 출발하여 고대국가에 이르기까지 모두 각 지방의 행정을 귀족 및 왕족을 임명하여 각 지역의 특수성에 맞게 다스리게 하였다. 또한 삼국통일 이후의 신라는 전국을 9주 5소경 117군 283현으로 재편성하고, 말단 행정구역으로 향읍과 촌락을 구성하였을 뿐만 아니라 특별행정구역으로 부곡을 설치하여 지방자치 초기 모습을 보여주었다(최봉기, 2006: 44). 다만 이러한 행정단위의 지방사무는 지방주민의 삶의 질 향상 및 주민의 복리증진과 같은 지방자치의 본질적 정신을 구현하는 것이 아닌 왕권에 의한 직접 또는 간접적인 지방의 통제수단의 일환이라는 한계를 가지고 있다.

### 2) 고려시대

고려는 제6대 성종 때부터 중국의 당나라 제도를 도입함으로써 중앙집권적 관료제와 더불어 지방제도를 정비하였다. 지방은 초기의 제도가 몇 차례 바뀌어 제8대 현종 때에 전국을 5도 양계[18]로 나누고 그 밑에 경·도호부·목·부 그리고 군·현·진을 두게 되었다.

그중 지방자치의 모습을 잘 살펴볼 수 있는 행정제도 두 가지는 다음과 같다. 첫째, 건국 공신에게 출신지방의 통치를 맡겨 상당한 정도의 독립성을 가지고 지방행정을 수행하는 사심관제[19]를 운영하였다. 둘째, 지방 세력가들을 중심으로 주·목·군·현 등에 지방행정을 수행하는 향직단체를 운영하였다. 하지만 이 두 행정제도도 주민복지보다는 착취와 수탈이라는 폐해로 인해 지방자치의 정신을 구현하지 못하였다(최봉기, 2006: 44).

### 3) 조선시대

조선시대는 유교를 통치이념으로 삼아 강력한 중앙집권체제를 확립하였기 때문에 지방자치가 발달할 여지가 없었다. 가산국가(家産國家, 국가가 군주의 세습재산으로 간주되는 국가)적 중앙집권체제 아래서 지방에는 왕의 대리인으로서의 지방관이 파견되어 지방행정을 담당하였고, 이들은 엄격한 중앙의 통제를 받았다.

조선시대는 지방행정구역으로 전국을 8도로 나누고 그 밑에 부·대도호부·목·도호부·군·현을 설치하였다. 대개 품격에 따라 이런 지방단위에 관찰사나 수령은 모두 왕의 대리인으로 간주되었으며, 이들은 주로 농민으로부터 세금을 받아 주민교육이나 민생구휼사업에 주력하였다.

그러나 조선시대의 지방행정도 지역주민의 권익보다는 지방의 토호세력과 문벌의 집단이익을 옹호하는 데 치우쳐 있다는 점에서 오늘날의 지방자치제도와는 거리가 멀다(최봉기, 2006: 44~45).

## 2. 근대 이후의 지방자치

### 1) 갑오경장시기의 지방자치

1894년 갑오년에는 중국식 가신국가체제가 서구식 근대국가체제로 바뀌는 대규모의 개혁이 단행되었다. 개혁에서는 23개의 부와 336개의 군을 두는 것과, 새로운 향회제도[20]와

18) 5도는 일반행정구역으로서 경상도, 전라도, 교주도, 서해도, 양광도이며, 양계는 군사목적을 위한 특수지역으로서 동계와 서계로 구분되었다.

19) 사심관제도는 고려시대 향직(鄕職)을 통괄한 지방관이 다스리는 제도이다. 좀 더 구체적으로 말하면 부호장(副戶長) 이하 지방에는 자치적인 관리를 하는 제도를 말한다. 그 기원은 935년(태조 18) 고려에 항복한 신라의 마지막 왕인 경순왕을 경주의 사심관으로 삼고 그 지방의 자치를 감독하게 한 데서 비롯된다. 임무는 향직(鄕職)의 감독 외에 신분의 구별, 부역의 공정, 풍속의 교정(矯正) 등 건국 직후 호족(豪族: 지방 토족)을 중심으로 민심을 안정시키는 데 있었다. 이후 고려의 개국공신도 각기 자기 출신 주(州)의 사심관으로 임명하여 민심을 수습하고 지방 세력을 회유하게 하여, 신생국 고려 왕조의 관리로 흡수함으로써 그들의 불평을 없애려 하였다.

면과 리에서의 자치를 실시하는 것을 주 내용으로 하였다. 그러나 개혁파의 이러한 개혁은 당연히 보수 양반세력을 중심으로 한 기존 지배집단의 강력한 반발에 부딪히게 되었다. 개혁 주도세력 또한 일본 세력과 협력하고 그 힘을 빌려 오히려 농민군을 진압하면서 그 정당성을 잃어갔다.

결국 갑오개혁의 실패와 함께 지방행정제도도 구체제와 유사한 형태로 환원되고 말았다. 즉 1896년 8월, 23부가 폐지되는 대신 과거의 8도 체제를 일부 변형시킨 13도제가 다시 들어서 지방행정제도는 13도 7부 1목 331군이 되었다(김택 외, 2003).

### 2) 일제시대의 지방자치

일제시대의 행정제도는 식민통치를 위한 것으로 개편되었다. 즉 중앙에 조선총독부를 설치하면서 지방제도도 개편을 단행하였는데, 지방에는 도·부·군·면을 두고 그 아래 동·리를 두었다. 이런 지방단위의 주요 사업이 국민교육과 지역복지였음은 과거와 다름이 없으나, 행정의 초점은 한국인에 대한 동화와 경제적 착취에 맞추어져 있었다는 문제점이 있었다.

그러나 형식적으로 지방자치의 면모를 갖추었는데, 1930년 지방제도를 전면 개정하면서 지정면을 읍으로 승격시키고, 도와 읍에는 공법인 자격을 부여하였다. 그리고 도·부·읍에는 의결기관으로서 도회·부회·읍회를 설치하였으며 면에는 자문기관으로서 면협의회를 두도록 하였다.

하지만 이 역시 주민에 의한 자발적 운영을 통한 주민의 복리향상과는 거리가 먼 지방통제의 일환이었다(최봉기, 2006: 46).

### 3) 미군정시대의 지방자치

1945년 일제로부터의 해방 이후 허울 좋은 지방제도의 개편이 막을 내리고 3년간 과도기적인 미군정시대로 이어지게 되었다. 미군정시대는 서구식 자유민주주의의 정치·행정제도를 도입하려고 하였다. 즉 대의적 민주주의와 분권화된 행정체제를 이식하려고 하였다. 그러나 과도기적 군정이 갖는 한계로 인하여 일제시대의 통치기구는 거의 그대로 존속하였으며 정치·행정제도상 발전보다는 오히려 도회·부회·읍회·면협의회를 폐지하여 지방자치제도의 후퇴를 가져오게 되었다(최봉기, 2006: 46~47).

20) 고을의 일을 의논하기 위한 고을 사람들의 모임의 제도.

## 3. 현대의 지방자치

우리나라의 현대적이고 실질적인 지방자치는 1995년 6월 27일 제5회 지방선거를 통해 시작되었다. 이 선거는 지방자치단체장과 지방의회를 지역주민이 직접 선출했다. 다시 말해 중앙집권적 통치체제를 지방분권적 자치체제로 전환시킨 창조적 의미를 갖는다.

### 1) 제1공화국

1948년 건국헌법[21] 제96조와 제97조에 의거하여 1949년 7월 4일 법률 제32호로 우리나라 최초의 지방자치법이 제정・공포되었다.

지방자치단체의 주체는 서울특별시와 도를 광역자치단체로, 시・읍・면을 기초자치단체로 했다. 서울특별시와 도는 정부의 직할에 두어 대통령이 각각 임명하였으며, 시・읍・면은 도의 관할하에 시・읍・면장을 지방의회에서 무기명 투표로 선출하였다. 서울특별시와 인구 50만 명 이상의 시에는 구를 두며, 도에는 군을 두었다. 또한 시・읍・면에는 동과 리를 두었다. 덧붙여 군수와 구청장은 국가공무원으로 임명하였고, 동・이장은 주민이 선출하였다.

1952년 한국전쟁 중임에도 불구하고, 대통령선거를 앞두고 당시 국회의 중심세력이었던 한민당과의 대립으로 제2대 대통령으로 재선될 가능성이 없자, 국회의 간선제를 폐지하고 국민에 의한 직선제로의 개헌을 추진하였다. 하지만 정부가 제출한 개헌안이 국회에서 부결되자 국회의 무력화를 위해 1952년 4월 25일에 시・읍・면의원 선거를, 5월 10일에는 도의회의원선거를 각각 실시했다.

1956년 8월 8일에는 제2대 시・읍・면의원 선거 및 제1대 시・읍・면장선거가 이루어졌으며, 동년 8월 14일 제2대 도의원선거 및 제1대 서울특별시의원선거가 실시되었다.

### 2) 제2공화국

1960년 4월 19일 혁명이 이루어졌고, 민주화 사회를 갈망한 전 국민의 노력으로 1960년 이승만 정부는 문을 내리고, 1960년 6월 15일 제2공화국헌법에 따라 지방자치법은 제5차 개정을 하게 되었고, 1960년 12월 12일 서울특별시와 도의 의회의원선거, 1960년 12월 19

21) 대한민국 건국헌법(大韓民國建國憲法) 또는 대한민국 헌법 제1호(大韓民國憲法 第一號)는 1948년 대한민국 제헌국회가 제정하여, 1952년까지 존재한 대한민국의 헌법으로, 제헌헌법(制憲憲法)이라고도 한다. 전문과 본문 10장 130조로 구성되었다.

일 시·읍·면 의회의원선거, 1960년 12월 26일 시·읍·면장선거, 1960년 12월 29일 서울특별시장 및 도지사선거가 이루어졌다.

하지만 1961년 5월 16일 군사 쿠데타를 통해 수립한 박정희 정부에 의해 지방자치는 무기한 중단에 들어가게 되고, 결국 지방자치는 암흑기에 접어든다.

### 3) 제3공화국

1961년 5월 16일 군사 쿠데타로 정권을 잡은 박정희는 군사혁명위원회 포고 제4호에 의해 지방자치법에 의해 성립된 지방의회를 강제 해산하였고, 1961년 5월 22일 군사혁명위원회 포고 제8호에 의해 서울특별시와 도는 내무부장관의, 시는 도지사의, 읍·면은 군수의 승인을 얻어 집행하도록 했다.

박정희 정부는 지방의회의 해산에 그치지 않고, 지방자치에 관한 임시조치법을 제정하여 군자치제(郡自治制)로 개정했다. 즉 군(郡)을 자치단체로 규정하면서 읍·면 중심의 지방자치를 폐지하였다. 또한 지방자치단체장은 기존의 주민선거를 통한 직선제가 아닌 국가공무원으로 충당하는 임명제를 실시하였고, 서울특별시의회 권한은 서울특별시장이 국무총리의 승인을 받아서 집행해야 했다. 그리고 시·도지사는 내무부장관의, 시장·군수는 도지사의 승인을 받아 의회의 권한을 집행해야 했다.

### 4) 제4공화국

1972년 12월 27일 개정된 제4공화국 헌법은 부칙 제10조에 "지방의회는 조국 통일이 이루어질 때까지 구성하지 아니한다."고 규정하여 현실적으로 지방자치를 할 수 없도록 해 놓았을 뿐 아니라, 지방자치법 또한 아무런 효력을 지니지 못하게 된다.

### 5) 제5공화국(전두환 정부)

1980년대 새로운 정부 속에서 제5공화국 헌법은 지방자치의 시행 시기에 대해 헌법 부칙 10조에 "지방의회는 지방자치단체의 재정자립도를 감안하여 순차적으로 구성하되, 그 구성 시기는 법률로 정한다."고 규정하여 지방자치 부활의 헌법적 근거를 마련한다.

### 6) 제6공화국(노태우 정부)

1988년 2월에 출범한 제6공화국은 1987년 10월 29일 제9차 대한민국헌법 제117조[22]와

22) 제117조 ① 지방자치단체는 주민의 복리에 관한 사무를 처리하고 재산을 관리하며, 법령의 범위 안에서 자치에 관한 규정을 제정할 수 있다. ② 지방자치단체의 종류는 법률로 정한다. 제118조 ① 지방자

제118조[23]에서 지방자치의 부활을 찾아볼 수 있다. 자치단체는 광역자치단체(특별시 · 직할시 · 도)와 기초자치단체(시 · 군 · 자치구)의 2종류로 대별했다.

1991년 3월 26일 기초의원선거를, 1991년 6월 20일 광역의원선거를 각각 실시하였다. 30년 만의 부활을 맞은 제4회 지방선거는 국민들의 관심과 기대가 매우 큰 지방선거였다.

### 7) 문민정부(김영삼 정부)

1992년 12월에 대한민국 14대 대통령으로 당선된 김영삼은 문민정부를 수립하였다. 특히 1995년 상반기 이전에 지방자치단체장 선거를 실시하겠다는 그의 선거공약은 1995년 6월 27일에 지방자치단체장을 포함한 제5회 지방선거(제1회 동시지방선거)를 실시하였다. 이로써 지난 30년간 지방의회의원선거 및 지방자치단체장선거가 존재하지 않았던 지방자치의 암흑기는 막을 내린다.

### 8) 국민의 정부(김대중 정부)

제2회 동시지방선거는 IMF라는 국가적 위기 속에서 1회 동시지방선가 있은 후 3년 만에 실시되었다. 그 이유는 선거일이 각기 다른 대통령 임기 5년, 국회의원 임기 4년, 지방의원과 지방자치단체장 임기 4년으로 선거가 매년 거듭 실시되어 정치 · 경제 · 사회 등 국민생활과 행정의 혼란과 낭비를 막고자 1998년 6월 4일 제2회 동시지방선거가 실시된 것이다. 제3회 전국동시지방선거는 2002년 6월 13일에 실시되었다.

### 9) 참여정부(노무현 정부)

제4회 동시지방선거(2006년 5월 31일)는 선거일정이 시작되기 전부터 지방자치와 관련된 각종 제도개편이 대대적으로 추진되고 있었다. 즉 지방자치발전을 앞당길 수 있는 제주특별자치도제(2006년 7월 1일부터 실시)와 경찰자치제(2007년 하반기 실시), 주민소환제도(2007년 하반기 실시) 등의 각종 법률안들이 국회를 통과하거나 국회에 상정되었다(최봉기, 2006: 71).

### 10) 실용정부(이명박 정부)

이명박 정부 들어 처음으로 개정된 지방자치법의 대부분은 '행정자치부', '행정자치부장

---

치단체에 의회를 둔다.

23) 제118조 ① 지방자치단체에 의회를 둔다. ② 지방의회의 조직 · 권한 · 의원선거와 지방자치단체의 장의 선임방법 기타 지방자치단체의 조직과 운영에 관한 사항은 법률로 정한다.

관'이 들어갔던 조문을 '행정안전부', '행정안전부장관'으로 고친 것이었다. 또한 민주주의 사회의 지방자치의 실현을 위한 주민투표법 개정도 마찬가지로 행정안전부 및 행정안전부장관으로의 명칭 개정이 전부였으며, 지방분권특별법의 경우는 지방분권촉진특별법으로 명칭이 개정되었다. 제5회 동시지방선거가 2010년 6월 2일 실시되어 현재에 이르고 있다.

## 제 4 절 집권과 분권

오늘날 행정은 무수한 행정수요를 충족시키기 위해서 그 기능과 역할이 매우 복잡 다양하다. 이러한 환경에서 행정은 집권과 분권을 적절히 활용함으로써 고객만족을 구현해 나가고 있다.

### 1. 집권과 분권의 의의

#### 1) 집권의 개념

집권(集權)이란 사전적 의미로 '권력을 한군데로 모으는 것'을 말한다. 이를 좀 더 구체적으로 살펴보면 행정적 측면과 정치적 측면으로 나누어 볼 수 있다. 먼저 행정적 측면에서의 집권이란 '동일 조직 내에서 존재하는 상하계층 간의 권한 집중' 또는 '상・하급 행정기관 간 권한의 집중'을 말한다. 다음으로 정치적 측면에서 집권이란 중앙집권(中央集權)을 의미하는 것으로 '중앙정부에 권한이 집중된 정치상 집권' 또는 '국가의 통치권력이 지방에 분산되어 있지 아니하고 중앙정부에 집중되어 있는 통치형태'를 말한다.

#### 2) 분권의 개념

분권(分權)이란 사전적 의미로 '권리나 권력을 분산하는 것'을 말한다. 먼저 행정적 측면에서의 분권이란 '동일 조직 내에서 존재하는 상하계층 간의 권한 분산' 또는 '상・하급 행정기관 간 권한의 분산'을 말한다. 다음으로 정치적 측면에서의 분권이란 지방분권(地方分權)을 의미하는 것으로 '지방정부에 권한이 위임・분산된 자치상 또는 정치상의 분권' 또는 '통치권력이 중앙정부에 집중되지 아니하고 지방자치단체에 분산되어 있는 것'을 말한다.

## 2. 집권과 분권의 장 · 단점[24)]

### 1) 집권(중앙집권)의 장 · 단점

#### (1) 집권의 장점

첫째, 행정의 통일성이다. 중앙집권에서는 전국이 하나의 대상지역으로 한몫에 행정이 계획되고 집행되기 때문에 전국적인 동일기준에 의한 행정이 가능케 되어 지역 간의 갈등을 해소할 수 있다. 그러므로 근로기준의 설정, 징병연령의 결정 등과 같은 전국적인 통일성이 요구되는 행정사무에 적합하며, 조직의 모든 구성단위가 같은 시기에 같은 조치를 취해야 할 경우에도 집권화가 요구된다.

둘째, 행정의 강력성이다. 급변하는 현대사회 속에서 긴박한 상황에 직면했을 때 이에 적절히 대처할 수 있는 방안은 정치행정체제가 중앙집권적인 것이 훨씬 용이하다. 중앙집권에서는 일단 정하여진 행정방침을 어떠한 난관에 봉착하더라도 계속 강력하게 추진해 나갈 수 있게 된다.

셋째, 행정의 능률성 증진이다. 중앙집권에 있어서는 규모의 법칙, 수급의 탄력성, 훈련된 관료제 등을 통하여 행정의 능률성을 확보할 수 있다. 이 경우 능률은 최소의 노력과 시간과 비용으로 최대의 효과와 만족을 산출하는 기계적 능률을 말한다.

넷째, 행정관리의 전문화이다. 사회 · 경제의 전문화 시대에 있어서 특히 중앙집권은 유능한 인재와 최신식 기계 등을 동원하여 고도의 행정능력을 발휘할 수 있으며, 각 부처별로 전문적인 행정을 분담, 발전시켜 나가기 때문에 행정의 기능별 전문화를 심화시킬 수 있다.

다섯째, 전국적 규모의 대규모적 사무에 적합하다. 계획행정 및 통제행정이 가능하므로 고속도로의 건설, 대하천의 개발 등의 전국적 규모의 대규모적 사무와 철도, 우편 등의 현업 등에 적합하다. 예컨대 지역개발은 지역특성을 잘 알고 있는 지방정부에서 추진하는 것이 효과적이지만 지역이익의 극대화라는 목적 아래 마구잡이로 개발하는 것은 타당하지 못하다.

#### (2) 집권의 단점

첫째, 행정수요의 지역적 특수성을 무시하기 쉽다. 즉 전국을 대상으로 한 획일적 행정

24) 홍양희, 『중앙집권과 지방분권의 조화를 위한 정책적 과제』, 사회과학논문 제14집.

이 실시됨으로써, 그 지역의 사정에 적합한 행정을 펼칠 수 없다.

둘째, 행정구역의 확대로 자치의식이나 공동체의식이 희박하게 된다.

셋째, 중앙정부의 과도한 업무 부담으로 인해 행정능률의 저하를 초래하기 쉽다.

넷째, 강력한 통제행정으로 인해 상대적으로 민주적 통제는 약화되어 관료주의와 전제적 경향을 초래하기 쉽다.

다섯째, 중앙정부의 감사통제의 강화로 사무처리가 매우 복잡하게 되어 지방정부의 자치적이고 효율적인 사무가 이루어지지 못한다.

〈표 11-5〉 집권(중앙집권의)의 장 · 단점

| 비교 | 장점 | 단점 |
|---|---|---|
| 특성 | 1. 행정의 통일성<br>2. 행정의 강력성<br>3. 행정의 능률성 증진<br>4. 행정의 전문화<br>5. 전국적 규모의 대규모적 사무에 적합 | 1. 지역의 특수성 무시<br>2. 자치의식 및 공동체의식 결여<br>3. 과도한 업무 부담<br>4. 관료주의 및 전제적 경향<br>5. 지방정부의 자치적 사무 훼손 |

### 2) 분권(지방분권)의 장 · 단점

#### (1) 분권의 장점

첫째, 지방의 특수성과 실정에 맞는 행정의 실시이다. 지방분권은 중앙정부에 의하여 행해지는 획일적 행정의 폐단을 막고, 대도시행정은 대도시의 특수한 행정수요에, 농촌행정은 농촌의 실정에, 공업도시행정은 공업도시의 특수한 여건에, 관광도시행정은 관광지로서의 특수한 행정수요에 각각 적합하도록 그 지역의 특수성을 살려 수행할 수 있다.

둘째, 지방공무원 및 지방주민의 창의력과 사기, 의욕 증진이다. 지역주민은 지방의회에 진출하여 지방사무를 다루고 지방정부가 임용한 공무원들은 이들이 정해 준 테두리 내에서 지방사무를 자주적으로 다루게 되어 정치적 욕구를 충족하고 창의성과 사기를 진작시킬 수 있다.

셋째, 행정 분업으로 국가 전체의 업무능률 향상이다. 중앙정부의 권한집중은 행정의 경직성, 권위주의적 행정행태 등으로 인하여 행정능률을 저하시키게 되는데, 중앙정부의 일부 업무를 지방정부가 분담함으로써 능률성을 제고할 수 있고 또한 중앙과 지방의 계획과 집행이라는 수직적 분업을 통해 보다 높은 능률을 확보할 수 있다. 이때의 능률은 경제적 능률관에 대비되는 사회적 능률을 의미한다.

넷째, 시행착오의 최소화이다. 중앙정부의 사무는 대부분 전국적 규모의 사무이므로 시행착오가 발생한다면 이에 따른 피해는 막대할 것이다. 이러한 피해의 최소화를 위해 지방정부수준에서의 시험적 과정이 필요하며, 만약 여기에서 오류가 발생된다 하더라도 피해는 당해 지역에 국한될 뿐이다.

다섯째, 지방공무원의 유능한 관리자로의 양성이다. 지방자치제도가 본래의 목적대로 충실히 실시될 때 지방사무에 정통한 관리자를 양성할 수 있음은 물론, 전국무대에서 활동할 수 있는 인재도 양성할 수 있다.

#### (2) 분권의 단점

첫째, 정치적 통일성 및 안정성의 확보가 곤란하다.

둘째, 행정수준의 통일적 유지가 곤란하다.

셋째, 중앙과 지방 간에 행정사무가 중복되기 쉽다.

넷째, 국가적 위기에 신속한 동원태세를 갖출 수 없다.

다섯째, 부분적 이익을 전체 이익에 종속시키기 곤란하다.

〈표 11-6〉 분권(지방분권의)의 장·단점

| 비교 | 장점 | 단점 |
|---|---|---|
| 특성 | 1. 실정에 맞는 행정<br>2. 창의력과 사기 증진<br>3. 국가 전체 능률성 향상<br>4. 시행착오의 최소화<br>5. 유능한 관리자 양성 | 1. 정치적 통일성 및 안정성 곤란<br>2. 행정수준의 통일적 유지 곤란<br>3. 행정사무의 중복<br>4. 신속하지 못한 위기대처능력<br>5. 이익의 분배성 저하 |

## 3. 집권화와 분권화의 촉진요인

집권화(centralization, 集權化)는 의사결정권한이 중앙·상급기관 또는 조직의 상층부에 집중되는 것을 말한다. 이에 반해 분권화(decentralization, 分權化)란 의사결정의 권한이 지방 또는 하급기관에 위임되는 것을 말한다.

### 1) 집권화의 촉진요인

첫째, 소규모 조직이거나 신설 조직인 경우 집권화의 필요성이 높아 집권화가 촉진된다.

둘째, 비용이 많이 소모되는 문제인 경우 이를 능률적으로 처리하고자 할 때 집권화가 촉진된다.

셋째, 조직이나 국가 전체에 위협을 주는 난국이나 사건·사고 등 외부환경의 변화에 따른 위기를 극복하고자 할 경우 집권화가 촉진된다.

넷째, 행정의 계획적·통제적·통일적 처리가 요구되는 경우 집권화가 촉진된다.

다섯째, 개인적 리더십이 강하거나 하위층의 능력이 부족할 경우 또는 특정인이나 특정 기관에 정보가 집중될 경우 집권화가 촉진된다.

여섯째, 국가발전목표의 조속한 구현과 같은 행정의 능률화가 요구되거나 강력한 행정력이 필요한 경우 집권화가 촉진된다.

일곱째, 특정 활동으로 분산·처리할 경우, 인력과 장비·기술의 분산으로 전문화가 곤란할 때 집권화가 촉진된다.

이 밖에도 과학기술의 발전으로 인한 통신·교통수단의 발달, 규모의 경제가 필요한 경우에 집권화가 촉진된다.

### 2) 분권화의 촉진요인

첫째, 고위층의 일상적 업무 부담을 감소시키려는 경우 또는 상하 간 업무 분담을 하려는 경우 분권화가 촉진된다.

둘째, 오래된 조직이나 대규모 조직의 경우 전문화된 많은 양의 업무를 신속하게 처리하기 위한 경우 분권화가 촉진된다.

셋째, 부하의 사기앙양, 관리자 양성, 하위층의 책임감 강화, 하위층의 능력발전 도모 등의 하위층에 적응하는 관리를 할 경우 분권화가 촉진된다.

넷째, 일선지역에서의 신속한 행정처리가 필요한 경우 분권화가 촉진된다.

다섯째, 특정 지역에서의 문제점을 미리 점검·개선한 후 국가 전체에 적용하는 정책의 지역적 실험이 필요한 경우 분권화가 촉진된다.

여섯째, 지역주민의 참여와 통제를 동반하는 행정의 민주화가 요구되는 경우 분권화가 촉진된다.

이 밖에 주민과 지역실정에 적응하려는 경우 또는 자기 지역의 업무는 주민 스스로 처리해야 한다는 시민정신이 구현될 때 분권화가 촉진된다.

# 4. 신중앙집권과 신지방분권

## 1) 신중앙집권

### (1) 신중앙집권(new centralization, 新中央集權)의 개념

신중앙집권(new centralization)이란 사전적 의미로 '영국과 미국 등 전통적으로 지방자치의 기반을 갖춘 나라에서 지방분권화가 이루어졌다가 다시 중앙집권화 되는 현상'을 말한다. 즉 국가의 조정적 권한과 계획적 기능을 강조하지만 주민의 자치권을 옹호하면서도 행정을 균질적 · 광역적 · 효율적으로 처리하는 것이다(안용식 외, 2006). 덧붙여 20세기 들어 교통통신이 발달하고 중앙정부의 기능이 확대 · 강화됨에 따라 지방의 중앙정부에의 의존이 오히려 심화되고 있는 현상을 말한다.

### (2) 신중앙집권의 촉진요인

지방분권의 체제가 사회 · 문화 · 경제 등의 환경의 변화 및 행정수요의 변화에 따라 중앙정부로 권한과 기능이 집중하는 촉진요인은 다음과 같다.

첫째, 과학기술의 발달이다. 과학기술의 발달은 인사행정 · 재무행정 · 조직행정 등 행정의 전 분야에 있어서 인력과 재정력이 강한 중앙정부의 능력을 향상시켰으며, 이는 중앙정부의 권한을 급격히 향상시킴으로써 신중앙집권화를 촉진시키는 요인으로 작용하였다.

둘째, 교통통신의 발전으로 인한 생활권의 확대이다. 교통통신의 발달은 공간적 · 시간적 장벽을 극복하여 한 지역의 문제는 전 지역적인, 다시 말해 전국적인 문제로 확대되었다. 그 결과로 특정 지역의 문제를 지방자치단체가 아니라 중앙정부가 처리하는 것이 효과적인 신중앙집권화를 촉진시켰다.

셋째, 지방의 행정 및 재정력 부족이다. 상대적으로 중앙정부에 비해 행정 및 재정력이 부족한 지방정부는 형식적으로 지방자치를 한다고 하여도 행정 및 재정적으로 중앙정부에 많이 의존하고 있어서 실질적인 권한은 중앙정부가 유지하게 된다.

넷째, 국제정세의 불안이다. 오늘날의 전쟁은 단순한 국가 대 국가의 분쟁이 아닌 전 세계적인 위험으로 확대될 수 있다. 이와 같은 국가존망의 위기 상황에서 효과적으로 대처하기 위해서는 강력한 중앙정부권한을 필요로 한다. 즉 중앙정부의 권한을 강화시키는 신중앙집권화가 나타났다.

#### (3) 신중앙집권의 형태

국가의 조정적 권한과 계획적 기능을 강조하지만 주민의 자치권을 옹호하면서도 행정을 균질적·광역적·효율적으로 처리하는 신중앙집권의 형태는 다음과 같다.

첫째, 지방사무가 중앙정부로 이관된다. 즉 지방자치단체의 사무가 중앙정부의 사무로 흡수되는 형태이다. 과학기술의 발달 및 지방자치단체의 행정·재정력 부족 등의 다양한 신중앙집권 촉진요인은 지방사무와 중앙사무 간의 재분배를 필요로 하게 되었으며, 이는 결국 지방자치단체의 사무를 중앙정부로 상향적 이관하게 되었다.

둘째, 지방사무가 광역정부로 이관된다. 단일한 광역지방계획체제를 구축하여 행정의 서비스의 효율성을 추구하면서도 지역주민의 자치권을 보장하는 광역행정은 지방자치단체 간의 중복투자로 인한 예산의 낭비를 방지할 수 있다. 또한 지방자치단체 간의 행정·재정적 격차로 인한 주민의 상대적 박탈감 및 불만을 해소시켜, 지역 간 균질화와 주민복지의 국민적 평준화를 가져오기 때문에 지역사무가 광역정부로 사무를 이관하게 된다.

### 2) 신지방분권

#### (1) 신지방분권(新地方分權)의 개념

지방행정의 능률성과 국민최저수준을 확보하기 위해서 신중앙집권화가 강력하게 주장되었으나 이는 긍정적인 면뿐만 아니라 부정적인 면을 동시에 갖고 있기 때문에 신중앙집권화에 대한 비판과 함께 그 대안으로서 제시된 새로운 지방분권, 즉 신지방분권이다. 덧붙여 신지방분권은 신중앙집권과 단편적으로 배치되거나 모순되는 개념이 아니라, 중앙집권과 지방분권을 조화·협력하여 다양·복잡한 행정수요를 만족시켜 주는 행정서비스이다.

#### (2) 신지방분권의 촉진요인

행정의 획일성과 경직성 등 행정의 비효율 및 지방분권의 정신을 저해한 중앙집권화로 인해 신지방분권의 필요성은 다시 증대되고 있다.

첫째, 중앙집권의 폐해이다. 중앙집권에 의한 행정은 지방정부의 자주성과 창의성을 잃게 하고, 특정 지역에 편중되는 국가의 개발정책은 지역 간 불균형과 개발격차의 심화 등의 각종 폐해를 발생시켰다. 이러한 문제점을 극복하기 위해 신지방분권화가 추진하게 되었다.

둘째, 세계화 시대에 경쟁력 있는 지방정부의 필요이다. 세계화 시대는 시·공간의 한계가 극복되고 인위적인 무역장벽이 철폐되어, 국가 간 및 지방 간 상호 관계가 강화되고 복합적인 상호 의존성이 심화된다. 이러한 세계화 시대에 이르러 지방정부는 단순히 중앙정부의 보호 아래 생존만을 목적으로 존재할 것이 아니라 세계의 국가 및 지역들 속에서 경쟁력 있는 지방정부가 되어야 할 것이다. 이러한 취지하에 신지방분권화가 필요시 되었다.

셋째, 행정수요의 다양·복잡성이다. 지방행정의 수요는 그 지역의 사회·경제·문화 등 환경 및 특성에 따라 매우 다양·복잡하다. 따라서 중앙정부의 획일화되고, 통제적인 비효율적 행정보다는 지역의 특성에 맞는 행정서비스가 다양·복잡한 지방행정의 수요를 충족시킬 수 있을 것이다. 이러한 이유로 신지방분권화가 촉진되었다.

넷째, 민주주의 의식의 향상이다. 21세기 오늘날 행정의 집행 및 결정에 있어서 주권자인 국민의 참여는 매우 큰 비중을 차지한다. 이러한 경향은 지방정부에서도 지역주민의 참여요구의 증대 및 지방의 실정에 맞은 행정수요 등 지역주민의 민주주의 의식을 매우 향상시켰다. 이처럼 민주주의 의식 향상은 신지방분권화를 촉진시켰다.

### (3) 신지방분권의 형태

신지방분권은 신중앙집권의 정당성의 근거라고 볼 수 있는 국민적 최저수준(National Minimun Level)의 확보와 신지방분권의 논거로 볼 수 있는 국가균형발전과 국민적 삶의 질 향상이라는 두 가지 측면을 동시에 확보할 수 있는 방향으로 추진되어야 할 것이다. 이러한 신지방분권의 형태는 다음과 같다(최봉기, 2006).

첫째, 주요 국가정책의 중앙과 지방의 공동결정 및 집행이다. 행정의 정책결정 및 집행에 있어서 결정권이 중앙정부에 있는 경우라 할지라도 그 정책의 이해관계가 지방자치단체와 직접적으로 있는 경우에는 정책의 결정 및 집행과정에 지방자치단체를 참여시키도록 해야 한다.

둘째, 중앙정부와 지방정부 간 합리적인 기능분담이다. 정책의 결정 및 집행권을 지방자치단체가 모두 가지는 것이 아니라, 주요 계획업무 및 평가업무 등 전국적 입장에서 기본정책이나 기준을 설정하는 것은 중앙정부가 관할하고 중앙정부가 제시한 정책이나 기준의 범위 내에서 지방의 실정에 맞게 창의적으로 결정 및 집행하는 것을 지방정부가 해야 한다.

셋째, 중앙정부의 지방정부에 대한 적극적인 협력과 지원이다. 지방정부가 자율적이고 지역실정에 맞는 지방행정을 수행한다 하더라도 실질적으로 중앙정부의 지방정부에 대한 지적·인적·물질적 등의 자원의 지원과 협력은 불가피하다. 즉 지방정부는 전국적 기준이나 정책 등의 행정서비스에 있어서 기술지원 및 정보제공 등의 중앙정부의 각종 지원과 협력이 필요하다.

## 연 습 문 제

1. 지방자치제도의 특성이 아닌 것은?(2006 강원9급 출제)
   ① 지방자치는 종합행정을 강화하여 부처이기주의를 감소시킨다.
   ② 지방자치는 개별주의적 지정주의에 의해 권한이 부여되나 단체자치는 포괄적 위임주의에 의해 권한이 위임된다.
   ③ 주민의 의무인 비용부담을 거부할 경우 강제집행이 불가능하다.
   ④ 지방자치단체는 법인격을 가지며 중앙정부로부터 상대적으로 독립되어 있다.

**〈해설〉** 지방자치제에서 주민의 의무인 비용부담을 거부할 경우 강제집행이 가능하다. 강제징수가 가능하도록 지방세법에 규정되어 있다.

2. 다음 중 신중앙집권화의 촉진요인으로 볼 수 없는 것은?(2004 부산9급 출제)
   ① 지방분권의 필요성 약화
   ② 경제권 · 생활권의 확대
   ③ 세계화로 인한 국제정세의 안정성 확보 필요와 긴장 고조
   ④ 교통 · 통신의 발달

**〈해설〉** 지방분권의 필요성이 약화되거나 지방자치의 필요성이 약화되어서 신중앙집권화가 이루어진 것은 아니다.

3. 우리나라 지방자치단체가 수행하는 지방자치방식을 가장 정확하게 표현한 것은?(2005 한국수력원자력 출제)25)
   ① 자치행정+위임행정+관치행정 ② 자치행정
   ③ 자치행정+위임행정 ④ 자치행정+관치행정

**〈해설〉** 우리나라의 지방자치단체는 자치행정과 중앙정부로부터의 위임행정을 함께 수행하고 있다.

[정답] 1. ③ 2. ① 3. ③

## 기출문제

〈1998년 지방고등고시 2차 시험〉

※ 신중앙집권화의 현상을 설명하고 우리나라 지방자치제도와 관련된 시사점을 논하라.

〈1996년 입법고등고시 2차 시험〉

※ 중앙정부의 지방자치단체에 대한 바람직한 통제범위(약술형)

〈1995년 지방고등고시 2차 시험〉

※ 지방자치행정에 있어서의 주민참여의 의의를 설명하고 자치시대에 있어서 활성화방안을 논하시오.

〈1989년 행정고등고시 2차 시험〉

※ 행정상 집권과 분권의 관계를 논하라.

〈1979년 행정고등고시 2차 시험〉

※ 한국에 있어서의 신집권화의 요인

제12장

# 지방자치단체의 구성과 지방선거

## 제 1 절 지방자치단체의 기관구성

### 1. 지방자치단체의 의의

#### 1) 지방자치단체의 정의

지방자치단체(地方自治團體)는 국가 아래에서 일정한 지역적 범위를 그 구역으로 하고 그 구역 안의 모든 주민들에 의해 선출된 기관이 법률이 정하는 범위 안에서 자주적으로 지방사무를 처리할 수 있는 권한을 가진 공법인[1])이다.

지방자치단체는 국가와 같은 모습의 통치단체성격을 가지며, 그 권능으로는 지방의 공공사무를 처리하는 자치행정권은 물론이고 조례(條例)를 제정·개폐하는 자치입법권과 지방세 과징, 사무처리 경비를 수입·지출하는 자치재정권 등이 인정된다. 지방자치단체의 종류는 보통지방자치단체와 특별지방자치단체로 대별되는데, 보통지방자치단체는 다시 상급지방자치단체(특별시·광역시·도)와 하급지방자치단체(자치구·시·군)로 나뉜다. 지방자치단체의 기관에는 의결기관인 지방의회가 있고, 집행기관으로 지방자치단체의 장, 보조기관(부지사·부시장·부군수·부구청장·행정기구), 소속행정기관(직속기관·사업소·출장

1) 법인은 자연인에 의해서는 목적을 달성하기 어려운 사업을 수행할 수 있게 하기 위하여 사람의 결합이나 특정한 재산에 대하여 자연인과 마찬가지로 법률관계의 주체로서의 지위를 인정한 것이다. 덧붙여 법인은 크게 공법인(公法人)과 사법인(私法人), 영리법인(營利法人)과 비영리법인(非營利法人), 사단법인(社團法人)과 재단법인(財團法人), 내국법인(內國法人)과 외국법인(外國法人) 등으로 나누어진다.

소·합의제 행정기관을 설치할 수 있다), 하부행정기관(구청장·읍장·면장·동장·하부행정기구)이 있다.

### 2) 지방자치단체의 특성

#### (1) 지방자치의 구현의 주체

지방자치단체는 지방자치를 구현하는 가장 기본적이면서도 핵심적인 주체이다.

#### (2) 지방자치단체와 자치구역

지방자치단체는 국가 내의 일정한 지역에 설치된다. 이때 지방자치단체가 관할하는 일정 지역을 자치구역이라고 하는데, 서울특별시는 서울특별시만의 고유구역을, 경기도는 경기도의 고유구역을, 부산광역시는 부산광역시만의 고유구역을 가지고 있다.

#### (3) 지방자치단체의 주체

지방자치단체는 그 구역 안의 모든 주민들에 의해 선출되어 지방자치를 수행하게 되므로, 주민들은 지방자치단체의 구성원이자 운영과 관리의 주체이다. 즉 지방자치단체의 주체는 지방자치단체장, 보조기관, 소속기관, 하부기관 등 이전에 주민이 실질적 주체이다.

#### (4) 지방자치단체의 자치권

국가로부터 독립한 법인격을 가진 지방자치단체는 그 소관업무를 자신의 창의와 책임하에 처리할 수 있는 법률적 능력인 자치권을 가지고 있다. 이러한 자치권은 자치기관을 조직하는 자치조직권, 자치조직을 구성 및 구성원을 배치하는 자치인사권, 지방의 세입·세출을 통해 독립적인 재정운용을 하는 자치재정권, 지방의 사무에 관한 조례와 규칙 등을 제정하는 자치입법권 등이 있다.

#### (5) 법인(法人)으로서의 지방자치단체

지방자치단체는 법인격이 있는 단체, 즉 독자적인 법적 권리·의무의 주체인 법인(法人)으로서의 지위를 가진 단체이다.[2] 이처럼 국가와는 독립적 별개의 권리의무주체인 지방자치단체는 법인으로서 여러 가지 독자적인 의사결정의 주체가 될 수 있으며, 스스로 재산을 취득 및 관리가 가능하여 행정 및 재정적 독립성을 지닌 단체이다.

---

2) 현행 지방자치법(일부개정 2008. 2. 29. 법률 제8852호) 제3조 제1항은 "지방자치단체는 법인으로 한다."고 규정하고 있다.

## 2. 지방자치단체의 구성요소

지방자치단체의 구성요소는 주민, 구역, 자치권 3요소라 할 수 있다.

### 1) 주민(住民)

지방자치단체의 주민은 "지방자치단체의 구역 내에 주소를 가지고 있는 자"라고 지방자치법 제12조에 명하고 있다. 또한 주민은 인종·국적·성별·법인의 구별을 불문한다. 이러한 주민은 주민으로서의 일정한 권리·의무를 가진다. 즉 주민은 법령이 정하는 바에 의하여 소속 지방자치단체의 재산과 공공시설을 이용할 권리와 그 지방자치단체로부터 균등하게 행정의 혜택을 받을 권리가 있고, 그 지방자치단체에서 실시하는 지방의회의원 및 지방자치단체의 장 선거에 참여할 권리가 있다(지방자치법 제13조). 주민은 지방자치단체의 존립요소임과 동시에 핵심주체이다.

### 2) 구역(嘔逆)

지방자치단체의 구역은 국가의 일정한 지역적 범위로 지방자치권이 미치는 지역을 말한다. 우리나라에서는 구역과 명칭(名稱)을 변경하거나 분합하고자 할 때에는 법률로 사전에 관계 지방의회나 주민의 의사를 청취하여 처리하도록 되어 있다(최봉기, 2006: 185).

### 3) 자치권(自治權)

지방자치단체의 자치권이란 국가로부터 독립한 법인격을 가진 지방자치단체가 그 소관업무를 자신의 창의와 책임하에 처리할 수 있는 법률적 능력을 말한다. 즉 지방자치단체가 국가가 위임하거나 허용한 일정한 범위 내에서 갖는 권한을 말한다. 이러한 자치권에는 자치입법권, 자치행정권, 자치재정권, 자치사법권 등이 해당된다.

## 3. 우리나라 지방자치단체의 종류 및 현황

### 1) 지방자치단체의 종류

종합적이고 일반적 기능을 수행하는 보통지방자치단체(일반지방자치단체)와 특정한 목적을 수행하기 위해 설립된 특별지방자치단체를 설명한다. 여기서는 보통지방자치단체에 대해서 설명한다.

보통지방자치단체는 그 관할 영역에 따라 광역지방자치단체, 중간지방자치단체, 기초지방자치단체로 구분되며 영국의 카운티와 뮤니시 팰리티, 일본의 도·도·부·현(都道府縣), 프랑스의 레지옹과 데빠뜨망, 그리고 우리나라의 특별시·광역시·도와 시·군·자치구 등이 그 예이다.

우리나라의 현 지방자치법 제2조 제1항[3]은 "지방자치단체는 다음의 두 가지 종류로 구분한다."고 명문 규정하고 있다.

#### (1) 광역지방자치단체(regional government or metropolitan government)

광역지방자치단체(廣域地方自治團體)란 더 넓은 지역을 담당하는 지방자치단체로 국가와 기초지방자치단체의 중간에 위치하고 있는 지방자치단체로서 상급지방자치단체를 의미한다. 좀 더 구체적으로 광역지방자치단체는 수자원개발, 도로, 교통 등 두 개 이상의 기초지방자치단체가 관련된 광역적 처리 내지 계획과 조정이 필요한 사무와 같이 몇 개의 지방자치단체가 기존의 행정구역을 넘어서 발생하는 공동의 수요에 대응하는 기능을 하는 지방자치단체이다.

##### ① 특별시(特別市)

특별시란 수도(capital city)행정의 특수성을 고려하여 그 지위나 조직 및 운영상에 특례를 인정하고 있는 도시로서 서울특별시가 유일하다. 서울특별시는 현 지방자치법 제174조에 제1항에 "서울특별시의 지위·조직 및 운영에 대해서는 수도로서의 특수성을 고려하여 법률로 정하는 바에 따라 특례를 둘 수 있다."고 규정하여 특례를 인정하고 있다.

##### ② 광역시(廣域市)

광역시(metropolitan city)란 대도시 중에서 법률에 의하여 도(道)로부터 분리되어 도와 동등한 지위를 부여받은 자치단체를 말한다. 광역시제도는 인구가 100만을 초과하는 대도시를 농촌중심의 도로부터 분리하여 도와 동등한 자격을 부여함으로써 대도시문제의 특수성을 효율적으로 처리하도록 한 것이었다(최봉기, 2006: 187). 광역시는 초기에는 직할시라는 명칭을 사용하였으나 1995년 1월 1일부터는 광역시(metropolitan city)로 개칭되어 사용되고 있다.

---

3) 지방자치법 제2조 제1항 지방자치단체는 다음의 두 가지 종류로 구분한다. 1. 특별시, 광역시, 도, 특별자치도 2. 시, 군, 구.

③ 도(道)

도(province)는 중앙정부와 기초지방자치단체(시 · 군 · 자치구) 사이에 위치한 중간적 자치단위로서 가장 전통적인 광역지방자치단체이다. 우리나라에서 도는 지방자치단체 중 가장 광범한 구역을 가진 지방자치단체이다.

④ 특별자치시

특별자치시는 2012년 7월 1일부터 법률로서 정하여 행정복합도시 기능을 하는 세종특별자치시를 출범시켰다.

### (2) 기초지방자치단체(municipalities)

기초지방자치단체(基礎地方自治團體)란 주민과 가까운 곳에서 주민의 일상생활에 필요한 공공서비스를 제공하는 최소단위의 지방자치단체이다. 우리나라에는 시 · 군 · 자치구가 기초지방자치단체이다.

① 시(市)

시는 그 대부분이 도시의 형태를 갖추고 인구가 5만 이상인 지역으로 군부의 읍에서 승격한다. 즉 시는 인구가 조밀하고 주민의 대부분이 2차, 3차 산업에 종사하며, 사회경제적 생활양식이 농촌과는 현저히 다른 일정한 지역(도시)에 대하여 행정수요의 특성에 부합하는 행정을 수행할 수 있도록 군에서 분리하여 별도의 자치단체로 하고 있다.

② 군(郡)

군은 원래 도(道) 관할구역 내의 농촌지역에 설치된 기초지방자치단체이다. 군은 1949년 지방자치법에서는 도의 관할하에 있는 지방행정구역이었다. 그리하여 제1 · 2공화국의 지방자치제도하에서는 기초지방자치단체가 아닌 행정구역에 불과하였다. 실질적으로 군은 1991년 지방자치의 부활과 함께 역사상 처음으로 기초지방자치단체가 되었다(최봉기, 2006: 189).

③ 자치구(自治區)

자치구는 대도시 지역의 특수성과 특별시 광역시의 자치구조가 단층제임을 고려하여 1988년 제7차 지방자치법개정에서 그 전까지만 해도 행정구역에 지나지 않았던 특별시와 광역시의 구(區)에 법인격을 부여함으로써 기초지방자치단체가 되었다.

### 2) 우리나라 지방자치단체의 현황

우리나라의 지방자치단체는 2012년 현재 1특별시, 6광역시, 8도, 1특별자치도, 1특별자치시의 17개의 광역자치단체와 74시, 84군, 69자치구의 227개 기초지방자치단체로 구성되어 있다. 전체 244개 지방자치단체로 구성된다.

〈표 12-1〉 우리나라 지방자치단체의 종합 현황

| 구분 | 총계 | 현황 |
|---|---|---|
| 광역자치단체 | 17 | 특별시(1), 광역시(6), 도(8), 특별자치도(1), 특별자치시(1) |
| 기초지방자치단체 | 227 | 시(74), 군(84), 자치구(69) |
| 계 | 244 | |

자료: 행정안전부, 2012, 「행정안전부 통계연보」.

# 제 2 절 지방자치단체의 계층구조

## 1. 지방자치단체의 계층구조의 의의

### 1) 계층구조의의 의의

일반적인 지방자치단체는 일정한 구역과 주민을 구성요소로 하며, 비교적 사무처리의 범위가 제한되어 있지 않은 일반적 단체인 까닭으로 일정한 구역에 1개만 설치되어 있으면 된다. 그러나 실제적으로는 지방자치단체가 그 구역의 일부를 구성요소로 하는 다른 일반지방자치단체를 가지고 있어서 지방자치단체가 중첩되는 경우가 많다. 이처럼 현실에 있어서 단층제와 다층제는 그 나라의 정치·경제·사회·문화 등 특수성에 따라서 각기 다르게 사용되고 있으며 3층제 이상을 채택하고 있는 나라[4])도 있다.

4) 그리스, 레바논, 이탈리아, 프랑스 등은 3층제를 채택하고 있으며 미얀마, 터키, 포르투갈, 페루 등은 4층제를 채택하고 있으며 에티오피아와 콜롬비아 등의 국가는 5층제를 채택하고 있다.

### 2) 계층구조별 특징

#### (1) 단층제 장 · 단점

지방자치단체의 자치권이 미치는 일정한 지역에 1개의 지방자치단체가 존재하는 것을 단층제라 한다.

① 단층제의 장점

첫째, 지방자치행정의 신속성이 증진된다. 단층제의 경우 기초지방자치단체가 중간지방자치단체인 광역지방자치단체를 거치지 않고 직접 중앙정부와 연결되어 신속한 행정을 가능하게 한다.

둘째, 지방자치행정의 오 · 남용을 예방한다. 단층제의 경우 단일한 행정을 수행함에 따라 행정계층이 많은 다층제에서 나타나는 사무처리의 지연 및 불가피한 인적 · 물적 자원의 낭비 등의 문제점들을 예방한다.

셋째, 지방자치행정의 책임성을 확보한다. 단층제는 다층제에 비하여 책임소재가 명확하기 때문에 다층제에서 나타나는 행정책임의 불명확으로 나타나는 책임전가 또는 사각지대의 행정 문제 등을 예방할 뿐 아니라, 중앙정부와 지방자치단체 간의 행정기능을 적절하게 배분할 수 있으며, 갈등 또는 문제발생 시 조정이 쉽게 이루어져 행정의 효율성도 증진시킬 수 있다.

넷째, 주민의 신뢰성을 향상시킨다. 단층제는 지방자치단체가 중앙정부의 위임사무를 처리하는 경우 먼저 중앙정부의 정책이나 계획을 신속하고 정확하게 주민들에게 전달할 수 있고, 그 사무에 관한 주민들의 의사 또한 지체 · 왜곡 없이 신속하게 전달할 수 있어 중앙정부와 지방자치단체에 대한 주민들의 신뢰성이 향상된다. 덧붙여 다층제에서 나타는 광역자치단체의 중앙정부와 기초지방자치단체의 의사소통 왜곡과 누수현상도 해결할 수 있다.

다섯째, 지방자치단체의 특수성을 고려할 수 있다. 단층제는 획일화된 광역자치단체의 행정이 아닌 개별성과 특별성을 존중받는 지방자치단체의 행정이 가능해진다.

② 단층제의 단점

첫째, 중앙정부의 통솔능력의 한계이다. 국토가 광활하고 인구가 많은 나라에서 단층제를 채택하게 되면 중앙정부의 통솔범위가 너무 넓어 비효율적일 뿐 아니라, 오히려 지방자치단체의 특수성과 개별성을 고려하지 못하는 중앙정부의 획일화된 행정이 수행될 우려를 낳는다.

둘째, 광역적 행정처리의 부적합이다. 도로개발, 운수(運輸), 관광개발 등 광역적 행정이나 개발에 관한 사무의 경우 소구역을 기초로 하는 지방자치단체는 사실상 수행이 어렵다.

셋째, 지방자치단체의 중앙집권화이다. 단층제에서는 지방자치단체가 중앙정부의 직접적인 지시와 감독을 받기 때문에 자칫하면 지방자치단체의 능력부족이라는 명분 아래 중앙정부의 지방사무의 중앙집권화가 나타날 수 있다.

#### (2) 다층제의 장 · 단점

지방자치단체의 자치권이 미치는 일정한 지역에 2개의 이상의 지방자치단체가 존재하는 것을 다층제라 한다. 여기서 주민들과 직접 접촉하여 가장 소구역을 기초로 하는 자치단체를 기초지방자치단체라고 하며, 중앙정부와 기초지방자치단체의 중간에 위치하는 자치단체를 광역지방자치단체 또는 중간지방자치단체라고 한다.

##### ① 다층제의 장점

첫째, 기초지방자치단체의 보완이 가능하다. 기초지방자치단체가 본연의 기능을 제대로 수행하지 못할 경우 광역단체가 이를 보완할 수 있다.

둘째, 광역적 행정업무의 처리가능이다. 단층제의 경우 그 능력과 기능부족으로 도로개발, 운수(運輸), 관광개발 등 광역적 행정이나 개발에 관한 사무처리가 불가능했지만 광역지방자치단체는 그 능력과 기능을 보충하여 이를 처리할 수 있을 뿐 아니라 기초지방자치단체들 사이의 분쟁 및 갈등을 조정하는 역할도 수행하여 원활한 지방자치를 가능하게 한다.

셋째, 행정기능의 효율적 분업이 가능하다. 오늘날의 복잡하고 · 고도화된 행정수요는 일정 구역 내의 모든 사무를 1개의 지방자치단체가 종합적으로 충족시키기에는 매우 부족하여 효율적 분업이 필요하다. 주민들의 일상생활과 직결되는 기능 등은 기초지방자치단체가 담당하고, 대규모 사업인 광역적 행정업무는 광역지방자치단체가 담당함으로써 충족시킬 수 있다.

넷째, 기초지방자치단체에 주민들의 참여가 용이해진다. 다층제에서는 중간지방자치단체가 있어 기초지방자치단체의 지리적 규모는 상대적으로 작아진다. 이로 인해 주민들의 참여는 용이해지고 나아가 지방행정의 민주성과 효율성을 향상시킬 수 있다.

##### ② 다층제의 단점

첫째, 모호한 책임소재이다. 다층제에서는 기초지방자치단체와 광역지방자치단체 사이의 중복되는 행정업무로 인해 이중행정이라는 폐단이 생기고 이는 인적 · 물적 자원의 낭비를 초래한다. 또한 모호한 책임소재로 문제발생 시 서로에게 책임을 전가하거나 책임을 회피하는 경우가 나타난다.

둘째, 지방자치단체의 지역적 특색이 획일화될 우려가 있다. 다층제에서는 광역지방자치단체가 관할 기초지방자치단체들의 통합적인 행정업무를 수행하기 때문에 자칫 기초지방자치단체들의 개별성과 특별성을 무시할 수 있다.

셋째, 지방자치사회의 비민주화가 초래된다. 다층제에서는 중앙정부와 주민들 사이의 의사소통이 중간지방자치단체를 통해 이루어지기 때문에 누수 또는 왜곡현상이 나타나기 쉽다. 또한 많은 계층은 주민들과 중앙정부 사이의 신속·원활한 의사소통을 방해하여 지방자치사회의 비민주화를 초래한다.

### 3) 한국의 지방자치단체 계층구조

건국 초기는 서울특별시는 단층제, 그 외의 지역은 도와 시·읍·면의 이층제로 이중적 자치계층구조로 되어 있었다. 그러나 행정계층은 서울특별시는 '서울특별시-구-동'으로, 도는 '도-시·군-읍·면'으로 모두 3층제를 유지했다.

1963년 1월 1일 법률 제1173호로 부산시가 직할시가 된 이래 인구의 증가 등에 따라 대구, 인천, 광주, 대전이 직할시가 되었고 1997년 7월 15일 울산이 광역시가 되었다. 이에 따라 특별시와 직할시는 자치구가 설치되기 전까지는 단층제를 그 외 지역은 2층제를 유지했다.

〈표 12-2〉 우리나라 지방계층구조의 변화

| 시기 | 지방행정 계층구조 | | |
|---|---|---|---|
| | 상층 | 중층 | 하층 |
| 1949년 이후 | [특별시], [도] | [시], 군·구 | [읍·면] 동 |
| 1961년 이후 | [특별시], [도] | [시], [군]·구 | 읍·면·동 |
| 1963년 이후 | [특별시], [직할시], [도] | [시], [군]·구 | 읍·면·동 |
| 1988년 이후 | [특별시], [직할시], [도] | [시], [군]·[자치구], 구 | 읍·면·동 |
| 1995년 이후 | [특별시], [광할시], [도] | [시], [군]·[자치구], 구 | 읍·면·동 |
| 2006년 7월 1일 이후 | [특별시], [광할시], [도], [특별자치도] | [시], [군]·[자치구], 행정시, 구 | 읍·면·동 |
| 2012년 7월 1일 이후 | [특별시], [광할시], [도], [특별자치도], [특별자치시] | [시], [군]·[자치구], 행정시, 구 | 읍·면·동 |

1988년 4월 특별시와 직할시[5]의 구를 자치구로 개편하여 특별시와 직할시 등의 대도시도 2층제의 자치계층이 되었다.

2006년 1월 11일 제주도를 폐지하고 제주특별자치도를 설치할 수 있도록 지방자치단체

5) 1995년 광역시로 변경.

의 종류에 특별자치도를 신설한 지방자치법이 개정되었다.

## 2. 지방자치단체의 기관구성 형태

지방자치단체의 기관구성은 각 나라마다 정치·경제·사회·문화 등의 각기 다른 환경에 따라 매우 다양하게 나타나고 있다. 선거방식에 의한 분류로 직선형, 간선형, 임명형으로, 지방자치단체의 의사결정 및 집행기능의 주체 여부에 따라 기관통합형, 기관분리형, 절충형으로 분류한다.

### 1) 선거방식에 의한 분류

지방자치단체의 기관을 구성하는 공직자들에 대한 선거방식에 의한 구분으로 직선형, 간선형, 임명형이 있다. 대부분의 나라의 경우 주민의 직선에 의해 지방자치단체장과 지방의회의원을 선출한다. 우리나라 또한 1952년 4월 25일 최초의 지방의회의원선거를 시작으로 현재 직선형을 유지하고 있다.

다만 지방의회의원은 직선제로 선출하는 국가에서도 지방자치단체장은 주민의 직선으로 구성되는 경우와 의회에서의 간선으로 선출되는 경우 또는 상위정부 책임자에 의해 임명되는 경우로 구분된다(강용기, 2008: 270).

### 2) 권력 분산 형태에 의한 분류

지방자치단체기관은 지방 의사결정 및 집행기능의 권력주체에 의해 기관통합형, 기관분리형, 절충형으로 구분할 수 있다.

#### (1) 기관통합형(機關統合形)

기관통합형(機關統合形)은 지방자치단체가 가지고 있는 자치권인 의결기능과 집행기능을 지방의회에서 모두 가지고 있는 형태를 말한다. 기관통합형은 권력통합형이라고도 불리며, 대표적으로 미국의 위원회형(committee system), 영국의 의회-위원회형(council-committee system), 프랑스의 의회-의장형(council presidential system) 등이 있다. 이러한 기관통합형 지방자치단체들은 권력구조에 있어서 중앙정부의 의원내각제와 매우 유사하며, 지방의회의원들의 의장이 지방자치단체의 장을 겸임하고 있다. 다만 지방의회의장이 지방자치단체장을 겸임하고 있더라도 이는 상징적인 존재일 뿐 실질적인 집행은 의회에서 행사된다. 따라서 지방자치를 위한 선거는 지방자치단체장선거는 실시하지 않고 지방의회의원선거만 실시한다.

#### (2) 기관분리형(機關分離形)

기관분리형(機關分離形)은 지방자치단체가 가지고 있는 자치권인 의결기능과 집행기능을 서로 다른 기관에 부여하여 기관 상호간에 견제와 균형을 통하여 업무를 수행하도록 하는 기관구성이다. 즉 국가의 정부형태 중 대통령중심제와 유사한 것으로 권력분립주의 원칙에 입각하여 의결기관과 집행기관을 각각 분리하여 설치하고 양 기관이 상호 견제와 균형을 하며 지방자치단체를 운영하는 유형이다.

이러한 기관분리형은 선임방법에 따라 임명형과 선거형으로 나눌 수 있으며, 선거형은 주민들의 직접선거에 의한 주민직선형과 의회에 의한 간선형으로 나누어진다.

#### (3) 절충형(折衷形)

절충형 기관구성 형태는 의회-집행위원회형(council executive committee)이라고도 불리며 의결기관과 집행기관을 분립시킨다는 점에서 기관분립형의 요소를 갖고 있으나, 서로 대립시키지 않고 기관통합형의 요소도 갖추고 있어 절충형이라고 한다. 절충형은 의결기관과 집행기관을 분리시키면서도 집행기관을 합의제로 운영한다는 점에서 기관분립형과 구별되며, 집행위원회가 의회를 모체로 하면서도 독립된 집행기능을 수행한다는 점에서 기관통합형과 구별된다.

## 제 3 절 지방의회와 집행기관

### 1. 지방의회의 의의

#### 1) 지방의회의 개념

지방의회(地方議會, council of local government)란 지방자치단체의 의결기관으로서 주민에 의해 선출된 지방의원을 구성원으로 하는 합의제 의결기관이다. 우리나라 헌법 제118조는 "지방자치단체에 의회를 두되 그 조직 · 권한 · 운영에 관한 사항은 법률로 정한다."고 규명함으로써 지방의회를 보장하고 있다. 이러한 지방의회는 간접민주주의를 실현하고 있는 오늘날 필수적인 통치기관이라 할 수 있다. 물론 주민들에 의해 지방자치단체의 모든 사무가 직접 결정되고 집행되는 직접민주주의가 이상적일 수 있으나, 지역의 규모 및 인구 등에 비추어 볼 때 현실적 한계가 있다. 결국 주민들의 선거를 통해 선출된 지방의원들이 구성하는 지방의회가 지방자치를 구현하는 핵심이 된다. 다만 간접민주주의도 완벽하지 않아 이를 극복하기 위해 주민투표, 주민소환, 주민청구 등 다양한 직접민주주의도 함께 시행된다.

### (1) 지방의회의 지위

지방의회는 조례의 제정·개정 및 폐지, 예산의 심의·확정, 기금의 설치·운용, 지방의 공공사무 및 정책의 심의·의결 등을 수행함으로써 주민의 복리를 증진시키고자 한다.

#### ① 주민의 대표기관

지방의회는 주민이 선출한 지방의회의원으로 구성되며, 지방자치단체의 의사를 심의 및 결정하기 때문에 주민의 대표기관으로서의 지위를 지닌다.

#### ② 지방자치의 의결기관

지방의회는 지방자치단체의 의결기관으로서의 지위를 가진다. 즉 지방의회는 지방자치단체의 정책이나 사업, 입법, 조례의 제정·개정 및 폐지 등의 지방자치단체의 운영사항에 관하여 최종적인 의사를 확정하는 권한을 가지고 있다.

#### ③ 지방자치의 입법기관

지방의회는 지방자치단체의 자치법규의 근간이 되는 조례를 제정할 수 있는 권한을 가진다. 즉 입법기관으로서의 지위를 갖는다.

#### ④ 지방자치의 감시기관

지방의회는 지방자치단체가 자신들이 결정한 사항이나 바람직한 행정업무가 집행기관에 의해 성실히 수행되고 있는지에 대해 감사와 조사할 수 있는 권한을 가지고 있다.

### 2) 지방의회의 규모

지방의회는 각 나라의 다양한 환경에 따라서 규모를 크게 하여 의원수를 많게 하는 대의회제와 규모를 작게 하여 의원수를 적게 하는 소의회제로 구분할 수 있다. 대체로 영국, 프랑스, 독일 등의 국가에서는 대의회제를 택하고 있다. 이와는 다르게 미국, 캐나다, 필리핀 등의 국가에서는 소의회제를 택하고 있다. 우리나라의 경우는 지방의회의 규모는 대체로 대규모형을 채택하고 있다고 볼 수 있다.

## 2. 지방의회의 조직

지방의회는 일반적으로 주민들이 선출한 지방의회의원으로 구성된 주민의 대표기관이다. 각 나라의 역사, 주민자치의 성숙도, 주민의식 등에 따라 직선제, 간선제, 임명제, 비례대표제, 직능대표제 등의 방법을 병행하여 지방의회를 구성하기도 한다. 덧붙여 지방의회는 단원제를 할 수도 있고, 양원제를 할 수도 있지만, 일본을 제외한 대부분의 나라들은 단원제를 택하고 있다. 우리나라 또한 단원제를 채택하고 있다.

### 1) 지방의회의 내부 조직

지방의회는 주민들의 복리향상이라는 기능을 수행하기 위하여 일정한 조직을 갖고 있다.

#### (1) 지방의회의 의장단

지방의회는 의장과 부의장으로 구성되는 의장단을 갖고 있다. 이때 의장은 의회를 대표하고 의사(議事)를 정리하며, 회의장 내의 질서를 유지하고 의회의 사무를 감독한다(지방자치법 제49조). 또한 의장은 위원회에 출석하여 발언할 수 있으며, 의결에 있어 표결권을 가진다. 다만 가부동수(可否同數)인 경우에는 부결된 것으로 본다.

#### (2) 지방의회의 위원회

지방의회는 조례가 정하는 바에 따라 위원회를 둘 수 있다(지방자치법 제56조 제1항). 여기서 위원회(committee)란 지방의회의 일부 의원으로 구성되는 합의제기관으로, 위원회의 종류는 소관의안과 청원 등을 심사·처리하는 상임위원회와 특정한 안건을 일시적으로 심사·처리하기 위한 특별위원회 두 가지가 있다(지방자치법 제56조 제2항).

#### (3) 지방의회의원

주민의 직접·평등·보통·비밀선거로 선출된 지방의회의원들은 광역의회의원과 기초의회의원으로 구분된다. 또한 직접선거에 의해 선출되는 지역구의원과 비례대표의원으로 구분된다. 이러한 지방의회의원은 임기가 4년이고, 3회까지 최고 12년간 재임이 가능한 지방자치단체장과 다르게 연임제한규정이 없다.

#### (4) 지방의회의 사무조직

지방의회는 지방의회의 사무를 정리하는 사무조직을 갖고 있다. 그러나 그 사무조직의 설치가 필수사항으로 되어 있는 경우와 임의사항으로 되어 있는 경우, 그리고 그 조직을 의회의 소속하에 두는 경우와 집행기간의 소속하에 두는 경우 등 다양하다.

## 3. 지방의회의 권한과 운영 기본원칙

우리나라에서 지방의회는 자치단체장의 기관위임사무와 법령에 의하여 자치단체의 장의 전속사항으로 된 사무를 제외하고는 원칙적으로 해당 지방자치단체의 사무 전반에 걸쳐 관여할 수 있다.

### 1) 의결권(議決權)

지방의회는 당해 지방자치단체의 의사결정기관이며 그 주된 권한으로서 의결권을 갖는다. 의회에 의결권을 부여하는 방법에는 개괄주의와 제한주의가 있다. 개괄주의는 자치단체의 주요 사무에 대하여 원칙적으로 모두 의회의 의결을 거치게 하는 것인데 비하여 제한주의는 법규에 규정된 특정 사항에 한하여 의회에 의결권을 부여하는 방식이다. 우리나라는 지방자치법 제39조 1항에서 지방의회의 의결사항을 규정하고 있으면서 동시에 동 2항에서 다시 조례로써 1항의 의결사항 이외의 사항에 대하여 지방의회가 의결할 수 있도록 한다.

### 2) 감시권

감시권은 주민의 대표기관의 지위에서 집행기관의 독주를 막고 자치행정의 적정한 운영을 도모하는 의미가 있다. 지방자치법에서는 의회의 감시권으로 행정사무감사 및 조사권, 서류제출요구권, 행정사무처리 상황의 보고 및 질의응답 권한을 보장하고 있다.

### 3) 자율권

지방의회는 그 조직의 운영에서 자율권을 가짐에 따라 이에 대한 국가의 관여나 단체장의 관여가 배제된다. 이는 의회주의 사상과 권력 분립 원칙에 기초한 권한이라 할 수 있다. 이와 관련하여 지방자치법 제43조에서는 "지방의회는 내부 운영에 관하여 이 법에 정한 것을 제외하고 필요한 사항을 규칙으로 정할 수 있다."라고 규정하고 있다.

### 4) 청원수리 및 처리권

헌법 제26조는 "모든 국민은 법률이 정하는 바에 의하여 국가기관에 문서로 청원할 권리를 가지며 국가는 청원에 대하여 심사할 의무를 가진다."라고 규정하고 있다. 청원이란 자치단체의 장이나 지방의회를 포함한 국가기관에 대하여 의견 또는 희망을 개진할 수 있는 국민의 권리이다. 청원의 대상은 공권력의 사용에 의하여 받은 피해의 구제, 공무원의 비위 또는 징계요구, 법령개폐, 공공시설 운영 및 기타 지방자치단체의 권한에 속하는 사항이면 무엇이든지 가능하다(청원법 제4조).

### 5) 지방의회의 운영과 기본원칙

#### (1) 회기제의 운영

지방의회의 활동기간은 총선거에 의하여 선출된 의원의 임기가 개시되는 때로부터 개시되어 이들 의원의 임기가 만료되거나 의회가 해산됨으로써 종료된다. 여기서 의회가 실질적인 활동능력을 갖게 되는 기간을 회기라고 하는데 이것은 다시 정례회와 임시회로 구분되며, 지방의회의 개회, 휴회, 폐회와 회기는 지방의회가 의결로 정한다.

#### (2) 회기계속의 원칙

지방자치법 제67조에는 "지방의회에 제출된 의안은 회기 중에 의결되지 못한 것 때문에 폐기되지 아니한다. 다만 지방의회의원의 임기가 끝나는 경우에는 그러하지 아니하다."고 규정하여 회기가 끝나더라도 주민들의 복리를 위해 제출된 의안은 폐기되지 않는다.

#### (3) 일사부재의(一事不再議) 원칙

지방자치법 제68조에는 "지방의회에서 부결된 의안은 같은 회기 중에 다시 발의하거나 제출할 수 없다."고 규정하여 한번 부결된 의안들이 다시 발의되거나 제출되는 것을 통해 발생하는 혼잡과 혼란을 방지하고 있다.

#### (4) 회의공개의 원칙

지방자치법 제65조에는 "지방의회의 회의는 공개한다. 다만 의원 3명 이상이 발의하고 출석의원 3분의 2 이상이 찬성한 경우 또는 의장이 사회의 안녕질서 유지를 위하여 필요하다고 인정하는 경우에는 공개하지 아니할 수 있다."고 규정하여 주민들의 알권리를 보장해 주며, 무엇보다 지방의회의 회의 내용에 주민들의 의사가 반영되었는지를 알 수 있게 한다.

## 4. 지방자치단체집행기관의 의의

지방자치단체의 집행기관이란 의결기관의 의사에 따라 지방자치단체의 목적을 적극적이고 구체적으로 실현하는 기관을 말한다. 지방자치단체의 집행기관은 중앙정부의 그것과 마찬가지로 거대한 계층제적 관료조직을 형성하고, 여러 가지의 다양한 조직들이 일련의 원칙에 따라 질서 있게 배열되어 있는 것이 보통이다.

집행기관의 유형은 자치기관의 구성방식에 따라 다르다. 기관분립형 국가의 경우는 집행기관이 별도로 존재하여 집행기관의 장이 자치단체의 대표자로서 실질적 행정책임자의 지위를 가지는 데 반해, 기관통합형의 국가에서는 의결기관과 대립되는 별도의 집행기관이 존재하지 아니하고 의회 또는 그 위원회가 집행권을 지니고 있다.

우리나라는 기관분립형 자치기관유형을 채택하고 있다. 즉 특별시장, 광역시장, 도지사, 특별자치도지사, 시장, 군수, 구청장을 두도록 하고 이들이 각각 지방자치단체를 대표하면서 동시에 보조기관, 하급행정기관 또는 소속행정기관의 집행사무를 모두 실질적으로 통할하도록 하고 있다. 다만 학예, 교육, 체육에 관한 사무의 집행을 위하여 시·도에 교육감, 시·군·구에 교육장을 따로 두고 있어 지방자치단체의 집행기관이 사실상 이원화되고 있는 셈이다.

이러한 집행기관으로서의 지방자치단체장은 주민이 보통·평등·직접·비밀선거에 따라 선출하며(지방자치법 제94조), 임기는 4년으로 하며, 지방자치단체장의 계속재임(在任)은 3기에 한한다(지방자치법 제95조).

## 5. 지방자치단체장의 지위와 권한

### 1) 지방자치단체장의 지위

#### (1) 대표로서의 지위

현 지방자치법 제101조에는 "지방자치단체의 장은 지방자치단체를 대표하고 그 사무를 총괄한다."고 규정하여 지방자치단체장을 지방자치단체의 대표라고 명하고 있다. 이처럼 지방자치단체장은 지방자치단체를 대표하여 조례를 공포하고 외부기관 내지는 기구와 계약을 하며 의식을 행한다. 또한 지방자치단체를 대표하여 대외적으로 공법상 행위를 하거나 사법상의 행위를 행하며 소송상의 행위에 있어서 지방자치단체를 대표한다.

#### (2) 집행기관장으로서의 지위

현 지방자치법 제101조에서 "지방자치단체의 사무를 총괄한다."고 규정한 것처럼 실질적으로 지방자치단체의 집행기관의 장으로서 사무를 총괄할 것을 명하고 있다. 집행기관의 장으로서 지방의회와의 적절한 관계를 유지하며 자치단체의 사무를 통할·관리·집행하게 된다.

#### (3) 국가의 일선기관으로서의 지위

우리의 지방자치는 국가가 일선 지방행정기관에 일정의 사무를 자치적으로 처리하게 하는 단체자치의 성격이 강하다. 기관위임사무에 관한 한 자치단체장은 지방자치단체의 대표라기보다는 중앙정부의 일선 지방행정기관의 장의 지위를 지니게 된다. 우리나라 지방자치법에 제102조에도 "시·도와 시·군 및 자치구에서 시행하는 국가사무는 법령에 다른 규정이 없으면 시·도지사와 시장·군수 및 자치구의 구청장에게 위임하여 행한다."고 규정하여 국가사무의 위임을 인정하고, 실제로 지방자치단체는 도로·하천의 유지와 관리, 경찰·호적에 관한 사무 등은 국가의 일선기관으로서 역할을 수행하고 있다.

### 2) 지방자치단체장의 권한

우리나라의 지방자치단체장의 권한은 기관구성에 있어 기관분립형에서도 강시장-의회형의 특징을 가지고 있다. 즉 지방자치단체장과 지방의회가 별도의 선거에 의해 주민으로부터 직접 선출되며, 단체장이 지방의회에 비하여 상대적으로 강한 권한을 행사하는 형태이다.

#### (1) 의회운영에 관한 권한

첫째, 현 지방자치법 제45조 제2항[6]에 따르면 지방자치단체장은 지방의회의 의장에게 임시회의 소집을 요구할 수 있다.

둘째, 지방자치단체장은 지방의회의 의결과 관련하여 여러 가지의 권한을 행사할 수 있다. 먼저 지방자치단체장은 지방자치법 제66조 제1항[7]에서처럼 지방의회에서 의결할 의안을 발의하는 발의권이 있다. 실제로 조례안의 경우 실질적인 발의는 대부분 지방의원이 아

---

6) 지방자치법 제45조 제2항: 지방의회의장은 지방자치단체의 장이나 재적의원 3분의 1 이상의 의원이 요구하면 15일 이내에 임시회를 소집하여야 한다. 다만 의장과 부의장이 사고로 임시회를 소집할 수 없으면 의원 중 연장자의 순으로 소집할 수 있다.

7) 지방자치법 제66조 1항: 지방의회에서 의결할 의안은 지방자치단체의 장이나 재적의원 5분의 1 이상 또는 의원 10명 이상의 연서로 발의한다.

닌 단체장에 의해서 이루어지고 있다. 아울러 지방자치단체장은 특정한 경우에 해당하는 지방의회의 의결에 대해서 재의를 요구하는 재의요구권이 있다.[8] 또한 단체장은 재의결된 사안이 여전히 '법령에 위반된다고 인정되면' 대법원에 소(訴)를 제기할 수 있다.

셋째, 지방자치법 제109조1항에서는 "지방자치단체의 장은 지방의회가 성립되지 아니한 때(의원이 구속되는 등의 사유로 제64조에 따른 의결정족수에 미달하게 될 때를 말한다)와 지방의회의 의결사항 중 주민의 생명과 재산보호를 위하여 긴급하게 필요한 사항으로서 지방의회를 소집할 시간적 여유가 없거나 지방의회에서 의결이 지체되어 의결되지 아니할 때에는 선결처분(先決處分)을 할 수 있다."라고 규정하고 있다.

#### (2) 행정권

첫째, 단체장은 행정의 원활한 수행을 위하여 법령이나 조례가 위임한 범위 내에서 그 권한에 속하는 사무에 관하여 규칙을 정할 수 있다(지방자치법 제23조).

둘째, 단체장은 자치사무 및 단체위임사무 그리고 기관위임사무를 관리하고 집행할 권한과 책임을 부여받고 있다(지방자치법 제103조).

셋째, 지방자치법 제105조에서는 "지방자치단체의 장은 소속 직원을 지휘·감독하고 법령과 조례·규칙으로 정하는 바에 따라 그 임면·교육훈련·복무·징계 등에 관한 사항을 처리한다."라고 규정하고 있다.

## 제4절 지방선거

오늘날 지방선거는 지방자치를 수행하는 데 없어서는 안 될 필수불가결한 제도적 장치이다. 주민들을 대표하여 지방사무를 처리할 주민대표의 선출이 불가피하고, 선거는 바로 이를 위해서 반드시 치러야 할 과정이다. 특히 지방선거는 살아 있는 민주정치의 현장으로서 주민의 정치의식과 정치행태가 현실로 나타나는 민주주의의 시험장이다. 그렇기 때문에 지방선거의 성패가 지방자치의 성패와 직결된다고 볼 수 있다.

---

8) 지방자치법 제107조 1항: 지방자치단체의 장은 지방의회의 의결이 월권이거나 법령에 위반되거나 공익을 현저히 해친다고 인정되면 그 의결사항을 이송받은 날부터 20일 이내에 이유를 붙여 재의를 요구할 수 있다.

# 1. 지방선거의 정의

## 1) 지방선거의 개념

지방선거는 지방자치법에 따라 주민들이 해당 자치단체의 장(長) 및 지방의회의원을 뽑는 선거를 말한다.

### (1) 선거권과 피선거권

① 선거권

지방선거의 선거권은 지역주민으로서 지방선거를 할 수 있는 권한을 말한다. 우리나라의 경우 선거일 현재 19세 이상의 국민으로서 선거인명부작성기준일 현재 당해 지방자치단체의 관할구역 안에 주민등록이 되어 있는 자 및 '출입국관리법' 제10조(체류자격)의 규정에 따른 영주의 체류자격 취득일 후 3년이 경과한 19세 이상의 외국인으로서 당해 지방자치단체의 외국인등록대장에 등재된 자를 선거권이 있다. 미국, 영국, 프랑스 등에서는 18세 이상으로 하고 있고, 일본과 대만은 20세, 인도, 말레이시아는 21세 이상으로 규정하고 있다.

〈표 12-3〉 선거권이 없는 자

| ※ 선거권이 없는 자(선거일 현재 다음 중 하나라도 해당될 경우)<br>-금치산선고를 받은 자<br>-금고 이상의 형의 선고를 받고 그 집행이 종료되지 아니하거나 그 집행을 받지 아니하기로 확정되지 아니한 자<br>-선거범, '정치자금법' 제45조(정치자금 부정수수죄) 및 제49조(선거비용관련 위반행위에 관한 벌칙)에 규정된 죄를 범한 자 또는 대통령·국회의원·지방의회의원·지방자치단체의 장으로서 그 재임 중의 직무와 관련하여 '형법'('특정범죄 가중처벌 등에 관한 법률' 제2조에 의하여 가중처벌 되는 경우를 포함한다) 제129조(수뢰, 사전수뢰) 내지 제132조(알선수뢰)·'특정범죄 가중처벌 등에 관한 법률' 제3조(알선수재)에 규정된 죄를 범한 자로서, 100만 원 이상의 벌금형의 선고를 받고 그 형이 확정된 후 5년 또는 형의 집행유예의 선고를 받고 그 형이 확정된 후 10년을 경과하지 아니하거나 징역형의 선고를 받고 그 집행을 받지 아니하기로 확정된 후 또는 그 형의 집행이 종료되거나 면제된 후 10년을 경과하지 아니한 자(형이 실효된 자도 포함한다)<br>-법원의 판결 또는 다른 법률에 의하여 선거권이 정지 또는 상실된 자<br>☞ 선거범: '공직선거법' 제16장 벌칙에 규정된 죄와 국민투표법 위반의 죄를 범한 자 |
|---|

② 피선거권

지방선거의 피선거권은 지방선거의 후보자로 등록할 수 있는 자격요건을 말한다. 우리나라의 경우 선거일 현재 계속하여 60일 이상(공무로 외국에 파견되어 선거일 전 60일 후에 귀국한 자는 선거인명부작성기준일부터 계속하여 선거일까지) 당해 지방자치단체의 관할구역 안에 주민등록이 되어 있는 주민으로서 25세 이상의 국민만이 피선거권을 가질 수 있다.

〈표 12-4〉 피선거권이 없는 자

| ※ 피선거권이 없는 자(선거일 현재 다음 중 하나라도 해당될 경우) |
|---|
| -선거권이 없는 자 |
| -금고 이상의 형의 선고를 받고 그 형이 실효되지 아니한 자 |
| -법원의 판결 또는 다른 법률에 의하여 피선거권이 정지되거나 상실된 자 |

### 2) 지방선거의 역사

우리나라 지방선거의 역사를 간단히 정리하면 다음과 같다.

〈표 12-5〉 한국 지방선거의 역사

| - 지방선거의 역사 - |
|---|
| 1 제1회 지방선거: 1952년 4월 25일에 시·읍·면의회를 5월 10일에 도의회의원선거를 각각 실시.<br>※ 1950년 제헌헌법에서 위임한 법률에 따라 최초의 지방선거를 실시하려 하였으나, 6·25 전쟁으로 미루어졌고 서울특별시와 경기도·강원도의 경우는 완전히 수복되지 않은 관계로 제외되었고, 전라북도 4개 군은 치안 관계로 제외됨. |
| 2 제2회 지방선거: 1956년 8월 8일에 시·읍·면의원선거를, 8월 13일에 도의원선거를 각각 실시. |
| 3 제3회 지방선거: 제2공화국 최초의 지방선거로, 제5차 개정 법률에 따라 1960년 12월 12일에 서울특별시와 도의원선거, 12월 19일에 시의원·읍 의원·면의원선거, 12월 26일 시·읍·면 의장 선거, 12월 29일 서울시장 및 도지사 선거 실시.<br>※ 그러나 이 3회 지방선거로 탄생한 자치단체와 지방의회는 이듬해 5·16 군사정변으로 인해 해산됨으로써 한국의 지방자치는 일단 막을 내림. |
| 4 제4회 지방선거: 1988년 시·도지사와 시·군·구를 자치단체로 규정하고, 1991년 3월 26일 기초자치단체인 시·군·구의회의원선거를, 1991년 6월20일 시·도의회의 의원선거를 실시함으로써 30여 년 만에 지방선거가 부활함. |
| 5 제1회 전국동시지방선거: 1995년 6월 27일 실시. |
| 6 제2회 전국동시지방선거: 1998년 6월 4일 실시. |
| 7 제3회 전국동시지방선거: 2002년 6월 13일 실시. |
| 8 제4회 전국동시지방선거: 2006년 5월 31일 서울과 광역시도의 의회의원과 시, 군, 구 의회의원선거에 비례 대표제 및 시, 군, 구 의원 유급제, 정당추천제 도입. |
| 9 제5회 전국동시지방선거: 2010년 6월 2일 실시. 교육감, 교육위원 선거도 함께 실시. |

### 3) 지방선거의 원리

지방선거는 보통선거, 평등선거, 직접선거, 비밀선거의 4가지 기본원리로 한다.

#### (1) 보통선거

보통선거란 연령·성별·신분·교육 정도 등에 의해 차별이나 제한 없이 원칙적으로 모든 성인에게 선거권을 인정하는 선거원리를 말한다.

#### (2) 평등선거

평등선거란 선거인의 투표의 가치를 모두 평등하게 취급하고 누구나 한 표씩 투표하는 선거원리로 차등선거에 대칭되는 원리이다. 우리나라에서도 1인 1투표주의를 채택하고 있다(공직선거법 제146조 제2항).

#### (3) 직접선거

직접선거는 일반선거인이 대표자를 직접 선출하는 선거원리로 간접선거에 대칭되는 선거원리이다(공직선거법 제 146조 제1항).

#### (4) 비밀선거

비밀선거는 선거인이 누구에게 투표하였는가를 제삼자가 알지 못하게 하는 선거원리로 공개선거 또는 공개투표에 대칭되는 선거원리이다.

## 2. 지방선거제도의 유형

지방선거의 결과는 선거제도의 유형에 따라 현저히 달라질 수 있다. 즉 하나의 선거구에서 몇 명의 당선자를 선출하느냐에 따라서는 물론이고, 한 사람의 유권자가 몇 명의 후보자에게 투표할 수 있는가에 따라서도 달라질 수 있다(최봉기, 2006: 618~620).

### 1) 다수대표제(소선거구제)

다수대표제는 한 선거구에서 다수 득표자만을 당선자로 삼는 선거제도이다. 다수투표제는 정국의 안정에는 효과가 있으나 반면 사표가 많이 생기며 소수파의 의사가 무시될 수 있다. 소선구단기투표자와 대선구완전연기투표제가 있다.

첫째, 소선거구 단기투표제란 한 선거구에서 한 명의 후보자를 선출하는 제도로서, 한 명의 유권자는 한 명의 후보자에게만 투표하게 하는 제도이다.

둘째, 대선거구완전연기투표제란 한 선거구에서 2명 이상을 선출하는 대선거구에서 한 명의 유권자가 투표할 수 있는 당해 선거구에서 선출하는 당선자의 수만큼 투표하게 하는 제도이다.

### 2) 소수대표제(대선거구제)

소수대표제는 다수당이 의석을 독점하는 것을 막고, 소수당에도 어느 정도의 의석을 확보할 수 있도록 배려하는 선거제도이다. 즉 소수파의 대표자에게도 당선의 기회가 주어지도록 하는 제도이며, 그 예로 대선거구단기투표제와 제한연기투표제, 누적투표제 등이 있다.

첫째, 대선거구단기투표제란 한 선거구에서 다수의(흔히 3인 이상 5인 이하) 후보자를 선출하는 선거에서 한 명의 선거인(유권자)은 한 명의 후보에게만 투표할 수 있게 한 제도이다.

둘째, 제한연기투표제란 한 선거구에서 다수의 후보자를 선발하는 대선거구제에서 한 명의 선거인이 다수의 투표권을 가지지만 선출할 후보자 정수보다는 적은 투표권을 행사하게 하는 제도이다.

셋째, 누적투표제란 한 선거구에서 다수의 후보자를 선출할 수 있는 중대선거구에서 한 명의 선거인은 그 선거구에서 선출할 후보자의 정수와 같은 투표권을 가지며, 그 투표권을 같은 후보자에게 중복하여 투표할 수 있는 제도이다.

### 3) 비례대표제

정당에 대한 선거인의 지지율을 당선인의 구성비에 반영하려는 제도로서 가능한 사표를 줄이고 이를 유효하게 사용함으로써 일정한 당선기준으로서 투표수를 정하며, 이 투표수를 초과하는 표를 다른 후보자 또는 정당에 이양할 수 있도록 하는 제도이다. 이러한 비례대표제도는 초과득표의 이양방법에 따라 단기이양식과 명부식이 있다.

첫째, 단기이양식이란 후보자가 당선에 필요한 표수 이상의 표를 득표하였을 경우 나머지 표를 다른 후보자에게 이양하는 방식을 말한다.

둘째, 명부식이란 선거인은 각 정당 등에서 제출한 후보자 명부에 대하여 투표를 하고, 각 명부에 투표된 득표수에 비례하여 정당별 당선인이 배분되는 방식이다.

## 3. 우리나라 지방선거의 특징

우리나라 지방선거의 경우 제도와 절차는 다음과 같이 공직선거법에 규정하고 있다

### 1) 상대 다수대표제와 연장자 우선주의 채택

우리나라 지방선거 중 광역의원 및 기초의원의 선거에 있어서는 선거구선거관리위원회가 당해 선거구에서 유효투표의 다수를 얻은 자를 당선인으로 결정한다(공직선거법 제190조 제1항). 이 경우는 지방자치단체의 장에게도 해당된다(공직선거법 제191조 제1항). 또

한 유효투표에서 2인 이상이 동수를 얻을 때는 연장자가 당선인이 된다.

### 2) 무투표당선 인정

지방선거의 경우 후보자등록마감 시각에 후보자가 당해 선거구에서 선거할 의원 정수를 넘지 않거나 후보자등록마감 후 선거일투표개시 시각까지 후보자가 사퇴・사망하거나 등록이 무효로 되어 후보자 수가 당해 선거구에서 선거할 의원 정수를 넘지 않게 된 때에는 투표를 실시하지 않고 선거일 전에 그 후보자를 당선인으로 결정한다(공직선거법 제 190조 제2항).

지방자치단체장의 선거에 있어서는 후보자등록마감 시각에 후보자가 1인이거나 후보자등록마감 후 선거일투표마감 시각까지 후보자가 사퇴・사망하거나 등록이 무효로 되어 후보자 수가 1인이 된 때에는 투표를 실시하여 그 득표수가 투표자 총수의 3분의 1 이상에 달하여야 당선인으로 결정한다(공직선거법 제191조 제 2항). 2010년 6월 2일 제5회 전국동시지방 선거에서는 무투표 당선을 인정하였다.

### 3) 기초의회, 광역의회의원의 비례대표제 인정

비례대표의석은 유효투표 총수의 100분의 5 이상을 득표한 정당(의석할당 정당이라 함)에 대하여 당해 선거에서 얻은 득표비율에 따라 비례대표 의원 정수를 곱하여 산출된 수의 정수의 의석을 그 정당에 먼저 배분하고 잔여 의석은 단수가 큰 순으로 각 의석할당 정당에 1석씩 배분하되, 같은 단수가 있는 때에는 그 득표수가 많은 정당에 배분하고 그 득표수가 같은 때에는 당해 정당 사이의 추첨에 의한다. 이 경우 득표비율은 각 의석할당 정당의 득표수를 모든 의석할당 정당이 득표수의 합계로 나누고 소수점 이하 제5위를 반올림하여 산출한다(공직선거법 제 190조의 2 제1항).

### 4) 정당공천제도 인정

지방자치단체의 장과 광역의원에 입후보하기 위해서는 모두 정당공천을 받아야 하는 것은 아니고 무소속으로 입후보할 수도 있는데, 무소속으로 입후보하기 위해서는 일정한 지역주민의 추천을 받아야 한다. 즉 광역자치단체장으로 입후보하기 위해서는 당해 시도 안의 3분의 1 이상의 자치구, 시, 군에 나누어 하나의 자치구, 시, 군에 주민등록이 되어 있는 선거권자의 수를 50인 이상으로 한 1,000인 이상 2,000인 이하의 추천을 받아야 하며, 기초자치단체장으로 입후보하기 위해서는 300인 이상 500인 이하의 추천을 받아야 한다. 또한 광역의회의원으로 입후보하기 위해서는 100인 이상 200인 이하의 추천을 받아야 하며, 기초의회의원으로 입후보하기 위해서는 50인 이상 100인 이하의 추천을 받아야 한다. 다만 인구가 천 명 미만의 선거구에서는 30인 이상 50인 이하의 추천을 받아야 한다. 특히 무소속 후보자가 되고자 하는 자는 관할 선거구 선거관리위원회가 후보자 등록 신청개시일 전 5일부터 검인하여 교부하는 추천장을 사용하여야 하며, 추천 선거권자 수의 상한 수를 넘어 추천을 받아서는 안 된다(공직선거법 제48조).

### 5) 기탁금제도 운용

기탁금제도란 지방자치단체장 지방의회의원선거 등에서 후보자가 되려고 하는 사람에게 등록신청 시에 관할 각급 선거관리위원회에 법률이 정한 일정금액을 기탁하게 하는 제도를 말한다. 우리나라의 경우 지방자치단체의 장과 지방의회의원의 경우 일정한 기탁금을 관할 선거구 선거관리위원회에 납부하여 한다(공직선거법 제57조).

### 6) 공정선거를 위한 제도적 장치

선거운동에 관한 상세한 규정들이 공직선거법에 규정되어 있어 지방선거의 공명성을 확보하기 위한 제도적 장치들을 마련하고 있다. 선거운동비용, 선거사무원, 홍보물, 연설 선거비용 등 여러 분야에 대해 법적으로 정해 놓고 있다.

## 연 습 문 제

1. 지방자치단체의 계층구조에 관한 설명 중 옳지 않은 것은?(2010 경정승진 출제)
   ① 단층제는 국토가 넓거나 인구가 많은 국가에서 채택하기 곤란하다.
   ② 단층제는 중앙집권화의 우려가 크다.
   ③ 중층제는 국가의 감독기능 유지를 어렵게 한다.
   ④ 중층제는 기능배분의 불명확성과 행정책임의 모호성이 단점으로 지적된다.

   **〈해설〉** 중층제는 중간자치단체를 통하여 국가의 감독기능 유지를 가능하게 하는 장점을 가진 구조이다.

2. 지방자치단체의 기관구성형태 중 기관통합형의 특징이 아닌 것은?(2008 국가9급 출제)
   ① 지방행정의 권한과 책임이 의회에 집중된다.
   ② 정책결정과 집행의 유기적 관련성을 제고시킨다.
   ③ 견제와 균형에 유리하다.
   ④ 기관통합형 중 특히 위원회형은 소규모의 지방자치단체에 적합하다.

   **〈해설〉** 기관통합형은 의결기관과 집행기관이 분리되지 않은 형태로 견제와 균형에 불리한 구성형태이다. 대신에 권한과 책임이 지방의회에 집중되어 있어 의사결정과 집행에 유기적 관련성이 높다.

3. 제주특별자치도에 대한 설명 중 틀린 것은?(2007 대전9급 출제)
   ① 제주특별자치도는 특별시・광역시・도와는 다른 특별한 지방자치단체이다.
   ② 감사위원회는 도지사 소속으로 둔다.
   ③ 서귀포시와 제주시는 지방자치단체가 아니다.
   ④ 제주특별자치도는 다른 자치단체와 구별되는 많은 특별한 다른 조치가 행해지고 있다.

   **〈해설〉** 제주특별자치도는 특별시・광역시・도와는 다른 일부의 특례가 있지만 특별한 지방자치단체가 아니고 정부직할의 광역자치단체의 일종이다.

---

[정답] 1. ③ 2. ③ 3. ①

## 기출문제

〈2010년 행정고등고시 2차 시험〉

※ 최근 일부 지방자치단체에서 '주민참여예산제도'를 채택하고 있다. 주민참여예산제도의 필요성을 '사회적 자본(social capital)'의 관점에서 논하고, 이 제도의 성공적인 정착 방안을 제시하시오. (15점)

〈1995년 행정고등고시 2차 시험〉

※ 지방정부 내에서 선거직인 자치단체장과 전문관료직인 직업공무원 간의 갈등과 역할 배분 문제에 대하여 논하시오.

〈1994년 입법고등고시 2차 시험〉

※ 직선단체장하의 중앙과 지방과의 관계

# 제13장

# 행 정 개 혁

## 제1절 행정개혁

### 1. 행정개혁의 의의

#### 1) 개념

행정개혁이란 용어는 학문적으로나 행정의 실제에서 흔히 사용되어 왔지만 그 의미는 매우 다양하여 한마디로 정의하기 어려운 개념이다. 행정개혁은 행정서비스의 질을 높이기 위해 노력하는 일련의 과정이다. 행정개혁은 행정이 스스로의 필요에 따라 또는 사회로부터의 압력에 따라 스스로 변화하고 적응해가는 것 이상을 의미한다.

케이든(Gerald Caiden)은 행정개혁에 관한 개념의 규정을 다음과 같이 요약하고 있다. 첫째, 행정에서의 모든 개선에 적용되는 용어로 보는 견해 둘째, 잘못된 행정에 대한 특별한 치유로 파악하는 입장 셋째, 좀 더 훌륭한 행정의 제안으로 보는 입장이라고 규정한다. 드로어(Yehezkel Dror)는 행정개혁은 행정체제의 주요 특징을 의식적으로 변화시키는 것을 의미하며 행정개선과 행정개혁 간에는 하나의 연속체의 관념이 존재한다고 한다.

이한빈은 행정개혁을 국가발전이란 적극적인 목적을 향하여 행정체계를 개선하고자 하는 명백한 의도를 가지고 새로운 아이디어나 그 아이디어의 결합을 행정체제에다 적용하려는 노력으로 보는 입장이다. 박동서는 개혁을 쇄신과 거의 같은 뜻으로 이해하면서 행정개혁을 행정의 성과향상을 위한 새로운 방법의 의식적인 고안 및 적용이라고 규정하였고,

주요 내용으로는 목표지향성, 새로운 방법의 고안 및 적용, 의식적·인위적인 노력 등이라고 한다. 조석준은 행정개혁이란 행정인의 행태와 업적에 변화를 도입하려는 의식적인 노력이며 목표에 의하여 그 방향이 결정된다고 한다. 행태적인 면을 강조하는 입장이다. 오석홍은 행정개혁을 행정체제가 더 나은 상태로의 계획적인 변동을 의미하는 경우로 행정발전과 동일한 의미로 파악하는 입장이다.

### 2) 행정개혁의 필요성과 복잡성

#### (1) 행정개혁의 필요성

국가경쟁력 제고를 위한 행정개혁의 필요성이 대두되었다. 행정체제는 그 적응능력을 향상시키고 행정의 합리화를 위하여 개혁을 필요로 하게 된다. 행정체제는 그 자체로서 언제나 완전하다고 할 수 없으며, 개혁을 해야 할 요인은 언제나 존재하는 것으로 불합리한 요소들의 제거와 새로운 개선을 위한 개혁의 여지는 항상 존재한다. 행정개혁은 우리나라만의 관심사가 아니라 일본을 비롯해 미국, 영국, 뉴질랜드, 캐나다 등이 선진 민주주의 국가경쟁력을 높이기 위해 대대적인 정부개혁을 시도하고 있다. 이러한 의미에서 우리는 개혁의 시대에 살고 있다.

일반적으로 행정환경으로부터의 행정수요의 변화와 행정서비스의 불일치 등에서 오는 국민들의 불만이나 낭비, 비능률 등의 요인으로 행정개혁의 필요성은 높아지게 된다. 구체적으로 행정개혁의 촉진요인 및 필요성에 대하여 살펴보면 다음과 같다.

첫째, 정치체제 또는 정치권력의 변동이나 행정의 이념 및 목적의 변동이 행정개혁을 가져오는 중요한 원인이 되는 경우가 많다. 또한 행정에서의 지배적인 이념인 민주성, 능률성, 효과성, 사회적 형평성이나 개혁을 필요로 할 정도의 변동이 있는 경우에 이에 대응하여 행정개혁이 필요하게 된다.

둘째, 새로운 과학·기술이나 제도·절차·방법·기법 등을 행정체제에 도입함으로써 행정의 전문화·능률화·현대화의 요청에 부응하려 할 때 행정개혁을 촉진한다. 과거의 몇 차례에 걸친 행정개혁의 기구통폐합의 과정에서 새로운 제도나 방법 등을 변경·채택하거나 새로운 과학·기술을 이용함으로써 예산의 효율적 이용, 비능률을 제거한다거나 절차의 합리화·간소화 등을 개혁의 주체로 내세운 이유들이다.

셋째, 행정개혁은 인구 및 사회문제 등 사회적 환경의 변화에 의해서도 촉진되는 경우가 있다. 예컨대 인구의 급격한 증가 또는 인구구조의 변동이나 기타 사회적·경제적 여건의 변동에 따른 노인문제, 청소년문제, 실업문제, 노사문제, 주택문제 등의 각종 사회문제들은 행정기구의 신설·폐지·변경 등을 유발하게 하는 원인이 된다.

넷째, 행정개혁은 불필요한 행정기구의 확대, 기능의 중복, 각종 부패나 부조리 등을 이유로 국민으로부터의 강한 비판과 요구가 있을 때 필요하다. 또한 부정적 측면에서가 아닌 좀 더 긍정적인 면에서의 행정서비스 내지 편익증대를 위한 국민들의 요구도 행정개혁을 촉진하는 원인이 된다.

다섯째, 행정개혁으로 인하여 정치인이나 또는 행정관료들에게 이익이 있는 경우 개혁은 촉진되며, 행정개혁을 유발하게 되는 전문적인 조사연구기관의 건의에 의해서도 행정개혁이 추진되는 경우가 있다.

### (2) 행정개혁의 상징성과 복잡성

행정은 그 자체적인 규모가 엄청나게 커서 국민경제에 미치는 파급효과가 지대하며 국민과 기업 활동에 커다란 영향을 미친다. 따라서 다양한 이해관계를 갖고 있는 국민과 기업의 입장에서 볼 때 행정은 항상 불만과 개혁의 대상이 된다. 다른 한편으로는 정치지도자는 자신이 정부를 통제하고 있는 한 국민의 요구에 맞게 정부를 개혁할 수 있는 충분한 능력을 보유하고 있다고 생각한다. 정권이 바뀔 때마다 행정개혁이 중요한 개혁과제로 부상하는 것은 이 때문이다.

바뀐 정권의 책임자는 항상 행정개혁을 약속한다. 행정개혁의 정치적 상징성은 정치가에게 대단히 중요하다. 그것은 정치가의 신념을 반영하는 것일 뿐만 아니라 국민들의 합의와 지지가 뒷받침되는 의미 있는 행동을 취할 수 있음을 상징한다. 국민은 항상 정치지도자가 행동하기를 기대하고 행정개혁은 정치지도자에게 행동을 상징화할 수 있는 기회를 제공한다. 행정개혁은 실제로 그렇게는 이루어지지 않고 이루어질 수도 없는 진보(progress)가 이루어진 것처럼 환상을 만들어낸다. 행정개혁을 약속한 지도자가 실질적 의미에서 행정개혁을 성공적으로 이룩해 내느냐 아니냐는 문제가 되지 않는다. 간혹 행정개혁이 지향하는 목적과 가치를 분명히 제시하고 그것들을 달성하겠다는 의도를 선언하는 것으로 족하다. 행정개혁이 성공적 결과를 가지고 오지 못한 경우에도 개혁의 실패를 비판하기보다는 행정개혁의 추진이 충분하게 강력하지 못하고 장기적이지 못한 것을 주로 비판의 표적으로 삼는다.

행정개혁이 갖고 있는 정치적 상징성만큼 행정개혁의 실제적 효과가 큰 것은 아니다. 행정개혁이 행동적 의도나 이상만으로 이룩될 수 있는 것이 아니기 때문이다. 그러므로 행정개혁은 단기적인 안목에서의 성공 여부보다는 장기적인 관점에서 그것이 행정에 대한 국민들의 이해를 증진시키고 행정개혁에 내포된 사회적 가치를 재확인시켜 주며, 여론의 환기를 통하여 행정조직이 노력을 계속해 나가도록 압력을 가한다는 점에서 의의가 있다.

행정개혁을 상징으로서만이 아니라 실제적 사업으로 추진하는 일은 매우 복잡한 과정이다. 그리고 행정개혁과정에 관련되는 사람들도 매우 다양하다. 개혁을 주도하는 부류와 개혁의 대상이 되는 부류, 개혁을 옹호하는 세력과 비판하는 세력 그리고 조직화된 세력과 유동적인 세력 등등이 개혁의 내용에 따라 각각 서로 다르게 행동한다. 개혁과정에서도 수많은 요인을 고려해야 한다. 개혁의 방향, 개혁의 폭, 개혁에 대한 관심의 동원, 유관기관의 협조, 제도화를 위한 자원과 기술과 지식 등등이 상호 작용하고 있다. 수많은 사람들이 개혁과정에서 상호 작용하면서 동시에 그들이 서로 다른 입장에서 수많은 요인을 조작하여 자기에게 유리한 결과를 얻으려고 노력할 것이다. 이러한 복잡한 과정은 하나의 네트워크 관계를 형성한다. 그리고 그 관계는 안정적인 것이 아니라 역동적이며 유동적이고 때로는 혼돈에 가까운 양상을 나타내게 된다.

행정개혁은 여러 수준에서 일어난다. 개별적인 관행의 개선이나 행정지도의 변화에서부터 개별 정책의 변화나 공공서비스의 개선 그리고 부처 수준의 정책지향의 변동, 나아가서 정부조직의 개편까지 포함한다. 더 위로는 헌법적 권력구조의 변동까지 관련된다. 행정개혁은 진공 속에서 이루어지는 과정이 아니며, 기존의 윤리적 규범과 사회적 문화를 무시하면서 행정개혁을 추진하지는 못한다. 행정개혁은 행정의 변화를 표적으로 하지만 행정환경으로서 문화와 규범에 적절한 변화를 수반하지 않고는 성공할 수가 없다.

행정개혁은 행정이 이루어야 할 수많은 사회적 가치들을 포함한다. 그러나 이 속에서는 문제(problem)가 해결책(solution)을 만들어내고, 해결책이 또다시 문제를 만들며, 여러 가지 상징과 수많은 복잡한 이해관계가 나타나게 된다. 이 과정에서 참여자들의 범위와 해결책에 대한 정의도 서로 다르다. 따라서 무엇을 위해 행정개혁을 해야 하고 무엇이 행정개혁이어야 하는지 분명하지 않다. 여기에서 이루어지는 의사결정은 마치 쓰레기통모형과도 같이 복잡하고 무질서하다. 어떤 한순간에 어떠한 문제와 해결책과 참여자가 어떻게 동시적으로 연결되느냐에 따라 결론이 다르게 나타난다. 이와 같은 이유로 많은 불확실성을 내포하는 조직개편문제나 국가정책의 우선순위조정 등은 행정개혁과정에서 특히 신중하게 다루어져야 한다.

## 2. 행정의 환경변화

### 1) 한국사회의 현실과 문제점

#### (1) 경제적 여건

한국은 1960년대 이후 수출주도형 경제발전을 추진하여 왔다. 그 후 약 30여 년 동안 연 9%의 경이적인 성장을 하였다(한국개발연구원, 2001). 그러다 1990년대 정보화와 세계화의 물결로 인해 급변하는 경제적 변혁을 맞이하게 되었다. 1997년 OECD 가입으로 한국경제의 본격적인 개방화가 이루어지게 되었다. 그러나 경제개방에 대응할 수 있는 경제와 행정체제의 미비로 외환위기를 맞이하여 IMF에 구제 금융을 신청하는 등 경제적 위기를 맞이한 것(축배의 샴페인을 너무 서둘러 터뜨렸다)으로 평가한다.

21세기를 맞이한 현재의 우리나라의 경제사정을 살펴보면, 안정적 경제발전, 물질생활의 풍요, 경제적 민주화·복지화, 의미 있는 일의 창출과 재적응 강화, 개혁의 촉진·변동의 연쇄화, 경제의 세계화 등이 이루어지고 있다. 더불어 빈부의 격차심화, 기업구조조정과 공적자금회수의 미비, WTO체제에의 대응미비, 노동시장의 비유연화, 지식기반경제 인프라미비, 세계다국적기업의 유치 미비 등의 문제점을 안고 있다.

지난 수십 년간의 고도성장에 수반된 부작용, 후유증, 폐단을 극복하는 일, 그리고 내외 경제사정의 변화에 따라 새로이 안게 될 부담을 덜어가는 일이 상당히 힘들 것이다. 불균형 성장과 부의 불공평 배분에서 비롯된 빈부의 격차, 공해문제, 교통난, 주거와 휴식공간의 부족, 노사분규 등은 고도성장에 따른 후유증의 중요한 예이다. 그리고 앞으로 국제간 정보격차·기술격차·자본격차로 인한 종속의 문제, 국제사회의 다원화·다극화와 경쟁의 세계화가 심화되는 과정에서 생겨날 수 있는 마찰과 무역적자의 문제가 심각해질 수 있다.

#### (2) 사회적 여건

우리나라는 혼재된 사회의 특성을 가지고 있다. 조선시대의 가부장적 문화·일제시민지 시대의 통제문화·서구의 합리주의의 특징을 모두 가지고 있다. 1961년 5·16 혁명 후 군사정권의 수출 주도적 경제개발계획을 통해 절대빈곤의 경제상황을 급속히 개선시켰고, 중앙집권적인 통치구조는 사회 각 분야에 권위적 군사문화를 내면화시켰다. 1980년대 후반부터 시민단체 활동과 시민들의 힘의 결집이 나타나기 시작하였고, 1991년 지방자치제의 실시로 지방분권의 문화가 형성되는 계기가 되었다.

1990년대 세계화와 정보화의 물결은 사회 전 분야에 무한경쟁의 인식을 확산시켰다. 한국사회의 현황은 다원적 사회의 구축, 사회의 유동성의 증대, NGO의 역할 확대, 교통·통신의 발달, 고령화·고학력화·여성의 사회참여 확대, 지적 창조생활의 기회 확대, 조직사회의 변모 등의 특징을 나타내고 있다.

한국사회 부문에 나타난 문제점으로는 생산적 복지미비, 평생교육체제구축미비, 수도권 집중현상 심화, 노인복지와 아동복지의 미비, Nimby(not in my backyard: 주변에 꺼림칙한 건축물 설치를 반대하는 주민운동)현상심화 등이다.

### (3) 정치적 여건

해방 이후 대한민국 정부가 수립되자마자 좌·우익의 이념논쟁으로 인해 사회의 극도적인 혼란이 나타났다. 1950년 6·25 사변으로 동족상잔의 비극을 경험했고, 1960년 4·19 혁명과 1961년 5·16 군사 쿠데타로 박정희 대통령의 제3공화국이 탄생하였다. 그 후 새마을운동과 권위적 통치가 계속되었다. 그러다가 1979년 궁정동 대통령시해사건으로 1980년 전두환 정부가 탄생하였고, 대기업중심의 경제발전정책이 시행되었다.

1988년 노태우 정권이 들어서서는 민간 부문에 의존하는 통치방식으로 변모하였고, 1993년 3당 통합으로 김영삼 문민정부시대가 들어섰으며, 집권 후기에 IMF가 발생하는 어려움을 당하였다. 1998년 탄생한 김대중 정부 이후 노무현 참여정부까지는 구조조정, 노동시장의 유연성과 경제개방의 확대, 공적자금투입을 통하여 경제회생에 노력하는 한편 햇볕정책을 통하여 북한에 화해의 제스처를 취하면서 많은 돈을 퍼부었다.

이명박정부를 거쳐 현 박근혜정부의 실태와 특징으로는 민생경제 회복과 중산층 확대, 심각한 계층간 갈등, 지방자치제 정착, 국제적 위상 강화, 민주주의의 제도화, 정보화 기술의 발달과 주민참여 확대, 통상외교의 강화, 정치의 후진성, 지역·계층 간의 갈등, 남북관계의 문제 등이다.

국민의 정치의식계발은 참여정치로 향한 압력을 가중시킬 것이며 국민의 참여능력도 향상될 것이다. 정권의 효율성보다는 국민지지라는 정당성이 도덕적으로 중요시될 것이다. 따라서 정치구조의 개방화·분권화 그리고 정치행정의 참여적·자율적 국면 확대는 불가피할 것이다. 소득향상과 탈물질화 경향의 대두, 고학력화, 도시화, 수평적 사회관계의 발전, 국민의 다양한 욕구표출 증대와 이익집단의 발달, 정치의식수준의 향상 등은 모두 국민의 정치적 자율성과 참여정치의 확장을 유도하는 데 기여하게 될 것이다.

### (4) 행정적 여건

한국의 행정은 1960년대 군대에서 활용되던 조직, 인사, 재무 관리방법이 중요한 역할을 담당하여 경제개발 5개년 계획과 공무원교육훈련 등의 과학적 행정관리를 도입하게 되었다. 1970년대까지 두 자리 숫자의 경제성장을 하면서 1970년대 형성된 대기업과 1980년대 중반 이후의 시민단체들의 발생으로 정부기능의 역할이 변화되기 시작하였다. 1990년대가 되면서 정보화 시대의 등장으로 전자정부구현, 행정정보공개와 행정실명제 시행 등으로 시민들의 행정참여 증대, 시민 지향적 행정업무 추진의 기초가 되었다.

21세기 초의 한국행정의 실태로는 전자정부의 추진, 서비스헌장제의 도입, 목표관리제 도입, 행정정보공개제도 도입, 정책실명제 실시, 개방형 직위 확대, 책임운영기관제도 도입, 정부업무평가제도 시행 등이 나타났다.

현재 한국의 행정 부문이 당면한 문제점은 다양한 행정수요에 대응하는 행정서비스의 공급 부족, 예산집행의 비신축성, 행정 부문의 생산성 부족, 정책·사업의 타당성 분석능력 미비, 정책·사업의 사후평가제도 미비, 경력관리체계의 미비와 비체계적 순환보직으로 전문인력 육성의 한계 등이다.

고도산업화·정보화가 진행되는 과정에서 행정체제에 기대되는 역할은 많이 변화될 것이다. 민간 부문의 확대, 경제발전의 민간주도화가 촉진되고 작은 정부실현에 대한 압박이 커질 것이지만 행정의 중요성은 결코 위축되지 않을 것이다. 오히려 행정서비스의 질적 고도화에 대한 기대는 높아지고, 국민의 개별적 선택과 선호에 따른 주장이 강화되고 행정수요의 분화가 촉진되는 데 따라 다원주의적 행정서비스에 대한 요청도 커질 것이다. 행정체제가 추구하는 수단적 가치기준은 다원화될 것이며 행정기능의 분화는 촉진될 것이다. 격동하는 환경에서 정부는 급속한 기술변화와 기타의 환경적 변화에 대응하여 행정체제의 유연성과 적시성을 높여야 한다.

## 2) 미래 한국사회의 변화 전망

2015년경의 미래사회의 세계상황을 추정해 보면 세계 인구는 약 72억 명이 예상되며, 천연자원과 환경 측면에서는 에너지수요 50% 증대, 물 부족현상 심화, 환경문제가 더 심각해질 것으로 예측된다. 과학과 기술에서는 획기적인 정보기술과 과학이 발달될 것으로 예측되며, 세계경제와 세계화 측면에서는 금융 불안과 위험성, 빈부격차가 심화될 것으로 예상하고 있다. 국가별·국제적 통치형태는 기업, 비영리기구의 영향력이 커지고 국가의 영향력이 축소될 것으로 전망되고 있다.

### (1) 세계화(Globalization)

세계화(Globalization)는 국가 간의 상호 관계가 강화되고, 복합적인 '상호 의존성·무한 경쟁'이 심화되는 현상이다. 1992년 UR협상의 타결에 이어 1995년 1월 1일 WTO체제의 출범을 계기로 세계는 모든 분야에서 무한경쟁의 시대로 진입하였다. 시장개방과 정보통신 기술의 혁신적 발달 등으로 인하여 세계는 점차 하나의 사회와 하나의 시장이 되어 물적·인적 교류가 급속하게 확대되고 있다.

세계화에 따른 행정의 대응방안들을 살펴보면 다음과 같다. 첫째, 정부 역할의 재조정으로 국가발전의 주체가 사회발전의 조역자가 되는 것이다. 둘째, 국가경쟁력의 강화, 민간자율성 확대, 불필요한 규제 철폐이다. 셋째, 지방정부와 민간, 다국적기업 등과 PPP(Public Private Partnership) 형성이다.

### (2) 민주화

민주화는 국정운영에서 민주적 운영(참여, 공개, 책임, 투명, 신뢰)이 내면화, 일상화, 제도화되는 현상을 말한다. 민주화는 오늘날 전 세계적으로 추구되는 보편적 가치이지만 정치적 구호로서 너무나 오랫동안 남용되어 왔기 때문에 그 본래의 의미가 많이 퇴색되어 버렸다. 그러나 오랜 군부 중심의 권위주의 시대에 이어 소위 문민정부의 신권위주의를 경험한 우리로서도 정치는 물론 행정 내부의 민주화를 비롯한 사회 모든 부문의 민주화는 이미 흘러간 구호가 아니라 바로 우리가 앞으로 달성해야 할 시대적 과제이다.

그런 의미에서 새 정부의 우선적 사명은 민주행정의 기틀을 다지는 데 두어야 할 것이다. 지금까지의 한국행정은 불필요한 규칙과 절차를 양산하고 그러한 규칙과 절차에 얽매여 시간과 자원을 낭비한 점도 문제지만 더욱 심각한 것은 이러한 절차와 규칙이 관료들의 자의적 판단에 따라 불공정하게 적용되는 경우가 많다고 믿는 사람들이 많다는 것이다. 따라서 정부가 경제회복과 민주발전을 국정의 최우선 목표로 설정해야 하며 경제의 지속적 발전에 사회의 민주화가 얼마나 중요한가를 올바르게 인식해야 한다.

행정민주화의 차원은 크게 두 가지로 볼 수 있다. 첫째는 사회 전체의 민주화 수준을 높이는 데 행정이 어떤 역할을 했으며 앞으로는 무슨 역할을 할 것인가 하는 것이다. 이는 정부와 민간의 관계에 관한 것이다. 둘째는 행정민주화의 차원은 행정조직 내부의 의사결정과정 또는 중앙정부와 지방정부 간의 권한분배에 관한 문제로 요약할 수 있다.

민주화에 따른 행정의 대응방안들을 살펴보면 다음과 같다. 첫째, 권위적 행정관행에서 민주적 행정관행으로 전환한다. 둘째, 사회적 갈등의 조정방식의 변화로 권위적 조정에서 타협과 협상을 한다. 셋째, 행정 내적 측면에서 관리의 민주화, 부하의 참여 확대, 권한위임이 필요하다.

### (3) 지식정보화 사회의 도래

지식정보화는 지식과 정보가 생산성 경쟁력을 위한 의미 있는 자원이 되는 사회를 말한다. 현대사회는 국가마다 상대적인 차이는 있지만 정보화의 진전이 급속하게 이루어지고 있다. 정보화의 진전은 정보통신기술의 급속한 발달, 인간의식과 생활조건의 변화, 창조의 지식과 정보의 중요성 제고, 정보수요와 정보창출의 증대 등 여러 가지의 복합적인 동인에 의하여 이루어지고 있다. 이러한 정보화의 진전에 따라 지방행정에 있어서도 정보통신기술의 활용이 급격히 확대되고 있다. 이에 따라 지방행정은 기존의 문서처리시스템에서는 수행할 수 없는 새로운 활동들을 하게 될 것이며 정보기기의 활용에 따른 많은 영향들이 나타나게 될 것이다.

먼저 행정정보화의 진전에 따라 행정조직 내적 구조 측면에서 많은 변화가 있을 것이다. 행정업무의 전산화에 따라 의사전달체계의 변화, 중간 관리층 규모의 축소, 계층구조의 단순화 등과 같은 조직행태 및 구조의 변화가 이루어지고 있다. 따라서 행정정보화의 진전에 따른 조직구조 및 절차의 정비가 요구된다. 또한 정보화의 진전에 따라 국가와 사회의 관계가 종래의 수직적 관계에서 수평적 관계로 변화되고, 국가의 독점적 지위가 약화되고 있다.

정보화 사회의 진행과정에서 정보창출·활용의 완전한 평준화는 기대하기 어렵다. 정보유통의 기술발전에도 불구하고 사람들의 의지에 따라서는 정보개방이 제약될 수 있다. 정보부유층과 정보빈곤층이 생기고, 정보선진국에서 후진국으로 정보가 흐르는 과정에서 계층화·종속화의 문제가 생길 수 있다. 정보공개·정보통제의 기술발전은 개인의 프라이버시 침해, 정보의 오용·남용에 의한 인권침해, 낭비·범죄 등의 위험도 크게 증대될 것이다.

지식정보화 사회에 따른 행정의 대응방안들을 살펴보면 다음과 같다. 첫째, 정보사회인프라 확충으로 행정정보화, 국가정보화, 정보관리체계, 정보교육 등을 이룩한다. 둘째, 개방적·민주적 행정체제로의 전환으로 정보욕구에 대응, Digital Divide 시정을 한다. 셋째, 전자정부의 지속적 Upgrade, 정보정책의 내실화를 만든다.

### (4) 지방화

지방화는 지방자치의 지속적 확대를 말한다. 지방화 시대라는 의미는 정치활동의 다극화 및 지방분권화, 복지의 균형적 충실화, 환경의 중시, 인구의 지방분산 등을 지향한다는 의미이다. 이러한 지방화 시대는 지금까지의 중앙정부에의 의존을 심화시켜 왔던 개발행정의 속성인 종합성, 집권성에서 벗어나 지방주민의 참여라는 민주성과 지방행정의 자율적 주체성을 회복하여 불확실하고 어려운 사회문제를 원만히 해결할 수 있는 시대를 말한다. 즉 지방분권시대의 지방정부가 주민복지의 기반을 국가발전으로 응집시켜 가는 수렴의 과정을 거쳐 국가정책이 집행되는 시대를 의미하는 것이다.

지방화 시대의 기본적인 관점을 크게 중앙의 논리에서 지방의 논리로 전환, 관청문화에서 주민 중심의 문화로의 변환이라는 두 가지 시각에서 설명할 수 있다. 첫째, 판단과 결정의 기준을 중앙에 두고 지방의식의 타율성을 조장했던 집권, 능률, 획일, 불균형, 관리위주의 중앙의 논리에서 지방의 특수성과 주민의 자치의식에 기반을 둔 분권, 민주, 다양, 균형, 자립을 추구하는 지방의 논리로의 전환을 들 수 있다. 둘째, 관 중심 문화에서 주민중심 문화로의 변환으로 전통적으로 권위주의적이고 관 지배주의적인 행정문화유산을 토양으로 해서 권력을 독점하는 집권적 행정문화로부터 탈피하여 관이 주민의 입장에서 여건조성과 지역사회 내의 모든 가치의 상충을 조정하고 공동의 가치를 종합하는 역할을 수행하는 주민 중심 문화로의 변화이다.

지방행정의 수요는 그의 환경으로부터 발생하고 이러한 수요를 충족시키기 위한 지방행정의 활동결과는 다시 환경으로 투입되는 피드백의 과정을 거쳐 새로운 환경요소로 기능을 담당한다. 따라서 지방행정과 환경과의 관계는 지방화 시대의 행정환경변화와 지방행정의 대응이라는 관점에 있을 것이다. 즉 지방화 시대의 행정환경으로 작용하게 될 정치·행정·경제·사회·문화의 지방화 시대와 다양성은 새롭게 증대된 행정수요를 창출하고 지방행정은 양과 질을 달리하는 행정의 공급으로 대응하는 과정이 환류되면서 지방화를 촉진하게 될 것이다. 이는 지방정부의 권한 증대, 행정에 대한 주민참여의 확대, 지방의 거점도시화에 따른 광역행정, 행정에 대한 주민의 욕구 증대, 공무원의 책임의식과 가치관의 변화, 지역경제의 활성화와 국제화, 복지 분야 서비스의 수요 증대를 가져오게 된다.

지방화에 따른 행정의 대응방안들은 다음과 같다. 첫째, 중앙정부는 지방정부에 실질적인 권한을 이양하고, 재정, 인력 등 실질적 지원을 해야 한다. 둘째, 지방정부 스스로 재정능력 확보 노력이 필요하고, 민주성을 확보하기 위한 노력 역시 병행하게 된다.

### (5) 미래 한국사회의 변화 추정

미래 한국사회의 가장 큰 특징은 지식기반사회, 세계화된 사회, 복잡성과 불확실성이 증대된 사회가 될 것으로 예측되고 있다.

이러한 변화를 경제·사회·정치·행정적 측면으로 나누어 서술해보면 다음과 같다.

첫째, 경제적인 측면에서는 선진국에 진입하게 될 것이며, 첨단 및 성장산업의 발전, 동북아경제권의 중심지, 민간 부문의 경쟁력 강화, 지식경제 확대에 따른 전략적 인력개발, 첨단과학과 기술정보 및 관리지식의 각 부분에의 확산, 태평양시대에 따른 국제교역의 중심지, 노동시장의 유연화, WTO체제의 주도적 역할담당, 지식기반경제 인프라 확립 등의 장밋빛 전망을 하고 있다. 그러나 문제점으로는 빈부격차의 문제, 기업구조조정 문제, 성장산업과 비성장산업의 이원화 문제, 농축수산업의 보완책 미비, 노동인력의 부족과 비전문직근로자의 고용문제 등이 제기될 것으로 전망된다.

둘째, 사회적 측면에서는 개방화 사회가 도래하며, 중국, 러시아, 일본과의 교류 증대와 전 국토의 반일 생활권, 사회적 유동성 증대, 평생교육시스템 확립, 정보화 사회 구축과 지식기반사회의 도래, NGO의 기능 확대가 예상된다. 그러나 문제점으로는 노인문제, 여성문제, 사회적 소외계층문제, 범죄문제, 지역갈등, Nimby현상의 지속화, 국민적 기대와 요구 증대가 심화될 것으로 예상된다.

셋째, 정치적 측면에서는 책임정치의 구현과 정치민주화, 정당제도의 정비, 국제적인 외교통상력 확대, 지방자치제의 정착과 참여정치의 활성화, 정치의 투명성 확대와 부패근절, 남북통일이나 협력 확대가 나타날 것으로 예상된다. 그러나 지역 간의 갈등문제, 남북문제의 관리, 외국인 근로자의 문제, 다원화된 이해관계집단의 조정 등의 문제점이 발생할 것으로 보인다.

넷째, 행정적 측면에서는 전자정부의 구축, 행정의 투명성과 전문성 강화, 개방형 직위제도 확대, 인력풀제의 도입, 정부조직에 대한 감시 확대, 책임경영기관 확대, 국제적인 교류업무 확대, 지방자치제의 발전, 고객 지향적 행정체계 구축, 지식기반행정체제 등이 이루어질 것으로 예측한다. 그러나 행정수요의 증대, 행정의 국제경쟁력 미비, 국가재정의 부족 등의 문제점이 나타날 것으로 예측된다.

## 3. 우리나라 행정개혁의 발전방안

### 1) 행정환경변화와 행정의 병폐

우리의 전체적인 사회체제는 격동적인 변화를 겪어왔고 앞으로도 그러할 것이다. 각 이익 부문의 요구사항의 증대로 이익집단의 요구는 더욱 격렬하고 첨예한 대립이 발생할 것이다. 이러한 사회의 변화에 부응하기 위해 행정 또한 변혁이 요구되고 있다. 21세기의 정보혁명은 이러한 변화를 더욱 부추기는 요인이자 원동력이 되고 있다. 이러한 한국행정의 병폐는 다음과 같은 것들이다.

첫째, 행정의 과잉팽창이다. 우리나라는 산업화의 추진으로 인한 지나치게 강력한 행정국가가 되었고, 행정의 양적 확대에 따른 절대관료제적 국가이며, 양적인 팽창에 비해 행정의 질적 향상은 미비한 실정이다.

둘째, 정당성의 결여와 부패문제이다. 정치와 행정의 분리가 미비하고 경제발전정책을 행정부의 주도로 시행하였다. 효과성과 수단적 능률성의 절대적 강조와 기업과 행정부 간의 정경유착현상이 심화되었다.

셋째, 전통 관료제적 구조의 폐단이다. 집권화된 피라미드형 조직구조와 부처이기주의의 심화 및 권위주의적 문화에서 온 권력집착형 조직 증설, 구조의 경직화로 인한 능동적인 대응성의 저하가 나타났다.

넷째, 비통합적·권위주의적 관리 작용이다. 한국행정관리체제는 지위 중심적·권한 중심적 성격이 강하며, 비통합적인 구조는 조직구성원을 피동적·미성숙적으로 만들었다. 권위주의적 행정문화는 국민의 억압에 대한 면역을 약화시키는 역할을 하였다.

다섯째, 취약한 변동대응력과 부정적 관료행태이다. 여러 요인으로 인해 행정은 경직화되어 번문욕례, 형식주의가 되었고 급변하는 사회의 요구에 대한 신속한 변화를 저해하게 되었으며, 피동적인 공무원들은 가치혼란을 경험하며 복지부동화 되는 경향을 보였다.

### 2) 주요 개혁현안의 논의

#### (1) 행정기구의 개혁

행정기구는 국가의 행정을 수행하는 기초로서 행정기구를 조정 또는 통폐합하는 개혁의 구조적 접근방법은 오래된 것이며 개혁의 현장에서는 가장 널리 쓰이고 있다. 우리나라에서는 특히 가시적인 결과를 빨리 보여줄 수 있기 때문에 개혁의지를 천명하고 싶은 정치지도자들이나 개혁추진자들은 구조적 접근방법을 자주 써 왔다.

우리나라 정부의 중앙행정기구는 전근대적 전통과 개발연대의 산업화 관료제적 전통을 물려받았다. 그런가 하면 시대적 요청의 변화에 따라 느리게 적응해가는 낙후된 과도체제의 성격을 가지고 있었다. 우리나라 행정기구의 특성과 문제점들을 보면 다음과 같다.

첫째, 행정기구는 거대정부의 특성을 반영하고 낭비적인 거대규모를 대체로 유지하고 있다.

둘째, 구조형성에서 기능분립의 원리를 거의 그대로 답습하며 기능구조들 사이의 횡적 연계는 취약하다.

셋째, 집권화 구조의 기본체제를 유지하고 있다. 이러한 현상은 구조상의 형식주의를 심화시키고 정부활동조정 실패라는 과도적 혼란을 빚고 있다.

넷째, 전형적인 관료적·계서적 구조의 특징인 고층의 피라미드형 구조가 기본적 양태로 되어 있다.

다섯째, 구조가 너무 획일적이며 경직되어 변동 저항적으로 격동하는 상황의 요청이나 적시성의 요청에 제대로 부응하지 못한다.

행정기구개혁은 다음과 같은 기본적인 원리를 필요로 한다.

첫째, 구조조정과 감축이다. 행정수요와 여건의 변화에 따른 구조조정과 구조감축의 필요에 보다 효과적으로 대처해야 한다. 규제개혁, 정보화, 국가발전단계별 환경변화 등은 전통적 관료제구조를 재편해야 한다는 커다란 압력을 형성하고 있다.

둘째, 협동적 조정체제구축이다. 조직 간 업무배분 그리고 조직 간 관계설정에서 기능분립주의를 완화하고 협동적 조정체제를 구축하도록 해야 한다. 누가 명령할 권한을 갖느냐보다 어떻게 일을 함께 성취하느냐는 생각을 더 많이 하게 되어야 한다. 기관 간의 협조체제를 강화하기 위해서는 인사교류와 파견근무제의 활용을 확대하고 통합적 정보관리를 촉진해야 할 것이다.

셋째, 구조의 연성화를 촉진해야 한다. 구조를 연성화한다는 것은 적응성을 높여 유기체화 한다는 뜻이다. 관료제구조의 경직성을 완화하여 적응성을 높이는 것은 격동하는 시대의 필수조건이다.

넷째, 분권화·자율화를 촉진하는 구조개혁을 계속해야 한다. 분권화를 촉진하려면 통솔의 범위는 넓히고 행정계층의 수는 줄이는 저층구조화를 지향해야 한다.

다섯째, 조직구성을 다원화하는 개혁이 있어야 한다. 행정조직의 목적과 기능의 다양성에도 불구하고 획일적으로 계서제적 구조설계를 적용하려는 것은 무리한 일이다.

여섯째, 지방화에 대응한 기구개편과 통합적 정보관리체제를 조정할 수 있도록 발전시켜 나가야 한다.

일곱째, 한시적·임시적 조직의 항구화를 막기 위한 특단의 노력이 필요하며, 위원회형 조직의 남설을 경계해야 한다. 모든 행정기관에 어떤 종류의 위원회를 획일적으로 구성하게 하는 법령의 제정은 엄격히 제한해야 한다.

여덟째, 경계의 완화와 구조적 왜곡의 시정이다. 경직된 조직의 경계로 인하여 관청의 문턱이 높다는 말이 나오도록 설계되고 운영되는 행정기구는 개편하고 고객의 접근이 용이한 구조를 만들어야 한다.

### (2) 행정과정의 개혁

행정과정이란 일정한 행정목표성취를 지향하는 일련의 행동 또는 교호작용을 말한다. 이러한 행정과정의 구체적인 모습은 매우 다양하다. 행정의 실제에서는 과정보다는 절차라는 말이 더 많이 쓰인다. 우리나라의 행정과정의 문제점들은 다음과 같다.

첫째, 행정과정의 정보화 등 기술개발이 부진하다.

둘째, 행정과정의 폐쇄성이 높고 정보유통을 방해하는 구조적·행태적 요인들이 많다.

셋째, 번문욕례와 형식주의가 심하고 경직성이 높다.

넷째, 행정과정에서의 환류작용이 부실하다.

다섯째, 행정과정의 공급자중심주의적 성향이 강하다.

이러한 문제점들을 해결하기 위해서는 다음과 같은 행정과정의 개혁이 필요하다.

첫째, 행정과정의 기술 집약화에 주력해야 한다. 특히 정보화 기술의 개발·활용을 촉진해야 한다. 행정과정의 기술개발을 추진할 때에는 기술적 요청과 사회적 요청의 괴리 때문에 빚어질 수 있는 대결과 갈등을 최소화하도록 노력해야 한다.

둘째, 정보유통을 원활하게 해야 한다. 원활한 정보유통을 방해하는 구조적, 기술적, 행태적 장애들을 제거해야 한다. 특히 계층제의 역기능으로 나타나는 정보유통 장애를 극복하는 데 주력해야 한다. 또한 정보처리의 분권화와 통로의 다원화를 모색하고 정보선별기준 및 능력을 발전시켜야 한다.

셋째, 공개와 고객의 참여를 촉진해야 한다. 문제해결과정의 참여적·협동적 성격을 강화해야 한다. 행정과정의 민주화 요청뿐만 아니라 환경의 격동성과 미래예측의 불확실성이 또한 참여의 필요를 증대시키고 집단적 협동에 의한 문제해결방법의 적용 확대를 요구한다. 참여는 행정과정의 공개를 전제로 한다.

넷째, 격동하는 환경에 대응하려면 행정과정의 적응성을 높여야 한다. 행정과정의 효율화를 위해 표준화를 촉진해야 하지만 그것이 지나치면 안 된다. 지나친 획일주의, 과잉규제, 번문욕례는 행정의 대응능력을 약화시킨다.

다섯째, 행정과정은 고객의 편의와 권익을 보호하는 정당한 것이라야 한다. 이를 위해 행정과정을 민주화하고 과정운영자들의 부패, 형식주의 등 부정적 행태를 바로잡아야 한다.

여섯째, 환류에 의한 행동수정 능력을 향상시켜야 한다. 예컨대 신뢰성 없는 각종 보고의 형식적 제출, 왜곡된 정보의 제출, 중복적인 보고의 요구, 불필요한 보고 요구 등은 배제해야 한다.

### (3) 복지부동 해소대책

복지부동은 일하지 않고 살아남으려는 무사안일주의·보신주의 행태를 지칭하는 말이다. 고전적 인간관리 전략(처우개선, 승진, 통제)을 이용한 정부의 시책은 성공적이라고 보기 어렵다. 복지부동의 개선대책으로는 다음과 같은 것들이 있다.

첫째, 전통적인 방법의 개선이다. 공무원들의 처우수준 개선, 형평성 개선, 성과주의 통제체제 개선, 부패질서 확립, 조직 내 인간관계 개선, 공직윤리의 행동규범의 시대적 조건에 부합한 수정노력 등이다.

둘째, 직무 지향적인 방법의 강화이다. 직무재설계를 촉진하여 공직자 개개인이 맡은 업무에 심리적 영양소를 주입한다. 임용관리를 개선하여 일과 사람의 부적응을 최소화하며 조직과 인간 사이의 일체감을 증진시킨다. 책임 있고 능동적인 직무수행, 직무수행을 통한 자기실현의 방해 또는 교란하는 조건들을 제거하고 정치와 행정의 정당성을 확보한다.

### (4) 인사제도의 혁신

인사제도의 혁신을 위해서는 첫째, 정치와 행정 분야에서 민주화의 진전이 있어야 한다. 정치안정과 민주화의 진전 없이 관리기술의 개선만으로 진정한 인사행정의 발전을 담보하거나 기대하기 어렵다. 예를 들면 인사행정에 대한 정치적 간섭이 제거되어야 한다.

둘째, 인사제도에서 유연화가 필요하다. 조직의 수요변동에 따라 신축적으로 채용수준을 조정하여 조직이 필요로 하는 인력과 실제 채용된 인력의 규모를 일치시킨다. 여기에는 임용형태의 유연화(계약제, 파트타임 시간제 등), 근무형태의 유연화(변형근로시간제, 변형근로일제도 등), 작업의 유연화(외부민간위탁, 파견근로자 임용, 자원봉사자 활용) 등이 있다.

셋째, 공무원들의 국제적 대응능력 향상이 필요하다. 기업에서 국제인사관리의 중요성이 부각된 지는 이미 오래이지만 정부 분야에서는 여기에 대한 관심과 대응이 상대적으로 부실하였다. 최근에 국제사회의 흐름이나 국제무대에서 적극적으로 대처할 수 있는 공무원을 양성하는 것이 중요한 과제로 등장하게 되었다. 또한 분야별 국제협력 등에서 협상력을 제고하기 위해서는 공무원들의 국제적 대응능력 향상이 매우 중요한 과제로 등장하고 있다.

넷째, 임용차별 철폐와 임용체제의 개방화가 중요하다. 임용차별 철폐는 대표관료제적 이상의 구현을 말한다. 우리나라 정부는 5급 이하 공무원의 채용시험에서 여성합격자의 비율에 관한 일종의 할당제를 실시하였다. 정무직의 임용에서도 여성배려라는 것이 소폭이지만 행해지고 있다. 정당법은 국회의원 및 시·도의원 비례대표의원 후보자 중 30%를 여성에게 할당해야 한다고 규정하고 있다.

다섯째, 임용체제의 개방화이다. 임용체제의 개방형은 공직의 모든 계층에 대한 신규채용을 허용하려는 제도이다. 우리나라의 폐쇄형 임용체제는 공직을 침체시키고 관료집단을 외부의 요청과 변화에 둔감하게 만든다는 약점을 지니기 때문이다. 임용체제개방화의 대안으로는 고급관리자에 대한 신분보장조항 폐지, 임기제와 재임용제 적용, 여러 형태의 비정규직에 대한 계약제임용의 확대, 중·상위계층에 대한 공개채용시험제 도입, 특별채용 확대, 복수직제의 확대, 계급정년제 채택, 임의퇴진의 촉진 등이다.

### (5) 민원행정의 개혁과 문화콘텐츠산업의 진흥

행정과 행정개혁의 성과주의적 처방은 시대적 조류이다. 성과급제도는 직무수행의 실적을 보수결정의 기준으로 삼는 제도이다. 성과급제도 성공의 조건으로는 행정문화의 개혁, 평가·급여방법의 개선, 재정적 지원, 관리체제의 개선이 전제가 되어야 한다.

민원행정은 집행적·전달적 행정 가운데서 고객의 특정적 요구행위가 있을 때 그에 대응하는 행정을 말한다. 민원행정의 개혁방향은 민원처리절차의 간소화·능률화, 민원행정의 공개성과 능동성 제고, 민원실·민원창구의 개선, 행정규제완화와 민원사무 민간위탁 확대, 행정절차제도의 운영내실화와 입증책임의 방향전환, 청렴성·친절성의 함양, 집단민원처리능력의 향상, 행정관리체제의 개혁이다.

최근 지식과 감성이라는 무형자본의 가치가 급부상하고 있다. Ross(2003)는 산업구조가 과거의 제조업기반경제에서 지식기반경제로, 다시 콘텐츠기반경제로 발전하리라고 전망한다. 이는 21세기 들어 문화콘텐츠 부문이 미래의 유망산업이 아닌 주력산업으로 대두할 조짐을 보이고 있는 것이다. 그러나 전문인력의 부족, 제작자금의 부족, 원 소스 멀티 유즈(One Source Multi Use)를 통한 가치창출구조를 살리지 못하는 산업장르 간 연계 미비, 유통체계 미흡, 해외진출기반 취약 등이 문제점으로 지적된다. 그러므로 향후에 이런 문제점에 대한 체계적 정비와 더불어 문화산업정책을 유기적으로 연계시켜 시너지효과를 창출하도록 해야 한다.

### (6) 공직부패방지와 통제

우리나라에서 공직부패를 방지하고 통제하는 문제는 행정개혁의 문제 가운데서 가장 심각한 현안이며 최대 난제이다. 부패방지를 위해서는 다음과 같은 방법이 사용될 수 있다.

첫째, 정경유착을 단절시킨다. 우리나라의 고질적 비리인 정경유착의 문제를 해결하는 것이 가장 시급한 문제이다. 정경유착을 해소하는 방안으로 정치권의 개혁, 행정 부문의 부패추방, 민간기업의 윤리성이 확보되어 상호 상승작용을 할 수 있도록 배려되어야 할 것이다. 정경유착을 없애기 위해서는 무엇보다도 경제정책의 투명성 확보가 요구된다.

둘째, 행정 부문의 개선이 필요하다. 행정 부문의 부패를 개선하기 위해서는 행정의 투명성, 규제완화 및 행정개혁, 공직자윤리 확립 등이 필수적 과제로서 거론될 수 있다. 행정의 투명성 확보를 위해서는 민원처리 온라인 공개시스템이 필요하다. 규제완화 및 행정개혁은 불합리한 인·허가 등 행정규제를 줄임으로써 규제를 피하기 위한 부패의 소지를 감소시키는 효과를 도모할 수 있다. 공직자윤리 확립은 이권개입·이익충돌 금지, 선물·경조금수수제한 등의 내용을 담은 공무원으로서 준수해야 할 표준적 행동규범을 마련한다.

셋째, 부패방지제도의 개선이 필요하다. 부패를 적발하고 예방하는 등의 부패방지시스템이 선진화되지 않으면 방지전략들이 탁상공론에 그칠 우려가 있다. 이를 위해서는 먼저 부패 적발 및 처벌의 실효성을 가져야 하는데 검찰의 정치적 독립성 확보와 엄격한 수사, 부패행위자에 대한 사면·복권 제한, 정치자금에 대한 중앙선관위의 조사 강화 등이 필요하다. 다음은 고위공직자 비리조사기구를 설치하는 것인데 국가권익위원회에 조사권을 부여하는 방안, 특별검사제를 도입하는 방안, 비리조사기관의 인사·예산상 독립성을 확보토록 하는 방안 등이 있다. 마지막으로 법률의 정비로는 돈세탁방지법의 정치자금 예외조항을 삭제하고 부패방지법을 개정하여 내부제보자에 대한 실효성 있는 보호 및 이해관계가 있는 사항에 대한 기입금지 등을 명문화해야 한다.

## 제2절 NPM과 New Governance를 통한 행정개혁

### 1. 신공공관리론(New Public Management)과 행정개혁

지난 20여 년간 행정개혁을 주도해 온 행정학의 새로운 경향은 신공공관리론(New Public Management)이라 할 수 있다. 비효율적인 정부에 대한 비판으로 보다 작고, 보다 효율적이며, 보다 국민의 요구에 민감하게 대응하는 정부에 대한 요구가 급증하였다. 그 결과 공공부문에 대한 근본적인 개혁의 필요성이 대두되게 되었다. 이러한 반정부적(anti-governmental)이고 반관료제적(anti-bureaucratic)인 정서는 전 세계적으로 확산되었고, 이에 따라 세계 주요 국가들은 신공공관리론에 근거한 획기적이고 광범위한 행정개혁을 추진하기에 이르렀다. 그 결과 신공공관리론을 통한 행정개혁이 전 세계적으로 보편적인 현상이 되었다.

### 1) 신공공관리론의 이론적 기초

작고 효율적인 정부에 대한 사회적 요구의 증가로 뉴질랜드, 영국, 미국, 캐나다 등의 서구 국가들에서 행정개혁이 진행되면서 신공공관리론이 관료주의적 패러다임에 근거한 전통적 행정학의 대안으로 부상하였다(Gore, 1994, Mascarenhaus, 1993). 관료주의적 패러다임은 계층제적 통제와 전문화, 명확하게 규정된 규정과 절차 등을 통해서 '좋은 행정'을 구현할 수 있다고 주장하는 반면, 신공공관리론은 전통적인 행정학의 이러한 처방들이 오히려 많은 문제들을 초래하였다고 비판한다. 서구의 행정개혁은 개혁의 규모, 성격, 접근방법의 차이에도 불구하고 소위 신공공관리론이라고 불리는 새로운 패러다임으로 통합될 수 있는데, 이러한 새로운 패러다임은 관리주의(managerialism)와 신제도주의 경제학(new institutional economics)이라는 두 가지의 이론적 기초에 근거한다.

#### (1) 관리주의

먼저 신공공관리론은 관리주의에 근거하는데 "관리가 중요하며 좋은 것이며, 따라서 행정은 민간 부문의 경영기법을 받아들임으로써 합리화될 수 있다."는 일종의 이념(ideology)이다.[1] 일반적으로 효율적이고 대응적인 정부를 만드는 것이 관리주의적 개혁의 주목적으로 이해되고 있다. 그러나 이러한 목적은 결코 새로운 것이 아니므로 관리주의와 전통적인 행정학을 구분하는 기준이 될 수 없다. 관리주의와 전통적 행정학을 구분하는 기준이 되는 것은 관리주의가 처방하는 개혁전략이다. 신공공관리론은 어떻게 효과적이고 대응적인 정부를 구현할 것인가 하는 문제에 대한 근본적인 관점의 변화를 의미한다(Terry, 1998). 신공공관리론은 민간 부문의 경영기법의 도입을 통해 효과적이고 대응적인 정부를 구현할 수 있다고 주장한다. 즉 정부는 기업과 같이 운영되어야 하며, 관료는 공공기업가(public entrepreneurs)가 되어야 한다는 것이다.

한국의 경우 신공공관리론은 소위 신자유주의라는 정치이념에 근거하고 있다는 주장이 있는데(김태룡, 1999, 허철행, 2000) 이것은 정부의 역할을 대폭 시장에 맡겨야 한다는 것을 의미하는 것이 아니다. 신공공관리론이 주장하는 것은 정부관료제의 운영체제가 시장을 모방해서 시장경쟁의 원리가 관료제와 계층제적 통제를 대체해야 한다는 것이다. 신공공관

1) Terry(1998)에 의하면, 계량적/분석적 관리론(quantitative/analytic management), 정치적 관리론(political management), 해방관리론(liberation management), 시장원리관리론(market-driven management) 등의 다양한 공공관리론의 접근들이 존재하지만 이들이 모두 이 특성을 공유한다고 한다.

리론은 민간기업의 관리 전략, 기법을 적용하여 정부관료제의 내부적 운영을 합리화하려는 관리개혁으로 이론, 경험 그리고 실제에 의해 개발된 이론이며, 이념적 편향에 의해 영향을 받는 것은 아니다.

#### (2) 신제도경제학(new institutional economics)

신공공관리론은 신제도경제학(new institutional economics) 또는 신제도주의(new institutionalism)의 영향을 받았다. 이러한 영향으로 신공공관리론은 공공선택이론, 특히 관료제에 관한 공공선택이론과 그 이론적 기초를 공유한다. 비록 관료들이 훌륭한 관리기술은 가지고 있지만 관료들은 신뢰할 수 없다는 전제하에 신공공관리론은 주인-대리인 이론과 거래비용이론의 처방을 통해서 '도덕적 해이를 유발하는 행동을 할 선천적인 경향'(Donaldson, 1990: 372)을, 그리고 어떻게 하면 합리적인 인간들을 동기 부여할 수 있는 유인체제(incentive structure)를 설계할 수 있는가에 관심을 가진다. 이와는 대조적으로 구공공관리론은 관료들이 개인적인 효용을 극대화하지 않는다는 가정하에 어떻게 하면 관료들의 예측 및 기획능력을 향상시킬 수 있는가에 관심을 가진다.

신공공관리론의 한 측면을 시장원리관리론(market-driven management)이라 불리기도 한다. 시장원리관리론이 주장하는 유인체제는 경쟁이다. 여기에서의 경쟁은 공공부문의 내부적 시장(internal market)에서의 경합가능성(rivalry)을 의미한다. 시장원리관리론 옹호자들은 관료들이 내부적 시장압력에 노출될 경우 그들의 성과를 향상시킬 수밖에 없게 될 것이라고 주장한다. 즉 내부적 시장을 구축하는 것이 정부관료제의 통제기재로서 전통적인 행정학의 계층제나 내부적 규제보다 훨씬 우월하다는 것이다.

### 2) 신공공관리론의 행정개혁전략

민간 부문의 관리기법이 공공부문의 관리기법보다 우월하며, 공공부문과 민간부문의 관리가 본질적으로 다를 것이 없다는 신념을 가지고 다음과 같은 행정개혁전략을 주장한다.

첫째, 규정과 규제의 완화, 분권화 및 관료의 재량권 확대를 통한 관리의 탈규제화가 이루어져야 한다.

둘째, 성과에 대한 명시적인 기준과 측정에 의한 투입통제 및 관료제적 절차의 대체가 필요하다.

셋째, 계약제, 외부계약 등을 통한 공공부문에의 경쟁과 경합가능성의 도입이 필요하다.

넷째, 공공부문의 대규모 관료제의 준자율적 단위로의 정책결정과 정책집행기능의 분리가 이루어져야 한다.

다섯째, 민간기업 형태의 관리기법의 도입으로 기업가정신에 근거한 행정이 전통적인 관료제적 행정을 대체하여야 한다.

여섯째, 자원배분과 보상을 측정된 성과와 연계하는 금전적인 유인체제에 의한 비금전적 유인체제의 대체가 있어야 한다.

일곱째, 비용절감, 효율성 및 인원감축이 강조된다.

그러므로 신공공관리론의 행정개혁전략의 핵심은 경쟁의 원리가 적용되는 유인체제를 마련하고, 그 체제하에서 관료를 관료제적 규제로부터 해방시켜 공공기업가(public entrepreneur)로서 자유롭게 활동할 수 있게 하는 것이라 할 수 있다.

### 3) 신공공관리론의 비판

1980년대와 1990년대에 신공공관리론의 적실성은 거의 의심받지 않았다. 그러나 신공공관리론이 세계적으로 새로운 패러다임으로 인정되고 행정개혁전략으로서 인기를 누렸지만 몇 가지 이유로 비판을 받고 있다.

첫째, 공공부문은 민간부문과 다르기 때문에 민간부문의 관리기법을 공공부문에 적용하는 것은 불가능하다는 주장이 있다. 행정환경은 민간기업들과는 근본적으로 다르다. 특히 좋은 행정의 구현에 핵심적인 역할을 담당하는 사회와 정부 간의 관계 그리고 정치와 행정과의 관계 등은 민간부문에는 존재하지 않는다. 관료제는 시장노출성의 정도, 공식적·법적 제약, 정치적 영향력, 강제성, 영향의 범위, 대중의 기대 그리고 목표의 다양성 등의 측면에서 민간기업과는 근본적으로 다르다.

둘째, 민주적 책임성과 기업가적 자율성과 재량권 간의 갈등으로 신공공관리론은 관료제의 효율성을 향상시킬 수 없다는 비판이 있다. 공공부문의 성과측정이 어렵거나 혹은 불가능한 경우가 많으므로 투입에 대한 통제나 행정적 절차가 성과측정의 대리변수로 사용된다. 즉 관료제의 규칙과 규제는 행정의 책임성을 확보하는 전통적 행정학의 도구였던 것이다. 공공부문의 성과측정이 곤란한 경우 행정의 효율성 향상의 도구로 기업가적 재량권을 선호하는 신공공관리론적 처방은 심각한 공공책임성의 문제를 야기할 가능성이 있다.

셋째, 신공공관리론은 행정의 다른 중요한 가치들과 상충관계에 놓일 가능성이 있다. 효율과 절약이라는 가치만 추구하게 될 경우 다른 중요한 가치들이 희생되고 결과적으로 행정의 성과를 오히려 악화시킬 가능성이 존재한다.

넷째, 신공공관리론의 고객 중심의 논리는 국민을 단순히 행정서비스를 좋아하거나 싫어하고 반대할 경우 관료가 행정서비스를 향상시켜 줄 것으로 기대하는 수동적인 존재로 전락시킨다는 비판이 있다. 행정의 경우 소비자의 만족(consumer satisfaction)과 소비자의 주권(consumer sovereignty)은 엄밀히 구분되어야 한다.

다섯째, 신공공관리론의 보편적인 적용가능성에 대한 비판이 존재한다. 신공공관리론은 아직까지 경험적인 과학적 이론의 수준에 이르지 못한 단순히 성공사례를 모방하는 방법론에 불과하다는 것이다.[2)]

여섯째, 신공공관리론은 관리주의 논리이다. 행정의 경우 매우 중요한 많은 정치적인 문제들을 교묘히 회피하는 과오를 범하고 있다는 비판이 존재한다. 행정을 정치로부터 분리하여 기업처럼 운영되게 하는 것은 잘못 정의된 문제의 문제(wrong-problems problem)를 야기한다. 즉 진정한 공공문제를 다루는 데 필요한 매우 어려운 정치적 선택을 의도적으로 무시하고, 좋은 관리를 모든 공공문제를 해결할 수 있는 보편적인 해결책으로 강조하는 오류를 범하게 된다는 것이다. 관리 측면의 개혁이 모든 정부개혁의 구성요소가 되어야 하는 것은 사실이나 관리 측면의 개혁만으로 정부성과를 향상시키는 것은 불가능하다.

## 2. 뉴 거버넌스(New Governance)와 행정개혁

### 1) NEW 거버넌스론의 이론적 기초

행정개혁의 또 하나의 대안으로 뉴 거버넌스론을 제시하는 학자들이 있다. 뉴 거버넌스론은 때로는 신공공관리론과 동의어로 인식되기도 한다.[3)] 이는 두 가지 개념, 특히 뉴 거버넌스가 상당히 모호하게 정의되는 개념이기 때문이다. Metcalfe(1993)는 공공관리(public management)와 공공부문관리(public sector management)를 구분하면서, 전자를 '다른 조직과의 협조를 통해서 공적인 일을 수행하는 것', 후자를 '공공부문의 조직을 관리하는 것'이라 정의하고 있다. 그리고 Peters(1996)는 시장적 정부(market government), 참여적 정부(participative government), 유연한 정부(flexible government), 탈규제정부(deregulated government) 등의 4가지의 미래 거버넌스 유형을 제시하고 있는데, 이들은 모두 해방관리와 시장원리관리로 요약되는 신공공관리론의 아이디어와 매우 밀접한 연관성을 갖고 있다.

그러나 신공공관리론과 뉴 거버넌스론은 근본적으로 상이한 개념이다. 뉴 거버넌스론이

---

2) Caiden(1994)에 의하면, 탈관료제화나 탈규제와 같은 신공공관리론의 개혁이 행정서비스의 질을 오히려 악화시켰다는 경험적인 증거가 존재한다고 한다.

3) 문헌에 따라서, 신자유주의, 신공공관리론 그리고 뉴 거버넌스가 모두 같은 개념으로 취급되기도 한다(박재완, 1999, 송하중, 1999). 한편 뉴 거버넌스는 공공거버넌스(public governance)라 불리기도 한다(Kickert, 1997).

정부와 사회 간의 새로운 상호 작용의 형태를 의미하는 반면, 신공공관리론은 정부관료제를 조직·관리하는 새로운 방법을 의미한다. 또한 신공공관리론이 비정치적인 개념인 반면, 뉴 거버넌스론은 정치적인 개념이다. 거버넌스라는 용어는 정부의 의미의 변화 또는 공적인 업무의 수행방법의 변화를 지칭한다. 정부는 공식적인 권위에 근거한 활동을 지칭하는 반면 거버넌스는 공유된 목적에 의해 일어나는 활동을 의미한다.

거버넌스의 가장 중요한 특징은 중앙과 지방정부, 정치적, 사회적 단체, NGO, 민간조직 등의 다양한 구성원들로 이루어진 네트워크를 강조한다. 사회·정치적 환경과의 상호 작용이 중요하게 다루어지므로 행정의 질을 향상시키기 위해서는 내부적인 조직관리 문제뿐만 아니라 복잡한 조직 간의 상호 작용의 문제에 대한 고려가 필요하다는 것이 뉴 거버넌스론의 입장이다. 다양한 참여자로 구성된 네트워크 상황은 참여자들이 상호 독립적이라는 것을 의미한다. 그러나 상호 독립적이라는 것이 모든 참여자가 동등하다는 것을 의미하는 것은 아니다. 비록 네트워크 상황에서 정부의 역할이 전통적인 정부처럼 우월한 것은 아니지만 정부가 다른 사회적 참여자들과 동등한 것은 아니다.

New Governance에서는 국민은 고객이 아니라 주인으로 간주된다. 신공공관리론과 같은 고객 중심적 접근(customer-centered orientation)이 시민을 수동적인 존재로 국한시키는 반면, New Governance는 주인-중심적 접근(owner-centered orientation)으로 국민을 정부의 의제와 정책을 결정하는 능동적인 존재로 인정한다. 행정을 단순히 수동적인 소비자만족에 의해 통제되는 서비스의 전달로 이해하는 것은 네트워크 상황에서의 행정의 근본적인 역할에 대한 이해를 어렵게 한다. 행정의 질을 측정하기가 힘들고 관료들이 실패하는 경우가 많으므로, 시민들이 행정서비스가 공급된 후에 성과를 사후적으로 평가하는 것은 적절하지 못하다는 것이다. 행정구조의 개선이 중요하지만 국민들이 행정에 적극적으로 참여하지 않는 한 정부는 적절하게 작동하거나 혹은 기업처럼 운영될 수 없다는 것이 New Governance의 논리이다. New Governance는 상호 독립성, 자원교환, 게임적 상호 작용, 국가로부터의 높은 자율성 등을 특징으로 하는 자치적인 조직 간 네트워크라 할 수 있다.

### 2) 뉴 거버넌스론의 행정개혁전략

사회문제가 보다 복잡하고 역동적이고 다양해짐에 따라 뉴 거버넌스는 전통적 행정학에 대한 유용하고 현실적인 대안이 되고 있다. 공·사를 막론하고 어떠한 조직도 혼자의 힘으로는 해결할 수 없는 사회문제가 증가함에 따라 사회구성원 간의 협조가 절실히 요구되고 있다. 또한 공공부문에서 경쟁이 불가능한 경우 신공공관리론의 행정개혁전략은 성공할 수 없다. 피상적인 조직구조나 조직운영체제의 변화에도 불구하고 관료들의 유인체제가 그대로 남아 있기 때문이다. 더욱 중요한 것은 행정은 어떤 민간기업도 다루어 본 적이 없는 매우 어렵고도 복잡한 관리의 문제를 해결해야 한다는 것이다.

New Governance는 몇 가지 행정개혁전략을 제시하는데 첫째, 정부의 새로운 정책수단을 요구한다. 많은 경험적 연구에서 발견된 바와 같이 최고책임자가 존재하지 않는 네트워크 상황에서 상의하달식 해결책은 무의미하므로, 정부는 네트워크 관리자(network manager)의 역할을 담당하여야 한다. 둘째, 국민 권한부여(public empowerment)의 강화가 요구되는데 행정관료가 적극적인 역할을 담당하고 국민들은 행정의 소비자로 간주되는 신공공관리론과는 다르게 뉴 거버넌스론에서는 효율적인 시민정신이 요구된다. 셋째, 보다 많은 정보가 국민이 실제로 손쉽게 이용할 수 있는 형태로 국민에게 제공되어야 한다. 그러나 대다수의 경우 정부가 정보를 독점하고 있어 국민들이 행정에 대한 정보입수의 기회는 크게 제한되어 있는 실정이다. 적절한 정보 없이는 국민들이 주인으로서의 적극적인 역할을 적절히 수행할 수 없다. 따라서 다양한 행정부 내부정보가 광범위하게 국민에게 제공되어야 한다. 그러므로 행정에 대한 정보를 입수하고, 이를 국민에게 알리고, 이에 대한 전문적인 해석까지 국민에게 제공하는 등의 역할을 수행할 수 있는 NGO의 활동이 요구된다.

한국 정부는 현재까지 수십 차례 중앙정부 차원의 행정개혁을 단행했었다. 그러나 이러한 행정개혁에도 불구하고 여전히 경직성, 낮은 생산성 등으로 비난의 대상이 되고 있다. 심지어 한국 정부가 발전국가로서의 기능을 계속 확장하고 있으며 예전보다도 더 경직된 정부가 되어가고 있다는 비판까지 존재한다. 권위적인 행정명령, 시장에 대한 빈번한 간섭, 불필요하고 과다한 정부규제 등이 한국경제와 한국사회 전체의 발전에 걸림돌이 된다는 사실에 대한 광범위한 공감대가 형성되고 있다.

## 제 3 절 행정경영화의 전략

### 1. 행정경영화의 개념 및 필요성

행정의 경영화란 행정을 효율화하고 재정의 한계를 극복하기 위해 행정에 기업가적인 경영기법을 도입하여 기업처럼 운영하는 기업형 행정주의를 말한다. 자치단체를 하나의 경영단위로 간주하고 단체장을 회사의 사장으로 비유하여 주주에 해당되는 지역주민에게 최소부담으로 최대복지를 제공하는 목적을 갖는 행위라고 할 수 있다.

최근의 경영화 논의는 고객 중심의 기본구도 속에서 산출과 성과를 중시하며, 이를 위한 전략개념으로 분권화를 통한 내부 경쟁체제 확립과 기업가정신의 도입을 강조하고 있다. 이러한 최근 논의의 특징은 다음과 같다.

첫째, 비대화된 관료제의 경직성에 대한 반작용으로 나타난 것이다.

둘째, 공사 영역의 차이점을 인정한다. 예컨대 Osbone & Gaebler는 공공조직은 이윤을 추구하지 않는다는 점에서, 많은 서비스를 독점적으로 공급한다는 점에서, 또한 밀실에서의 결정이 불가능하다는 등의 점에서 기업과는 확실히 구분된다고 본다.

셋째, 관리기법이 아닌 기업가정신과 내부 경쟁을 강조하며 이는 결과·성과 지향적으로 특징지을 수 있다

넷째, 고객 중심적 사고, 즉 고객 지향 행정을 특징으로 한다.

행정경영화의 목표는 주민복리의 극대화, 공공성과 기업성의 조화, 고객 지향 행정, 잠재력의 극대화라고 할 수 있다.

경영화에 활용되는 몇 가지 운동을 살펴보면 다음과 같다.

첫째, 보고의 S·O·S운동이다. S·O·S는 simple, on-time, slim의 약자로서 보고절차의 간소화, 보고의 즉시화, 문서작성의 간소화를 말한다. 행정에 있어서 보고의 감축, 보고사무의 간소화가 시급하다.

둘째, 회의 3·3·7운동이다. 회의소집 3발상(꼭 필요 회의만, 회수 감축, 유사회의의 통합)과 회의운영 3원칙(30분 내 종료, 자료 1매 주의, 무회의일 지정), 회의운영 7지침(종료시각 공표, 회의비용 명시, 참석인원 최소화, 회의목적 명시, 자료 사전배포, 발언기회 개방, 녹음테이프 회의록)을 말한다.

셋째, MY, MY운동이다. MY, MY는 my job, my role의 약자이다. 이 운동은 직책별 권한과 책임을 명백히 함과 동시에, 계층 간 권한과 책임을 대폭적으로 하부에 이양함으로써 창조성이 강한 기업문화를 구축하고자 하는 운동이다.

## 2. 경영화의 한계와 사업형태

행정경영화의 논의의 문제점으로는 공공성, 분배에서의 효율성, 형평성, 목표의 모호성 등이 제기되고 있다. 정부실패로 인해 행정개혁의 필요성이 제기되었고 그 기본적인 방향

으로 고객 중심적 행정과 기업가적 정부를 표방하게 되었다. 이러한 의미에서 볼 때 오늘날 제기되고 있는 행정의 경영화 논의는 전통적 입장에서 논의되어 온 능률성 측면의 관리방식 개혁과는 근본적으로 다른 의미를 갖고 있다.

경영화의 한계로는 첫째, 기업성과 공익성의 갈등으로 기업성 위주의 경영으로 공공성이 저하될 우려가 있다. 반면에 지나친 통제를 하게 될 때 기업성을 살릴 수 없다. 공공성이 높은 사업이라 할지라도 채산성이 낮거나 기업성이 보장되지 않는 경우 민간의 참여를 기대하기 어렵다. 둘째, 방만한 운영으로 유통망 확보와 전문경영인 확보에 어려움을 겪게 된다. 셋째, 정치적 이해관계, 책임소재 불분명, 부패의 소지 등이 문제점으로 지적된다.

사업형태로는 다음과 같다. 첫째, 지역 개발형은 민관공동출자형태로 이루어지며, 재원과 운영비를 공동 부담하며, 제삼자에 의한 전문경영형태를 보인다. 둘째, 기업경영형은 민관공동경영, 즉 재원과 운영비, 경영 등을 공동 부담한다. 셋째, 시설운영형은 건물, 레포츠 시설 등을 민간 부문에 위탁하여 관리 운영하는 경우로 경비절감을 목적으로 한다.

행정안전부는 2005년 6월 15일부터 2일간 '제17회 경영행정 혁신사례 발표대회'를 개최하였다. 16개 시·도의 혁신사례 중 천수만 철새도래지를 친환경관광 상품으로 개발한 충남 서산시가 영예의 대통령상을 수상하였다. 서산시는 천수만 철새도래지를 관광 상품화하여 연간 2억 6,700만 원에 달하는 세외수입을 올렸을 뿐 아니라, 친환경 명품 쌀(일명 기러기 쌀) 개발로 농가소득이 연간 221억 정도 향상되었다고 밝혔다.

행정경영화의 민간투자사업의 추진방식은 시행권, 소유권, 운영권을 민간부문과 공공부문 중에서 누가 보유할 것인가에 따라 구분되는데, 현행 민간투자법 제4조는 다섯 가지 형태로 구분하고 있다.

첫째, BTO(Build-Transfer-Operate) 방식을 들 수 있다. 이는 사회기반시설의 준공과 동시에 당해 시설의 소유권이 국가 또는 지방자치단체에 귀속되며, 사업시행자에게 일정 기간의 시설관리운영권을 인정하는 방식이다.

둘째, BOT(Build-Own-Transfer) 방식을 들 수 있다. 이는 사회기반시설의 준공 후 일정 기간 동안 사업시행자에게 당해 시설의 소유권이 인정되며 그 기간의 만료 시 시설소유권이 국가 또는 지방자치단체에 귀속되는 방식이다.

셋째, BOO(Build-Own-Operate) 방식을 들 수 있다. 이는 사회기반시설의 준공과 동시에 사업시행자에게 당해 시설의 소유권이 인정되는 방식이다.

넷째, 민간 부문이 사업을 제안하거나 주무관청이 고시한 사업을 변경 제안하는 경우 당해 사업의 추진을 위하여 BTO, BOT, BOO 이외의 방식을 제시하여 주무관청이 불가피하다고 인정하여 채택한 방식이다.

다섯째, 기타 방식으로 주무관청이 수립한 민간투자시설사업 기본계획이 제시한 것으로 이에는 BTL, ROT, ROO, BBO 등의 방식이 있다.

BTL(Build-Transfer-Lease) 방식은 사업시행자가 시설을 준공한 후 민간은 시설완공시점에서 소유권을 정부에 이전하는 대신 일정 기간 동안 시설의 사용·수익 권한을 획득하는 방식으로 민간은 시설을 정부에 임대하고 그 임대료를 받아 시설투자비를 회수하는 방식이다.

ROT(Rehabilitate-Operate-Transfer) 방식은 국가 또는 지방자치단체 소유의 기존 시설을 정비한 사업시행자에게 일정 기간 그 시설에 대한 운영권을 인정한다. ROO(Rehabilitate-Own-Operate) 방식은 기존시설을 정비한 사업시행자에게 사회기반시설의 소유권을 인정한다. BBO(Buy-Build-Operate) 방식은 기존시설물을 정부로부터 매입하여 민간이 보수·확장 공사를 한 후 정부의 규제하에 운영하는 방식이다.

## 3. 총체적품질관리제(TQM, Total Quality Management)

기존의 행정관리의 정향은 주로 경제적 능률성의 측면에서 궁극적인 행정고객의 요구와는 무관하게 소수전문가에 의한 비용편익의 분석에만 초점을 두거나, 전반적인 관리체계상의 문제점을 단순히 조직구성원의 개별적인 성과제고를 통하여 해결하려는 경향이 강하였기 때문에 행정과 고객 간에 상당한 괴리가 드러났다. 이에 단순한 능률성 추구를 지양하고 고객 지향적·예방적 품질관리, 통계적·체계 지향적 생산관리, 조직 전체의 참여관리를 통한 지속적인 개혁을 강조하는 전략적 관리로서 총체적품질관리(Total Quality Management)의 원리가 행정에 접목되기 시작하였다.

### 1) 품질관리제의 의의

품질관리제는 끊임없이 변화하는 속성을 지닌 고객의 요구에 부응하기 위하여 조직구성원의 폭넓은 참여와 사실에 기초한 의사결정을 바탕으로 조직의 모든 생산과정에 대한 낭비적 요소를 제거하여 지속적으로 성과를 향상시키려는 조직문화 전반에 관한 관리방식이다. 품질관리제에 대한 정의가 학자마다 다양하게 나타나고 있으나, 전통적 관리방식과 구분하여 볼 때 다음과 같은 특징을 갖고 있다.

첫째, 고객의 욕구를 측정하는 방식에서 전통적 관리방식은 재화나 서비스 이용자들의 욕구를 전문가들이 규정하는 형태를 취하나, 품질관리제는 고객에 초점을 두어 서비스 이용자가 원하는 것을 규명한다.

둘째, 자원의 통제방식에서 전통적 관리방식은 설정된 기준을 초과하지 않는 한 과오나 낭비를 허용하나, 품질관리제는 재화나 서비스에 대한 무가치한 업무나 과오・낭비를 허용하지 않는다.

셋째, 품질관리방식에서 전통적 관리방식은 재화나 서비스에 대한 문제점을 관찰한 후 사후에 수정하는 데 관심을 기울이나 품질관리제는 문제점에 대한 예방적 관리를 중시한다.

넷째, 의사결정방식에서 전통적 관리방식은 불확실한 가정과 직감에 영향을 받는 결정을 하며 일 년의 예산주기에 의한 단기계획이 중시되나, 품질관리제는 통계적 자료와 과학적 절차에 준거하는 결정을 하며 성과에 의한 장기계획을 중시한다.

다섯째, 목표를 수립하고 조직을 관리하는 방식을 보면 전통적 관리방식은 단위 부서별로 순차적인 목표를 설정하고 개별적인 관리자와 전문가에 의한 통제와 개선을 중시하나, 품질관리제는 권한을 위임받은 복합적인 기능을 가진 팀에 의하여 동시적으로 목표를 설계하고 내・외부 관련 구성원들의 참여관리에 의한 팀워크를 중시한다.

마지막으로 문제해결방식을 보면 전통적 관리방식은 컴퓨터와 자동화와 같은 단기적인 타개책을 강구하지만 품질관리제는 조직의 모든 체계에 대한 지속적인 개선을 강조한다.

### 2) 품질관리제 적용의 한계와 조건

품질관리제 적용의 한계로는 공공조직이라고 하는 구조적인 제약점이 있다. 공공조직의 구조는 기능별 구분이 이루어지고 있는데, 이는 품질관리제의 적용을 어렵게 한다. 왜냐하면 기능별로 구분된 조직은 자신의 이익을 추구하고 다른 조직과 갈등을 연출하기 때문이다. 개별조직의 목적에 지나치게 집착하다 보면 전체 조직의 진정한 방향성을 간과하기 쉽고 고객의 요구나 결과물의 전체적인 질적 측면보다 계량적 목표에 집착하게 된다. 따라서 조직은 고객의 요구보다 자신의 특정한 이익에 봉사하게 되며 관료의 입장에서 결과물에 대한 품질평가를 하게 된다.

또한 공공조직은 명확한 목표를 설정하기가 쉽지 않고 경쟁이 허락되지 않으며 다양한 고객의 요구에 반응하여야 하므로 민간 부문과는 다른 운영방식을 채택하고 있다. 즉 서비스가 갖고 있는 추상적 성격과 고객의 다양성 때문에 품질을 평가하기가 어렵다. 다음으로 공공조직은 목표의 추상성과 이윤추구 및 그로 인한 보상이 인정되고 있지 않다. 또한 목표가 어느 정도 구체화된다고 할지라도 서비스를 공급하는 일선공무원들은 품질을 1차적 목표로 생각하지 않을 수 있으며 고객의 수혜보다는 상급자의 지시가 더 중요한 행동기준이 된다.

TQM을 적용하기 위한 조건으로는 첫째, 정부가 추구하는 목표를 명확히 하여야 한다. 둘째, 정부는 항상 여론조사나 면접조사를 통하여 공공의 이익이 정부조직으로 환류될 수 있도록 하여야 한다. 셋째, 조직의 상층부와 하층부 간의 긴밀한 협력관계와 같은 새로운 관리운영방식이 요구된다. 넷째, 최고관리자의 지속적인 리더십과 열의가 중요하다.

## 4. CI(Community Identity) 전략

최근 민간기업에서는 치열한 이미지경쟁시대의 조류 속에서 새로운 기업의 이미지 부각을 위한 전략방안으로 CIP(Corporate Identity Program) 도입을 모색하고 있는데, 행정에서도 이를 원용하여 CI(Community Identity) 전략을 추진하고 있다. CI란 급변하는 경영의 변화에 적응하려는 마케팅전략의 일환으로 조직의 철학, 성질, 미래의 모습과 전략을 적절히 조정・통합함으로써 조직다움을 연출하고, 이를 통하여 조직 내적으로는 경영이념을 명확하게 하여 조직의 활성화와 조직구성원의 의식과 태도의 변혁을 추진함으로써 조직 내적 단결력을 고양하고 조직 외적으로는 조직의 이미지를 올바르게 투입하여 조직이미지를 확립시키는 전략이다.

CI의 구성요소 중 이념의 동일화는 새로운 환경에 적응할 수 있는 명확한 조직목표를 설정하고 이를 수행할 경영전략을 형성하는 것을 말한다. 이 과정에서 중요한 것은 조직구성원 상하 간의 참여에 의하여 공동목표를 설정하여야 조직구성원이 높은 목표달성의욕을 갖게 된다는 것이다. 행동양식의 동일화는 조직구성원이 나아가야 할 방향에 입각하여 통일된 행동양식을 마련하는 것이며, 시각적 이미지의 동일화는 조직 내외의 고객과 관련자들에게 통일된 이미지를 전달하는 것이다. 따라서 CI란 조직이 사회와 현실의 수많은 경쟁 속에서 조직의 가치를 격상시키고 조직의 경영목표에 부합되도록 조직이미지를 의식적으로 형성함으로써 커뮤니케이션뿐만 아니라 사회문화 창조와 서비스정신을 고양하는 형이상학적 측면까지 포괄하는 경영전략이다.

## 5. 벤치마킹(Bench Marking)

벤치마킹(Bench Marking)은 다의적인 개념이다. '모방을 통한 경영혁신'이나 '남의 우수한 실무를 부끄럼 없이 훔치는 것'에서부터 '개선을 위한 성과측정' 등에 이르기까지 매우 다양하게 정의된다. 그러나 정의의 다양함에도 불구하고 벤치마킹이 전면적 경영혁신, 즉 비즈니스 리엔지니어링의 핵심전략으로서 '앞서 가는 조직으로부터 우수한 실무를 배워 자기 조직에 활용하는 것'이라는 데 큰 이견이 없다.

벤치마킹(Bench Marking)을 정의하면 기업이 어느 특정 분야에서 세계 최고로 인정되는 기업과 어느 정도나 차이가 있으며, 얼마나 개선해야 하는지를 알기 위해 그들의 상품과 서비스 그리고 운영 프로세스 등을 비교·평가하고 배움으로써 자기변화를 시도하는 경영혁신의 노력이자 전략을 의미한다.

또한 벤치마킹은 최고의 성과를 낸 다른 조직의 관행과 경험을 구체화하고 도입하는 것으로 국내외 우수기업들에서 이미 성공을 거둔 합리적인 우수경영방식 등을 발굴, 수용하여 공공부문이 이를 채택하는 방식을 말한다.

벤치마킹의 종류는 네 가지로 분류할 수 있다.

첫째, 내부 벤치마킹으로 자사 내 타 부서와 비교하고 효율적인 부서의 방법을 도입하는 것이다.

둘째, 경쟁자 벤치마킹으로 경쟁사와 비교하여 유사 업무처리과정을 비교하는 것이다.

셋째, 기능 벤치마킹으로 업종에 관계없이 문제가 되는 부문의 최우수기업을 대상으로 한다.

넷째, 원천적 벤치마킹으로 위에서 언급한 모든 대상을 종합한 것이다.

# 연 습 문 제

1. 행정개혁의 적절한 방법이 아닌 것은?(2010 특채8/9급 출제)

① 저항에 대한 진단과 적절한 대응이 필요하다.

② 저항의 가능성이 있으므로 고객의 참여를 가급적 배제한다.

③ 정치적 변혁이 개혁의 동기가 되는 경우도 많다.

④ 행정환경의 변화는 개혁을 요구한다.

**〈해설〉** 고객의 참여를 배제하고 일방적이고 폐쇄적인 개혁을 추진하게 되면 오히려 저항이 커지고 개혁은 성공하기가 어렵게 된다.

2. 우리나라 미래의 바람직한 행정개혁 및 정책방향이 아닌 것은?(2004 서울7급 출제)

① 민간부문과의 협력적 네트워크 구축에 힘써야 한다.

② 계층제의 축소를 통한 탈관료제적 조직구조개혁에 힘써야 한다.

③ 정부주도의 경제성장을 더욱 강화해야 한다.

④ 지방정부의 역량 강화를 위한 지방분권화에 주력해야 한다.

**〈해설〉** 미래의 바람직한 행정은 정부가 주도하는 발전행정전략인 경제성장 전략에서 벗어나 규제를 완화하고 민간부문의 자생력과 창의력을 높이는 정책을 강화해야 한다.

3. 경북도청이 공공시설 건설을 위해 민간업자와 다음과 같은 관계를 맺어 민자를 활용한다면 이 양식을 무엇이라 하는가?(2009 국가9급, 2007 경북9급 출제)

- 민간기업이 공공시설을 건설한다.
- 민간기업은 이 시설을 경북도에 기부채납한다.
- 이전의 대가로 기업은 일정기간 사용권과 수익권을 획득한다.
- 기업은 이 공공시설을 경북도에 임대하고 그 임대료를 받아 투자비를 회수한다.

① BTO방식　　② Contracing-out 방식

③ BOO방식　　④ BTL방식

**〈해설〉** 민간기업이 공공시설을 건설하여 기부채납형식으로 소유권을 이전하고, 이전의 대가로 기업은 일정기간 사용권과 수익권을 획득한 후 이 공공시설을 임대하고 그 임대료를 받아 투자비를 회수하는 방식은 BTL(Build Transfer Lease)방식이다.

[정답] 1. ② 2. ③ 3. ④

## 기출문제

〈2009년 행정고등고시 2차 시험〉

※ 다음 지문을 읽고 물음에 답하시오.

〈지문 1〉 '작은 정부'의 정책 기조도 유지돼 올해 국가공무원 정원은 지난해 말 60만 7,628명 수준으로 동결된다. 하지만 중앙정부 기능에 대한 '아웃소싱' 형태인 법인화와 지방이양이 이루어질 경우 국가공무원 정원은 상당 부분 줄어들 수 있다. … 우선 OO 의료원, OO병원, OO청 등을 법인화 우선추진 대상기관으로 선정했고, OO부 산하 OO 본부와 OO대학교 등에 대해서도 법인화 추진방안을 논의하기로 했다.

- OO신문, 2009. 1. 21. -

〈지문 2〉 최근에 중앙정부와 각 지방자치단체가 도입하고 있는 균형성과관리제도(BSC)는 기존 성과평가 방식에서 벗어나 고객관점 등 비재무적 활동을 평가한다는 점에서 새로운 평가시스템으로 주목되고 있다. 특히 지방자치단체의 체계적인 성과관리를 위해서는 '성과'와 '과제'를 통합 관리하는 시스템이 필요하다는 의견이 제시됐다. … OO시는 통합 성과관리시스템을 통해 조직의 발전전략과 성과지표를 개발하고 부서 및 개인별로 목표를 설정한 뒤 달성정도를 체계적으로 관리하고 평가해 인사와 성과급 지급에 반영할 계획이다.

- OO신문, 2009. 2. 5. -

1) 신공공관리의 관점에서 위 두 지문의 사례가 갖는 공통점과 차이점을 논하시오.(30점)
2) 위 두 지문에서 제시된 행정개혁 사례의 적실성과 한계에 관하여 다음 주장에 유의하면서 논하시오.(20점)

"2008년 이후 세계적인 금융 및 경제위기로 인해 사회과학 전반 그리고 행정학에서도 정부와 시장의 역할 및 가치가 새롭게 조명되고 있다."

〈2008년 행정고등고시 2차 시험〉

※ 신공공관리(NPM)이론은 공공부문의 능률성과 효과성을 제고하기 위한 방안 중 하나로 정보통신기술(ICT)의 도입을 강조하고 있다. 업무재설계(BPR: Business Process Reengineering)과정에 정보통신기술의 활용이 미치는 영향에 대해 설명하시오.(20점)

〈2007년 행정고등고시 2차 시험〉

※ 다음은 미국의 정부개혁에 관한 보고서 일부를 발췌하여 재구성한 것이다. 아래 물음에 답하시오.(총 50점)

> 정부는 본질적으로 낭비적인 것인가? 절대 그렇지 않다. 정부는 무능한 공무원들로만 채워져 있는가? 그렇지 않다. 문제는 더 심각한 곳에 있다. 문제는 이 시대에 더 이상 존재하지도 않는 환경에 적합하도록 고안된 전부조직을 가지고 있다는 것이다. 또한 정부조직이 너무 비대하고 낭비가 심해 더 이상 국민들에게 봉사할 수 있는 조직이 되지 못한다는 것이다.
>
> 지금까지의 정부조직은 덩치가 크고 상의하달식 의사소통 구조와 집권적 의사결정 구조를 특징으로 하고 있다. 업무는 세분화되고, 책임과 역할이 분명하게 규정되어 있다. 이렇게 표준화된 업무수행방식이나 수직적인 명령체계 아래에서 조직은 안정적이긴 하지만 경직적이고 업무처리가 지연될 수밖에 없다. 오늘날과 같이 급격히 변화하는 환경과 고도의 정보기술 그리고 국제경쟁의 심화, 나아가 국민의 요구가 복잡 다양화되어가는 시대에 이러한 정부조직은 더 이상 적응하지 못할 것이다.

1) 위의 정부조직개혁의 주장에 대한 본인의 의견을 찬성과 반대 중 택일하고, 그 논거를 제시하시오.(20점)

2) 위 1)에서 본인이 선택한 입장에서 우리나라 정부조직개편을 위한 방향 및 구체적인 대안들을 사례를 들어 제시하시오.(30점)

〈2006년 행정고등고시 2차 시험〉

※ 우리나라의 행정개혁 과정에서 시장 지향적인 개혁 모형과 비정부기구(NGO)가 끼친 영향은 크다. 이에 따라 개혁방식이 지니는 장단점에 대한 논란과 개혁과정에 참여하게 된 비정부기구(NGO)의 역할에 대한 논쟁이 제기되고 있다.(총 50점)

1) 시장 지향적 행정개혁이 지닐 수 있는 한계점에 대해 설명하시오.(10점)
2) 우리나라의 행정개혁 과정에서 비정부기구(NGO)의 참여에 따른 긍정적 측면과 부정적 측면에 관해 설명하시오.(20점)
3) 우리나라의 행정개혁이 의도한 효과를 달성하는데 있어 비정부기구(NGO)의 바람직한 역할에 대해 설명하시오.(20점)

〈2005년 행정고등고시 2차 시험〉

※ 우리나라 행정혁신의 성공요인과 실패요인을 사례를 들어 논하시오.(50점)

〈2005년 행정고등고시 2차 시험〉

※ NGO(non-governmental organization)에 의한 행정통제의 의의와 한계에 대하여 설명하시오.(30점)

제14장

# 정보사회와 정보화 정책

## 제 1 절 정보사회와 전자정부

오늘날 정보사회의 급속한 진전으로 현재 선진 각국뿐만 아니라 우리나라도 정보기술을 이용하여 국가 경쟁력을 높이고 국민에게 양질의 행정서비스를 제공하려는 전자정부 실현에 박차를 가하고 있다. 이에 우리나라는 초고속정보통신망의 범국가적이고 효율적인 추진과 국가사회 정보화 촉진을 위해 1995년 정보화촉진기본법을 제정하고, 1996년 정보화촉진기본법을 기반으로 중앙과 지방의 행정업무에 대한 정보화, 정보화촉진 기본계획 수립 등 국가사회 전반에 걸친 정보화를 더욱 체계적으로 추진하기 시작하였다. 그리고 1997년 6월에는 세종로 정부청사와 과천정부청사에 정부고속망을 연결한 것을 필두로 1998년 3월 7개 단독청사와 5개 지방자치 단체를 포함 총 26개 기관을 정부고속망에 연결 1998년 5월 총 153개 기관이 전자결재 시스템을 도입하였다.

다음으로 우리나라는 지식기반경제로 대전환하는 국제환경에 맞춰 정보화에 지식개념을 접목하고 창조적 지식기반 국가 건설을 위한 비전과 실천전략을 담은 제2차 정보화촉진 기본계획인 Cyber Korea 21(1999-2002)과 제3차 정보화촉진 기본계획인 e-Korea Vision 2006(2002-2006)을 제시하였다.

현대사회를 지식정보사회 혹은 사이버사회라고 부르지만 실질적으로 그 내용이나 사회 현상을 인식하고 이해하는 사람들은 그렇게 많지 않다. 또한 지식정보사회로 전환되는 구체적인 변화내용이나 발전을 알지도 못하고 깨닫기가 힘들다. 왜냐하면 개인적인 생활과 직접적인 영향과 관계가 없다고 생각하기 때문이다.

아울러 행정부분에서는 전자정부시대에 행정정보의 관리와 보호가 매우 중요함에도 불구하고 관리적, 기술적, 경제적, 사회문화적 다양한 측면에서 관리와 보호가 미흡하여 이와 관련된 많은 문제점들이 지적되고 있다. 그 예로 UN이 공공서비스 제공 수단으로서의 전자정부 준비상태를 측정하기 위해 개발한 전자정부준비지수(E-Government Index)에서 우리나라는 2008년 평가 결과 2005년보다 웹 수준, 정보통신 인프라지수를 비롯한 전체 순위가 지속적으로 하락하고 있다(한국정보화진흥원, 2009).

## 1. 정보사회

### 1) 정보사회의 의의

#### (1) 정보사회의 개념

정보사회의 개념은 매우 다양하다. 개념을 요약하면 정보사회란 사회생활의 모든 영역에서 정보와 정보통신기술, 정보능력이 광범위하게 보급되어 체제적 변화를 초래한 사회이다. 광의의 입장에서 정보는 자료(data), 정보(information), 지식(knowledge)을 모두 포함한다. 정보화 사회의 태동에 대해서는 J. Naisbitt는 1956-57년 사이로 규정하고 있다. 56년에 미국에서 대서양 횡단 전화의 개통, 소련의 스푸트니크 인공위성이 57년에 성공적으로 발사한 것 등에 기인한다.

정보사회는 시대적 흐름이다. 그 영향은 엄청난 사실이며, 인간생활에 유익을 주는 낙관론자들의 주장들은 거의 맞다. 그러나 정보사회가 가져다주는 비관적 영향에 대해서도 더욱 관심을 가져야 한다. 다국적기업으로 인해 정보의 집중, 자본의 집중으로 인해 국가들 간의 격차들이 더욱 벌어졌기 때문이다. 정보기술의 발달로 근로자들이 오히려 더욱 단순한 기계 관리인으로 전락할 위험도 있으며, 정보의 불공평한 배분, 정보의 유출, 개인 프라이버시의 침해, 범죄에 이용, 인간성 상실 등의 문제가 발생할 수 있다. 또한 정보기술과 통신망이 높은 국가들이 정보를 독점하여 정보를 통한 새로운 식민지를 만들 가능성도 제기된다.

D. Bell이 1973년 패러다임에 대한 설명에서 지식우위의 사회로 특징지었고, 권력보다 권위를 중시하고, 재산보다 지식이 힘을 발휘하는 시대가 되며, 근본적인 변화가 일어날 것이라고 주장했다. 물론 많은 부분이 이러한 변화를 받은 것이 사실이다. 그러나 현재 나

타난 상황은 반드시 그렇지만은 않다. 오히려 권력을 통해서 지식을 가진 사람이 억압당하고, 돈을 가지고 지식을 사들이는 일들이 일어나고 있다. 예를 들어 지식을 가진 사람들의 특허나 기술을 대기업에서 사들이든지 기술이 사용되지 못하게 하는 경우를 보면 아직도 지식과 권위가 돈과 권력에 이끌려가는 경우가 많기 때문이다.

### (2) 정보사회의 특징

현대 사회는 정보통신기술의 눈부신 발달이 일어나고 있다. 이를 정보사회라고 부른다. 정보사회란 정보 기술이 제공하는 서비스의 지원을 받아 사람들의 주요 활동이 이루어지며 대부분의 고용이 정보와 지식의 생산, 처리, 유통과 관련된 정보 산업에 집중되는 사회이다. 앨빈 토플러(Alvin Toffler)는 정보사회를 '제3의 물결'로 말하면서 산업사회에서 정보사회로의 변화를 주장한다. 제1물결은 원시 수렵채집 사회에서 고대 농경사회로 넘어가는 농업혁명이며, 제2물결은 농경사회에서 근대 산업사회로 넘어가는 산업혁명을 말한다.

정보사회의 기술적 기초는 정보 기술(Information Technology)의 눈부신 발전이다. 정보기술의 발달로 인해 디지털 기술을 기초, 방송, 통신, 컴퓨터 사이의 자유로운 소통과 매체융합이 가능하게 되었다. 정보사회 매체의 특징은 정보의 생산자와 소비자 사이의 쌍방향성이며, 소비자는 정보의 소비와 정보 생산에 개입한다. 방송과 통신의 융합으로 새로운 매체형태로서 멀티미디어(multimedia)와 인터넷의 출현이 가능하게 되었다. 그러나 자본의 논리로 인해 인터넷은 또 하나의 이윤의 원천이 되었고, 웹 몰 등 상업 정보공간이 출현하게 되었다.

이상의 정보사회의 특징을 설명하면 다음과 같다.

첫째, 정보사회의 주요 생산 양식은 지식, 정보 등 정신적 가치의 생산이다. 새 매체(new media)는 정보를 생산, 처리, 가공, 저장, 확산, 소비하는 데 첨단 전자 공학, 광학, 통신 기술 등을 바탕으로 발달하고 있는 전자 신문, 위성 방송, 컴퓨터 통신, 종합유선방송(CA TV), 이동 통신 등이다.

둘째, 정보사회는 정보가 모든 개인에게 전달될 수 있는 사회이다. 모든 사람이 정보의 생산자이며 동시에 소비자가 되는 것을 말한다. 정보를 수송하는 '정보 고속도로'는 개인들 사이를 수평적으로 연결하여 사람들 사이의 대등한 관계가 발달하게 한다.

셋째, 변화의 속도가 매우 빠르다. 기업운영은 원칙의 관철보다 외부 환경에 즉각 대응하는 방식이 된다. 인간관계는 확고한 유대보다 유연한 적응을 중시하는 방식으로 변한다. 상품생산은 다량 소품종에서 소량 다품종으로 바뀐다.

## 2) 정보사회로의 변화와 사이버 문화

### (1) 정보사회로의 변화

정보사회로의 변화를 정치, 경제, 문화적인 측면에서 살펴보면 다음과 같다.

① 정치면

비관론자들은 정보통신기술이 관료제 통치 기구에 이용되어 권력의 집중과 재생산의 도구가 될 것이라고 주장하며, 국민이 철저히 감시받고 사생활의 비밀공간이 사라질 것이라고 경고한다.

반대로 낙관론자들은 참여 민주주의의 확대로 인간 해방을 낳을 것이라고 주장한다. 예를 들어, 컴퓨터 투표, 직접 민주주의 또는 참여 민주주의의 확대에 이바지한다는 것이다.

② 경제면

낙관론자들은 단순 반복적인 일을 줄이고 더욱 창조적인 일에 종사할 수 있다고 주장한다.

비관론자들은 정보사회에서 정보의 생산과 소비가 직결되면 실업자가 늘어나고 중간 유통과정이 줄어들어 시장의 성장이 둔화할 것이라고 주장한다.

③ 문화면

낙관론자들은 서로 다른 문화권 사이에 이해의 폭을 넓힐 것이라고 주장한다. 마샬 맥루한(Marshall McLuhan)은 정보사회가 '지구촌'(global village)이라는 개념을 만들어내며, 세계문화의 형성에 영향을 준다고 주장한다.

비관론자들은 세계 중심부의 문화가 주변부의 문화를 지배할 가능성이 크다고 경고한다. 새 매체들은 구입비용이 많이 들기 때문에 빈부의 격차에 따라 정보량의 격차를 낳고 새 문화에 적응하지 못하는 문화 지체 현상을 일으킬 것이라고 주장한다.

### (2) 사이버 문화

사이버 문화는 컴퓨터의 이용과 관련하여 대두한 새 문화 형태로서 컴퓨터 통신 문화를 말한다.

사이버 공간은 윌리엄 깁슨(William Gibson)이 뉴로맨서(Neuromancer)에서 선보인 말인데 물리적으로는 컴퓨터 통신망을 가리키지만 인간 외부에 있는 공간이 아니라 두뇌 작용으로 감지할 수 있는 공간을 뜻한다.

컴퓨터 통신 문화는 가상의 문화인데 통신망 안에서 나와 통신망 밖의 내가 다른 나로 살면서 현실에서 할 수 없는 체험을 한다. 예를 들면 롤 플레잉 게임은 등장인물 경험과 능력을 쌓으며 성장하는 게임이 있고, 시뮬레이션 게임은 사실적 데이터를 토대로 실제로는 해보기 힘든 행위를 간접적으로 체험한다. 컴퓨터 게임은 간접 경험과 오락을 함께 추구하는 데 교육과 훈련의 역할을 함과 동시에 중독성의 위험이 있다.

사이버 문화의 낙관론자는 사이버 문화의 체험이 일종의 꿈, 환각 체험으로 사람의 정신 능력을 고양한다고 주장한다. 컴퓨터는 일종의 정신 증폭기가 될 수 있다.

비관론자들은 환각 체험은 정신의 병든 능력 또는 불안정하고 통제할 수 없는 능력을 드러낼 뿐이라고 주장한다. "초국적 정보산업은 새 매체의 상업화를 만드는 데 이것은 자유의 왕국과는 거리가 멀다. 사이버 공간의 이용자는 창조적이고 능동적이기는커녕 오히려 순종적이다. 사이버 공간이 제공하고 자본이 조종하는 문화를 즐길 뿐이다."라고 주장한다.

그러나 사이버 문화는 거부하기 힘든 대세이기 때문에 긍정적 가능성을 모색해야 한다.

사이보그는 사이버네틱스(cybernetics)와 생물(organism)의 합성어이다. 사이버네틱스의 원리에 따라 제작된 기계를 생물로 본다. 사이버네틱스는 수학자 노버트 위너(Norbert Wiener)가 창시했다. 정보의 소통을 통한 조종과 통제의 원리를 탐구하는 과학으로 인공두뇌학이며, 정보사회와 사이버 문화에서 사람은 모두 사이보그로 보는데 이는 몸 기능의 확장을 의미한다. 예를 들어 현대인은 컴퓨터 전자창, 핸드폰, 각종 인공 지능과 연결되어 있는 첨단 전자 장비들에 의존하는 생활을 한다는 것이다.

사람이 사이보그로 변신하는 것을 낙관론자들은 사이보그가 사람의 몸과 마음의 기능을 확장한다는 점을 강조하며, 정보 과학 기술의 성과를 즐기는 것이 현명하다고 주장한다. 예를 들어 영국의 유명한 물리학자 스티븐 호킹(Stephen Hawking)박사의 발성기를 설명한다.

비관론자들은 사이버 공간에서 사이보그 체험이 현실에서 사람의 몸과 뇌를 망가뜨릴 가능성이 크다고 경고한다. 사이버 공간은 현실 공간의 몸과 뇌가 뒷받침하지 못하는 마음을 만들어낼 수 있다. 또 현실 공간의 정체성과 다른 정체성을 만들어 낼 수 있다. 이것은 자아의 분열이다.

지금 우리의 Cyber 문화는 아직 제대로 정착되었다고 볼 수 없으며, 지금의 인터넷은 '지식 정보 중심의 사회에서의 폐쇄적 정보구조', '인간을 개별적으로 분류하여 ID화, 데이터화 하는 기계적 문화', 'Cyber 공간의 무정부성과 가상적 이미지', '컴퓨터 네트워크의 인간적 이용에 관한 문제'라는 크게 네 가지의 문제들을 우리에게 제출하고 있다. 이런 문제들은 Cyber 공간이 우리에게 주는 이로움만큼이나 매우 심각한 문제로 다가오고 있다. 따라서 이런 문제들을 해결하고 인터넷의 긍정성들을 최대한 살림으로서 인터넷이 진정으로 인간을 위한 통신공간으로서 자리매김하도록 해야 할 것이다.

### 3) 정보사회의 전망

정보사회 전망의 기본 문제는 기술이 사람, 사회와 맺는 관계를 어떻게 보느냐는 것이다. 두 가지 관점에서 접근할 수 있다.

첫째, 기술결정론으로 기술의 발전이 사람과 사회의 변화를 낳는다고 보는 관점이다. 낙관론과 연결할 수 있는데 다니엘 벨(Daniel Bell)이 정보화 사회는 탈산업 사회라고 설명한 것과 같은 맥락이다. 탈산업 사회의 특징이 산업에 고용된 노동자가 감소하고 서비스업에서 새 직업 기회가 끊임없이 생기며 사회의 부가 지속적으로 증가한다고 것과 같은 내용이다.

둘째, 사회결정론으로 사회 구조가 기술의 발전을 낳는다고 보는 관점으로 비관론과 연결할 수 있는데 기술의 사용은 중립일 수 없으며 자본의 논리에 따른다는 것이다. 허버트 쉴러(Herbert Schiller)는 정보 통신기술이 시장 확대를 꾀하는 자본주의의 위기를 해소하기 위해 발전했다고 주장한다. 쉴러에 따르면 정보 기술의 발전 과정에는 시장 원리가 철저히 적용되고 계급 불평등은 정보의 분배, 접근, 창출에서 불평등을 낳는다는 것이다. 정보와 통신 영역에서 일어나고 있는 중대한 변동은 현대 사회가 초국가 자본이 지배하는 사회라는 뜻일 뿐이라는 것이다.

이 두 관점의 약점을 서로 보완할 필요가 있는데, 첫째, 기술결정론은 사회 세력 간의 다양한 관계를 읽을 수 없고 개인의 경제 능력 차이, 계급과 지위의 불평등, 지역과 국가 간 불균등 발전을 적절히 설명할 수 없다.

둘째, 사회결정론은 기술의 발전으로 생기는 이득을 고려하지 않는 것이 문제이다. 기술의 발전은 자본에 대항하는 기술적 가능성도 열어준다. 사이버 공간을 이용한 시민 사회와 국제 연대의 활성화, 사이버 교육 장치를 통한 불평등 완화, 정부의 서비스 확대 정책을 유도하여 복지를 개선할 수 있다.

## 2. 전자정부

### 1) 전자정부의 개념

전자정부를 한마디로 말한다면 정보통신기술을 이용·활용하는 정부이다. 전자정부(Electron Government, EG)란 개념은 미국의 국가성과평가위원회의 보고서인 “Reengineering through

Information Technology"에서 밝히는 바와 같이 본래 전자은행 업무에서 처음 대두된 구상을 확장한 것으로서 1993년 미국에서 전자정부라는 말을 처음 사용하였다. 그러나 전자정부가 구체적으로 무엇을 의미하는지에 대해서는 학술적으로나 실무적인 면에서 명확하게 정의되지 않은 채 사용되고 있으며, 우리나라에서는 이미 정책적으로 추진하는 과정에서 추진 목적이나 이념을 전제로 하고 개념화하는 실정이다.

전자정부란 '급변하는 환경에 대한 반응으로 정보기술을 활용하여 행정업무 혁신과 대국민서비스를 고급화한 지식정보사회형 정부'라고 간단히 정의할 수 있다. 하지만 전자정부란 무엇인가에 대해서 학자들마다 그 개념 정의를 다르게 하고 있다.

외국의 전자정부의 개념을 살펴보면 다음과 같다.

미국의 경우 전자정부를 '효율적이고 고객 대응적인 과정을 통해서 시민들이 정보 및 서비스에 보다 더 폭넓게, 그리고 보다 더 적시에 접근하도록 해주는 정부', '고속의 정보통신기반 위에 하나로 연결된 각종 행정서비스를 언제, 어디서나, 어떤 방법으로든 제공할 수 있는 정부'로 정의하고 있다.

영국의 경우 전자정부를 '정부가 고객이라 할 수 있는 일반국민과 기업에게 제공하는 각종 서비스를 전달함에 있어 종래의 전통적인 수단 이외에 발전된 정보기술을 적용하여 서비스를 확대하고 서비스의 질을 향상시키는 한편 정보행정의 효율성을 높여나가는 것'으로 정의하고 있다.

그리고 일본의 히다치 종합계획연구소는 전자정부의 개념을 협의와 광의로 나누어 설명하였는데, 먼저 협의로서 전자정부란 첫째, 효율성 향상 둘째, 정보공개, 셋째, 서비스 향상을 목표로 하는 정부·행정부문 및 국민과 기업 등 민간부문과의 사이에 정보화·네트워크화를 의미한다고 정의하였다. 광의로서의 전자정부란 정치가와 행정, 정치가와 시민·기업 간의 커뮤니케이션을 보다 밀접하게 하는 민주정치의 형태, 즉 디지털 민주주의 실현을 포함하는 개념을 전자정부라고 정의하였다.

그리고 EU(2002)는 정부와 공공기관에 ICT[1]를 적용하여 정부와 시민과의 상호작용 수단을 변화시키는 것으로 정부의 효율성과 효과성을 강화하는 것이라고 정의하였고, UN(2003)은 전자정부를 내외부적 관계를 변화시키기 위하여 ICT를 정부에 적용하는 것이라고 정의하였고, OECD는 정보통신기술, 특히 인터넷을 사용하여 보다 나은 정부가 되기 위한 것을 전자정부라 정의하였다.

우리나라의 경우 행정부의 전자정부의 개념을 살펴본다면 '전자정부란 정보기술을 활용

1) information and communications technology(ICT)

하여 행정활동의 모든 과정을 혁신함으로써 정부의 고객인 국민과 기업에게 제공하는 각종 서비스와 정보를 손쉽게 이용할 수 있도록 하고, 행정 및 정책 활동의 생산성을 향상시켜, 한반도의 지식정보화를 선도할 수 있는 정부로 재창출하는 것'이라고 정의하고 있다. 전자정부법에서는 전자정부란 '정보기술을 활용하여 행정기관의 사무를 전자화함으로써 행정기관 상호간 또는 국민에 대한 행정업무를 효율적으로 수행하는 정부'라고 정의하였고, 한국정보사회진흥원에서는 전자정부를 '초고속정보통신 기반기술을 활용하여 행정업무를 재설계하고 대국민 서비스를 증진시킴으로써 삶의 질을 향상시키고 민주주의이념을 실현하는 미래의 혁신적 행정모형'이라고 정의하였다.

정충식(1997)은 전자정부를 '정보기술을 활용하여 행정업무를 재설계하고 대국민서비스를 증진시킴으로써 삶의 질을 향상시키고 민주주의 이념을 실현하는 정부'라고 정의하였고, 이윤식(2003)은 전자정부란 '정보통신기반에 기초하여 국민편의의 행정서비스를 능률적이고 효과적으로 창출 제공하는 혁신적인 미래형 정부'라고 정의하였다. 안문석(2008)은 전자정부를 '사이버 공간에서 수행하는 정부기능의 집합'이라고 정의하였다.

이처럼 전자정부라는 개념은 학자마다 그리고 기관마다 다르게 정의하고 있다. 그렇기 때문에 각각의 정의들에서 공통되어지고 핵심적인 내용을 통해 전자정부의 개념을 파악할 수 있는데, 공통적이고 핵심적인 개념은 다음과 같다.

첫째, 정보통신기술을 이용하고 있다. 둘째, 행정의 효율성을 달성하려고 한다. 셋째, 고객지향적인 행정서비스의 공급과 민주주의이념을 실현하려고 한다. 이러한 공통된 개념을 토대로 전자 정부를 정의한다면 "전자정부란 발전된 정보통신기술을 활용하여 행정업무의 효율성을 증진시키고, 고객 지향적 행정서비스의 제공과 민주주의이념을 실현하려는 정부라고 얘기할 수 있으며, 궁극적으로 국가 경쟁력을 높이고 국민의 삶의 질을 제고하는 목표를 가진 정부"라고 말할 수 있다.

전자정부를 대략 일곱 가지로 요약하여 정의하면 그 내용은 다음과 같다.

① 정부의 모든 공공기관이 초고속정보통신기반으로 연결되어, 디지털로 저장된 행정정보를 상호 공유하면서, 전자화된 업무처리를 수행하고 나아가 신속, 정확한 대국민 서비스를 제공하는 정부이다.

② 급속히 발전하고 있는 정보통신기술을 정부의 업무처리에 활용하고 초고속정보통신망의 성공적인 구축으로 국가 사회 전반의 네트워크화가 진전되면, 이를 바탕으로 정부의 모든 행정서비스를 실시간에 국민에 제공함은 물론 부처 간 정보공유를 통하여 실현 가능한 보다 작고 효율적인 정부이다.

③ 초고속정보통신망을 구축, 전 부처가 네트워크로 연결되어, 행정정보의 공유가 활성화되고, 전자적으로 업무가 처리되어 내부적으로는 행정의 생산성을 제고하고 외부적으로는 대국민 서비스의 질을 높이려는 정부이다.

④ 컴퓨터와 통신을 이용하여 모든 국민을 위한 민원자료가 데이터베이스화되어 편리한 정보시스템으로 연결하여 사용할 수 있게 한다. 그리고 이러한 국민을 위한 자료가 필요한 사람에게 공개적으로 열람이 가능한 정보시스템이 전자정부이다.

⑤ 정부 조직 내, 정부간, 정부와 민간 간 업무를 컴퓨터와 통신을 이용하여 자동화, 편리화, 고도화함으로써 정부 서비스개선과 업무효율증대, 투명성 제고를 기하며 이에 상응하는 조직구조, 업무절차, 가치관의 변화를 수반하는 정부이다.

⑥ 정보기술을 활용하여 국민에게 보다 나은 행정서비스를 제공하기 위해 행정업무 처리 절차를 개선하여 행정 효율성을 극대화할 뿐 아니라 효과적인 자원 배분을 통해 국민의 삶의 질 증진 및 기업의 국제경쟁력 향상에 기여하는 정부이다.

⑦ 디지털 개념에 입각해서 모든 정부부처의 각 부문(인사, 조직, 예산 등)이 재구조화되고, 사이버공간을 통해 관료의 역할 수정이 상당 부분 이루어지며, 나아가 정부와 국민의 연결도 전자적으로 연결되어 준 직접민주주의가 실현됨으로써 국민의 뜻에 따라 민주주의의 이념을 실현하는 정부를 말한다.

이와 같이 전자정부는 행정업무에 정보기술을 적극 활용하여 불필요한 정부기관과 조직은 과감하게 통폐합 내지 축소하여 예산낭비를 최소화하여 대국민 서비스 질을 높이고자 하였다. 전자정부의 핵심은 정보기술의 광범위한 적용, 고객지향성, 행정업무의 재설계를 통한 개혁, 작고 효율적인 정부, 디지털정보와 네트워크 관리, 정보민주주의 등이다.

### 2) 전자정부의 등장배경

21세기는 정보가 사회변화의 원동력이 되는 시대이다. 오늘의 시대상은 글로벌자본주의시대, 고도 정보화시대, 지구촌시대, 민주주의시대로 특징 지워질 수 있다. 그래서 관료제에도 새로운 패러다임이 요구된다. 즉, 공급자 중심에서 수요자 중심으로, 생산성 중심에서 고객만족 중심으로, 양 중심에서 질 중심의 관리로 변화되고 있다.

전자정부의 배경을 살펴보면 다음과 같다.

첫째, 전자정부 출현의 직접배경은 정보통신기술의 발전에 있다.

둘째, 전자정부는 작지만 효율적인 정부를 요청한다. 서구 국가들이 복지국가로 이행하자 정부예산의 팽창을 가져옴에 따라, 재정지출을 억제하고 민간부분의 활력을 강화하기 위하여 작은 정부 개념이 등장하였다. 미국의 경우 연방정부 사업계획을 주정부로 이양하였고, 영국의 경우 조세감면과 긴축예산을 중심으로 80년대부터는 민영화 계획과 함께 추진되었다.

셋째, 전자정부는 고객 지향적인 정부이념에 부응한다. 수요자 중심의 행정의 변화는 국민들의 요구에 부응하는 행정을 말한다.

### 3) 전자정부의 발달

정보통신기술을 활용하여 행정활동의 모든 과정을 혁신함으로써 정부의 업무처리가 효율적이고 생산적으로 개선되고, 정부의 고객인 국민에 대하여 질 높은 행정서비스를 제공하는 지식정보사회형 정부인 전자정부는 1993년 미국 클린턴 행정부가 국민들의 삶의 질을 향상시키고 경제에 활력을 불어넣는데 정보기술을 사용하고자 시작된 개념이다.

좀 더 구체적으로 말해 1993년 미국 클린턴 행정부가 추진한 정부개혁프로그램(NPR: National Performance Review) 중의 하나로 전자거래의 제도적 환경을 조성하기 위한 프로그램에서 고안된 것으로 그 시작을 찾아볼 수 있다. 이 당시에는 전자정부는 전자거래 속에 포함되는 것으로 인식되었는데 전자정부 구축이 확산되면서 독립적인 의미를 갖기 시작하였다. 즉 NPR의 'IT를 통한 재설계(Reengineering through Information Technology)'라는 업무과정에서 효율화를 위해 정부의 기능 재편, 정부 서비스전달의 전자화와 통합화라는 실질적인 전자정부가 등장하였다.

이러한 전자정부는 미국의 경우 오늘날 현재 2만여 개에 이르는 모든 연방정부관련 웹사이트를 하나로 묶어 www.firstgov.gov를 개설해 인터넷 통합서비스를 제공한다.

### 4) 한국의 전자정부 발달사

우리나라의 전자정부는 1994년부터 전자정부라는 용어가 등장하기 시작하였으며, 공식적으로 전자정부구현이 정부의 정보화정책으로 확정된 것은 1996년부터이다. 정부는 1996년 6월에 정보화 촉진기본계획을 확정하고, "작지만 효율적인 전자정부의 구현"을 포함하는 정보화촉진 10대 중점과제를 선정한 것이다. 이후 기존의 행정정보화개념은 점차 퇴색되어 전자정부라는 개념으로 대체되었다.[2)]

전자정부의 발달사를 살펴보면, 1978년 행정전산화를 내세운 행정정보화사업, 1987년 행정전산망사업, 1994년 초고속정보통신망사업으로 진행되었고, 1996년에 정보화사업의 구상

2) 조대정, 2008, "한국 전자정부 추진체계에 관한 실태분석", pp. 17-18.

을 전자정부의 개념으로 도입하였다. 그리고 1999년 24시간 원스톱서비스가 가능한 열린 행정구현을 포함한 전자정부의 비전과 전략을 수립하여 2002년에는 전자정부의 실질적인 구현을 목표하였었다. 그리고 오늘날의 전자정부는 언제, 어디서나 시간과 장소에 구애받지 않고 국민 삶의 질 향상에 기여하는 적극적인 정부로서 거듭나고 있다. 국가사회정보화 사업은 예전에는 정보통신부가 총괄하였으나 현재는 행정안전부가 당당하고 있다.

그러나 국내의 전자정부와 관련된 사업은 미국 등 해외와는 다른 양상을 보인다. 왜냐하면 미국과 일본의 경우 지방자치단체를 중심으로 한 분산된 정보화사업이 추진되는 반면, 우리나라에서는 중앙정부주도로 이루어진 통치체계의 강화에 중점을 두고 있고, 대부분의 프로젝트가 정부 부처별로 진행되었기 때문이다. 한국의 전자정부의 단계별 발전을 열거하면 다음과 같다.

첫째, 제1단계(1987-1991년)는 행전전산망, 금융전산망, 교육전산망, 국방전산망, 공안전산망을 이룬 시기이다.

둘째, 제2단계(1992-1996년)는 경제 통상업무, 농업기술정보관리, 환경보전관리, 국세종합관리를 이룬 시기이다.

셋째, 제3단계(1996년-2000)는 정보화촉진기본법이 제정 그리고 수립, 2010년까지 국가사회전반에 걸쳐 선진 정보화사회 구현을 목적으로 하였다.

넷째, 제2차 정보화촉진 기본계획인 Cyber Korea 21(1999-2002)과 제3차 정보화촉진 기본계획인 e-Korea Vision 2006(2002-2006)이 제시되었고, 2001년 11월부터 전자정부의 기본적인 서비스가 제공되었다.

다섯째, 2003년에 발표된 u-Korea(2005-2007)전략은 경제·사회·행정·일상생활 곳곳에 유비쿼터스(ubiquitous) 정보통신기술의 활용에 있다.

한국정부의 과거 전자정부 구현방안은 다음과 같다.

① 원스톱, 논스톱서비스 실시 및 인터넷을 통한 행정정보공개를 확대
② 보고, 결재과정을 전자화하고 정책 결정과정의 흐름을 자동화
③ 행정정보공동이용을 활성화하기 위해 행정정보의 공동이용을 촉진하고 공동이용센터를 구축하며 정보보호 관리를 강화
④ 정부 부처 내 인트라넷 구축
⑤ 공무원들의 생산성 제고 위해 사무자동화를 촉진하고 원격근무제 도입
⑥ 전자정부에 맞는 법과 제도를 정비하는 작업이 요청

여섯째, 차세대 전자정부 추진계획(2008-2012)은 2007년 6월에 대내외적인 사회, 경제,

행정, 기술 환경 등의 변화와 수요를 반영하여 구축되었다.

이상의 우리나라의 전자정부 추진연혁을 행정안전부는 주요 추진내용에 따라 〈표 14-1〉처럼 설정하고 있다.

〈표 14-1〉 우리나라 정부의 추진연혁

| 시기 | 단계 | 주요 추진내용 |
|---|---|---|
| 1978-1987 | 행정전산화 추진 | * 제 1·2차 행정전산화사업(1978-1986)<br>-부처별 단위업무개발<br>-행정전산망 기본 체계 조성 등<br>※ 행정전산화기본계획 |
| 1987-1996 | 국가기간 전산망 구축 | * 제 1·2차 국가기간전산망사업(1987-1996)<br>-전국 단위의 대민서비스 업무개발<br>-기관 내 전산망 확대 및 관련 기관 간 정보 공동 활용 유도<br>※ 전산망보급 확장과 이용촉진에 관한 법률(1987) |
| 1996-2007 | 초고속 정보통신망 및 전자정부 구축 | * 초고속정보통신 기반 구축(1995-2005)<br>-전국 144개 지역 광전송망 구축<br>* 전자정부 기반 및 서비스 확대<br>-전자민원, 전자조달 등 11대 과제(2001-2002)<br>-다 부처 중심의 전자정부 로드맵 31대 과제 추진(2003-2007)<br>※전자정부 종합 실천계획(1999.9)<br>※정보화촉진기본법(1995), 전자정부법(2001.3) |
| 2008~ | 국가사회 정보화 촉진 | * 국정과제와 연계한 전자정부 추진<br>-행정효율 제고, 국민편의 증진, 경제 활성화, 사회 안전 강화, 정보화 기반 조성분야 23개 과제<br>※ 국가정보화 기본계획(2008.12) |

출처: 한국정보화진흥원(2009). 「2009 국가정보화백서」 p. 61

### 5) 한국의 전자정부의 현황

앞서 설명한 것처럼 전자정부는 정부정보와 서비스에 대한 국민의 접근성과 활용성을 높일 수 있도록 정보통신기술을 활용하여 행정의 효율성을 개선하는 새로운 정부혁신 전략이다. 이러한 전자정부는 2008년 이명박 정부의 출범과 함께 사회·경제·문화·정치 등의 구조로부터 인간의 행위와 인식에 근본적인 변화를 야기하고 있다(한국정보화진흥원, 2009).

특히 이명박 정부는 〈표 14-2〉처럼 공급자 위주의 기술선도, 양적성장, 현안대응, IT 중심 접근이라는 기존의 패러다임을 벗어나 수요자를 위한 기술과 서비스, 사회문제 해결, 미래준비 및 협력, 기술·서비스·산업간 컨버전스 대응이라는 새로운 패러다임을 가지고 전자정부를 추진하고 있다.

〈표 14-2〉 전자정부 패러다임의 변화

| 기존 패러다임 | 새로운 패러다임 |
|---|---|
| - 공급자 위주의 기술 선도<br>- 인프라 구축 등 양적 성장<br>- 현안대응<br>- IT 중심 접근 | - 수요자를 위한 기술과 서비스<br>- 사회문제 해결<br>- 미래준비 및 협력<br>- 기술·서비스·산업간 컨버전스 대응 |

출처: 한국정보화진흥원(2009). 「2009 국가정보화백서」 p. 62

좀 더 구체적으로 차세대 전자정부 비전 및 목표를 살펴보면 〈그림 14-1〉처럼 '함께 가는 희망한국'이라는 VISION 2030아래, '국민과 함께 하는 세계 최고 수준의 디지털정부'라는 전자정부 비전을 내세웠다. 그리고 이를 실천하기 위해 국민과 기업 중심으로 서비스를 통합하여 수요자 중심의 맞춤형 서비스 제공, 지능형 행정 업무체계를 구축하여 시스템에 의한 정부혁신 가속화, 실시간 공급 안전정보망을 추축하여 사회 안전 실현을 위한 예방 대응체계 강화, 전자정부 기초 인프라를 강화하여 지속가능한 전자정부 발전 기반 마련이라는 4대 목표와 거버넌스형 추진체계 구축, 프로세스 혁신 및 제도 정비, 성과관리 체계 강화, 전자정부 인적역량 강화, 글로벌 리더십 강화라는 5대 전략을 구축하였다(한국정보화진흥원, 2009).

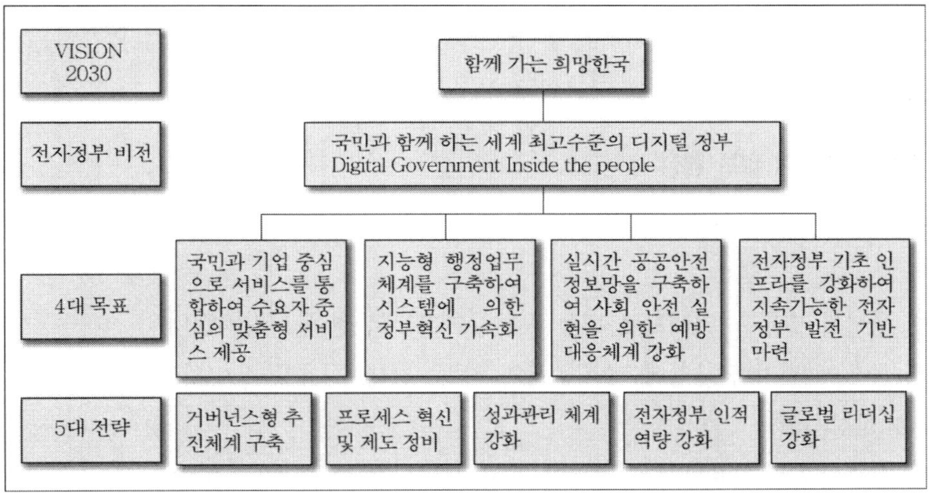


출처: 한국정보화진흥원(2009). 「2009 국가정보화백서」, p. 62

〈그림 14-1〉 차세대 전자정부의 비전 및 목표

아울러 지식기반사회의 진전에 따라 사회적 신뢰기반, 아이디어, 창의성 등 소프트자원과 녹색성장역량이 경쟁의 핵심원천으로 부상하는 등 대내외적인 환경변화와 정보화에 대한 새로운 요구가 증가함에 따라 앞서 설명한 차세대 전자정부 추진체계를 일부 수정 및 보완함으로써 행정업무의 효율성 및 국민과 기업의 편의 제고에 초점을 두고 있다.

## 3. 전자정부에서 행정의 변화와 역할

### 1) 전자정부에서의 행정의 변화

전자정부를 구현하는 행정은 다음과 같은 변화를 동반한다.

#### (1) 행정 서비스: 언제 어디서나 한 번에 민원을 해결하는 행정

전자정부는 언제, 어디서나 시간과 장소에 구애받지 않는 행정서비스를 제공한다. 이를 구체적으로 살펴보면 다음과 같다.

첫째, 고객감동 정부의 실현 즉, One & Non & Any Stop Service를 가능하게 한다.

둘째, 정보기술을 통한 정부 내 업무프로세스의 개선으로 일회방문 또는 무 방문을 통한 민원의 즉시처리를 가능하게 한다.

셋째, 정부 내 업무프로세스의 개선과 부처 간의 원활한 정보공동이용으로 현대의 다중적이며 한 부처가 직접적으로 해결할 수 없는 민원을 한 곳에서 처리가능하게 한다.

넷째, 전자정부는 전자민원서비스의 고도화로 간청에 직접 방문할 때 발생하는 시간적 금전적 비용의 절감으로 정부와 민간의 생산성을 동시에 제고시킨다.

#### (2) 종이와 건물이 없는 행정

전자정부는 종이와 건물이 없는 행정을 가능하게 한다. 좀 더 구체적으로 말하면 다음과 같다.

첫째, 문서와 빌딩을 없애므로 비용을 절감하고 생산성을 향상시킨다.

둘째, 문서의 전자화를 통해 종이문서의 작성, 검색, 공유를 용이하게 해서 비용절감 및 생산성을 향상시킨다.

셋째, 정보기술을 이용한 행정업무의 재설계로 행정능률의 향상시킨다.

넷째, 각종 업무처리에 정보기술을 도입하여 행정의 비용과 시간을 절약하고 효율성을 제고시킨다.

#### (3) 지식행정

전자정부는 지식행정의 구현을 가능하게 한다. 좀 더 구체적으로 말하면 다음과 같다.

첫째, 정부 내에 산재해 있는 지식·정보가 부처 간 장벽이 없는 네트워크를 통해 전파됨으로써 학습이 일어나고 정책결정역량이 높아진다.

둘째, 지식의 창출-확산-활용-축적을 촉진하는 인센티브시스템과 지식경영시스템을 개발하여 지식기반국가를 구현하는 데 도움이 된다.

셋째, 효율적 정책결정을 위한 행정정보의 공동이용이 가능해진다.

#### (4) 깨끗한 행정

전자정부는 깨끗한 행정 즉 투명한 행정을 가능하게 한다. 이를 구체적으로 살펴보면 다음과 같다.

첫째, 전자적으로 저장된 문서들의 네트워크를 통한 공개로 투명한 정부행정을 실현하고 전자감사가 이루어져 부정부패를 추방할 수 있다.

둘째 정부 내 모든 예산회계 과정을 전산화하여 자금의 흐름을 투명하게 할 수 있다.

셋째, 정부의 예산회계정보를 전산화하여 감사의 효율성을 향상시킬 수 있다.

넷째, 전자적 정보공개를 통해 전자민주주의에 기여하고 행정의 투명성을 제고할 수 있다.

### 2) 전자정부에서 행정의 역할

앞에서는 전자정부의 구현에 따른 행정의 일반적인 역할 및 태도의 변화를 설명하였다. 이러한 행정의 변화는 우리나라의 행정에 다음과 같이 영향을 미친다.

#### (1) 소프트웨어 산업정책 보호

정보사회의 핵심요소인 컴퓨터와 네트워크 기술의 발전은 사실상 이를 지원하는 컴퓨터 소프트웨어의 개발과 직접적인 연관을 갖는다. 나의 소비가 타인의 소비를 침해하지 않는다는 공공재적 특성을 갖는 컴퓨터 소프트웨어는 그 특성상 복제의 용이성 때문에 공공부문이 이를 법률의 형태로 사유재산권을 보호해 주어도 소프트웨어의 제작자의 입장에서 보면 소프트웨어라는 사유재산권의 보호가 기술적, 경제적으로 상당한 어려움을 수반하게 된다.

따라서 정부가 이 분야에서 직접 불법복제에 대한 단속과 규제를 지속적으로 해 주지 않으면 국가 거시 경제적 측면에서 한국의 소프트웨어 산업은 심각한 문제에 처하게 된다. 이는 한국산 소프트웨어의 개발을 위축시키고 대외 경쟁력 약화를 초래하며 장기적으로는 이 분야에서의 고용창출이 방해 받을 수 있다는 것이다. 일반 개인의 경우까지 정부규제의 대상이 되기는 어려우나 적어도 조직차원에서의 규제는 지속적으로 이루어져야 한다. 이와 동시에 공공부문으로서의 정부는 소프트웨어 개발을 위한 직간접 투자 및 지원을 아끼지 않음과 동시에 불법복제에 대한 국민 인식의 변화를 유도하는 다양한 정책들을 고려해야 한다.

### (2) 정보격차의 해소

사회가 정보화된다는 것은 삶의 양식이 점차로 정보통신 시스템에 의존적으로 되어간다는 의미이다. 이러한 정보통신시스템은 의사전달의 수단일 뿐만 아니라 정보획득의 수단으로서 사회경제활동의 핵심 매개체이다. 그러나 정보사회에서는 사회경제활동의 중심수단에 해당하는 정보 및 정보기술에의 접근과 이용에 있어서 여러 가지 원인으로 인해 차이가 존재하기 마련이다. 이러한 정보의 접근과 이용에 있어서의 격차의 정도는 학력과 직업, 연령별, 집단 간에 가속적으로 심화되고 있는 실정이다. 이러한 정보격차를 해소하기 위해 정부는 적어도 다음의 3가지 분야에서 주도적인 역할을 해야 한다.

첫째, 정보자원의 접근성의 확보이다. 이를 위해서는 정보인프라를 통해 개인과 기관 그리고 데이터베이스와 같은 다양한 정보원과의 연결이 가능해야 하며 이를 위한 투자를 아끼지 말아야 한다.

둘째, 공평성의 확보이다. 즉 사회적 신분, 경제적 수준과 관계없이 원하는 사람은 누구나 정보를 교환할 수 있어야 하고 이를 통해 사회적, 정치적, 경제적으로 활동하는데 제약이 있어서는 안 된다는 것이다.

셋째, 정보접근을 제공해 줄 수 있는 매체의 다양성이다. 모든 국민이 공적대화에 참여할 수 있는 수단의 다양성, 사회참여 기회의 다양성 등이 보장되어져야 하고 정부는 이를 위한 정책적 노력을 아끼지 말아야 한다.

전자정부의 구현은 개인정보 유출, 해킹 등 외부 사이버 침해 위협에 노출되고, 이와 관련된 범죄도 계속 증가하고 있어 범정부적 차원의 정보보안 대응체계를 꾸준히 개선해 나가야 한다. 또한 농어촌 주민이나 장애인 등 사회취약계층에 대한 웹 접근성을 강화하는 한편, 수요자중심의 서비스도 대폭 확대해야 한다.

### (3) 정보공개와 개인정보 보호

정보사회에서 나타나는 또 하나의 행정수요는 개인정보 보호의 문제이다. 민주주의 사회에 있어서 정보공개 원칙의 필요성은 국민에 대한 행정의 책임에서 비롯된다. 즉 국민의 알권리를 실현케 하고 더 나아가 정책결정과정의 투명성을 확보하고 이를 통해 행정의 시행착오를 줄이고 정책결정 기구에 학습능력을 부여한다는 차원에서 정보공개는 그 필요성을 갖는다.

그러나 이와 동시에 정보공개는 개인의 사생활 보호 및 개인정보 보호라고 하는 측면과 맞물려 또 다른 문제점을 낳고 있는 것이 현실이다. 현재의 개인정보보호법은 공공부문만을 대상으로 하고 있으나 추후 민간부문에까지 광범위하게 확장되어야 할 것이고 이 분야에 대한 정부의 구체적인 대책이 절실히 요구된다 할 것이다.

① 알 권리와 정보공개

알 권리란 개인의 자기실현을 가능케 하기 위한 개인적인 동시에 정치적인 의사형성의 전제가 되고 정치과정에서의 참가를 위하여 불가결한 권리로서 일반적으로 접근할 수 있는 정보원으로부터 방해받지 않고 보고, 듣고, 읽을 국민의 자유와 권리를 말한다. 다시 말하면 국민의 알 권리는 자기 통제하의 여러 가지 권리 행상의 기반이며 자유로운 판단을 형성하기 위하여 불가결한 정보, 사상, 의견을 방해받지 않고 자유롭게 향유할 수 있는 능동적 권리이다.

② 알 권리와 프라이버시 권리와의 관계

이제까지 주로 국가에 대한 정보 청구권적인 면이 강조되어온 이 권리가 개인의 사생활의 영역에까지 그 권리를 주장할 수 있느냐라는 문제에서 알 권리와 프라이버시 권리가 상충하게 된다. 개인의 사생활의 권리가 존중되는 것이 privacy의 권리이기 때문에 알 권리의 절대적 주장은 그 한계가 있다. 그러므로 모든 국민은 헌법상 알 권리를 가지고 있지만 국가기관에 대해서만 청구권적 효력을 가지고 개인 간의 효력은 인정되지 않는다고 보아야 한다.

③ 프라이버시 보호와 정보공개의 연관성

프라이버시 보호라는 측면에서 적극적인 프라이버시권과 정보공개는 상호 대립하는 경향이 있다. 정보공개에는 반사적으로 프라이버시를 침해할 위험성이 내재하기 때문이다. 개인에 관한 정보공개에는 일종의 폭로에 해당하므로 프라이버시와 정보공개는 상호 모순. 충돌하기는 하나 기술적인 차원에서의 적절한 방법 모색은 때론 화합을 유도할 수도 있다. 가령 국가나 기업이 개인에 관한 어떠한 정보를 대량모집. 대량 축적한다 하더라도 그 모집방법(개인의 동의나 통지), 내용(이용목적에 필요한 범위 등), 목적의 명확화와 안전 보호, 공개 개인 참가, 책임 등 규제하는 데까지 프라이버시권의 영역을 넓히면 그것은 결국 정보공개와 프라이버시권의 동일한 목적으로 나타나기도 한다.

이러한 관점에서 정부는 헌법에 보장된 국민의 권리와 이익을 보호하고 적용범위 및 절차를 구체적으로 정의하는 역할을 하여야 한다.

### (4) 새로운 거버넌스 체계의 구축

전자정부는 민·관·산·학 간의 협의체를 활성화하고, 부처 간 연계, 중앙과 지방과의 파트너십 강화에 중점을 두어야 한다. 또한 이를 위한 다양한 프로그램을 지속적으로 개발 및 활용하여야 한다.

### (5) 전자정부서비스의 적극적 활용

전자정부에 서비스에 대한 우리나라 국민의 인지도가 73%인데 비해 활용도는 47%로 아직도 너무 낮다. 그러므로 인터넷 외에 모바일 등 다양한 서비스의 접근 채널을 발달시키고 무엇보다 국민들이 적극적으로 참여할 수 있는 방안에 대한 다각적인 검토가 선행되어야 한다. 아울러, 이러한 전자정부의 서비스를 제공하는 공무원들의 교육도 동반되어야 한다.

### (6) 전자정부 실현을 통한 참여 민주주의

결국 정보사회는 민주주의 사회로부터 독립적일 수 없다. 궁극적인 참여 민주주의 실현을 위한 가장 강력한 도구로서의 정보기술은 이른바 전자정부의 탄생을 가능하게 하였고 이와 관련되 다양한 국민의 정치참여 방식이 제안되어져 왔다. 온라인에서 투표를 하고 정책결정 과정에 참여하는 것은 시간적·공간적 제약을 극복하게 하여 참여민주주의로 가는 길을 단축시켰고 이는 더 나아가 전자민주주의의 개념을 탄생시켰다. 그러나 아직 초기단계이므로 구체적인 제도나 절차들이 더 고안되어야 할 것이며 이를 지원하는 정보인프라 구축에도 계속적인 투자가 요구된다. 이는 앞에서 언급된 정보격차해소의 방안과도 일치하는 것으로 이 분야에 대한 정부의 의지와 지속적인 관심이 요구된다.

# 제 2 절 지식행정

## 1. 지식

### 1) 지식의 의의

지식이란 정신이 어떤 대상을 아는 작용 및 이 작용에 의하여 알려진 내용을 말한다. 이러한 지식의 개념을 좀 더 넓게 바라보면 지식이란 사물에 관한 개개의 단편적인 실제적(實際的)·경험적 인식을 뜻하고, 엄밀한 뜻으로는 원리적·통일적으로 조직되어 객관적 타당성을 요구할 수 있는 판단의 체계를 말한다.

이러한 지식을 유사한 다른 개념들과 비교하자면 지식(knowledge)은 자료(data) 그리고 정보(information)보다 진화된 개념이다. 즉 자료(data)는 수량·현상 등 가공이 이루어지지 않은 것을 말하며, 정보(information)는 주어진 상황과 목적에 맞게 자료(data)를 처리·배열·분석한 것이고, 지식은 정보를 재료로 하여 사고하거나 경험한 것이며 정보가 검증된 것을 말한다.

### 2) 지식관리와 정보관리

#### (1) 지식관리

지식관리란 전체조직에 관련되어 있는 자료를 기초로 자료를 정보로 전환하고 정보에서 지식을 창출하며, 새로운 지식을 획득하거나 공유·활용함으로써 조직의 역량과 부가가치를 높이는 활동을 의미한다.

즉 한 조직이 만들어내는 모든 문서를 컴퓨터 매체에 저장하고 이를 네트워크 또는 인터넷에서 필요할 때 찾아내 활용하고 변경하거나 결재를 맡는 등의 업무절차에서 신속하고 정확하게 처리할 수 있는 종합정보처리과정을 기반으로 하는 효율적인 관리체계이다.

#### (2) 정보관리

정보관리란 조직 활동에 필요한 정보를 수집·활용·저장·전달하는 제반 활동과 그에 필요한 지원 장치를 통제·관리하는 것을 말한다. 여기에서 말하는 정보를 좀 더 구체적으로 살펴보면, 정보(information)란 '인간과 인간 사이에 교환되는 일정한 메시지(message)'로서 사용자의 의사결정과 행동을 위하여 의미 있는 형태로 처리된 어떤 내용을 말한다.

### 3) 지식의 유형

지식의 유형은 지식의 개인적 지식과 조직적 지식, 축적지와 활용지, 암묵지와 형식지, 환경적 지식 · 기업적 지식 · 내부적 지식, 그리고 사물지 · 사실지 · 방법지로 나누어 설명할 수 있다(이창원 외, 2005: 260~264).

#### (1) 개인적 지식과 조직적 지식

지식은 지식을 보유하고 있는 주체에 따른 개인적 지식과 조직적 지식으로 구분할 수 있다. 여기에서 말하는 개인적 지식이란 개인에게 체계화되어 있거나 개인적으로 보유하고 있는 지식을 말하며, 조직적 지식이란 개인의 출입과는 관계없이 조직 내에 축적되어 남겨지는 지식을 말한다.

#### (2) 축적지와 활용지

지식의 활용능력을 기준으로 지식은 축적지와 활용지로 구분할 수 있다.

먼저, 축적지란 조직이 현재 보유하고 있거나 획득한 지식, 조직구성원들의 지식과 노하우뿐만 아니라 연구개발능력과 같은 혁신역량, 프로세스나 인프라 같은 조직적 역량까지도 포함한다. 이러한 축적지의 예로는 맥킨지 앤드 컴퍼니사를 들 수 있다. 세계적인 컨설팅 회사인 맥킨지는 1926년 설립된 이후 지금까지 많은 조직구성원들이 세대에 걸쳐 자신들의 지식과 노하우를 후대에 체계적으로 정리하여 물려주었다. 현재 맥킨지는 세계 최고의 컨설팅 회사가 되었고 거의 경쟁상대를 찾기 힘들게 되었다.

다음으로 활용지란 지식을 활용할 수 있는 지식으로서, 지식응용역량이라고 할 수 있는데, 조직이 보유하거나 획득한 지식을 새롭게 재구성하고 다른 용도로 활용할 수 있는 지식을 말한다. 이러한 활용지의 예로는 Micro Soft사의 Windows 개발과정이 대표적이다. 또한 MS사가 세계에서 가장 많이 쓰는 프로그램인 윈도우즈를 C언어로 만들어낸 것이다. MS사가 윈도우즈의 코드를 공개하기로 하면서, 앞으로 이 지식을 활용하여 새로운 프로그램들이 등장할 것이다.

#### (3) 암묵지와 형식지

지식은 존재 형태에 따라 암묵지와 형식지로 구분할 수 있다.

먼저 암묵지란 장인의 비장의 기술처럼 말로는 표현할 수 없지만 알고 있는 지식을 말하는 것으로 고려시대 청자를 만드는 장인의 기술은 말로는 표현할 수 없지만 분명히 존재하는 기술 등을 말한다.

다음으로 형식지는 말이나 글로 표현이 가능한 지식을 말하는 것으로 전자제품 설명서, 프로그램 사용법 등이 여기에 해당된다. 이러한 형식지와 암묵지의 특징을 비교하면 〈표 14-3〉과 같다.

〈표 14-3〉 형식지와 암묵지의 비교

| | 형식지 | 암묵지 |
|---|---|---|
| 정 의 | 언어로 표현 가능한 객관적 지식 | 언어로 표현하기 힘든 주관적 지식 |
| 획 득 | 언어를 통해 습득된 지식 | 경험을 통해 몸에 밴 지식 |
| 축적 · 전달 | 언어를 통해 전달<br>타인에게 전수하기가 쉬움 | 은유를 통해 전달<br>타인에게 전수하기가 어려움 |
| 예 | 컴퓨터 메뉴얼 | 고려시대 청자를 만드는 장인의 기술 |

출처: 이창원 외, 2005: 262. 〈표 7-1〉 형식지와 암묵지의 비교를 수정 및 보완함.

#### (4) 환경적 지식 · 기업적 지식 · 내부 지식

먼저, 환경적 지식이란 주위 환경으로부터 조직으로 투입되는 정보 흐름과 관련되는 지식으로 한국은행에서 국제경제상황에 대한 자료를 항상 수집하여 분석하고, 미국 · 유럽 금리동향, 중국의 경기정책변화(긴축인지 부양인지), 일본의 산업동향 등을 파악하는 지식이 여기에 해당된다.

둘째, 기업적 지식이란 기업으로부터 관련된 외부인과 단체로 투입되는 정보 흐름에 관한 지식을 말한다. 그 예로 1975년 세계 최대의 햄버거체인 맥도널드가 일본에 이어 홍콩에까지 진출하게 되었다. 그러나 홍콩에선 밥이 나오지 않는 음식은 스낵으로 간주되지 않는다. 이에 맥도널드는 사전 조사를 통해 이 사실을 간파해서 현지 파트너와 합작회사를 설립하고 경영도 중국인들에게 맡겼고, 결과는 대성공이었다.

셋째, 내부 지식이란 조직구성원의 정신 속에, 그리고 조직 자체의 정신 속에 축적되는 지식을 말한다. 대표적인 예로 질레트면도기 회사를 들 수 있다. 질레트는 정교한 제조기술을 필요로 하는 일산용품의 세계 제일 브랜드들을 만드는 일에서 최고가 될 수 있겠다는 정신이 있었고, 이는 수십억 개의 초정밀제품을 저렴한 비용으로 환상적일 만큼 견고하게 만들어내는 정교한 제조기술의 선구자기능을 하였다.

#### (5) 사물지 · 사실지 · 방법지

지식은 '앎'의 대상에 따라 사물지, 사실지, 방법지로 구분할 수 있다.

먼저 사물지란 사물[3] 존재 자체에 대한 인지상태를 말한다. 즉 인간의 감각기관을 통해 존재인식과 사유 활동을 통한 개념화로 습득하게 된 지식을 말한다.

둘째, 사실지란 한 개인이 '~라는 것을 안다'고 할 때의 지식으로 여러 가지 지적 사실 또는 사실적 명제를 안다는 것을 말한다.

끝으로 방법지란 인간의 욕구나 문제를 해결하는 방법을 아는 것으로, 어떤 욕구나 문제의 해결을 위한 'A'라는 목표에 도달하기 위해서는 'B'처럼 하면 된다는 것을 아는 것을 말한다.

## 2. 지식행정

### 1) 지식행정의 의의

지식행정이란 전문적 지식과 과학적 방법 그리고 혁신적 기술 등 지식자원에 기반을 둔 행정을 의미한다. 즉 지식행정은 사회의 문제를 해결하고 국가의 경쟁력을 높이기 위해 과학적 합리성과 전문지식을 중심으로 적용하는 지능적 행정이라고 말할 수 있다(최창호·하미승, 2006: 304).

아울러 지식행정은 지식사회를 설계하고, 지식창출·형식화·전파·활용 등 지식관리를 통해 가치창출을 극대화하는 행정을 말한다.

### 2) 지식행정의 활성화

지식행정은 다음과 같이 조직의 지능화, 인적자원의 효율화, 환경의 적응성 제고, 정보기술 활용의 최대화, 그리고 제도 및 행정문화의 혁신측면의 노력을 통해 활성화할 수 있다(〈그림 14-2 참조〉).[4]

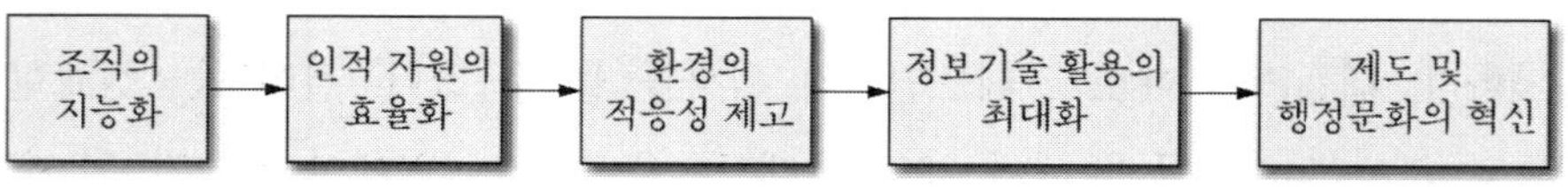


〈그림 14-2〉 지식행정의 활성화 방안

3) 사물이란 물리적 실체와 개념적 실체 양쪽을 다 포함한다.
4) 정문석(2004), "지능적 지방정부를 향한 지식행정서비스 혁신방안 연구." pp. 54-64.

### (1) 조직의 지능화

지식행정은 조직의 지식 및 정보와 집약화를 추구해야한다. 즉 정보수집 · 이용 · 유지 · 배포비용을 최소화하고, 정보유용성을 높이기 위해서 기존의 문서관리 중심적 조직에서 벗어나야 한다. 또한 조직수평화와 정책결정시스템의 합리적 재편을 통해 조직의 탄력성을 높여야한다. 이러한 방법론적 접근으로는 시간제, 계약직, 외주화 등이 있다.

### (2) 인적자원의 효율화

지식행정 활성화를 위한 행정관리능력개선은 다음과 같은 노력을 필요로 한다.

첫째, 직무상황에 부합되는 역할과 자질이 고려된 인사관리가 되어야 한다. 즉 조직사명과 목표-핵심자질-인력수요평가-자원계획-산출-환류의 흐름이 제도화되어야 한다.

둘째, 인적 자원의 네트워킹화가 필요하다. 왜냐하면 인적자원의 네트워킹은 정보와 지식 그리고 조직전체의 성과에 기여하는 내용을 공유함으로서 조직구성원 각자의 사고와 관찰 나아가 조직의 지식과 비전의 가치를 향상시킨다.

이상의 노력들을 실천하기 위해서는 지식관리의 전문성과 활용도를 제고하며 지식활동 유인체계로 개방적 임용체계의 도입이 필요하다.

### (3) 환경의 적응성 제고

지식행정은 환경과의 관련성을 중시한다. 즉 조직구성원의 욕구를 반영하고 외적 환경과의 연계도 필요하다.

따라서 행정지식과 경험 등 지적자산의 사장을 방지하고, 조직구성원 간 지식공유 및 창조력 제고를 위해 개인 및 부서단위별 지식베이스를 구축 및 확장해야 한다.

아울러 지식행정의 활성화를 위해서는 평가보상과 관련하여 지식가치를 객관적으로 평가하여 낡은 지식은 폐기하며 지식제출의 활성화를 위해 인사 및 금전상의 보상을 실시해야 한다.

### (4) 정보기술 활용의 최대화

지식행정의 활성화를 위해서는 정보기술 활용의 최대화가 필요하다. 이를 좀 더 구체적으로 살펴보면 다음과 같다.

첫째, 행정서비스의 전달방법을 다양화해야 한다. 즉 정보제공매체나 방법을 다양화시켜 전국 어디에서나 동질의 정보가 제공되도록 해야 한다.

둘째, 정보전달의 전자화를 촉진해야 한다. 즉 민간에 부과하는 각종 신고, 신청, 보고

등의 전자화를 실행하고 민간부문의 정보화 진전에 즉시 대응할 수 있어야 한다.

셋째, 통합적 정보관리체제를 구축해야 한다. 조직·인사·재무·기획 등 제반 행정부문과 절차가 단절이 없도록 유기적 연계성을 확보 및 유지해야 한다.

#### (5) 제도 및 행정문화의 혁신

지식행정을 활성화하기 위해서는 제도 및 행정문화의 혁신이 필요하다. 즉 제도적 지식관리를 위해 제도 기반으로서 행정이념의 전환이 요구된다. 그 동안 행정관리에서는 능률주의의 행정을 지나치게 강조하였다. 따라서 지나친 능률성의 강조보다는 창조 중심의 행정을 강조해야 한다.

아울러 책임주의 행정문화의 정착이 필요하다. 즉 행정행위와 의사결정에 대한 실명제를 전 부문으로 확산 및 제도화를 통해 임무 및 성과에 대한 공정한 평가를 바탕으로 신상필벌제도를 정착시켜야 한다.

## 제 3 절 정보화와 정보화정책

### 1. 정보화의 의의

#### 1) 정보화의 개념

인류의 생활양식을 크게 변화시킬 뿐만 아니라, 새로운 경제체제를 출현시켜 과거 산업사업사회에서 예측할 수 없었던 모습을 전개시키는 정보화의 개념은 학자들마다 상이하다.

먼저, 한국전산원(1999)은 정보화를 국가사회 전반적으로 추진되고 있는 '운동'이고 '흐름'이라고 정의하였고, 이창원·명승환·임영제(2004)는 정보화를 단기와 장기로 나누어 설명하였는데, 단기적으로는 컴퓨터 및 통신기술의 활용을 통한 제반 업무활동의 효율성과 합리성을 높이는 것이라고 보았으며, 장기적으로는 생산성 향상을 통한 대외경쟁력을 강화시켜 인간의 삶의 질을 향상시키는 것이라고 정의하였다. 그리고 김성태(2004)는 정보화를 고도의 정보통신기술의 혁신을 배경으로 사회경제의 중심이 물질이나 에너지에서 정보로 이행해가고, 정보의 수집, 처리, 전달 및 이용을 고도의 정보통신기술을 사용하여 사회 전 분야에 널리 활용하는 것이라고 정의하였다. 박두석(2007)은 정보화란 물질, 에너지에 이어 정보를 제3의 자원으로 인식하여 정보의 생성, 가공, 축적 및 활용 등의 정보행위를 의도적으로 행하여 정보의 이용가치를 높이는 활동이라고 정의하였고, 김종숙(2008)은 정보화란 급속한 정보기술 혁신의 진척과 함께 정치, 경제, 문화 등 사회구조 전반에 걸쳐 정보와 지식의 가치가 높아지는 사회현상이라고 정의하였다.

아울러, 국가정보화 기본법에서는 정보를 생산·유통 또는 활용하여 사회 각 분야의 활동을 가능하게 하거나 그러한 활동의 효율화를 도모하는 것으로 규정하고 있다.

이처럼 다양한 정보화의 개념을 종합하여 정리해 보면 정보화란 "급속한 정보기술의 혁신 속에 정보통신기술을 활용하여 제반 활동의 효율성과 합리성을 제고함으로써 개별적으로나 조직적으로 대외경쟁력을 높여서 궁극적으로 인간 삶의 질을 향상시키려는 행동"을 말한다(이윤식, 2009).

### 2) 정보화의 특징

학자들마다 상이하게 정의하고 있는 정보화의 개념처럼 정보화의 특징도 다양하지만 공통적인 속성을 정리하면 다음과 같다(이윤식, 2009). 첫째, 정보화는 형식적 가치인 토지나 자본보다 정보와 지식의 정신적 가치를 중요시한다. 둘째, 정보화는 획일적이고, 소품종대량화 위주의 생산을 중요시하기보다는 창조적이고, 다품종소량화 위주의 생산을 중요시한다. 셋째, 정보화는 산업 활동에 필요한 정보의 유통을 촉진함으로써 경제 전체의 활용을 배가함과 동시에 경제활동의 유연성을 증대시킴으로써 상품과 서비스를 생산하거나 작업을 수행하는 데 있어서 효율성을 제고시킨다.

## 2. 정보화정책의 의의

### 1) 정보화정책의 개념

정보화정책이란 급속한 정보기술의 혁신 속에 정보통신기술을 활용하여 제반 활동의 효율성과 합리성을 제고함으로써 개별적으로나 조직적으로 대외경쟁력을 높여서 궁극적으로 인간 삶의 질을 향상시키려는 종합적이고 체계적인 정책을 말한다(이윤식, 2009). 권기현(2003)은 국가 경쟁력과 국민의 삶의 질을 향상시키기 위해 정보통신기술을 바탕으로 국가운영에 관한 지식과 정보의 생산, 축적, 전달, 처리, 이용을 원활히 하기 위한 정책을 정보화정책이라고 정의하였고, 이용규(2004)는 정보화정책을 사회 전반의 변화를 초래하는 것으로, 폭넓게는 정보통신분야에 관련된 정부의 모든 활동이라고 정의하였다. 김성태

(2004)는 정보화정책을 협의와 광의로 나누어 정의하였는데, 협의로는 통합적 정보전송기반의 완성과 보편적 정보이용기반의 실현 즉, 정보공급 기반요인과 정보수요 기반요인의 확충 및 고도화를 이해하는 통신 정책적 측면으로 정의하였고, 광의로는 국가경제를 유지·발전시키면서 경제성장과 신규 고용을 창출해내는 산업·경제적 측면과 경제성장과정에서 파생된 사회문제 해결의 유용한 정책수단으로, 그리고 더 나아가 국민의 삶의 질을 향상시키는 복지 정책적 측면 등과 국가발전의 종합정책이라고 정의하였다.

### 2) 정보화정책의 특징

정보화정책의 특징은 정보화를 상이하게 바라보는 학자들에 의해서 각기 다르게 주장되고 있다. 이처럼 다양한 정보화정책의 특징을 이윤식(2009)은 다음과 같이 종합하여 정리하였다. 첫째, 정보화정책은 정보화 관련 정책뿐만 아니라 정부 정책 전반의 인적·물적 역량극대화와 상호연계적인 공동 활동의 효율성을 증대시킨다. 둘째, 정보화정책은 초기 비용과 시간이 많이 투입되지만, 정보화정책에서 확보되는 정보통신기반구조는 국민의 삶의 질 향상을 위한 타 정책의 성공을 촉진하는 근간이 된다. 셋째, 오늘날의 정책은 바람직한 모습의 사회를 정보사회로 설정하고 있기 때문에 이를 실현하기 위한 노력으로 정보와 지식 중심의 사회설계활동인 정보화정책을 필요로 한다.

## 3. 한국 정보화의 현실

우리나라는 다른 나라가 20년에서 30년에 걸쳐 이룩하는 정보화의 성과를 10년 미만의 매우 짧은 기간에 이뤄낸 것으로 압축성장의 전형적인 예라고 할 수 있다. 하지만 성장기간이 짧았던 만큼 예기치 못한 문제점들도 속속 나타나고 있다. 그 대표적인 예로 발전의 정체이다. 1990년대 후반 한국이 정보화에 전력을 기울이던 성장초기에는 성장속도도 급가속되었으나, 2000년 중반에 이르러서는 성장이 급제동하는 현상이 발생하였다. 아울러 한국정보화진흥원의 국가정보화지수를 살펴보면 한국은 2002년 세계 14위에서 2005년에는 세계 3위로 상승하였으나, 2006년 9위, 2007년 7위, 2008년 8위로 하락하고 있다(한국정보화진흥원, 2009).

실제로 2005년을 전후하여 추진한 역점사업들이 아직까지 별다른 성과를 내지 못하고 있을 뿐 아니라, Wibro, IPTV, u-City 등의 세계의 이목을 끌었던 차세대 서비스들의 성과들도 기대에 못 미치고 있다.

이처럼 한국의 정보화가 초기의 성장세를 이어가지 못하는 이유는 여러 가지가 있으나, 그중 근본적인 문제는 정보화에서 발견되는 불균형 구조이다. 즉 한국의 정보화는 몇몇 부문에만 집중적으로 발전하는 쏠림현상을 보여 왔다. 그 결과 발전된 부분과 발전하지 못한 후진적인 부분이 공존하는 이원 구조를 갖게 되었다.

이에 진정한 IT 강국으로 성장하기 위해서 이명박 정부는 1970년대부터 40년 가까이 추진되어 온 정보화의 문제점들을 다각도로 정리하여 정보사회의 내실을 다지는 노력을 하고 있다. 정보화의 불균형 구조를 바로 잡기 위해서는 다음과 같이 세 가지 측면의 노력이 필요하다(한국정보화진흥원, 2009).

첫째로, 컴퓨터기술과 콘텐츠 기술에 대한 집중적인 투자가 필요하다. 이미 정보기술의 융합화현상으로 통신기술이나 부품기술만으로는 산업경쟁력을 확보하기 어려운 상황이기 때문이다. 아울러 유비쿼터스 서비스가 확산됨에 따라 극소형의 컴퓨터기술이 점점 시장을 넓혀갈 것으로 예상되기 때문에 실감형 가상공간의 확대, 지능형 웹의 발달 등과 같은 콘텐츠 기술의 발전에도 많은 노력이 필요하다.

둘째로, IT 서비스의 발전을 위한 특단의 대책이 요구된다. 이미 세계는 IT 제조업보다는 IT 서비스가 더 큰 시장을 창출하고 있다. 따라서 한국이 IT 서비스에서 경쟁력을 확보하지 못하면, 디지털 경제의 가장 큰 부분을 스스로 포기하는 결과를 초래하기 때문에 양질의 IT 서비스를 제공하기 위한 노력이 필요하다.

셋째로, 개인과 조직 간의 정보 활용의 불균형을 바로 잡아야 한다. 즉 개인차원의 정보 활용은 활성화되었지만, 조직차원의 정보 활용이 매우 부진하기 때문에 세계적인 전자정부 서비스처럼 조직차원의 훌륭한 정보시스템들을 개발 및 활용해야 할 것이다. 아울러 정보를 자유롭게 나누어 새로운 사회를 만드는 국가적 차원의 결단과 노력이 절실히 필요하다.

## 제 4 절 국가정보화와 지역정보화

### 1. 국가정보화

우리나라는 1990년대 이후 국가성장을 위한 전략적 수단으로 e-Korea, u-Korea 등의 국가정보화 기본계획을 수립하고, 초고속인터넷 네트워크 구축 및 유비쿼터스 서비스 확산과 같은 '촉진'과 '정보자원의 양적 확산'을 위한 정책들을 추진해 왔으며, 그 결과 세계 최고 수준의 전자정부와 초고속 인터넷 가입률을 달성하는 등 세계적 수준의 정보화 강국으로 발전하였다.

그러나 인터넷이용이 보편화되고, 정보화가 국가사회 전반으로 확산됨에 따라 촉진 중심의 기존 정책들은 다양한 문제를 발생시킴으로써 한계에 도달했다. 특히 지속적인 전자정부 사업 결과, 중앙 및 지방정부에 많은 정보화 시스템들은 구축되었으나 데이터와 시스템들이 기관별로 각기 운영됨으로써 호환성 및 비용의 낭비와 같은 행정의 비효율이 발생하였다.

이러한 문제점들을 근본적으로 해소하고, '선진 일류국가'의 국정비전을 실현하기 위하여 이명박 정부는 '창의'와 '신뢰'의 새로운 패러다임에 입각한 국가정보화 정책을 수립 및 추진하고 있다(정보화추진위원회, 2008).

### 1) 국가정보화의 개념

국가정보화란 국가정보화기본법에서 국가기관, 지방자치단체 및 공공기관이 정보화를 추진하거나 사회 각 분야의 활동이 효율적으로 수행될 수 있도록 정보화를 통하여 지원하는 것이라고 정의하고 있다. 그리고 앞서 살펴본 정보화와 정보화정책의 개념을 기초로 볼 때 국가정보화란 국가기관, 지방자치단체 및 공공기관이 정보화를 추진하거나 사회 각 분야의 활동이 효율적으로 수행될 수 있도록 정보화를 통하여 지원하는 것으로, 지속가능한 지식정보사회의 실현에 이바지하고, 국민의 삶의 질을 높이고자 하는 정책을 말한다(이윤식, 2009).

### 2) 국가정보화의 현황

2008년 전 세계를 강타한 여파는 정보화분야에도 큰 영향을 미쳤다. 특히 미국, 서유럽, 일본 등의 주요 선진국 IT 시장 성장률이 크게 둔화되었으며, 인텔, 델, 노키아 등의 글로벌 IT 기업들의 실적도 저조한 것으로 나타났다(한국정보화진흥원, 2009).

우리나라도 또한 IT 산업의 성장률이 둔화되고, 휴·폐업하는 IT 업체가 속출하였다. 정보화 측면에서 있어서도 정보화정책 방향의 혼선 및 정보화 효과에 대한 부정적 인식이 확산되면서 공공부문 정보화 투자가 감소되었고, 2009년 정보화 예산도 전년대비 대폭 감소하였다.

그러나 우리나라와 달리 미국, 일본, EU 등의 선진국들은 정보화를 경제 활성화를 위한 수단으로 활용하기 위한 다양한 정책을 쏟아내고 있다. 그 예로 미국의 오바마 대통령은 브로드밴드, 헬스 IT, 스마트그리드 등 IT 분야에 300억 달러를 투자하여 95만 개 일자리 창출한다고 발표하였으며, 일본은 경제위기에 대응한 IT신전략 3개년 긴급플랜을 마련하고, 향후 3년간 IT 분야에 3조엔을 투자할 것이라고 발표하였다.

### 3) 국가정보화의 수준

2008년과 2009년 상반기에 발표된 정보화와 관련한 국제적인 평가는 국제연합(UN)의 '전자정부지수', '온라인참여지수'와 국제전기통신연합(ITU)의 '정보통신발전지수', 그리고 세계경제포럼(WEF)의 '네트워크준비지수', '국가경쟁력지수'와 국제경영개발원(IMD)의 '국가경쟁력지수의 기술인프라 부문' 등이 있다. 이들 평가를 통해 나타난 우리나라의 전반적인 정보화수준은 세계적으로 우수한 수준이지만, 정보통신 인프라의 상대적 우위 약화와 정치 및 경제 환경의 미비로 인해 전반적인 국가경쟁력 향상과는 직결되지 못하고 있다.

### 4) 우리나라의 국가정보화 추진

국가정보화 추진체계는 정치·사회적 환경과 정보화의 발전에 따라 지속적으로 변화하고 있다. 2008년 새로운 정부의 출범과 함께 정보화 추진체계에 큰 변화가 발생하였는데, 이는 정보화 발전 정도와 정치적 환경변화로 인한 새로운 정보화 환경이 도래했음을 의미한다(한국정보화진흥원, 2009).

2009년 5월 국가정보화 추진의 근간이 되었던 「정보화촉진기본법」이 「국가정보화기본법」으로 전면 개정되었으며, 이전의 정보화추진위원회의 기능이 강화되고 민간이 적극적으로 참여하는 범국가적 거버넌스에 체계에 기반한 '국가정보화전략위원회'가 구성되었다(〈그림 14-3〉 참조).

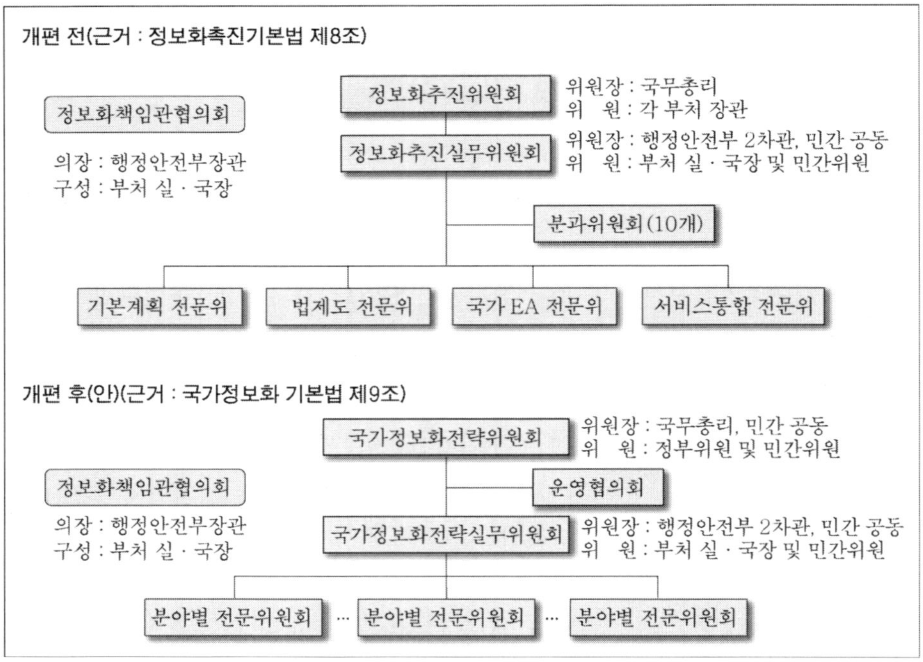


자료: 행정안전부(2008). 정보화에 관한 연차보고서, p. 53.

〈그림 14-3〉 정보화정책 추진 조직

아울러 범정부적 추진체계의 정비와 함께 각 부처의 기능이관에 맞춰 해당부처의 산하기관간 기능이 이관되고 유사한 기능은 통합 및 정비하였다(한국정보화진흥원, 2009).

### 5) 국가정보화 기본계획

우리나라는 국내외 정책 및 정보통신기술 환경의 변화에 효율적으로 대응하여 선진 지식정보사회로 도약하기 위해서 새로운 패러다임의 정보통신정책을 구상하게 되었다. 그러한 노력의 일환으로 그동안 부처별로 구축된 정보시스템의 연계 및 통합을 통해 새로운 활용 가치를 창출하는 데 중점을 두고 정보화정책을 추진하게 되었다. 즉, 이명박 정부는 최근에 촉진 중심 또는 공급자 중심의 국가정보화정책에서 탈피하여 이용자 중심 또는 수요자 중심의 국가정보화정책을 추진하기 위한 국가정보화 기본계획과 실행계획을 수립·발표하게 되었다(행정안전부, 2009).

#### (1) 국가정보화 기본계획의 주요내용

현 정부는 정보화가 국가사회 전반으로 확산됨에 따라 촉진 중심의 기존 정책에서 나타난 각종 문제점들을 근본적으로 해소하고, 사회적 신뢰기반·아이디어·창의성 등 소프트 자원과 녹색성장역량을 중심으로 2008년 11월 국가정보화 기본계획(2008~20012)을 〈그림 14-4〉와 같이 수립 및 발표하였다(이윤식, 2009).

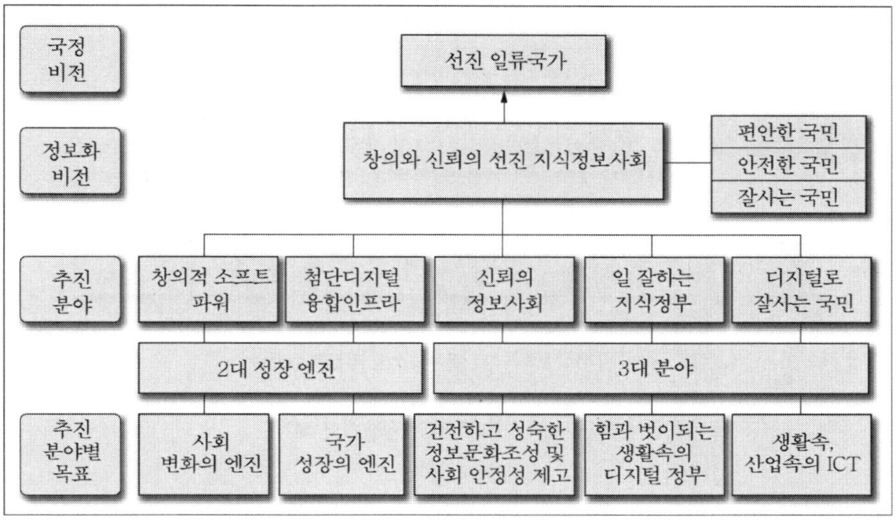


출처: 이윤식(2009). 한국지역정보화학회지 제12권 제4호. p.12.

〈그림 14-4〉 이명박 정부의 국가정보화 기본계획 체계도

### (2) 국가정보화 실행계획의 주요내용

정부는 5년 단위로 국가정보화 기본계획을 수립하고, 각 부처는 이에 따라 1년 단위의 국가정보화 시행계획을 수립하여 추진함으로써 일관성 있고 통일된 정보화정책을 추진해 왔다. 하지만 2008년 11월 새로운 국가정보화정책방향을 담은 국가정보화 기본계획을 수립하여 발표하였으나 계획의 내용이 바로 수행할 수 있을 만큼 구체적이지 않아 기본계획의 이행을 위한 실행계획(Action Plan)의 수립이 필요하였다(행정안전부, 2009; 이윤식, 2009).

이에 이명박 정부는 당면한 경제위기를 극복하고, 선진 일류국가 실현이라는 국가정보화 기본계획을 성공적으로 이행하기 위해 〈그림 14-5〉처럼 2009년 4월 국가정보화 실행계획을 수립하였다(한국정보화진흥원, 2009; 이윤식, 2009).

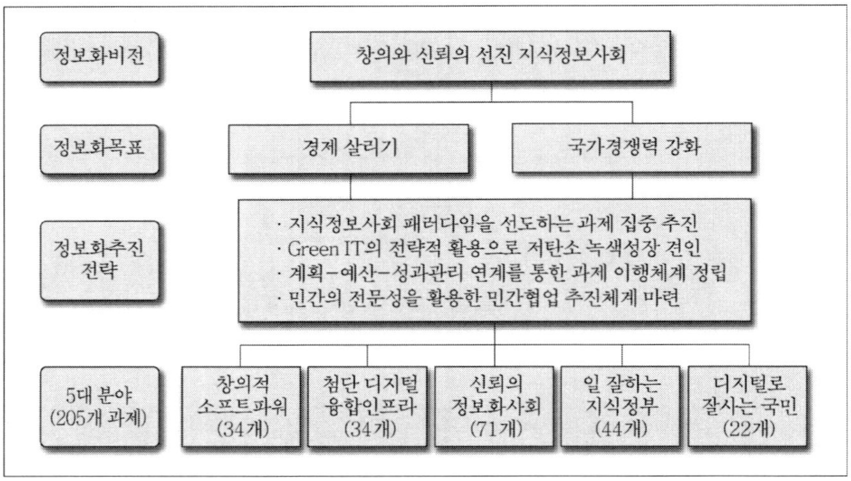


출처: 이윤식(2009). 한국지역정보화학회지 제12권 제4호. p.15.

〈그림 14-5〉 국가정보화 실행계획 체계도

## 2. 지역정보화

1990년대 중반 이후 국민에 대한 대응성과 정부의 생산성을 향상시키기 위한 정부 혁신과 지방분권을 국정의 주요 과제로 추진해 왔다. 참여정부는 전자지방정부(local e-government)를 공식적인 정책 용어로 처음 사용하고 정부 혁신의 기제로 그 중요성을 부여하고 있다. 국가균형발전특별법에서는 자립형 지방화, 지역혁신협의회 구성, 지방대학 역량 강화(NURI), 지역특화발전특화제도 도입, 혁신기업도시 건설과 연계한 공공기관 이전 등 지역혁신 역량을 강화해 나가고 있다.

현재 우리나라 지방정부에서 사이버 민원실과 민원처리 온라인 공개 시스템(서울특별시), 도로 굴착 인터넷 민원 시스템과 인터넷 방송국(부산광역시), 종이 없는 건축 도면 이메일 제출(대전광역시), e-파발마(광주광역시), 혁신 공유방 관리 시스템(경상북도), 이노베이션 카페(충청북도), 인터넷 교육방송(서울 강남구), 원스톱 통합 민원창구(ATM)(서울 동작구), 압류재산 인터넷 공매(제주시), 체납액 PDA 징수 시스템 구축(충남 서천군), 부산 U시티프로젝트, U송도프로젝트, 창원 U도시, 유비쿼터스 한라산 등이 이루어지고 있다(김동원 외, 2006:162). 이들은 정보화를 통해 중앙정부가 변하고, 지방정부가 변하고 있다는 구체적인 사례들이다.

### 1) 지역정보화의 개념

지역정보화의 개념은 학자와 연구기관마다 상이하다. 먼저 사전적 의미의 지역정보화는 행정학용어, 경제용어, IT 용어의 3가지 측면에서 각기 조금씩 다른데, 행정학 용어에서 지역정보화란 지역 발전을 위해 특정 지역을 중심으로 정보시스템을 구축해 활용하도록 하는 것을 말한다. 지역정보화는 지역에서 발생된 고유 정보를 자체적으로 가공해서 공유하고 지역의 주요 시스템을 정보화로 통합함으로써, 정보화를 통해 지역의 발전을 꾀하는 것을 말하며, 경제용어에서 지역정보화란 대도시에 편중된 정보를 지역에 고르게 나누어 지방도 대도시 부럽지 않게 발전시키려는 시도이며, 서울과 지방 간 정보격차를 해소하여 국토의 균형발전을 꾀하고, 국가 자원을 효율적으로 배분하여 지역경제를 활성화시키고 지역주민의 삶의 질을 획기적으로 높이기 위한 것으로 지방행정의 정보화로 행정능률과 대민서비스를 개선시키고자 하는 것을 말한다.

그리고 IT용어에서 지역정보화란 지역 간 정보 격차를 해소하는 지역의 정보화와 지역의 균형적 발전을 위한 정보의 지방화로써, 정보 사회로 이행되어 가는 시대적 상황에서 기존의 산업화 과정에서 나타난 지역 간 격차를 해소하고, 모든 국민이 언제, 어디서나 좀 더 쉽게 각종 생활 정보를 이용할 수 있도록 하기 위해 지방의 정보화를 중점 추진함으로써 지역 간 균형 발전을 구현하고자 하는 주요 시책이라고 정의하고 있다.

그리고 지역정보화의 개념을 학자들은 다음과 같이 정의하고 있다(명승환·허철준, 2007). 먼저 남궁 근(1993)은 지역정보화에 대해 지역단체와 지역주민이 주체가 되어 지역의 문제해결이나 지역의 정치, 경제, 사회, 문화적 발전을 위해 단위지역 내에 정보통신의 기반시설을 조성하고, 다양한 정보통신시스템을 구축하고 활용하는 구체적인 사업이라고 정의하였다. 손연기와 한세억(1996: 189)은 지역정보화를 지역현실의 특성과 지역주민의 요구(needs)에 부응하는 지역행정, 산업, 생활, 문화, 교육 전 분야의 정보화 촉진을 위한 정보통신 기반구조 정비, 정보시스템 구축 및 정보문화 확산활동으로 정의하였다.

아울러 지역정보화를 한국정보화진흥원에서는 광의와 협의 두 가지로 나누어 설명하였는데, 광의로는 지역이라고 하는 공간적 범위에서 이루어지는 정보화 관련 총체적 활동을 의미하며, 협으로는 중앙정부 또는 지방자치단체가 지역문제 해결과 지역발전을 위하여 행정·생활·산업·도시기반 분야별로 정보기반 및 정보응용서비스를 제공하는 일련의 정책적 활동을 말하며, 국가정보화기본법에서는 국가기관과 지방자치단체는 지역 주민의 삶의 질 향상과 지역 간 균형발전, 정보격차 해소 등을 위하여 하나 또는 여러 개의 지역·도시에 대하여 행정·생활·산업 등의 분야를 대상으로 하는 정보화를 지역정보화라고 규정하였다(한국정보화진흥원, 2009).

### 2) 지역정보화의 배경

1993년부터 지방행정전산화기본계획을 수립하여 주전산기 설치, 업무 DB구축, 전자문서관리시스템(e-NALA)과 공무원 1인 1PC 보급, 지방행정업무 전산개발표준규정을 제정 시행하는 등 국가 사회 전체에 걸쳐 다양한 정보통신기술이 도입되었다. 지역의 정보화는 전자지방정부와 지역정보화로 구체화되고 있다. 전자지방정부는 중앙과 지방의 협력 체계 속에서 시·군·구 행정 종합정보화(1997-2003), 시·도 행정정보화(2003-2007)가 추진되었고, 중앙과 지방이 전자적으로 연계되면서 행정정보 공동 활용, 전자적 정보 공개를 통한 업무 처리 효율성과 주민의 정책 참여가 기대되고 있다. 행정정보화 인프라정비와 추진 경험은 1990년대 중반 지역정보화 추진 배경이 되었고, 정보화가 산업, 생활 등 우리 사회 모든 분야로 확산되고 있다.

전자정부의 지역적 적용으로서 전자지방정부는 지방화와 함께 지역정보화의 핵심적 요소이다. 지역정보화는 전자지방정부를 중심으로 한 지방행정 정보화와 지역산업 및 생활정보화로 나타난다. 지역정보화의 목표는 지역 특성과 필요에 적합한 정보시스템 구축과 첨단 네트워크로 연계된 전자정부를 구축하고 지역 내 의사소통과 정보 교환 역량을 강화함으로써 지역경제의 활성화, 지역 주민 삶의 질 향상에 있다.

최근 인터넷의 급속한 발전과 확산에 따라 전자지방정부가 구현되면서 지역정보화에 대한 개념도 바뀌고 있다. 인터넷이 가진 유연성은 정부로 하여금 기업뿐만 아니라 시민까지 비용 효과적으로 정보를 교환하고 거래할 수 있게 만들어 주었기 때문이다. 정부 간 상호작용을 포함해서 국가 전체적인 맥락에서 고객 서비스를 위한 시민들의 기대 수준도 상승하고 있다. 이제 지역주민들도 인터넷과 웹을 통해 일주일 24시간 내내 정부에 대해 필요한 정보를 알고 싶어 하며, 정보화를 통한 지역 문제의 창의적인 해결을 기대하고 있다. 정보화·지방화와 같은 정부조직을 둘러싼 환경 변화는 고객을 중심으로 한 전자정부의 새로운 패러다임을 만들어 가고 있다. 각국에서 정보화는 행정의 전통적인 수비 범위를 확장시키고 있으며, 지역 문제 해결에서도 전환 기제가 되고 있는데 그 핵심은 전자지방정부와 지역정보화이다(김동원, 2006:164-165).

### 3) 지역정보화의 추진체계

지역정보화의 추진은 2009년 이전까지 정보화촉진기본법상 국가정보화 정책에 대한 최고 심의기관인 정보화추진위원회 산하의 10개 분과 위원회 중 행정안전부가 담당하는 전자정부추진분과위원회에서 담당하고 있었다. 하지만 정보화촉진기본법이 국가정보화기본법으로 개정됨에 따라 앞서 설명한 것처럼 기존의 정보화추진위원회가 대통령 소속의 국가정보화전략위원회로 격상되고 민간위원의 참여와 인원수를 확대하는 방향으로 개편되었다. 따라서 중앙과 지방의 지역정보화 연계추진을 위하여 시·도와 시·군·구 단위에는 각각 '지역정보화촉진협의회'를 구성하여 지역정보화기본계획의 수립 및 사업추진을 심의하도록 하고 있는데, 위원회의 구성원에는 산·학·관을 포함하고 있으며, 유관기관과의 민간부분의 참여를 적극적으로 유도하고 있다(한국정보화진흥원, 2009).

아울러 지방자치단체의 정보화추진 조직은 시·도의 경우 전산직 중심의 과 체계 또는 담당관체계로 구성·운영되고 있으며 정보화기획, 정보시스템개발·유지관리, 정보화교육, 정보보안 등의 업무를 수행하고 있다. 그 외의 소관부서별 정보화업무는 해당부서에서 직접 관장하는 경우가 대부분이다. 한편 관련 부서 간 정보화업무와 보화재원배분 등 정보화 정책을 총괄 조정하기 위하여 정보화책임관(CIO)을 지정·운영하고 있는데 이를 광역자치단체는 모두 국장급 이상을 지정하고 있다.

### 4) 지역정보화의 추진현황

우리나라의 지역정보화는 크게 중앙정부의 지역정보화와 지방자치단체의 지역정보화로 나누어 설명할 수 있다.

#### (1) 중앙정부의 지역정보화 추진 현황

중앙정부 지역정보화는 지방행정정보화 사업, 표준지방재정정보시스템 운영사업 그리고 지방세제정보화 사업 이상의 3가지 사업을 중점적으로 추진하고 있다(한국정보화진흥원).

① 지방행정정보화 사업

지방행정정보화사업은 광역·기초자치단체 행정업무 표준시스템 개발 및 보급에 중점을 두고 있으며, 시스템의 안정적 유지관리를 통하여 지역 간 균형 있는 전자지방정부 구현의 토대를 마련하는데 그 의의를 두고 있다(한국정보화진흥원, 2009).

② 표준지방재정정보시스템 운영사업

표준지방재정정보시스템 운영사업이란 지방재정의 건전화를 유도하고, 성과관리와 재무관리 능력을 강화하고, 지방재정 정보화 수준 향상 및 업무효율성 극대화를 목표로 추진하는 것을 말한다.

③ 지방세제정보화 사업

지방세제정보화 사업이란 지방자치단체에 보급된 표준 지방세정보시스템의 안정적인 운영을 위해 지방세 공유정보, 업무의 전자화 등 세정운영의 효율성 향상을 목적으로 추진하는 것을 말한다.

### (2) 주민 · 생활 정보화

주민 · 생활 정보화 사업은 주민등록정보센터 및 전산망 운영사업, 주민생활서비스 통합정부시스템구축 사업 그리고 정보화마을 조성 사업 이상의 3가지 사업을 중점적으로 추진하고 있다(한국정보화진흥원, 2009).

① 주민등록정보센터 및 전산망 운영사업

주민등록정보센터 및 전산망 운영사업이란 주민등록자료의 효율적인 관리와 원활한 대국민 서비스 제공위한 사업으로 2007년 11월에는 주민등록증 진위확인 웹 환경 구축과 시험운영을 실시하였고, 2009년부터는 정보센터의 안정적인 시스템 운영 및 서비스제원체계를 확립하고, 주민등록정보 공동이용 대상기관의 오프라인 제공 자료에 대한 보안기능을 강화하고 있다.

② 주민생활서비스 통합정부시스템구축 사업

주민생활서비스 통합정보시스템 구축 사업은 행정수요 및 복지패러다임 변화에 능동적으로 대응하기 위하여 주민 맞춤형 정보서비스 제공기반을 구축하는 사업을 말한다. 이 사업은 2008년 1월 '주민생활서비스 통합정보시스템'을 개발하고, 2009년 6월까지 2단계 구축사업을 추진하였다.

③ 정보화마을 조성 사업

정보화마을 조성 사업이란 주민의 정보생활 촉진을 통하여 정보습득을 용이하게 하고 지역, 계층, 도농 간 정보격차해소 및 주민소득 증대를 목적으로 추진하는 사업을 말한다.

### (3) 지역인프라 정보화

지역인프라 정보화는 u-지역인프라 구축사업, u-City 구축 기반조성 사업, 공간정보 활용 행정융합서비스 체계 구축 사업 그리고 사이버침해대응 지원센터 구축 사업 이상의 4가지 측면에서 중점적으로 추진되고 있다(한국정보화진흥원, 2009).

① u-지역인프라 구축사업

u-지역인프라 구축사업이란 유비쿼터스 사회의 본격적인 도래에 대비하고 지방자치단체

의 경쟁적 u-City 추진에 따른 중복투자 방지와 정보시스템 간 상호운용성을 확보하기 위한 사업을 말한다.

② u-City 구축 기반조성 사업

u-City 구축 기반조성 사업이란 u-City 서비스 제공을 위해 필요한 IT 인프라와 응용기술에 대한 현장검증 및 표준화 추진으로 u-City 확산 기반을 마련하고, 표준모델을 개발·보급함으로써 중복투자에 따른 비효율을 방지하고자 하는 사업을 말한다.

③ 공간정보 활용 행정융합서비스 체계 구축 사업

공간정보 활용 행정융합서비스 체계 구축 사업은 다양한 공간분석 기능과 첨단 GIS기술을 행정업무에 적용하여 업무처리의 효율성·정확성을 확보하고 합리적인 의사결정을 지원할 목적으로 추진하는 사업을 말한다.

④ 사이버침해대응 지원센터 구축 사업

사이버침해대응 지원센터 구축 사업은 16개 시·도의 사이버침해 대응센터 간 연계체계 구축을 통하여 사이버위협정보를 수집·분석하고 침해사고 분석·대응 및 보안관제를 지원한다는 목적으로 2008년부터 2010년까지 단계적으로 추진되었다.

#### (4) 지방자치단체의 지역정보화 추진 현황

최근 지방자치단체의 지역정보화 사업은 매년 양과 질적인 면에서 지속적으로 증가하고 있다. 특히 2007년에 비해 2008년에는 11.7%정도 증가한 1,376건의 사업이 추진되었다. 하지만 예산적인 측면에서는 오히려 대폭 감소하였다. 이는 31대 전자정부지원사업의 마무리 등으로 중앙정부 단위의 대규모 정보화사업이 줄어든 현상과 관련이 있다고 볼 수 있다(한국정보화진흥원, 2009).

그러나 전반적인 정보화사업의 감소 추세에도 불구하고 서울, 부산, 인천, 울산에서는 큰 폭의 정보화 관련 예산의 증가로 USN기반 원격건강모니터링시스템 구축 사업이 전개되는 등 유비쿼터스 또는 u-지역정보화 관련 사업들이 비중 있게 추진되고 있다.

## 3. 녹색정보화

오늘날 세계는 기후변화로 상징되는 환경위기와 고유가로 대표되는 자원위기에 직면해 있다. 특히 기후변화 문제는 지속적인 기상재해를 초래하는 것은 물론 생태계 질서를 근본적으로 혼란시키며 인류의 생존을 위협하고 있다. 지금과 같이 에너지 다소비 체제가 지속될 경우 지구촌이 겪어야 할 기후변화에 따른 경제적 손실이 매년 세계 GDP의 5-20%에 달할 것이란 전망이 나오고 있다. 여기에 신흥개발도상국의 경제개발과 세계인구의 지속적인 증가는 에너지 자원 부족 현상을 초래하여 자원난의 문제를 심화시키고 있다.

이에 선진국들은 자원의 효율적·환경 친화적 이용에 국력을 집중하여 녹색산업 및 녹색기술을 새로운 국가 성장 엔진으로 설정하여 가고 있다. 특히 기존의 요소 투입형 성장방식은 환경을 해칠 뿐만 아니라 경제적으로도 한계에 도달했다. 그리고 자원과 에너지 가격이 급상승하면서 이들의 대량에 투입에 의존하는 경제시스템이 지속가능할 수 없기 때문에 선진국가들은 녹색기술 육성과 환경규제를 통해 관련 산업의 성장을 도출하는 것은 물론 새로운 시장을 선점함과 동시에 일자리까지 창출하는 등 신속한 움직임을 보이고 있다(녹색성장위원회, 2010).

이러한 세계적 흐름 속에 우리나라 정부는 저탄소 녹색성장을 향후 50년의 새로운 국가비전으로 제시하고 저탄소·친환경기술을 새로운 성장 동력으로 삼고 미래 유망품목과 신기술을 발굴해내고 기존 산업과의 상호 융합과 같은 노력을 통해 녹색성장을 추진하고자 하고 있다. 그런 노력의 일환으로 '녹색성장 국가전략 '09-50'과 '녹색성장 5개년 계획'의 중기전략을 수립하여 활발하게 추진하고 있다.

# 연 습 문 제

1. 정보화 사회의 특징으로 가장 옳지 않은 것은?(2010 국가9급 출제)

   ① 관료가 정보를 독점하여 권력의 오·남용 문제가 없어진다.

   ② 전자정부가 출현하고 문서 없는 정부가 구현될 수 있다.

   ③ 정보통신기술을 활용한 원스톱(one-stop)·논스톱(non-stop) 행정서비스가 가능해진다.

   ④ 피라미드형 조직구조에서 수평적 네트워크구조로 전환되고 있다.

   **〈해설〉** 정보화사회에서는 정보자원과 처리수단이 관료제의 통제에 놓이면서 관료들의 권력이 강화되고 정보를 독점하게 된다. 정보사회에서의 권력은 정보의 독점에서 발생하며, 관료가 정보를 독점하게 되면 권력의 오·남용 문제가 나타나게 된다.

2. 전자정부의 구현 및 운영의 원칙으로 볼 수 없는 것은?(2010 경정승진 출제)

   ① 행정기관 확인의 원칙　　② 자체적 기술개발 및 운영의 원칙

   ③ 중복투자 방지의 원칙　　④ 업무혁신 선행의 원칙

   **〈해설〉** 정부에서 기술개발 및 운영은 바람직하지 않으며 가능하면 민간에 위탁하여 실시하는 '기술개발 및 운영 외주의 원칙'이 바람직하다.

3. 지식행정에 대한 설명으로 적절치 않는 것은?(2006 전북9급 출제)

   ① 지식은 조직 내의 암묵적 지식과 명시적 지식으로 구분된다.

   ② 정책목표달성과 행정문제 해결을 위해 필요한 지식을 창출, 축적, 공유, 학습, 활용하려는 연속적 활동이다.

   ③ 계층제적 구조에 의한 공식적 의사소통을 중시한다.

   ④ 지식의 조직 공동재산화를 촉진한다.

   **〈해설〉** 계층제적 구조에 의한 공식적 의사소통은 전통적 관료제구조의 특징이며, 지식행정관리에서는 탈관료제적 구조를 통한 정보의 공유를 중요시한다.

[정답] 1. ① 2. ② 3. ③

## 기출문제

〈2008년 행정고등고시 2차 시험〉

※ 최근 우리 사회는 지식정보화가 급격히 진행되면서 국민들의 활동 무대가 실제 공간에서 사이버 공간으로 이동하고 있다. 이 과정에서 과거에 경험하지 못한 새로운 사회적 문제들이 발생하고 있다. 인터넷을 통한 특정사안에 대한 허위사실 유포, 특정인에 대한 악의적인 비방 등이 대표적인 예이다. 이로 인해 사이버 공간에 대한 정부규제의 필요성이 제기되고 있다. 다음 물음에 답하시오.(총 20점)

1) 사이버 공간에 대한 정부개입의 정도에 따른 규제유형을 제시하시오.(5점)

2) 위의 규제유형들이 갖는 장단점을 비교 설명하고 적정한 정부규제방안을 제시하시오.(15점)

〈2008년 행정고등고시 2차 시험〉

※ 전자정부는 완성형이 아니라 정보통신기술의 발달에 따라 계속 진행되는 진화형이라는 특성을 갖고 있다. 이러한 관점에서 향후 전자정부 모습을 전자정부 발전단계를 토대로 행정내부, 대국민서비스, 시민참여의 측면에서 논하시오.(15점)

〈2008년 행정고등고시 2차 시험〉

※ 정부의 대국민서비스에 대한 수요와 요구는 정보사회가 고도화할수록 지속적으로 증가하고 있다. 이 과정에서 정부는 모든 국민들에게 언제, 어디서나 원하는 정보와 서비스를 제공해주어야 한다는 '보편적 서비스(universal service)'의 필요성이 대두되고 있다. 보편적 서비스 제공을 위한 정부의 역할과 장애요인을 설명하고 극복방안을 제시하시오.(15점)

# 참고문헌

## 1. 국내 저서 및 논문


김성근(2004). "자치단체의 정보자원관리와 EA", 「지역정보화」, 한국지역정보개발원.

김진태(2006). "지역정보화를 바라보는 새로운 시각에 관한 소고", 「지역정보화」, 한국지역정보개발원.

강근복 외(1999). 「지식정보사회와 전자정부」, 서울: 나남출판사.

강상욱(2001). 「우리나라 NGO의 성장에 관한 연구」, 서울대박사학위논문.

강성도(1995). David R. Griffin원저. 「포스트모던 하나님, 포스트모던 기독교」, 서울: 조명문화사.

강신택(2000). 「재무행정론: 예산과정을 중심으로」, 서울: 박영사.

강정석(2005). 「정부혁신의 이해」, 한국행정연구원.

강제상·임영제 외(2003). 「행정기획론」, 서울: 박영사.

강현화(2005). 「행정법 각론」, 서울: 박영사.

권기헌(1999). 「전자정부와 행정개혁」, 서울: 커뮤니케이션북스.

권석만 외(2000). 「심리학개론」, 서울: 박영사.

권용수(2005). "Denhardt의 신공공서비스론", 「행정학의 주요 이론」, 서울: 법문사.

권택영(1995). 「포스트모더니즘이란 무엇인가」, 서울: 민음사.

길종백·정병걸(2009). "녹색성장과 환경·경제의 통합: 변형과 전환사이에서", 「정부학 연구」, 정부학 연구소.

김광호(2004). "지역정보화 추진의 문제점과 그 개선 방안에 관한 연구", 동아대학교.

김규정(1999). 「행정학원론」, 서울: 박영사.

김근세(2005). 「행정학의 주요 이론」, 서울: 법문사.

김남진(2005). 「행정법Ⅱ」, 서울: 법문사.

김동건(2000). 「현대재정학」 제4판. 서울: 박영사.

김동훈(2000). 「행정법Ⅰ」(제6판). 서울: 박영사.

김동희(2007). 「행정법Ⅱ」, 서울: 박영사.

김문성(2005). 「행정학.net」, 서울: 박영사.

김병섭 외(2001). 「조직의 이해와 관리」, 서울: 박영사.

김석준 외(2000). 「뉴거버넌스 연구」, 서울: 대영문화사.

김의창 외(1999). 「정보관리론」, 서울: 무역경영사.

김인 외(2000). 「신행정학원론」, 부산: 금정.

김인수(1999). 「거시조직이론」, 서울: 무역경영사.

김일태(2000). "21세기 시민사회를 위한 사회적 자본의 필요성과 역할", 「제13회 대도시 행정세미나」, pp. 2~16.

김정렬(2000). "정부의 미래와 거버넌스: 신공공관리와 정책네트워크", 「한국행정학보」, 34(1).

김준기(2000). "정부-NGO 관계의 이론적 고찰: 자원의존모형의 관점에서", 「한국정책학보」, 9(2).

김중양(2003). 「한국인사행정론」, 서울: 법문사.

김태룡(2000). "행정학의 신패러다임으로서 신공공관리모형의 적실성에 관한 연구", 「한국행정학보」, 34(1).

______(2000). "한국 행정학에서 기업가적 정부모형의 도입 실태와 문제", 「한국사회와 행정연구」, 11(1).

김현구(2000). "행정학의 위기", 「2000년도 연례학술대회 발표논문집」, 한국행정학회.

김호섭·이창원 외(2000). 「새조직행태론」, 서울: 대영문화사.

김효근(1999). 「신지식인」, 서울: 매일경제신문사.

나상억(2001). 「프리젠테이션박사」, 서울: 21세기북스.

나중식(2002). 「예산정치론: 한국과 미국을 중심으로」, 서울: 형설출판사.

노기성(2001). "미국의 적자재정관리 제도와 시사점: 미국의 재정건전화 관련법의 사례를 중심으로", 서울: 한국개발연구원.

녹색성장위원회(2009). "녹색성장 국가 전략".

루빈, 이렌 S.(2001). 「미국 예산정치론」, 서울: 대영문화사.

문신용(1999). "정보화 사회의 행정정보 서비스시스템 발전방안", 「한국행정연구」, 5(3).

박보람(2009). "하이퍼네트워크 2009 워크숍 지역 정보화 사업에서의 정보 윤리와 기업", 「지역정보화」, 한국지역정보개발원.

박기백(2003). "국가채무의 개념 및 분류", 「재정포럼」 2월, 한국조세연구원.

박세일(2000). 「법경제학」(개정판), 서울: 박영사.

박수영·임영제 외(2001). 「현대사회와 행정」, 서울: 대영문화사.

박연호(2003). 「행정학신론」, 서울: 박영사.

박연호·오세덕(2000). 「현대조직관리론」, 서울: 법문사.

박연호·이상국(2000). 「현대행정관리론」, 서울: 박영사.

박연호·임영제(2000). 「현대사무관리론」, 서울: 법문사.

박영민(2009). "한·일 지역정보화 세미나를 통해서 본 정부시스템 최적화를 위한 정보자원관리", 「지역정보화」, 한국지역정보개발원.

박우순(1999). 「현대조직론」, 서울: 법문사.

박우순·이창원·김근세(2001). 「새 행정학」, 서울: 대영문화사.

박재완(2000). "정부개혁의 논리와 전략: 신공공관리의 가교", 「국민의 정부 정부개혁 중반기 평가 발표논문집」, 한국행정연구원.

박재희 외(2002). 「광역자치단체와 특별행정기관간 기능 조정 방안」, 서울: 한국행정연구원.

박천오 외(2004). 「인사행정의 이해」, 서울: 법문사.

배득종(2001). 「21세기 신재무행정」 개정판, 서울: 박영사.

서필언(2005). 「영국의 행정개혁론」, 서울: 대영문화사.

설기문(2002). 「인간관계와 정신건강」, 서울: 학지사.

송희준·박기식(2000). "지식정보사회의 정부 역할: 시장과 정부, 그리고 네트워크 거버넌스", 「지식정부 구현을 위한 전략과 과제」, 한국행정학회 2000년도 발표논문.

송희준·최홍섭(2002). "전자정부사업의 투명성 제고 효과: 현황과 전망", 「한국정책학회 하계학술대호 발표논문집」.

신무섭(2006). 「재무행정학」, 서울: 대영문화사.

신영진(2009). "미래사회의 녹색 정보화(그린IT) 추진에 관한 연구: 우리나라와 말레이시아의 사례를 중심으로", 「한국행정학회보」, 한국행정학회.

안광현(2009). 「지방자치와 세계화」, 서울: 한국학술정보(주).

안승일(2000). "사회적 자본의 증진을 위한 도시정부의 역할", 「제13회 대도시 행정세미나」.

안영진(2000). 「TQM: 품질경영」, 서울: 박영사.

양순애(2008). "EA와 정보자원관리", 「지역정보화」, 한국지역정보개발원.

양창삼(2001). 「e조직이론」, 서울: 박영사.

오석홍(2005). 「인사행정론」, 서울: 박영사.

______(2006). 「행정개혁론」, 서울: 박영사.

오세덕(2000). "정보사회의 공공조직의 개혁 방향", 「행정문제연구」, 7(1).

오세덕·여윤환(2001). 「현대행정관리론」, 서울: 동림사.

오세덕·이명제·임영제(2004). 「조직행태론」, 서울: 동림사.

옥동석(2001). "한국 예산과정의 세 가지 주요 과제", 한국재정학회/공공경제학회, 2001 경제학 공동학술대회 발표논문집.

원호택·박현순(1999). 「인간관계와 적응」, 서울: 서울대학교출판부.

유홍림·이병기(2004). "정부조직의 지식관리(KM) 활용에 미치는 영향요인에 관한 실증적 연구", 「한국행정학보」, 38(1).

유홍림·황승흠(2002). "전자정부법을 통해 본 전자정부의 의미와 과제", 「정보화 정책」, 8(3).

유훈(2003). 「재무행정론」 6정판, 서울: 법문사.

윤견수 외(2000). 「딜레마와 행정」, 서울: 나남출판사.

윤성채(2001). 「정부와 예산: 한국과 미국을 중심으로」, 서울: 대영문화사.

윤여중 역(2006). 「매가트렌드 2010」, 서울: 청림출판.

윤영진(2003). 「새 재무행정론」(개정판), 서울: 대영문화사.

윤태범(2000). "우리나라 정부의 반부패정책의 평가", 「한국행정학보」, 33(4).

이달곤(2004). 「지방정부론」, 서울: 박영사.

이대희 외(2001). 「한국의 행정사」, 서울: 대영문화사.

이문영·윤성식(2002). 「공공재무관리」, 서울: 법문사.

이명석(2002). "거버넌스의 개념화: '사회적 조정'으로서의 거버넌스", 「한국행정학보」, 36(4).

이병민(2006). "지역문화산업의 발전과 지역정보화", 「지역정보화」, 한국지역정보개발원.

이성범·구윤서(1986), Fritjof Capra원저, 「새로운 과학과 문명의 전환」, 서울: 범양사.

이순철(1999). 「지식경영의 이해」, 서울: 삼성경제연구소.

이영희(2000). "과학기술정책과 시민참여", 「과학기술정책」, 10(2).

이은구 외(2003). 「로컬 거버넌스」, 서울: 박영사.

이종수(2000). 「행정학사전」, 서울: 대영문화사.

이종수·윤영진 외(2001). 「새행정학」, 서울: 대영문화사.

이창원(2000). "지방자치단체의 계층이 단체장의 리더십 행태와 그 효과성에 미치는 영향", 「한국행정학보」, 34(2).

이창원·최창현(2005). 「새 조직론」, 서울: 대영문화사.

이학종(2000). 「정보기술과 현대경영」, 서울: 박영사.

이해욱(2002). 「풀어 쓴 IT 기초지식」, 서울: 전자신문사.

임규진·임연기(2003). 「교육행정학의 이해」, 서울: 보성.

임도빈(2000). "신공공관리론과 베버관료제이론의 비교", 「행정논총」, 38(1).

임영제 외(1999). "지방정부의 지식기반 창출", 「경남개발연구」, 7(1).

전데레사(2009). "녹색성장에 있어 행정의 역할과 관점", 「고시계」, 고시계사.

정무권(2000). "새로운 국정관리 능력과 민주적 책임성", 「새 천년의 한국정치와 행정」, 대통령자문정책기획위원회.

정상기・임성택・명재진(2000). 「공공부문 정보기술관리에 관한 법제도 연구」, 한남대 과학기술법연구소.

정용덕(2001). 「현대 국가의 행정학」, 서울: 법문사.

정인홍(2000). 「행정학의 새로운 이해」, 서울: 대명출판사.

정정길(2004). 「행정학의 새로운 이해」, 서울: 대명출판사.

정진도・안문수(2009). "녹색성장의 배경과 전망", 「기계저널」.

정진우(2002). "전자정부 발전에 따른 공공부문 주요 이슈", 한국전산원.

정철현(2000). 「행정정보 체계론」, 서울: 법문사.

______(2001). 「행정의사결정론」, 서울: 다산출판사.

조명래(2009). "녹색성장과 국토관리전략 녹색성장과 녹색사회 구현", 「국토 planning and policy」, 국토연구원.

조창현(2005). 「정책학연구」, 서울: 박영사.

최남희(1999). "도시행정 분야에서의 지식행정화 방향과 체계", 「한국행정학회 1999년도 하계학술대회 발표논문집」.

최성두(2000). "의약분업정책과 갈등조정", 「한국행정연구」, 9(4).

______(2000). "카오스 행정론의 유용성 평가", 「한국행정논집」, 12(4).

최승희・김수욱(2001). 「심리학」, 서울: 박영사.

최영국(2009). "녹색성장의 이슈와 녹색국토 추진전략", 「국토 planning and policy」. 국토연구원

최진명(2007). "EA와 정보자원관리의 한계", 「지역정보화」, 한국지역정보개발원

피에르 피터스, 정용덕 역(2003). 「거버넌스, 정치 그리고 국가」, 서울: 법문사.

하미승(2000). 「행정정보체계론」, 서울: 법문사.

______(2001). "정부지식관리시스템에 대한 평가와 확충방안", 「사회과학연구논집」 25권.

______(2004). "정부혁신을 위한 조직운영의 자율성・유연성 확대방안", 「행정자치부 연구용역보고서」.

______(2005). "공공부문에 있어서의 지식창출의 결정요인에 관한 연구", 「한국행정연구」, 14(2).

하혜수・최영출(2002). "차등적 분권제도에 대한 비교연구", 「한국행정학보」, 36(2).

한광석 외(2000). 「지방자치행정 체제 발전모형 및 정책효과 분석」, 한국경제연구원.

한덕웅 외(2002). 「인간의 마음과 행동」, 서울: 박영사.

한세억(2000). "정보화정책의 정체성과 진화가능성", 「정보사회연구」, 12(2).

______(2000). "지식사회의 행정조직관리 패러다임", 「한국행정연구」, 9(3).

______(2000). "정보화의 전개 과정과 변인분석", 「한국행정학보」, 34(3).

______(2000). "행정지식관리 시스템의 이해와 접근", 「한국행정연구」, 10(2).

홍성준(2005). 「차별화의 법칙」, 서울: 새로운 제안.

환경부(2009). "한국의 녹색 성장, 세계 경제에 새로운 발전 방향을 제시".

황성돈・정충식(2002). 「전자정부의 이해」, 서울: 다산출판사.

황윤원 외(2003). 「정부개혁론」, 서울: 박영사.

황종성 · 이혜정 · 박상현(2008). "저탄소 녹색성장을 위한 그린 IT정책 추진 방향", 「정보와 사회」, 한국정보사회학회.

황주성 · 임혜경 · 서진완(2005). "공공정보자원관리의 혁신방안 연구", 「연구보고」, 정보통신정책연구원. Vol. 2005. No. 17.

## 2. 국외 저서 및 논문

Aaron, Wildavsky(1979). Speaking Truth to Power: The Art and Craft of Policy Analysis. Boston: Little Brown.

Adams, J. S.(1963). Wage Inequities, Productivity, and Work Quality. Industrial Relations. 3.

Albert C. Hyde & Jay M. Shafritz(1985). "Position classification and staffing", Steven W Hays & Richard C. Kearney edited, Public Personnel Administration: Prentice-Hall.

Alderfer, C. P.(1972). Existence, Relatedness, and Growth; Human Needs in Organizational Setting. New York: Free Press.

Aldrich, J. H. & Nelson F. D.(1984). Linear Probability, Logit, and Probit Models: Sage Publications.

Ashford, D. E(1982). British Dogmatism and French Pragmatism, Central-local policymaking in welfare state: George Allen & Unwin. Ltd.

Bachrach, Peter and Morton Baratz(1962). Two Faces of Power, American Political Science Review 56.

Bahl, Roy(1995). The Decentralization of Government.

Bahl, Roy & J. F. Linn(1992). Urban Public Finance in Developing Countries, Oxford University Press.

Barry, Brian(1965). Political Argument, London: Routledge & Kegan Paul.

Becker and Whisler(1967). The Innovative Organization: A selective view of current theory and research, Journal of Business, No.40.

Bellavita, C.(1991). The Public Administrator as Hero, Administration and Society, 23(2).

Braswell, Ronald, Karen Fortin & Jerome S. Osteryoung(1984). Financial Management for Not-for-Profit Organizations, New York: John Wiey & Sons.

Brudney, J. L. & Selden S. C.(1995). The Adoption of Innovation by Smaller Local Governments: the Case of computer Technology. American Review of Public Administration, 25(1).

Byrne, Tony(1985). Local Government in Britain, Middlesex: England: Penguin Books.

Charles R. Adrian(1998). "Forms of City Government in American History": in the Municipal YearBook.

David Osborne & Ted Gaebler(1993). "Reinventing Government", New York: Plume.

Delbert, C. Miller(1991). Handbook of Design and Social Measuremant(5th edition), London · NewDelhi: Sage Publication.

Deutsch, Karl W.(1985). On Theory and Research in Innovation, Innovation in The Public Sector, Beverly Hills: Sage Publication.

Dobel, J. P.(1999). Public Integrity. Johns Hopkins Univ. Press.

Dougherty, Deborah & Cynthia Hardy(1996).. Sustained Product Innovation in Large, Mature Organization: Overcoming Innovation-to-Organization Problems, Vol.39, No.5.

Dror, Y.(1968). Public Policy making Reexamined. San Francisco: Chandner.

Drucker, P.(1993). Post-Capitalist Society. N.Y: Harper Business.

Dunn, W. N.(1982). Public Policy analysis. Englewood cliffs, N.J.: Prentice-Hall.

Dye, T. R.(1978). Understanding Public Policy. Englewood cliffs, N.J.: Prentice-Hall.

Etzioni, A.(1958) The Comparative Analysis of Complex Organization. N.Y: John Wiley & Sons.

Fabozzi, F. J. & T. D. Fabozzi & S. G. Feldstein(1995). Municipal Bond Portfolio Management, New York: Irwin, Inc.

Fayol, H.(1949). General and Industrial Management. Trans. by c. storrs. London: pitman.

Ferris, J.(1986). The Decision To Contract Out, An Empirical Analysis. Urban Affairs Quarterly 22.

Fisher, F.(1980). Politics, Values, and Public Policy: The Problem of Methodology. Boulder, colorado: Westview Press.

Frederickson, H. G.(1971). Toward a New Public Administration. In Frank Marini(ed), Toward a New Public Administration. Scranton, P. A: Chandler Publishing Company.

Fukuyama, F.(1995). Trust: The Social Virtues and The Creation of Prosperity. New York. Free Press.

Grindle, M. S.(1980). Politics and Policy Implementation in the Third World. Princeton, N. J.: Princeton Univ. Press.

Gulick, L. & Urwick, L.(eds)(1937). Papers on the Science of Administration. Institute of Public Admnistration.

Hackman, J & Richard, G. R. O.(1980). Work Redesign. Addison-Wesley Publishing Company.

Handy, C.(1989). The Age of Unreason. Boston, Mass.: Harvard Business School Press.

Harmon, M. M.(1969). Administration Policy Formulation and the Public Interest. PAR, 29(5).

Harrison, Michael I.(1987). Diagnosing Organizations: Methods, Models, and Processes: Sage.

Heidenheimer, Arnold J.(ed.)(1989). Political Corruption, New Brunswick: Transaction.

Heller, Walter W.(1966). New Dimension Economy, Cambridge-Harvard Uni. Press.

Herzberg, F.(1966) Work and the Nature of Man. N.Y.: World Publishing Co.

Hill, Hermann & Helmut Klages(1996). Quality, Innovation and Measurement in the Public Sector, Frankfurt am Main · Berlin · Bern · New York: Peter Lang.

Hodgkinson, C.(1978). Towards a Philosophy of Administration. N.Y.: St. Martin's Press

Hood, Christopher(1991). A Public Management for All Seasons? Public Administrative, Vol.69(Spring), pp.3~19.

Kenneth, Howard(1968). "Budget Execution vs. Flexibility", Midwest Review of Public Administration. Vol.2(Feb).

King, Nigel & Neil Anderson(1995). Innovation and Change in Organizations, London · New York: Routledge.

Kuhn, Thomas Samuel.(1970). 「The Structure of Scientific Revolution」, Chicago: The University of Chicago Press.

Leach, S. & J. Stewart(1992). The Politics of Hung Authorities, London: Unwin-Hyman.

Lindblom, C. E.(1980). The Policy Making Process. N. J.: Prentice-Hall.

Lundahl, L.(2002). Sweden: Decentralization, Deregulation, Quasi-Markets and then What, Journal of Educational Policy, 17(6).

March, J. & Simon, H.(1958). Organizations. N.Y.: Wiley.

Maslow, A. H.(1954). Motivation an personality. N.Y.: Harper & Row.

Marcus, Leonard J.(1988). Processes of New Organizations. A Case Study, Administration in Social Work, Vol.12.

McCulloch, B. W. & Ball, I.(1992). Accounting in the Context of Public Sector Accounting Management Reform. Financial Accountability and Management, 8(1).

McGregor, D.(1960). The Human Side of Enterprise. N.Y.: McGraw-Hill.

McGuire, R. & R. Osfeldt & N. van Cott(1987). The Determinants of Choice Between Public and Private Production of Publicly Funded Service. Public Choice 54.

Mellors, C. & Copperthwaite, N.(1987). Local Government in the Community. Cambridge: ICSA Publishing.

Michio, Muramatsu(1997). Local Power in the Japanese State. Berkelry: Univ. of California Press.

Miner, J. B.(1982). Theories of Organizational Structure and Process. Chicago: Dryden.

Moe, T.(1984). The New Economics of Organization. American Journal of political Science, 28(4).

Moorhead, G. & Griffin, R.(1992). Organizational Behavior(3rd ed.), Boston: Houghton Mifflin.

Morgan, D. & England, R.(1988). The Two Faces of Privatization. Public Administration Review, 48/3.

Mosher, F. C.(1965). Some Notes on Reorganizations in Public Agencies. In Martin, R. C.(ed.), Public Administration and Democracy. Syracuse Univ. Press.

Naisbitt John(1984). Megatrend, New York: A Warner Communication Company.

Nigro, F. A. & Nigro, L. G.(1984). Modern Public Administration(6th ed.), N.Y.: St. Martin's Press.

Niskanen Jr., W. A.(1971), Bureaucracy and Representative Government. Chicago: Aldine Publishing Co.

Osborne D. & Gaebler T.(1992). Government: How the Entrepreneurial Spirit is Transforming the Public Sector, Reading, Mass.: Addison-Wesley.

Osborne, E..(1990). Governing the Commons: The Evolution of Institutions for Collective Action. Cambridge Univ. Press.

Osborne, V.(1989). The Intellectual Crisis in American Public Administration (2nd ed.), Tuscaloosa: The Univ. of Alabama Press.

Paddison, R.(1999). Decoding Decentralization: The Marketing of Urban Power? Urban Studies, 36(1).

Peter, B. G.(1996). The Future of Governing: Four Emerging Models. Lawrence: Kansas Univ.

Press: 고숙희 외 역(1998). 「미래의 국정관리」, 서울: 법문사.

Pondy, Louis R.(1967). "Organizational Conflict: Concepts and Models", Administration Science Quarterly, 12(2).

Rogers, E. M. & Kim J. I.(1985). Innovation in the Public Sector. In Merritt. R. L. & Colleagues(ed.). Diffusion of innovation in Public Organizations: Sage Publications.

Ryan, J. J.(2004). De-centralization and Democratic Instability, Public Administration Review, 64(1).

Samuel r. Stately & John P. Blair(1995). "Institutions, Quality Competition and Service Provision: The Case of Public Education", Constitutional Political Economy 6. No.1. pp.21 ~23.

Sanders, Heywood T.(1980). Governmental Structure in American Cities, Washington D.C: ICMA.

Sato, M.(2002). Intergovernmental Transfers, Governance Structure and Fiscal Decentralization, The Japanese Economic Review, 53(1).

Schneider, A.(2003). Decentralization: Conceptualization and Measurement, Studies in Comparative International Development, 38(3).

Smith, Michael Peter(1991). City, State and Market: The Political Economy of Urban Society, Oxford: Blackwell.

Stalk, G. & P. Evans & L. E. Shulman(1992). Competing on Capabilities: The new rules of corporate strategy, Harvard Business Review, March/April.

Stever, James A.(1988). The Fragmented Philosophy and Ideology of Post-Progressive Public Administration. The End of Public Administration: Problems of the Profession in the Post-Progressive Era, Dobbs Ferry, N.Y: Transnational Publishers, Inc.

Strumpf. K. S.(2002). "Does Government Decentralization Increase Policy Innovation?", Journal of Public Economic Theory, 4(2).

Teske, P., & M. Schneider(1994). The Bureaucratic Entrepreneur: The Case of City Managers. Public Administration Review 54(4).

Thomas M. Jorde & David J. Teece(1992). Antitrust, Innovation, and Competitiveness, New York: Oxford University Press.

Thynne, Ian(1998) "Government corporations and Managing the Public Business", Political Science Quarterly, 99(1).

Tocqueville, A.(1945). Democracy in America, Vol.2. Phillips Bradely, ed., New York: Knopt.

Travers, T.(2002). Decentralization London-style: The GLA and London Governance, Regional Studies, 36(7).

Van, de Ven & Rogers E. M.(1998). Innovation and Organization: Critical Perspectives, Communication Research, No.15.

Verba, Sydney(1967). Democratic Participation in The Annals of the America Academy of Political and Social(Sep).

Vicker, J. & G. Arrow(1989). Privatization: An Economic Analysis, Mass.: The MIT Press.

Wolfinger, Raymond E & John Osgood Field(1966). "Political Ethos and the Structure of City

Government", APSR. Vol.60.

Wright, Deil S.(1988). "Understanding Intergovernmental Relations", Pacific Grove, California: Brooks Publishing Company.

Zaltmanm & Gerald & Robert Duncan & Jonny Holbbek(1973).Innovation and Organization, New York: Wiley.

# 찾아보기

〈기타〉

## [저자 약력]

• 안광현

현 영동대학교 경찰행정학부 교수
숭실대학교 행정학석사
San Francisco Theological Seminary(MATS)
숭실대학교 행정학박사
숭실대학교, 한남대학교, 서울기독대학교 강사
(사)한국평가감사연구원 기획팀장, 사회복지법인 하늘행복나눔재단 연구소장
대한수사과학회 이사, 지역학회 이사, 한국지역정보학회 이사
주요 관심 연구 분야 - 지방자치, 행정윤리 및 부패학, 포스트모더니즘

〈주요 저서〉

『세계화와 한국지방자치』(2013), 『깊은 은혜』(2012), 『파워크리스천』(2011), 『365축복의 통로』(2010), 『현대행정학 개정판』(2010), 『현대지방자치론』(2010), 『지방자치와 세계화』(2009), 『21세기 한국행정과 정책의 주요과제』(2008), 『하늘문을 여는 대표기도』(2008), 『욕구 다스리기』(2008), 『귀기울임』(2008)
외 다수

〈주요 논문〉

「한국의 개신교 부패현상에 대한 고찰」(2012)
「다문화가족 지원정책 기본계획에 관한 비판적 고찰」(2012)
「기독교인들의 한국교회에 대한 인식현황 분석」(2012)
「외국인 고용허가제의 문제점과 중소제조기업의 발전전략」(2011)
「생활서비스에 따른 지역유형분류」(2010)
「지방선거에서의 정당공천부패와 개선방안」(2010)
「서울시 구(區)별 영상산업 입지의 공간적 결정요인 분석」(2009)
「공무원 교육훈련과 멘토링에 관한 연구」(2009)
「온라인 행동주의 발생 예측을 위한 지표설정연구」(2009)
「기초자치단체장의 부패영향요인에 관한 연구」(2009)
「수도권 주택공급량의 결정요인 분석」(2009)
「생활서비스에 기반을 둔 지역유형분류 및 격차연구」(2009)
「자치단체장의 부패사례연구」(2009)
「기초자치단체장의 부패유발요인과 반부패전략에 관한 연구」(2007)
외 다수

e-mail: kwanghyun63@hanmail.net

신행정학개론

2013년 3월 3일 초판인쇄
2013년 3월 7일 초판발행

저 자 안 광 현
발행인 유 성 열
발행처 청목출판사
서울특별시 영등포구 신길로 40길 20
전화 (02) 849-6157(代) · 2820 / 833-6090~1
FAX (02) 849-0817
등록 제318-1994-000090호

파본은 바꾸어 드립니다. 값 25,000원

http : //www.chongmok.co.kr



ISBN 978-89-5565-506-3